矛盾与结构

安江林 著

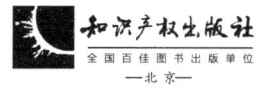

知识产权出版社
全国百佳图书出版单位
—北京—

图书在版编目（CIP）数据

矛盾与结构/安江林著.—北京：知识产权出版社，2023.11
ISBN 978-7-5130-8564-9

Ⅰ.①矛… Ⅱ.①安… Ⅲ.①辩证唯物主义—研究 Ⅳ.①B02

中国国家版本馆CIP数据核字（2023）第002210号

责任编辑：赵　军　　　　　　　　责任校对：潘凤越
封面设计：纵横华文　　　　　　　责任印制：刘译文

矛盾与结构

安江林　著

出版发行	知识产权出版社有限责任公司	网　　址	http://www.ipph.cn
社　　址	北京市海淀区气象路50号院	邮　　编	100081
责编电话	010-82000860转8127	责编邮箱	zhaojun99668@126.com
发行电话	010-82000860转8101/8102	发行传真	010-82000893/82005070/82000270
印　　刷	天津嘉恒印务有限公司	经　　销	新华书店、各大网上书店及相关专业书店
开　　本	787 mm×1092 mm　1/16	印　　张	33
版　　次	2023年11月第1版	印　　次	2023年11月第1次印刷
字　　数	523千字	定　　价	198.00元
ISBN 978-7-5130-8564-9			

出版权专有　侵权必究
如有印装质量问题，本社负责调换。

前　言

　　本书是将长期以来的课题研究成果、读书笔记和未完成的书稿加以整理，并吸收和参考了一些新的学科知识而形成的一部探索之作。成书的目的是使读者受到这样的启发：运用辩证矛盾与系统结构相统一的思维方法即辩证结构的思维方法，理解宇宙万物的发生、发展和人们所面临的经济社会问题，探究自然物质结构和社会、经济结构中尚未被发现或尚未被重视的规律，为经济和社会发展不断开拓新的领域，形成更富科学性的思想观点和实践思路。

　　唯物辩证法的矛盾理论与科学的系统结构理论应该而且能够统一起来，形成以矛盾理论为核心并包括唯物辩证法的其他观点在内的辩证的系统结构理论。矛盾、系统、结构既然是客观世界和人的主观思维领域普遍存在的现象、关系和规律，那么它们在本质上一定是既相互区别又相互统一的。因此，人们必然能够从矛盾的观点来说明客观世界普遍存在的系统和系统的结构，也必然能够从系统和结构的观点来说明矛盾和矛盾运动的规律，进而形成辩证的矛盾—结构理论。否则，对立统一关系与系统—结构关系这两个领域，就会被看成统一的客观世界中难以统一的二元对峙的领域，因而也就难以形成统一的科学世界观和方法论。

　　事实上，马克思在他的一系列重要著作中，特别是在《资本论》这部伟大著作中，就已经阐发了丰富的辩证结构思想。马克思按照他有意"卖弄"的黑格尔的辩证思维方法，揭示了资本主义社会系统所包含的各种矛盾关系，并将这种矛盾关系的总和概括为资本主义社会的经济结构和社会结构。马克思因此被许多理论家称为最早提出和论述系统理论的思想家。但是，马克思主要是在研究经济问题中运用他的辩证结构理论的，这种科学的结构思想往往渗透在他的大量的经济学专业内容之中，还有些重要的辩证结构思想由于受到专业经济学研究特点的限制，难以充分展开论述或者难以透彻地加以说明，只是在马克思和恩格斯的其他著作中零星地出现。这对许多读者来说，一方面较难从马克思的经济学内容中分离出系统性、专业性的辩证结构理论，另一方面也难以看到马克思辩证结构思想的全貌，以致使有关对《资本论》哲学思想的理解和研究长期存在着不少的缺憾。这些缺憾使一些人误认为马克思主义的辩证法理论与系统结构理论是难以沟通和无法统一的两种哲学理论，甚至还有人用系统结构理论的某些观点否定马克思的唯物辩证法理论，认为马克思的辩证法理论是"两点论"，而系统结构理论则是多元和多中心的整体联系理论。

将辩证矛盾理论与系统结构理论统一起来的一个关键性的地方，就是黑格尔和马克思在他们的许多著作中一再强调的事物的内在矛盾与外在矛盾的区别及其相互关系。人们可以看到，在许多阐释唯物辩证法理论的著作中，由于没有明确区分事物的内在矛盾与外在矛盾，没有讲清楚这两种矛盾的相互关系，因而在运用辩证矛盾理论说明矛盾的普遍性、对立面的相互作用和相互转化，尤其是在说明事物普遍具有的系统特征、多元结构特征的时候，存在许多牵强的或者有意回避问题的缺陷。这样得出的结论，往往难以令人信服。弥补和纠正这一缺陷，使辩证矛盾与辩证结构相统一的理论更加令人信服，就是本书力求达到的一个重要目的。

将辩证矛盾理论与系统结构理论统一起来的另一个重要的地方，是尽可能广泛地说明各种自然物质系统和社会系统所具有的充满矛盾和受矛盾规律支配的结构特征。为了解决这个问题，我只好鼓起勇气，运用自己所学到的一些大多属于常识性的自然科学知识和在哲学、经济学、历史学等领域积累的专业知识，力求打通不同学科之间存在的哲学认识的壁垒，总结出适用于多学科领域的辩证结构观点。这无疑是一种无法避免差错的大胆的探索。我想，我在自然科学方面班门弄斧的肤浅和差错之处，一定会得到有关领域专家、内行人士的理解、指正和帮助。

一个民族必须形成科学的、能够有效地促进自身振兴的思维方式，才能在前进的道路上，尤其是在遇到重大历史性难题的时候，使绝大多数人不约而同地运用科学的思维方式确立解决问题的共同目标，找到共同的道路，形成最广泛的思想共识和深厚的民族凝聚力。而这种能够使整个民族的人在重大问题上自然而然地想到一起的思维方式，只能来源于包括哲学在内的深厚、广博的科学知识和全民的高度科学素质。哲学家只要把最大的科学道理也就是科学的哲学理论讲透彻，并与群众一起普及这种科学的哲学理论，各种愚弄群众的神秘主义思想和五花八门的反科学说教就难有立足之地，民族振兴和社会发展进步的精神支柱就坚不可摧，科学和与科学紧密相关的各种进步文化就会转化为无穷无尽的物质力量和影响甚至引导世界发展的精神力量。为了承担这样的使命，哲学家与自然科学家、社会科学家、文学艺术家加强交流和沟通显得非常必要。这种交流和沟通有利于形成以坚实、广博的科学知识为基础的哲学思想，使各个领域的创新成就和探索精神较快渗透到人民群众中，将民族的素质建立在科学知识、科学精神和科学世界观、科学方法论的基础之上。毫无疑问，哲学家与自然科学家、社会科学家、文学艺术家之间的这种交流和沟通，也必然会跨越国家、民族的界限，为全人类的生存和发展提供爆发式增长的精神财富。

随着经济和社会发展进入高度知识化和高度信息化的阶段，社会实践迫切要求社会成员必须具有思想性与专业性紧密结合的精神素质。培养这种素质的重要途径，就是通过融会贯通地掌握哲学知识和具体的专业知识，促进高度的智慧与高度的道德自律性在每个人的心灵中实现水乳交融的结合。然而在具体科学领域和专业技术领域，人们由于受繁重的专业劳动的压抑和细密的专业分工的制约，往往难以深入理解和探索思想性智慧的来源——世界观问题，从而每每出现专业巨匠不闻不问世界观甚至随意解释世界观的憾事。世界观是人们从整体上、本质上看待客观世界和人的主观世界的基本观点，不闻不问世界观甚至歪曲地解释世界观，对个人和社会来说都是后果非常严重的事情。因为人性与物性、人与宇宙万物、个人与国家以及个人、国家与整个人类社会等，在本质上是相异而又相通的。人没有科学的世界观，就不会有尊重科学、追求真理、坚持公平正义的端正品质和丰富思想，也就不会有健康、向上的人生。而哲学与各门具体科学的交叉、结合，就是为健康、向上的人生奠定精神基础。具备这样的精神基础，人们就能对社会的现实和自己的实践活动有更深的理性把握。本书探索的一些哲学问题，如矛盾怎样形成系统的结构和结构包含着怎样的矛盾，用唯物辩证法的世界观怎样看待宇宙万物和怎样看待个人、社会，以及怎样利用辩证矛盾的力量推动经济社会的人性化发展等，都是希望以抛砖引玉的方式与有识之士共同寻找答案。

自从马克思、恩格斯创立辩证唯物主义和历史唯物主义世界观以来,辩证矛盾理论获得了极大的丰富和发展。其中,马克思的《资本论》、恩格斯的《反杜林论》和《自然辩证法》、列宁的《哲学笔记》等几十部重要著作,是形成马克思主义世界观的传世之作,成为世界哲学史特别是唯物辩证法哲学史上最辉煌的成就。在中国,毛泽东的《矛盾论》等著作对辩证矛盾问题的全面、深刻的分析和独到的论述,成为中国近代以来哲学发展的巅峰性成就。《矛盾论》不仅引领了中国唯物辩证法哲学思想的发展,指引了中国革命和建设的实践,而且也得到了世界哲学界的肯定和赞赏,成为马克思主义哲学体系中的瑰宝。

　　近几十年以来科学和社会实践的快速发展,极大地拓展了人们观察和理解客观世界和人的主观世界的视野,同时也向哲学界提出了深刻而尖锐的新问题。在思想领域,不断有人用科学所提供的新成果和社会变化中出现的新事实来质疑甚至否定唯物辩证法的基本理论观点,传播有悖科学、引导人们追寻虚无缥缈的精神食粮和生活目标的思想。唯物辩证法理论在当代和在以往时代一样,不断遇到新的挑战并不奇怪。它虽然取得了毋庸置疑的巨大成就,并且还在不断地得到新的发展,但还是有更多值得深入探讨的地方。它必须在对立面的统一和斗争中与科学和实践一起发展才会具有强大生命力,才会成为塑造人的健康灵魂和推动社会进步的精神财富。

　　用辩证的矛盾—结构观点理解现时代的世界和中国的社会经济特征及其结构规律,探索中国社会经济发展的更为深远的潜力和动力,是本书付出努力的又一个重点。辩证矛盾和辩证结构相统一的观点,有利于我们更为科学地理解和发掘社会经济结构中的潜力和动力,将每个人的潜力和积极性汇聚成最佳的发展合力,形成具有全民和国内、国外最大集成效果的发展动力机制。毫无疑问,唯物辩证法理论的不断丰富、发展和广泛普及,将使中国在未来的发展中,以强大、稳键、活力旺盛的基本素质,成功应对内外部的各种风险,获得有世界性推动意义的成就。

安江林
2022 年 9 月 26 日

目 录

第一章　矛盾是事物本质的构造规律 ··· 1
 第一节　矛盾是创世之力 ··· 2
 第二节　事物的本质是内在属性的对立统一 ····················· 12
 第三节　事物的完整本质及其内在的结构特征 ················· 32

第二章　本质在矛盾运动中的丰富和发展 ·· 39
 第一节　事物内部和事物之间相互规定的关系 ················· 39
 第二节　事物之间相互规定的实质是对立面的统一和斗争 ······ 48
 第三节　事物在矛盾运动中形成无限延伸的属性层次和属性系列 ······ 53

第三章　矛盾是事物发展的动力源泉 ·· 58
 第一节　矛盾的对立面和对立的程度 ······························ 58
 第二节　既对立又统一的矛盾关系及其产生发展动力的机制 ······ 71
 第三节　对立面的相互转化及其基本类型 ························ 92
 第四节　矛盾普遍性和事物的普遍联系 ···························· 101

第四章　辩证矛盾和系统 ··· 115
 第一节　内在矛盾与外在矛盾 ·· 115
 第二节　内部矛盾与外部矛盾 ·· 128
 第三节　多向性对立统一关系及其构成的矛盾系统 ········ 137

第四节　系统的本质和系统关系对事物本质的规定……………… 146

第五章　辩证矛盾和辩证结构……………………………………… 157
　　第一节　系统结构的矛盾本性……………………………………… 157
　　第二节　矛盾推动简单的二元结构进化为复杂的多元结构……… 190
　　第三节　矛盾推动结构的层次分化………………………………… 206
　　第四节　矛盾推动结构沿时序方向演化…………………………… 214

第六章　有序性高级系统结构的形成和演化……………………… 221
　　第一节　有序性结构及其形成的基础……………………………… 221
　　第二节　有序结构形成的几种规律性机制………………………… 225
　　第三节　生命系统结构的信息指导机制——基因表达…………… 238
　　第四节　生命系统结构的进化和进化中的矛盾斗争……………… 247

第七章　生命系统结构的矛盾支配规律…………………………… 264
　　第一节　生命的本质及其表现形式………………………………… 265
　　第二节　生命系统动态结构的矛盾机制…………………………… 277
　　第三节　生命系统的结构活性及其矛盾基础……………………… 292

第八章　生命系统的内部矛盾和外部矛盾………………………… 302
　　第一节　生命系统的内部矛盾……………………………………… 302
　　第二节　生命系统的外部矛盾……………………………………… 318
　　第三节　生命系统内外部矛盾的相互作用和相互转化…………… 330

第九章　社会矛盾与社会结构……………………………………… 343
　　第一节　社会系统的矛盾本性……………………………………… 344
　　第二节　社会系统的矛盾—结构特征……………………………… 363
　　第三节　社会系统结构与社会成员的本质………………………… 397

第十章　社会结构演变的矛盾动力………………………………… 404
　　第一节　社会矛盾与社会运行……………………………………… 404
　　第二节　社会交换与社会矛盾斗争………………………………… 410

第三节　社会发展与社会结构演变 …………………………………… 420

第十一章　社会经济系统及其结构演变规律 ………………………………… 431
　　第一节　经济系统及其结构 …………………………………………… 432
　　第二节　现代市场经济系统及其主要的结构规律 …………………… 451
　　第三节　经济结构演变规律 …………………………………………… 461

第十二章　个人矛盾及其形成的社会发展合力 ……………………………… 473
　　第一节　个人矛盾及其形成社会结构的规律 ………………………… 473
　　第二节　个人矛盾形成社会合力的组织结构 ………………………… 487
　　第三节　人的全面发展 ………………………………………………… 496

第一章 矛盾是事物本质的构造规律

我们所在的宇宙似乎与生俱来就是一个"不安分"的存在物。它的诞生、它的结构和它无止境的扩张,都充满着永不枯竭的"活跃性"。它总是用剧烈的运动创造出无穷尽的新物质形式,使人类对它的认识一次次地被证实显得太幼稚、太主观。

科学领域的一系列重大发现改变了人们的传统认识,人类比以往任何时期都更加关注宇宙的规律及其种种未解之谜。为什么宇宙的规律和命运越来越广泛地受到人类的关注呢?回答这一问题,需要将中国的一句格言"不谋全局不足以谋一隅",改为"不谋宇宙不足以谋一物"。人类关注宇宙也就是关注自身。至少对哲学认识来说,如果宇宙是在爆炸性的矛盾运动中诞生,并一直在矛盾中演变、发展,那矛盾无疑就是万物的生命之力了。谁能不关注自己的生命之力呢?

毛泽东说,"没有矛盾就没有世界"[1]。辩证矛盾的规律也就是万物具有生存能力的规律。

---

[1] 毛泽东:《矛盾论》,《毛泽东选集》第1卷,人民出版社,1952年7月,第293页。

第一节　矛盾是创世之力

　　物理学家和宇宙学家根据观测到的宇宙加速膨胀的事实，以及他们所做的一些物理实验和计算机模拟结果，推测宇宙最初是由一个没有时间和空间的"奇点"爆炸而生成的。比利时天文学家勒梅特1927年就推测，宇宙的前身是物质和能量挤压在一起的"一个极度密集的质量团"，他称之为"宇宙蛋"。从哲学来看，"奇点"也好，"宇宙蛋"也好，它既然能爆炸，说明这个"点"或"蛋"不是绝对的自身同一体，而是包含着两种对抗性的作用力的矛盾体。其中，一种作用力维系着"点"或"蛋"的存在，使它不致"破裂"而变成其他的东西；另一种作用力则是推动"点"或"蛋"膨胀，使它发生"破裂"而变成别的东西。两种力相互作用的结果，后一种力不知什么原因大于前一种力，引致了"点"或"蛋"爆炸，生成了时间、空间和伴随时间、空间的能量。据说这种能量一开始体现为一种四处飞舞的射线，由此诞生了最初的宇宙——由飞舞着的射线组成的一个高温、明亮的火球。随后，这个只具有能量特征的火球产生了最初的物质——基本粒子，基本粒子随后演变为最初的原子。

　　如果大爆炸宇宙起源说果真有其一定的科学真理性，这无疑说明作为"宇宙之母"的"奇点"就是一种矛盾体，它以对抗性的矛盾运动形式"分娩"而生出了婴儿宇宙。科学家所推测的"奇点"及其爆炸或暴胀产生了宇宙，实际上等于在哲学上推测出了辩证矛盾是推动宇宙诞生的创世之力。

　　而且这个推测似乎还可以继续延伸，因为辩证矛盾是一个没完没了的过程。譬如，如果"奇点"真的存在过并"生"出了婴儿宇宙，那么"奇点"就不可能是孤立之物，因为孤立之物是没有存在的根据的。"奇点"只能是其他的许多之物相互作用、相互转化的一种结果，并且只能在与其他之物相互作用的关系中才能存在。从对宇宙一切事物的共同本质的认识来看，奇点必然有它的前身，也必然有它的伴随物。

　　现代宇宙学家探测到了138亿年前"反引力"起爆了"奇点"并引致

宇宙大爆炸时产生的光子——宇宙微波背景辐射，等于使现代人看到了当年大爆炸的余晖，听到了大爆炸的回声。这就使得大爆炸宇宙起源说有了一份"铁的"事实依据。

科学揭示的事实进一步表明，矛盾不仅是创世之力，它还是传世之力和摄世之力。从宇宙诞生的"太初"之时和"创世"之后，到宇宙演化的全过程和宇宙的所有构成部分，矛盾一直都是统摄万物产生、发展、演变的动力之源。从"太初"之时直到现在，当然还包括将来，宇宙一直都是在这样两种相互对抗的力的作用下不停地运动着：一种力使物质聚集在一起，这种聚集的实质如科学家们所说，是空间和时间发生"弯曲"，形成星系、恒星、行星、黑洞等这样的物质团块；另一种力则在比物质团块大很多的范围上使宇宙不断地加速扩张，似乎是要将包括时间在内的四维宇宙空间无限地拉伸下去。一些科学家甚至由此提出一种猜想：支配宇宙的这两种力此消彼长地"斗争"下去，将使宇宙经历永无止境的"循环式"震荡：扩张进行到一定程度转化为收缩，重新变为"奇点"；"奇点"再发生"爆炸"重新进行扩张。也有另一些科学家提出相反的猜想：宇宙将无限制地扩张下去，直至它的灭亡。科学界的一种审慎的观点是：宇宙的起源和归宿是有待未来科学揭示的一个谜。但不管怎么猜想和推测，科学家的思路实际上一直是以矛盾为主线展开的，多数的猜想和推测都在有意无意地表明，矛盾永远是统摄宇宙万物产生、发展、变化的推动力。

一、物质世界的矛盾本性

大爆炸宇宙起源说出自包括霍金在内的一大批顶级科学家的研究成果，它不同于康德纯主观的太阳系起源猜想，而是以陆续观测到的许多事实作依据的。爱因斯坦在其广义相对论中引进了一种被称为"宇宙常数"的东西，实际上是与万有引力相反的"反引力"，爱因斯坦因此差一点就预言了宇宙大爆炸的发生。爱因斯坦提出的"宇宙常数"亦即"反引力"，就是引致"奇点"爆炸并驱动宇宙膨胀的一种作用力。科学界至今还难以揭示这种力的本质，但是这种力无疑是与万有引力相反而又紧密相联系的"创世"之力，甚至也可能是引致"宇宙婴儿"成长到"宇宙壮年"再到"宇宙末日"的宇宙生死之力。

　　宇宙的诞生必然是引力与反引力激烈斗争的结果，科学家自然不会忽视对这种斗争的追索。有的科学家将引致"奇点"爆炸并一直推动宇宙膨胀的这种反引力称为"万有斥力"，认为"真空可能有能量"，这种能量就是"万有斥力"，它"弥漫整个空间，主导宇宙膨胀"[1]。宇宙的全部能量中，有"百分之三十的能量存在于物质，百分之七十的能量存在于真空"；前者为宇宙的正能量，后者为宇宙的负能量[2]。劳伦斯表述的这种理论，将宇宙的本质归结为能量，并且是一种包含着正负对立的能量。其中在"百分之三十"的"正能量"中，绝大部分是以暗物质形式存在的，"只有一点点重子物质（包括我们地球、星体、可见星系）掺杂其中，就像撒了一点盐"[3]。这里提到的"重子物质"，也就是我们经常所说的可见物质或普通物质。应当指出，将宇宙的本质归结为正负对立的能量，尽管其中包含着所谓的百分之七十的"真空能量"，这无疑是一种自发的辩证观点，而且也没有违背唯物论。因为劳伦斯所说的"重子物质"和"真空能量"，都是非意识性的客观实在，而不是造物主的意识性产物。

　　科学家进一步探索到了与普通的物质和能量相反的暗物质和暗能量的一些特征，从而使宇宙学的研究有可能出现更具革命性的新成果，这其中的种种发现似乎都在印证着辩证矛盾的基本观点。

　　宇宙从其婴儿期开始，就继承了作为"天地之母"的"奇点"的矛盾本性，一再重复着以对立面斗争的形式特别是对抗性斗争的方式生成新的物质形态的变化过程。宇宙的本质究竟是物质还是能量的疑问已经不重要了，因为这二者其实是同一个东西的两种不同的运动形式。如爱因斯坦所说，物质是能量的最集中的凝聚形式，能量则是物质的更为普遍的运动形式，二者在一定条件下可以相互转化。而物质和能量各自都具有相互矛盾的不同形式，物质分为可见物质与暗物质，能量分为万有引力型能量（包括辐射型）和"万有斥力"型亦即真空型能量。其实所谓真空能量，也就是指明空间本身不

---

[1] 劳伦斯·M. 克劳斯著、刘仲敬译：《无中生有的宇宙：万物起源于空，空又从何而来》，江苏人民出版社，2012年9月，第62页。
[2] 同上书，第66、74页。
[3] 同上书，第59-60页。

是一无所有的绝对虚空，而是一种能量存在的形式。时间只是第四维的空间，所以时空也就是完整的空间，是以空间形式存在的能量。人们观测到的宇宙膨胀，本质上是空间膨胀，空间膨胀背后更本质的东西则是空间式的能量的正常存在状态。或者用普通人听得懂的话来说，时间的延伸和空间的膨胀就是空间式的能量的正常发挥，是能量以空间形式的一种正常的存在。而微观粒子、可见物质（包括星体、星系、黑洞等）及其相互作用力，包括万有引力，则是与空间式能量相抗衡的又一种能量。这两种能量中哪一个是更为原本的能量呢？按照量子波动理论的观点，似乎空间能量更为原本。这种理论认为，"量子波动"使以真空形式存在的能量"在极小尺度、极短时间内产生虚拟粒子和虚拟场，像沸腾的泡沫一样生生灭灭"，这种"波动"可能对质子和原子的特性起到重要作用，使"真空能量转化为物质能量"，以致可以说，星系、星体、行星、人类等，"我们今天的一切都是量子波动的结果"[1]，而量子波动则是在真空能量中进行的。也就是说，普通物质、普通能量的"祖宗"，就是所谓的真空能量，是"量子波动"把一部分真空能量"搅合"成了包括我们人类在内的普通物质。所以，普通物质是"真空能量"自己产生出的对立物。这种观点虽然被称为"无中生有"宇宙理论，但是它不仅不违背唯物论，而且进一步证实了唯物论并扩展了唯物论的"视界"。因为该观点所说的"无"，其实是一种能够产生物质的看似无形的能量。

现代宇宙学中至少有两种重要的理论，说明了时空或"真空能量"是一种包含着矛盾的客观实在之物。一种是宇宙膨胀理论，指出宇宙膨胀的实质是空间膨胀，宇宙学的观测也证明了这种理论是有事实依据的；另一种是爱因斯坦提出的广义相对论，指出物体之间存在万有引力的实质是物体引起了时空弯曲，是时空弯曲使物体陷入时空凹陷的"坑"中，这种理论也被天文观测的事实所证实。时空的弯曲也就是时空的收缩，说明时空受物质的作用而能够由"舒展"的或扩张的运动形式转变为收缩的或塌陷的运动形式，就像一张纸既可以呈平展状态又可以被挤压成一个小纸团一样。时空一方面进行着扩张运动，另一方面又进行着收缩运动，而进行收缩运动的原因则是时

---

[1] 劳伦斯·M.克劳斯著、刘仲敬译：《无中生有的宇宙：万物起源于空，空又从何而来》，江苏人民出版社，2012年9月，第73、108页。

空自己产生出了自己的对立物——物质,这种对立物使不断作扩张运动的时空在局部范围进行着收缩运动。显然,包含着矛盾并进行着不同形式的运动的时空不可能是绝对的虚空,它只能是一种处于永恒的矛盾运动之中的存在物。时空呈现在人们眼前的"空",只是一定时期人的认识能力不足而看到的一种"空"的假象,实质上,时空与人们能够看到的普通物质、普通能量同出一源并有着共同的归宿,二者是同质而异形的客观实在。

再来看看来自于"真空能量"的普通物质在宇宙演化中表现出的矛盾本性。

宇宙生成的最初的也是最简单的元素是氢,氢元素的大规模聚集生成第一代恒星。恒星是一种依靠原子核不间断的聚合反应来维持生命的星球,它通过原子核的聚合式反应,产生向外辐射能量和喷射物质的热力,而它巨大的质量则不断产生向内的引力,给内部的原子核物质提供维持核反应所需要的压力和温度,由此形成的恒星生命过程是一种不间断的爆炸——内向的引力与外向的热力的不间断的冲突,使恒星的生命过程呈现出一刻也不宁静的沸腾、爆发景象。

第一代恒星发生的持续性爆炸,生成了比氢和氦更重的碳、氮、氧、硅、镁、硫、铁等新元素。恒星的晚年更是通过"震撼天庭"的大爆炸结束其生命,并将其体内剩余的氢、氦和新生成的重元素抛射到周围的空间,形成星云物质。这些星云物质重新凝聚成新的恒星及其周围的行星、卫星、星球碎片等,诞生出物质组成大不相同的第二代、第三代恒星和行星系。而且,大块头的恒星还会上演更加宏大而壮烈的恒星涅槃事件——超新星爆发,它可以生成银、金、铅等重金属元素和镭、钍、铀、钚等稀有元素,还生成更加奇特的物质形式——中子星或黑洞。黑洞似乎有其始祖——"奇点"的遗风,即引力极大而体积却很小。它好像是一种宇宙"貔貅",不断地吞噬周围的天体,只吃不拉,甚至连光线都难逃其引力。虽然迄今还没有发现有黑洞爆炸,但是霍金已经在他提出的"霍金辐射"理论中预言了黑洞具有辐射功能,这种功能会使"黑洞最终在一次爆炸中消失殆尽"[1]。现代宇宙学的观测也确实发

---

[1] 斯蒂芬·霍金著,许明贤、吴忠超译:《时间简史》,湖南科学技术出版社,2007年10月,第5页。

现有的黑洞大规模地向外喷发射线,有的黑洞喷发出的射线甚至达数千光年之远。黑洞既然能大规模喷发射线,说明它"只吃不拉"只是维系自身生存的一种"内向"的作用力,而向外喷发射线则是它抵抗"内向力"的一种外向作用力,或许它也在腹中蕴藏着引致其爆炸的"反引力"。总之,黑洞也和产生它的宇宙一样,是一个在爆炸中出生又可能在爆炸中死亡的矛盾体。

宇宙演化中还有另一种矛盾运动形式,这就是一些天体以引力或机械碰撞作用猎杀、蚕食、吞并、攻击另一些天体,不断上演"天体大战"的剧目。

二、宇宙演化中的"和谐"

宇宙演化中发生的各种爆炸,以及孕育和伴随爆炸的差别、对立、对抗等过程,似乎也能生出"和谐"之物——譬如我们人类所在的太阳系。在这个以恒星和行星为主的体系里,太阳似乎永不停歇地发散着它的热量,行星们按照各自的轨道有条不紊地围绕太阳作近似圆周的运动。多数行星绕日运行的轨道几乎都在一个平面上,构成一个围绕核心运行的平整的大圆盘。大部分行星的绕轴自转的方向都与太阳的绕轴自转方向相差无几。大部分行星的卫星都是按照其母行星自转方向绕母行星运行。偶尔发生的天体碰撞事件似乎只是很小的冲突,无关太阳系"和谐"运转的大局。在这个"和谐"的大家庭里,存在着地球这样一个好像以"和谐"为主要特征的星球,它不大也不小,距离太阳不远也不近,还受到外圈层木星、土星等巨行星的保护和月球的侍卫,可以说享有得天独厚的优越条件。于是在它的上面,奇迹般地产生了生命物质。生命物质在数十亿年的演化中更是奇迹般地产生出了高级的生命形式——人类。人类尤其是它的大脑的产生和演化,更是神奇了得,它可以"反思"整个的宇宙。"反思"整个的宇宙——著名哲学家黑格尔就是这么说的。他认为人类认识外部世界,其实是外部世界通过人的主观能力"反思"到了自身,因为他认为外部的物质世界本质上不是物质而是一种"绝对精神",这种绝对精神自身不停地运动,绕了一个个的圆圈,最后通过人的头脑又回到了自身。我们先不说黑格尔的这种观点在物质演化史上和认识论上有多离谱,这里我们只是借用他的"反思"一词,表述这样一个奇特的事实:宇宙演化竟然在一个不起眼的星球上产生出了可以认识宇宙自身许多奥秘的物质形式，这种物质形式甚至创造出宇宙中从来没有的东西。从"奇点"爆炸开始，那种纯物理的、没有任何一点点主观性因素的物质演化过程，居然最后产生出了能够"反思"自身无限奥秘的东西，它代表宇宙、物质在漫长的演化中认识到了自身的种种特征。由此，引发了人类社会从古到今不间断的疑惑和争论：宇宙是怎样产生的？世界的本质是物质的还是精神的，它是纯客观的存在物还是神创造的？万物发展变化的基本推动力是和谐还是矛盾？人类社会能够永远太平吗？显然，"和谐"之物的"反思"所引发的问题是非常不和谐的。

科学家们从观察太阳系以外的恒星和行星系形成过程，并在观察和分析太阳系的现状及其早期的"化石"中，确知太阳系远不是一个和谐的天体系统。当50多亿年前孕育太阳系的那一团星云物质受外力和内部重力的作用开始收缩和旋转的时候，残酷、激烈的天体斗争也同时开始了。星云收缩为密度越来越大的云团，云团中央形成密度最大并且越来越热的球体，这就是太阳的胚胎。云团以中央球体为核心快速旋转，使它的形状开始变得像一个陀螺，后来又变成一个以太阳胚胎为核心的圆盘。在这个圆盘的不同圈层的不同区域，重力和旋转力产生出大大小小的旋涡，旋涡形成大小不等的星云物质凝聚体，这些凝聚体就是有可能发育成行星的"种子"，被称为"星子"。"星子"们激烈地碰撞，上演着"大鱼吃小鱼"的物质争夺战。那些"手段"最狠的角色们吃掉的同类们最多，它们自然长得也最快。太阳的胚胎在争夺星云物质的斗争中是捷足先登者，它集中了云团中90%以上的物质，并且还在尽力掠夺周围的剩余物质，可能也吃掉了不少离它最近的星子。胚胎发育成太阳的标志是它长到足够大时内部点燃了核反应，使原始太阳成为一个球状的核反应堆。核反应产生的高能粒子以及"核反应球"的快速旋转，则刮起了猛烈的电离辐射潮和吹动周围星云物质飞驰的风暴，将周围的剩余物质驱赶到很远的地方。那些经受住电离辐射和星云风暴的最大的一批星子，有幸成为行星和被行星俘获的卫星，而那些被太阳风暴刮到远处的边角余料，就成了在太阳系的几个角落里游荡的矮行星、小行星等星际碎片。然而，太阳作为太阳系物质争夺战的最大受益者和绝对的统治者，并没有机会享受和谐的日子，它在胜利之日就陷入了自身核反应与自身重力的内战之中。巨大的引力不断激发核反应，核反应产生的热力猛烈地抗击着引力，将大量的物质抛射到很远的地方，正是这种激烈的对抗和连续不断的核爆炸，才能够维持太阳活到100多亿年。在灾难中活下来的行星和被行星俘获的卫星们同样没有过上和谐的日子，它们不仅陷入到熔融态的内层物质与其外壳之间的内战中，还不断遭到外部的侵袭，在频繁的火山爆发、紫外线照射和彗星、小行星、陨石的撞击下，一个个伤痕累累、满目疮痍。即使被看作是得天独厚的地球，也毫不例外地经历着内战和外战的折磨。而且地球上因为诞生了生命和人类社会，它还陷入了无休止的生物生存竞争、社会矛盾斗争和人与自然斗争的过程。所以，太阳系的和谐，充其量只是显示了某种和谐的表面现象，激烈的和相对不太激烈的各种矛盾斗争，才是它真正的生命力。

　　达尔文阐释了生物界的普遍"真理"就是生存斗争。他赞同"一切生物都暴露在剧烈的竞争之中"的观点，也批评了被自然界的某种和谐的外貌所迷惑的各种糊涂认识。"安闲地在我们周围唱歌的鸟，多数是以昆虫或种子为生的，因而它们经常地在毁灭生命"；"这些唱歌的鸟，或它们的蛋，或它们的小鸟，有多少被食肉鸟和食肉兽所毁灭"[1]。达尔文不仅生动地描绘了生物界"和谐"的假象背后是毁灭生命的残酷斗争，而且指出了生命的一切性状都是生存斗争的产物。"一株植物，每年结一千粒种子，但平均其中只有一粒种子能够开花结子"，植物每年结这么多种子并非是一种浪费式的繁殖，而是"在和已经覆被在地面上的同类和异类植物相斗争"[2]，植物只能以牺牲999‰的种子的代价获得其后代生存的权力。同样的道理，老虎的牙齿和爪等器官是在世世代代的捕食斗争中形成的构造特征；蒲公英的美丽的羽毛种子是为了在空间上广泛地散布开，使其中的部分种子有机会落在空地上发芽成长；植物的种子中储藏着养料的"主要用途是为了有利于幼苗的生长，以便和四周繁茂生长的其他植物相斗争"[3]；如此等等。达尔文表述的思想很明白：生命就是为斗争而存在的。

　　知道了宇宙中的所谓和谐究竟是怎么一回事，就应当放弃那些不切实际

---

[1] 达尔文著，周建人、叶笃庄、方宗熙译：《物种起源》，商务印书馆，1995年5月，第77页。
[2] 同上书，第78页。
[3] 同上书，第91-92页。

的、违背规律的"和谐"目标和"和谐"思想。当然，人类是以结成社会组织的方式求得生存和发展的，人类在坚持以斗争的方式求生存的同时，也要不遗余力地争取实现那些经过努力可以实现的、符合规律的社会和谐目标。但是追求这样的目标，只能以一些矛盾来制约另一些矛盾，将那些有害于人类生存发展的激烈的、对抗性的矛盾斗争，控制在不太激烈的、非对抗性的、有利于人类生存发展的程度，最大限度利用矛盾斗争的积极作用，减轻以致消除不可避免的矛盾斗争的负面作用，以最低的代价实现最理想的社会进步。所以有一条辩证的生存法则是不能忘记的：生存和发展意味着永不停息的斗争，只是斗争的方式要有讲究。当我们想维持现状、与世无争、无欲无为、永远过悠闲舒适的日子的时候，我们应当凭自己的智慧发现这几乎是不可能的。因为"树欲静而风不止"，总会有自然界的、社会的或远处的、近处的、直接的、间接的事件威胁甚至破坏我们的宁静。疾病、自然灾害、物资短缺、不正当谋利行为、落后的制度、不健全的法律、低下的认识水平和实践能力、暴力事件、战争、文化冲突等，使我们不得不以某种斗争来排除这些威胁和破坏，而且排除威胁和破坏的努力几乎是没有尽头的。稍有松懈，就会酿成大错，祸及更大的范围和更多的人。

当我们要把一件又一件事情办好时，我们常说要"用力"、"努力"、"着力"、"力争"等，这里所说的"力"，就是要克服阻力，排除困难，用正向的作用力战胜负面的阻碍力。无阻力不成事业，没有困难就不会有胜利，不作为不仅只会倒退甚至堕落，而且难以生存。所以，战胜阻力是获得成功的唯一途径，停下脚步就意味着一事无成甚至生存无望。

当我们感到自己在困难面前有些怯懦和力不从心时，常常有一句格言能增加信心，这句格言就是"善于战胜自己"。面对困难，自己不是去战胜困难而是去战胜自己，这说得通吗？其实这句格言所说的道理，就是每个人都有两种相反的素质：一种是战胜困难的思想和能力；另一种是害怕困难的思想，或者能力上的某些缺陷。为了能够战胜困难，实现既定的目的，人必须战胜自己的弱点，弥补自己的缺陷，提高自己的综合素质。

科学和经验告诉我们，当我们沉湎于"和谐"气氛的时候，一定是我们忘记了或忽略了矛盾。随后我们会看到，"和谐"的背后总是隐藏着甚至必然转变为对立或冲突，包括内心的对立、冲突和外部的对立、冲突。

但是，和谐是人的一种美好的愿望和善良的追求。人的出现，人类社会的产生，意味着自然界残酷无情的矛盾斗争必将逐渐从社会领域消失，但人与人的矛盾永远不会消失，这种矛盾将逐渐以合乎人性的形式发生和发展，并以符合人性的、越来越文明的方式得到解决。

人们在缺乏辩证思维方式的情况下，往往对矛盾学说、矛盾观点持怀疑甚至否定的态度，这并不奇怪。这和人们缺乏物理学的思维方式，因而难以理解微观粒子和宇宙天体的诸多奥秘一样，需要有一个知识普及的过程。而且，经验总是捉弄人，在经验中，人们往往以激烈的矛盾关系为参照系，把不激烈的矛盾看作不是矛盾，甚或看作是和谐，由此一再在辩证矛盾的规律面前吃亏上当。人们往往因为过于相信容易理解的经验知识而忽略了科学知识包含的真理，特别是忽略了抽象性更高的辩证哲学知识包含的真理，但哲学的发展、文化的普及、辩证思想的影响力迟早会为忽略真理者补上这一课的，因为社会进步需要这样。

三、矛盾是万物产生、变化的动力之源

其实，太阳系、地球、生命、人类社会等物质形式并不是什么真正和谐的东西，它们与宇宙和宇宙之母——科学家推测的138亿年前的那个"奇点"一样，都是包含着内在的矛盾并且始终处于内外部的矛盾关系中的对立统一之物。宇宙在其诞生之时就为以后形成的万事万物埋下了无休止的矛盾运动的"种子"——能量与物质、物质与反物质、常态物质（重子物质）与暗物质、常态能量与暗能量、组成原子的粒子与"超原子粒子"、物质与空间、空间与时间[1]，等等。由这些对立之物组成的宇宙能是和谐之物吗？或者说，能有和谐的本质吗？同样的道理，在我们人类能力所及的狭小范围内，要想营造一个使我们感到舒适的和谐环境，能回避矛盾这个动力之源吗？

宇宙学家和物理学家将宇宙的本质归结为力的性质，指出"力及其引起的场和能量是导致各种变化的发生的直接原因，它们是宇宙中万物的根源。

---

[1] 埃里克·简森著、熊况译：《宇宙简史》，上海科学技术文献出版社，2011年1月，第38页。

在某种意义上，对宇宙本质的探索相当于是对这些力的性质的探索"。[1] 那么力是什么呢？凡是提到力，就意味着静止的结束和运动、变化的开始，或者更直截了当地说，就意味着没有静止而只有运动和变化。而且力总是成对地存在和发挥作用的。宇宙间凡有一种力，就必然有相反的另一种力，并且两种力总是相互对抗、此消彼长地发挥作用。目前人们所发现的四种基本的力，即重力、电磁力、弱相互作用力、强相互作用力，都以产生或转化为能量为其基本特征，这从另一个侧面说明，力的本质仍然是能量，仍然是客观实在之物的质量属性与其能量属性的矛盾统一体。所以，如果把宇宙的本质归结为力的性质，力就是矛盾及其推动的永不停息的运动，是不断地改变现状的万物之灵和宇宙之魂，是客观实在之物的本质属性。

辩证思想家黑格尔指出，矛盾乃是"一切自己运动的根本"，"运动就是实有的矛盾本身"[2]。一切被称为"和谐"的东西，实际上只是矛盾的特殊状态或矛盾运动的特殊形式。矛盾，乃是宇宙万物产生、变化的生命之本和动力之源。

第二节　事物的本质是内在属性的对立统一

就目前人类所知道的宇宙、星系、星球以及地球上的生物、社会等物质形态而言，其中的一切事物，即物质的一切具体形态及其属性，都经历着一条由生到灭的过程。每一事物在物质演化的历史长河中的存在只是暂时的，没有什么事物是永恒不变的。事物为什么总是变动不居，在漫长的物质演化历史中匆匆来去呢？辩证思想家的回答是：事物不是绝对的自身同一，而是矛盾，是存在与非存在、常住性与暂时性、自身与他物的对立统一体。

然而这种回答，却引发了无休止的争论。争论使辩证矛盾理论一次次地陷入"危机"，又一次次地从"危机"中得到丰富和发展。

无疑，作为人类重要哲学思想成果之一的辩证矛盾理论，需要也必然会

---

[1] 埃里克·简森著、熊况译：《宇宙简史》，上海科学技术文献出版社，2011年1月，第51页。
[2] 黑格尔著、杨一之译：《逻辑学》下卷，商务印书馆，1976年12月，第66、67页。

在社会实践和科学的发展中，在人类知识的不断增长、丰富的过程中得到相应的发展。否则，它就可能长时间地陷入新的危机。

在人类哲学史上，凡是较为系统、深刻的辩证法思想，都是以阐述既对立又统一的矛盾法则为其核心内容的。马克思主义的唯物辩证法理论依据实践和科学所提供的事实，总结了人类思想史的丰富成果，从对世界的总体看法的高度，揭示了客观世界及其演化过程中所形成的一切事物，其本质都是由矛盾构成的。这种辩证法启发人们只有正视矛盾，并以积极的态度和科学的方法认识和推动矛盾运动，才能从本质上把握事物，才能有自觉的实践活动，并在实践中实现预期的目的。

唯物辩证法理论所讲的矛盾，乃是事物的不同因素、不同方面之间，以及事物相互之间既对立又统一的关系。为了同形式逻辑中所讲的矛盾相区别，人们有时把辩证法理论所讲的这种对立统一的关系称之为"辩证矛盾"。

一、事物的本质及其构造规律

（一）本质及其构造规律

所谓本质，乃是事物具有的一般的、稳定的、必然的、深刻的内在属性的总和。本质不是指个别事物所具有的独特的、外在的、偶然的、零碎的规定性，也不是指一切事物所具有的普遍属性，而是某一类特殊事物所具有的渗透着普遍性的内在的特殊规定性。这种特殊的内在规定性是某种同类事物共同具有的性质，它不会因为这类事物中的某些个别事物的产生或消失而产生或消失，而是以该类事物全体的产生或消失而产生或消失。如果说个别事物也具有本质，那主要是指它具有它的同类共同具有的规定性。

规律是内在的、本质的联系。一切事物的本质都具有这样的构造规律：一方面，它具有集中体现事物自身特点，表征事物是自身而不是他物的内在属性；另一方面，它又具有体现事物与其他事物的共同特点的内在属性，表征事物既是自身又是其他的事物。这两种属性既相互区别、相互对立又相互包含、相互渗透，构成事物内在属性的统一体。本质之所以是本质，就在于它不是绝对的自身同一，而是一种内在的矛盾。事物本质的构造规律，就是两种基本的内在属性之间既对立又统一的矛盾关系。所以，矛盾乃是一切事物的本质的构造规律，同时也是事物之间本质的联系方式。只有这样来认识矛盾和事物本质的关系，才能避免对矛盾理解的庸俗化和不恰当的通俗化。

（二）黑格尔对事物本质的论述

黑格尔认为，"一切事物本身都自在地是矛盾的"，矛盾与同一相比是"更深刻的、更本质的东西"，是"一切运动和生命力的根源"。"某物之所以有生命，只是因为它自身包含矛盾"，具有"把矛盾在自身中把握和保持住的力量"。黑格尔把矛盾称之为"本质的绝对规定"，是"一切自己运动的根本，而自己运动不过就是矛盾的表现。""运动就是实有的矛盾本身"❶。黑格尔在这里所说的矛盾是"本质的绝对规定"，其含义大体相当于说矛盾是事物本质的唯一的、毋庸置疑的特征、属性或定义。黑格尔对事物的本质作了进一步的说明，"本质之所以是本质的，只是因为它具有它自己的否定物在自身内"，即"它在自身内具有与他物的联系，具有自身的中介作用"。因此可以说，本质是"一个映现他物的存在"或"一个映现在他物中的存在"，本质是"发展了的矛盾的范围"❷。黑格尔在这里所表述的是这样一种观点：任何事物的本质都不是绝对的自身同一，不是绝对地自己与自己相同或绝对地自己与他物不同，而是自身的特征与其他事物的特征不可分割地联系在一起，自身中存在着其他事物，其他事物中也包含着自身的因素，事物的本质就是在自身内存在着与他物共同的性质，存在着自身与他物的中介性联系，并且以此为基础形成自身特性与他物性质的对立统一体。

黑格尔所说的本质是"一个映现他物的存在"或"一个映现在他物中的存在"，其中所谓的"映现"，其实就是"包含"的意思。黑格尔是一个客观唯心主义者，他认为世间万物是某种精神的运动形式，事物的本质是精神性的"实有"之物，因而事物本质的构造机制就是体现事物自身特点的精神与体现他物特点的精神相互"映现"在对方中，而不是相互包含在对方中。所以，黑格尔所说的"一个映现他物的存在"或"一个映现在他物中的存在"的这一观点，用唯物主义的语言表述出来就是：本质是"一个包含他物的存在"或"一个包含在他物中的存在"。与黑格尔的主观唯心论在物质与精神的

---

❶ 黑格尔著、杨一之译：《逻辑学》下卷，商务印书馆，1976年12月，第65-67页。
❷ 黑格尔著、贺麟译：《小逻辑》，商务印书馆，1980年7月，第246页。

相互关系问题上的观点正好相反，辩证唯物论强调物质世界中一切事物的本质都是客观的、物质性的真实存在，是集中体现事物自身特点的客观属性与集中体现他物特点的客观属性相互区别、相互对立又相互包含、相互渗透的统一体。黑格尔揭示一切事物本质的共同特征是自身与他物不可分割地构成矛盾统一体，这是极为深刻的，包含着接近科学真理的合理性。

黑格尔对本质这一重要概念进行了多角度的阐述，其中有许多启发人们对本质进行深刻的辩证思考的内容。他说，本质是"自己过去了的或内在的存在"，是"被扬弃了"的"过去的存在"。事物的直接存在"就好像是一个表皮或一个帷幕，在这里面或后面，还隐藏着本质"。"事物真正地不是它们直接所表现的那样"，"事物中有其永久的东西，这就是事物的本质"。"本质正是对一切直接事物的扬弃"。他还说，处于孤立状态中的事物是"无本质的东西"。❶黑格尔这些话的大致的意思是："只有事物的本质才是永久的东西，才是事物的真正性质"❷；本质是事物在经过历史过程的扬弃之后沉淀为内在性的一种稳定的存在，或者说本质是事物在一定的历史发展过程中去除了表面的、暂时的外在形式，而只保留下了内在的、稳定的真实内容；本质不是个别事物独有的东西，而是在事物与他物的相互关系中才有和才能被理解的东西。

（三）矛盾作为事物本质构造规律的科学依据

人们从经验的角度看待本质，似乎毋庸置疑地应当肯定，某一事物的本质就是这一事物所具有的与其他事物绝对不同的属性和特征，并且这种属性、特征越纯正、越不夹杂其他事物的成分，就越符合事物本质的规定性。但这种认识无疑是肤浅的，也是不正确的、违背科学真理的。

辩证观点不同于这种肤浅且错误的观点的地方，就在于它认为事物的本质之所以是稳定存在的质的规定性而不是变动不居的现象，是因为每一事物与它之外的其他事物不是绝对地分隔、区分、不相容、不搭界的，而是既相互分隔、相互区分、相互对立又相互融合、相互通达、同质同性的。每一事物，一方面具有将自身与其他事物区分开来的特殊属性，另一方面又具有与

---

❶ 黑格尔著、贺麟译：《小逻辑》，商务印书馆，1980年7月，第242-244页。
❷ 姜丕之编著：《黑格尔〈小逻辑〉浅释》，上海人民出版社，1980年10月，第264页。

其他事物毫无差别的共同属性，而且这两种属性不是相互隔离、截然分开的，而是相互渗透、融合，构成事物稳定、深刻、完整、统一的本质规定性。

物质与能量往往被看作是相反的存在物，有的人以物质变化为能量、能量变化为物质的事实为依据，认为物质能够消失，物质第一、意识第二的唯物论站不住脚了。这种否认唯物论的观点找到真正的证据了吗？爱因斯坦指出，物质的"质量是一种非常集中的能量形式"，如果能将足够的能量集中到一起，能量就会转换成质量[1]。爱因斯坦用质能转换公式 $E=mc^2$ 表述他的这一观点，其中 E、m、c 分别代表能量、质量和光速。显然，爱因斯坦认为物质既具有质量属性，又具有能量属性，具有一定质量的物质与由质量转化成的能量，二者在本质上是既相互区别又相互同一的东西。由此我们似乎可以这样来理解爱因斯坦的质能转换公式：质量是集聚态的能量，能量是运动态的质量，二者在本质上是同一个东西。在宇宙演化中，广泛存在着物质与能量相互转化的事实。就是在现在的一些科学实验室中，譬如在高能粒子加速器中，也可以用人造的设备实现物质与能量的相互转化。

粒子与波也是这样。这两种物质形态似乎是互不相容的，但物理学家告诉我们，一切物质都具有粒子和波两种属性、两种形态。一切微观粒子譬如电子、中子、夸克等，既具有粒子的属性，又具有波动的属性，而一切宏观物体如沙子、石块、地质板块、星球、星系等，也都具有粒子性（实体性）和波动性两种属性，只不过它们的波动性相对地显得太微弱而已。"粒子愈大，它的粒子形态就愈显著，也就愈难观测到它的波形态。"[2]

人们迄今所发现和合成的一百多种化学元素，基本上可以分为金属和非金属两大类，这两类物质的主要物理性质和化学性质正好相反。但是从元素和化合物性质的周期性变化中得出的结论却是：所有的元素既具有金属的属性，也具有非金属的属性，它们在本质上是金属性和非金属性的统一体，只不过在具体的化学反应中，某一种元素主要显示金属性，另一种元素主要显示非金属性。与这一道理相类似，所有的化学物质包括化合物和单质，按照

---

[1] 艾萨克·阿西莫夫著，朱子延、朱佳瑜译：《亚原子世界探秘——物质微观结构巡礼》，上海世纪出版集团，2011年8月，第99、164页。

[2] 同上书，第70页。

其属性一般可以划分为酸性物质和碱性物质，然而酸性物质和碱性物质的区分同样是相对的。根据化学的广义酸碱理论，凡是能够给出电子对的分子、离子、原子团都称为碱，凡是能够接受电子对的分子、离子、原子团都称为酸，因此每一种化学物质实际上都是既具有酸性又具有碱性的两重性物质。有机化学领域的烃类、醇类、酚类、醚类、醛类、酮类、羧酸类、酯类、糖类、核酸、蛋白质等物质，其分子构成中都包含许多的碱性基团和酸性基团，因而具有酸、碱两重性质。譬如所有的蛋白质都是酸、碱两性物质，凡是分子构成中碱性基团占多数的就是碱性蛋白质，酸性基团占多数的就是酸性蛋白质。广义酸碱理论有许多种，它们共同的特点就是"酸和碱不是孤立的，而是彼此相互联系、紧密依存的"，"有些物质既可作为酸，也可作为碱，表现为两性"[1]。所以，金属性和非金属性、酸性和碱性无疑是构成物质的化学本质的重要属性。

化学领域中还有一个反映物质本质属性的概念，这就是美国化学家鲍林提出的"电负性"概念。电负性是指在分子中原子吸引电子的能力。电负性越大，原子在分子中吸引电子的能力越强；电负性越小，原子在分子中吸引电子的能力越弱。非金属元素原子吸引电子的能力强，其电负性就强；金属原子吸引电子的能力弱，其电负性就弱。推而广之，酸性的离子、分子、原子团、基团等物质易于得到电子对，所以它的电负性就强；碱性的离子、分子、原子团、基团等物质易于给出电子对，所以它的电负性就弱。在元素周期表中，同一周期中从左向右，最活泼的金属过渡到最活泼的非金属，元素的电负性逐渐增大；同一主族中，从上到下，金属活泼性逐渐增强，非金属活泼性逐渐减弱，电负性逐渐减小。可以看到，电负性的强与弱，所对应的是元素的非金属性与金属性的强与弱和物质的碱性与酸性的强与弱，因而电负性是更为集中地体现物质的化学本质的重要属性。

生命体一方面具有与非生命体不同的属性，如生长、发育、细胞和亚细胞构造、遗传、繁殖、意识等生物所特有的属性，另一方面又具有与非生命体毫无差别的属性，如它们都具有原子和基本粒子构造、质量、能量、硬度、温度、分子构造、化学反应、电磁相互作用等属性，而且后一种属性即非生

---

[1] 何凤姣主编：《无机化学》，科学出版社，2019年12月，第197页。

命属性是形成和维持前一种属性即生命属性的基础，前一种属性则是将后一种属性组织成为特殊的系统—结构体的高一级的功能。所以，生命体的本质，就是生物属性与非生物属性既相互区别又相互渗透、相互融合的统一的属性。用黑格尔的话来说，就是生命体的本质"具有它自己的否定物"——非生命体在自身内，即它在自身内具有与非生命的基本粒子、原子、分子、物理变化、正负电子的相互作用、化学反应等"他物"的联系，因此可以说，生命体就是一个"映现"非生命体的存在或一个"映现"在非生命体中的存在。

二、每一事物与它之外的其他事物有着共同的内在属性

事物在自身内包含着他物，他物中也包含着自身，构成事物本质的一个重要方面就是事物与它之外的其他事物有着共同的内在属性和内在联系。只要讲到本质，那么一事物与其他事物就是有内在联系的、不可截然分开的；事物存在于他物中，他物也存在于事物自身中。每一事物与它之外的其他事物有着共同的内在属性，这一观点可以从现代科学所揭示的事实中做出说明。

（一）每一事物与它之外的其他事物有着共同的起源

在我们所处的这个宇宙里，任何事物都是由其他事物在一定条件下转化而来的。由相同的事物转化形成的许多各不相同的事物，由于有共同的起源，因而也就有着由共同起源所决定的一定层次的共同的内在属性。

大爆炸宇宙生成学说揭示了我们所在的宇宙是由大约138亿年前的一个没有时间、空间、能量、物质的"奇点"发生爆炸而形成的。如果这个学说能够成立，至少在我们所在的这个宇宙中，世间万物皆有一个共同的起源——"奇点"，这一共同的起源决定了宇宙中的万事万物有着最基本、最普遍的共同属性这一结论也就能够成立。

根据科学家几十年的观测、模拟和推测，宇宙诞生时的大爆炸所产生的唯一实在的东西是能量，这种能量的主要形式是射线。大约在大爆炸之后10^{-24}秒到1秒的时间内，四处飞溅的射线相互碰撞形成最初的基本粒子，这些粒子主要是电子、夸克、中微子和胶子，这便是能量转化为物理学上所说的"物质"的开始（物理学以及其他自然科学所说的"物质"，与哲学上所说的"物质"是有一定区别的。前者所说的物质一般是指狭义的物质，即由基

本粒子构成的物质。后者所说的则是广义的物质,是包括能量在内的一切客观实在的存在物)。狂飞的射线和最初形成的夸克、胶子以及由夸克组成的质子、中子等形成一种等离子体混合物,人们现在还难以想象其结构和状态,将其叫作"夸克粥"或"原始粒子汤",这就是混沌状态的原始宇宙。科学家们推测,这种混沌的原始宇宙实际上是一个极高温度(10^{21}℃)、极高密度(10^{48}克/cm^3)的明亮火球。这个火球成为后来包括生命、人类社会在内的各种物质结构形式的共同起源。

物理学家和宇宙学家推测的"奇点"爆炸生成最初的宇宙,以及他们模拟和推测的这种"火球"式的原始宇宙的状态,似乎也符合对立统一规律:"奇点"爆炸生成射线,这无疑是一种矛盾体发生对抗、冲突的体现,即宇宙起源于一种对抗性的矛盾;射线碰撞生成少量的基本粒子,但又经常将它们摧毁,表明射线与射线的对抗转化为射线与它生成的基本粒子之间的对抗;在大爆炸发生后的最初几百年里,宇宙的主宰者是以射线形式存在的能量,它生成的夸克等基本粒子即最初的物质从属于它,表明这一时期射线是原始宇宙这一对立统一体的主要方面;爆炸使宇宙不断膨胀,膨胀使宇宙的温度和密度降低,由射线生成的夸克等基本粒子越来越多,以基本粒子为主要形式的物质逐渐取代了射线,成为宇宙的主宰者,表明对立统一体的主、次方面发生了位置的变化;爆炸之后过了几千年,基本粒子等结合成质子、中子等重子,带电的质子、电子和不带电的中子开始组成最初的原子——大量的氢原子和少量的氦原子,原始宇宙遂由"粒子时代"过渡到所谓的"物质时代"[1]。

有了基本粒子和最早的也是最简单的原子,才演化出了现在人们可以探知的具有不同结构形式的较高一级的物质种类。这些新的物质种类,譬如比氢原子更加复杂的100多种元素的原子,以及由原子结合形成的各种分子,原子、分子、尘埃组成的星云,星云凝聚成的恒星、行星、行星系、星团、星系、星系群、超星系群、黑洞、类星体,以及生命体、社会等,都是原始宇宙演化的具体形式。这些物质形式既具它们的"共同祖先"即共同起源赋予的许多相同的性质,又具有变化了的环境条件赋予的不同的性质。虽然科

---

[1] 埃里克·简森著、熊况译:《宇宙简史》,上海科学技术文献出版社,2011年1月,第55-57页。

学家至今还不知道星系是怎样形成的，但是可以大致地推测"所有星系的一部分性质很可能是由它们在一百多亿年前诞生的地方——遥远气体云中——的物理条件所决定的，另一部分性质则是由它们在诞生之后与其他星系进行的相互作用决定的"。星系以及"类似于星系的天体起源于大约120亿年前，它们的起源形式是类星体"。❶

第一代恒星发生爆炸，形成第二代、第三代恒星及其主宰的行星系，以及行星系中的行星、行星的卫星、尚未形成行星的物质碎片等。在像地球这样的行星上，物质通过化学演化形成生命，生命的进化形成了更高级的生命物质和纷繁复杂的生物世界，最后产生了人类，形成了人类社会的发展和进化。现时段宇宙中所形成的一切事物，包括我们的太阳系、地球和地球上的一切，都是由大体相同的物质形式转化而来的，因而每一种物质形式，包括人类、使人类能够思维的大脑和人类创造的文明成果等，虽然千差万别，但是都具有物质和能量的客观实在性、物质的永恒运动性、物质的信息属性、物质的多层次结构，以及物质的重力、电磁力、物理作用、化学作用等许许多多的共同属性。

千差万别的生物种类和生物个体之间，也因共同的起源而具有共同的属性。研究者发现，生物界进化程度最高的人类，与哺乳类、鸟类、蛙类、鱼类等动物大脑的神经回路结构具有共同的起源，起源的时间在4亿多年以前，这种神经回路指挥行动的功能在人类和这些动物之间是相同的。人与哺乳类、鸟类、爬行类、鱼类动物在情感和行为上也有多方面的共同性，譬如都有利己性和利他性的行为特征，这些共同性的根源可以追溯到相应的基因结构，共同的基因结构表明它们有着共同的起源。人与最低等的生物在基因结构上有一定的相似度，较高等的动物与人的基因相似度则较高。根据基因科学研究提供的资料，人与黑猩猩的基因相似度为96%，与猫的基因相似度为90%，人与老鼠的蛋白质编码基因相似度为85%、非编码基因相似度为50%，人与牛的基因相似度为80%，人与香蕉这种植物的基因居然也有60%的相似度。不同生物之间基因相似度越高，说明其共同祖先距现在的时间越短。

应当强调的是，物理学家所说的"物质"，是指有规则结构的物质，如

---

❶ 埃里克·简森著、熊况译：《宇宙简史》，上海科学技术文献出版社，2011年1月，第116、119页。

基本粒子、原子、分子、星云、星球、星系等，而哲学家所说的物质，是指独立于人的主观意识之外的一切客观实在的存在物。所以，原始宇宙中充满着的以射线为主要形式的能量，无疑也是独立于人的主观意识之外的客观实在，因而也是物质。"物质"这一概念有其广义与狭义之分。物理学家所说的有规则结构的物质应当属于狭义的物质，而包括能量和有规则结构的物质以及物质、能量所具有的信息属性等在内的一切客观实在的东西，应当属于广义的物质，也就是哲学上所说的物质。能量与物质相互转化的物理定律及其公式（$E=mc^2$）表明，能量就是发生了某种转化的物质，物质是以质量形式存在的能量。如果质能转化的物理定律对大爆炸中的宇宙也适用的话，那么大爆炸所产生的能量应当是由某种形式的物质转化而来的，这种物质是能量和有规则结构的物质的共同祖先，它的奇特之处可能是现在的人类难以想象的。然而，对于宇宙诞生之前是否存在物质以及存在什么样的物质，或者说发生大爆炸的那个"奇点"是不是一种特殊的物质、大爆炸之前的存在究竟是什么等，有些科学家认为也许永远不会有答案[1]。但是另一些科学家却在做着不懈的努力，探求究竟有没有那个"奇点"，如果有的话，"奇点"究竟是什么，"奇点"之前又是什么等问题的答案。这种不懈的探索也许有朝一日能够找到能量和有规则结构的物质的共同祖先。

（二）每一事物与它之外的其他事物有着共同的演化道路

宇宙中的各种具体的物质形态都是由原始宇宙的相同物质形态转化、演化而来的，凡是在宇宙演化过程中产生的事物，必然具有由这一普遍过程所决定的共同属性。物质演化所形成的具体形态越多，其转化、演化为更多物质形态的过程或道路也在分化中愈加多样化。凡是遵循共同的转化、演化道路的物质形态，必然会形成由共同的道路所决定的相同属性。

所有的化学元素都具有共同的属性，因为它们都经历了由射线转化为基本粒子，由基本粒子结合成质子、中子等重子，再由质子、中子、电子结合成原子，由氢原子、氦原子等较轻的原子（核）聚合成更重的原子的共同的转化、演化道路。

所有的分子都具有一些共同的属性，因为它们都经历了由正负电荷构成

---

[1] 埃里克·简森著、熊况译：《宇宙简史》，上海科学技术文献出版社，2011年1月，第54页。

化学键，以化学键为结合力，由不同的原子结合为分子，由简单的分子结合为复杂分子的共同转化、演化道路。

同样的道理，所有的星云、恒星、行星、星系、星系团，所有的生命、所有的社会形态、所有的国家、所有的科研活动、所有的艺术作品、所有的文明成就等，都具有它们作为某一类物质形态或物质形态的精神反映形式的某些共同属性，其原因之一就是它们有着共同的转化或演化道路。

人类和人类社会作为地球上或太阳系内物质演化的最高级的形式，有着其他物质形态所没有的特殊属性，即它的种种社会属性。但人类与宇宙间的其他事物都是由大爆炸前的"奇点"到爆炸后的"原始粒子汤"，再到最初的原子、星云、第一代恒星、行星系、第二代恒星及其行星系这样走过来的。这种共同的演化道路，决定了人类与其他物质形式具有相同的诸多属性。人类能够创造自然界原本没有的东西，但人类进行创造活动的生理过程却具有电荷运动、化学运动、重力运动等属性，这些属性与无生命的射线、粒子、原子、分子、星云、行星、恒星、岩石、海水，以及低级生命体等物质形式的属性没有本质区别。

在自然界和社会中，事物因基本的演化道路相同而具体的演化道路不同，从而形成相同的基本属性和不同的具体属性是一条普遍规律。哺乳动物和鸟类都是脊椎动物，有着从无脊椎动物到脊椎动物、由低级脊椎动物到高级脊椎动物的共同进化道路，它们都具有脊椎动物的共同属性。但是在最近的几千万年中，二者在进化道路上分道扬镳，哺乳动物主要在陆地上行走，其活动的地域范围受到一定的限制；鸟类主要依靠在空中飞翔而使其拥有更大的活动范围。但是二者在进化过程中都面临着快速找到战胜竞争者的办法这一"强大的选择压力"，因而"都形成了基本相似的大脑皮层连接网络"和"相似的认知能力"[1]。这表明哺乳动物和鸟类的进化道路是大同之中包含着小异，即基本的进化道路相同，具体的进化道路不同，所以形成的大脑结构不同，但大脑的发达程度大致相同，"殊途同归"的进化道路使它们获得了相似的认知能力。

---

[1] 奥努尔·京蒂尔金：《鸟类的惊人脑力》，《环球科学》，2020年2月号，总第183期，第69页。

（三）每一事物与它之外的其他事物有着共同的环境条件

环境是形成事物内在属性的根本条件。没有一定的环境，就没有任何事物，而环境无非就是相对于某一特殊事物的其他事物的总和。环境塑造事物的属性，也就是其他许多事物共同作用于一定的对象物，使对象物形成或改变某些属性，或者使对象物转变为另一事物并具有相应的属性。这就是辩证哲学家所说的"无"中生有的道理。任何事物都是在没有它存在的环境条件下由其他事物转化来的，没有它存在的环境条件也就是它的无，或者说是"无它"的环境，正因为无它，环境才创造出了它并使它具有环境所赋予的属性，它因此才由"无"转化为有。

凡是在同样环境条件下产生和发展的事物，都具有环境所决定的共同属性。如果把科学家设想、推测但至今还没有被证实的宇宙的前身即原始的"奇点"，看作我们这个宇宙诞生的最早的环境条件，高温、高密度的"夸克粥"也就是由四处飞舞的射线构成的"原始粒子汤"就诞生在这样的环境中；把大爆炸后形成的"夸克粥"看作有规则结构的重子、原子核、原子等物质形态的环境条件，氢原子、氦原子就诞生在这样的环境中；把最早形成的氢原子、氦原子气体团和少量穿行其中的射线看作以后形成的恒星、星系等物质形态的环境条件，所有的恒星和星系都诞生于这样的环境之中；把恒星看作重元素形成的环境条件，所有比氢原子、氦原子重的元素都诞生于恒星的中心或超新星爆炸的环境中。这样的环境演化系列不断延伸，我们还可以从中得出如下结论：所有的生命都诞生于与地球环境相差不太大的行星环境中，所有的鱼类都诞生和生活在水体环境中，所有视觉、听觉灵敏并善于奔跑的食草动物都诞生、生活在有大片植物和大量食肉动物存在的环境中，所有的灵长类动物都诞生和生活在以森林、草原为主的生态环境中，所有的藏羚羊都是海拔4000米以上的青藏高原低氧生态环境的产物，所有的人都诞生、成长在基本相同的自然环境和社会关系中，所有有知识的人都是在一定的教育环境中成长的，所有的杰出军事家都是在战争环境中锻炼出来的，如此等等。

相同的环境，必然塑造出相同的事物或事物的相同属性。所以，世间万物皆有其一定时空段的共同环境条件，它们都无一例外地是"无"中生有之物，它们也因此具有共同环境所决定的共同属性。人们正是依据这样的原理，通过建立一定的社会关系、社会制度来培育、发展相应的生产力，塑造新的经济主体和社会成员；通过建立一定的教育系统来培养、造就所需要的大量人才；通过建立一定的生态系统和农业体系来生产农产品；通过建立一定的工厂和产业体系来生产所需要的工业品；通过建立一定的科学研究的环境和机构来生产科学技术成果。

（四）每一事物与它之外的其他事物有着共同的构成要素

就人类现在所认识的物质形态来看，所有的物质实体及其运动、变化过程都是由已知的200多种基本粒子构成的，它们都具有"粒子构成物"的共同属性。所有的原子都有其共同属性，原因之一是它们都由质子、中子、电子组成。所有的分子都是由原子组成的，因而具有原子这一"基础材料"所决定的共同属性。所有的生命体都是由原子、分子组成的，因而具有以原子、分子为基本材料的优势和弱点。射线能够破坏原子、分子的结构并改变其某些属性，同样也能破坏生命体的结构，改变其某些属性。人们可以用射线来选育生物优良品种，可以用射线来治病，但在另一些情况下，人们却必须防止射线对生命和健康造成伤害。与无生命的物质体相比，生命体显得是那样的独特甚至神秘，但生命体毫无疑问地是由无生命的原子、分子等为其"基质"的。没有氮、氢、氧、碳、磷、硫、钾、钠、钙、微量元素、水、脂肪、糖类、氨基酸、核苷酸、蛋白质、核酸等这些无生命的物质，生命体的任何结构和功能属性，包括作为生命体的最高进化形式的人类及其思维、创造等属性，都是不可能产生的。这也就说明，最高级的物质形态与最低级的物质形态，由于组成成分相同，在某些方面的属性也相同。

（五）每一事物与它之外的其他事物有着共同的发展趋势

世间万物都是有生有灭之物，其根本的原因可以追溯到我们所在的这个宇宙的本质。物理学、天文学等领域的科学家现在开始怀疑我们所在的这个宇宙可能不是唯一的宇宙，有的科学家根据新的事实和问题提出了多重宇宙的设想和假说，其中就包括宇宙也是有生有灭的观点。宇宙及其演化中形成的一切事物都会经历生成、兴盛、衰亡这样的发展过程，所以一切事物的一种最普遍的属性，就是它的暂时性、有限性。它们都是物质的永恒运动过程中的暂时形态，它们有着共同的发展道路和发展趋势。同样，每一种具体的物质形态及其演化、生成的多样化的事物，也都具有其与其他物质形态相区别但与其同类物质形态相同的发展趋势。宇宙在加速膨胀，宇宙间所有的星系都在相互加速远离，宇宙由此将变得越来越黑暗，它将在星系远离中分崩离析，还是在膨胀到一定程度重新坍缩成又一个周期的奇点，对这样的问题科学家还回答不上来，但宇宙演化的基本趋势与星系、星系群、恒星、行星系等天体的演化趋势是相同的，即它们都将转化为另一种物质形态。同样的道理，行星及其大气层、陆地、海洋、生物和人类社会等，毫无例外地都要转化为其他事物。

依据现代科学提供的知识，我们还可以列举出事物具有共同属性的更多方面的事实和原因，如每一事物与它之外的其他事物都处于普遍的相互作用之中、每一事物与它之外的其他事物依一定条件相互转化等，都是事物具有共同属性的重要原因。

三、每一事物与它之外的其他事物又有着不同的甚至相反的属性

事物之间有着普遍性程度各不相同的多方面的共同属性，这只是事物本质的一个方面。事物本质的另一个方面，则是事物与他物之间有着相互区别、相互分离甚至相互对立的不同属性。

上述所说的每一事物与它之外的其他事物因为有着共同的起源、共同的演化道路、共同的环境条件、共同的组成要素和共同的发展趋势等，所以才有许许多多的共同属性。反过来，每一事物与它之外的其他事物因为有着不同的起源、不同的演化道路、不同的环境条件、不同的组成要素和不同的发展趋势等，所以才有许许多多的不同属性，这也是为人类长期的实践活动，特别是现代科学所揭示的丰富事实充分证实了的。

有着共同的起源、共同的演化道路、共同的环境条件、共同的组成要素和共同的发展趋势的多种物质形式，在它们的相互作用和运动过程中又不断改变着原来的条件，从而为后来形成的各种物质形式提供了与前不同的起源、不同的演化道路、不同的环境条件、不同的组成要素和不同的发展趋势，形

成了极其多样的物质分化和属性种类。

共同起源于原始宇宙的"夸克粥"中的所有的氢原子，在其相互作用中不断发生变化，有的氢原子因受到高温、高压的作用，聚合成氦原子和极少量的锂原子，有的受到射线的剥离作用重新变成带电的离子，有的成为四处飘浮的气体，散布在膨胀的宇宙空间，这就使物质进一步演化的条件发生了重大改变。由大量氢原子和少量氦原子、锂原子组成的原始气体在运动中形成旋涡，旋涡搅动更大范围的气体使之凝聚成密度不断增大的云团，直至形成最早的恒星。一批率先形成的恒星在晚年发生爆炸，爆炸的推力对周围的气体和尘埃云产生大规模的撞击和搅动，更快地形成新一代恒星的胚胎——气体云团。一旦形成云团，云团就会在重力作用下演化为恒星、行星和行星系。原始气体或星际尘埃受到的作用力在时间、位置、大小等方面各不相同，形成的气体旋涡也各不相同，旋涡搅动更大范围的气体所凝聚成的云团在密度、大小、运转轨道等方面也各不相同，由此演化而成的恒星、行星和行星系自然也千差万别。同样的道理，由众多恒星、行星和星际物质组成的星系，其演化道路、相互作用的形式以及因此所获得的性质也不相同。

在旋涡搅动的气体云团形成第二代恒星及其行星系的过程中，受搅动而旋转的云团中心最有条件形成第二代恒星的胚胎。云团的气体受重力作用不断落入中心区域，加快了胚胎发育成早期的恒星。在恒星的外围，氢原子和重原子组成的尘埃云原本是组成成分相对均匀的气体，但由于这些气体与早期恒星之间的距离不同，所凝聚成的行星在化学组成、密度、大小、运转轨道等属性上也各不相同。早期恒星的核聚变反应使距离恒星较近区域的物质被加热，其中的硅、铁、镁、铝等元素发生氧化反应，形成金属氧化物和硅酸盐等坚硬的矿物质，这些物质更易于聚合成有岩石外壳的类地行星。而在距离原始恒星较远的外部区域，由于温度低，包含氢、氦、锂、碳、氮、氧、硅、铁、镁、铝原子的尘埃物质，以及这些物质结合成的一些简单的化学物质如水、氨、甲烷等，在重力作用下更易于聚合成类木行星及其卫星。在有条件形成生命的类地行星上，譬如在地球这样的行星上，氢、氦、锂、碳、氮、氧、硅、铁、镁、铝及其结合成的各种化合物，依行星表面各区域和行星内外各圈层条件的不同而分别演化为不同的无机分子、有机分子和生命体。

生命体在行星的不同环境条件下演化为纷繁复杂的生物种类，其中的某一生物种类演化为有高度智慧的生物——人类，诞生了一种特殊的物质组织形式——人类社会。人类社会在不同的自然条件和社会条件的作用下，分化为不同的种族、国家、阶级、阶层、地区共同体、产业部门、文化形态，等等。

宇宙演化史表明，物质在运动和演化中不断改变着具体的形式，形式的分化及其相互作用又不断地改变着物质运动的条件，条件的改变塑造着越来越多的新事物及其属性，事物的差异性、特殊性因此越来越复杂多样。同一起源的物质，一些在某种条件下已经进化到较高阶段，产生了某些新的属性，另一些则因条件基本没有变化而仍保留原来的属性，二者因历史造成的同质性和异质性而成为既相互同一又相互对立之物。

更为重要的是，所谓有着共同的起源、共同的演化道路、共同的环境条件、共同的组成要素和共同的发展趋势，乃是指总体上、长过程、主要方面等大致意义上的共同，而在局部上、短过程、次要方面和细节上就不一定是共同的了，甚至存在极大的差异性。黑格尔有关包含差别的同一的观点，对辩证地、科学地理解事物之间的共同性质只是大致意义上的共同而不是绝对的共同，有着深刻的启发意义。星系共同起源于原始的星云，但在一定的时段、一定的空间范围，它们受到的能量、暗能量的作用不同，形成的大小、结构及其演化的快慢也就不同。椭圆星系可能因为形成的时间较早，是古老、成熟的星系，可供它制造恒星的氢、氦等气体资源已经很少，正在走向衰落。像银河系这样的螺旋星系可能形成较晚，是活力充沛的年轻星系，内部包含的气体和尘埃资源丰富，能够不断形成新的恒星。还有许多不规则星系，个头较小、结构奇特，是处于椭圆星系和螺旋星系附近的附属品，同时也是椭圆星系和螺旋星系的"受害者"，它们还没有来得及长大就沦为上述两种主宰者的奴仆，还经常被主宰者扭曲、撕裂甚至吞食。可见，星系虽然有共同的起源，但由于内外条件的变化不同，却未必有完全相同的性质和命运。

迄今人们所发现的118种元素，包括人工合成的26种元素，都有共同的结构和功能属性，它们都是由带正电的原子核和带负电的电子通过电荷的吸引作用结合为相对稳定的体系，原子核内部质子与中子、质子与质子、中子与中子通过强相互作用力结合为整体的方式，以及外层电子的排列等有着共同的规律。但是每一种元素的原子与其他各种元素的原子都有着具体的差异：原子核中质子和中子的数量不同，外层的电子数量及其排列方式不同，与其他元素的原子进行化学反应的能力和方式不同，原子核的稳定性不同。组成要素相同，但要素的排列方式不同，由此产生了不同的属性。

人与其他的生物有着普遍的共同属性，其中在体现遗传属性的基因结构方面有着程度不同的相似性。但是越是进入具体的基因结构环节，差异性就越大。造成这种差异的主要原因，是生存竞争和自然选择决定了它们的进化趋势越来越受到隔离。不同的物种原本有着长期的共同的进化趋势，但是后来进化趋势分化为不同的分支，于是形成既有共同属性又有不同属性的差异。

与共同的属性一样，事物的不同属性也就是事物的特殊性也分为许多的层次和种类。有些特殊属性在物质世界中具有相当大的普遍性，如星系、恒星、黑洞、星际气体、行星、元素、水、生命等物质形式各有其特殊属性，但在其同类物质形式中，譬如在恒星这类物质形式中，由较轻的原子核聚合为较重的原子核这种核反应的特殊属性，则具有极大的普遍性。随着物质结构层次和物质运动形式的细化和具体化，物质的特殊性在增加，普遍性则逐渐降低。事物最特殊的属性就是某一具体事物的个性，即其具有的为他物所没有的独特属性。如某一生物个体因受到外部特殊刺激或内部基因组的"跳跃式"结构变化而发生的性状突变，就属这类。所以，与万物有着无限多的共同属性一样，万物也有着无限多的特殊属性。

四、事物的两种基本属性表征着事物之间存在着不可分割的内在联系

（一）事物的共同属性表征着事物之间具有同一和无差别的内在联系

我们用科学所揭示的事实来说明每一事物与其他事物之间有着多方面的共同属性，这就使得辩证哲学有关事物自身中所包含的他物更易于理解。如果抽去事物之间的差异性、特殊性，单就事物的这些共同属性而言，每一事物与它之外的其他事物就是同一的或同质的东西。射线、基本粒子、原子、分子、星际气体云、行星、恒星、星系、星系群、类星体、黑洞，地球上的海洋、陆地、生命体、非生命体、社会、政党、国家、民族、人际关系、经济利益、战争、外交活动、科学研究、政治博弈等，这些看上去完全不同的事物，都具有最基本的共同性质——客观实在性，都是物质运动的具体形式。同样的道理，在每一具体的物质领域，譬如在生物界、动物、植物、细菌、病毒、人类，以及这些生物大类所包含的复杂种属和个体，都具有生命体共同的结构和功能属性，它们的基因结构、细胞结构以及物质和能量的代谢等生命活动，都有相同的基本特征。在这一点上，这些不同的种属和个体都是无差异的同一的东西。社会领域中不同的人群、不同的民族和国家、不同的社区、不同的个人，不同的社会实践、不同的历史事件等，它们都是马克思所说的"人"这种"类存在物"及其生存和活动的形式，它们都具有人的"类存在物"的共同属性。宇宙间的万事万物都具有物质的实在性、物质之间的引力与排斥力，以及物质与能量相互转化等这些最普遍的属性，其中所有的精神性的事物则具有直接、间接反映物质属性和具有一定的物质载体等共同属性。

事物的共同属性是构成事物本质的一个基本的方面，即事物自身与他物相同、相通的那一面。正是由于有普遍的、基本的共同性，每一事物才能与其他各种事物建立相互依存、相互作用、相互转化的普遍联系。

科学研究往往根据对事物具有一定的共同属性的认识，对未知的事物提出某种假说，然后用实验、模拟、调查等方法，验证科学假说的真伪，最终得出基本符合客观实际的结论。譬如我们所说的物质与能量，既包括人类迄今所能够观察、认识到的被称为"普通的"物质和能量，也包括天文学家在宇宙中发现的另一种物质和能量，即所谓的"暗物质"和"暗能量"。对于这种"暗物质"和"暗能量"，现代科学的观测手段和研究能力只能感知到它的存在及其发挥的某些作用，却不能了解得更多。神秘的暗物质和暗能量是否是宇宙大爆炸的产物，或者是否是宇宙大爆炸之前的存在物，或者是别的什么东西等疑问，科学家还不能做出回答。但是科学家们还是可以根据物质具有最普遍的属性等规律，通过一些观测、模拟实验等手段，测得暗物质的引力作用和暗能量驱动像星系这样巨大的物质体系运动的特征，并且估算出暗物质和暗能量占宇宙中物质和能量总量的大体比重：暗物质约占宇宙物质总量的23%，暗能量约占宇宙物质总量的73%以上，二者合起来约占宇宙物质总量的96%以上，常态物质只占宇宙物质总量的4%左右。对暗物质和暗能量的本质及其更多属性的认识，包括对暗物质、暗能量与常态物质的更多的共同属性的认识，还有待科学提供更多的依据。

事物的共同属性依其普遍性程度的不同分为许多层次。有些共同属性是物质世界中最普遍的，有些是较普遍的，有些只是物质的某一结构层次或某一演化阶段、某一发展时期的共同属性，有些则是在较小领域所具有的共同属性。物质的结构层次、物质演化所形成的领域和形式，以及物质进一步演化的趋势及其形成新的领域和新的物质运动形式可以说是无限的，所以事物共同属性的种类和层次也是无限的。这也就是说，世间万物有着无限多的共同属性。

人类的各种社会实践活动，在很大程度上就是依靠对物质不同层次、不同侧面的共同属性的认识才能达到预期的目的。科学研究活动就是用思维的方式，抽象掉事物的特殊性、个性，找出其某些层次、方面的共同性，才能把握事物的运动变化规律，形成有用的知识财富。人类之所以能够进行成功的社会实践，不断创造出自然界原本没有但又与自然物有着共同属性的东西，其中的一种非常重要的思维和实践的方法，就是根据事物形成共同属性的规律，从共同的起源、共同的演化道路、共同的环境、共同的组成要素和共同的发展趋势等方面创造条件，复制出与自然物具有某些共同属性但又更适合人类需要的事物，使之成为改善人类生存条件的财富。从人类打造出第一件石器开始，诸如发明用火、制陶、农业、畜牧业、冶金、蒸汽机、发电机，以及大批量生产工业品、工厂化生产农牧产品、大批量培养人才、广泛的学术交流和知识普及等，无一不是复制共同属性的创造性劳动。

（二）事物的不同属性表征着事物之间具有相互区别、相互补充的内在联系

事物的不同属性是构成事物本质的另一个基本的方面，即事物自身与他物相区别甚至相对立的那一面。事物由于有多层次、多方面的不同属性，每一事物相对于其他事物，才具有自身的特殊性和独立性。但正因为如此，特殊之物、独立之物同时又是欠缺之物、依赖之物。事物因有多方面的特殊性而成其为自身，与其他事物相区别；它又因为只具有自身的特殊性、缺乏其

他事物的特殊性而不能与其他事物完全等同，因而与其他事物相比较乃是一种属性上的不足之物、缺陷之物，需要依靠其他事物的特殊性来弥补自己的不足或欠缺。每一事物都有其特殊的属性，同时也就意味着每一事物毫无例外地都是一种属性上的不足之物、缺陷之物，需要与其他事物建立广泛的联系，用其他事物的特殊性来填补自己的不足或缺陷，与其他事物结成多样性事物的联合体，使每一事物的不足、缺陷转化为事物联合体的相对的完整或完善。所以，每一事物都以其他事物作为自己存在的条件，只能在与其他各种事物形成相互区别、相互作用、相互依赖、相互补充、相辅相成或相反相成的关系中存在和发展。

（三）人类对事物两种基本属性的认识和利用

事物的相同属性和特殊属性是构成事物本质的两个基本的方面。人类要全面地认识和把握事物的本质，就必须准确、全面地认识和把握事物的这两种基本的内在属性。人类的社会实践活动要取得预期成效，不仅要依靠对事物不同层次、不同侧面的共同属性的认识和利用，而且要依靠对事物不同层次、不同侧面的不同属性的认识和利用。科学研究活动往往需要根据事物本质的形成和结构规律，运用以下三种方法加深对事物的认识：

（1）根据事物具有共同的属性这一普遍规律，运用观察、调查、试验的方法和分析、综合等思维方式，抽象掉事物的特殊性、个性，找出其某些层次、方面的共同性，或者以科学的类比方法，推测未知之物应当具有的某些属性，以此来把握不同事物运动变化的共同规律，寻找有某种共同属性、共同规律的未知之物。

（2）在取得对事物共同属性认识的基础上，深化认识事物多层次、多方面的特殊性，全面、深化地把握事物渗透着共同性的特殊性，找到事物形成其各种特殊性的根源和条件。

（3）根据不同事物之间既有共同的属性又有不同的属性，而且两种基本属性是一种既对立又统一的矛盾关系的规律，由已知之物推知未知之物，根据已认识之物提供的线索寻找未认识之物的踪迹、特征、运动轨迹等，达到更深刻、更广泛地认识事物的本质和变化规律，获得既有科学真理价值又有实际应用价值的可靠知识。

譬如宇宙学家、天体物理学家就总是运用以上几种方法来认识各种天体的性质和运动变化轨迹，通过各种捷径来发现新的天体，寻找理论上应当有而实际上尚未发现的天体或天文现象。通过观察其他行星来加深对地球的历史、现状、未来的认识，通过对太阳系的认识来推测其他恒星及其行星的种种可能性，以及推测地外生命可能形成的条件、可能存在的星球。生物学家也利用类似的方法，探索生命起源和演化的奥秘，预测生态环境和生物种类的变化趋势，等等。

人类出于生存和发展的需要，不仅要创造出与自然物有着某些共同属性的东西，而且要创造出与自然物不同的、对人类生存发展具有积极作用的事物及其属性。其中的一种重要的思维和实践的方法，就是根据事物形成不同属性的规律，从不同的起源、不同的演化道路、不同的环境、不同的组成要素和不同的发展趋势等方面创造条件，创造出具有与自然物不同的某些属性的事物，使之成为人类的生存发展资料。人类发明的石器、用火、制陶、农业、畜牧业、冶金、蒸汽机、发电机、人工智能，以及大规模的工厂化生产、庞大而复杂的文化教育体系、国家和民族等共同体的组织形式、艺术作品、法律、道德等，迄今所有的文化、文明成果，无一不是创造特殊性事物的社会劳动。人类也根据同样的规律，创造出与难以更多地获得的自然物或无法取得的自然物的某些属性相同的人工产品，使之成为人类的生存发展资料，丰富和提高人类的生活，增强人类的生存能力。

第三节　事物的完整本质及其内在的结构特征

毛泽东在《矛盾论》中对矛盾的普遍性、特殊性及其相互关系的论述中，包含着有关事物本质中两种基本属性及其辩证关系的丰富内容。他指出，只有认识矛盾的普遍性，才能"充分地认识诸种事物的共同的本质"和事物运动发展的普遍原因；只有认识矛盾的特殊性，才能"认识各别事物的特殊的本质"[1]。毛泽东在这里所说的事物的"共同的本质"和"特殊的本质"，其实

---

❶ 毛泽东：《矛盾论》，《毛泽东选集》第 1 卷，人民出版社，1952 年 7 月，第 297-298 页。

就是指构成事物的完整本质的两个基本的方面。

事物所具有的特殊属性与共同属性，都是指事物的内在属性，不是现象形态的外在属性。譬如，藏羚羊的快速奔跑能力是包括非洲斑羚、斑马以及梅花鹿、野驴、野马等在内的许多种类野生食草哺乳动物具有的内在共同属性，藏羚羊对高海拔、低氧环境的适应性和耐受力则是其内在的特殊属性，而藏羚羊的体型、身高、毛色等则是其外在的属性。事物的本质和本质属性、内在属性不是外在的特征，而是内在的性质，是外部环境、外在关系长期作用于事物而转化成事物的相对稳定、相对普遍的性质。黑格尔所说的本质是"自己过去了的或内在的存在"，是"被扬弃了"的"过去的存在"❶，其中就包含着这样的合理性观点：事物的本质或本质属性是事物在经过历史过程的扬弃之后沉淀为内在性的一种稳定的存在。

事物之间相互区别、相互分离甚至相互对立的不同属性与它们之间的共同属性并不是截然分开、单独存在的东西，而是相互包含、相互渗透，以"你中有我、我中有你"的形式存在和发挥作用的。其中，共同属性是随条件的变化，演化出各种不同属性并将这些不同属性维系在一起的基础，特殊属性则是共同属性在不同条件的作用之下的变异属性，同时也是共同属性的承载体，将共同属性暗藏、渗透在自身之中。事物的完整本质，是事物具有的内在特殊属性与事物和他物的内在共同属性以对立统一的关系构成的矛盾体。

一、特殊性与共同性是相互区别、相互对立的

事物内在的特殊性与内在的共同性是相互区别甚至相互对立的，它们之间存在着截然相反、正相反对和相互排斥的关系。特殊性表征着事物不同于他物的独立性，共同性则表征着事物与他物的无差别性或同质性。

恒星一方面具有许多天体的共同属性——万有引力，它使组成恒星的气体物质总是向核心集中，由此产生物质向内的压力，并引起热核反应，使恒星成为发热、发光的火球。另一方面，恒星又具有自己的特殊属性，这就是被热核反应加热的高温气体向外扩散的膨胀力。这两种属性相互抗衡，即引力与热力的相互斗争，使恒星保持了一种动态的平衡：热核反应不断进行，

---

❶ 黑格尔著、贺麟译：《小逻辑》，商务印书馆，1980年7月，第242-243页。

如太阳平均每一秒钟将大约6亿吨的氢原子合成为氦原子，将4吨多物质转化为纯能量；恒星的形状、体积、内部压力相对稳定，但局部的失衡、冲突、爆发却接连不断，恒星因此成为一个较为典型的对立统一体。

就事物特殊性与共同性在事物本质属性或内在属性体系中所处的深浅程度而言，特殊性相对地处于内在领域的浅层，具有易显露的"外层性"特征；共同性则相对地处于内在领域的深层，隐藏于特殊性的"身后"。事物的各种内在属性区分为特殊性和共同性这两种基本的属性并具有深浅有别的特征，往往使人们容易了解、理解事物的特殊性，却不易了解、理解事物的共同性，因为共同性总是渗透、隐藏于特殊性之中。要寻找事物内在的特殊性，通过将不同事物进行比较就可以做到。而要寻找事物内在的共同性，就必须通过更加广泛、深入的实践和比较，从对特殊性的大量事实和更深的认识中进行理论抽象，用理论思维认识和把握隐藏于特殊性之中的共同性。

二、特殊性与共同性又是相互依存、相互渗透的

事物内在的特殊性和共同性不是各自独立、分开而存在的，而是相互依存、相互渗透的，二者不能截然分开。集中体现事物是自身而不是他物的那些特殊属性，却包含或渗透着事物与他物的诸多共同属性于自身内。如果去除了事物与他物的那些共同属性，任何事物都不会形成所谓"纯自身"的、与他物毫不相干的特殊属性。反之也是一样，如果去除了事物的特殊属性，事物内在的共同属性也就失去了其承载之体而成为纯粹的虚无。打一个形象一些的比喻，事物的共同属性与特殊属性好像是构成生命体的血液与肌肉的关系一样，前者广泛渗透在后者之中，后者包含、承载着前者，二者是相互渗透而存在的。

为了说明事物的特殊性是如何"承载"着共同性或普遍性，可以做这样的设想：将具有共同属性的某一类事物分成若干组，使其中的一组不受任何外部作用力的影响，保持其原来的属性；给其他的各组施加各不相同的作用力，将其改造成具有各不相同的新的属性的特殊事物。这样就会看到，没有受到外部作用力的一组自然是保持着原来的共同属性，而受到外部作用力的其他各组也同样保留了它们原来的共同属性，但同时也具有了各不相同的新

的属性，成为在原来共同属性的基础上又有了新的属性的特殊事物。也就是说，它们因为受到一定的作用力（当然这种作用力是相互的），在原来共同属性之上"包裹"了一层新的属性，即特殊性。或者反过来说，事物产生了新的特殊属性并将原来的共同属性包含于自身之内。

原子核"俘获"了电子就成为原子，获得了新的属性，即带正电荷的原子核与带负电荷的电子处于电荷相互吸引的相对平衡的结构关系中，但这种新的属性没有改变原子核的普遍属性——质子与中子相互之间以强相互作用而处于相对平衡的结构关系中。新的属性就"附着"、"包裹"在原来的属性之上，这种原来的属性就是所有原子和原子核都具有的共同属性。

两个氢原子核因为受到高温、高压的作用而聚合成为一个氦原子核，具有了新的属性——原子核由两个质子组成，核外有两个电子绕核运动，化学性质也由活泼性变成了惰性。但是，氦原子核仍然保留了与氢原子核一样的属性——质子与中子结合为不易分裂的原子核，电子绕核运动，在一定条件下仍然可以参与化学反应。

一个氧原子与两个氢原子发生化合反应生成水分子，获得了新的属性——水的许多物理属性和化学属性，但是这些新属性并没有改变水分子与氢原子和氧原子的共同属性：组成水分子的氢原子核和氧原子核的结构没有改变，原子核外围运动的电子的数量和它们与原子核的电磁相互作用关系没有改变。如果外部条件发生了相反的变化，水分子又可以分解成与其化合反应前相同的氢氧原子。

接受过同样的大学教育、具有大体相同的大学文化素质的若干个学生，毕业后走上不同的工作岗位。有的当了教师，有的从事科学研究，有的入伍成为军人，有的进入企业成为企业工作人员，有的成为公务员，等等。若干年后，这些人各自都具有了新的知识、新的工作经验、新的社会交往能力，成为具有新的专业工作能力的特殊人才，但同时他们都保留了大体相同的大学教育和大学文化素质等共同属性，并且这些共同属性都渗透在他们大学毕业后获得的新知识、新经验、新的交往能力等属性之中，很难将二者截然分开。

生命体的一切重要属性，如核酸编码蛋白质、蛋白质发挥各种专门性的生化功能、生命活动的多级调控功能、吸收和同化外界物质、分解和排出代谢物质、细胞组织、器官构造、生长、发育、繁殖、遗传、变异、生存竞争、神经反应等体现"生命力"的属性，都毫无例外地"附着"在无生命的物质体及其所具有的诸如基本粒子结构、量子属性、原子结构、电磁力、分子结构、化学反应、重力、能量转换等属性之上，而基本粒子结构、量子属性、原子结构、电磁力、分子结构、化学反应、重力、能量转换等生命体与无生命物质的共同属性，则渗透在生命体的各种特有的属性之中。

所以，如果说生命体有其完整的、特殊的本质，那么这种本质不是由体现"生命力"的特殊属性这一个方面构成的，而是由体现"生命力"的多种属性和无生命力的无机物质的众多属性这样两个方面共同构成的，是这两大类属性既相互区别、相互对立又相互依赖、相互渗透的统一体。生命体的完整本质，是生命体的特殊属性与生命体和无生命物质的共同属性共同构成的。

一切事物的本质，都是由其共同性、普遍性将它们之间的差别性、对立性维系起来，连结成为事物内在属性的统一体，形成统一物中的差别和对立，而不是相互分离、相互外在的差别和对立，这就是本质与非本质的区别。

三、特殊性与共同性依一定条件相互转化

事物的特殊性与共同性还有一层关系，这就是二者依一定条件相互转化。

在宇宙形成的最初时期，以射线为主要形式的能量是宇宙的主宰，这是宇宙演化过程中的射线时代。射线相互碰撞产生的粒子是这一时期很特殊的东西，这些出生不多的粒子还不断地被密集穿梭的射线摧毁而重新转化为射线。随着宇宙温度的逐渐降低，粒子的形成逐渐成为宇宙发展变化的主流，粒子时代逐渐取代射线时代成为宇宙变化发展的新阶段，粒子性物质结构遂由特殊性转化为普遍性，而以波动性为主的射线形式的物质结构则成为特殊性。

地球上最早的生物都是厌氧生物，后来出现的喜氧生物只是特殊情况，喜氧性只是当时生物界的一种少见的特殊性。再后来，地球环境发生了重大变化，大气中氧气含量大幅提高，喜氧性成为地球生物的普遍属性，而厌氧性则成了特殊属性。

在社会演化中，原始社会的婚姻制度是群婚制，一夫一妻的婚姻和家庭结构只是在新石器后期才偶尔出现的一种特殊婚姻形式，并且被看成是离经叛道的婚姻恶行。随着金属冶炼技术趋于成熟，石器时代过渡到青铜时代，私有制代替了原始公有制，个体家庭依靠金属工具可以单独进行私有财产的生产，私有制越来越普遍，并且私有财产需要有血缘上被认可的继承人，于是一夫一妻的婚姻和家庭结构成了最适应新的经济制度的婚姻形式，最终成为社会的普遍性、主导性婚姻形式。

四、事物的完整本质是内在的特殊性与内在的共同性的对立统一体

事物在长期、复杂的演化和发展中形成的特殊属性与共同属性通过对立统一的关系构成事物内在属性的统一体。事物具有的多层次、多方面属性的这种既对立又统一的结构关系，使事物自身的特殊性与事物和他物的共同性能够共处于一个完整的属性体系之中。正是由于这种属性体系，事物才在自身内部——内在的属性体系内部，既包含着自身，同时也包含着他物，包含着自身与他物的差别、对立、同一等内在的联系和关系。以对立统一的内在联系将自身的许多特殊属性与自身与他物的许多共同属性结合成包含着矛盾的整体属性，这就是事物本质的基本结构特征。事物的完整本质，表征事物是某物而不是他物但同时又与他物存在着多层次、多方面的共同性和普遍联系等内在规定性的总和。

但是，在事物所具有的无限多的特殊属性和共同属性之中，能够体现事物是某物而不是他物但又与他物存在着共同性和普遍联系的最主要的规定性，称之为事物的本质属性或根本属性。人们在近似的、大致的情况下，往往以事物的一两种本质属性代表和代指事物的全部本质，这在知识的实际应用过程中和不需要很精确的理论表述中是合理的、允许的，但从本质概念的严密科学性上来讲，这是不准确的。事物的全部本质或完整本质与事物的某种本质属性、根本属性是有差别的，二者是整体与部分、全局与局部的关系。事物的本质不是单一的或简单的几种属性，而是丰富的、多层次和多方面属性

构成的复合体系。事物的本质，表征着事物既有自身的特殊性，又有万物的共同性；每一事物与宇宙万物之间既相互区别、相互对立，又相互同一或相互统一。古人云"物无孤立之理"，物与物之间既相异又相同，既相离又相通。现代宇宙学和物理学以探究自然和宇宙的本质为其重要宗旨，其基本的观点之一，就是人类的身体、人类能够思维的头脑以及组成人类身体的原子、基本粒子与星系、恒星、行星以致整个宇宙是相关联的[1]。在宇宙及其产生的万事万物的本质这一点上，现代宇宙学和物理学等自然科学与辩证哲学几乎走到了一起。本质，就是事物变化发展以及事物相互之间形成各种联系、关系的内在根据。

---

[1] 埃里克·简森著、熊况译：《宇宙简史》，上海科学技术文献出版社，2011年1月。

第二章　本质在矛盾运动中的丰富和发展

　　事物的本质，事物的全部质的内在规定性，是在运动、发展、变化中积累起来的多种属性的集合。事物越是经过长期的发展，其积累的内在属性就越多，构成其本质的属性也就越丰富。事物本质属性越来越丰富的根本推动力，就是事物自身的矛盾运动和事物与他物的矛盾关系。

第一节　事物内部和事物之间相互规定的关系

一、事物因受到其他事物的规定而存在

　　事物因受其他事物的规定而存在，这是一个非常深刻的哲学论断。这一论断指明，每一事物之所以存在、之所以发展、之所以具有那样的质而不是具有别样的质，是因为其他的事物规定了它是这样的。

　　恩格斯在《自然辩证法》一书中对事物的质作了这样的表述："存在的不是质，而只是具有质并且具有无限多的质的物体。"[1] 唯物辩证法的教科书在讲到事物的"质"这一概念时，认为"质是事物内部所固有的那种使事物相

---

[1] 恩格斯：《自然辩证法》，《马克思恩格斯选集》第3卷，人民出版社，1972年5月，第553页。

互区别的规定性。质和事物的存在是直接同一的。"[1]"质是指一事物成为自身并区别于他事物的规定性。"[2]"质是同事物的结构性紧密相关的,即同构成事物各要素、特性的一定组织形式紧密相关的","事物的质和事物的有限性是同一的。"[3]从这些有关事物质的定义中至少可以总结出这样几点值得注意的地方:事物的质是事物所具有的无限多的属性的总和;事物的质是事物区别于其他事物的独特性或有限性;事物的质是一种"规定性",即是一种被规定了的属性或被划定了的"存在界限"[4]。

"质的规定性"这一概念表明,事物的质是被规定了的或被划定了的属性,质、质的规定性与属性是某种同一的东西,质是许许多多属性的总和,属性则是质的某些侧面、某些构成部分。当然,质、质的规定性与属性也有区别,属性中有些是内在的、稳定的、本质的属性,而有些则是在外在关系中表现出来的某些外在、暂时的、个别的特征。

事物的质、属性是被什么规定或划定的呢?

"规定"这一概念,有主观的含义,也有客观的含义。以人的意识、意志来规定或划定某种界限,这叫作主观的规定。这种规定,只在社会领域和人的思维领域中才有,其他领域中是没有主观性规定的。客观事物的质是不以人的意志为转移的一种存在,所以它不是主观规定的,而是客观规定的。客观事物的质只能是被另一些客观事物所规定,此外不会有别的什么来做规定或划定的主体。

规定一事物具有某种质或不具有某种质的"规定"这一概念,与人们经常所使用的"决定"这一概念,在含义上既有相同之处,也有不同之处。相同之处在于二者都具有规定、划定和排除事物孤立地产生、变化、发展的可能性等含义,而不同之处在于:决定是最强力的、压倒了反规定的规定,规定是包含了决定在内的含义更为广泛的否定、限定或肯定、促进。

宇宙间有没有不受任何规定的事物呢?或者说有没有无任何规定性的事

---

[1] 吉林省《马克思主义哲学原理》编写组编著:《马克思主义哲学原理(修订本)》,吉林人民出版社,1981年6月,第228页。
[2] 陈先达、杨耕编著:《马克思主义哲学原理》,中国人民大学出版社,2019年5月,第128页。
[3] 费·瓦·康斯坦丁诺夫主编,袁任达、伊尔哲译:《马克思列宁主义哲学原理》,生活·读书·新知三联书店,1976年9月,第119页。
[4] 同上书,第119页。

物呢？回答是否定的。

黑格尔用他的客观唯心主义的辩证观点，表述了没有任何规定性的事物——"有"，认为"有是无规定的，它也就是无质的有"，"有是纯粹的无规定性和空"，"这个无规定的直接的东西，实际上就是无，比无恰恰不多也不少"❶。黑格尔对"有"这一概念的表述的合理之处，用辩证唯物主义的观点来解释就是：任何事物都是被一定条件规定了的存在物，无规定的事物是不存在的、虚无的东西；无规定性的有与无是同一个东西。如果说某物是一个不曾受到任何规定或者说是没有任何规定性的东西，那么这个某物就是一个没有任何质、没有任何属性的东西，因而这个某物也就是什么都不是、什么也不存在的东西，是一个纯粹的虚无。所以，不受任何规定的事物，或者说没有任何规定性的事物，实际上就是绝对的孤立之物，正如中国古代哲学家张载所说，"孤立之物非物"。

所以结论只能是：事物是在相互规定的关系中获得自己的一切质的规定性的。事物的存在、事物的质、事物的本质与事物之间相互规定的关系，这些概念的含义实际上是相同的，即事物因相互规定的关系而存在。

任何具体的事物，总是离不开这样两种规定：一是自身内部的对立物的规定，二是自身以外的对立物的规定，这两种规定是相互联系、互为条件的。

二、事物的外在规定和外部规定

事物的外在规定是指事物在现象形态上的相互作用。事物的外部规定，则是指一事物作为系统体与其系统边界之外的另一事物之间的相互作用。这两种相互规定既有相同之处，也有不同之处。

任何事物都是因为依赖一定的条件而产生的，它所依赖的条件就是一种外部的规定主体。事物就是因为受到了外部其他事物的规定，给它划定了它在怎样的条件下产生、它能够具有什么和不能够具有什么等，它才得以产生和发展，才能因具有某种独特之处而成为一定的存在物。

外部条件也不能将纯粹虚无的东西"规定"为具有一定属性的存在物，而只能"规定"一事物由他物转化而来，"规定"由他物转化而来的事物在与

---

❶ 黑格尔著、杨一之译：《逻辑学》上卷，商务印书馆，1976年12月，第68-69页。

他物的联系中和外在的或外部的相互作用中形成更多的属性，并在外在的相互作用中或外部的相互规定中表现自己的属性，不断丰富自己的属性。

一物体处于某一个空间位置上，它就规定了其他的物体不能同时也处于这个位置。其他的物体要处于这个位置，就必须对已处于这一位置的这个物体施加足够大的作用力，将它"规定"到另一个位置。否则，规定者就会被规定到另一个位置。譬如，山体上的每一块石头就是受地质的运动被规定在它所在的那个位置的。如果支撑某一块石头的岩体或泥土已经松动，那这块石头受到地球重力的规定，就会从它所在的位置滚落下来，它滚落过程中同时还受到空气的浮力作用、山体或坡面的岩石和泥土的阻力作用等，从而规定了它滚落的速度要小于自由落体运动的速度。它最后在山间的某个相对平坦的地方或低凹的地方停止了下落运动，是因为平坦处或低凹处的地形克服了地球对它的引力作用，使它重新处于相对静止的状态。人们在山下或山谷中看到的许多大小不一的石块，其来历、位置甚至形状往往就是这样被规定的。

河流的形成及其重要性质也是被多种自然物规定的。落到山脉或高原等较高处的天然降水受地球重力的作用，向着地势最低处流动，形成一道道的小溪，小溪向低处汇合形成较大的水流。在遇到山体或高地的阻碍时，水流就绕过障碍物继续向着地势最低处流动。在流经峡谷时水流受到两侧山体的挤压，河面变窄，流速加快。在流经平原时，水流就扩展河面，减缓流速。在流经断崖时，水流就形成瀑布。河水最终流到一定地域范围内的最低处，或者形成湖泊，或者渗入沙漠成为地下水，或者流到海洋而转变为海水。河流在受到以上多种自然物和自然力的规定的同时，它也对规定它的自然物、自然力给予反规定：它将上游流域的泥沙带到中下游，形成中下游地区大小不等的冲积平原，也就是说它规定了上游泥沙的走向和中下游冲积平原的形成；它与其所流经的地面发生摩擦作用，日积月累地形成水流对地面的切割作用，假如它每年对地面岩石切割一毫米，100万年就可以切成1000米深的大峡谷；它为沿线地区提供灌溉用水和航运资源，使这些地区的居民因水资源之便而能够较快地发展经济，繁荣社会，形成因河而兴的区域社会发展特点。

生长在密林中的树木形成笔直的树身和较小的树冠，是因为受周围的其他树木的规定，使它只能重点朝上生长才能争取到尽可能多的阳光。而生长在高山山崖边的树木，由于受到高处强大风力的作用，树冠多呈贴近地面的匍匐状，许多树木甚至因为迎风面的枝叶大多被风吹折，只留有背风面的半个树冠。

每个生命体都不是从来就有的，而是受外部条件所规定，由它的亲代的遗传物质转化而来的。推而广之，任何事物都是从没有它的那种环境条件下由其他事物转化而来的。所以，"无中生有"是宇宙中一条普遍性的规律，因为事物来自他物，而不是来自自己。但是"无中生有"不是从绝对的空无中生出事物，而是从没有该事物的条件下生出该事物，或者说是从其他事物中转化出该事物的。

"一个商品的价值性质通过该商品与另一个商品的关系而显露出来。"❶如果我们抽象掉商品的特殊性，从哲学一般性上来理解这一道理，那么一切事物要在外部关系中表现出自己是自己而不是别的事物，它就必须显示出自己特有的某种属性或功能。然而，它要实现这样的显示，就必须同时造成一种前提条件，使另一种事物也能显示出与自己正好相反的、恰恰能从反面对比、衬托出自己的属性或功能的属性和功能来。否则，它就不能显示出自己的什么特征，因而就不能表现出自己是一个特定的具体存在物。由于外部他物的对立、对比、限制等规定作用，才显现出每一事物是一个特殊的、只在有限的条件下能够生存、发展的事物。每一种化学元素都具有金属性和非金属性这两种基本属性，但是它只有与另一种元素进行化学反应时，才能真正显示出它究竟是金属元素还是非金属元素。氢与活泼的非金属元素化合时易于失去电子，显示出它是金属元素，而与活泼的金属元素化合时易于获得电子，显示出它是非金属元素。一位教师在履行自己的职责时，他被自己的对立物——学生"规定"为教师；当他走进教师进修班听课、做作业时，他又被他的对立物——教师"规定"为学生；当他回到家里过日子时，他被他的对立物——父母、兄弟姐妹、妻子、子女等分别"规定"为儿女、兄弟姐妹、丈夫、父母，如此等等。万物正是在这种外在、外部的相互规定的联系和关

---

❶ 马克思：《资本论》第1卷，人民出版社，1975年6月，第64页。

系中，使其质的规定性或属性不断增多，不断丰富起来。

从经验来看，似乎事物与他物特别是那些相处较远的他物是互不相干的，但从科学的观点来看，一切事物都是同根同源、相互关联、相互规定而存在的。每一事物因受他物的规定而产生、发展，所以事物与生俱来就带有他物所规定的质和属性。这个道理有利于启发人们加深对一切事物的认识，找到事物的来源及其属性和变化发展的根源。这个道理无疑也有利于人们更深一步地认识宇宙的起源，尤其是有利于科学地推测那个诞生出宇宙的"奇点"的一些特征和它的前世状况。"奇点"，如果真如科学家推测的那样，138亿年前确有这样的存在物并且是它发生爆炸产生了宇宙，那么"奇点"也同我们上面讲到的石块、河流、树木、生命体、商品等存在物一样，是受另一些事物的规定而存在并按照一定的规律变化的。所以，在"奇点"存在之前和与它一起存在的，必然还有其他的存在物对它施加规定作用，才使"奇点"成其为"奇点"并"诞生"出我们所在的这个宇宙。科学家要研究的，就是找出这些对"奇点"产生规定作用的存在物及其可能具有的属性、特点，以及这些存在物对"奇点"产生怎样的规定作用才能"制造"出"奇点"、"奇点"的种种特征和"奇点"的爆炸过程。

三、事物的内在规定和内部规定

事物的内在规定，是指事物本质范围内一种属性与另一种或另一些属性之间的相互规定。事物的内部规定，则是指事物作为有一定边界的系统体受到边界内部各个组成部分的相互规定。这里我们主要分析的是事物的内在规定。

事物因受他物的规定而产生，具有他物所规定的质和属性（包括本质，下同），但事物所受的他物的规定是千差万别的。有些他物及其规定作用使事物具有这样的一些质和属性，而另一些他物及其规定作用则使事物具有另一些质和属性，由此使事物的质和属性具有多样性、多重性的特征。其中，在多样性、多重性的质和属性中，往往有两种基本的质和属性：一种是体现事物独特性或有一定普遍性的特殊性的质和属性；另一种是体现事物与他物的共同性或事物间广泛的普遍性的质和属性。这两种质和属性就构成事物内在的、本质性的规定性，亦即本质的矛盾，同时也构成事物内在规定的关系。这种内在的规定关系，使事物具有内在的对立物：一方面，事物具有他物所不具有的许多质和属性，另一方面，事物又具有与他物相同的质和属性；一方面，事物在运动中维持自身的生存，保持和增强、增多自身的特殊性，另一方面，事物又在运动中破坏自身的生存，向着与自身生存相反的方向发展，趋向于变成与自身越来越不一样的事物。

事物自身内部的对立物，是"自己的他物"❶。这种内在的对立物，如黑格尔所说，并不是一种"直接的存在着的东西"❷，也就是说，这种内在的对立物不是像盒子里装着的铅笔，或者像房子里住着的人那样的"内部"对立物，而是事物从他物那里获得的并为事物所具有的与他物同质的属性。由于这种内在的对立物或内在的他物的规定、比较、限制，事物才有自身独特的那一面，才有自身有限的存在，也才有体现自己是自己而不是他物的那些特殊的属性、因素、变化趋势等。

每一种化学元素，既具有金属性又具有非金属性，如果前者弱而后者强，则元素总体上呈现为非金属性，更易于与金属元素化合；反之，则呈现为金属性，更易于与非金属化合；如果两者大体相当，就成为过渡性元素，与金属元素和非金属元素化合的能力大体相当。元素的这两种属性相互对比、相互限制、相互转化形成一种规定作用，决定了每一种元素既具有自身的许多特殊性质，又具有与其他元素相同的性质，任何一种元素都不可能成为绝对的金属元素或绝对的非金属元素。

商品因为在自身内部既具有价值属性，又具有使用价值属性，后者的存在使前者被限制在特定的范围：商品只是为了交换而被生产出来，因此价值必须等于一定数量的社会必要劳动时间，否则商品就会因为卖不出去而成为废品，或者因为亏本而不能被再生产出来。同样，价值属性也对使用价值作出规定：使用价值必须适应消费者的需求，否则也会因为卖不出去而成为废品，或者因为不得不降价出售而亏本。两种属性形成的内在规定，使商品具有周期性循环运动并不断增殖其价值的生命力：商品总是要寻求交换的机会

---

❶ 列宁：《哲学笔记》，《列宁全集》第 38 卷，人民出版社，1959 年 9 月，第 288 页。
❷ 黑格尔著、贺麟译：《小逻辑》，商务印书馆，1980 年 7 月，第 241 页。

和渠道，尽快地被卖出去转变为消费品，只有变成了消费品，它的使用价值才能实现，使用价值转化成了消费者的消费过程；使用价值转变成消费活动的同时，它所承载的价值属性同时转化成了货币并回到了生产者手中。商品完成了一次"蝶变"，价值转化成了资本，开始了新一轮的商品生产。价值和使用价值的内在性相互规定，确保了商品本质的稳定性和商品运动过程不走样。

事物因为具有了某些属性，就限制了或规定了它不能具有另一些属性，事物所具有的属性和它不能具有的属性又进一步形成一种规定，有利于它具有与自身属性密切相关的一些新的属性。事物内在的这些相互规定的机制，是事物具有生命力和发展能力的内在根据，也是事物保持、丰富或转变其本质的一种规律。

气态行星的"体态"和物质构成等属性，决定了它不可能具有岩石行星的地壳构造特征，但是却有利于它在"成长"得足够大时具有恒星的属性。譬如太阳系的木星、土星如果增加上千倍的"体重"，它们就会成为一个小太阳。

植物因为具有固定生长的属性，限制了它不能像动物一样具有四处活动去寻找食物的属性，只能通过在固定位置上扩大根系、增加枝叶接受阳光的范围来维持生存。但植物的固定生长属性同时又有利于植物具有花粉和种子传播等方面的属性，使它能够在越来越大的范围繁殖后代。

一个人具有了对社会高度负责的某种性格、信念、行为准则等素质，就使他不会具有损害社会、祸害他人的性格、思想和行为特点，但是却有利于他进一步具有掌握知识、善于创造、增强体格、爱美等方面的素质，成为德智体美全面发展的人。这一点，也正是教育人和选拔、任用人所坚持的以德为先的原则的重要依据。

四、无限多的规定塑造了事物无限多的质的规定性

事物的质，特别是事物的本原性、根本性的质，即事物的本质，不是事物与外部环境、外部他物相隔绝的、自身独有的抽象之物，而是事物内部和外部一切相互规定关系的总和所铸造的性质，这种性质表征着事物是被许许

多多的条件规定了的、有限的存在物。这里所说的"有限的存在物",就是被许许多多的条件规定了的或者是被条件"划定了范围"的存在物,而不是可以无限地延伸它的存在和它的属性的事物。黑格尔认为,"被规定了的"、"有限的"事物,就是自身能够"联系到他物",能够与整个世界处于"必然的关系之中"的存在物。"因为它是规定了的,便与别的内容有了多方面的关系"❶。列宁肯定了黑格尔这一观点包含着"整个世界的必然联系"、"一切事物的相互规定的联系"的合理之处❷。每一事物,既然是被规定了具有这种性质,那它就被限定在只具有这种性质而不具有无限多性质这样一种有限的范围内,成为被条件"划定"了的有限之物。失去了这种被规定了的性质,事物就变成了其他的事物。任何事物总是和自己内外部的规定之物相比较而存在,相互作用而发展的。这种比较和相互作用,是事物内部和外部的一种普遍的、多维的或多极性的相互规定关系。相互规定使每一事物成为有限之物,但同时也使每一事物在有限的性质、有限的存在之内包含着与无限多的性质、无限多的事物的联系。所以,有限的存在物同时也意味着它具有与无限多的事物相互作用、相互规定的无限的联系。

对这种辩证观点还可以作以下进一步的解释:事物受到了一种外部的规定作用,如果这种作用与事物内在的属性相违背,事物就会以相应的作用来反作用于外部的规定;如果这种外部的规定继续进行,事物就会以增强自己内在属性的方式继续反作用于外部的规定;这种反作用持续进行,则事物抵制外部规定的内在属性就会变得越来越强,越来越丰富。这就是事物对外部他物的一种反规定,这种反规定使外部的他物在属性和形态方面发生一定的变化,同时也使事物自身受到了某种新的规定,即事物抵制外部规定的内在属性被规定得越来越强,越来越丰富。但是在另外一种情况下,当外部的规定作用足够强大时,或者当外部规定持续时间足够漫长时,事物内在的属性就会发生变化,开始时是微小的变化,后来发生重大变化,再后来是根本性变化。在原来的属性变化的同时,事物逐渐产生了新的属性。新的属性使事物增加了新质,具有了适应外部规定的特质,同时也对外部规定产生了一定

---

❶ 黑格尔著、杨一之译:《逻辑学》上卷,商务印书馆,1966年2月,第74页。
❷ 列宁:《哲学笔记》,《列宁全集》第38卷,人民出版社,1959年9月,第106页。

的影响或改变作用，使外部的规定之物改变其某些属性。事物就是在这种内外部的相互规定中，不断改变自身，也不断改变他物。内外部的相互规定永远没有完，事物形成新质的运动、变化过程，一事物转化为另一事物的生息兴亡过程也永远没有尽头。正是无限多的规定之物和规定关系，造就了事物的无限多的质和属性，使事物处于永恒的变化、发展之中。

第二节 事物之间相互规定的实质是对立面的统一和斗争

一、一切规定都是肯定与否定的对立统一

"一切规定都是否定"，对斯宾诺莎的这句话，应当全面地理解为"一切规定都是肯定与否定的对立统一"，因为否定总是如影相随地与肯定相伴而行。对事物一方面性质的肯定，也就是否定事物有与此性质相区别的或者相反的其他性质，或者只是肯定事物同时又潜在地具有另一方面的相反的属性。事物之间这种既肯定又否定的规定都是相互的。但相互规定不能在相互隔绝状态中和绝对静止状态中实现。事物之间要实现相互规定，必不可少的条件是它们之间要有同一性，即要有相互沟通的桥梁和媒介。通过同一性作桥梁和媒介，实现彼此的相互作用，在相互作用中达到相互否定与相互肯定，从而规定出对立双方各自特有的性质。因此，相互规定的关系也就是矛盾的即对立统一的关系。事物离开了内部的和外部的、内在的和外在的矛盾关系，就是一个没有规定、没有具体存在、没有任何特殊性和普遍性的东西，因而也就不成其为事物了，就成了康德所说的"自在之物"或黑格尔所说的"纯有"之物。

黑格尔在论述事物之间相互规定的矛盾关系时，批评了康德的自在之物。他指出，康德的"自在之物"是"摆脱了一切规定（为他的存在）的抽象"。他认为，事物的真实性和内容只有在与他物的关系上才能表现出来。列宁肯定了黑格尔这一思想的合理性，并加以引申："在生活中，在运动中，一

切的一切总是'自在'的，在对他物的关系上又是'为他'的，它们从一种状态转化为另一种状态。"❶"任何具体的东西、任何具体的某物，都是和其余的一切处于相异的并且常常是矛盾的关系中，因此，它往往既是自身又是他物。"❷事物总是处于多方面的矛盾关系中，是在矛盾关系中被规定成为"既是自身又是他物"的东西。任何事物都不可能成为脱离矛盾关系、脱离被规定的地位而成为"谁也管不着"的绝对性的"自在之物"。通俗些说，事物是受矛盾关系"管辖"的，矛盾关系让它成为什么，它就必然成为什么。当然必须强调，客观物质世界中这种"管辖"事物的矛盾关系，第一，它是客观的、物质的而不是主观的、精神的；第二，它是内在和外在这样双重的，而不是单一外在的或单一内在的。事物就是在内在的和外在的多重矛盾关系的规定之下，一方面因具有其独特性、特殊性而成为某种"无视"规定、反抗规定、自在自为的"自在之物"，另一方面因其具有的与他物的共同属性而能够接受他物的规定，成为在他物的规定之下不断改变自己的原有属性、也不断改变他物的属性、不断向他物发展变化的"为他之物"。

二、事物在与他物的矛盾关系中增加新的属性

（一）事物的质来自于他物

事物的产生、运动、变化、发展不是绝对孤立进行的，不是摒弃他物一切特征的"无根无据"之变，而是在与他物的横向和纵向联系中，既改变他物的某些属性又继承他物的另一些属性的"有根有据"之变。正是在这个意义上，黑格尔将矛盾的发展说成是"根据"。

每一事物之所以能够产生和发展，就是以他物为其母体、"根基"和依托条件，在母体、"根基"、依托条件的普遍联系中所进行的一种运动、变化、发展过程。事物区别于他物的一切特征，它的所有质的规定性，其实都来自于他物，是在他物为其建造的"出生地"或萌生环境中，在适应他物为其构成的环境条件的过程中成为他物的"异化"之物。

氢元素不是诞生于与自身毫无差别的另一些氢元素之中，而是形成于原

---

❶ 列宁：《哲学笔记》，《列宁全集》第38卷，人民出版社，1959年9月，第110页。
❷ 同上书，第144页。

始宇宙的"粒子汤"这样的"他物"之中。较重的元素如氧、硫、硅、铁、金、铂等也一样，不是由与自身毫无差别的东西"生"出来的，而是由恒星内部的较轻的元素发生的热核反应和恒星晚年的爆炸过程"生"出来的。同样的道理，生命物质最早是由无生命的物质通过化学的和物理的相互作用过程产生的。现今我们所知道的物质演化的最高形态是生命，而生物演化的最高级的形态是人类，人类及其构成的社会系统是本质属性最丰富的物质形态。生命、人类以扬弃的形式保存了宇宙诞生以来各种物质形态的属性，同时又具有其他物质形态所不具有的诸多新的属性。生命产生以后，每一个生命体都不是自己生出自己的，而是由亲代——"自己的他物"生出自己的。物质演化的链条越长，所形成的物质形态就越高级，所创造的物质体的属性就越多样，其本质就越丰富。无论具有多么丰富本质的物质形态，都是由自己的对立物规定和转化而来。

所以，事物的质即事物所具有的一切质的规定性，包括本质的规定性，都来自于他物的规定作用，因而是一种"被规定了的"性质，而不是事物无缘无故地自生的性质。人们要知道某物因何具有某种性质或本质，要知道某物因何而产生、变化、发展，最主要的认识途径，就是去寻找、了解某物及其性质、本质得以产生的规定之物。

（二）事物的新属性是对立面的统一和斗争赋予的

事物在原有属性的基础上增加新的属性，使其本质越来越丰富，是在对立面的统一和斗争中由他物转化而来的。每一事物总是处于与他物的相互作用之中。这种相互作用的实质，是事物与他物之间既相互统一又相互斗争的矛盾关系。相互统一或相互同一，是因为事物与他物具有相同的属性。由于有相同的属性，二者或者能够共处于一定的时空范围内，或者能够结成共同的联合体或系统体，或者能够保持某种稳定的关系或联系。相互斗争，则是因为二者具有相反的属性，导致二者之间发生互不相容的排斥作用。这种相互排斥作用，或者是虽然能够共处于较大的时空范围内但却不能共处于较小的或更为特殊的时空范围内，在较小的或特殊的时空环境中便发生有我无你的"不共戴天"的冲突；或者是虽然能够结成较大的系统体但却不能够结成较小的或某种特殊的系统体；或者是虽然能够借助中介条件而保持某种稳定的、"和平共处"的关系或联系，但却不能够保持没有中介的、直接的、稳定的"和平共处"的关系或联系。事物由于缺少某种属性，在他物的斗争或排斥作用下就会被改造成具有另一种特征的事物，或者改变其原来的发展变化轨道而进入另一种发展轨道。相反，事物因为具有某种属性，在他物的作用下就会保持其属性的稳定性，或者转入对其生存发展更为有利的境地或运动轨道。事物为了避免在他物作用下失去自身稳定存在的属性和条件，就必须在与他物的相互作用中使自身增长某种新的属性。但这只是"一厢情愿"的事情，因为他物也一样，也要在相互作用中力求保持自身稳定存在的属性和条件。事物与他物的相互作用持续进行，双方均受到与其"初衷"相悖或多少改变其"初衷"的影响或改造作用，结果往往是或者一方将另一方排斥出一定的空间范围（或者双方都改变了原来的空间位置），或者双方在改变了原有某些属性的条件下结成某种系统体，或者是由于造成了新的中介条件而使双方建立起稳定的"和平共处"的关系或联系。总之，每一方都在与对方的相互作用中获得了新的属性，甚至改变了原来的本质。

宇宙间的星系经常发生碰撞，这种非常极端的对抗性矛盾斗争使碰撞者四分五裂，但同时却使碰撞者所在的星系焕发了新的生命力。碰撞搅动了星系内外部处于相对沉寂状态的星云物质，加速了这些物质的凝聚和运动，从而加快了新恒星的产生。像太阳系这样的行星系在其形成和演化过程中，也充满了不同星体之间的激烈冲突，包括星体的碰撞。太阳系演化初期，星体之间的碰撞、吞食频繁发生，加快了较小的星体合并成较大的星体和不同星体组成成分的交流、融合，最终形成结构稳定的恒星、行星、卫星、彗星和星体碎片，也使它们的运行轨道逐步规则化。地球所具有的有利于生命形成、发展的许多优越的属性，就是在这样的激烈斗争中形成的。

在生物界，每一物种、每一生命个体在本质上既与无生命的物质和其他生物物种、其他生物个体相连相通，又与之相互排斥、相互斗争。生物所具有的顽强的生存性能，就是在与不利因素作斗争的过程中形成并越来越丰富的。无害的物质和环境有利于至少无害于生物的生存，而摄入有害的物质或者处于恶劣的环境中往往会使生物体的生理机能受到破坏，甚至造成生物体或物种的灭亡。但是长期摄入有害物质或处于有害环境也能够使一些生物个体或生物物种发生变异，产生对有害物质和有害环境的适应性，从而具有"抗逆性"甚至产生依赖毒性物质而生存的新种属。生物之间的生存竞争，不仅使竞争者的利己属性越来越多、越来越强，譬如食肉动物与食草动物在相互搏斗中都分别进化出追逐、猎杀和逃生、繁衍的优良性能。生存竞争也使生物之间的利他属性越来越多、越来越强，如蚂蚁、蜜蜂等以群体生存为特征的动物，在与外部不利因素的斗争中，进化出牺牲个体保存群体的许多优越性能，成为延续数亿年的物种。

人类为了生存和发展而作用于自然界，将自然物改造成供自己消费的生活资料，如将野生植物改造成人工种植的谷物、水果、蔬菜等，将野生动物改造成人工养殖的为人类提供肉、蛋、奶品的家畜、家禽，将生、硬的食物加工成熟、软的食物，从而在越来越大的范围和越来越深的程度上改变着自然物甚至自然环境的属性。但同时，人类食用含淀粉较多的谷物和含蛋白质较多的肉、蛋、奶类等，也被这些食物所改变。研究表明，在最近的六七千年中，人类消化分解食物的基因发生了与食物改变相应的突变，从而导致了以下变化：长期食用谷物的人群发生了某种进化，体内分泌更多的淀粉酶以分解淀粉；长期食用奶类的人群则更多地分泌乳糖酶，这种酶能够分解乳汁中的乳糖而使食用者获得较多的能量；长期食用熟、软的食物，使人类的体质得到改善，大脑的发育达到更高的水平，但牙齿和下颌逐渐变小；食物来源扩大、食物供给丰富、摄入能量增大，患肥胖症的人数越来越多，并且出现了明显的遗传性；如此等等。人作用于自然界、改变自然物属性的广度和深度在增加，人自身也受到自然界的反作用，加快了自身进化的步伐。

三、矛盾关系使新属性成为事物本质的构成部分

事物在对立统一关系中增加了新的属性，就在一定程度上影响到事物的其他属性，进而影响到事物的本质。物质演化过程就是不同物质形态之间的相互作用过程，这个过程将外在的对立统一关系不断地"内在化"为事物的新属性，并在事物的本质领域被保存下来，成为本质的构成部分。人和其他生物都是由原始的"奇点"爆炸后产生的能量通过一系列的过渡环节转化而来的，人和其他生物都是能量与物质以及能量与物质的不同形式相互转化的

产物，是这一转化过程所积累的丰富属性的承载物。所以，人和其他各种生物都需要物质和能量的转换、交换、补充、代谢，它们不论进化到怎样的高度，这种长期积累的属性往往会渗透到新的属性中而被掩盖起来，但却不会完全消失，因为这是它们本质的构成部分。

人在社会发展过程中将不断地提高自身的素质，实现生理特征和社会属性的进化。这种进步和进化也只有在人与自然和人与人的对立统一关系中，不断形成新的属性并将新的属性积累起来，变成越来越丰富的本质或本性，人类才不致因自身缺陷的膨胀而导致灾难甚至灭亡。

第三节　事物在矛盾运动中形成无限延伸的属性层次和属性系列

一、本质属性是每一事物与万事万物之间内在联系的无穷系列

就事物本质的绝对性、无限性而言，它乃是事物自身与它之外的一切事物的对立统一体，这外在于事物自身的"一切事物"，以"属性化"的形式内在于事物自身之中，成为潜藏于事物本质中的他物，亦即事物"自己的他物"。因此不难理解，矛盾乃是事物本质的构造机制，因为事物内在的矛盾是以层层深入的属性等级系列和无限延伸的属性与属性的联系系列构成事物的本质的。内在的矛盾也就是构成事物本质的矛盾，它既包含事物的特殊本质属性，又包含事物的各层级的普遍性本质属性，还包含特殊本质与普遍本质的不可分割的联系。它使事物的本质形成一个由初级、浅层的属性到越来越高级或越来越深入的属性的层次系列，即由事物的个别性、最浅层的特殊性到事物的越来越深入的特殊性，再到事物的由浅及深的各级普遍性，直到事物最一般也是最高级、最深刻的普遍性这样一种无穷系列。这一无穷系列的构造机制，决定了每一个别事物和宇宙间其他一切事物按照一定的等级次序和纵横交错的平行序列，形成内在的、属性化的联系——既相互区别、相互对立又相互同一、相连相通、相互转化。这种内在的关系决定了每一事物既

是它自身，又是它之外的万事万物；既是有限的特殊之物，又是无限的永远运动、发展、变化的宇宙，是宇宙万物在特殊条件下的化身。人既是家庭关系、亲属关系中的对立物，又是各级社会关系中的对立物，因此人的本质的主要方面被马克思概括为"社会关系的总和"。人在生物界又是各级生态系统关系中的对立物，因而人同时又具有生物体和生态因子的本质属性。超出生物界，人又是普通的宏观物体，是宏观物体相互作用关系中的对立物。在微观结构领域，人还是微观粒子的集合体，具有微观粒子的各种属性，是电磁力、核力关系中的对立物。黑格尔把本质称作是"无限的自身回归"❶，这体现了一个辩证哲学家对事物本质理解的深刻性。

宇宙间任何相异之物或差别之物，不管它们之间的差别多么显著，或者它们之间多么相同、相似，也不管它们之间在时间上和空间上相距多么遥远或多么临近，都在本质构造的无穷系列的一定层次、一定结点上，存在着差异的、对立的性质和共同的、相通的性质，它们之间互为他物又互为自身，如黑格尔所说是互相"映现"在对方之中。互相"映现"在对方之中，也就是在本质上相互渗透。千差万别的各种具体事物，因系于同一个本质的无穷系列之中而共同构成物质大家族的统一体，构成宇宙整体的"大全"之物。这种无穷的本质系列或本质属性之网，也就是黑格尔称之为无所不包的"全体"的东西，只不过它不是像黑格尔所说的是精神的东西，而是物质的东西，是宇宙间一切事物内在的、永恒的、绝对的运动、发展的源泉和动力，是一切事物转化为其他事物的无限的可能性和根据。每一种事物因为具有这样的本质，才具有与宇宙间万事万物形成普遍联系的内在根据。只要条件具备，每一物都可以转化为宇宙间的任何另一物，因为万物在本质上是相通的。

正因为事物在本质上有着如此丰富的规定性，所以任何看似简单的事物，从本质上深究起来都显得异常复杂，因为它们都是多方面、多层次内在属性的集合体。这就使人们在本质上对事物进行描述和理论概括往往成为一件困难的事情。尤其是人们在对结构复杂、本质属性丰富的系统体下定义时，譬如对宇宙、星系、恒星、生物、社会、人脑等复杂系统体下定义时，极难形成一致意见。这除过人们在认识能力、观察角度、表述方式方面各不相同之

---

❶ 黑格尔著、杨一之译：《逻辑学》下卷，商务印书馆，1976年12月，第27页。

外，主要的原因是这些事物的本质都是极为复杂的多种属性的总和，并且有一定的变化性，难以从单一的角度和运用有限的知识对其作准确把握。对这类事物进行深度分析和理论概括，只能达到相对的准确。

本质性的联系就是规律，每一种事物因为具有无穷的本质属性系列或本质属性之网，因而才具有与其他任何事物之间形成有规律的相互作用的根据，因而才具有无穷的发展潜力。找到不同事物之间的本质性联系，就是发现了规律，就意味着有条件找到规律支配下产生的新事物，因而就意味着能够实现创造。那些在常人看来没有什么联系的事物，实际上就是创造者们发现规律、开创奇迹的地方。所以，每一个看起来不起眼的事物，都与宇宙间的万事万物有着本质性的联系，因而都具有永无止境的科学研究和科学创造的价值。

二、万物本质上相连相通是宇宙的普遍规律

事物的本质是由个别性、特殊性到共同性、普遍性的无穷系列，是个别事物的有限性到宇宙存在、发展、变化的无限性的系列。这个道理，德国古典哲学的先驱者莱布尼茨在他的《单子论》一文中曾以神学的语言作了这样一种表述：每一个单子（莱布尼茨所说的精神原子）都像一面镜子那样表象着其他一切单子、一切事物以至整个宇宙，都在自身中包含着和复制着自身以外的一切事物以至整个宇宙的无限丰富多样的内容。列宁在《哲学笔记》中摘引了莱布尼茨的有关论述："每一个物体都被宇宙中所发生的一切牵连着"，"单子想象整个宇宙"，单子具有"无数的表象"，"这些表象由于和一切其他事物有本质联系而处在单子中"，"个体性包含着似乎处在萌芽状态的无限的东西"。列宁称这是"特种的"、"而且是非常深刻的辩证法"[1]。莱布尼茨思想的合理之处和深刻之处就在于，从本质范围来看，整个宇宙以"胚芽"的形式统一于每一个别事物之中，每一个别事物又都以特殊性的形式统一于全宇宙，一切都处在一个本质全体的支配之下。

现代的物理学家和宇宙学家正在按照科学的方式探索万物和宇宙的这种"大全"的本质和本质性联系，探索每一个微观粒子、每一个生命体、每一

---

[1] 列宁：《哲学笔记》，《列宁全集》第38卷，人民出版社，1959年9月，第431页。

个人及其创造物与我们所处的整个宇宙甚至与科学推测中的其他宇宙之间的相异和相同、相通之处。这种追溯万物本质相通的思路，预示着科学与辩证哲学走向融合的可喜前景。越是高级的事物，其本质属性就越复杂多样；反之，越是低级的事物，其本质属性就越简单。但不管本质属性是简单还是丰富，事物的本质在整体上不是单个事物独有的、与其他无穷多个事物的本质截然分割开来的抽象之物，而是每一事物联通宇宙万事万物的大全体系。所以，每个人怎样看宇宙，就会怎样看人生。一个人不知道宇宙万物及其联系，他也就会对社会、对人生懵懵懂懂，做事为人就会目光短浅。

三、人的本质既连通社会也连通自然

人是地球上物质演化达到最高阶段的生物，因而人的本质是我们所知道的一切物质形态中最复杂、最丰富的本质。马克思认为人的本质是社会关系的总和，这一思想不仅表明了人的本质连通了社会，同时也表明人的本质连通了自然界。

人的本质也就是人之为人的根本性质，这种性质不是单一的属性，更不是绝对的自身等同的属性，而是包含着人的自然属性和人的社会属性这两大类属性，是这两大类属性以对立统一的关系构成的复合性质。其中，自然属性是人与自然物的共同属性，社会属性是人类独有的属性。这两大类属性以对立统一的关系构成人的本质的整体，使人的本质具有人之为人的复合体、矛盾体的特征。马克思所说的人的本质是社会关系的总和，主要是指人的社会属性，即人区别于其他物质形式的特殊属性。但是马克思多次阐述了人类是结成一种社会系统的整体，以"类"的存在物的形式从自然界索取生活资料的生物这一思想，所以，社会关系的总和同时也就意味着全人类以社会系统整体的力量与自然界相互作用，形成人类与自然界相互关系的总和。如果没有与自然界相互关系的总和，人与人的社会关系及其总和就毫无意义，也无法存在。

人的社会属性是在人与人的社会关系中形成和发展变化的，而人与人的社会关系归根结底是各种各样的社会矛盾关系构成的复合性关系，包括程度不同的对抗性矛盾关系和非对抗性矛盾关系。这些矛盾关系不断作用和改造

着个体的和群体的人,使外在的社会矛盾关系内在化为人的社会属性,如内在化为人的经济利益属性、社会组织属性、政治属性、社会意识属性、教育属性、科学属性、艺术创造和艺术欣赏属性、宗教属性、生活习惯属性、生态文明属性、发展和进步属性等,使人区别于其他物质形态的属性越来越丰富。这些属性越是丰富,人类认识和作用于社会、自然的能力也就越合理、越强大。

人的自然属性和社会属性在人与自然、人与人的矛盾关系中不断走向丰富和进步,使人不断去掉自发性生存者不可避免的种种缺陷,增长自觉性生存者所具有的种种优越属性,进化到更高级的智慧生物、文明生物阶段。所以人类不会像一些悲观主义者认为的那样,因为发展步伐越来越快而"加速灭亡",也不会因为发展中造成的一些负面效应而使自己的"好日子不多了"。人类凭靠着自身已经获得的优越属性,正在加速认识自己在本质上越来越广泛地连通宇宙万物的规律。作为宇宙中的智慧生物、文明生物,人类将越来越文明地扩大利用和驾驭自然力来改善自己的生存发展条件,同时也改善人与人的社会关系,改善人类与自然界的关系,加快社会进步的步伐。

第三章　矛盾是事物发展的动力源泉

矛盾对立面的斗争是万物始终处于运动状态的宇宙"原力",是事物运动、变化、发展的基本推动力。对立面之间的同一性或统一性,是使对立面不脱离、不停止斗争的纽带,它将对立面维系成统一体,不到事物发展到质变的时点不会破裂。旧的统一体破裂,矛盾发生转化,新的统一体取代旧的统一体,又为新的斗争提供新的纽带,旧事物转化为新事物。万物运动、变化、发展的永恒进程因矛盾的推动而从不停止。矛盾为事物发展提供的基本推动力,在具体事物的发展过程中,合乎规律地转化为事物发展的各种具体的推动力,形成万物运动、变化、发展及其普遍联系的规律性机制。

第一节　矛盾的对立面和对立的程度

一、矛盾的对立面

正像在力学研究中把具有不同大小、形状和不同内部结构的物体抽象为一个"质点"一样,辩证哲学研究把对立统一关系的承担者抽象为矛盾的两个对立面,这无疑是科学而合理的。"对立面"这一概念所包括的,既有对立统一的两个物质实体、两个系统、两个生命体或两个生物物种、两个不同的组成部分、两个运动过程，也有两种本质、两种属性、两种规律、两种思想、两种文化等，即把相互对立统一的任何对象都简化为两个"面"或"方面"，而对这两个"面"的其他所有特征均忽略不计。但是，当哲学研究进入到越来越具体的程度时，还是要根据研究的需要，将两个抽象的"面"或"方面"适当还原为有一定大小、一定形状、一定结构等特征的较为现实的对象。

所谓矛盾的对立面，就是对立统一关系的两个承担者，它们相互之间既存在一定的同一性，又在某些方面相互对立或正相反对，由此形成不离而又不合的矛盾统一体。

对立面这一概念强调矛盾两个方面的以下两个特征：第一，两个方面具有相互对立、正好相反的属性，由于这种相反的属性而处于相互排斥、互不相容的斗争关系中；第二，两个方面相互对立的只是某些"面"，而不一定是全部，即它们或者在本质上，或者只是在某些属性、某些特征甚至某一侧面、某种程度上正好相反，其他方面不一定相反，甚至是相近、相同。

在自然界、社会和人的思维领域，不同的事物之间和同一事物的不同属性之间，本质上都是一种互为对立面的关系。自然和社会的各个领域，物质形式总是分化为本质上相互对立的两种基本形式。在许多领域，也有分化为三种或更多种形式的对立物。这种分化是事物互为对立面的规律的又一种表现形式。事物分为三种不同的形式或类型，其中必有两种形式在某种本质属性上是相互对立的，第三种形式则是在另一些属性上与前两种形式相对立。事物分为四种、多种的不同形式，其道理与分为三种形式是一样的。即在多种形式中，必有两种形式是本质属性相互对立的，其他各种形式则是在另一些属性上分别与前两种或共同与前两种形式相对立。

人们认识客观世界所总结出的各门知识，也是较普遍地将事物和事物的属性按照对立面及其相互关系的规律来区分的。分析各门科学的概念体系就会发现，处于同一层次的科学概念几乎都是既相互对立又相互统一的成双成对的概念。有些重要的科学概念在同一层次划分为三种、四种甚至多种，其基本的矛盾关系是：第一和第二种概念是构成该层次知识的基本的两个对立面，第三种概念往往是同时与第一、第二种概念相对立的，第四种概念可能是在某些重要方面与第一和第二种概念或者是与前三种概念同时相对立的，如此等等。一切科学知识体系都是遵循矛盾关系的规律划分不同的概念的，因为只有这样才能形成有内在联系的知识结构。

在物质的亚原子领域，几乎每一种粒子都有它的反粒子，如质子与反质子、中子与反中子、电子与正电子、中微子与反中微子，等等。粒子与反粒子之间是一种极化的对抗性关系，二者相遇即湮灭，转化成能量。在所有的亚原子粒子中，既有质量大的重子，如质子、中子、反质子、反中子等，也有质量很小的轻子，如电子、正电子、中微子、反中微子等，还有与这两种粒子相对立的中间状态的粒子，如介子；既有不可再分割的、不具有内部结构、不能蜕变的基本粒子，如轻子、反轻子、夸克等，也有由多种粒子组成的、有一定的内部结构、可以蜕变的非基本粒子，如质子、中子、介子；既有带正电荷的粒子，也有带负电荷的粒子，还有与带电粒子相对立的不带任何电荷的中性粒子；既有带整数电荷的粒子，如轻子，也有带分数电荷的粒子，如夸克；既有不带"黏性"的粒子，如夸克，也有带"黏性"、能够将夸克"黏"在一起使其难以"脱身"的胶子。一些粒子具有相同的本质属性，但又具有不同的非本质属性，由此使这些本质属性相同的粒子分成不同的"味"粒子或不同的"色"粒子。

在化学领域，物质总是被划分为基本属性既对立又同一的两大类，如：有机物质与无机物质、金属与非金属、碱性与酸性、极性与非极性；烃类与非烃类（醇、酚、醚、醛、酮）；烷烃与非烷烃（烯烃、脂环烃、芳烃、卤代烃）；核酸与蛋白质、纤维蛋白质与球蛋白质、活性蛋白质与非活性蛋白质、普通蛋白质与特殊蛋白质——酶，酶又分为单纯酶和结合酶（缀合酶），结合酶分为酶蛋白和辅因子；核酸分为双链的脱氧核糖核酸（DNA）与一般呈单链的核糖核酸（RNA），RNA分为编码RNA和非编码RNA，非编码RNA分为组装性非编码RNA和调控性非编码RNA；核苷酸分为核苷与磷酸，核苷分为戊糖与碱基，戊糖分为核糖与脱氧核糖，碱基分为嘌呤与嘧啶，嘌呤分为腺嘌呤和鸟嘌呤，嘧啶分为尿嘧啶、胞嘧啶、胸腺嘧啶等。

生命体在其每一个结构层次和结构环节上，都是由结构和功能性质既相同又不完全相同并且总是相反的原子、离子、分子、基团、功能单位、结构域、复合体等构成的对立统一体。生命科学也是按照与之类似的对立统一关系划分概念和形成知识体系的。譬如，决定细胞的生物学性状的物质是基因，基因是构成遗传物质分子即DNA分子的最小功能单位，它能够编码生物活性物质。基因就是由结构基因和调控基因这两种基本的对立面构成的，前者的功能是指导编码非调控因子的任何蛋白质和作为遗传信息信使的RNA，后者的功能是通过编码蛋白质或RNA来调节其他基因的表达，二者既是同类物质又是对立面。DNA分子是一个结构和功能复杂的大分子系统，它分为不同的区域，其中就有编码区和非编码区、外显子与内含子、启动子与终止子、真基因与假基因、编码基因和重复基因、正常基因与突变基因、密码子与反密码子，基因表达与基因表达调控、基因的组成性表达与适应性表达、肽链合成与肽链加工修饰、蛋白质合成与蛋白质降解、基因表达调控中的正性调控和负性调控等对立面。DNA与RNA既是同类分子又是对立面，大多数情况下是DNA作为模板合成RNA分子，然后以RNA中的一种类型——mRNA为模板指导蛋白质的合成。DNA是生命活动的"决策者"，相当于"总司令"的角色，只有它能够储存和发出遗传信息，决定生命物质的合成和生命活动的有序进行。RNA是按照DNA的模式被制造出来的信使，相当于"传令兵"的角色，其"职能"是将DNA的"决策指令"转录、翻译成为各种蛋白质的精准生产过程，保证制造出各种合格的蛋白质产品。但是在逆转录酶的作用下，RNA也能够作为模板合成DNA，实现遗传信息的反向传递，"传令兵"反过来成为"总司令"的"任命者"和"指使者"，可见"总司令"与"传令兵"的矛盾斗争何其"激烈"。而且，进化生物学家的研究指出，RNA与DNA既相互对立又相互统一的渊源可以追溯到生命出现前后的遗传物质进化时期，即40亿年前最早出现的能够复制自身又能编码蛋白质的物质有可能是RNA，只是在RNA和蛋白质共同制造出DNA以后，DNA显示出作为遗传物质的多方面优越性，才取代了RNA的地位，成为主导性的遗传物质。❶这种观点似乎表明，遗传物质领域的"总司令"与"传令兵"这两个对立面的矛盾斗争由来已久，后来的"总司令"原本是当年居于"总司令"的位置而如今沦落为"传令兵"的RNA以"转录"的方式制造出来的"传令兵"，后来因其实力显著而"奋斗到""总司令"的位置，而使原来的"总司令""失势"而成

---

❶ 谢强、卜文俊编著：《进化生物学》，高等教育出版社，2010年8月，第30—31页。

了"传令兵"。

二、对立面往往是多面体

如上所述，作为矛盾对立面的，既有对立统一的两个物质实体、两个系统、两个生命体或两个生物物种、两个不同的组成部分、两个运动过程，也有两种本质、两种属性、两种规律、两种思想、两种文化等。这些大小、形状、性质、结构各不相同的事物，总是具有多种的甚至是无限多的属性、特征、方面、侧面，每一事物与其他事物并不是所有的属性、特征、方面、侧面是相互对立的，而只是某些属性、特征、方面、侧面是对立的，其他的属性、特征、方面、侧面则是相近的或相同、相通的。所以，将对立物抽象为两个对立的"面"，而这两个"面"实际上是纷繁复杂的两个多面体或多属性体。力学研究中既把具有不同大小、形状和不同内部结构的物体高度地抽象为一个"质点"，但在需要进行具体化、精确化的研究中，又将不同大小、不同形状和不同结构的物体看作是由许多质点甚至无数个质点组成的对象，以便更加准确地描述物体受到力的作用时发生的大小、形状、结构等方面的变化。哲学研究也同样运用这种由抽象到具体的思想方法，在需要走向具体化的研究过程中，将高度抽象的对立面还原为由许多"面"甚至无数个"面"组成的对立物或对立的系统。

将高度抽象的矛盾对立面理解为具有多面体或多属性体特征的对立物，这不只是深化研究和更准确地理解矛盾对立面的丰富内涵的需要，而且也是进行精确的科学研究的需要。如果要对事物的本质和事物运动、变化的根本原因进行高度概括性的研究，就必须认识事物的本质是对立统一的两个方面，事物运动、变化的根本原因是事物内在本质矛盾的推动和本质矛盾表现为各种外在的具体形式。如果要对事物进行更加深入、精确的研究，就必须认识事物的内在本质是由深浅不同的或具体化程度不同的诸多属性构成的多矛盾的统一体，其中既包含着体现总体本质的深层矛盾，也包含着具体化程度不同的其他多种带本质性的浅层矛盾。这种多属性的内在本质，决定了每一事物都具有多面性和多种运动、变化性的具体特征。各门具体科学的任务，就是揭示研究对象的多面性具体矛盾和多种运动、变化的具体规律。

三、对立面相互对立的程度

辩证法理论强调矛盾对立面相互对立、相互斗争的关系具有绝对性的特征,而要说明这种绝对性的特征,就必须分析对立面相互对立的程度差别。

(一)对立物相互对立的实际"面"

将对立面还原为属性复杂的对立物,区别它们相互对立的实际"面"与它们实际上不相互对立的其他"面",是辩证法理论应当进一步说清楚的地方。

对立物之间既有本质的对立,也有非本质的对立;既有本质属性、主要属性的对立,也有非本质属性、次要属性的对立;既有众多属性、特征方面的对立,也有少数属性、个别特征的对立;既有复杂性、综合性的对立,也有简单的、个别特征的对立;既有结构关系的对立,也有功能特征的对立;既有质的对立,也有量的、程度的对立;等等。事物相互对立的实际"面"总是与它们并不相互对立的其他"面"共存于一体。人们有时认为凡对立的事物必然是百分之百的对立,或者都是根本性的对立,有时又认为许多的不同事物之间并不存在相互对立的关系,这都是因为对事物相互对立的实际"面"与它们并不相互对立的其他"面"没有加以区分,将实际的对立面与实际上并不对立的其他面混为一谈所致。所以,区分这两个不同的"面",是理解矛盾普遍性和特殊性以及矛盾运动的绝对性的重要前提。

事物相互对立的实际"面"各不相同,由此决定了事物相互对立的程度具有尖锐性、差异性或非尖锐性、微弱性等各不相同的类型,这些程度不同的对立是产生差异物和矛盾多样性的重要根源。

(二)对立面的尖锐性对立

事物的根本性质或重要性质相反则必然形成尖锐性对立或两极性对立。在尖锐性对立中最激烈、最尖锐的对立可以称作对抗性对立。凡是本质的对立或本质属性、主要属性的对立,以及综合性、整体性、质的规定性等极化式的对立,都属于或必然导致尖锐性的对立。这类对立物之间是截然相反、互不相容、有此无彼的一极与另一极的关系,对立中的每一方的运动指向是要改变对方的根本性质和基本结构,双方对立以及付诸斗争的结果是每一方受到根本性的改造或推动，一方或双方失去其本质或本质属性、主要属性，或失去其综合性、整体性、质的规定性的特征，转变为另一种事物。

物质的微观结构领域中，粒子与射线之间，正粒子与反粒子、带正电荷的粒子与带负电荷的粒子之间、带电粒子与中性粒子之间的对立，化学元素中金属与非金属尤其是最活泼金属与最活泼非金属之间，化学物质中酸性物质与碱性物质特别是强酸物质与强碱物质之间的对立，带有相反电荷的两种极性分子或两种活泼性的官能团之间的对立，宇宙中天体内外部引力与排斥力之间的对立，生物界每一物种、每一生物个体与其天敌之间的对立，社会领域中敌对的阶级、集团或敌对的国家之间，以及民众与罪犯、执法者与犯罪团伙之间的对立等，都属于典型的两极性尖锐对立。

人们仅凭经验往往分不清尖锐对立与非尖锐对立。其实尖锐对立也不都是"你死我活"的对立，而是本质的或本质属性、主要属性的对立，是综合性、整体性、质的规定性等两极化的对立。但要明确区分是否属于本质的或本质属性、主要属性以及综合性、整体性、质的规定性的对立，必须划分清楚是属于哪个领域的本质、本质属性、主要属性、质的规定性等。譬如机械运动中的两个物体，它们在大小、形状、内部结构、物理和化学性质等方面不一定是两极化的尖锐对立，但如果它们的运动方向相反并且处于同一条直线上，仅仅从机械运动属性这一具体的领域来看，这两个物体之间的对立就是两个质点的根本属性的对立，即尖锐性对立。又如，人手的大拇指与其他四个指头，其生理特征、生长机制、微观和宏观的组织结构等是基本相同的，不构成尖锐对立，但是二者生长的方向和弯曲的朝向正好相反，决定了其生物物理功能也相反，因而是尖锐对立的两极之物。正是这种生长和用力的方向相反的两极对立特征，才使人手能灵活自如地抓握东西，从事与人的大脑相协调的运动和劳动。

（三）对立面的差异性对立

世界万物都是多面体之物，多面体彼此之间既有相同、相通、相似的一些方面，也有不同、不通、不一致、相对立、相互差异的一些方面。事物之间在一些方面是相同的或相通、一致、统一的，但在另一些方面则可能是尖锐对立的，或者只是存在着差异，表现为差异之物、多样之物。凡是非本质属性、次要属性、部分属性的对立，以及局部性结构关系的对立等，都属于或必然导致差异性对立。这类对立，从对立物各自的总体来看只是相互存在一定的差别，双方中每一方的运动指向不是改变对方的根本性质和基本结构，而是改变对方与自己正好相反的那些次要性质、部分属性或局部的结构关系，双方存在差异以及由此导致"摩擦"式斗争的结果，是每一方在一定程度上受到对方的影响、改造、推动，但仍保持各自的本质或本质属性、主要属性以及综合性、整体性、质的规定性的相对稳定。

这里要特别注意，从事物各自的本质或总体来看只是相互存在一定的差别，并不存在根本性、总体性的对立，但是从事物之间存在差别的那个局部来看，差别实际上是一种对立，是一种截然相反的对比或互不相容的关系。两个事物在非本质的、局部的、枝节的方面存在对立甚至是尖锐对立，可以称之为差异性对立。

毛泽东说"差异就是矛盾"[1]，这一观点很深刻。差异的实质是一种对立，是与尖锐对立稍有不同的一种矛盾关系。黑格尔对此也曾有论述，但他的唯心主义的表述方式往往令人难以捉摸。列宁对于黑格尔的这样一段话感到既有意思又非常费解："思维的理性，可以说是使有差别的东西的已经冲淡了的差别尖锐化，使它们转为本质的差别，转为对立。"对黑格尔的这段话的大致意思可以这样理解：对于缺乏辩证的理性思维能力的人来说，差异就是差异，它不是矛盾两个方面的对立；而对于具有辩证的理性思维能力的人来说，他能够从那些只有差别、只有"简单的多样性"的差别的事物中，看到这些差别实际上是某种对立，甚至是某种"尖锐化"的对立，或者说，他能够从对差别的认识中上升到对差别中包含的对立的认识。[2]

如果将机械运动中两个物体运动方向相反并且处于同一条直线上（运动方向的夹角等于 180°）的对立，以及两个物体运动方向的夹角大于 90° 的对立看作尖锐性对立，那么两个物体运动方向的夹角小于 90° 的对立就应当是差异性对立。原子结构中原子核与核外电子之间可以看作是总体上的尖锐性对立，与这种对立同时存在的还有这样的一些差别：处于核外的同一电子层

---

[1] 毛泽东：《矛盾论》，《毛泽东选集》第 1 卷，人民出版社，1952 年 7 月，第 295 页。
[2] 列宁：《哲学笔记》，《列宁全集》第 38 卷，人民出版社，1959 年 9 月，第 149 页。

的电子之间和处于不同电子层的电子之间存在着空间位置和能级不同的差别，存在着相同电荷的相互排斥作用，并由此产生内层电子对外层电子的屏蔽作用和一些电子相对于另一些电子的穿透作用，以及两个电子之间因自旋方向相反而形成的差别。这些差别在原子结构的总体上够不上尖锐对立，但在核外的电子与电子之间则是一种对立的关系，至少在电荷的排斥作用方面是一种尖锐对立的关系。与此相类似，同一元素中一种同位素与另一种同位素之间、化学元素中最活泼元素与次活泼元素、次活泼元素与不太活泼元素、不太活泼元素与最不活泼元素之间，以及晶体结构中并列存在的相同原子之间的差别，还有如太阳系中不同的行星之间、大行星与小行星之间的差别，生物界性状相近的生物种群之间、同种生物的不同个体之间、同一生物个体的不同器官之间的差别，都属于差别性的对立。生物界的两性群体或两性个体，其主要的生理特征和生化、生物物理机制都是基本相同的，但在性生理功能及相关的生化、生物物理机制方面，二者是相反的，因而在性生理领域二者的对立是尖锐性对立。

在数学领域，正数与负数、正数与零、负数与零、整数与分数（小数）、大数量与小数量的差别可以看作尖锐性对立，但数量相差不大的两个数之间的差异就是一种差异性对立。如果说 1 和 10、10 和 1000、1000 和无穷大等的对立是大与小、多与少的尖锐性对立，那么 0.1 和 0.11、1 和 1.01、10 和 10.1、1000 和 1001 等的对立就可以看作差异性对立。如果把这种抽象的数字之间的差异性对立放到客观实际当中，那么就会显示出抽象化的数字之间的这两种对立，即尖锐性对立和差异性对立在本质上没有什么区别。如：1 个人的力量与 10 个人的力量相比，10 亿元资金与 1000 亿元资金分别形成的投资规模相比、由数千亿个恒星组成的星系的物质总量与单个恒星包含的物质总量相比，无疑是巨大的差别，自然也是尖锐性的对立。但是，将一个精密的机械零件加工到误差 0.10 毫米和加工到误差 0.11 毫米这两者相比，前者可能是合格产品，而后者则可能成为废品，这种仅从数量上看的差异性对立，在质量上则是尖锐性对立，如此等等。

人手的食指、中指、无名指和小拇指四个指头彼此间的对立，相对于大拇指与其他四个指头的对立，是非本质、非尖锐的对立。因为其他四指中每个指头只具有某一侧面的或次要的属性,食指与中指、中指与无名指、无名指与小拇指的差别,实际上是长与短、力大与力小、排列位置的左与右的对立,这种对立虽不是像它们与大拇指的关系,是生长的方向、弯曲的朝向正好相反的对立,但也是人手局部范围的正与反的对立。所以,不是食指与中指、中指与无名指、无名指与小拇指组成的集合体内部各个指头之间没有矛盾、不存在对立,而是它们的这种矛盾和对立相对于它们与大拇指之间的矛盾和对立,只是对立程度不同的、次要的矛盾和对立。

在社会领域,一个国家、民族、阶级、阶层、集团、基层组织与另一个或另一些国家、民族、阶级、阶层、集团、基层组织之间可能是非对抗的、非尖锐的甚至是相互友好的关系,但这些不同的国家、民族、阶级、阶层、集团、基层组织的某些制度、文化、政策、行为、组成部分、个别成员等彼此之间,则可能存在对抗性、尖锐性或者差别性的对立。这些社会组织为了在总体上保持、发展相互之间的友好合作关系,双方都需要有效地管控内部存在的与友好合作关系相悖的因素,防止这些因素过度膨胀导致友好合作关系的损害甚至破裂。

(四)对立面的微弱性对立

事物之间因少数属性、个别特征、数量方面的差异而形成的对立,相对于上述尖锐性对立和差异性对立,是一种程度更低的微弱性对立。黑格尔说:"假如更仔细地看待实在的区别,那么,区别就将从差异变为对立,并从而变为矛盾","每一规定、每一具体物、每一概念在本质上倒不如说是有区别的和可区别的环节之统一,这些环节通过规定了的、本质的区别而过渡为矛盾的环节"❶。结构和性质相似、相近的事物,其相互之间的微小差异,实质上是一种对立。机械运动中两个物体运动方向的夹角即使非常小,譬如小于1°甚至更小,这种差别也是一种对立,是零差别与有一定差别的对立。这种差别如果体现在天体的运行中,某一个天体偏离它原来运行方向或运行轨道哪怕是极其微小的角度,都可能导致与其他天体相撞击,形成爆炸性或毁灭性的后果。所以,从现实世界的空间关系和数量关系中抽象出来的数学,非常讲究精确无误的原则,即使是数量差别非常小的两个数字,其差别的实质

---

❶ 黑格尔著、杨一之译:《逻辑学》下卷,商务印书馆,1981年4月,第69页。

都是零差别与有差别的对立，因为它反映的是客观世界中普遍的、真实的对立关系。

在已发现的100多种化学元素中，同一周期的元素，原子核外的电子层数相同，只是最外层的电子数从左到右呈现递增，形成元素的物理性质和化学性质微小递变的系列。如第二周期的锂、铍、硼、碳、氮、氧、氟、氖，第三周期的钠、镁、铝、硅、磷、硫、氯、氩，第四周期的钾、钙、钪、钛、钒、铬、锰、铁、钴、镍、铜、锌、镓、锗、砷、硒、溴、氪等，从最活泼的金属元素过渡到最活泼的非金属元素，最后过渡到最不活泼的惰性元素；同一族的元素，原子的价电子构型相同，只是电子层数从上到下递增，形成同族元素物理和化学性质微小递变的序列，如碱金属元素锂、钠、钾、铷、铯、钫，碱土金属元素铍、镁、钙、锶、钡、镭，氧族元素氧、硫、硒、碲、钋等，呈现非金属性递减和金属性递增的系列。这些按周期和按族别排列的元素中，相邻元素都具有相似的物理和化学性质，但又存在着细微的差别。将这些差别一一区分开来，就可以看到它们其实是一种低程度的对立。譬如锂元素和铍元素因为原子核外的电子层数相同（都是2层）而同处于元素周期表第二周期中，二者在物理性质和化学性质上均有许多相似之处。但锂元素原子最外层有1个电子，铍元素最外层有2个电子，最外层电子数方面的这一差别就是一种对立关系，即有一个电子与有两个电子的对立，并因此形成锂元素与铍元素核外电子结构的较低程度对立；而且，由于铍元素的原子半径较锂元素小，因而铍元素的原子核对最外层的两个电子的吸引力较锂元素要强，所以铍元素原子失去最外层的一个电子要比锂元素的原子失去最外层的一个电子难得多，所以铍元素的化学性质就不如锂元素活泼，这就使两个元素核外电子结构的低程度对立进一步引起两种元素化学性质活泼与相对不活泼的对立。又如，碳族元素中碳、硅、锗、锡、铅的原子最外层的电子数都是4，因而它们的物理和化学性质有许多相似之处。但是碳、硅、锗、锡、铅的核外电子层数是依次递增的，因而由碳、硅到锗、锡、铅的过渡中，非金属性递减而金属性递增，即前一种元素相对于后一种元素具有较强的非金属性，后一种元素相对于前一种元素具有较强的金属性，这无疑是大同之中的小异，或者说是高程度同一之中的低程度对立。化学元素周期表中反映的同一周期和同一族中相邻的元素在性质上差别都很小，但这些细小的差别依次累积起来，就形成同周期和同族中第一、第二位元素与倒数第一、第二位元素之间截然不同的性质之间的尖锐对立。由于同周期和同族中相邻元素既具有相似的性质，又存在着细微的性质差别，这使它们在自然界一般都集聚于一起，形成伴生、共生矿。而要将它们从伴生、共生矿中分离出来，就必须利用它们在性质上的差异之处，也就是利用它们微弱的对立性，将它们分离成纯净的单质。

化学的广义酸碱理论（如路易斯酸碱理论）中，根据分子、离子和官能团给出电子对和接受电子对的程度，将酸和碱区分为硬酸和硬碱、软酸和软碱、交界酸和交界碱（亦即过渡性酸碱）等类型，实际上是将有机化学物质和无机化学物质的酸性和碱性这两种重要属性的对立，划分成尖锐对立、差异性对立和微弱对立等不同程度的对立，其中的软酸和软碱的对立，就是一种微弱性酸碱对立。这种划分，为准确认识和把握物质的化学性质和化学反应提供了重要的理论依据。

有机化学领域的同系列的不同烃类物质之间，以及不同系列的烃类物质之间，其物理性质和化学性质均有与元素周期表中同周期和同族元素相似的递变规律。如烷烃类物质中，从甲烷、乙烷、丙烷一直到诸如壬烷、十五烷、三十烷、一百烷等长系列中，由于相邻的两种烷烃在化学结构上相差一个CH_2，其熔点、沸点、相对密度以及氧化反应、热裂反应、卤代反应等理化性质也略有差异。同样，烷烃与烯烃、炔烃、脂环烃等碳氢化合物之间，也因分子的化学结构既有相同之处又有差异之处，其理化性质也具有类似的递变规律。

社会领域中也有类似的情况。家庭中夫妻之间、父母与子女之间，社会关系中的朋友之间，密切合作的伙伴之间，各种同盟者之间，既有相同的利益、追求、感情、志趣构成的牢固纽带，也有不同的利益、追求、感情、志趣、性格、爱好、能力、习惯、倾向等构成的差异和精神距离。这些不同的东西就像同周期、同族、同类的化学元素的差异一样，是一种低程度的对立。这种对立经常在相互的理解、原谅中被进一步弱化，但也会因其他条件的干预引起彼此间的误解、不快、冲突甚至决裂。

（五）对立面的潜在性对立

潜在性的对立是与现实性的对立相反的一种对立关系，前者也就是我们在俗语中说的"八竿子搭不上"的对立关系，后者则是处于相互作用中并不断产生相应结果的一种对立关系。从本质上看，宇宙间任何事物都具有与其他事物不同的、相反的特性，因而每一事物与其他一切事物之间都是相互对立的。但是有些事物之间虽然具有相反的、有差别的属性或特点，它们这些相反的、有差别的属性或特点却处于相互隔离的状态，彼此缺少相互联系、相互作用的条件，不能形成"面对面而站立"或"针尖对麦芒"的现实对立关系。这种缺乏相互作用条件的对立就是潜在的对立，只有在条件具备时才能转变为现实的、直接的对立。

地球、太阳、银河系等天体与古老的类星体是对立的，但它们被漫长的时间和遥远的空间所阻隔，一直处于潜在的对立关系中。月球上的岩石与地球上的人类之间是对立的，但它们之间在以往的很长时期没有发生实际的相互作用，只是一种潜在的对立。只有当人类实现了探测和登陆月球的目标之后，登月者发现了月球岩石并将其带到地球上，成为人类参观和进行研究的对象，月球岩石与人类之间才形成了现实的对立关系，当然也形成了二者之间现实的同一性或统一性关系。

中国在几千年的发展中，曾与世界上的许多民族和国家建立了交往关系，但也与南北美洲、非洲、澳洲甚至亚洲、欧洲的许多民族和国家处于谁也不知道谁的相互隔离状态。譬如古代中国与大多数非洲部落、美洲玛雅人、澳洲土著人等几乎没有什么交往，与亚洲、欧洲的许多民族和国家也只是有间断的、零星的交往。中国与这些民族之间虽然差异很大，但没有建立起密切的交往关系，只是一种潜在的对立。直到西方工业革命以后，特别是到中国开始了资产阶级民主革命以后，中国与世界许多民族之间相互隔绝的状态才发生了重大的变化。

四、对立面对立程度的变化和转化

在尖锐性与差异性、差异性与微弱性对立之间，还有许多程度不同的过渡类型和不同的过渡方式。尖锐性、差异性、微弱性这三种类型中的每一种，还可以划分为程度不同的次一级类型，由此使三种基本类型之间的界限逐步趋于模糊。

尖锐性、差异性、微弱性三种基本类型以及各种过渡类型的对立，并不是固定不变的，而是动态的、变化的、依一定条件可以相互转化的。事物的某些非本质的、次要的、局部的、个别的属性或特点，会在发展中增强、丰富、健全，或在发展中趋于弱化甚至消失，从而使事物之间的对立程度也发生相应的变化，微弱性对立会转化为差异性或尖锐性对立，差异性对立也会转化为尖锐性或微弱性对立，或者反过来，后者会转化为前者。

正是因为对立面之间存在着程度不同的对立，以及不同程度的对立经常相互转化，因而决定了对立面之间的对立和斗争具有绝对性的特征。人们往往因为看不见程度较低的、体现为差异和区别的对立，把这种对立仅仅看作微不足道的差异或区别，尤其是看不到低程度的、微弱的对立会转化为尖锐性对立，就否认矛盾对立性、斗争性的绝对性，形成许多不科学的、浅薄的、反对辩证法的哲学观点。

第二节　既对立又统一的矛盾关系及其产生发展动力的机制

辩证矛盾理论指出，矛盾对立双方既存在同一性又存在斗争性，而矛盾的同一性有时又被称为统一性。那么矛盾的同一性与统一性这两个概念或提法究竟有什么区别呢？它们在含义上有哪些不同呢？

实际上，用同一性和统一性这两个概念反映矛盾双方存在着的共同性，始终有某种不尽准确之处。但是哲学是一门抽象性很高的学科，要用大多数人都能够听得懂的语言讲述深奥的哲学道理，往往不得不使用许多并不很准确的词语来表达含义深刻而又丰富的概念。其实"斗争性"这一概念也一样，也是用不很准确的词来表达对立面之间互不相容的关系，由此引起一些不太懂辩证哲学或对辩证哲学了解偏颇的人的不少误解。这些难以避免的遗憾之处在自然科学中也存在，一些自然科学因此大量使用数学语言来弥补文字语言的不足。某些词语难以准确表达哲学的重要概念,这既是哲学发展中难以避免的,同时也是通过深化哲学研究和提高哲学普及水平可以逐步消除的。哲学是一门最不适于被动接受的知识,它的重要特点之一,就是要求有志于学习和掌握它的人善于透过词语和概念的局限性,提高理解和领悟的深透性。

一、矛盾的同一性和统一性及其异同之处

用同一性、统一性、共同性、一致性等概念表征对立面之间相互依赖、不可分割的关系,虽然都不是很确切,但相比较而言,"同一性"和"统一性"这两个概念比其他的概念更准确一些。"同一性"和"统一性"这两个概念在含义上也有区别,其中"同一性"较之"统一性"更准确一些。

(一)"同一性"的含义

"同一性"这一概念包含着对立双方具有同质性这样的含义,因此它更能确切地反映事物内在的对立双方相互渗透、相互依赖的关系。

事物的内在矛盾是事物本质范围内一种属性与另一种属性之间的对立统一关系,而事物的属性都是由个别性、特殊性到越来越广泛的普遍性这样一层又一层叠加起来的层次系列。去掉特殊的属性,在共同的属性上就有许多事物或许多侧面是同质的,即它们都具有无差别的、相同的质的规定性。

地球作为太阳系内一颗特殊的行星,具有其多方面的特殊属性,如围绕太阳公转有特殊的轨道,有一颗特殊的卫星即月球围绕自己公转,具有不太大也不太小的质量,对其他行星的运行产生特殊的影响作用,具有特殊的地壳构造和特殊的表面温度,有大气层包裹,有利于生命生存,等等。正是因为这些特殊属性,地球与太阳系内的其他各种天体处于相对立的关系中。但是,如果去掉这些特殊的属性,剩下的就是这些属性的同质性,即万有引力属性、由100多种化学元素构成等。在万有引力属性和化学元素构成属性这些层次上,地球与太阳系内其他行星、卫星、小行星之间,甚至与太阳这个恒星之间,是一种同质的关系,即它们都是具有万有引力属性和化学元素构成属性的物质团块。

又如,去掉某些生命体的一系列生命属性,剩下的就是诸如硬度、温度、质量、某些物质的含量等非生命的属性,这样生命体就和没有生命的石块、

泥土、水、空气等物质成为同质的东西。一棵树木之所以与一堆泥土存在着相互依赖的关系，重要原因之一是二者都是具有可量化的硬度、温度、质量、某些化学物质含量等共同属性的同质之物。树木从泥土中汲取水、矿物质等养分，依靠泥土固定根系，树木死亡后又变成泥土，树木与泥土是相同的物质体。

所以，反映对立面之间的这些内在的同质性关系，用"同一性"概念更为恰当。

（二）"统一性"的含义

"统一性"概念包含有对立双方处于某种统一体之中的内容，它侧重反映对立面之间的一体性、共存性和关联性关系。

矛盾的对立双方始终处于某种统一体中，如果统一体破裂，双方的对立性就失去意义，也就构不成矛盾关系。所以，统一体也就是同一个矛盾体或同一个系统体。如电子和原子核始终处于原子的统一体中，生命属性和非生命属性始终处于活着的生命体中，价值和使用价值始终处于商品统一体中，商业竞争对手始终处于市场的统一体中，夫妻双方始终处于家庭统一体中，敌对双方始终处于战争的统一体中等。反映这种"共处于统一体中"的彼此关联关系，用"统一性"概念更为恰当。

（三）矛盾对立双方存在多方面的共同性

矛盾双方的相互依赖关系是多种多样的，除过同一性、统一性概念外，有时还会使用共同性、一致性、相互融合、相互依赖、相互渗透等概念。譬如，强调对立面之间存在许多的共同点，有许多共同的特征、概貌、相似之处等，但不强调诸如同质性这样较深刻的内容，可以用"共同性"概念；反映两种运动过程或两种意见之间的关联关系，强调运动的方向、路径或意见的内容的一致性或大同小异的关系，可以用"一致性"概念。用多种概念表达矛盾的同一性或统一性关系，既要有利于深刻理解矛盾同一性、统一性的普遍含义，又要力求准确、恰当、生动，使概念的科学性、准确性和丰富性、生动性得到全面体现。

(四)对立面相互同一或统一的相对性

1. 对立面的相互同一或统一只具有相对性的意义

矛盾对立面的相互同一或相互统一、相互一致等只是相对的,只具有相对性的意义。黑格尔对"同一"这一概念作了辩证的说明,他认为,事物"在它的自身等同中就是不等同而矛盾的,并且在它的差异中、在它的矛盾中,又与自身同一"。❶黑格尔特别强调,"不要把同一单纯认作抽象的同一,认作排斥一切差别的同一",因为这种同一只是形式的同一,不是"包含有差别在自身内"的"真同一";黑格尔认为要把同一认作是包含着差异和矛盾的同一,即"同一乃是通过扬弃存在的直接规定性而变成的""理想性的存在";"相等只是彼此不相同的、不同一的事物之间的同一",要在近似的东西之间"看出异中之同和同中之异"。❷黑格尔的这些话主要是强调事物之间的同一性是相对的,甚至是近似的,真正的同一是包含着差别的大致的同一。他所说的扬弃存在的直接规定性的"理想性的存在",大致的意思就是以抽象思维的方式去掉了事物外在的、直接表露出来的差别性,只留下事物一般性的存在特征,这样的存在特征只是理想性的同一,而实际的同一却与理想性的同一不完全一样,是同一中有差异、有矛盾,差异中、矛盾中有同一。譬如说这10个人与那10个人相等或相同一,只是强调这10个人和那10个人在人数上是相等的或相同一的,但却包含或掩盖了这10个人和那10个人在性别、年龄、体质、思想、综合素质等许多方面的差别。黑格尔有关包含差别的统一是"真同一"的观点,对辩证地、科学地理解事物之间的共同性有着深刻的启发意义。

但是,黑格尔往往把客观实际中的同一与思维规律中的逻辑同一混在一起,使人理解起来较为困难。还是列宁说得很明确,"对立面的统一(一致、同一、同等作用)是有条件的、暂时的、易逝的、相对的。"❸要科学地理解矛盾对立面的同一性或统一性只具有相对性的意义,还必须通过分析客观实际中的大量事实才能达到目的。

---

❶ 黑格尔著、杨一之译:《逻辑学》下卷,商务印书馆,1976年12月,第31页。
❷ 黑格尔著、贺麟译:《小逻辑》,商务印书馆,1980年7月,第249–250、253页。
❸ 列宁:《谈谈辩证法问题》,《列宁全集》第38卷,人民出版社,1959年9月,第408页。

2. 对立面的同质性是包含着异质性的同一

对立面的同一性首先是指对立双方具有同质性或共同的质的规定性，这种同质性并不是绝对的无差别性，而是包含着异质性的同质性。任何事物都具有多层次、多方面的属性或规定性，在事物的多层次、多方面的属性系列中，人们用抽象的方法去掉特殊的属性或某一方面的属性，留下的普遍属性或另一方面的属性就只能是相对的、近似的同质，是同质掩盖、包含着被抽象地去掉但实际上是去不掉的异质的同一。

地球与太阳系内其他天体在万有引力属性和化学元素构成属性这些层次上是同质的，即它们都具有万有引力属性和化学元素构成大体相同的属性，都是由大体相同的化学元素通过万有引力作用凝聚起来的物质团块。但是这只是一种相对的或粗略的、近似的同质，如果深入分析这种同质性掩盖的差异就会发现，这种同质是包含着差异的相对性的同质。地球与太阳系内其他天体都具有万有引力属性，但是引力的大小各不相同，而且由于各个天体具有特殊的自转和公转速度，由自转和公转产生的排斥力对它的引力施加的抵消作用也各不相同，由此使地球对自身物质的向心引力和地球对太阳系内其他天体的引力作用同其他天体相比较也大不相同。虽然地球与太阳系内其他天体都是由 100 多种化学元素组成的，但是在每种化学元素的含量以及这些元素的存在形式以及它们形成的各种化合物、它们的分布状态等方面，包括地球在内的太阳系各个天体也是各不相同的。如果作更深入的分析，会发现地球与太阳系内其他天体在万有引力属性和化学元素构成属性上的同质性包含着更加多样、复杂的差异性。这其中就包含着这样一些越来越深的差别系列：太阳作为唯一的恒星，与所有行星、行星的卫星、行星形成时的残留物的本质差别，行星中类木行星与类地行星、小行星的差别，行星与卫星的差别；每一个天体自身的不同构成部分之间的差别，如地球的大气圈、水圈、生物圈、地壳、地幔、地核之间的差别，地壳中不同板块之间的差别、陆壳与洋壳的差别、上层花岗岩与下层玄武岩等各种岩石之间的差别，同种岩石因受到不同的温度、压力等作用而形成的化学组分、矿物种类的差别，地质作用中海蚀作用与陆地的风化作用、地面流水作用的差别，海水搬运与河水搬运、风力搬运的差别，河水搬运中形成的河漫滩、冲积扇、三角洲等堆积地貌的差别，等等。由此可见，地球与太阳系内其他天体之间的同质性，包含着几乎是无限多的差异性或异质性。

3. 对立双方处于包含着斗争的统一体中

矛盾对立双方处于某种统一体中，这种将对立双方统一起来成为一体之物的统一性，是相对的或大致的、近似的统一，即包含着对立性、斗争性的统一，或者说是对立性、斗争性始终存在但还没有破坏统一体的统一。

电子和原子核始终处于原子的统一体中，但电子一直进行着脱离原子核引力的运动，原子核也一直进行着将电子固定在自己周围甚至拉回到原子核内部的斗争，只是每一方因没有获得足够的能量，才使得它们之间的斗争没有破坏它们之间的统一。原子与原子因电荷的相互作用而形成统一的分子，但在这种统一体中，两个原子核不断地以它们所拥有的正电荷的排斥力，进行着对抗电荷吸引力的斗争。在以共价键形式结合的分子中，两个原子"共用"电子对的表面统一掩盖了这种共用并不"均等"的实质，电负性较强的元素的原子总是将成键的电子吸引到靠近自己的一边，使它带有微负电荷或部分负电荷，而电负性较弱的元素的原子带微正电荷，"共用"的键由此成为有偏向性的极性键，所形成的分子也成为带部分电荷的极性分子。

生物的基因被看作是能够非常精准地复制自身并指导蛋白质合成、决定生命活动有条不紊地延续下去的特殊自然物质。但是，它的稳定结构和精准地复制自身并指导蛋白质合成的功能，同样是一种相对的统一体。基因是一种成分复杂的生物分子，在它的各级组成成员及其结成的精巧绝伦的结构关系中，既有合格的、精准工作的真基因、编码基因，也有不会工作或无事可干的假基因、重复基因；既有能够修复基因损伤、保证基因复制、转录、翻译等活动正常进行的因子，也有破坏这些活动、引起基因突变的内部和外部因子。所以，基因的稳定结构及其精确的复制、转录、翻译等功能时刻处于内外部的对立关系中，是在对立中保持稳定性和准确性的统一体。

不断进行生存竞争的生物种类处于一定的生态系统的统一体中，利益不同的国家、民族处于某种区域甚至全球社会的统一体中，敌对双方处于战争的统一体中，商业竞争对手处于市场的统一体中，朋友之间处于共同感情的统一体中，夫妻双方处于家庭统一体中等等。体现这种"共处于统一体中"

的彼此关联的关系,始终是包含着对立性、斗争性的关系。统一只是维系矛盾双方能够一直对立和斗争的纽带或条件,而对立和斗争才是推动双方不断发生变化和持续发展的根本力量。

4. 矛盾同一性概念包含着多种含义

矛盾同一性的含义还包括对立双方存在共同性、一致性、相互融合、相互依赖、相互渗透等内容。譬如,强调对立面之间存在许多的共同点,有许多共同的特征、概貌、相似之处等,但不强调诸如同质性这样较深刻的内容,可以用"共同性"概念;反映相互对立的两种运动过程或两种意见之间的关联关系,强调运动的方向、路径或意见的一致性或大同小异的关系,可以用"一致性"概念;强调对立双方处于融会贯通的状态,可以运用"相互融合"、"相互渗透"等概念;强调对立双方一方不能脱离另一方而存在的特征,则用"相互依赖"的概念。

尤其应当强调的是,事物的内在矛盾的对立双方,是事物所具有的一种本质属性与另一种本质属性这样的对立面,这种对立面处于一个统一体中的特征,不同于外在矛盾的对立双方所处的那种统一体,因为内在的双方都不是具有完整形态、能够独立存在的两个事物,而是具有完整形态、能够独立存在的同一个事物的两种性质。所以内在的两种属性之间的统一性,主要体现为一方渗透于或被包含在另一方之中,是一方承载另一方、另一方借助对方而存在的一种相互依赖、相互渗透关系。

用多种概念表达矛盾的同一性或统一性关系,既要有利于深刻理解矛盾同一性、统一性的普遍含义,又要力求准确、恰当、生动,使概念的科学性、准确性和丰富性、生动性得到全面体现。

二、矛盾的对立性和斗争性及其异同之处

(一)矛盾的对立性和斗争性是万物运动、变化、发展的终极动力

矛盾的"对立性"这一概念强调对立面之间的异质性、相反性,即对立面在本质、属性、特征、某些侧面、发展趋势等方面正相反对。对立必然引起斗争,但对立不等于斗争。由对立到斗争还需要有个过渡环节,这就是对立面的运动。对立只是意味着两个方面正好相反,但并不一定就已经发展到

一方运动起来作用于另一方、另一方因之也运动起来反作用于对方这种"斗争"的程度。因为在有的情况下，两种属性或两个事物、系统、过程等虽然是相互对立的，但并不处在同一个统一体中，因而它们之间只有对立而不会有斗争。

"矛盾斗争性"概念的真实含义，就是宇宙万物运动、变化、发展的最普遍的推动力，或者说是终极的推动力。没有这样的推动力，一切事物都将处于静止、死寂的状态。当然这种静止、死寂的状态从科学的观点看来是难以想象的，也是客观世界和人的主观思维领域中不可能存在的。这里之所以说对立面的斗争是宇宙万物运动、变化、发展的终极推动力，就是因为万物运动、变化、发展的根本原因是它具有相反的两种属性和它始终与自己的对立物相联系而存在，相反的属性和相反的对立物在相互联系的条件下必然发生相互斗争，这种斗争使相反的属性和相反的对立物只能处于永恒的运动、变化、发展过程中。

矛盾斗争性概念强调，只有对立面之间的"斗争"才能产生事物运动、变化、发展的推动力。在辩证哲学看来，自然科学中有关"力"的概念，其实质性的含义就是矛盾，尤其是矛盾对立面之间的斗争。目前人类认识到的自然界的四种基本的力，即万有引力、电磁力、强相互作用力和弱相互作用力，以及更为具体的力如机械力、重力、热力、化学反应力、生命力等，每一种力都是与它相反的另一种力相对立而存在，相互作用而得以发挥的，所以它们本质上都是矛盾斗争之力，是矛盾斗争所产生的力。引力在任何条件下都是与斥力同时存在、同时发挥作用的，否则，相互吸引的所有物质在瞬间就会因为没有抵抗之力的制衡而坍缩为一个无限小的奇点。电磁力始终是正负两种不同电荷之间的吸引力与相同电荷之间的排斥力同时存在、同时发挥作用的，否则，很难设想只有一种电荷的物质会是怎样的结构。强相互作用力和弱相互作用力，以及更为具体的机械力、重力、热力、化学反应力、生命力等，都是与其相反的抵抗力同时存在、同时发挥作用的，它们如果不与自己的抵抗力形成此消彼长或相对平衡的斗争关系，就不可能形成相对静止与永恒运动互为条件的物质世界。

辩证法从对各种自然力、社会力、思维力的认识和概括中，应当这样来理解对立面之间的斗争：矛盾统一体中相互对立的一个方面作用于另一个方面、另一个方面又反作用于这个方面，这样反复进行的作用和反作用，最后产生一种合力或一种累积起来的效果，使矛盾的两个对立面都变成了它们最初都"没有打算"变成的那个样子，也就是变成了与它们最初的运动、变化、发展趋势都不同的结果。两个对立面"你推我搡"、"你打我斗"，"推搡"、"打斗"的结果是两者都被对方所改变，每一方都变得面目全非，从而使矛盾的性质发生转化，事物也就因矛盾性质的转化而得以变化、发展。我们说矛盾是万物运动、变化、发展的动力源泉，而这个源泉里"涌出水"的那种压力，就是"斗争性"这个东西，同一性或统一性则相当于是泉底和泉边的泥土、石块等不可缺少的条件。之所以说矛盾斗争是宇宙万物运动、变化、发展的终极动力，就是因为在它前边再没有其他的推动力来推动它了，而它的推动作用却可以转化为或体现为各种各样的具体推动力，推动事物发生形态各异的运动、变化、发展。

从科学家的推测和试验中可以看出，宇宙就是在极为激烈、"残酷"的矛盾斗争中产生的。作为宇宙之母的"奇点"发生爆炸，无疑是一场异常激烈的能量与物质的斗争。

宇宙诞生得如此的不寻常、不太平，可能预示了宇宙演化的整个旅程都将是依靠矛盾斗争来创造新事物的过程。

矛盾斗争通过事物之间的普遍联系之网，转化为物质运动的各种具体的推动力，形成万物之间相互联系、相互作用又相互制约的千姿百态的运动、变化、发展过程。

天体的结构一般是物质的万有引力与物体机械运动、物质粒子的热运动等形成的排斥力这两种力的矛盾斗争达到的相对均衡状态，这种引力与斥力的斗争在恒星那里转化为较轻元素的聚变反应这种力，推动恒星"燃烧"轻元素来合成较重的元素。元素合成过程结束，元素燃烧之力转化为恒星体积膨胀、恒星物质坍缩、恒星发生爆炸之力，搅动周围的天体和物质发生机械运动、热爱运动等，这种不间断的力的转化，使天体处于不停歇的运动、变化、发展之中。譬如在太阳系这种天体系统中，太阳与地球之间既相互吸引又相互排斥的矛盾斗争以及地球与其他行星之间既相互吸引又相互排斥的矛盾斗争，转化为地球按照近似圆形的轨道绕太阳运行和以一定的速度自转运动的推动力，这种推动力再转化为太阳的光热以不多也不少的份额照射地球，以及转化为地球的一部分地质变化之力，这些力推动地球结构的演化和地球上生命的产生、演化等各种各样的推动力。

物质的原子、分子等粒子之间的矛盾斗争，一般体现为它们之间的相互作用。譬如化学键就是"分子或晶体内相邻原子（或离子）间强烈的相互作用"[1]。化学键包括离子键、共价键和金属键三种基本类型，其中，离子间正、负电荷相互作用最激烈亦即矛盾斗争采取最极端、最激烈形式的键合关系是离子键，矛盾斗争采取较缓和形式的键合关系是共价键，比共价键更缓和的矛盾斗争形式则是氢键、范德华力等分子间相互作用。

由阴、阳离子结合成分子，并不意味着二者进入了和谐共处的状态。相反，阴、阳离子的原子核争夺核外电子的斗争从不停息。这种争夺核外电子的斗争形式之一，就是阴、阳离子之间的相互极化。一般来说，阳离子的半径比阴离子小，电场强度大，所以阴、阳离子相互作用时，阳离子引起阴离子变形的作用力大于阴离子引起阳离子变形的作用力。阳离子引起阴离子变形，就是阳离子的电场引起阴离子的电子云偏离其原子核，使阴离子产生诱导偶极；反之，阴离子引起阳离子变形，就是阴离子的电场引起阳离子的电子云偏离其原子核，使阳离子产生诱导偶极。阳离子以其强大的电场引起阴离子变形，但是变形后的阴离子以其诱导偶极反过来对阳离子产生极化作用，引起阳离子变形。阳离子受阴离子的极化作用而产生诱导偶极，会进一步加强对阴离子的极化能力，使阴离子的诱导偶极增大。这样反复地相互极化，形成阴、阳离子之间争夺电子的斗争过程。这种斗争不断改变离子的电荷分布，使阴、阳离子的核间距离缩短，化学键的极性不断减弱，离子键逐渐过渡为共价键，使阴、阳离子的矛盾性质发生变化。

基本不带电荷也就是电子云基本不偏离原子核的"性格温和"的非极性分子，它们之间也同样存在着不停息的矛盾斗争。原因在于，这些分子中的电子都在不停地运动，原子核也在不停地振动，电子云与原子核之间经常会发生瞬时的相对位移，产生瞬时的偶极，也就是使分子产生瞬时的、程度不

---

[1] 何凤姣主编：《无机化学》，科学出版社，2019年12月，第159页。

同的正电荷极性或负电荷极性。这种瞬时的极性会影响邻近的分子，使其也产生瞬时的、带有相反电荷的极性。瞬时的、带有相反电荷的极性分子又会影响其周围的分子，使之产生瞬时的、与自己的极性相反的极性，于是发生非极性分子之间因具有瞬时极性而形成的异极吸引和同极排斥的相互作用。所以，不仅"性格凶猛"的极性分子之间存在着离子相互极化的矛盾斗争，"性格温和"的非极性分子之间也存在着无休止的争夺电子的斗争。实际上，所有的分子永远都处于不同形式、不同程度的矛盾斗争之中，因为分子的本性就是由相反电荷构成的矛盾统一体。

人类与自然之间的矛盾斗争体现为人类认识、利用、改造一部分自然资源的思想和实践之力，马克思将这种思想和实践之力称之为社会生产力，它包括人类能够有控制地加以利用的太阳能、火、蒸汽、电、机械能、畜力、风力、水力、生物、矿物、土地、信息等自然力，成为推动人类社会变化、发展的基础性推动力。这种基础推动力进一步转化为社会各阶级、阶层、社会集团、国家、民族之间的矛盾斗争，转化为相互斗争的各个阶级、阶层、社会集团、国家、民族等社会组织内部一部分人主动的改革、变革、革新、管理的政策和行动，转化为每个社会成员个人的主观意识和社会实践活动等个人推动力，正是这种一环扣一环的"力"的转化，推动着社会系统的运行、变化和发展。

（二）对立面斗争的基本类型

矛盾的斗争性强调的是对立面因其本质、属性、特征、某些侧面、发展趋势等正相反对而运动起来，展开相互作用。但是由于对立的性质和程度不同，矛盾双方相互斗争的性质和程度也不同。对立面之间的斗争可以分为以下三种类型。

（1）本质性对立所产生的斗争。这种斗争是一方从根本上改变对方或者将对方排斥出统一体的对抗性斗争。这种类型的斗争是最符合"斗争"这一概念的含义的，如自然界发生的爆炸、碰撞、分裂，生物物种或个体与其天敌、恶劣条件的搏斗、对抗，社会领域的阶级斗争、民族冲突、战争以及其他形式的暴力冲突等。

（2）非本质的、次要属性的对立所产生的斗争。这种斗争是一方改变对方的某些次要属性、某些特征，或限制对方的某种属性、运动、发展，推动对方发生一定的变化等非对抗性斗争。自然界和社会领域的这种非对抗性斗争十分普遍，它是对立物由量变到质变的基本推动力。

（3）某些侧面的、微弱的对立所产生的斗争。这种斗争是矛盾双方相互施加相反的影响，推动对方发生某种微小变化的斗争。这种斗争虽然无关矛盾统一体运动、变化的大局，但其持续进行所产生的累积效果往往会不同程度地影响甚至改变大局。

（三）对立面斗争的非均衡状态和均衡状态

矛盾对立面的斗争是绝对的、不停顿的，但对立面在斗争中的力量变化则有均衡状态和非均衡状态之分。一般来说，矛盾运动的初期，对立面中总有一方处于较强大的地位，另一方处于较弱小的地位，二者分别成为矛盾的主要方面和次要方面。在矛盾运动进到中期阶段时，对立面中弱小的一方力量增大，强大的一方力量相对减弱，二者处于难分伯仲的相对均衡状态，矛盾主要方面和次要方面的差别越来越不明显。在矛盾运动进入后期阶段时，两个对立面的力量对比发生了重大变化，原来弱小的一方处于较强大的地位，另一方处于弱小的地位，矛盾主要方面和次要方面的差别明显化甚至越来越悬殊，最后引起矛盾性质的根本转变。

对立面之间的斗争处于某种被制约、被控制的相对均衡状态，往往显示出对立面成为相互结合的互补之物。在自然界和社会、思维的各个领域，这种由互补之物构成的矛盾是十分普遍的。因为对立面的斗争被控制在某种程度，统一体处于相对稳定的状态，对立面相互斗争着的两种主要属性在统一体内部及其对外关系中都得到发挥，使矛盾统一体显示出两种互补属性相结合的优势。这种互补优势并没有消除或者暂时中断对立面的斗争，而只是使斗争被控制在统一体不致破裂的程度。而且对立面的斗争还在不断地促进两种互补属性的此消彼长或不同程度地增强，使互补优势发生着不间断的变化。

在自然界和社会领域、思维领域，因为矛盾的性质和矛盾的外部条件等原因，矛盾对立面的斗争往往会长时间处于非均衡状态或均衡状态。尤其是当矛盾运动受到复杂的内外部条件的制约、影响时，对立面的斗争处于某种均衡状态或非均衡状态，都有可能成为事物发展的积极因素。

（四）矛盾斗争性概念及其引起的误解

"斗争"概念最早是由古希腊的辩证思想家提出的。"斗争"这一词本来是用于反映社会生活各领域敌对、冲突的各方相互排斥、相互打击行为的。将"斗争"、"斗争性"用作哲学概念，虽有其通俗性、生动性、易理解性的一面，但不能说非常确切，因为在自然界和社会领域，有大量的矛盾对立面之间是非对抗性的对立关系，它们之间的所谓"斗争"，其实只是相互推动、相互限制、相互排斥的关系。可是，要反映对立面之间最普遍的相互对抗和相互排斥关系，没有更恰当的语词来取代"斗争"一词。赋予"斗争"一词以对立面之间最普遍、最概括的相互对抗和相互排斥关系的概念含义，既有缺憾又无可替代。这是人类语言的局限性，是语言发展与思想发展之间既相互适应又不完全适应的矛盾关系的体现。语言是思维的"果壳"，思维是语言的"果肉"，二者与生俱来就是在相互矛盾的关系中发展、演变的。在各门学科中，这种语言与思想之间既相互适应又不完全适应的矛盾性是很普遍的，哲学当然也不例外。所以，即使"斗争"、"斗争性"等词汇有其表达概念含义的不确切性缺陷，我们还是要赋予它应有的普遍性概念的含义，用哲学思维的严密性、深刻性和哲学领悟能力的通透性弥补词语方面形式性的不足。不然的话，有些哲学家就会制造出一大批更加令人费解的生僻词汇来取代"斗争"、"斗争性"，使思维的混乱更严重。

矛盾斗争性这一概念往往容易引起一些人的误解，特别是那些对辩证矛盾理论缺乏了解的人们，总是误认为矛盾的斗争性就是对抗性，因而对辩证矛盾理论持反对、抵触态度。应当指出，有的时候和有的人在解释、强调矛盾斗争性概念的含义时，往往会有这样那样的不足，甚至会有过激性的不确切之处。但这无关大局，而且可以在不断的讨论、交流中求得共识。尤其需要指出的是，革命家在革命战争时期出于革命斗争的需要，更多地强调和论述矛盾对立面的对抗性斗争，这是那个时代解决社会矛盾的需要，无可厚非。因为那个时期阶级矛盾、民族矛盾处于激化阶段，在激烈的阶级斗争和民族斗争中不容许以温情掩盖残酷斗争的现实，不容许以妥协代替血与火的搏斗，所以在那个时期产生和发展起来的辩证哲学理论不免带有浓重的火药味。即使是在和平时期，对于对抗性的矛盾斗争也丝毫不可忽视，否则就会不知不觉地陷入无远虑而遭"近灾"的境地。当然，哲学不光是服务于革命战争的，斗争概念也不光只具有对抗性的含义。哲学是服务于全人类和人类发展的全过程的。革命战争时期发展的哲学与其他历史时期发展的哲学都有其不可磨灭的贡献。所以，消除人们对辩证哲学知识的误解和偏见，增强人们运用哲学知识提高自身素质和社会进步水平的自觉性，始终是哲学研究和哲学普及工作的重心。

三、矛盾同一性与斗争性的相互关系及其产生发展动力的机制

（一）对立面的斗争是万物始终处于永恒运动状态的"原力"

矛盾的斗争性是矛盾统一体的灵魂，对立面的斗争是万物始终处于运动状态的"原力"，是一切事物运动、变化、发展的终极推动力。对立面的每一方总是以斗争来改变对方，限制对方的某种作用或运动趋向，逼迫对方按照自己这一方所要求、所推动的方向运动、变化，使对方如果不按照自己这一方所推动的方向运动、变化就难以存在下去。对立的双方都要求对方按照自己这一方推动的方向运动、变化，这种"互不相让"的相互作用，使对立双方始终处于黑格尔所说的"不安定"状态，每一方都在对方的作用、推动下发生"被逼出来"的变化，同时又推动和"逼迫"对方发生变化，由此使矛盾统一体始终处于不停歇的运动、变化之中。最终，统一体总是按照斗争性较强的一方的斗争方向和斗争方法发生变化和转化。

在物质系统的微观领域，对立物之间的斗争是形成新物质系统的唯一推动力。两个原子以电磁作用力形成化学键和分解化学键的斗争，是一切化学运动得以进行的基本推动力，也是一切生命活动的基础推动力。属性上既对立又同一的物质粒子，总是在化学反应、物理变化和生物的生理生化过程中，形成既相互依赖、相互补缺又相互排斥、相互保持一定距离的动态关系。这种关系使简单的原子、分子逐级结合而形成越来越复杂的大分子、高分子甚至生命体。由结构简单的化学分子进化为结构越来越复杂的分子，直至进化为物质世界中结构最为复杂的生命体，其根本性的推动力，就是原子、分子等微观粒子及其结合而成的各类物质系统都具有程度和方式不同的两极性对立统一关系。

两个原子之间的斗争，除过机械性的相互碰撞等相互作用的形式外，主要的斗争形式就是通过化学键结合成为分子，或断裂化学键而使分子分解。而化学键的本质，就是两个原子争夺最外层电子的"电力"斗争。在离子键中，是体现金属性或碱性的原子失去最外层的电子与体现非金属性或酸性的原子获得对方最外层电子的斗争，斗争所达到的相对平衡状态，是两个原子因一方失去最外层的价电子和另一方得到最外层的价电子而分别成为带正负电荷的离子，正负电荷的相互吸引作用将两个原子"捆绑"在一起，成为化合物分子。但是，虽然形成相对稳定的化合物分子，两个原子之间的斗争却并没有停息。随着两个原子核最外层电子的高速运动及其形成的电子云分布区域的不断变化，"捆绑"两个原子的正负电荷的吸引力的强弱也在不断变化，两个原子核之间的距离因此时远时近，失去价电子的原子与获得价电子的原子的斗争一直在分子的内部进行着，使分子这个统一体一直处于运动、变化的"不安定"状态。

同一元素或不同元素的两个原子争夺最外层电子的斗争的另一种形式是双方形成共价键。共价键成键的本质仍然是两个原子争夺最外层电子的斗争，但争夺的形式是二者共用电子对，即两个原子既不失去也不获得价电子，但因为它们的单个价电子自旋方向相反，这种自旋相反的单个价电子的电子云（亦称原子轨道）在它们之间相互重叠，将两个原子"黏合"成为单质的或化合物的分子。这种相对稳定的分子，只是原子之间斗争程度的变化，而不是斗争的止息。共用的电子对或者原子轨道相互重叠，实际上是两个原子争夺最外层电子达到势均力敌的一种相对均衡程度。当原子轨道或电子云重叠程度较低时，两个原子核虽被拉近，但两个原子还不能形成分子。只有当原子轨道或电子云重叠程度增大到一定程度，两个原子被"黏合"的能量才能使两个原子核靠近到形成分子的距离。原子轨道重叠程度越大，两个原子核就靠得越近，键长就越短，键能就越大，形成的分子统一体就越稳定。形成稳定的分子，同时也意味着两个原子核不断地以它们所拥有的正电荷的排斥力，进行着"挣脱"电荷吸引力，并力求破坏原子轨道重叠、夺回共用的电子的斗争。在这种斗争中，电负性较强的元素的原子将成键的电子吸引到靠近自己的一边，使自己带有微负电荷或部分负电荷。而电负性较弱的元素的原子则带有微正电荷，从而使共价键成为有偏向性的极性共价键，所形成的分子也具有一定程度的带电的"极性"特征。

在自然界的宏观领域，恒星内部的对抗性斗争是引起恒星物质的物理进化的直接推动力。星系内较普遍存在的大质量恒星，其内部一直处在引力与热核反应产生的热力的矛盾斗争中。这种斗争曾一度使恒星的内部结构处于平稳演化的相对稳定阶段，但在相对稳定的状态掩盖下，因为热核反应的持续进行和反应结果的不断积累，其内部逐渐出现了分层进行元素反应的特征。距恒星表面较近的外围圈层中，以氢元素聚合为氦元素的反应为主；而在中间的圈层中，以氦元素聚合为碳元素的反应为主；在中间圈层之下，进行的是以碳元素为原料合成镁、硅、硫等较重的元素以及较重的元素进一步合成更重的元素的反应为主；在恒星的核心及核心附近，合成的是最重的元素如铁元素的原子核。这种在多圈层的"车间"里进行的元素"加工制造"过程，使得"加工制成"的元素的原子核因为总是比作为它的原料的原子核要重很多，这些陆续制成的较重的原子核便向下一圈层沉降，成为下一圈层加工制造更重元素的原料。被制造出的最重的也是最稳定的铁原子核，就陆续沉降并积累到恒星的核心。铁元素因其原子核的稳定结构而不能继续合成比它更重的元素，这就使得恒星核心部位的核反应停止下来，从而使核反应热力产生的向外扩张力锐减以致基本消失。这样，就使保持恒星结构相对稳定的两种力的平衡被打破，核心以外各层物质的巨大引力在与热力的斗争中占据越来越大的优势，恒星物质猛烈地向内坍塌形成内向式的爆炸，使内核中的电子和质子发生粒子反应，变成了中子并释放出中微子。这种内向爆炸产生的异乎寻常的压力很快激化了它与其对立面的斗争，内核以及临近内核的物质因爆炸产生的压力剧增而做出同样异乎寻常的"应激"反应——温度和密度急剧上升，因受压而产生的热力瞬间占据了与引力作斗争的绝对优势，导致恒星的核心发生爆炸，并且将核心外部的各个圈层炸裂开来，将构成恒星的大部分物质以每秒数万公里的速度抛射到外围数千光年的范围。这就是超新星爆炸，是恒星内部矛盾斗争达到的最激烈的程度。超新星爆炸产生的更为巨大的压力，将恒星制成的各种较重的原子核挤压成比铁原子核还要重的原子核，如金、银、铀、钚等元素的原子核，还将核心的物质挤压成体积小、密度大的中子星或黑洞。超新星爆炸进一步激化了它与其他天体物质之间的外部矛盾。它所产生的热力和机械力卷起了星际间的狂风——巨大的冲击波，不仅将自身的物质抛射到周围很远的地方，使之与其他星际物质混杂在一起，还将大于自身数千倍质量的星云物质聚集成各种团块，推动这些团块与星际云像波涛一样在更深远的星际空间运动、扩散，为下一代恒星的形成提供原料和动力。

恒星爆炸作为物质与能量的一种激烈的对抗性斗争，产生出了多样性的新物质形式。比氢更重的各种元素，以及白矮星、中子星、黑洞、由多种物质组成的新的星云、新的恒星等，就是这一斗争产生出的新物质形式，这些物质形式为恒星、行星物质向更高水平演化奠定了基础。

同样，由众多恒星组成的星系之间的矛盾斗争，也是物质进化的重要推动力。星系之间频繁发生碰撞可以看作是又一种激烈的矛盾斗争。在碰撞中，有些星系被撞得四分五裂，有些小星系则被庞然大物猎食后合并到猎食者之中。碰撞过程破坏了碰撞双方的原有结构，搅动了星系中的气体和尘埃，加速了新恒星的形成，使一些老年星系因此焕发了勃勃生机。

（二）同一性是对立面互不脱离和不停止斗争的纽带

矛盾的同一性是使对立面不脱离、不停止斗争的纽带，它将对立面维系成共同体，不到事物发展到质变的时点而不会破裂。同一性的这种纽带作用，使每一方在斗争中的片面性受到抑制或削弱。作为对立面的每一方，在自身的属性、运动的方向以及针对对方的作用等方面都有其极端性、片面性、过激性特征，双方的斗争往往都具有以一种极端作用对抗另一种极端作用、以一种片面性排斥另一种片面性的特征。同一性维系统一体不破裂，就使每一方以极端方式迅速地"打击"、"消灭"对方的难度增加，使双方在统一体中只能长期而反复地"缠斗"，而不是一方迅速地"消灭"另一方。长期而反复的"缠斗"必然弱化每一方的极端性、片面性、过激性的作用，使双方在斗争中越来越增强各自的综合性、成熟性、上升性特征，最终使双方的斗争产生出符合事物发展规律要求的"合力"效果。这种"合力"效果超出了对立双方中任何一方的推动作用、推动方向和推动结果，使矛盾统一体减少了对立双方中每一方的极端性、片面性、过激性、局限性、不合理性，最终形成面向进步和不断上升的发展活力、发展过程。

（三）对抗性矛盾和非对抗性矛盾

毛泽东指出，客观世界中的矛盾可以分为两个基本的类型，这就是对抗性矛盾和非对抗性矛盾。"矛盾和斗争是普遍的、绝对的"，但有些矛盾"具有公开的对抗性"，有些则是非对抗性的。❶ 分清和正确处理这两类"性质完全不同的"矛盾，对于建设一个统一、团结和繁荣富强的国家是极为重要的。❷

对抗性矛盾是尖锐性对立中最激烈、最尖锐的一种矛盾类型。这种矛盾是对立面或对立物之间形成截然相反、互不相容、有此无彼的一极与另一极的关系。每一方的运动指向是要改变对方的根本性质和基本结构。双方对立以及付诸斗争的结果是每一方受到根本性的改造或推动，使一方或双方失去其本质或本质属性、主要属性，或者使一方或双方失去其综合性、整体性、质的规定性的特征，转变为另一种事物。

非对抗性矛盾既包括尖锐性对立的矛盾，也包括差异性、微弱性对立的矛盾。一般来说，由于非本质属性、次要属性、部分属性、个别特点的对立所构成的矛盾，属于非对抗性矛盾。这类矛盾双方中每一方的运动指向不是改变对方的根本性质和基本结构，而是改变对方与自己正好相反的那些非本质属性、次要性质、部分属性或个别特点。双方存在差异以及由此导致"摩擦"式斗争的结果，是每一方在一定程度上受到对方的影响、改造、推动，但仍保持各自的本质或本质属性、主要属性以及综合性、整体性、质的规定性的相对稳定。

在非对抗性矛盾中，有一种矛盾在自然界和社会领域较为普遍，这就是互补性较强的对立统一关系。这类矛盾的对立面一般是成对结合的互补之物，即具有互补属性的对立面之间既存在紧密的相互依赖关系，又存在相互斗争的关系。但是对立面的斗争受到内部相互依赖关系或外部某种关系的制约、控制，保持着相对均衡的相互作用，使统一体处于相对稳定的状态。这种矛

---

❶ 毛泽东：《矛盾论》，《毛泽东选集》第1卷，人民出版社，1966年3月，第323页。

❷ 毛泽东：《关于正确处理人民内部矛盾的问题》，《毛泽东选集》第5卷，人民出版社，1977年4月，第364、372页。

盾的对立面的两种相互对立的属性既相互制约，又能在统一体的对外关系中都得到发挥，从而使矛盾统一体显示出两种相反属性相互结合的优势。这种互补优势并没有消除或暂时中断对立面的斗争，而只是使斗争被控制在两种重要属性不相互抵消、统一体不致破裂的程度。

在生命进化过程中，对立物的互补优势是形成富有竞争力的有序结构的重要支柱。生命演化的重要规律性机制之一，就是自然选择在复杂的矛盾关系网中更加垂青这种互补性的矛盾关系和矛盾力量。在社会领域，互补性的矛盾关系在不同的个人之间、群体之间、组织之间、民族之间、思想意识之间，甚至在不同的阶级、阶层、政治集团和不同的国家之间也很普遍。譬如，家庭成员之间、朋友之间、合作者之间的矛盾，就属于互补性的矛盾。在国家、民族之间的激烈对抗时期，国内的不同阶级、阶层、政治集团之间的对抗性矛盾往往会转化为非对抗的、互补性的矛盾。毛泽东曾经指出的人民内部不同的阶级、阶层内部和这些阶级、阶层之间的矛盾，以及政府同人民群众的矛盾等，是在人民利益根本一致的基础上的矛盾[1]。社会领域中根本利益一致的基础上的矛盾，就是非常普遍的非对抗性矛盾，矛盾双方具有互补性的特征。

（四）对立统一关系推动对立双方和事物整体的发展

在斗争性与同一性的关系中，同一性维系着矛盾统一体，使对立的双方有条件展开斗争，在斗争取得规律所要求的一定的结果之前不至于分离开来。斗争性使对立的双方不间断地改变着对方，直至取得矛盾运动规律所要求的结果。斗争性与同一性二者相互依存、互为条件，使矛盾成为万物运动、变化、发展的动力源泉。

对立面之间既对立又统一的关系，往往会形成对立面之间的反馈式相互作用的关系。这种反馈联系是对立双方和矛盾统一体走向进步性、上升性运动、变化、发展的重要规律性机制。

对立的一方作用于另一方，受作用的一方被迫发生相应的变化，这种变化使作用的一方不得不面对"对方发生了变化"这样一种新的条件，所以它

---

[1] 毛泽东：《关于正确处理人民内部矛盾的问题》，《毛泽东选集》第5卷，人民出版社，1977年4月，第364-365页。

继续作用于对方时就不得不适应"对方发生了变化"这种新的条件而发生相应的变化。同样，受作用的一方因受到作用于它的一方的作用，便会对对方产生反作用，也使作用的一方发生相应的变化，同时也使自己不得不产生适应"对方发生了变化"这种新条件而发生相应的变化。于是，作用的一方和受作用的一方都处于既作用于对方又适应对方的变化而变化的运动状态。这种既作用于对方又适应对方的变化而变化的运动状态，在外部条件相对稳定的情况下，逐渐走上对立双方根据对方的作用和变化而作用于对方和相应地变化自身的轨道，形成对立面之间反馈式相互作用的过程。这种反馈式相互作用过程，使对立双方之间易于形成"水涨船高"的进步性、上升性循环。每完成一定的循环周期，双方就获得一定的进步性、上升性发展。随着循环周期积累到一定程度，双方以及由双方组成的统一体就获得本质性的变化和发展。

在恒星的形成和变化、发展过程中，早期的星云凝聚成恒星及其外围行星的共同胚胎——旋转着的星云盘。在星云盘的中心，由于引力的作用，星云物质的体积、质量、密度越来越大，温度越来越高，形成了发热并引发核反应的核心，这个核心就是婴儿期的恒星。婴儿期的恒星因其在星云盘中占有质量、体积、密度、引力等方面的绝对优势，快速地吸引周围的星云物质和距离较近的正在形成中的行星物质落入恒星之中，加快了恒星的成长。这样，恒星与其周围的星云以及正在形成中的行星、行星的卫星等物质之间就形成一种正反馈的相互作用关系：恒星越是成长得快，它的质量、体积、密度、引力就越大，因而吞噬周围物质的引力和范围也就越大，周围物质落入恒星的速度也就越快；周围物质被快速地吞噬，恒星成长速度就会更快，其质量、体积、密度、引力就更大。如果周围一定空间范围内有足够多的星云物质，并且没有其他的恒星与之争夺"猎物"，那么快速成长的恒星将成为一颗质量超过太阳质量10倍以上的巨型恒星。这种巨型恒星因其物质引力和内部压力过大，使其核反应的速度和猛烈程度远远超出一般的恒星，因而会在较短时间内燃烧完氢、氦等燃料，然后以超新星爆炸的形式结束其生命。超新星爆炸将构成恒星的一部分物质抛向周围空间，成为新的星云物质，同时将恒星的核心物质转变为引力极大的黑洞。而黑洞的成长，则以另一种方式重复着与恒星成长相似的反馈式相互作用过程。

在地球的圈层构造中，地幔与地壳一直处于反馈式的相互作用中。地幔受到地壳的重力作用，同时上地幔的熔融态物质因为地球内部的热力和部分铁、镍物质沉向地心的重力的积聚而增强流动，这种流动对地壳产生向上的作用力，并在地壳板块的接缝处和相对薄弱处溢出，推动地壳岩石破裂、错动和地壳板块的移动，形成地震和火山爆发，释放出地球内部的部分热力和压力，使地幔与地壳的相互作用进入相对平衡的时期；在这种相对平衡的时期中，地球内部的热力和地壳产生的重力，以及地壳以下的物质的重力又逐渐积聚并达到较强的程度，于是又产生多发性的地震和火山爆发。如此循环往复，使地幔和地壳这两种物质的组成、结构、运动不断发生变化，地幔物质侵入地壳的岩层或溢出地壳形成新的岩石和多种多样的矿床，地壳板块的移动和板块边缘插入地幔之中，形成造山运动和海陆变迁。地球内部结构和地壳外部形态演化的重要推动力，就来自地球不同圈层之间以及同一圈层的不同构成部分之间的反馈式矛盾斗争。

在生物界，由于每一个或每一种生物都具有适应外部条件变化的能力，生物与生物间的反馈式相互作用关系相对于无机界要高出一个等级。植物以其花粉的气味和蜜汁吸引昆虫，为昆虫提供食物来源，昆虫以其嗅觉和口部等器官的特殊功能寻找蜜源并采得花粉，同时为植物传粉。二者的这种反馈式相互作用，推动了双方的进化：植物的花的结构进化得越来越复杂、精巧，有利于昆虫发现并采得花粉；昆虫的采蜜器官进化得越来越灵敏、精巧，提高了发现蜜源和采集花蜜的效率。动物与其天敌之间的反馈式相互作用看起来似乎与植物和昆虫之间的反馈式相互作用完全不同，但这两种反馈式相互作用在本质上没有太大差别。食草动物由于受食肉动物的威胁而不断增强个体和群体的防御能力，食肉动物因食草动物不易被猎获而不断增强其捕猎能力，双方之间长期的相互作用使每一方都进化出了优良的体质和器官，淘汰了相对劣质的个体和种群。可以说，地球上能够长期生存的物种，尤其是人类这种智慧型的生物物种，其生存优势都是在长期的反馈式生存斗争中形成的。

在社会领域，个人之间、群体之间、各种社会组织之间的矛盾，因为都是具有智慧的矛盾双方,所以几乎毫无例外地都是反馈式的对立统一关系:一方认识到对方的特点、能力、意图、活动方式、可能的发展前景等;另一方也同样,事事时时力求做到"知己知彼"。双方不论是以合作为主还是以竞争、斗争为主,基本上都遵循"博弈"的原则与对方结成相互作用的关系。

令人惊讶的是,人与微生物之间的反馈式矛盾斗争甚至也具有某种"博弈"的特征。人类产生以前,猿类、类人猿等动物主要是依靠自身的免疫系统与病毒、细菌进行无意识的斗争。在人类形成的初期,可能就以某种主动的方式与病毒、细菌及其引发的疾病进行斗争了。近代以来,人类发明了各种医疗手段,其中就包括接种疫苗这种先进的手段,运用科学武器与病毒、细菌进行斗争。但是这种斗争竟然"逼迫"病毒、细菌也在与人类进行着"博弈"式的斗争。这些病毒、细菌为了适应人类带给它的不断恶化的生存环境,能够不断改变和复制自身的DNA,以快速和多样性的变异来"利用"人类的某些弱点,不断产生出具有抗药能力、抗免疫能力的新的变种。现代人类以更快的科技进步速度来对付这类微生物的威胁,而这些微生物也会适应人类医疗手段的进步,产生新的抗逆性变种。人类与这些微生物的矛盾斗争会一直按照"水涨船高"的反馈式循环进行下去。

万物运动、变化、发展的进程因矛盾的推动力而从不停止。旧的统一体破裂,矛盾发生转化,新的统一体则取代旧的统一体,为新的斗争提供新的纽带,旧事物由此转化为新事物。矛盾为事物发展提供的这种基本的推动力,在具体事物的发展过程和发展条件下,合乎规律地转化为或体现为事物发展的形态各异的具体推动力,形成万物运动、变化、发展及其普遍联系的无限多样的形式。

第三节 对立面的相互转化及其基本类型

对立面斗争的结果,是矛盾的转化。矛盾的转化包括对立的双方相互向对方在统一体中的位置的转化和在此基础上矛盾统一体实现根本性质的转变。矛盾对立面的相互转化可以划分为这样几种类型:"胜负型"转化;"分裂型"

转化;"融合型"转化;"同归于尽型"转化;"易位型"转化。

一、矛盾转化的基本机制——内在本质在外在矛盾关系中发生变化

事物的本质是由事物所具有的两种基本属性构成的对立统一体。事物本质中体现其特殊性的属性表征着事物是自身而不是他物,事物本质中体现事物与他物的共同性的那些属性,被称为事物自身内部或内在的对立物,是"自己的他物,是向自己的对立面的发展"❶。这两种基本属性的相互转化,意味着事物的本质或根本性质的转变。但是,事物本质中的对立面不会无缘无故地发生转化,而是在事物与其他事物之间的外部相互作用中实现的,也就是事物在外在的矛盾斗争中实现自身内在性质的变化。

矛盾转化的规律表明,一切事物由于包含着内在的、本质的矛盾,并且因内在的、本质的矛盾而与外部的他物处于外在的和外部的矛盾关系中,所以一切事物都在产生着自己的对立物,都在向自己的对立物转化。向自己的对立物转化是事物合乎规律地变化、发展的普遍道路。事物面对着的外部各种各样的他物,既是事物不断构造和更新自身的资源,又是事物必将实现的运动变化的结果,是事物内部潜在的对立物的未来形态。事物的存在,就是不断地将外部的资源或外部的他物转化为自身内部的他物,同时又不断地将内部的他物转化为外部的那些现实的他物。但是当事物真的失去了原来的自己而转变为外部的那个或那些他物的时候,外部的那个或那些他物也在与它或它们的他物的相互作用中变得不似当初了,事物转化成的那个或那些外部的他物也与原来与它对立的那个或那些他物不一样了,由此也就使事物和它的内外部的他物都实现了变化和发展。

一切事物合乎规律地产生着自己的对立物,向自己的对立物转化,是通过这样几种主要形式实现的:事物在自身内部产生着自己的对立物;事物不断"产生"自己的外部对立物;事物因为产生并转化为自己的对立物而获得发展。

---

❶ 列宁:《哲学笔记》,《列宁全集》第38卷,人民出版社,1959年9月,第288页。

（一）事物在自身内部产生着自己的对立物

事物要继续保持自身的存在，要在与外部的对立物的相互作用中保持自身的相对稳定，就必须在自身内部产生与自己有一定同一性或有一定联系的对立物。正是依靠自己产生的这种对立物，事物才能弥补自身的某种缺陷，在与外部对立物的相互作用中保持自身的相对稳定。但是也正是因为事物在自身内部产生了自己的对立物，事物终归因这种对立物的产生和发展而失去自身，转化为与自身相反的另一种事物。星云要保持自身的存在，构成星云的原子、分子、尘埃等微观物质之间就要形成一定的引力，依靠引力保持一定的密度，并吸引更多的物质进入自己的"团伙"之中，成为星际之间名符其实的一团"云"。但是正是因为原子、分子、尘埃等微观物质之间形成了一定的引力，并因引力的作用保持一定的密度，能够吸引更多的物质使星云团块不断长大，结果因密度的不均衡而导致了星云团块中密度最大的部分成为星云的核心，密度小的部分成为星云的外围。星云于是就在自身内部产生出了自己的对立物——密度大的核心物质和密度小的外围物质。这两种物质在相互作用中发生进一步的变化：核心物质密度继续增大，吸引外围更多的星云物质聚集到核心，最后变成为能够进行热核反应的恒星；密度小的外围物质一部分被吸引到核心，剩余的物质同样因为引力、密度的不均衡而形成许多的小核心，这些小核心最后变成为一个个的行星、行星的卫星和小行星。至此，名符其实的一团星云因为在自身内部产生了自己的对立物——核心物质和外围物质，最终导致的结果却是星云完全失去了自己的本质属性和外部形态，变成了恒星、行星、行星的卫星等星体物质。

（二）事物不断"产生"自己的外部对立物

事物的本质是一种内在的矛盾，这种由矛盾构成的本质决定了一切事物都如黑格尔所说，是一种"不安定"之物。事物的"不安定"本性也就是它的矛盾本性，这种本性决定了事物总是要与其他事物形成对立统一的外在的或外部的矛盾关系。尤其是当事物在外部环境中遇到既与自己有某种共同属性又与自己存在截然相反的属性的其他事物的时候，它们之间就会形成以尖锐对立为特征的外在矛盾关系。这也就是在自然界和社会领域普遍存在的"冤家路窄"的外部矛盾关系。但不同的事物之所以成为"冤家"，之所以总是遇到"路窄"之处，其根源还是存在于事物本质矛盾之中。

每一事物总是不断受到既与自己的某些属性相同又与自己的某些属性相反的他物的作用，形成外在的和外部的矛盾关系。这种矛盾关系，其实就是事物内在的矛盾本性不断"招来"其外在的和外部的对立物的过程。当一事物没有某种内在属性的时候，它与外部的某个或某些其他事物之间就不会形成直接的、现实的矛盾关系。但是当一事物具有了某种内在属性的时候，它与外部的某个或某些其他事物之间就必然会形成直接的、现实的矛盾关系。树木的一粒种子，在它没有发芽、生根、成长为树木的时候，它与空气之间可以近似地看作是没有直接的、现实的矛盾关系的。但是当它发芽、生根并成长为一棵树木的时候，它就具有了固定生长、增加枝叶、繁衍后代、由单木繁衍为树林等一系列内在的属性，这时，它与空气之间就产生了日益尖锐的矛盾：它要不断消耗空气中的二氧化碳气体来进行光合作用，同时向空气中输出氧气，影响空气的构成成分；它和它的子孙们固定于某一地域生长，一方面依赖空气的流动传播花粉，播撒种子，另一方面又对空气的流动形成越来越大的阻力。树木与空气之间的这种直接的、现实的矛盾关系，其实就是因为树木产生了、增强了一系列的内在属性，自己给自己"招来"或"制造"出了外部的对立物。但是，树木因其本性而不得不在外部"树敌"，不得不进行既需要空气又对抗空气的斗争，也正是树木具有其特殊生命力的体现。否则，它就无法以树木这种特殊生物体的资格生存下去。

事物因其内在的矛盾本性而必然与外部的其他事物产生对立统一的矛盾关系，这是一切事物不断获得新的属性并最终转化为另一种事物，即转化为自己的外在对立物的普遍规律。任何事物，由于来自外部的作用与事物内在的某些属性相对立，事物就以相应的作用来抵制外部的作用，反作用于外部他物。这种来自外部的作用继续进行，事物就以增强自己某些内在属性的方式继续抵制外部的作用。随着这种抵制外部作用的斗争持续进行，事物相应的内在属性就会变得越来越强，越来越丰富，同时也以自己的斗争使外部的他物在属性和形态方面发生一定的变化。但是当外部作用足够强大时，或者当外部作用持续时间足够漫长时，事物内在的属性就会发生重大变化，并逐渐产生了新的属性。新的属性使事物增加了新质，即具有了适应外部作用的新的特质，同时对外部他物产生了更强的影响或改变作用，使外部的他物也改变其某些属性。实际上，事物在与外部他物的相互作用中产生的新的属性或新质，就是内在化了的外部他物，是将外部的许多他物吸收到体内，转变为自身内部的新的构成物、新的结构关系和新结构承载着的新的属性，使这些外部他物成为自己体内不可缺少的一部分。这就是被辩证哲学家称之为的事物"自己的他物"。这种"自己的他物"越积越多，事物内在的属性构成就发生根本性变化，原来的本质转化为另一种本质，事物失去了自己而转变成了与自己原本相对立的他物。

（三）事物因为产生并转化为自己的对立物而获得发展

星云转化为自己的对立物——恒星，恒星到晚年发生爆炸又转化为自己的对立物——星云，但恒星转化成的星云与当初产生恒星的原始星云在组成成分、分布范围、受力状况等方面已是大不相同了，是已经得到发展的星云。生物要使自己有限的生命延续下去，就必须通过繁殖活动产生出自己的对立物——下一代的生物。而下一代的生物，一开始是上一代生物在自身内部产生的对立物，后来从母体中分离出来，变成了外部的对立物。实际上，上一代生物所产生的这种先在体内后来到体外的下一代生物，就是上一代生物从外部环境中吸收来的物质、能量、信息的转化物，是生物在生存竞争中所"吃掉"的其他的生物和无生命物质的转化物，同时也是生物内在的遗传-变异属性的外在形式。下一代生物的生命在其形成和发展过程中，就与上一代生物处于对立统一的矛盾关系中。它既是上一代生物生命的延续之物，又是上一代生物生命的变异之物、对立之物、发展之物。生命就是因为能够产生自己的对立之物而获得发展、获得进化的。人类上下代之间的关系也是这样。子女就是父母所产生的对立物，同时也是父母生命的延续之物、发展之物。子女就是因为与父母既相同一又相对立，才能使父母的生命在自己身上得以延续，使父母的生活在自己的生活中得以发展。父母也是因为与子女既相同一又相对立，才能使子女延续父母的生命，使子女以更好的生活延续父母的生活。子女一生下来既受到父母的照顾和保护，也受到父母的限制，这种保护和限制都是他们健康成长必不可少的条件。子女在成长中既以父母为榜样，又极力摆脱父母的束缚、从事与父母不同的活动，学习父母、受父母约束和适应新的条件、从事与父母不同的活动都是他们成长为新一代父母必不可少的条件。但是当他们有了子女、真的成了新一代父母的时候，他们的父母已不是年轻时那样的体质、思想、风貌，他们自己也与当年的父母大不一样，他们与父母在矛盾关系中都转化成为与原来的对立面完全不同的对立面。也就是说，子女和父母都获得了发展，发展得与原来的自己、与原来的对立面既有相同之处又不完全一样。同样的道理，统治阶级与被统治阶级、强者与弱者、胜利者与失败者、先进与落后、管理者与被管理者、自己与他人等对立面的相互转化，都是如此。

所以，虽然一切都在产生自己的对立物，都在向自己的对立物转化，但却不能原封不动地变成原来的对立物，双方都在复杂的相互作用中被改造得面目全非。这就是矛盾的转化，是矛盾推动事物发展的一条基本规律。

更深入地认识这一基本规律，可以得出这样的结论：每一事物就其有限的存在过程而言，它是自己而不是他物，但是每一事物就其存在前后的长过程而言，其实就是他物而不是自己。因为每一事物都是由他物转化而来，每一事物维持自身存在的所有构造材料和构造关系也都来自于外部的他物，每一事物都在自身内部和自身外部产生着自己的对立物，并且最终都要转化为他物，因而，每一事物就其来源和归宿而言完全就是他物，而不是自己。而作为每一事物外部的每一个他物，就其来源和归宿而言也同样是与自己相对立的他物，而不是自己。所以辩证法认为，任何事物都不是绝对的自身等同之物，事物既是自身又是他物。

由此看来，每一事物和与它相对应、相关联的每一个他物，似乎都是一种空洞的存在，即似乎一切存在物（包括宇宙）都是一种来自他物并归宿到他物的"空无"，而不是真实的、客观的存在。于是，唯心论，特别是某些宗教学说，就将物质、宇宙、社会等一切客观存在物的本质概括为空无或虚空，认为一切都产生于虚无。

从对事物由他物转化而来和事物必然转化为他物这一普遍规律的解释中得出的"一切皆空"的观点，是对这一规律的片面的、歪曲的认识和理解。导致其片面地、歪曲地认识和理解这一规律的原因，是这种观点总是主观臆想地把事物理解为固定不变的存在物，认定每一事物只能永远是自己而不可能是他物，或者不可能转化为他物。

　　黑格尔在他的唯心辩证法理论中非常晦涩地表述了具体事物在有限性存在形式中包含着并过渡到无限性运动变化过程的规律。黑格尔指出，"有限事物乃是变化无常飘忽即逝的"，这种"有限的事物的客观性与它的思想，这就是说，与它的普遍本性，它的类和它的目的是不一致的"❶。"只有在现实事物的总合中和在它们的相互联系中概念才会实现。那孤立的个体事物是不符合它自己的概念的，它的特定存在的这种局限性构成它的有限性并且导向它的毁灭"❷。黑格尔这里所说的事物与它的思想、它的普遍本性、它的类和它的目的不一致和"个体事物不符合它自己的概念"等，是从唯心主义观点出发，将事物的普遍本性等同于人们在认识事物中所形成的思想、概念、真理性知识等精神的东西，他赋予"思想"、"概念"的含义就是"事物之所以保持其存在的原则"❸，是由许多个体事物构成的"现实事物的总合和"它们的相互联系"并在"判断"的推动下向理念过渡的过程，也就是向"真理"过渡的过程。黑格尔的意思是：孤立存在的个体事物是一种有限性事物，因为它的有限性，所以它必然会走向其有限存在的尽头而毁灭，不能过渡到理念，也就是不能过渡到事物的"真理"。黑格尔这里所讲的道理，用唯物论的观点来解释就是：被人错误地看作是孤立存在的个体事物，不具有同类事物所具有的普遍的本性和普遍的运动、变化规律，所以在客观世界中是不存在的；客观世界中的每一个个体事物虽然都是有限性的存在物，但它们都具有一切事物普遍具有的矛盾本性，都遵循着向对立面转化的普遍规律，它们通过向对立面的转化而在自我"毁灭"中实现事物普遍本性和共同规律的永存；只有人们主观臆想中的那种绝对孤立的个体事物，才不具有矛盾的本性和普遍的运动、变化规律，只能在人的臆想中产生和毁灭。

　　现代每一门科学所提供的真理性知识，甚至有普遍意义的经验都可以说明，固定不变的事物是不存在的，一切存在都是运动、变化、转化中的存在。所以唯物辩证法认为，包括宇宙、物质、能量在内的每一事物或每一种客观

---

❶ 黑格尔著、贺麟译：《小逻辑》，商务印书馆，1980年7月，第374–375页。
❷ 同上书，第398页。
❸ 同上书，第399页。

存在物，都因其矛盾本性而只是有限的、暂时的、过渡性的存在物。以永恒的运动、变化、转化而存在，是一切事物的真正本质，是物质的真正的客观实在性。

二、矛盾转化的基本形式

事物的内在本质在外在的矛盾关系中发生变化，内在本质中两种属性的转化决定了外在的两个对立物的性质、地位、特征的转变。矛盾转化的这种规律性机制有多种形式，其中较有代表性的可以列举以下五种。

（一）矛盾对立面的"胜负型"转化

矛盾对立面相互斗争的结果，一方战胜甚至"消灭"另一方，形成一胜一负的局面，矛盾统一体因此解体，事物发生根本性质的变化。"战败"甚至"被消灭"的一方在统一体解体后，已不是原来的矛盾对立面了，它作为原矛盾统一体中一个方面的性质、地位、重要特征等已经发生了根本性变化，变成了另一种事物或另一种因素。"战胜"的一方失去了原来的对立面，也就等于失去了对立面对自己的规定作用，因而也就失去了原来的性质、地位、重要特征等，它可能还保留有原来的某些形式和特征，但实质上已经成了另一种事物或另一种因素。

（二）矛盾对立面的"分裂型"转化

矛盾的两个对立面在斗争中逐渐获得越来越强的独立性，对立双方最终分道扬镳，成为各自独立生存的事物，原来的矛盾统一体分裂为两个或若干个独立体。原子的裂变，化学物质的分解反应，生物细胞的分裂，老百姓分家，国家或民族的分裂，社会分工引起的企业分化、行业分化和地区分化等，矛盾的这种分裂型转化形式十分普遍，被哲学家概括为事物的"一分为二"现象。但不少人对此提出不同意见，认为矛盾转化不一定都是一分为二的，一分为三、一分为多也是相当普遍的。其实，这里存在着辩证矛盾理论需要深化研究并加以说明的以下两个观点：

（1）"一分为二"之说没有错，它主要是指事物的本质是由相互对立的两种基本属性所构成的一种内在的矛盾。任何事物都有这样的本质特征，因而一切事物在本质上都是一分为二的。离开了分析事物本质的基本特征，在其他领域，尤其是在现象方面和系统结构领域，"一分为二"并不具有普遍性。

（2）一分为三、一分为多之说也没有错，但不是因为矛盾可以有三个或多个对立面，而是指具体的事物在矛盾转化中，其原来的结构瓦解，事物分裂成不同的部分，但不一定只分裂成两个部分，而是可以分裂成两个或多个部分。一分为三、一分为多之说只是反映了矛盾转化在现象形态上和结构解体方面的特征，而不能与事物本质上的"二分法"相混淆。

（三）矛盾对立面的"融合型"转化

矛盾转化的又一种较普遍的形式是对立双方融合为一体，使旧事物变为新事物，如原子核的聚合反应、化学的化合反应、星体的合并、生物两性细胞的结合、企业的兼并重组、国家或民族由分裂走向统一等。有的哲学家将矛盾的这种转化形式概括为"合二而一"说。形成这种转化形式的辩证规律包括以下几个主要方面的内容：形成"合二而一"的对立双方只是一种外在性的矛盾关系，它们的内在根据仍然是本质性的对立统一或本质性的"一分为二"；对立双方的斗争以及一定的外部条件的作用，使双方的内在属性发生了重大变化，其中引起对立的那些属性趋于弱化，双方共同具有的属性居于支配地位，使对立的双方融合为包含着对立和斗争的统一体；对立双方的斗争性被共同性暂时地掩盖起来，双方的融合只是松散式的或暂时的结合，双方的斗争始终在进行；对立双方与第三方的矛盾上升为主要矛盾，对立双方以某种融合或结合的形式合为一体，与第三方构成新的外在性对立统一关系。

（四）矛盾对立面的"同归于尽型"转化

对立双方斗争的结果是"同归于尽"，一方被"消灭"或者被改造成为另一种事物，另一方也同样被"消灭"或者被改造成为另一种事物。正反两种粒子相遇发生湮灭，转化成为能量。两个天体相互碰撞，最后都"粉身碎骨"，转变成另一种天体或物质形式。奴隶掀起反抗奴隶主的斗争并推翻了奴隶制，一部分奴隶和奴隶主转化为封建主，另一部分奴隶和奴隶主转化为农奴或自耕农，奴隶制社会转化为封建社会。马克思在《共产党宣言》中指出，历史上每一次大规模的阶级斗争的结局"都是整个社会受到革命改造或者斗争的各阶级同归于尽"[1]。同归于尽式转化在自然界和社会领域具有很大的

---

[1] 马克思、恩格斯：《共产党宣言》，《马克思恩格斯选集》第1卷，人民出版社，1972年5月，第251页。

普遍性。

（五）矛盾对立面的"易位型"转化

矛盾的主要和次要两个对立面斗争的结果，主要的方面转化为次要的方面，次要的方面转化为主要方面，矛盾对立面互易位置，统一体的性质因此发生重大变化。生态系统中处于支配地位的物种在生存竞争中逐渐失去优势，变成被支配的角色；原来处于竞争劣势的物种因其基因的突变或借助某些环境条件的变化，增强了生存优势，发展成起支配作用的物种，由此使生态系统的性质发生重大转变。两个国家或两个民族在长期斗争中，一方由弱小逐渐变得强大起来，成为一定区域内经济社会发展的主导者，另一方则由强者变成了相对弱小的一方，处于某种从属的地位。

第四节 矛盾普遍性和事物的普遍联系

"矛盾的普遍性或绝对性这个问题有两方面的意义。其一是说，矛盾存在于一切事物的发展过程中；其二是说，每一事物的发展过程中存在着自始至终的矛盾运动。"❶ 从矛盾的普遍性或绝对性观点中自然能够引申出这样的观点：每一事物与其他事物都存在着现实的或潜在的矛盾关系。认识和把握矛盾的普遍性，是认识和把握事物本质、事物之间的普遍联系和事物运动、变化、发展的规律，形成科学、严谨、积极向上、努力作为的世界观和性格特点的重要思想基础。

一、矛盾的普遍性决定了事物运动、变化、发展的源泉永远不会枯竭

事物的本质就是事物自己的内在矛盾驱动自己永不停步地运动、变化、发展。事物因为包含着这样的内在矛盾，才处于广泛的外部矛盾关系中，具有永恒运动的动力源泉。人们认识事物，只能在矛盾中和运动、变化、发展中，揭示事物的本质及其运动、变化、发展的规律，获得真知，形成真理性

---

❶ 毛泽东：《矛盾论》，《毛泽东选集》第1卷，人民出版社，1966年3月，第293页。

的思想理论。

矛盾是一切事物运动、变化、发展的源泉，这个源泉永远不会枯竭，所以事物的运动、变化、发展永远不会停步。事物的本质是两种相反而相成的基本属性构成的内在统一体。因为这两种内在属性具有相反的一面，因而事物在本质上总是"不安分"的，总是存在着向着不是自己而是他物的那个方向运动、变化、发展的趋向。但事物的两种内在属性又有相同和相通的一面，因而又总是存在着保持事物各种属性、特征、结构关系的稳定性的一面，使每一事物与其他事物能够相互区别而存在，相互作用而发展。由于事物本质的这种既绝对地"不安分"又相对地"安分"的特点，所以事物总是在内在矛盾的驱动下，实现既在某种状态又向另一种状态过渡、既保持自身的稳定又向着他物变化、发展的运动。事物的这种内在矛盾，就是事物运动、变化、发展的内在推动力。

事物在运动中必然要与外部的其他事物发生相互作用，有些相互作用是偶然的、暂时的，而有些则是必然的、持续的。前者是因为事物与他物在次要的属性或相对微小的特征上既相反又相同而导致的相互作用，后者则是事物与他物在主要的、本质的属性或重大特征上既相反又相同而导致的相互作用。这后一种相互作用，就是事物与他物之间因本质上的对立统一而产生的外部矛盾。这种外部矛盾是事物运动、变化、发展的外部推动力。任何事物都有其内在的、本质的矛盾，因而任何事物都会因为本质上与外部的他物既对立又统一而处于外部的矛盾关系中。事物就是因为受到内在的矛盾和外在的矛盾的推动，处于永恒的运动、变化、发展过程之中。

事物由于有内外矛盾提供源源不断的动力源泉，因而不会因为其他原因而停步不前。有些事物相对于其他事物虽然具有较强的稳定性，在较长的时期内似乎不发生什么运动和变化，但是这种稳定性或"静止性"只是它的一种相对性的存在形式，是在稳定性或"静止性"的形式中包含着永恒的、不间断的运动和变化。而且，任何事物的稳定性或"静止性"只是它的一种"一厢情愿"，它处在众多他物的"包围"之中，必然会遇到"冤家路窄"的对立物，并且这种对立物远不止一两个。外部的对立物绝对不会放过任何的"静止"之物，所以就会合乎规律地发生针对静止之物的"树欲静而风不止"

的斗争。在自然界，不存在任何的绝对静止之物。在社会领域，任何社会主体都不可能与其他社会主体"老死不相往来"。幻想孤立生存、与世无争地活下去的社会主体，不是在自然力的打击下灭亡，就是在社会斗争中被淘汰。所以一切社会成员，他的本质、他的社会本性、他的基本素质、他的性格和才能等都是内在的矛盾体，都是自身特征与社会普遍特征的对立统一体，因而都毫无例外地生活在与自然物、与其他社会成员、与环境条件之间的外部矛盾关系之中。生命的重要本质特征，就是在永不间断的矛盾斗争中保持生命活动与生存条件之间的动态平衡。

二、矛盾的普遍性构成事物普遍联系的网络

矛盾的普遍性表明，万物既同源、同质、相通、相连，又异源、异质、相反、相克，因而，一切事物总是处于对立统一的普遍联系中。所不同的是，有些对立统一是直接的、现实的，有些是间接的、潜在的；有些是偶然的、个别的，有些是必然的、整体的；有些具有较少、较简单的中介环节，有些具有较多、较复杂的中介环节。宇宙诞生之初形成的最早的微观粒子和它以后形成的恒星、超新星爆发产生的化学元素等，就存在于我们现在每个人的身体里。宇宙诞生之初的部分射线直到现在还回荡在人类的周围，启迪着人类去认识创世之初的世界图景。类似这样的跨越时间和空间的普遍联系，使最高级的宇宙物质形式与最低级的物质形式成为冰炭同炉的共存伙伴，因为每一具体事物都具有与宇宙万物冰炭同炉的内在本性。

对立统一关系所构建的普遍联系，使万物互为推动力。每一事物不论到哪里都有它的对立面，都受到对立物的规定，也都有发展的动力、条件和机会。

对立统一关系所构建的普遍联系，使万物之间可以形成各种系统。人们可以在普遍联系的无比巨大的网络中，根据联系的性质或联系的范围的不同，划分出相应的局部系统、特殊系统，如各种微观物质系统、宏观物质系统、天体系统、生命系统、社会系统、思维系统等，描绘出这些不同系统的结构特征，认识和把握这些系统的变化、发展。

对立统一关系所构建的普遍联系，使万物在相互作用、相互规定中不断

丰富其本质属性，不断演化出新的物质形态，产生出像人脑、思维活动、语言、艺术品、智能机器等这类神奇的事物，甚至也许还会产生人类很难想象的更为神奇的事物。

三、矛盾的普遍性决定了事物运动、变化、发展必然遵循辩证规律

规律是事物的内在属性之间的联系和事物之间的本质性联系。事物的本质是内在的矛盾及其驱动的永恒运动和由内在矛盾建立的普遍联系，是在永恒的运动和普遍的联系中不断向自己的反面转化。

事物之间的本质性联系，也就是事物与他物之间稳定的、可以重复形成的关系，哲学把这种关系称之为规律。譬如地球上存在万有引力造成的重力规律，这种规律决定了处于地球引力范围的任何物体都向着地心方向下落，水在地球的任何地方都向低处流动等。

矛盾对立面之间的统一和斗争也遵循一定的规律：凡是既同质又异质的事物，总是要构成既对立又同一、既相互斗争又相互统一的关系，这种关系使既同质又异质的事物总是转变为与自己原来的性质相反的另一种事物。这就是一切对立物之间稳定的、可以重复的、有利于进一步发展的本质性联系，亦即矛盾运动的规律。一切对立面之间斗来斗去，其斗争的方式、程度总是符合事物向自己的反面转化的规律的要求，符合事物与其他事物之间形成稳定的、可以重复的、有利于进一步发展的关系的要求。如果没有达到这些要求，斗争就会继续进行，同一性就不会破裂。

四、辩证矛盾规律是预见未知之物的重要客观依据

认识到矛盾是宇宙万物共同的本质构造机制，辩证矛盾规律是万物运动、变化、发展的普遍规律，就可以推测和预知未知之物的本质特征和运动、变化趋势。

（一）辩证矛盾方法在科学探索中的运用

科学家们一直都在自觉或不自觉地运用辩证矛盾规律对未知之物进行推测和求证。他们进行推测和求证的一种相当普遍的方法，就是发现已知之物

的某些矛盾关系，按照已知之物的性质，推测它的对立物应有的性质和两种对立物应有的相互作用关系，再对这些推测进行验证，最后找到所预见的未知之物。从门捷列夫预言当时尚未找到但后来被找到的元素，到现在亚原子研究领域中许多先预言后找到的粒子的事实，可以看出辩证矛盾的方法在科学探索中的实际意义。

20世纪初期，物理学家在研究原子核蜕变并放出高速运动的电子时，发现蜕变后形成的新原子核加上放出的高速运动的电子的总质量与原核的质量相比要略微轻一些。显然，这种变化违背了物质和能量守恒定律。于是美籍奥地利科学家沃尔夫冈·泡利推论，原子核蜕变放出高速运动的电子的同时，还放出了第二种粒子，这种粒子与电子不同，是电中性的，因而很难探测到。美国科学家费米等进一步研究了这种粒子应当具有的性质，认为这种粒子不带电荷，没有质量，几乎不与其他物质发生相互作用，因此将其取名为中微子，并且推测它应当还有其反粒子，也就是反中微子。可是对于不带电荷、没有质量、几乎不与其他物质发生相互作用的这种粒子及其反粒子来说，要找到它们是十分困难的。在无论如何都探测不到这种粒子的情况下，科学家们还是认为，"无论是否探测到这两种粒子，它们必须存在"。在泡利提出其假说的26年后，1956年美国物理学家莱因斯和考恩宣布他们探测到了反中微子。然后又根据中微子与反中微子性质正好相反的属性，科学家们推测，这两种粒子产生的途径也应当相反。反中微子能够在核裂变反应中被释放出，中微子就应当产生于核聚变反应中。于是科学家们推测，在恒星内部的核聚合反应中能够放射出中微子。后来，意大利和苏联的科学家探测到了超新星爆发中放出的中微子。至此，科学家根据微观粒子在属性上既相同又相反的矛盾特点，预言了中微子和反中微子"必须存在"，并成功地探测到这两种粒子。

类似的事情在科学史上是很多的。科学界迄今对暗物质的性质知之甚少，只是根据它的引力属性知道它确实是一种客观实在之物。辩证哲学由此可以推知暗物质必然与两种相反相成的属性紧密相关，这就是它的引力属性和与引力属性相反并与引力属性紧密相关的斥力属性。暗物质能够维系星系、星系群的结构，说明它具有引力；它没有将星系、星系群凝聚成一个无限小的

"奇点"，而是使星系、星系群分布在一定范围的空间，维持相对稳定的结构，说明它受到一种斥力的抑制。而这种斥力，要么是它自身所具有的，要么是和它具有某种共同属性的另一种客观实在之物作用于它的。一些科学家从亚原子粒子的研究中曾做过这样的推测：普通物质主要由质子组成，暗物质很大可能是由中微子组成。这些科学家初步估算的宇宙中的中微子的总质量约相当于质子总质量的 100 倍[1]。而与暗物质的引力属性相反并紧密相关的斥力，则来自暗能量，这种暗能量来自看起来空无一物的空间，是一种无形的"真空能量"。

（二）辩证哲学的预见方法

科学家是求实的，他们认为某个论断只有由实验或观察证实了的就是科学的、可信的，否则便什么都不是。但科学家在数据尚不充足的情况下敢于提出假说，推测研究对象的特征和运动规律，这是科学家的本色和职责。哲学家也一样。哲学家往往是受科学家的研究成果的启发而思考的，他们思考的成果也要经过实验、观察的证实和广泛的实践检验，才能被认为是符合客观规律的结论。哲学家在科学数据不足的情况下也善于进行推测，提出假说。譬如，人们提出疑问：宇宙诞生之前是否有某种存在物，这种存在物是什么？科学家的回答是：产生宇宙的"奇点"和"奇点"之前的存在物都没有数据，"奇点"及其产生宇宙的过程只是一种科学的假说。哲学家则可以从科学家的这些推测和观察中受到启发，并根据一切客观实在之物都具有永恒的矛盾、永恒的运动、永恒的内外之力等本质构造的规律，像康德当年推测太阳系起源那样做出以下推测性思考。

从无物不包含矛盾和有矛盾必有内在矛盾和外在矛盾等辩证观点出发，可以推测宇宙赖以诞生的"奇点"至少应当有这样三方面的重要特征：一、它不是绝对的自身等同之物，而是包含着内在矛盾和内部矛盾的存在物；二、它不是孤立的存在物，而是与它的外部"他物"并存并且一直与之处于相互作用的外在矛盾关系中；三、"奇点"以及"奇点"以前的存在物不可能杳无踪迹，它们的"化石"就存在于"本宇宙"（即我们所处的宇宙）的物质和能量的各

---

[1] 艾萨克·阿西莫夫著，朱子延、朱佳瑜译：《亚原子世界探秘——物质微观结构巡礼》，上海世纪出版集团，2011年8月，第241-242页。

种形式之中。

由于"奇点"包含着自身内部无法继续维持平衡的对立面，即两种相反的作用力，科学家推测的"大爆炸"应当是"奇点"包含的两种相反的作用力失去平衡而产生的结果。"奇点"为什么不前不后地会在138亿年前的某个"点"上爆炸？其中的主要原因是，"奇点"包含的两种作用力中，维持"奇点"存在下去的那种力已无法继续抗衡另一种力，譬如像引起"本宇宙"空间膨胀的这种力，这种力就成为结束"奇点"生命的创世之力。此外还有一种原因就是，"奇点"必然受到另一种或另一个与它并存的"反奇点"一类的存在物的某种作用，从外部加快或推迟了爆炸的发生。之所以对作为"前宇宙"的"奇点"做出这种推测，是因为受到"本宇宙"中的这样一些事实的启发：暗物质以重力作用于重子物质（即我们所说的普通物质），使重子物质得以形成和保持星系、星系群这样的物质团块而不会瞬间分崩离析；暗能量推动空间膨胀，使星系、星系群这样的物质团块在空间中相互远离，普通能量抗衡暗能量的作用则显得微不足道，但暗能量也未能取代普通能量而使星体分崩离析。"本宇宙"中这种物物相生相克的关系，应当是从"前宇宙"中有规律地演化而来，其中应当既有继承又有改变。"前宇宙"的某些特征及其如何产生"本宇宙"的过程的蛛丝马迹应当就在我们所处的这个宇宙之中，就在时间、空间、物质、能量、黑洞、微波背景辐射等的客观实在物及其相互作用和变化过程之中。只是人们目前还没有找到或者还没有充分认识"前宇宙"存在的"化石"及其运动变化的蛛丝马迹而已。所以，科学家所推测的没有时间和空间的"奇点"爆炸如果真的发生过，那它也只是本宇宙的时间和空间的开端，未必就是另一宇宙的时间和空间的开端。有物质，就有反物质。同样，有时间、空间，就应当有反时间、反空间，或超时间、超空间等存在物。在本宇宙产生之前，应当有一个时空不断回缩、物质不断向中心凝聚的变化过程，因为只有这样的过程才能产生"奇点"。"奇点"既然能够产生出能量和物质，那它无疑与能量和物质有着某种割不断的历史联系和共同的本质属性，因而就会与恒星、星系、星系团、黑洞等物质形式也有某种割不断的历史联系和共同的属性，所以它必然有"化石"留存于本宇宙的物质形式之中。科学家们似乎也早就猜测到了这一点，他们对深入研究中子星、黑洞、"夸克星"等奇怪天体保持着极大的兴趣,希望从中找到宇宙诞生时甚至宇宙诞生前的线索。

其实,科学家们也在按照类似于哲学的方式推测大爆炸之前究竟存在着什么和发生了什么。一些科学家根据他们对亚原子粒子的研究推测,宇宙大爆炸之前的那个"奇点"就悬浮在"含有能量"的"假真空"中,这种"假真空"中有许多的类似奇点的"物质碎片",其中的某一个"碎片"迅速膨胀形成了我们所在的宇宙,而我们的宇宙也只是"处于不同发展阶段的无数个宇宙中的一个"[1]。可见,科学家们正在积极地寻找和认识前宇宙的"化石"。

辩证矛盾的理论思维方式引导人们,要在一事物与其相类似或相反的另一事物的相互关系中,认识事物的未知属性,从可见之物的存在和属性中探索与其相类似或相反的事物。所以,有宇宙、有物质,就必然有反宇宙、反物质;有能够观察到的本宇宙和现存的物质,就必然会有观察不到但能够证实其存在的前宇宙、前物质。而且,前宇宙、前物质应当只是更普遍的物质(我们也可以将这种被称为"更普遍的物质"定名为"原物质")的一种具体的形式,在它背后应当还有更为本源的物质。当然,将这种更为本源的物质称作物质还是称作能量或者称作别的什么名称都不重要,重要的是它们都是不断转化中的客观实在之物。

矛盾法则启迪人们,宇宙是受它内在的两种本质属性的矛盾和与它相反而又相同的另一些存在物的作用,由另一种存在物转化而来。物无孤立之理,孤立之物非物,这应当是一切存在物的普遍法则。自然的法则应当是正的存在物与反的存在物既相同、相通又相反、相克。一切存在物都是在与它相反相成或相辅相成的另一些存在物的相互作用关系之中才能存在和变化的。宇宙也同样,它必然是在原来不存在它的条件下由其他存在物转化而来的,而且这个存在物的属性与它的属性既有相同之处又有相反之处。诞生宇宙的"奇点"也是这样,它必然是由在属性上与它既有相同之处又有相反之处的另一存在物转化而来。宇宙之前和宇宙之后、物质之前和物质之后的物物转化系列应当是无限延伸的。

---

[1] 艾萨克·阿西莫夫著、朱子延,朱佳瑜译:《亚原子世界探秘——物质微观结构巡礼》,上海世纪出版集团,2011年8月,第251页。

也许人类目前在如何寻找和认识前宇宙的"化石"这一难题面前,还像最原始的人类对自己周围的一切一样幼稚无知。可能越是我们现在认识不清楚的物质和能量的形式,如暗物质、暗能量、黑洞、膨胀的空间等,越是藏着更多的"前宇宙"的"化石"。但人类迟早会进化得高度聪明并解开这类难题。

五、矛盾的普遍性要求人必须成为积极向上的生存和发展主体

（一）人是以主动斗争求生存的特殊生物

运用辩证矛盾理论观察和总结自然史和人类历史得出的基本结论就是:人是以主动斗争求生存的特殊生物。个人或者社会组织如果不奋斗、不进步,就将为天灾或者人祸所吞没。个人和社会组织要生存下去,要生活得一天比一天有进步,就必须以科学思维和科学知识为主要武器,与有害于人类生存的自然力作斗争,与损害社会整体利益和社会成员的正当利益的社会弊病、社会邪恶势力作斗争,与人的内心世界的阴暗面作斗争。

辩证法要求人们依靠自己的力量、自己的奋斗来改善自己的生存条件,不能把"和谐"当成靠山,不能沉溺于消极的"发展极限"的羁绊,不能相信人类发展过快就会走向毁灭的所谓"预言"。否则,那些善良的、不作任何斗争准备的人们某一天一觉醒来,会发现世界成了"魔鬼"的天下。那些毒害善良人们的"魔鬼",不仅有来自社会的,也有来自大自然的。事实上,人类在几百万年的进化过程中,曾经出现过许多的人属种类,其中许许多多的人种都已在严酷的生存斗争中灭亡了。现在生存在世界上的现代人种,只是历史上许许多多的人种中的非常侥幸的一员。如果现代人在未来的生存过程中放弃了主动斗争的生存方式,陶醉于歌舞升平的状态,也许打一个盹的工夫就会步已灭绝人种的后尘。

各个历史时期的社会成员中都有持消极世界观和人生观的人,其中不乏思想家、科学家、政治家等有知识、有影响力的人士。这些人要人们忽视矛盾,放弃斗争,减缓社会发展速度,弱化奋斗精神,实行"无为"的生存之道。在当代,有人断言人类现在的这种快速发展的生存方式,由于过快地消耗资源,损害环境,只能导致人类加快灭亡。他们反问:为什么要发展得这

么快呢？发展慢一些甚至不发展，不是能与环境之间达到和谐相处吗？

辩证哲学对此给出的恰当回答，就是毛泽东词作中的一句名言：一万年太久，只争朝夕。

人类文明达到现在这样的高度，还要与谁争朝夕之光阴呢？

回答是：与自然界，与人类自己，与社会的阴暗面争朝夕。

（二）人必须遵循人与自然的矛盾规律不断提高生存和发展能力

人类如果不与自然界的变化争朝夕，自然灾害、自然力的威胁是不会放过人类、不容许人类继续生存下去的。人要么与自然界的不利条件争斗而继续生存，要么被自然界的变化、发展所吞噬，这是人与自然的矛盾规律所决定的。自然界是人类得以诞生的母体，但这个"母体"对人类并不只有温情的一面，它同时还有可怕的另一面，那就是无情肃杀的一面。人所具有的几乎一切生存优势，都是在自然条件的逼迫下，在与不利于人类生存的自然条件的斗争中形成、发展起来的。人类要正确处理与自然界的关系，就必须正视和主动解决自然变化既有利于人类生存又不利于人类生存的重大问题。对有利于人类生存的自然条件，要主动地认识并加以利用。对不利于人类生存的自然条件，则要用增强自身智慧的途径主动地加以改变。而对人类无法改变的灾害性自然条件，至少要能够有效地躲避。人类虽然已经达到现在这样的文明高度，以后还会达到新的文明高度，但是自然界肃杀人类的危险并没有消失，也永远不会消失。

当代人类究竟要不要以最快的速度、最好的方式实现经济和社会的发展，不妨看看自然界强加给人类的以下几种生存危机的严重性：

在距太阳系较近的宇宙空间，有可能出现强烈的伽马射线爆源，它能够很快将进化了几百万年的人类及其他生物从地球上消除干净。

在太阳系内，有数以万计的直径较大的小行星、彗星等不速之客，它们有可能撞击地球，但人类很难预测这种危险会在何时发生，更难以用人类目前所拥有的手段排除这种危险。

相对于人类持续生存的长远需求，地球所能提供的承载力显得越来越小，而人类在地球之外成功开辟新的生存空间的科技能力和经济发展水平，现在看来还十分渺茫。

由于太阳活动发生的重大变化，或者人类无法预测和改变的其他重大自然变化，地球有可能进入数以百年、千年、万年的较长周期的灾难性气候时期，或者发生毁灭人类生存条件的短期灾难性气候，人类以怎样的发展水平才能在这种灾难到来时存活下去呢？

地球有可能在某一天发生超级火山、特大地震、特大海啸等灾难，人类至今对此还是束手无策。

地球上曾经出现并且今后还会出现人类一时难以对付的细菌、病毒，出现迅速蔓延的传染病并造成人口大量死亡。

人类虽然已经进化出了许多优越的生理功能，但是在生理上仍然有多方面的脆弱性，如难以治愈的种种疾病、过早衰老、智力有限、健康状况太差等，这些生理缺陷使人类难以胜任更严酷的生存斗争，难以保证更高水平的发展。如此等等。

面对这样的威胁，人类毫无疑问应该以尽可能快的经济和社会发展，在物质生产能力、科学技术、社会制度和社会组织形式等方面做好准备，争取在灾难来临之前具备应对的能力。

（三）人类要不断与自身的弱点作斗争

人是智慧之物、理性之物，但不是万能之物。人类有自身的弱点和缺陷，而且永远会有弱点和缺陷，这些弱点和缺陷对人类自身的生存和发展时时都构成严重的危险和隐患。因此人类在与自然作斗争以改善生存条件之外，还要与人类自己的弱点、缺陷作斗争，争朝夕。

人类在数百万年的生存斗争中成为地球之主，显示了人类以创造文化为主要方式形成的生存竞争优势，但是也暴露出了许多可怕的弊病。人类来源于动物界又高出动物界，在天性上既有天使之质，同时也带有来自兽类的非人性之质。人类至今还在用非常残酷的手段相互残杀，使用残酷的暴力手段使一部分人屈服于另一部分人的意志。人类所组织起来的国家，本质上是一种暴力机器，这种暴力机器特别是其中的庞大战争机器，多数都是维护一些阶级、阶层、民族的特殊利益而压缩其他阶级、阶层、民族的利益的工具。人类由于各方面的局限性，主要是社会生产能力等方面的局限性，使许许多多的成员至今仍生活在物质贫困和精神贫困之中，有许许多多的成员堕入犯罪的状况，贫穷、暴力和犯罪使整个社会的成员经常生活在不安全的状态。人类必须以只争朝夕的紧迫感，通过变革、创新、奋斗，创造必要的物质条件、社会条件和精神条件，消除社会的弊病，使人类的天使之质逐渐增多，使人类的非人性之质逐渐消失，使人类手中握有的大规模杀伤武器永远不被使用，从而使人类依靠实实在在的物质条件、不断进步的社会条件和越来越丰富的精神条件，进化为理想中的天使。

通观人类文明史，那些在各个历史时期兴盛起来的阶级、阶层和民族，无一不是以艰苦卓绝的斗争，既战胜了敌对力量又战胜了自身的弱点而成为自己命运的主宰者的。中华民族是世界上唯一一个从原始社会后期直到现代没有中断文明产生和文明发展历史的民族。中华民族能够在数千年间主宰自己的命运并不断发展壮大，其根本原因，就是一系列的自然和社会条件决定了中华民族的生存之基和民族精神是以不屈不挠的斗争为主旋律的。中国历代的人民群众和统治阶级中的志士仁人，顽强地与一切阻碍民族生存和社会进步的自然条件、腐朽势力、外部入侵和自身的弱点、缺陷进行不懈的斗争，在斗争中创造了堪称发达的农业、手工业、商业、航运等物质文化，创造了推动经济发展和社会进步的科学技术、文学艺术、哲学思想、政治、军事、革命斗争等精神文化。"中华民族不但以刻苦耐劳著称于世，同时又是酷爱自由、富于革命传统的民族"，"中华民族的各族人民都反对外来民族的压迫，都要用反抗的手段解除这种压迫"❶。历史上的中国人民，以"粒粒皆辛苦"的斗争从自然界索取生存发展所需的物质财富，以"王侯将相宁有种乎"的革命斗争使统治阶级懂得了"水能载舟亦能覆舟"，以"还我河山"的反侵略斗争使入侵者最终遭受失败。在近代以来的民族灾难中，中国共产党人运用批判的武器和对旧社会进行武器的批判，洞悉社会规律，唤起亿万民众，建立革命政党和革命军队，数十年连续不断地打赢了以少胜多、以弱胜强、以一当十当百的革命战争和反侵略战争，创造了把"不可能"变为现实的一个又一个奇迹，终于使陷入深重灾难的中华民族崛起于世界民族之林。中华民族用自己的生存方式写出了一本启示世人的哲学巨著，这就是：以科学为武器，以斗争求生存、求发展。

---

❶ 毛泽东：《中国革命和中国共产党》，《毛泽东选集》第2卷，人民出版社，1966年3月，第617页。

（四）人类要以主动作为不断提高生存发展能力

人是智慧生物，而且会越来越快地成为更高级的智慧生物。人类将会以自己的智慧之长，掌握越来越庞大的自然力来克服前进道路上的障碍，包括克服人类自身的弊病和弱点，为自己拓宽生存的空间，创造无穷无尽的发展和进化奇迹。人类不会因为发展太快而更快走向灭亡，因为智慧生物与非智慧生物，尤其是更高级的智慧生物与非智慧生物的生存方式有着质的区别。智慧是通过驾驭一些自然力来更大规模地驾驭和转化另一些自然力的特殊力量。智慧生物用自身的自然力来驾驭和转化更大更多的自然力，这种"更大更多"没有什么界限，因为智慧型自然力驾驭、转化其他的自然力，其他的自然力再驾驭、转化更大更广泛的自然力的链条永无尽头。智慧是驾驭自然力的创造之力，而不是仅仅适应那些自己感到无奈的自然力而维持生存的低级生命力。在人类的智慧水平还不太高的时候，人的生存、发展会以同类相残的野蛮形式和损害环境的盲目状态为代价，以文明程度较低的水平苟活于世。而在人类的智慧达到更高阶段的时候，人的生存、发展则会采取以一些自然力驾驭越来越大的另一些自然力的方式，轻松地、高效率地增殖财富和改进环境质量，以高度的文明水平遏制自然界肃杀人类的灾害，建立与自然界的动态平衡关系。

有一种观点，认为当代人过多地消耗自然资源会断绝后代人的生存之路，主张用减少开发利用资源、减缓经济发展速度的办法为后代造福。这样的发展观点实际上只有很少一点真理性，真正实行起来不仅于事无补，同时也是违背社会发展规律的。诚然，节约资源一直都是人类的重要生存原则，因为资源的枯竭意味着人类生存的终止。为了人类能够实现可持续的生存和发展，任何人都要尽最大努力节约哪怕是一滴水、一块煤、一桶油、一粒粮食。人类的生存，在任何时候都要以节约资源为重要原则来提高生存发展的质量和社会道德水平。

但是，每一代人减少开发利用资源、减缓经济发展速度，不仅不能为后代造福，反而会增加后代人发展的困难。每一代人留给后代的主要财富，应当是坚实的经济基础、丰富的文化创造和先进的科学技术知识。而要给后代人留下坚实的经济基础、丰富的文化创造和先进的科学技术知识，唯一的途径就是加快当代的经济社会发展，提高发展的效率和效益。后代人，尤其是时间上相隔较远的后代人，是不可能依靠前代人视为珍宝的传统资源求得生存和发展的，除非他们的发展能力较前代人没有任何进步。后代人只有依靠前代人提供的更高水平的经济基础和比前代更先进的科学技术，开发利用不同于前代的新的资源，才能实现适应他们时代条件的生存和发展。依靠上一代人甚至依靠祖先们节约下来的资源，后代们是难以生存下去的，因为后代人生存发展所需要的资源，在数量、质量、种类等方面与前代人生存发展所需要的资源是不能相提并论的。铁器时代的人并不依靠石器时代的先辈们节约下来的用以打造石器的石材和没有猎杀殆尽的猎物来生活，因为他们必须依靠开发冶金和农业的资源才能生存下去。蒸汽时代的人也不依靠铁器时代的先辈们节约下来的易于开发的矿藏和土地来生活，因为他们必须依靠大规模、多样性的矿藏、能源、荒地、海洋等资源，特别是依靠快速发展的科学技术、素质较高的人力和人才等资源才能生存下去。信息时代的人更不能仅仅依靠蒸汽时代和电气时代的人节约下来的少得可怜的矿产和能源来生活，因为信息时代的人所需要的矿藏、能源，特别是知识、信息、创造力等资源，其数量之大、质量之新、领域之广是以往时代的人难以想象的。他们主要依靠大规模、高效率的知识创新，在深海、海底、地球深处和地球以外的更广大领域，开发利用更大规模和更加多样的资源。

所以，每一代人都必须坚持合理开发利用资源的原则，既不能浪费资源，同时又要保证经济正常发展对资源的需求。更为重要的是，每一代人都要积极、超前探索开发利用新的资源的领域和途径，扩大知识储备，为后代人提供"更上一层楼"的经济阶梯和知识阶梯，而不是给后代人留下因上代人发展不足带来的重重困难。

辩证矛盾理论启发人们，人之为人的重要本质特征，就是努力作为，善于作为。人如果不愿作为，自然界与社会的矛盾运动就会推动甚至以灾难性的打击逼迫人努力作为。如其被逼迫而被动作为，何如主动地努力作为？所以人类的优秀分子要大有作为，引导全人类以主动作为的方式，创造越来越高级的文明水平。

第四章　辩证矛盾和系统

在辩证矛盾理论中，有关事物内在矛盾与外在矛盾的区别及其相互转化关系往往被忽视，这方面的研究可以说是辩证哲学领域的一个明显的薄弱之处。由此导致人们对辩证矛盾理论存在着许多误解，其中最普遍的一种误解，就是把内在矛盾、外在矛盾与内部矛盾、外部矛盾等混为一谈。这种混淆妨碍了人们从辩证矛盾的观点来理解系统的质的规定性和系统的结构，造成思想方法上的肤浅和混乱。

第一节　内在矛盾与外在矛盾

辩证矛盾就其本性而言，只是事物本质范围的对立统一关系，就其结构特点和表现过程而言，它体现为事物的本质与现象、深层本质与浅层本质的对立统一。事物的本质性矛盾通过外部现象表现出来，成为现象形态的矛盾。现象形态的矛盾以变动不居的特点甚至以假象的特点表现本质的矛盾，它使同一本质的矛盾有时显现为外在的对抗或冲突，有时又显现为某种一致、相似、和谐。所以，人们要科学地、如实地认识事物，就必须用辩证思维的方式，去掉现象的表面性、假象性，把握事物矛盾的本质性、真实性内容。

一、内在矛盾及其主要特征

内在矛盾是事物本质范围内的矛盾，即构成事物本质的不同属性之间以及与事物本质密切相联系的深层属性之间的对立统一关系，如光的波动性与微粒性的矛盾，原子的核力与电磁力的矛盾，生命体的生物化学性与生物物理性、生长性与发育性、遗传性与变异性的矛盾，人的生物性与社会性、社会存在与社会意识、创造性与继承性的矛盾，商品的价值与使用价值的矛盾，等等。

内在矛盾的"内在"含义，就是"本质范围内"或"本质性"的意思。事物的本质，是事物从无穷无尽的他物那里发展、演变而来并在与他物相互作用的长期历史中获得的规定性，是事物与他物既相互对立又相互同一的本性。本质性矛盾或内在矛盾，是事物发展变化的内在根据和本源性推动力，它或者是构成事物本质的两种主要属性的矛盾，或者是与事物本质密切相联系的某些次要属性的矛盾，或者是事物深层本质与浅层本质的矛盾，矛盾双方不具有外在的、现象形态的相互作用关系。

（一）内在矛盾是隐藏在现象背后的相对稳定的对立统一关系

内在矛盾是事物在与他物相互作用的长期历史过程中和广泛的普遍联系中所获得的规定性，它扬弃了事物在长期历史过程中和普遍联系中与他物相互作用的现象形态的外在形式，积累和保留了本质性、内在性、稳定性的内容，是以本质的力量驱动事物运动、变化、发展的源泉。如原子的本质矛盾是核力与电磁力的对立统一关系。核力维系着原子核结构的稳定性，因而也就维系着原子核中质子带正电荷这一属性的稳定性；而质子带正电荷的属性，对核外带负电荷的电子产生电磁吸引作用，使以接近光速运动的电子既不能脱离原子核的引力也不能堕入原子核之中，只能在原子核周围的一定"能级"上运动。原子的这一本质性矛盾是一切原子所共有的本质构造机制，也是每一个原子能够保持其相对稳定的内部结构和外部功能的根据或决定因素。在外部环境条件发生一定变化、原子受到其他粒子作用时，譬如在外部温度升高或降低，或者原子与其他元素的原子发生化学反应时，原子最外层的电子可得可失，而原子的基本结构和基本属性仍保持不变。又如，商品的本质矛盾或内在矛盾是价值与使用价值的对立统一关系，某一商品或者与另一商品进行以物易物的交换，或者与一定数量的货币进行交换，或者因市场供求变化而降低价格或提升价格，或者在一定时期处于库存、滞销状态等，这种内在的价值与使用价值之间的对立统一关系都不会发生根本变化。

马克思在《资本论》第 3 卷中讲到剩余价值如何转化为利润和平均利润的道理时，提到了社会经济系统的内在结构、内在本质、内在联系和商品的内在价值等重要概念❶，指出内在的东西是本质的或带有本质特征的属性、联系和过程，是隐藏在外在的、现象背后的属性、联系和过程的东西。马克思分析了资本主义条件下一个特殊生产部门实际生产的利润也就是这个生产部门实际生产的剩余价值，是商品也是商品生产的内在性、本质性内容。但是，这种内在性、本质性内容与该商品出售价格中包含的利润并不一致，其原因在于，商品出售价格中包含的利润乃是通过市场交换，使每个生产部门实际生产的利润都受到其他各个部门生产的利润的相互作用，这种相互作用使每一个生产部门实际生产的商品的销售价格偏离其价值，从而以价格的外在形式将全社会各个生产部门实际生产的利润（剩余价值）进行了重新分配和组合，使之成为社会性的平均利润。这种在实际生产过程中和商品交换过程中进行的利润分配和组合，就是社会经济结构关系对全社会各个部门实际生产的利润进行的平均化调节。一些部门生产的商品价值较多，但在交换中由于供求关系所决定，其价格不够高，因而使其一部分价值流失到别的部门。另一些部门生产的商品价值不多，但由于在交换中供求关系使其商品的价格高于其价值，交换的结果则使别的部门生产的一部分价值归其所有。这种由千千万万个商品交换者构成的交易活动和交换网，是一种外在的、现象形态的东西，在这种外在的、现象形态的东西的背后，起分配、组合、调节商品价值量作用的结构关系，则是一种内在的、带本质性和规律性的关系。这种内在的关系也就是被表面现象"掩盖着的"并且不通过科学研究难以理解的结构关系。马克思提到了商品的"内在价值"概念，实际上也就等于说明了一切事物都具有内在属性和外在属性❷。马克思还提出了"在剩余价值单纯转

---

❶ 马克思：《资本论》第 3 卷，人民出版社，1975 年 6 月，第 188-189 页。
❷ 同上书，第 188 页。

化为利润时，形成利润的商品价值部分，与作为商品成本价格的另一个价值部分相对立"的观点，❶实际上是指出了价值作为构成商品的内在本质的一个对立面，不仅与另一个对立面即使用价值相对立，而且价值这个内在的对立面也分为两个方面，即形成利润的价值部分与形成商品成本价格的价值部分，这两部分的价值是比价值和使用价值更具体的内在属性。

（二）内在矛盾是内在化、属性化的矛盾

内在矛盾是事物在长期的演化、发展中受多方面条件的影响和规定而获得的不同性质之间的对立统一关系。其中，一些条件规定了事物具有这样一种性质，另一些条件则规定了事物具有与这种性质相对立的另一种性质，由此形成事物的不同性质之间的内在矛盾。内在矛盾具有有质而无形的特点，是内在化、属性化的矛盾。它表征着事物具有深层的质的规定性，即具有这种性质与那种性质既相互区别、相互对立又相互联系、相互渗透的关系等特征，而不表征事物具有外在的、现象化、形态化的特征，即不具有大小、形状、颜色、声音、震动、爆炸等外部状态的特征。所以，对于内在矛盾只有用理论思维的方式才能认识和把握，而不能仅仅用感官去认识和把握。

（三）内在矛盾是同类事物共同具有的本质性矛盾

内在矛盾之所以是内在的、稳定的矛盾，是因为它是以"类"为特征的许多事物的共同矛盾，而不是以个体或个别为特征的个性化的矛盾。宇宙万物都具有"某一类"的特征，如物质类、能量类、射线类、星云类、恒星类、行星类、卫星类、原子类、电子类、质子类、夸克类、生物类、动物类、人类、经济类、政治类、文化类等，这些被称为"类"的事物，每一类都有其共同的本质，亦即共同的内在矛盾。所谓本质的或内在的矛盾，不是单个事物具有的某种特征，而是某一类事物具有的共同的、深层的属性。这些共同的、深层的属性在单个事物那里，一般都是渗透在其个别的、独特的、偶然的、零碎的特征之中。所以，揭示内在矛盾，就是揭开单个事物的个别特征所掩盖的带有一定普遍性的那些特征，即找到个别性背后某一类事物的共同属性、深层属性及其对立统一关系。

原子的内在矛盾是核力与电磁力的对立统一关系，而某一个氢原子因获

---

❶ 马克思：《资本论》第3卷，人民出版社，1975年6月，第188页。

得了一个电子变成了带负电荷的氢离子,或者某几个铁原子因共用一些能够流动的自由电子而变成铁的晶体等,这种变化相对于所有的原子都具有稳定的原子核和核外电子层的共同特征,就只是个别的外在的矛盾现象。

人的社会属性是构成人的本质的主要属性,这种属性是由人的社会存在(经济属性)与人的社会意识(政治和意识属性)这两种次一级的属性的对立统一关系构成的。但是要认识人的这种内在属性间的矛盾,就必须揭开掩盖这一矛盾的纷乱复杂的人际关系和人们的行为特点,如官民关系、军民关系、穷人与富人的关系、夫妻关系、朋友关系、商业往来关系、文化交往关系、社会阶层分化以及各类人的劳动、收入、消费、爱好、交往、受教育、欣赏艺术品的活动等,看清人的经济地位如何决定人的政治立场和思想意识、政治立场和思想意识如何反作用于经济地位的普遍性、规律性等矛盾本性。

(四)内在矛盾决定事物运动发展的方向、道路和规律

如本书第一章第二节中所论述的,每一事物与它之外的其他事物因为有着共同的起源、共同的演化道路、共同的环境条件、共同的构成要素、共同的发展趋势等,才具有共同的内在属性,又因为与它之外的其他事物有着不同的起源、不同的演化道路、不同的环境条件、不同的构成要素、不同的发展趋势而具有不同的甚至相反的内在属性,每一事物都因为具有与其他事物既相同又相反的两种属性而成为本质上的矛盾体。所以,作为事物本质范围的矛盾,它是事物在长期的演化、发展中和广泛的联系中所获得的相对稳定的两种基本性质的对立统一关系。这种内在的矛盾双方以及它们既对立又同一的关系,表征着事物总是包含着相对稳定的自身特性和他物因素,总是与内外部的他物之间存在着稳定性、规律性的矛盾关系。这种相对稳定的矛盾关系决定着事物总是依据一定规律所规定的基本方向、基本途径而运动、变化、发展,不会因为变动不居的条件干扰而不断改变其运动、变化、发展的基本方向、基本途径。

宇宙间星球、星系等物质聚集体的内在矛盾是引力与斥力的对立统一关系,在引力大于斥力的条件下,这些物质聚集体得以形成一定的结构并演化到新的阶段,而在斥力大于引力的条件下,这些物质聚集体就分解而转化成另一种结构形式和物质运动形式,这种基本的运动、变化方向和相应的运动、

变化途径，不会因为短期的、局部的、微小的内外部条件的干扰而改变。

生物的内在矛盾是一系列"生"的属性与另一些"死"的属性的对立统一关系，它决定了生物的生长、发育、衰老、繁殖、进化，必然要适应环境的特点，有组织、有秩序地吸收新的物质、生长新的组织、趋向有利的环境条件，同时又要有组织、有秩序地分解失去功能的旧的组织并将废弃物排出体外，抵抗不利的环境条件，保持生物体与环境之间以及生物体内新生物质与代谢物质的动态平衡。由此决定了生命活动具有顽强的适应性和抗逆性，在内外部的条件干扰中仍能保持生理生化过程和种群演化过程有条不紊地进行。

二、外在矛盾及其主要特征

外在矛盾是一事物与其他事物之间以外在的、现象形态的相互作用为主要特征的对立统一关系。外在矛盾是内在矛盾在外部条件的影响、作用下表现出来的外部形式，或者说是内在规定性的外在化形式。内在矛盾总是要表现为外在的矛盾，但是由于外部条件的复杂多样，内在矛盾表现为外在矛盾的具体形式总是依条件的不同和条件的变化而呈现出丰富多彩、多种多样的特征。核力与电磁力的对立统一是原子的内在矛盾，这一矛盾表现为外在矛盾，就是每一个原子与另一个或另一些原子发生的碰撞，双方外层电子电荷的吸引或排斥，双方发生化学反应或结合成单质分子，或者是每一个原子受到射线、热力、机械力、电磁力的作用而发生的结构变化或形态变化等。生物的内在矛盾表现为外在矛盾，就是每一个生物体与环境因子的相互作用。在地质领域，地球内部物质如上地幔软流圈中的岩浆物质的流动性属性，与构成地壳的岩石的固体属性的矛盾是地球的一种内在属性间的矛盾，这种内在矛盾表现为外在的矛盾，就是地幔物质受地核加热而上升，冲破地壳的束缚，使地壳形成裂缝和不同的板块，并推动板块移动，形成造山运动和岛弧、海沟、火山、地震等地质现象。在生物界，生物体与环境的内在矛盾表现为外在矛盾，就是生物体与各种环境因子之间相互作用的各种现象。阳光照射植物的茎叶，植物的茎叶以阳光的照射角度为导向，总是最大限度地朝向阳光照射的方向生长，植物吸收阳光产生光合作用，制造出自身生长所需的各种营养物质；花粉以气味和甜味吸引蜜蜂，蜜蜂采集花粉，将花粉粒带到同一植株或不同植株的花的雌蕊上，蜜蜂由此得以生息繁衍，同时也加快了植物的授粉过程，扩大了授粉范围，促进了植物的繁殖；候鸟受气候变化影响迁徙到新的栖息地，新的栖息地也因候鸟的到来而使其生物群落和食物链发生相应的变化；如此等等。人对社会关系的依赖性和人在社会关系中的相对独立性是人的一种内在的、带有本质性的矛盾，这一矛盾的外在表现往往使人感到有些眼花缭乱，如：一个人、一个组织总是主动地与另一些人、另一些组织建立合作关系，以求共同发展，但有的人、有的组织却与另一些人、另一些组织展开竞争甚至发生冲突，通过战胜对手来实现发展；一些人总是善于利用或善于组织更多的人去实现某种目标，而另一些人则善于发挥个人的特殊才能来达到目的；一些人自私心较强，经常不顾他人的正当利益而为自己获取好处，有的甚至走上犯罪道路，另一些人则具有先公后私甚至大公无私的精神，经常牺牲个人、家庭的利益而谋取集体、国家、民族的利益；一些人喜欢与趣味相投的人交朋友，另一些人则喜欢与有才能的或品质优秀的人交朋友。每个人的性格是其重要的内在属性之一，但表现在外在的行为中，则是无比繁复多样的个别性、独特性、零碎性的事件。一般来说，人的性格总是具有既对立又统一的两面性：一方面具有与他人友好交往的需要和习惯，另一方面具有与他人不一致甚至相互排斥、抵触的习性。这种内在矛盾表现为外在矛盾，就是在其社会交往和社会实践中时而与人友善相处，时而与人发生争执；时而与人协作或相互帮助，时而又与人发生对抗甚至暴力冲突；时而为他人做出某种牺牲或贡献，时而又与另一些人有意"过不去"甚至"死磕到底"；时而与人谈笑风生，时而又郁郁寡欢，独生闷气；如此等等。人们平时看到、听到、接触到的所有"七零八碎"的或稀奇古怪的物与物、人与人相互作用的现象，究其实质，都是内在矛盾的外在表现。

三、内在矛盾与外在矛盾的辩证关系

事物的内在矛盾是构成事物本质的对立统一关系，是事物外在矛盾关系的基础和根据。事物的外在矛盾则是其内在矛盾在外部关系中的体现，是事物的内在本质在实现过程中对外部条件的反应形式。外在矛盾是事物内在矛

盾变化、发展的外部推动力。外在的相互作用内在化为越来越丰富的本质属性,是事物实现由量变到质变的重要机制。事物发展的一种重要的规律性机制,就是内在矛盾、内在属性的外在化和外在矛盾、外在属性的内在化。

(一)内在矛盾总是要表现为外在的、现象形态的矛盾

事物的内在矛盾总是通过外部现象表现出来,成为现象形态的矛盾,也就是外在的矛盾。现象形态的矛盾以变动不居的特点甚至以假象的特点表现本质或内在的矛盾,同时也往往掩盖本质的、内在的矛盾,它使同一本质的矛盾有时显现为激烈的对抗、冲突,有时又显现为某种一致、相似、和谐;有时显现为偶然的、零星的、混乱的相互作用,有时又显现为稳定的、规则的、不断重复的相互作用。

原子的内在矛盾是原子既具有核力的属性,又具有电磁力属性,这两种属性的对立统一必然要表现为外在矛盾,就是每一个原子与另一个或另一些原子之间发生外在的相互作用。其中,两个原子外在相互作用的一种重要形式,就是某一原子失去最外层电子而变为带正电荷的离子,另一原子得到最外层电子而成为带负电荷的离子,双方因带有相反的电荷而结合为结构相对稳定的分子。分子的内在矛盾是它既具有电中性的属性,又具有电极性的属性。也可以说,分子的内在矛盾就是它既具有带正电荷的属性,又具有带负电荷的属性。分子的这两种属性的对立统一使分子分为极性分子和非极性分子两大类。极性分子是带电属性亦即电极性属性占主导地位、电中性属性处于从属地位的分子;非极性分子是电中性属性占主导地位、电极性属性处于从属地位的分子。分子的这种内在矛盾,决定了任何分子包括极性分子和非极性分子的内部都处于正负电荷不断的矛盾斗争之中。因为分子内部的电子处于不停的运动中,原子核也在不断地振动,分子的正、负电荷重心因此不断发生瞬间的移动,从而产生瞬间的极性。分子的这种内在矛盾表现为外在的矛盾,就是分子必然与外部其他物体发生相互作用,包括分子与同种的或不同种的其他分子之间的相互作用。分子与分子之间的外在相互作用有许多形式,包括分子之间的机械性碰撞、分子之间形成的氢键、分子之间的范德华力等。其中,分子之间形成氢键的机制,是因为在以共价键结合成分子的两个原子之间,争夺共用电子的斗争不会处于绝对均衡状态,而是共用电子

的电子云总是偏向于电负性（原子对成键电子的吸引能力）大的那个原子一边，从而使电负性小的那个原子几乎变成裸露的质子而带有少量的正电荷，并且能够凭靠这少量的正电荷与另一个电负性大的原子产生静电吸引作用而形成氢键。氢键及其所具有的键能，就是它所体现的两个原子争夺最外层电子的矛盾斗争的程度。这种键能虽不如离子键、共价键的键能大，但它能够将不同的分子、原子、官能团"黏合"、"连接"在一定的距离之内，形成分子之间和分子内部的结构关系，并由此决定物质的一些重要性质。氢键在形成复杂的分子结构中，特别是在形成生物大分子的结构和产生、维持这些分子的生物活性中，与离子键、共价键、范德华力、疏水力等化学作用力形成互补、协同和相互制约的关系，决定着相关化学反应的方向性、选择性和分子的识别、分子的精准组装、分子的分解、各种酶的专门功能等，在生化过程和生命活动中发挥着极为重要的甚至是关键性的作用。

在生态系统中，生物与环境因子之间的相互作用是其内在矛盾的外在表现形式。树木既有固定生长的属性，又有在固定位置上来回摆动的弹性运动属性，这是树木的一种重要的内在矛盾，但固定生长属性是矛盾的主要方面。空气既有流动性的属性，又有受地球重力作用影响的相对固定的属性，这是空气的一种重要的内在矛盾，但流动性是矛盾的主要方面。这两种物体的内在矛盾表现为外在矛盾，就是空气以风力的作用吹动树木，树木以来回摆动的运动阻挡、减缓风力，双方形成"树欲静而风不止"和风速因树的阻力而被减缓的外在矛盾现象，这种外在矛盾会因风力的大小、方向不同和树木的种类、群落不同，而呈现出千变万化、千姿百态的现象。这种外在矛盾（有时被人们习惯地称作外部矛盾）的本质内容或内在根据，就是树木的固定生长属性与空气的流动属性形成尖锐对立，同时二者都具有与对方相同的另一种属性，即树木具有一定的机械运动属性，空气也具有相类似的运动属性。双方在内在属性上既对立又同一，表现为无休止的外在相互作用。

马克思在分析商品与商品的物物交换关系时指出，"潜藏在商品中的使用价值和价值的内部对立，就通过外部对立，即通过两个商品的关系表现出来了，在这个关系中，价值要被表现的商品只是直接当作使用价值，而另一个表现价值的商品只是直接当作交换价值。"❶ 商品交换"造成了商品得以表现自己的使用价值和价值之间的内在对立的一种外部对立。在这种外部对立中，作为使用价值的商品同作为交换价值的货币对立着。另一方面，对立的双方都是商品，也就是说，都是使用价值和价值的统一。但这种差别的统一按相反的方向表现在两极中的每一极上，并且由此同时表现出它们的相互关系。商品实际上是使用价值，它的价值存在只是观念地表现在价格上，价格使商品同对立着的金发生关系，把金当作自己的实际的价值形态。反之，金这种物质只是充当价值化身，充当货币。因此金实际上是交换价值。"❷ 马克思在这里非常清晰地表述了内在矛盾与外在矛盾的辩证关系，这就是：商品的内在对立即使用价值与价值两种基本属性的对立，必然要在交换过程中表现为外在的对立（马克思在这里将外在对立表述为外部对立）——一种商品与另一种商品的对立或者商品与货币的对立。而在这种外在的对立中，譬如商品与货币的对立中，商品虽然具有使用价值与价值这样两种基本属性，但它却主要表现为使用价值；而货币（譬如金）也是一种商品，也具有使用价值与价值这样两种基本属性，但它却主要表现为价值即交换价值。商品与货币的外在对立，实际上是这两种进入交换过程的商品各自的内在对立的外在化。它们每一方只表现自己的一种属性，而让对方表现出另一种属性，双方因各自表现出的属性相反而展开外在的对立和斗争，对立和斗争的结果，是以接近等价标准的价格完成交换，商品被买者消费，货币变成卖者的收入。

马克思在分析资本的运动过程中进一步指出，商品的内部对立，在商品生产的不同社会条件下，或者表现为商品与其他各种商品之间的物物交换，或者表现为商品与货币、卖者与买者、工人与资本家、资本家与资本家以及资本的种种具体形式之间的外在对立。

（二）内在矛盾表现为外在矛盾是矛盾由潜在性向现实性转变的一种形式

内在矛盾表现为外在矛盾，就使矛盾由潜在性转变为现实性。每一事物，就其深层的潜在性、可能性来说，与它以外的一切事物都是对立统一的矛盾

---

❶ 马克思：《资本论》第1卷，人民出版社，1975年6月，第76页。
❷ 同上书，第123页。

关系，只是在具备了一定的条件时，它才与外部某一个或某一些事物处于一定的统一体中，建立起现实的、能够通过外在形式表现出来的对立统一关系。月球岩石与中国地质研究机构之间只具有潜在的但是又带本质性的对立统一关系，只有在中国航天工程将月球岩石带回国内之后，二者才能建立起科研对象与科研主体之间现实的对立统一关系。砖瓦、木材、土、石料、钢材、水泥、玻璃、陶瓷等物品，它们相互之间以及它们与其他东西之间，具有材料性质、力学性质和其他性质方面的潜在的对立统一关系，只是在人们用这些物品建造建筑物的条件下，这些物品之间的潜在的矛盾便转化为现实的矛盾，即转化为建筑物的这一构件与另一构件之间相互作用的不同的力之间的矛盾。由此可知，外在的矛盾虽然体现为不同事物之间外部性、可感知性的关系特点，但却植根于事物的内在本质之中，它是事物的本质矛盾或本质关系的表面化了的形式。

（三）内在矛盾在一定条件下集中地表现为最典型或最激烈的外在对立统一

事物内在的两种既相互对立又相互同一的基本属性，总是要在对外的相互作用关系中表现出来，但是表现的程度和形式是多种多样的。当外部条件达到某种状况时，一事物集中地表现出自己两种属性中的某一种属性，并且与表现出相反属性的另一事物形成尖锐对立，从而展现出最为典型、激烈的外在性对立统一。每一种化学元素都具有金属性和非金属性这两种本质属性，但这两种本质属性在每一种化学元素的原子的对外相互作用中的表现程度是不一样的。有的表现为两个原子共用最外层电子（如两个氯原子共用一对电子以共价键为纽带形成氯分子），有的表现为多个原子共用一批自由流动的电子（如金属的原子以金属键为纽带形成固态或液态的金属晶体），还有的只是原子与原子之间发生碰撞（有的只是物理性碰撞，有的则在碰撞中发生化学反应）。只有表现出最典型的金属性的元素（活泼金属元素）的原子与表现出最典型的非金属性的元素（活泼非金属元素）的原子发生相互作用，才能形成最典型也最"激烈"的化学反应。如电负性很强的氯原子与电负性很弱的钠原子发生化学反应，前者从后者那里"夺走"了最外层的电子，生成以最强的化学键（离子键）为纽带的氯化钠分子，就是如此。在生物界，每一个物种或生物个体都具有既适应环境又独立于环境的两种属性，它们因此而与各种环境因子发生多种多样的相互作用，但物种或生物个体与其天敌的相互作用，是物种或生物个体与环境因子之间最典型、最激烈的矛盾斗争。在社会领域，内在的矛盾关系表现为外在矛盾关系，既有相互协作、联合、和平相处、友好往来的形式，也有摩擦、对抗、冲突、战争等激烈斗争的形式，其中最典型的外在矛盾关系，就是相互对抗的阶级、阶层、利益集团、政党、民族、国家以至个人之间的尖锐对立和冲突，尤其是诉诸暴力的对抗和冲突。

揭示内在矛盾集中地表现为最典型或最激烈的外在对立统一关系这一规律，对于人们正确理解辩证矛盾的普遍性、特殊性和矛盾运动形式的多样性有重要意义。人们如果仅仅从经验出发理解辩证矛盾，往往认为只有典型、激烈的外在对立统一是矛盾，而不认为那些非典型的、不太激烈的甚至"和谐"的相互作用是矛盾。只有从科学的辩证哲学观点出发，才能全面、深刻地认识事物的内在矛盾及其外在的表现形式。

（四）外在矛盾是内在属性变化、发展的外在推动力

虽然事物的内在矛盾是事物外在矛盾关系的基础和根据，外在矛盾是内在矛盾在外部关系中的表现形式，但外在矛盾也对内在矛盾具有反作用，是事物内在矛盾变化、发展的外在推动力。外在的相互作用内在化为越来越丰富的内在属性，是事物实现由量变到质变的主要发展规律。

（1）事物的本质和内在属性只具有相对的稳定性。事物因为包含内在的不同属性之间的矛盾而具有与外部其他事物发生相互作用的根据。一般来说，事物具有怎样的内在矛盾，也就会与外部其他事物形成怎样的外在对立统一关系。但是，外部条件、外部其他事物是不断变化发展的，随着外部条件和外部其他事物的不断变化、发展，事物对外的相互作用也会发生相应的变化。其中，外部重大的变化、发展往往会对事物产生重大、深刻的影响甚至改造作用，使事物的内部结构及其所承载的某些稳定的内在属性发生变化。随着这种外在相互作用的持续进行，事物的内在属性会实现由量变到质变的转化，促使事物的某些内在属性趋于弱化以致消失，另一些属性趋于增强或丰富，甚至促使事物的本质发生改变，由一事物转变为另一事物。事物的内在属性、事物的本质只是相对于外在的现象形态的相互作用是稳定的，但它的变动性、

可塑性毕竟是永恒的、绝对的，所以在外在的相互作用过程中，内在的属性以致事物的本质是必然会变化的。

（2）外在作用推动内在属性发生由量变到质变的转化。外在矛盾一般表现为事物与外部他物之间的现象形态的相互作用。这种外在的作用推动内在属性发生变化的特点主要有：外在作用的强度不高、作用的性质不足以从根本上改变事物的内在属性，但作用的持续进行能够引起内在属性发生不显著的、数量型的变化；外在作用的强度较高、作用的性质足以在较大程度上改变事物的内在属性，则这种作用能够引起事物内在属性发生重大的、质的变化；外在作用的强度极高、作用的性质足以破坏事物的内部结构，改变事物的根本性质，则这种作用能够使事物转化为本质上不同的另一种事物。原子在一定的温度、压力、物质浓度等条件下，虽与同一元素或不同元素的其他原子发生碰撞或近距离接触，但不发生化学反应，只是以固态、液态、气态的存在形式发生物理性的相互作用。当温度、压力、物质浓度等提高到一定程度，特别是在有催化剂加入的条件下，原子与其他原子就发生化学反应，生成新的物质，原子的性质只发生部分的、非本质的变化。当原子在极高的温度、压力下，特别是在受到高能粒子（譬如高能的中子）的轰击下，原子核的结构就会被破坏，原子就会失去其原来的本质属性，变成另一种元素的原子。在生物界和社会领域，当一个物种、生物个体或一个民族、国家、企业、社会团体、个人等，在其内部结构和根本性质能够承受的限度内，与其他事物发生外在的相互作用，其内在属性只发生部分的、数量型的变化，如生物在生存竞争中不断提高其生存能力，企业在市场竞争中不断提高其综合素质，个人在社会交往中不断丰富其知识、经验等。但是在无法抗拒的外在作用下，譬如在地球环境发生灾难性变化的情况下许多物种会灭绝，在严重的经济危机中许多企业会破产倒闭，在大规模的特别是世界级的战争中，一些社会组织甚至小国会迅速瓦解，等等。

（3）外在作用的内在化是事物实现发展的重要机制。事物发展的一种重要的规律性机制，就是内在矛盾、内在属性的外在化和外在矛盾、外在关系的内在化。一方面，内在矛盾、内在属性总是表现为外在的、现象形态的相互联系和相互作用；另一方面，外在矛盾、外在关系不断地内在化，即外在的、现象形态的相互联系、相互作用不断积淀为事物的内在属性，影响和改变事物的本质和内在矛盾。外在的相互作用使事物每时每刻都面临着千变万化的外部条件，都要与千变万化的外部条件发生相互作用，在相互作用中不断地把他物的属性转化为自身可吸收、可容纳、可改造的因素，更新和充实自身的属性，使自己的内在世界包容更多的他物，从而演化出新的存在形式或生存能力，形成与他物之间的更加普遍的相连相通关系。

第二节　内部矛盾与外部矛盾

如果我们把事物看作是一个个相对独立存在的物体或一个个有边界的系统体，那么事物的矛盾必然会有内部矛盾与外部矛盾的区别。事实上，任何事物都是有其内部结构和相对性的外部边界的系统体，都有其相对独立的存在形式和运动特征，因而任何事物都既有其内部各个部分之间的矛盾，又有其外部的对立统一关系。但是从要素构成系统、系统具有一定的边界的角度来看待矛盾，不论是内部矛盾还是外部矛盾，一般都是外在性特征较为明显的矛盾，如这一个与那一个、这一部分与那一部分、这个系统与那个系统、这一群与那一群的矛盾等，这些矛盾都会表现出对立双方之间外在的、现象形态的相互作用。

一、内部矛盾

所谓内部矛盾，就是作为有一定独立存在特征或系统存在特征的事物的内部结构中或其边界范围之内的对立统一关系。只要我们把事物理解为有一定的内部结构关系和有相对的外部边界的对象，那么就必然能够理解，这种对象的内部矛盾是多种多样的。而在多种多样的内部矛盾中，起主导作用的、贯穿于系统结构各个环节和系统发展全过程的矛盾，是系统的基本矛盾，一般称其为内部基本矛盾。其他矛盾，则是系统内部的非基本矛盾。

基本矛盾是决定事物基本性质、体现事物本质的对立统一关系。由于系统体是由多种要素及其相互关系构成的复合性事物，其内部的基本矛盾往往体现为系统的两种最主要的属性（功能）承担体之间或系统的最主要的两大构成部分之间的对立统一关系。其他矛盾，则是从不同的结构层次和不同的侧面体现和影响系统本质和系统重要属性（功能）的对立统一关系。

原子作为物质结构系列中的微观系统，其内部矛盾包括原子核与核外电子之间、核外不同的电子层之间、原子核内质子与中子之间以及每一个粒子与另一个或另一些粒子之间的对立统一关系。其中，原子核与核外电子之间的矛盾是原子系统中的基本矛盾。

恒星内部有不同的物质圈层之间的矛盾，但其基本矛盾则是已经完成核反应的物质与尚未加入核反应过程的物质之间的矛盾。星系内部也有核心部分与外围部分、一些恒星团与另一些恒星团、恒星与星际物质、普通物质与暗物质等诸多内部矛盾，其中的基本矛盾有可能是恒星与星际物质的矛盾，也很可能是普通物质与暗物质的矛盾。

在生命体中，其内部矛盾包括器官与器官之间、组织与组织之间、细胞与细胞之间、细胞核与细胞质之间、细胞质与细胞膜之间、核酸分子与蛋白质分子之间、各种生物大分子之间甚至每一个分子、粒子与其他的分子、粒子之间的矛盾。其中核酸分子与蛋白质分子之间的矛盾是生命体的基本矛盾。

在社会领域，以企业这一微观系统为例，其内部矛盾包括企业财产所有者与企业职工之间、财产所有者与经营管理者之间、企业下属的分系统之间、技术研发者与生产者之间、一些生产者与另一些生产者之间的矛盾等。其中企业财产所有者与企业职工之间的矛盾是基本矛盾。

如果把一个人看作是由矛盾构成的系统体，那么其内部的基本矛盾就是生命属性承担体与社会属性承担体之间的矛盾。生命属性承担体主要是个人的生理系统，而生理系统的内部矛盾如以上所述，包括器官与器官之间、组织与组织之间、细胞与细胞之间、细胞核与细胞质之间、细胞质与细胞膜之间、核酸分子与蛋白质分子之间、各种生物大分子之间甚至每一个分子、粒子与其他的分子、粒子之间的矛盾。人的社会属性的承担体实际上并不是一个独立于生理系统之外的物质系统，而是与生理系统相重合的物质系统，是被社会关系改造了的生理系统。人的大脑被社会关系改造成为能够进行社会性思维、具有社会性情感的自然—社会器官，与其他动物的大脑有质的区别。

人的主要器官以至人的整个身体，由于受到长期的社会关系和社会实践的改造，已经成为能够从事社会性生产、消费、交往和需要社会制度和社会文化维护的生理系统。仔细追溯人的生理系统因为受到社会关系和社会实践改造而发生的进化和变异，可以找到社会属性的生理承担体。譬如，人在长期食用熟食和经过加工的谷物、肉类、奶类、糖类的过程中，大脑、四肢、躯干、骨骼、牙齿、肠胃、细胞营养构成、血液构成等已发生显著的进化，这些进化了的生理构造机制即相应的分子、组织、器官等，既是人的生命属性的承担体，也是人的社会属性的承担体。由于生理方面的这种"社会性的进化"和社会关系的规定、制约、推动，每个人都具有社会性的需要和满足社会需要的行为能力。所以，就单个人而言，社会属性承担体所包含的矛盾，主要是以一定的得到"社会性进化"的生理机制为基础的不同社会行为之间的矛盾，如生存与意识、生产与消费、生产劳动与学习、思维与情感、创造与继承等矛盾。

二、外部矛盾

外部矛盾是事物或系统的内部结构体系之外或系统边界之外的对立统一关系，包括一事物与其他事物之间的外部对立统一关系和对事物有一定影响或没有影响的外部其他各种事物之间的对立统一关系。外部矛盾往往体现为具有相对独立性的不同事物（系统）之间既相互依赖又相互排斥的相互作用关系。如原子与其他粒子之间、恒星与其他星体之间、不同的星系之间、生命体与环境因子之间、企业与政府之间、企业与其他社会组织之间、一个人与另一个人或另一些人之间的矛盾等。

外部矛盾虽然表现为具有独立形态的不同事物之间的相互作用，但是在这种相互作用的背后，起支配作用的乃是两个具有独立形态的事物的不同属性或不同本质之间的对立统一关系。事物之间发生的任何相互作用，都有其内在的矛盾根源，都是因为相互作用的事物既具有某种相同的本质或相同的内在属性，又具有某些不同的本质或不同的内在属性。因为它们具有某种相同的本质或相同的内在属性，所以它们是某种同质性的事物，彼此间具有一定的相容性或统一性、同一性，能够走到一起并发生相互作用；因为它们又具有某些不同的本质或不同的内在属性，所以它们又是某种异质性的事物，具有互不相容、相互排斥对方的作用和反作用。

三、内部矛盾与外部矛盾的关系

以事物（系统）具有一定的边界来划分矛盾，内部矛盾就是"界内"的矛盾，而外部矛盾则是"界外"和"跨界"的矛盾，二者在事物发展过程中的地位和作用是不同的。

内部矛盾（集中地体现为内部基本矛盾）不等于内在矛盾，但它是更为直接地体现事物内在属性和事物本质的矛盾，是事物发展变化的内在根据的最为直接、最为集中的体现。譬如一个企业是否具有良好的社会属性和经济属性，最直接地体现为企业内部财产所有者与广大职工的矛盾等内部矛盾。

外部矛盾是一事物与其他事物之间以各自相对独立的形式构成的矛盾关系，或者说是两个具有独立形态的事物因具有各自特殊的本质或本质属性而结成的对立统一关系。外部矛盾是事物发展变化的外部条件。如企业与政府的矛盾，是各自具有独立的组织形式和运行机制的两个社会系统之间的矛盾，这种矛盾主要体现的是企业作为自负盈亏的经济组织的本质属性与政府作为国家行政机构的行政管理属性的矛盾。企业外部其他企业相互之间以及各类企业、事业单位之间的矛盾，也是一种外部矛盾，这些矛盾，以及企业与政府的矛盾等，是体现企业外部条件及其对企业影响程度的对立统一关系。

内部矛盾与外部矛盾的相互关系主要有以下五方面。

（1）内部矛盾在一定程度上反映外部矛盾的特点和发展程度。事物与外部其他事物的矛盾以及外部其他事物相互之间的矛盾，归根结底都是事物本质矛盾和本质性联系的体现，因此外部矛盾总是要反映到事物的内部，直接或间接地影响事物的内部矛盾，或者使事物产生新的内部矛盾，或者使事物原有的内部矛盾发生某种变化。事物外部矛盾达到某种缓和的或激化的程度，内部矛盾也会受到相应的影响，处于缓和的或激化的程度。

（2）内部矛盾相对于外部矛盾具有决定事物发展状况的相对独立性。在一定限度内，事物的内部矛盾特别是内部的基本矛盾、主要矛盾是事物的主要构成要素之间的对立统一关系，是决定事物发展方向和基本发展进程的对立统一关系，而外部矛盾只是影响事物发展的外部条件，前者体现着事物的生命力或生存能力，它相对于后者来说无疑具有稳定的独立性。但是超出了一定限度，当外部矛盾激化到一定程度时，譬如黑洞将恒星撕裂并吞噬掉、极端气候使许多生命体死亡、地震使建筑物解体等，事物的内部结构便在外部强力作用下趋于瓦解，内部矛盾的稳定性就会失去，一事物转化为另一种事物。

（3）内部矛盾是外部矛盾发展、变化的重要推动力。内部矛盾决定事物变化、发展的基本方向和基本进程，这种变化发展就会对外部的其他事物产生外在的影响和推动，使事物与其他事物的对立统一关系发生相应的变化。原子核与核外电子之间以正负电荷相互作用为主要特征的矛盾是原子的内部矛盾，它推动原子之间或者形成单质的分子，或者形成化合物，或者形成晶体，或者做不规则的热运动并相互碰撞。一个国家内部不同的阶级、阶层之间，不同的部门、地区之间的矛盾，对这个国家与其他国家之间的矛盾关系或者产生正向的推动作用，或者产生负向的推动作用，是国家制定对外政策和决定对外交往行为的主导性力量。

（4）外部矛盾对内部矛盾具有重要的甚至是决定性的推动作用。外部矛盾与内部矛盾之间在本质上也是一种矛盾关系，二者互为对立面。在一些条件下，内部矛盾是主导的、决定性的因素，外部矛盾只对内部矛盾有一定的影响作用；但在另一些条件下，外部矛盾则是主导的、决定的因素，它能够改变内部矛盾的性质和运动方向。原子、分子等微观粒子的结构、性质和运动形式主要取决于它们的内部矛盾，外部的温度、压力、电磁场以及外部其他粒子的作用，只是不同程度地对原子、分子等微观粒子的结构、性质和运动形式产生一定的影响作用。但是当外部的温度、压力、电磁场等达到较高、较强的程度时，原子、分子等微观粒子的结构、性质和运动形式就会发生根本性的改变。譬如，在恒星所具有的那种高温、高压的条件下，不仅分子的化学键会被破坏，维系原子结构的正负电荷的相互作用和维系原子核结构的核力相互作用也会被瓦解。又如在常温条件下，将近似于不带电荷的非极性分子置于较强的电场中，分子中带正电荷的原子核被吸引向电场的负极，而电子云则被吸引向电场的正极，导致电子云与原子核发生相对位移，分子发生变形,亦即出现电子云偏离原子核的偶极,使基本不带电荷的非极性分子变成了带正电荷或负电荷的极性分子。而在外部电场消失时,发生变形的极性分子又会转变为非极性分子。

(5)内部矛盾与外部矛盾的区别和界限是相对的,它们之间既相互区别、相互对立,又相互统一、相互渗透,并依一定条件相互转化。事物矛盾关系中的"内"与"外"的差别和对立,又具有一定的同一性,它们之间并没有绝对分明的界限,而是相互联结、彼此渗透,并依一定条件相互转化、相互过渡的。事物的某些内部矛盾,在组成事物的更低的结构层次或更小的单元上,成为这些层次或单元的外部矛盾;事物的外部矛盾,在事物与其他事物组成的更大的事物或更高一级的系统中,又成为内部矛盾。外部事物渗入内部,会产生内部矛盾;内部成分输出到外部,或者内部因素独立化或演化成为独立的部分,也会形成外部矛盾。

四、内部矛盾与内在矛盾的区别

内在矛盾与人们经常理解的内部矛盾有很重要的区别。内在矛盾是事物在长期发展过程中形成和积累的深层属性或本质属性之间的矛盾,是事物所具有的一种或一类性质与另一种或另一类性质之间的矛盾,是事物本质范围内的对立统一关系。对这种矛盾,人们只能运用理论思维的能力来认识和把握。而人们经常所说的内部矛盾,则是指在某一事物或某一系统体的一定边界之内,一些因素或一些构成部分与另一些因素或另一些构成部分之间的矛盾。一切有明确边界的事物,都是以系统体的形式存在的。因为它是系统体,有一定的边界,所以有内部与外部之分。这类事物的内部呈现为一些要素与另一些要素、一些构成部分与另一些构成部分之间的复杂的结构关系,其中每一种结构关系实质上都是对立统一的矛盾关系,也就是人们所说的内部矛盾。这种内部矛盾,有些是内在属性之间的矛盾,有些则是外在的、通过现象表现出来的矛盾。所以,内在矛盾不等于内部矛盾,但在现象上可以表现为内部矛盾,也可以表现为外部矛盾。而内部矛盾则既包括内在矛盾,也包括外在矛盾。

一个生命体对环境的适应性功能与它的其他功能譬如遗传性功能之间的

矛盾是其内在矛盾，这种矛盾是所有生命体都具有的内在属性之间的矛盾，但同时也是这一生命个体的内部矛盾。而生命体的不同器官、不同组织之间的矛盾，也是其内部矛盾，但这种矛盾则是一种外在性的、可以通过现象表现出来的矛盾。又如国家作为一个社会系统体，它的经济属性与政治属性、管理属性与暴力属性、区域属性与国际属性等是其内在的矛盾，而在它的国界之内，一个地区与另一个地区、一个部门与另一个部门、一些阶层与另一些阶层或者民主与集中、法治与人治、传统与创新之间的矛盾则是其内部矛盾。在这些内部矛盾中，一个地区与另一个地区、一个部门与另一个部门、一些阶层与另一些阶层的矛盾属于外在性的矛盾，而民主与集中、法治与人治、传统与创新之间的矛盾则属于内在性的矛盾，因为它们是国家这一事物的内在属性之间的矛盾。

当我们提到"内在矛盾"这一概念时，我们是把矛盾的对立面看作是事物的不同属性，而不是具有独立形态的两个物体或有一定边界的两个系统。当我们提到"内部矛盾"这一概念时，我们是把矛盾的对立面有时看作是事物的不同属性，有时又看作是具有独立形态的两个物体或有一定边界的两个系统。如果把内在矛盾与内部矛盾混淆起来，就会造成很大的思维混乱和认识错误。

五、外部矛盾与外在矛盾的区别

外在矛盾与人们经常理解的外部矛盾既有相同之处，也有重要的区别。外在矛盾是内在矛盾表现为现象形态的矛盾，它具有一切现象之物的共同特征，一般表现为不同事物间表面化、零碎式、个别性、偶然性、似乎变化无常的相互作用。而外部矛盾仅仅只是某一事物（系统）的跨界性对立统一关系或纯外部范围的对立统一关系，这种矛盾一般表现为两个具有独立形态的不同事物之间的相互作用。这种相互作用，既有现象形态的、看似杂乱无章的外在形式，也有集中的、典型的、体现某种规则性或规律性的形式。但是在这些形式背后，都是相互作用的事物在本质上、内在属性上既相互同一又相互对立的内在根据起支配作用。

但是，外在矛盾与外部矛盾都具有"外部性"这一特征。外在矛盾是在事物的本质范围之"外",用"外化"的形式表现内在矛盾。外部矛盾是处于事物的边界之外,在事物的"圈"外发挥作用的矛盾。所以,人们有时近似地将外在矛盾与外部矛盾都称作外部矛盾,将矛盾的外在性称作外部性,或者将外部性称作外在性,但这会引起一定的逻辑混乱和认识错误,需要将二者准确地加以区别。

六、矛盾"外化"与"内化"的辩证规律

事物的本质是内在的矛盾,是事物所具有两种基本属性的对立统一关系。事物因为在本质上包含着内在化的他物,因而就与外在的和外部的多种他物既同源、同质、相连、相通,又异源、异质、相隔、相反,就必然处于外在的和外部的多种矛盾关系之中。反过来,事物因为处于外在的和外部的多种矛盾关系中,受多种外在的和外部的矛盾关系的规定,所以才会由量变到质变地改变自己内在的属性,使内在的矛盾发生根本性的转化,一事物变成了另一事物。这种内在转化为外在、外部和外在、外部转化为内在、内部的辩证关系,是矛盾运动推动事物发展的重要规律。

(一)内在矛盾的外在化

如我们在本章第一节中所述,事物内在的本质总是要表现为外在的、现象形态的对立物相互作用,成为现象形态的矛盾。现象形态的矛盾以变动不居的特点甚至以假象的特点表现本质的或内在的矛盾,同时也掩盖本质的、内在的矛盾,它使同一本质的矛盾有时显现为激烈的对抗、冲突,有时又显现为某种一致、相似、和谐;有时显现为偶然的、零星的、混乱的相互作用,有时又显现为规则的、不断重复的相互作用。内在矛盾表现为外在矛盾,就使矛盾由潜在性转变为现实性。内在矛盾在一定条件下集中地表现为最典型或最激烈的外在对立统一,是因为事物在外部遇到了在属性上正好与自己相反的事物,产生了"冤家路窄"的对立和斗争。外在的矛盾虽然体现为不同事物之间外部性、可感知性的关系特点,但却植根于事物的内在本质之中,它是事物的本质矛盾或本质关系的表面化了的表现形式。事物有怎样的内在本质,就会表现为怎样的外在对立统一关系。

（二）外在矛盾的内在化

事物的本质和内在属性是事物具有其质的稳定性的根据，但这种根据只具有相对的稳定性。外在矛盾就是事物内在本质、内在属性变化、发展的外部推动力。事物遇到的外在作用若是强度不高、作用的性质不足以从根本上改变其内在属性，只是引起内在属性发生不显著的、数量型的变化，则事物的本质依旧稳定；如果外在作用的强度较高、作用的性质足以从较大程度上改变事物的内在属性，则这种作用能够引起事物内在属性发生重大的、质的变化，这时事物的本质就会出现"动摇"性的变化；如果外在作用的强度极高、作用的性质足以破坏事物的内部结构，改变事物的根本性质，则这种作用能够使事物转化为本质上不同的另一种事物。外在的矛盾或外在的相互作用使事物每时每刻都面临着千变万化的外部条件，都要与千变万化的外部条件发生相互作用，在相互作用中不断地把他物的属性转化为自身可吸收、可容纳、可改造的因素，更新和充实自身的属性，使自己的内在世界包容更多的他物，演化出新的生存发展能力。外在的相互作用不断地内在化，即不断积淀为事物越来越丰富的本质属性，是事物实现由量变到质变的重要机制，也是事物形成一定的本质又改变这种本质的根源。

（三）"内因"与"外因"相互转化的辩证关系

每一事物与其外部的他物都处于多维的对立统一关系网之中，这种多维的对立统一关系网是万物的普遍联系对每一事物构成的生存和发展环境，是规定和改变事物内在本质的源泉。事物的内在属性和事物的完整本质不是来源于属性和本质自身，而是来源于外在的或外部的对立统一关系网。

人们根据内在矛盾、内部矛盾与外在矛盾、外部矛盾的区别，习惯上将前者称为事物的"内因"，而将后者称为事物的"外因"，并由此得出这样的结论：内因是变化的根据，是第一位的一般也是决定性的因素；外因是变化的条件，是第二位的一般也是非决定的因素，外因通过内因而起作用。这种结论的合理性在于，当事物的内因处于其稳定性的一定限度内时，外因确实是第二位的因素。但实际上，这样划分"内因"与"外因"以及确定它们之间具有那种单向性的相互关系，是以某种条件为前提的。"内因"不只是事物的内部矛盾，更重要的是指事物的内在矛盾和内在属性；"外因"也不只是外部矛盾，同时也包括外部的其他条件，如环境条件、系统条件、个别条件、偶然条件等；"内因"和"外因"仅仅是一种习惯性的提法，它们的含义虽较为模糊，但有利于通俗地说明矛盾的内外关系。

应当强调的是，任何事物都是由他物转化而来的，因而任何事物的内因归根结底都是由外因转化而来的。不仅内因能够转化为外因，而且外因也可以转化为内因，甚至可以说内因的源泉就是外因。每一事物在它产生之前是不会有其所谓的"内因"的，而它之所以能够产生，是因为其他事物也就是它之外的某种事物发生了质变转化成了它，所以任何事物都是外部的多种条件和外部的其他事物在相互作用中的转化之物。也就是说，任何事物的"内因"归根结底都来源于"外因"。不过，在事物产生以后的整个生命周期内和事物的外部条件不发生根本性变化的限度内，事物的"内因"在事物的运动、变化、发展过程中一般是起决定作用的。

要科学地区分"内因"的决定作用和"外因"是"内因"的根源有时甚至是"内因"的决定因素以及"内因"和"外因"之间的相互关系，重要之处在于将个别的、特殊的具体事物的生命周期及其最大限度所能适应的外部条件，与超出具体事物生命周期及其最大限度所能适应的外部条件的大系统和大跨度的发展过程区分开来。在大系统和大跨度的发展过程中，个别的、特殊的具体事物及其"内因"是微不足道的，但它将大系统和大跨度的发展过程转化为自身不断丰富的内在属性和本质，却能够将微不足道的自身并入到无限的发展、演化之中。

第三节　多向性对立统一关系及其构成的矛盾系统

构成事物本质的两种对立的基本属性，其中的每一种属性实际上是由许多属性组成的，或者说是包含着许多具体属性的。因而，两种基本属性中的每一种，都是由初级的、特殊的、具体的属性种类到越来越高级的、普遍的属性种类的无穷系列。由这两种本质属性构成的事物的完整本质，是一种对立统一的矛盾体，同时也是一种无比丰富的多层次的属性综合体。所以，两个外在对立的物体或系统，其属性或结构都具有多要素性、复合性、多面性的特征。即使是最简单的物体，譬如一块石头、一阵风、一滴水等，也都具有大小、形状、重量、颜色、气味、空间位置、组成成分、运动方向、运动方式、产生和变化过程等许多属性或特征。像生命体、人脑、社会组织等结构复杂的巨大系统，更是具有多不胜数的属性或特征。由这样的物体或系统所构成的对立面，其对立的方式和对立的程度自然也是极为复杂多样的。

一个具有多属性、多面性的事物必然会与多种多样的其他多属性、多面性的事物构成外在的和外部的对立统一关系。这样的对立统一关系必然是以这个事物为中心的多向性的或辐射型的对立统一关系。

一、多面体事物构成的多向性对立统一关系网

事物以某一种重要的本质性属性为根据，必然与另一个具有与此属性相反的属性的事物构成对立统一的矛盾关系。同时，事物以另一种重要的本质性属性为根据，必然与另一个或另一些具有与此属性相反的属性的事物构成另一种对立统一的矛盾关系。事物所具有的本质性属性有多少，它与具有与自己的本质性属性相反的属性的其他事物构成的对立统一的矛盾关系就有多少。而且，事物除过本质性属性之外，还有无数的非本质属性。其中的每一种非本质属性，都有条件与具有与之相反的属性的其他事物构成非本质的对立统一关系。不过，不论是以本质属性还是非本质属性构成的对立统一关系，有些是现实的或直接的对立统一关系，有些则是潜在的或间接的对立统一关系。每一事物因其具有多种属性，就会与其他许多事物在属性上既相互对立又相互同一，从而成为面向多种他物的多向性对立统一关系的核心，以它为核心必然形成辐射型的对立统一关系网。

氢原子的原子核外围只有一个电子，这可以近似地看作是典型的两极性对立或原子核的单向性对立。但是其他元素的原子都是一个原子核同时与核外的多个电子相对立，这就成为原子核的多向性对立统一关系。一个原子与另一个原子化合生成新的物质，譬如一个氢原子与一个氯原子化合生成氯化氢（盐酸）分子，是一种单向性的对立统一关系，那么，一个原子与两个或

更多的原子结合生成的物质，就是双向性或多向性的对立统一关系。如：一个氧原子与两个氢原子化合生成水分子，形成夹角为104.5℃的两个O—H键，一个氧原子与两个氢原子就构成双向性的对立统一关系；一个氮原子与三个氢原子化合生成氨分子，就是氮原子的三向对立统一关系——作为对立面的一个氮原子同时与三个作为对立面的氢原子形成对立统一关系；一个碳原子与四个氢原子化合生成甲烷，就形成以碳原子为中心的四向性矛盾关系。处于中心地位的一个离子（譬如离子A）与处于外围的若干个离子或分子（譬如离子或分子B、C、D、E、F等）结合而形成具有一定特性的复杂的新物质，称为络合物。中心离子与外围离子（或分子）的这种结合叫络合，它们结合的化学键叫配位键，与中心离子络合的离子或分子叫配位体。其中，只有一个配位原子同中心离子络合的配位体叫单基配位体，有两个以上的配位原子同时跟一个中心离子络合的配位体叫多基配位体。这种由中心离子与多个配位原子络合而成的络合物，就是化学领域较为典型的一种多向性对立统一关系。除此之外，化学领域还有诸如物质的晶体结构、同性异构体、复杂化合物、混合物等，实际上都是一个原子、离子、分子、原子团与周围的多个原子、离子、分子、原子团等形成的多向性对立统一关系。

像太阳系这样的行星系，处于中心地位的恒星与其周围的行星、行星的卫星、矮行星、小行星、彗星组成一种"恒星——外围天体"的多向性系统，实际上就是恒星与外围天体的多向性对立统一关系。在这种多向性对立统一关系中，恒星对周围各个天体的作用居于绝对的优势地位，外围的每一个天体都是恒星的对立面，它们对恒星的作用虽然显得微不足道，但不等于没有作用。在人类需要深入认识恒星或者其中的每一个天体的物质成分、形成过程、运动轨道等属性，以便成功地发射航天器进行天体探测，或者观测小行星、彗星以防它们其中的哪一个"不法者"撞向地球等实践时，全面、准确地认识恒星与它的每一个对立物的对立统一关系就显得非常重要。而且，从构成多向性对立统一关系的普遍性角度来看，行星系中也不只是以恒星为中心才形成多向性对立统一关系。行星系中每一个天体，包括每一个行星、卫星、小行星、彗星等，它们都与包括恒星在内的其他天体同时构成对立统一的矛盾关系，都是这种多向性矛盾关系的中心。

由于"一切生物都有高速率增加的倾向,因此不可避免地就出现了生存斗争","或者同种的这一个体同另一个体斗争,或者同异种的个体斗争,或者同物理的生活条件斗争"❶。生态系统中,每一个生物个体、每一个种群、每一个群落,往往都是与其他许多的生物个体、种群、群落和非生物的环境因子处于多极性的相互作用中,形成多向性的矛盾关系。正是这种交织成网络的矛盾关系,成为种群、群落和生态系统的基本结构关系。在高等生物体内,每一个细胞、组织、器官,也都是同时与其他的许多细胞、组织、器官构成多向性对立统一关系。任何一个方向上的对立统一关系出现异常变化,都会影响甚至危及生命整体的正常活动。

在社会领域,每一个个人、组织、国家、地区,都是具有多种属性特别是多种社会属性的利益和行为主体,因而也都是多向性社会对立统一关系的承担者。每一个人既是国家的公民、一定阶级或一定社会组织的成员、一定职业的就业者,同时又是一个家庭或家族中的孙子或孙女、儿子或女儿、丈夫或妻子、父亲或母亲、直系或非直系的亲属,还是某些人的同事、朋友、邻居、熟人等,因而每一个人同时也是多向性社会矛盾关系的承担者。人的社会实践,其实就是不断地应对和处理多向性的矛盾关系。

二、多向性对立统一关系网形成矛盾系统

如果设定以事物 A 为核心,形成一种辐射型的多向性对立统一关系网,那么每一个与 A 构成对立统一关系的事物,如事物 B、C、D、E、F 等,同样会以自己的多种属性为根据,与其他事物形成类似的辐射型对立统一关系网。这种以每一事物为核心的对立统一关系网本身就是一种系统体,而且这种关系网总是会相互联结,以重复的形式向越来越大的范围延伸,形成永远没有边际的多向性对立统一关系大网,也就是一种大系统。在这样的大网中,每一个事物都是一个辐射型对立统一小网的核心,同时又是范围大小不一的对立统一关系大网中的一个节点。毫无疑问,这种无限延伸的对立统一关系大网,其实就是客观物质世界中万事万物普遍联系的基本形式。

多向性事物之间构成的辐射型对立统一关系网如图 4-1 所示。

---

❶ 达尔文著,周建人、叶笃庄、方宗熙译:《物种起源》,商务印书馆,1995 年 5 月,第 78 页。

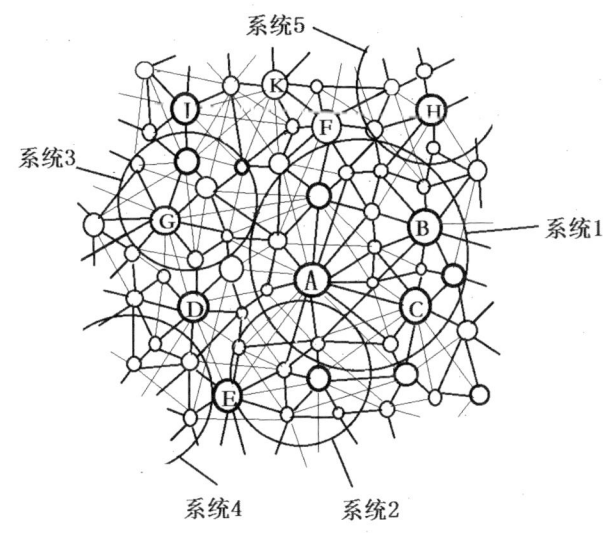

图 4-1 多向性事物构成的辐射型对立统一关系网

物理和化学领域各种微观的多向性对立统一关系构成的物质，譬如结构相对复杂的原子、分子、络合物分子、有机物质分子等，形成一种以某一个中心物为对立面、以其他许多外围物质粒子为另一些对立面的中心物—外围物相互作用的一个个小型的网状对立统一关系。这种小型的网络结构如果重复延伸，就会形成以每一个微观物体为对立面、以外围的其他许多微观物体为另一些对立面的越来越大的网络。微观的物体之间形成的这种网络型对立统一关系网不断延伸、扩大，就形成具有较大的体积、质量、分布范围的宏观物体，如岩石、地壳、矿床、生物组织、工业产品等。太阳系的多向性矛盾关系在空间的重复延伸就是恒星团、银河系这样的更大天体。在银河系中，大大小小的数千亿个恒星及其行星系与太阳系大同小异，都是以恒星为中心的多向性的对立统一关系小网。这些小网在小范围内延伸，形成包括几十个、上百个恒星在内的星团；而在更大的范围延伸，则形成银河系的每个旋臂；再大的延伸就是银河系的整体。而银河系无疑也是一个多向性的对立统一关系体。银河系的这种多向性矛盾关系的延伸，依次就构成本星系团、超星系团、总星系团等越来越大的天体。社会领域中以每个人为中心的多向性矛盾关系小网的重复性延伸，就是诸如家庭、家族、企业、事业单位等微观社会组织。以每一个微观社会组织为中心的多向性矛盾关系网的延伸，则是更大的社会组织如部门、地区等，直至国家和全球社会系统。

矛盾的普遍性观点认为矛盾无处不有处处有，无时不有时时有，这种无处无时不有的矛盾，就是以多向性对立统一关系的小网重复地连接成越来越大的大网作为其基本形式，形成宇宙中的各种系统体和万物之间的普遍联系。

在黑格尔的唯心主义辩证理论体系中，包含着丰富的辩证系统思想，其中就有事物之间通过多向性的外在相互联系、相互作用构成各种系统体的思想。

黑格尔认为，与主观性的概念相对立的客体即整个客观世界，是一个"分裂为无数不确定的杂多性"的整体，而且这个整体的"每一个个体化了的部分也仍然是一个客体、一个自身具体的、完整的、独立的定在"❶。黑格尔在这里表述了客观世界是一种系统体、系统的各个构成部分也是系统体的思想。黑格尔进一步指出，客体具有"忍受外力支配的""非独立性"，同时又具有自己的"独立性"，所以客体是一种包含着自身否定性的统一性、中心性的整体；因为客体同时具有"忍受外力支配的""非独立性"和自身的"独立性"这两种相反的属性，所以它"自身便指向着并联系着外在事物"，而客体所指向和联系的每一个外在事物"也同样是一自身中心，同样只与别的中心相联系，它的中心也同样在别的事物之中"❷。黑格尔在这里讲述的观点大致如下：每一客观事物因为总是受外力的支配、作用，所以它具有不能不与外在事物相互作用的"非独立性"属性，但每一客观事物同时也具有自己是自己而不是外在的其他事物的独立性属性，所以每一客观事物总是同时具有独立性与非独立性这样两种相反的属性；每一客观事物的这两种属性决定了它是一个与许多的外在事物相互联系、相互作用的中心，而与它相互联系、相互作用的每一个外在的事物，也和它一样是与别的许多外在事物相互联系、相互作用的中心，所以每一事物作为一个与多个事物相互联系的"中心"，它的这种中心性属性同时也存在于其他事物之中。在这里，黑格尔讲出了一个重要的辩证系统观点——客观世界中的每一事物都处于多向性相互联系、相互作用的中心，事物之间就是以这种多向性的相互联系、相互作用，构成一定的系统和普遍联系的网络。

---

❶ 黑格尔著、贺麟译：《小逻辑》，商务印书馆，1980年7月，第372页。
❷ 同上书，第382页。

三、系统、系统质和系统中的矛盾

如果按照一定的性质或特点等,将无限延伸的多向性对立统一关系网划分为各种"局部网",那就会形成以具体的事物为组成要素、以对立统一关系为基本纽带的一个个系统体。系统体与人们从经验的思考水平或从"单中心"的测度上理解的单个事物有着本质的不同。其实,世界上本来就没有什么纯粹的"单个事物",世间一切事物,都处于与他物的普遍联系的关系网中,都是一定系统关系中的一部分。系统是一切事物存在的普遍形式之一。所谓的"单个事物",其实只是人的思维从一定的系统关系中主观地割取下来的抽象之物或理想之物。所以,任何被看作是"单个的"事物,其本质及其真正的生命力,以及它运动、变化、发展的规律,都不是"单个事物"所具有的抽象之物,而是它所在的万事万物彼此对立统一的大小"网"赋予它的,是由万物的"关系网"规定它具有怎样的本质、怎样的生命力和怎样的运动、变化、发展规律的。事物总是与它内外部的大小关系网血肉相连,须臾不离。事物所具有的这种规定性,有人将其称作超个体的"系统质"❶。"系统质"的含义,与事物的本质和事物运动、变化、发展的规律等概念的含义非常接近。

恩格斯认为黑格尔的辩证思想是"用头立地"的唯物主义❷,也就是被颠倒的唯物主义。黑格尔精心构造的"理念"就是指系统性的真理,但他以唯心主义的观点将精神性的理念看作是一切真实事物受其支配的实体,是全部现存世界的绝对的、普遍的、唯一的灵魂,这显然是错误的。黑格尔认为,作为世界灵魂的理念是许多"特定理念的系统","这些特定理念之所以成为系统,也只是在于它们能返回到那唯一的理念,返回到它们的真理"❸。黑格尔这里所说的"特定的理念",是指具体事物中包含的不完全的"真理",相当于唯物论中的特殊事物具有的特殊本质;他所说的特定理念"返回"到绝对的、普遍的理念之中,是指不完全的"真理"通过一定的联系被系统性的"真理"所包括。黑格尔认为"理念自身就是辩证法","理念本质上是一个

---

❶ В.П.库兹明著,王炳文、贾泽林译:《马克思理论和方法论中的系统性原则》,生活·读书·新知三联书店,1980年8月,第92页。

❷ 恩格斯:《路德维希·费尔巴哈和德国古典哲学的终结》,《马克思恩格斯选集》第4卷,人民出版社,1972年5月,第239页。

❸ 黑格尔著、贺麟译:《小逻辑》,商务印书馆,1980年7月,第398页。

过程",是"无限统摄了有限、思维统摄了存在、主观性统摄了客观性"的"否定性的统一"❶;"任何事物,一孤立起来看,便显得狭隘而有局限,其所取得的意义与价值即由于它是从属于全体的,并且是理念的一个有机的环节"❷。黑格尔这里所说的意思是,凡真理都具有系统性的属性,而孤立的个别事物不具有真理的系统性属性。列宁对黑格尔的上述思想给予了唯物主义的改造和一定程度的肯定,指出:"真理就是由现象、现实的一切方面的总和以及它们的(相互)关系构成的","黑格尔在概念的辩证法中天才地猜测到了事物(现象、世界、自然界)的辩证法"❸。

客观世界中,以每一事物为中心的多向性对立统一关系总是与其他同类型或不同类型的对立统一关系相互交织,构成多矛盾的综合体系,形成以矛盾关系为结构的一定系统。在系统之外,每一系统与其他系统或其他系统的要素之间重复着与系统内部相似的结构关系,系统及其结构网因此成为没有边际的普遍联系网。所以,矛盾法则和内因与外因的辩证统一法则,同时也是事物的系统法则和结构法则。从矛盾存在的普遍性、绝对性的观点中,从内部矛盾和外部矛盾互为条件的普遍联结的观点中,必然得出矛盾构成系统、矛盾关系形成系统结构的观点,这不仅在逻辑上是如此,在客观实际中也是如此。

系统这一概念有多种多样的定义,但核心的含义是反映事物的整体性联系。"系统就是一定数量的相互联系的因素,它们形成一种稳定的统一体和整体,具有综合的属性和规律性"。"系统性质的发现揭示了事物的那些不能归结为它自己的性质的、极为复杂而与整体不可分离的种种属性的本质"❹。马克思对资本主义社会的系统本性所进行的研究和揭示,表明处于系统中的个体事物的质是一种"系统质",这种质是"总和的(集成的)"、"超个体"的质,它不属于个体事物,而是属于个体所在的系统❺。

系统论创始人贝塔朗菲将系统定义为"相互作用的多元素的复合体",

---

❶ 黑格尔著、贺麟译:《小逻辑》,商务印书馆,1980年7月,第401、403页。
❷ 同上书,第423页。
❸ 列宁:《哲学笔记》,《列宁全集》第38卷,人民出版社,1959年9月,第210页。
❹ В.П.库兹明著,王炳文、贾泽林译:《马克思理论和方法论中的系统性原则》,生活·读书·新知三联书店,1980年8月,第8、14页。
❺ 同上书,第78、91-92页。

强调系统的主要特征是多种元素相互作用构成的复合体❶。一些具有深刻思想的系统论学者将系统思想提到世界观的高度加以说明,指出系统思想或系统观是理解世界的复杂性的思维方式,是针对部门科学将世界和知识人为地分割开来的弊端,把世界看作是"包含着有结构的在一定条件范围内保持自身存在并显示出某些普遍的整体性原则的整体"❷。从世界观的高度来看,具体科学难以反映和解决复杂性、整体性问题,只有系统思想能够将世界理解为"各部分紧密相联的巨大复合体",这种复合体"存在一个组织层次等级体,每一层级都比它下一级的层次复杂,每一层级以在比它低的那一层级不存在的突现性质为特征"❸。

将系统观上升为世界观的组成部分没有错,但应当清楚,事物的系统质同时与辩证矛盾有着深刻的本质联系,事物的系统质既是系统赋予的,也是矛盾赋予的,准确地说是系统性的矛盾关系赋予的。每一事物与其他事物结成的多向性矛盾关系,就是一种最基本的、基础性的系统结构关系。

由许多矛盾构成的系统体,不论在其局部的构成部分还是在其总体上都是一个对立统一体。系统是多矛盾的复合体,既有内部矛盾也有外部矛盾。内部矛盾是系统结构体系之内或者系统的边界之内的对立统一关系,其中,在系统结构中起主导作用的、贯穿于系统结构各个环节和系统发展全过程的矛盾,统摄系统内部其他所有的矛盾,称为系统的基本矛盾,被统摄的矛盾则是系统内部的非基本矛盾。外部矛盾是系统结构体系之外或系统与其边界之外的其他事物之间的对立统一关系,它往往体现为不同系统之间因各自具有不同的属性、特征,在一定条件下既相互依赖又相互排斥的相互作用关系。

在原子核系统内部,基本矛盾是带正电荷的质子与不带电荷的中子的矛盾。在原子系统中,基本矛盾是原子核与核外电子的矛盾。在水分子系统中,基本矛盾是氢原子与氧原子的矛盾。在社会系统中,基本矛盾是生产力与生产关系、经济基础与上层建筑的矛盾。

在所有个体生命系统中,基本矛盾是核酸与蛋白质的矛盾。这不只在生

---

❶ 娄兆文、甘永超、赵锦慧、孙志敏等编:《自然科学概论》,科学出版社,2018年11月,第176页。
❷ P.切克兰德著,左晓斯、史然译:《系统论的思想与实践》,华夏出版社,1990年8月,第7页。
❸ 同上书,第74、97页。

命的分子层次上是如此，在细胞层次、器官层次和整体生命系统层次上都是这样。生命系统虽然分化为分子、细胞、器官、生命个体、种群、群落等不同的系统层次，但是核酸与蛋白质的矛盾在分子、细胞、器官、生命个体这几个系统层次上都是基本矛盾。核酸与蛋白质的矛盾不仅直接决定和覆盖分子层次的系统结构，同时也直接决定和覆盖细胞、器官、生命个体系统这几个层次的结构，表明生命体虽然划分为许多的结构层次，但是这些层次都是生命体整体系统不可分割的组成部分，核酸与蛋白质的矛盾在生命系统的几个重要结构层次上具有"管得宽"、控制得严的决定性整体统摄作用。

第四节　系统的本质和系统关系对事物本质的规定

我们在本书第一章中涉及到一个重要问题：为什么事物的本质是一种内在的矛盾呢？在这一节中我们可以回答这个问题了：因为事物赖以产生和发展的各种环境系统是相互矛盾的，这些环境系统内化而成的事物的本质属性也就是相互矛盾的。

本质是同类事物所具有的共同的、区别于其他类事物的内在属性。系统的本质，是同类系统所具有的共同的普遍属性和共同的特殊属性以及这两种属性的对立统一关系。每一个系统的本质，不是这个系统自身产生的东西，而是产生和影响许许多多这种系统的更大的环境系统赋予该系统的属性。但是，系统的结构关系能够对系统内部的各个组成要素施加本质性的规定，使这些要素具有某种与系统整体相同的本质属性。

系统的本质与系统的各个组成要素也就是构成系统的具体事物的本质虽然有重要的内在联系，但这两种本质是不同层次的两个系统的本质，这两个层次的系统的本质既有相同之处，也有不同之处。

一、系统是事物相互作用形成的整体

客观世界的普遍联系中，由于一些矛盾对另一些矛盾的推动、影响、规

定作用，以及另一些矛盾进行的反推动、反影响、反规定的作用，使数量巨大、性质各异的对立统一关系形成复杂的网络，也就形成了以对立统一关系为基本结构形式的各种系统。所以，系统实际上就是被称作系统的组成要素的一些事物之间相互作用、相互联系的矛盾关系网。

贝塔朗菲强调系统的主要特征是多种元素相互作用构成的复合体，所谓复合体就是既包括个体又超越个体的关联体或聚合体。现实系统中的各个组成要素都是具有相对独立的内部结构和外部形态的具体事物，所以作为系统的组成要素的个体事物之间的矛盾关系，总是体现为相对独立的个体事物之间外在性的相互作用。譬如组成分子系统的原子、原子团、基团之间的相互作用，宏观物质系统中分子、分子团之间的相互作用，个体生命系统中细胞之间、器官之间的相互作用，生态系统中生命个体之间、生命体与环境因子之间、生物种群之间的相互作用，社会系统中个人之间、不同社会组织之间的相互作用等，都是相对于系统体而言的不同个体事物之间的外在性相互作用。但是一切外在相互作用关系的背后，都是内在的、本质性的相互联系起支配作用，系统各个要素之间的相互作用也不例外。要素之间相互作用的外在性矛盾关系构成的整体也就是系统的结构，这种结构既然是由外在性的矛盾关系相互作用、相互联系、相互交织而形成的，系统体自然也就表现为一种外在性的关联体。这种呈现为外在性相互作用的结构关系，毫无例外地都是要素之间内在的本质性联系的外在表现形式。它们之所以能够形成外在的相互作用，其内在根据就是它们各自具有的内在本质矛盾，即作为系统组成要素的每一个个体事物，在本质上既具有与其他要素相同的内在属性，又具有与其他要素相反的内在属性。要素内在属性上既相互对立又相互同一的矛盾本性，决定了它们之间必然形成外在的相互作用和相互统一的关系。所以系统的结构虽然总是表现为外在的关系，但这种外在关系在很大程度上是受要素的内在矛盾和要素之间的内在联系决定的。

系统的结构虽然是由单个的矛盾关系构成的，但是系统结构又从整体上对处于系统中的每一对矛盾关系和矛盾关系的每一方产生规定和改造作用，使系统内的各对矛盾关系、矛盾关系的每一方和系统的各个组成部分或各种要素，不同程度地失去其原来在相对独立状态时的某些性质，增加了在系统关系网的影响、规定作用下形成的某些新的性质。这种在系统关系的作用、规定下形成的新的性质，就是构成事物本质的主要的或重要的内在属性，也就是事物从系统关系中获得的系统质。事物从系统关系中获得系统质，就是单个矛盾的动力集合成系统整体动力的一种发展成果。

当然，某一系统是否能够规定其内部的各个组成要素具有某种本质的属性，取决于这个系统的结构是否足够复杂、紧密，这个系统的规模是否足够大，这个系统的发展、演化历史是否足够长。系统的结构、规模及其发展、演化的历史不同，系统关系对内部要素的规定作用也不同。

客观世界中没有孤立存在的事物，也没有孤立存在的矛盾和系统。一切事物都同时处于矛盾关系和系统关系之中，成为受矛盾关系和系统关系规定的事物。一切矛盾，都是处于系统关系中的、受系统关系规定和制约的矛盾。一切系统，都是由矛盾关系构成的、受内在矛盾关系决定的外在相互作用的复合体。矛盾与系统始终处于相互规定、相互制约、相互转化的关系中。矛盾构成系统，使系统具有永不枯竭的运动、变化、发展动力，使系统结构具有永恒的动态本性。系统使矛盾与矛盾处于相互作用、相互制约、相互转化的整体关系中，将单个矛盾的动力集合成系统整体的动力，将变动不居的单个矛盾关系转化为相对稳定的甚至具有一定秩序性的整体结构关系。

二、系统中具体的矛盾关系规定事物具有具体的属性

（一）系统中包含着各具特殊性的局部矛盾和具体矛盾

每一事物的本质是由多种内在属性构成既相互对立又相互统一的两种基本属性，这两种基本属性的矛盾也就是事物的整体本质。不同的事物，其整体本质及其具有的各种本质属性和非本质属性各不相同，以这些本质、本质属性和非本质属性为根据形成的对立统一关系，包括内在的和外在的、内部的和外部的矛盾关系的性质自然也不相同。

在系统中，作为要素的每一事物都具有多种属性，都与其他要素形成以自己为中心的多向性的或者辐射型的矛盾关系网络。所有这样的辐射型关系网络相互连接、相互作用、相互影响，就形成系统的整体结构网络。虽然万事万物普遍地以对立统一的关系相联系，所有的事物、所有的矛盾都处于一

定的或多重的系统关系之中，受系统关系的规定和改造，但是，一方面这种规定和改造作用并不是绝对的，而是有一定限度的，另一方面这种规定和改造作用也造成甚至加深系统中事物与事物之间的差别。所以系统中每一个具体事物与另一事物的性质以及它们之间的矛盾关系的特点总是有差别的，即每一种具体的矛盾关系在一定的或一系列的系统关系中都有其运动、变化的一定的"自由度"。这就是系统中的局部矛盾、具体矛盾的特殊性，是矛盾既适应系统又相对地独立于系统、反作用于系统的特殊之处。

在系统中，有些对立统一关系之间存在着本质性的差异，有些只存在非本质的但相当重要的差异，有些则没有实质性差异，还有些几乎没有差异。但是，所有性质上各有差别的或几乎没有差异的单个的、具体的对立统一关系，其各自特殊的性质都来自于对立双方的性质及双方相互作用的方式。而构成每一对具体矛盾的对立双方的性质，即每两个相互作用的要素的某些性质，往往是由这两个要素在进入系统之前所在的另一个或另一些系统的矛盾关系赋予它们的。譬如在某一企业系统中，产品研发工程师与产品销售人员之间的矛盾的性质，很大程度上是由产品研发工程师和产品销售人员各自具有的专业素质、协作能力以及二者相互帮助、相互沟通、相互影响等互动方式决定的，二者之间的这种互动、协作的性质进一步决定着或影响着企业系统的产品竞争力和经营水平。而两者各自具有的基础性的专业素质，在一定程度上是由他们以前所在的学校赋予他们的，他们各自具有的协作能力则有可能是他们以前所在的另一个企业或事业单位赋予他们的。他们以前在其他系统中获得的这些素质和能力，由于在现在的企业中构成了新的矛盾关系，这些素质和能力便得到了一定程度的改变或提高，甚至得到了质的改变或提高，使他们成为所在的企业系统的合格人员，具有本企业所需要的素质、能力和互动关系。

（二）系统中不同的矛盾关系规定事物具有不同的具体属性

系统中每一种具体的矛盾关系，都对它的每一方施加相互依赖又相互斗争的推动和改造作用，使矛盾关系的每一方处于不断的运动、变化之中，具有不断变动的一系列特殊性质。如上述企业系统中研发工程师与产品销售人员之间的矛盾，一方总是根据自己的工作需要不断地作用、推动着另一方，双方由此处于不断提供批评意见、不断改进工作、不断提高协作能力的变化过程中，双方适应企业经营管理需要的综合素质也因此得到提高。或者，双方由于矛盾的激化而使其工作不断受到负面影响，给企业造成持续的损失，企业管理者不得不重新安排他们的工作，甚至辞退双方或其中的某一方。

　　处于辐射型矛盾关系核心地位的每一个具体事物，都受到来自周围对立物的多重性对立统一关系的作用和规定，在多重的作用和规定中将外部的对立物转化为"自己的他物"，即转化为自身的新的属性。处于一定生态系统中的每一个生命个体，都从与它的竞争者、共生者、天敌以及环境的温度、湿度、风力等环境因子的不同矛盾关系中，获得了不同的适应性或耐受性特征，发生相应的生理、形态或行为的变化。每一株植物、每一个动物、每一块石头或土壤都与其他的植物、动物、石头或土壤构成多向性的矛盾关系并处于这种矛盾关系的中心地位。在这种多向性的矛盾关系中，不同性质的对立统一关系，譬如生态系统中每一株植物与其他的植物、动物、石头、土壤的矛盾关系的性质各不相同，这种不同的矛盾关系对关系的承担者即对作为矛盾对立面的每一个植物、动物、石头、土壤，产生不同的规定作用，使它们具有相应的具体属性。生长在干旱土壤中的植物，较之生长在不干旱地方的同类植物，具有更为耐旱的属性。生长在陡崖间的动物，具有灵活的攀岩能力。经常受动物踩踏的石头，其表面比不经常受踩踏的石头更为光滑。处于一定地质地貌系统中的每一座山峰，都从作用于它的地壳变动、气温变化、降水、流水、风力、生物繁衍等多向性的矛盾关系中，获得了岩石构成、地表侵蚀、土壤形成和流失、山体形状、生态结构等不同的新属性、新特征，如此等等。虽然处于同一系统中，但事物还是从不同的具体矛盾关系中获得不同的属性，这种获得新属性的变化不断积累，使一些原有的属性消失、改变，或者原有的属性被新的属性所遮盖、所扬弃，在属性的新旧更替中实现事物的量变和质变。

　　系统中，每一个要素都处于辐射型的对立统一关系的中心地位，都受到与它形成直接或间接的对立统一关系的周围其他要素的作用和规定。在这些不同的对立统一关系中，有些是直接影响甚至改变它的本质、本质属性的关系，有些则是对它产生重要的作用和影响但不涉及它的本质、本质属性的关系，有些只是对它产生微弱作用和轻微影响的关系。一般来说，在相对稳定的直接性矛盾关系中，总是形成相对稳定的具体属性。而在不稳定的直接性矛盾关系中，则形成暂时的、不稳定的具体属性。这些相对稳定的和不稳定的具体属性，在系统关系的进一步规定和改造作用中发生着进一步的变化。所以，事物之所以会有多种多样的具体属性，就是因为它处于系统中多种多样的矛盾关系之中。

三、多重系统关系规定事物具有多重的和相互矛盾的本质属性

（一）一切事物都处于多重的系统关系中

每一个处于直接的辐射型矛盾关系的中心地位的具体事物，同时又受到与它只有间接性对立统一关系的其他事物的作用和规定。在这些间接性的对立统一关系中，有些是与直接性关系联系紧密的关系，对它的本质、本质属性有一定作用和影响；有些则与直接性关系联系不紧密，对它只产生微弱的作用和影响。由于在直接性关系之外还连接着许多间接性关系，所以每一事物所处的辐射型关系网络有大有小，有远有近。在辐射型的小网或"近网"之外，有着无限延伸的大网、"远网"，而且小网、"近网"与大网、"远网"中的每一种对立统一关系都在相互作用、相互影响，所以大小网上的每一个具体事物受到的作用和规定，其实都是万事万物之间直接、间接关系所产生的非常广泛的综合性的作用和规定。被大小网串联起来的万事万物经常会造成某些特殊的条件和变化，往往会从各个方向的关系上传导来间接性的、远处的巨大作用和影响，使处于网中的某一个或某一些事物受到突如其来的巨大作用，使它们发生超出常规的变化。譬如一颗恒星或行星在正常运行中受到来自若干光年之外的超新星爆发的冲击，地球上的物体受到太阳上的风暴的冲击，某一生态系统中的生物受到遥远地区生物的入侵，一个国家的居民或企业受到另一个国家发生的重大事件的影响等。这种难以抗拒的"网上风暴"，对每一个具体事物来说即使不是"家常便饭"，至少也是生命旅途中的常有之事。

每一事物相对于这种来自万事万物的综合性的作用和规定，包括来自远方的"风暴"性事件的作用和规定，都犹如微不足道的一颗沙粒或尘埃一

样，由网络关系的变化决定自己的命运，自己也多少影响这种网络关系。所以，对立统一的大小网络，既是每一事物赖以生存、发展的航船，又是随时改变它们命运甚至夺去它们生命的风暴之源。每一事物都毫无例外地依"网"而生、而兴，又都因"网"而衰、而亡。万物普遍联系的规律即系统性的矛盾关系规律，就是这样规定、支配每一事物的性质和命运的。每一个具体事物之所以具有它的那种本质和那些属性、特点等，其实并不是它自身"固有"的，而是万事万物相互联系的大小系统网络赋予它的。这种来自万事万物"互联网"的质的规定性，既是对立统一规律赋予事物的规定性，也是许许多多对立统一关系构成的系统关系网赋予事物的规定性。

万事万物之间以多向性的对立统一关系结成相互联系的网络，这种网络至少在人们现在的认识水平看来是无边无际的。但是，万物普遍相互联系的具体特征和每一具体特征所体现的时空范围则是有差别的。这种差别使万物相互联系的无边无际的网络，区分为性质、特点、时空范围各不相同的特殊的、具体的网络，这就是各种具有特殊的结构关系和相应的整体性质的特殊系统。这些系统，大的如宇宙系统、星系系统、恒星系统、行星系统，中间的如地质系统、大气系统、水体系统、生命系统、生态系统、社会系统，小的如小物体系统、分子系统、原子系统、基本粒子系统等。所以，矛盾之物必然是相互联系之物，相互联系之物必然是系统之物。万事万物，既具有矛盾的属性，又具有系统的属性；既是矛盾之物，又是系统之物。

（二）多重系统关系赋予事物多重的内在属性

一切系统，都以其结构关系对其各个要素、各个构成部分发挥着整体性、综合性的规定和制约作用，赋予各个要素、各个部分以系统质的属性。事物存在于一定的系统关系中，就会受到这种关系的规定和改造，在被规定和改造中形成相应的属性。系统的大小、结构形式和总体性质不同，系统赋予其中的每一事物的属性就不同。范围广大、历史久远、结构复杂的系统，规定事物具有普遍的、深层的本质属性；范围较大、历史较长、结构特殊而较复杂的系统，规定事物具有普遍性较低、特殊性较强的浅层本质属性；范围小、存在时间短、结构简单的系统，一般只能规定事物具有表层的、具体的、侧面的、个别的性质或某些非本质的特征。一切事物都具有多层次、多方面、多系列的属性，这些属性是由范围大小不同、历史长短不同、结构复杂程度不同的各种系统赋予事物的。系统结构关系中那些相对稳定且强烈、持续的规定和改造作用，就使相应的结构关系"内在化"为事物的重要本质属性。某事物具有基本粒子的属性，其根源可以追溯到宇宙形成早期的物质系统及其特殊的结构。某事物具有铁、镍、金、银等重型原子的属性，其根源可以追溯到宇宙演化的一定阶段某些恒星发生爆炸时的物质系统及其结构。生物是世界上堪称神奇的一种事物。生物具有的多种本质属性，不只是在生命个体或生物群体的小系统中和短时期中形成的，甚至也不只是在经历了地球几十亿年的化学进化和生物进化的四维巨大生态系统中形成的，而是在整个宇宙的演化系统中形成的。某种产品的质量、性能、价格等属性，可以追溯到产品构成成分形成的自然条件、产品的生产厂家和同类产品价格形成的市场行情等自然和社会系统及其结构。某个人具有某种特殊的思想、品质、才能、性格、爱好等属性，其根源可以追溯到他的家庭、他曾经接受教育的学校、他的工作单位、他的朋友和熟人、他经历的重大事情、他成长的时代等各种社会系统及其结构。

（三）相互矛盾的系统规定事物具有相互矛盾的内在属性

事物的本质属性与事物所处的系统之间具有这样一种互为因果的循环关系：事物因具有一定的本质属性而与其他事物形成外在性矛盾关系，这些外在性矛盾关系相互交织形成具有一定结构形式的系统；系统的结构关系对构成系统的每一个事物进行规定和改造，赋予每个事物以新的属性，使事物原有的属性得到一定程度的改变。事物在其发展过程中所隶属的系统越多、越复杂，它所获得的属性就越多，这些属性所构成的事物的本质就越丰富。

事物在其发展过程中总是同时或先后隶属于多层次、多样性、多系列的系统，这些不同层次、不同系列的系统各有其特殊的结构和性质，因而它们之间总是既相互对立又相互统一，形成系统与系统之间的外在性矛盾关系。这些系统赋予事物的属性自然也是既相互对立又相互统一的，由此形成事物的内在本质矛盾。事物的本质之所以是一种内在属性的矛盾而不是绝对的自身同一，原因就在于事物本质赖以形成的根源是相互矛盾着的不同层次、不同系列的系统。受这些不同系统的规定，每一事物的本质总是包含着深层属性与浅层属性的矛盾、普遍属性与特殊属性的矛盾、一种普遍属性与另一种普遍属性的矛盾、一种特殊属性与另一种特殊属性的矛盾等。所以，事物内在的矛盾本性，其根源不在事物内部，而在事物外部，是事物由以产生和发展的不同层次、不同系列的环境系统和这些系统之间的矛盾关系。正是在这个意义上，黑格尔认为本质是包含着和"映照"着他物的内在规定性。从唯物论的观点来看，事物的本质以内在矛盾的关系反映或积淀了事物赖以产生和发展的各种环境系统之间的外在矛盾关系。

由此可知，认识事物的本质，重在认识事物赖以产生和发展的各种环境系统的特征及其矛盾关系。如果我们将某一种具体的事物和具体的对立统一关系从无限延伸的对立统一关系大网络中分割下来，也就是从事物赖以产生和发展的各种环境系统及其矛盾关系的大网络中分割下来，单独进行分析研究，我们往往只能得到有关这种事物和关系的一些静态的、价值有限的认识成果，不能得到关于事物本质和本质联系的认识成果。因为从普遍联系的也就是从各种环境系统连成的大网中分割下来的事物，与那些与大网不分离的事物有着本质的不同。这就像从生命体中割取下来的细胞，与那些没有割取下来的细胞完全不同一样。所以，要全面、深刻地认识处于多向性、辐射型对立统一关系中心的每一个具体事物的性质及其运动、变化、发展的状况和规律，就不能把它从辐射型对立统一关系的小网和无数小网连成的大网中分割下来，而是要在活生生的矛盾之网上来认识活生生的事物。因为事物的本质、事物真正的生命力和事物运动、变化、发展的规律，就是它始终"在网上"，它和它外部的大小网血肉相连，须臾不离。这种网，就是由辩证矛盾编织成的不同层次的系统。

四、矛盾与系统相统一的辩证系统观

在许许多多的辩证哲学著作和反对辩证哲学观点的系统结构著作中，都把辩证矛盾与系统结构分割开来，认为这两者之间没有本质上的相同之处。一些辩证哲学著作之所以认为辩证矛盾与系统结构不能统一，主要原因在于它们的作者总是将矛盾从众多矛盾彼此关联、相互交织、相互制约的大小网络中割取下来，孤立地认识和表述矛盾的特点及其运动规律。这种"只见树木不见森林"、只见矛盾不见由矛盾构成的系统的认识方式和思维方式，实际上只是形式逻辑的一种带有极大局限性的静态的、孤立的认识方式和思维方式，但是它们却把这种带有极大局限性的认识方式和思维方式，当作是完全符合客观世界中的辩证矛盾规律的认识方式和思维方式。因而，他们"天然地"认为辩证矛盾在客观世界中就是一个个孤立地存在和运动的，这些矛盾从来也永远不会彼此有规律地联结成系统，因而认为辩证矛盾观点与系统结构观点是水火不相容的。至于反对辩证哲学观点的系统结构论者，他们认为辩证矛盾观点与系统结构观点是难以统一甚至是水火不相容的，这并不奇怪，因为他们认为客观世界和人们的主观世界都不是辩证世界观所认为的那样。

与那些将矛盾与系统割裂开来的各种观点不同，矛盾与系统相统一的辩证系统观认为：系统是组成系统的各种要素或组分之间外在性矛盾关系相互交织的一种整体形式，在这些外在矛盾关系背后起支配作用的是各种要素或组分之间内在的本质联系；要素之间的外在性结构关系也反作用于要素的内在本质联系，推动要素的内在本质的变化和发展，并直接影响系统整体性质的变化；万事万物既具有矛盾的属性，又具有系统的属性，矛盾之物必然是相互联系之物，相互联系之物必然是系统之物；系统所处的环境是许多更大的系统，这些更大的系统之间本质上是对立统一的关系，形式上是不同层次或不同性质的系统之间的外在相互作用关系；系统的本质与组成系统的要素的本质是既相互联系又有重要区别的两种不同层次的本质，多重的系统规定系统中的事物具有多重的本质属性；任何系统都是在适应环境大系统的前提下产生和发展的，也是在适应环境大系统的前提下获得它的内在本质属性和承担、体现内在属性的结构关系的；系统的内在本质属性形成后具有一定的稳定性，能够对环境产生重要的反作用，但是这种稳定性是相对的，因为内在本质属性是既对立又统一的两种不同的性质，因而是绝对地变化着的性质；系统的结构关系不仅是各种要素之间外在性的矛盾关系的总和，而且是稳定性与非稳定性、整体性与分化性的对立统一体；随着要素的内在矛盾的变化，要素之间外在性的结构关系或是趋于稳定，或是趋于分化或解体，或是处于稳定与分化相间的波动状态；系统在与外部其他事物的相互作用中所体现的性质称为系统的功能，功能是系统的内在本质属性的一种外在化的形式，同时也是系统的内部结构关系的一种外部化的转化形式；系统的功能是由系统的结构决定的，系统的结构和功能最终是由系统的内在本质属性决定的，系统的内在本质属性则是由系统所处的各种环境大系统赋予的；事物赖以产生和发展的各种环境系统是相互矛盾的，这些环境系统内化而成的事物的本质属性也就是相互矛盾的。

第五章 辩证矛盾和辩证结构

第一节 系统结构的矛盾本性

系统必然有一定的结构,而结构一般也是指系统体的结构。所谓结构,就是系统的规律性构造关系和整体性联系形式。

结构是从建筑物的力学关系中引申来的一个概念,原意是指建筑物中支承荷载而起骨架作用的、在力系作用下能够维持平衡的、由若干构件结合成的稳定的体系。正如辩证法中"个别就是一般"这一命题所包含的意思一样,"结构"在反映由若干要素(部分、单元)组成事物和过程的总体这一本质的关系时,具有普遍的意义,成为被广泛使用的一个科学范畴。结构范畴主要有两方面的含义:一、在对象的整体联系中,包含着对象的各种组成要素及其相互之间的局部联系;二、对象的各种组成要素之间,以一定的方式相互作用、相互依赖,互为条件,结合成具有特定性质和功能的统一整体。

系统的本质、系统的具体性质、系统的功能与系统的结构之间,有着怎样的因果关系或对应关系呢?回答这些问题,需要从许多方面追溯系统结构的矛盾本性。

一、系统的整体本质及其来源

虽然系统是由组成系统的各种相对独立的要素以外在的相互作用关系构成的整体,但这并不等于系统没有内在的本质;相反,由于任何系统不过就是以系统形式存在的事物,所以任何系统都有其内在的本质,这种内在的本质就是系统所具有的两种最基本的内在属性的对立统一,即系统的本质矛盾。但是,将事物当作系统来看待其本质,就必须认识到这种本质也是一种系统性的构成物,不过不是外在性的系统构成物,而是内在性的系统构成物。

(一)黑格尔关于系统具有多种内在属性和整体本质的思想

黑格尔是论述系统具有由多方面内在属性构成完整本质这一规律的哲学家。黑格尔的理念,特别是由"理论理念"和"实践理念"构成的对立统一体——绝对理念,其实就是被他搞颠倒了的客观世界大系统所具有的极为丰富的本质和规律。他将这种本质和规律说成是一种无所不包的万能的精神,认为唯有绝对理念是"不消逝的生命,自知的真理并且是全部真理"❶。黑格尔将理念、绝对理念看作是包含着矛盾的"全部真理",认为"理念在自身中把自己仅仅作为一个被寻求的彼岸和达不到的目标,——因此,每一个都是一种趋向的综合,自身中既具有理念,又不具有理念,从一个思想过渡到另一个思想,但并不使两个思想融会在一起,而仍然停留在其矛盾之中"❷,表明"理念自身就是辩证法,就是辩证发展的过程,它包含着主观与客观、有限与无限、同一与差别等的矛盾统一"❸。黑格尔的理念是一种包含着自身的诸多矛盾并向着永远也"达不到的目的"运动、变化、发展的实体和过程,这实际上就是被颠倒了的唯物辩证法的真理观——真理是相对真理向绝对真理不断接近的一个无限延伸的过程。黑格尔的"绝对理念包含着全部规定性,具有各种不同的形态"❹,也就是说,绝对理念是内在属性和外在形态最丰富的系统。显然,黑格尔在这里颠倒地反映了客观物质系统的整体本质,这种整体本质是由多种内在属性、内在矛盾构成的,并具有丰富多样的外在形态。

---

❶ 黑格尔著、杨一之译:《逻辑学》下卷,商务印书馆,1976年12月,第529页。
❷ 同上书,第529页。
❸ 姜丕之编著:《黑格尔〈小逻辑〉浅释》,上海人民出版社,1980年10月,第446页。
❹ 姜丕之著:《黑格尔〈大逻辑〉选释》,福建人民出版社,1983年6月,第490页。

（二）系统的多种内在属性及其构成的整体本质

本质是同类事物具有的共同的内在性质，如马克思所说，本质是某一类事物的"类"特性，而不是个别事物的个别特性。简单的系统，譬如原子、分子、尘埃、石头、空气、河流等，其本质属性也相对简单。而像生命体、生物种群、生物群落、生态系统、社会系统等这些高度复杂的系统，其本质属性则是复杂多样的。复杂系统的本质，是由多种内在属性构成的总和的、整体的本质。在这些构成整体本质的多种内在属性中，有主要的属性，也有次要的属性；有普遍的属性，也有特殊的属性；有核心的属性，也有各个侧面的属性。而在主要属性、次要属性、普遍属性、特殊属性、核心属性、侧面属性中，还存在着更为具体的属性差别，这些差别中既有质的差别也有量的差别。所有这些各有差别的内在属性，按照普遍性存在于特殊性之中、特殊性包含着普遍性、普遍性与特殊性相互对立又相互统一这一基本规律，构成系统的整体本质。整体的本质也就是系统性的本质，是各种属性相互区别、相互联系而形成的内在的、本质的属性系统。

在各有差别的多种内在属性中，最集中地表征系统特征的两种主要属性或两种基本属性及其对立统一关系，是系统的核心性本质内容。复杂的系统，不仅有核心的本质内容，而且有许多非核心的本质内容，以致人们对这样的系统下定义时，譬如对宇宙、物质、生命、社会、文化等系统下定义时，往往都很难确切地反映其全部的本质内容，最多只能反映其核心性的或某些主要方面的本质内容。

最集中地表征系统特征的两种基本属性，主要是同类系统所具有的最主要的普遍属性和最主要的特殊属性。这两种属性既相互区别、相互对立，又相互渗透、相互依赖、相互转化，构成系统的核心性本质内容。其中的普遍性并不是与特殊性截然分开而单独存在，而是寓于特殊性之中，成为特殊性的"灵魂"；特殊性体现普遍性依条件的变化而发生相应变化的动态特征，是普遍性的蕴含者和承载者。普遍性是许多特殊性能够通过各自"特化"的过程而产生的共同根源，特殊性则是普遍性在特殊条件的规定和限制下的一种"特化"或具体化了的形式。各种各样的普遍性形成于系统在大范围、长过程的多种环境条件之中，特殊性形成于系统在较小范围、较短过程的具体环境条件之中。系统的整体本质，既包括系统所具有的最主要的普遍属性和最主要的特殊属性及其对立统一的关系，也包含着系统所具有的其他各种具体化程度不同的内在属性及其对立统一的关系。

所有这些不同的内在属性及其对立统一关系，其产生的根源主要不在系统内部，而在系统外部，是系统由以产生和发展的不同层次、不同系列的环境大系统和这些大系统之间的矛盾关系"沉淀"在系统内部形成的内在化之质。因为在每一系统或事物产生之前，它的环境系统就已经存在甚至发展到一定阶段了。系统或事物不仅不能先于它的环境系统而产生，而且它本身正是由一定的环境系统条件转化而来的。在它产生之后的全部过程中，还必须依赖与环境之间进行不断的物质和能量交换，才能存在和发展。

（三）系统从多种环境大系统中获得多种本质属性

我们在上一章中所讲的具体事物的本质属性和非本质属性来源于事物所处的各种系统的道理，在这一章中同样适用，所不同的只是这一章将具体事物看作是系统性的事物，将事物所处的各种系统看作是系统性事物所处的各种环境大系统。

系统具有复杂多样的内在属性，是因为系统来源于或存在于复杂多样的环境大系统之中。系统由哪些要素组成、这些要素之间形成怎样一种相互作用的关系、这些相互作用的关系体现或承担怎样一种本质属性，这一切主要由产生和推动系统形成、发展的更大的系统即系统的各级各类环境所决定。系统所处的环境是许多更大的系统，这些更大的系统本质上是对立统一的关系，形式上是各个大系统外在的相互作用关系。系统所处的环境是相互矛盾的大系统，这些大系统赋予系统的本质属性自然也就是一种内在的矛盾。

某一系统作为更大系统的组成要素，曾经或同时存在于多个环境大系统之中，这些环境大系统分别给该系统打上了各具特殊性的内在烙印。这些内在烙印之所以称为"内在的"属性，就是因为它们都是环境大系统条件的长期"沉淀物"，都具有一定的稳定性。在某一系统带着它的多重内在烙印进入新的环境系统之中时，这些内在烙印有些仍旧保留着，有些不同程度地得到新的环境大系统的改变，有些则渗透于系统在新环境中获得的新的属性之中。客观世界中的一切事物或系统，都是在历史的和现实的多种多样的环境大系统中生存的沧桑变化之物，都是被多种多样的环境大系统打上多重内在烙印的属性复合体。所以，系统所具有的内在属性越是多样，系统的整体本质就越是深刻、丰富。人类的整体本质最丰富，因为人类不仅具有在近代以来工业化社会系统和这一时期的地球生态系统中获得的属性，具有在最近几十万年的社会系统及其变化、发展史中获得的属性，具有地球在最近几百万年的生态系统中和生物进化史中获得的属性，而且具有宇宙早期的"夸克粥"环境系统、原始星云环境系统、第一代和第二代恒星系统及其演化史打上的内在烙印。所以人类是自然界中环境经历最丰富的物质形式，也是由最多属性构成整体本质的系统。

二、环境塑造系统整体本质的基本规律

能够决定某一系统得以产生和发展的环境大系统，是规定这一系统具有某种本质属性的根源。环境大系统究竟是以怎样的机制塑造或"沉淀"成为系统的本质的呢？

环境大系统塑造或"沉淀"成为系统本质的基本规律，就是环境大系统通过与被塑造的系统之间进行物质和能量的交换，决定该系统由哪些要素组成和要素之间形成怎样的结构关系。如果某些要素及其相互作用关系有悖于环境的这种规定作用或塑造作用，有悖于环境与系统之间进行的物质和能量交换，这些要素及其关系就要受到改造或者被淘汰，从而使环境所"选定"的、所改造的、所规定的要素之间形成有一定规律的相互作用关系，构成具有确定的内在属性的系统。

（一）环境大系统制造出系统的组成要素

从发生学的角度可以这样来说明系统的产生：一定数量的单个物体，因其内在的矛盾属性而发生外在的相互作用，这些外在的相互作用将这些单个物体结合为具有整体联系和某种特定性质的系统。

但是，作为构成一定系统的基本要素的"一定数量的单个物体"是从哪里来的呢？显然，这些性质相同的或性质不同的"一定数量的单个物体"，只能从一定的环境系统中产生。构成太阳系的单个天体，大多只能从太阳系产生之前的原始星云中产生。构成地球物质系统的基本元素，只能从宇宙早期

的物质系统和前一代的太阳中产生，还必须依靠银河系这样的更大天体系统的运转，将这些元素反复搅拌并卷入一定的星云团块中，形成有可能产生生命的行星。地球上之所以能够形成生命系统，是因为历经数十亿年的各种环境大系统为它锻造出了核酸、蛋白质、酶、糖类这些生物大分子。低级生命之所以能够进化为高级生命，是因为生命体的内环境制造出了细胞器、细胞、器官、组织等种类多样的高级生命的要素，并通过无数次的选择、淘汰、再选择、再淘汰的矛盾斗争过程，使这些要素的性质越来越适应生命的进化。在社会领域，几个人合伙办企业，或者组建学术团体，必须由一定的社会环境系统培养出素质基本合格的人，并有完善的制度体系和一定的文化氛围，才有可能达到目的。如此等等。环境大系统必须首先制造出具有某种性质的要素，并推动这些要素聚合到一定范围内，这些要素才有可能构成具有特定性质的系统。历史的和现实的多种多样的环境大系统塑造简单的或者复杂的系统，使其具有简单的或复杂的内在属性，首要的一步就是锻造出属性简单的或属性复杂的各种要素。

环境为一定系统的形成锻造出各种要素，使系统整体的本质与要素的本质之间形成既相互区别、相互对立又相互联系、相互统一的内在关系。系统内部不同的组成要素，一方面具有它们各自的特殊本质属性及相对独立的结构和形态，另一方面又不同程度地具有系统整体的本质属性。要素之间以外在的相互作用体现其内在的本质属性，这种外在的相互作用所形成的整体关系就是系统的结构。所以，系统的结构，是系统的组成要素或系统的各个组分的内在本质的一种外在化的形式。但是这只是对系统结构的直接的、较为简单化的一种理解。进一步来看，系统的要素或组分同时又是受系统结构关系的规定，被加上系统的质的规定性的东西，具有与系统整体相同的一些属性，包括相同的本质属性。系统通过其结构关系将自身的本质属性不断"分发"给要素，要素有时抵制这种"分发"，有时则接受这种"分发"，它们之间始终存在着"分发"与抵制或分发与接受的矛盾斗争。由此可以理解，系统的结构，既是要素的内在矛盾的外在化形式，同时在一定程度上也是系统整体的某种内在本质的外在化形式。在这里，系统的结构体现了要素的本质与系统整体本质相同和相通的一面。人们凭经验就能理解，由各种要素在短期内新组成的系统,与经过较长时期演化、被系统整体关系多次改造过的要素组成的系统有着质的区别。经过长期、多方面的改造的要素,在本质上虽与系统整体仍有一定区别,但是增强了与系统整体在本质上的相同性或相通性。所以,要素的本质是系统整体本质的具体化,在一定程度上归属于系统的整体本质;系统整体的本质是要素本质的集成化,整体本质在一定程度上是以要素的本质为基础的。环境制造出系统的要素,其实就是制造出系统本质赖以形成的基础。

(二)环境大系统"规定"要素之间形成一定的相互作用关系

历史的和现实的多种多样的环境大系统,不仅制造出形成某种系统的要素,而且一次又一次地创造出要素相互作用的条件,一次又一次地将各种要素的相互作用改造成整体性的结构关系。物质的原子、分子等微观粒子之所以能够结合为一定的晶体或非晶体的宏观物质系统,与环境大系统输入或输出的能量直接相关。当环境系统的温度极低时,譬如在类似冥王星表面那样零下一二百摄氏度的低温环境中,水分子自由运动的能量被环境大量吸收,水分子结成的晶体的硬度与钢铁的硬度不相上下。如果这种极低的环境温度上升到零下几十摄氏度到零摄氏度,水冰的硬度相应地就会降低到与地球两极地区的冰块硬度相当的水平;环境温度继续上升到0℃到100℃之间,水分子就会组成液体系统;环境温度上升到100℃以上,水分子获得更多的能量,就会组成气体系统。在恒星内部,氢、氦等聚合成氧、碳、铁等较重的原子核,是因为恒星内部的环境系统提供了高温和高压等能量,才使结构简单的轻原子核被破坏,轻原子核中的质子和中子结合成较复杂的重原子核结构。地球环境系统不仅锻造出了核酸、蛋白质、酶、糖类这些生物大分子,并且创造出这些要素能够发生秩序井然的生化反应的各种特异化的条件,如一定的水体条件、温度条件、地质地理条件、气候条件等,才使生命的要素结合为完整的生命系统,使生命要素的个体本质集成为生命系统的整体本质。可见,一定的自然系统具有怎样的结构关系,是由该系统所处的环境大系统的温度、压力、物质运动形式等综合条件决定的。

由于环境大系统对要素结成一定的相互作用关系的规定作用,使系统的本质属性与系统的结构有一定的对应性:系统具有某种本质属性,也就具有承担这种属性的结构关系；系统的结构关系发生变化，系统的本质属性也发生相应的变化。环境大系统对要素结成一定的相互作用关系的规定作用，也使要素的某些本质属性与系统的结构具有一定的互动性对应关系：要素具有某种特殊的本质属性，系统也就具有这种属性所决定的相应的结构关系；系统具有一定的结构关系，又规定要素必须具有与这种结构关系相适应的某些属性，而要素的另一些本质属性，则是由要素自身的内部结构关系承担的。

（三）多重环境决定系统的本质是内在的对立统一

系统的本质属性是由系统具有的相应的结构关系承担的，怎样的结构关系就承担着怎样的本质属性。而承担系统本质属性的结构关系之所以能够形成，一部分原因是系统的组成要素决定的，即怎样的组成要素决定着它们之间形成怎样的系统性结构关系。系统结构关系赖以形成的另一部分原因，则是系统所处的环境大系统的综合作用。如上一小节所述，系统的组成要素是系统所处的环境大系统锻造的。所以，系统的本质属性及承担这些属性的结构关系，归根结底是由系统所处的环境大系统赋予的。不过系统所处的环境大系统一般并不是单一的，而是多样的或多重性的。其中有些环境系统决定系统具有一定的结构关系，另一些环境系统则决定系统由哪些要素组成以及这些要素具有某些重要属性。譬如恒星作为一个物质系统，它的组成要素如氢、氦等原子核，是在宇宙形成早期的环境大系统中产生的，而恒星自身的一些重要结构关系是在它的母体——一定的星云环境系统的作用下形成的，恒星的另一些结构关系则是在恒星所处的星团、星系等大环境系统中形成的，如此等等。多样的或多重性的环境大系统总是相互矛盾的，因而它们规定系统所具有的结构、赋予系统的属性，以及它们为系统制造的要素等，相互之间也是既对立又统一的。

系统的结构表现为众多的外在矛盾关系的相互交织，这些外在性矛盾关系是系统的不同层次的、相互矛盾的内在属性的承担者。系统的矛盾本性之一，就是矛盾着的环境系统规定系统具有矛盾着的结构关系和组成要素，矛盾着的结构关系承担着矛盾着的内在属性。

系统一般都是在多重环境系统的综合作用下形成的，所以系统的本质属性和结构关系也具有多重性、综合性特征。系统的整体结构关系是由许多具体的结构关系相互交织、融合而形成的具有整体的质的规定性的关系体系，这种关系体系可以区分为性质、特点各不相同的具体结构关系，并且这些具体结构关系之间也是一种既对立又统一的矛盾关系，但是在整体结构关系中区分出各种具体的结构关系只能是相对的、近似的，难以达到精确化的标准。在已经形成一定整体结构的系统中，要非常明确地区分哪些结构关系是系统的哪些本质属性的承担者，哪些结构关系规定了哪些要素具有某种本质属性等，是很难做到的。一些具体科学对所研究的系统进行专业化的结构分析，可以区分出某些结构关系大致是系统的某些属性的承担者，某些结构关系大致是某些要素的某种属性的规定者等，但只能得出大致的、相对准确的结论，因为系统的任何一种结构关系与一定的属性、要素的对应关系，总是程度不同地受到其他多种结构关系和多种要素的作用和影响。一般来说，主要的、整体性的结构关系更多地承担着系统整体的内在属性和规定着系统主要要素的某些性质，系统的次要的、局部性的结构关系更多地承担着系统的某些方面的内在属性和规定着非主要组成要素的某些性质。

本质的联系就是规律。系统整体的本质与要素的本质是以系统的结构关系为载体和中介，形成既有本质区别又有本质同一的规律性联系。这种联系使系统既具有多种和多层次的属性，又具有不可分割的整体本质属性，使不同层次的属性与整体的属性之间具有内在的规律性联系。所以，仅从现象上来看，系统的结构乃是系统各要素之间的外在性相互作用关系，但是从本质上来看，系统的结构是系统的不同要素之间、系统的不同层次之间以及系统的要素、层次与系统整体之间的内在规律性联系。

（四）环境大系统推动和影响系统的演化

环境与系统之间始终进行着物质、能量、信息的交换。系统从环境中输入哪些物质，输入哪种或多少能量，输入怎样的信息，以及系统向环境中排出哪些物质，排出多少能量，输出怎样的信息等，是系统的本质属性、系统的结构关系不断发生变化和以怎样的方式变化的基本推动力。系统不断地将这种外部推动力转化为内部的组成要素变化、结构关系变化和内在、外在性质的变化，实现系统由量变到质变的演化，保持系统与环境之间的相对平衡。一旦在与环境的物质、能量、信息的交换中失去结构平衡或失去原有性质，系统就会解体。如果隔绝了系统与环境的物质、能量、信息的交换，系统就不能存在，更谈不上变化和演化。

　　人类在自身演化的很长时期中未能充分地认识到社会系统的本质来源于自然系统，而是片面、肤浅地认为社会变化、发展的决定性因素在于社会系统自身的结构和本质，由此导致的后果越来越严重。社会系统在其形成和发展的过程中获得了相对稳定的一系列本质属性，这种相对稳定的本质相对于自然环境的相对缓慢的变化周期，一再地显示了"人定胜天"的优势，使人们普遍地误认为社会系统将永远地具有"人定胜天"的本质能力。直到20世纪中期以后，传统工业化发展激化了社会与自然环境的矛盾，人们才开始重视环境大系统对于社会这个小系统生存和发展的重要意义。直至现在，这种认识还在深化。从辩证的系统结构观来看，社会系统的本质至少包含着这样的内在矛盾：一方面，社会系统具有创造性地改变自然条件，将自然物转化为人类生存、发展所需要的物质财富的属性；另一方面，社会系统具有其天生的对抗自然力的脆弱性。社会系统其实只是一个非常小的特殊自然物质系统，相对于自然环境系统的强大作用力，它只具有对环境的非常微弱的抵抗力和改造力。自然环境系统只要发生很小的一些变化，譬如距太阳系较近的天域发生一次超新星爆发，一颗直径10千米以上的小行星撞击地球，太阳上发生一场粒子风暴，地球上的一些重要资源枯竭，地球的南北磁极倒转、地球的温度接近金星或者火星那样的温度等，人类社会是否能够继续存在下去将是一个很大的问号。人类可以庆幸的是，能够毁灭地球上大部分生物和社会系统的自然灾难发生的周期相当长，短则数万年、数十万年，长则数百万年、数千万年、数亿年。这可以让人类有足够的时间认识社会系统的本质及其与自然环境大系统的相互关系，并找到与自然环境相协同的发展方式，将越来越大的自然力转变为社会系统生存、发展的推动力，为应对毁灭性灾难做好准备。

　　马克思主义社会结构理论中的历史唯物主义理论，特别是生产力理论，实际上已经指明了社会系统的本质在很大程度上是由自然环境大系统所赋予的。生产力是人作用于自然以获取更好的生存条件的能力。生产力的状况是社会系统能否生存和发展以及以怎样的方式生存和发展的最终决定因素。而生产力的状况则是由人与自然环境的矛盾关系决定的。在人与自然环境的矛盾关系中，人是弱小的一个方面，自然环境始终是强大的方面。人之所以能够不断地改造自然条件，增殖物质财富，完全是在自然环境变化所允许的限度之内进行的。超出了这个限度，强大的一方就有可能毁灭弱小的一方。所以，生产力理论实际上已经揭示了这样一条真理：社会系统的本质是智慧型自然力与非智慧型自然环境作用力的对立统一。历史唯物主义理论中的社会存在决定社会意识的观点，更是非常明确地强调社会系统的主要的本质属性是物质的而非精神的，强调社会系统与自然系统一样，是一种由物质所构造的系统和按照类似自然规律的客观规律而变化、发展的系统。生产力理论、社会存在决定社会意识的理论否定了社会系统是由精神为支柱的历史唯心主义观点，揭示了社会系统的本质不是来源于社会系统自身而是来源于自然物质系统的科学真理。这与马克思一再强调的人的本质不是单个人所固有的抽象物而是社会关系的总和的系统思想属于同一条真理。这条真理给人类指出了一条走向光明和长久生存的道路，这就是：人类作为拥有智慧能力的自然物，始终要与不具有智慧能力但却比人类强大得多的整个自然环境融合为具有更加紧密的本质联系的同一个系统；人类要从只会创造和占有供自己直接消费的物质财富的较低等的智慧生物，进化为能够创造和拥有包括直接消费的物质财富、丰富的精神财富、不断进步的社会关系财富和更适于人类生存的自然环境财富在内的全面财富的更高级的智慧生物。

三、系统整体本质的外在化形式

（一）系统的内在性关系和外在性关系及外部性关系

组成系统的要素之间是一种彼此外在的矛盾关系，同时也是一种彼此间的外部矛盾关系。在这里，外在性关系和外部性关系是有重要区别的。外在性关系主要是指由非本质性、现象性、表面性、独立形态性等特性所形成的相互作用关系，外部性关系主要是指由超出系统边界的空间特性所形成的相互作用关系。系统或系统的某些组成部分与外部环境条件之间的相互作用，由于超出了系统的边界，因而相对于系统整体而言，既是外在性的矛盾关系，也是外部性的矛盾关系。当然，如果相对于系统与外部环境条件组成的更大的系统而言，系统或系统的某些组成部分与外部环境条件之间的相互作用，就如同上述系统内部各个要素之间的关系一样，其外在性关系的性质没有变，但它们相互之间的外部性相互作用就属于大系统的内部矛盾和内部结构关系。在系统的边界之内，各个要素之间的相互作用是一种外在性的关系，因为这些关系都具有一定的现象形态，而不是一种属性与另一种属性之间的内在性关系；但同时，它们之间的相互作用相对于它们各自来说又是一种外部性的关系，而相对于系统整体而言则属于系统整体的内部矛盾和内部结构关系。譬如在一个企业内部，不同的成员之间的矛盾关系既是成员之间的外在性或现象性的关系，也是成员之间的外部性关系，但都属于企业的内部矛盾和内部结构关系。企业或企业成员与企业之外的社会组织、社会成员之间的矛盾关系，也是一种外在性关系和外部性关系，但却是企业系统的外部矛盾，同时又是企业所处的社会环境大系统的内部矛盾。系统、系统要素的内在属性和系统的结构越是复杂，系统内部各个要素之间和系统与外部条件之间相互作用的外在化形式也越是复杂多样。

复杂系统之所以复杂，主要体现为这样两方面的特征：构成系统的要素的种类多，数量巨大；要素之间相互作用的关系多种多样，相互作用的程度紧密，结构关系的整体性强。系统的这两方面的复杂性，也就是系统结构的复杂性。系统的这种复杂结构，也就是系统及其要素所具有的丰富本质属性的实体承担者或外在的体现者。复杂系统的整体本质是由丰富多样的内在属性构成的，而丰富多样的内在属性则是由种类多、数量巨大的组成要素及其相互之间的同样复杂的相互作用关系来承担和体现的，这些相互作用关系以外在的和外部的复杂性体现着系统整体各种内在属性的规律性联系的复杂性。

系统性事物的本质是内在化的不同属性之间的矛盾，这种内在矛盾的来源，乃是该系统事物由以产生和发展的不同层次、不同特征的环境系统和这些环境系统之间的矛盾关系。由这样的环境系统及其相互之间的矛盾关系所形成的一定系统的本质，不会一直"憋屈"在这个系统事物的内部而不"显山露水"。相反，事物的本质如黑格尔所说，是一种"不安定"的因素，它总是要极力找到它在外部的"用武之地"，以外在化的形式展示出它"非同一般"的来源和深厚的内在蕴含。所以，即使是看起来十分简单的事物，要是追溯它的本质，都有其"非同一般"的来源和内在蕴含。

系统的本质有两种外在化的表现形式：第一种是系统内部不同组成部分之间的外在性相互作用关系。任何系统的内部结构，即内部各个要素及其相互作用的整体关系，都是系统内在本质的一种外在化的表现形式，是内在本质属性的一种外在承担者。第二种是系统与外部环境条件之间的外在的同时也是外部的相互作用关系，即系统的外部矛盾关系。系统在与外部其他事物的相互作用中所体现的性质一般被称为系统的功能，这种对外表现出来的功能性质，是系统内在本质属性的一种外在化的形式，同时也是系统的内部结构关系的一种外部化的转化形式。所以，系统的功能是由系统的结构决定的，系统的结构和功能由系统的内在本质决定的，系统的内在本质是系统所处的各种环境大系统赋予的。

（二）系统结构的外在性特征是内在本质联系的表现形式

1. 要素之间相互作用的本质是要素的内在矛盾

辩证法告诉我们，事物不是孤立的自身存在，而是以别的事物为条件、为中介、为根据的普遍联系式的存在。事物的本质就是它和别的事物之间存在着不可分割的内在联系。黑格尔说："假如更仔细地看待实在的区别，那么，区别就将从差异变为对立，并从而变为矛盾"，"每一规定、每一具体物、每一概念在本质上倒不如说是有区别的和可区别的环节之统一，这些环节通过规定了的、本质的区别而过渡为矛盾的环节"❶。从直接性、外在性来看事物，事物似乎是各自独立或只是存在着差别和外部相互关系的东西，然而，从事物的"进一步的规定（或辩证法的形式）来看"，即从事物的间接性、本质性来看，矛盾则是构成一切关系和联系的力量。这里所说的"间接性"，就是穿透表面性、现象性而深入到内在性、本质性领域的意思。没有本质的、内在的矛盾性差异和联系，就不会有外部现象上的差别、联系和关系，因为每一事物与其他任何事物在本质上既有同一性、同质性的一面，又有差异性、对立性、不相容性的一面，因而它们之间就必然会在外部现象上表现出一定的差别，并形成直接、间接的相互联系或相互作用的现实关系。而在外部现象上表现出的差别和直接、间接的联系或关系，有时显现为对立甚至对抗的

---

❶ 黑格尔著，杨一之译：《逻辑学》下卷，商务印书馆，1976年12月，第69页。

特征，有时则显现为有差别的"和谐"特征。但不论是显现为对立、对抗还是显现为"和谐"，其本质都是内在的矛盾。没有本质的内在的矛盾，就不会有事物之间的相互联系和关系，包括相互"和谐"的联系和关系。因为所谓的"和谐"，只是内在矛盾的一种特殊的外在表现形式，甚至只是人们对矛盾关系的一种粗浅的看法或理解。在系统的结构关系中，既有构成系统的不同要素、不同组成部分之间的对立甚至对抗的关系，也有不同要素、不同组成部分之间的有差别的"和谐"关系。人们如果对事物、对系统及其结构关系的观察和理解仅仅停留在外部现象上，就是观流而不究其源，察末而不知其本，因而就不能真正理解事物的真实内容，不能真正理解系统及其结构关系的实质。

2. 系统的结构是要素之间内在本质联系的外在化形式

系统的结构是系统的要素也就是系统的不同组分之间的外在性相互作用关系，这种外在性相互作用关系是不同组分之间内在本质联系的外在化形式。系统结构背后的内在本质联系主要有两种，即不同组分之间的内在属性联系和内在历史联系。

系统的不同组分之间既有相同的内在属性，又有不同的、相互对立的属性。由于具有这两种属性，一些组分与另一些组分之间就必然产生既对立又统一的外在相互作用关系。只有这种外在的相互作用关系，才能使要素的内在属性在现象形态上表现出来，也才能使要素的内在属性在外在的相互作用中不断积累、不断变化、不断丰富。

历史的观点与辩证矛盾的观点是相一致的。系统的不同组分之间既有同时态的内在属性，又有历时态的内在属性。由于具有这两种属性，一些组分与另一些组分之间就必然产生时序性的相互作用。在系统中，特别是在动态结构的系统中，一些组分是先形成的，另一些组分是后形成的，这些组分之间的相互更替和相互作用，体现着它们之间历时态的内在联系。

结构形成、演化的最一般的规律性特征，就是一定的结构，总是同系统的一定的发展演化过程分不开的。结构是系统相对于自己的原始的、单一的存在形式而显示的复杂的或复合的存在形式，是事物发展、演化的历史结果形成一定的层次积累和层次并存的形式，是事物的高级的、复杂的、综合的运动形式扬弃了若干层次的较低级、较简单或相对来说较单纯的运动形式所达到的相对稳定的状态,是低级的、简单的事物构成高级的、复杂的事物的时序性本质联系和体现这种本质联系的外在性关系的整体形式。

对客观事物的各种具体结构,既要进行同时性的剖析和研究,又要把它放回到历史的剖析和研究中,加以综合的考察和比较,既考察结构整体的发生、发展和演化史,又考察结构的每一个要素、每一种局部关系的发生、发展史;既追溯结构和要素的每一发展状态的渊源及不同阶段、不同过程的依次更替,又综合地分析所有这些不同的历史系列在空间上同时并存、相互制约、互为条件的关系,这样才有利于人们从同时性和历时性相统一的关系中,发现和把握系统结构的矛盾本性。

3. 系统的结构是系统内部多种矛盾相互制约的相对稳定状态

去掉对结构的直观性的理解,循着由现象到本质、由不甚深刻的本质到越来越深刻的本质的认识途径来理解系统的结构,那么结构正是系统和过程的这样一些普遍性的矛盾关系:组成系统整体的若干要素互为对立面,构成整体内部的多种矛盾;这些矛盾和矛盾方面又在更高或更深的层次上、在线性和非线性的方向上相互作用、相互制约,构成大整体包含小整体的多层次、多系列的矛盾总体或矛盾系统,形成整体内部相对意义上的不断重复地存在着的矛盾关系,或者形成一种矛盾关系与另一种矛盾关系既相同又不相同的关系。从对立统一的观点来看,结构不是独立于矛盾之外的绝对和谐一致的关系,而是相互同一(或统一)又相互对立的若干要素构成矛盾系统的方式,是系统整体内部的各种矛盾关系的集合或综合,是整体的各组成要素之间依矛盾法则而形成的外在的多面性的关系。这些外在的多面性关系体现着一定的本质联系,以本质的、多面性的相互制约维系着系统的相对稳定性。所以,系统及其结构的相对稳定性,实质上是多种矛盾相互制约形成的相对平衡状态。系统结构中某一种矛盾关系如果处在孤立的、不受约束的状态,它就会由于其中的一个对立面以很大的作用力战胜甚至消灭另一个对立面而难以维持较长时间;但是在系统的多种要素构成的复杂的对立统一关系网中,一个对立面战胜甚至消灭另一个对立面的斗争就会受到来自各个方向的许多矛盾关系特别是许多矛盾的反馈联系的作用和制约,使其不得不适应来自各个方向的许多联系特别是矛盾的反馈式联系的综合性作用而处于某种相对均衡的状态，从而使多要素构成的复杂的矛盾关系网处于"牵一发而难以动全局"的相对稳定状态。这种牵一发而难以动全局的相对稳定状态，其实质就是大量的矛盾之间既相互推动又相互制约的整体关系。这就是矛盾构成系统的结构、系统结构规定和制约每一种矛盾关系的规律性特征。人们单凭经验、单凭一两种具体的科学知识来理解系统的结构，似乎从结构中看不到什么矛盾，或者看到的矛盾与哲学理论所讲的矛盾不是一回事。这并不奇怪，因为在系统结构中，每一种矛盾关系都受到整体性结构关系的规定、改造、制约，成为适应系统结构整体变化规律的矛盾。

（三）矛盾既是系统结构的"灵魂"又是构成系统结构的细胞

有这样一种看法，认为结构是多种要素之间构成的"和谐一致"的、稳定的统一体，而矛盾则是两种对立因素之间相互排斥的运动变化过程，二者是截然相反的东西，结构不能归结为矛盾，也不能用矛盾观点加以说明。这种观点，是对矛盾和结构及其相互关系的一种肤浅的、片面的、歪曲的观察和理解。

任何结构，总是由相互区别的事物或要素，至少是由空间位置上相互区别的事物或要素，以一定的相互作用关系组成的。那么这种相互作用关系的本质是什么呢？回答是：这种相互作用关系的本质或"灵魂"，就是要素之间的内在性矛盾。

1. 系统结构中的外在基本矛盾和内在基本矛盾

矛盾既是系统整体结构的"灵魂"，又是整体结构的细胞、器官或结构之砖，这是马克思在经济科学研究中所坚持的辩证结构思想的核心内容。马克思在论述资本的整体结构时曾指出，资本在整体的运动过程中产生了资本的各种具体形式及其相互作用，"资本在自己的现实运动中就是以这些具体形式互相对立的，对这些具体形式来说，资本在直接生产过程中采取的形态和在流通过程中采取的形态，只是表现为特殊的要素。"❶ 这句话表明了马克思在《资本论》等著作中所阐明和运用的这样一种普遍性的辩证结构观点：系统的结构是相对简单的事物在一定的发展过程中形成的不同的具体形式以及

---

❶ 马克思：《资本论》第3卷，人民出版社，1975年6月，第29–30页。

这些具体形式之间相互作用的整体关系；作为系统结构关系的承担者的系统构成要素，其实就是原本简单的事物在经历一定的发展过程转化而成的各有其特殊性的具体形式，这些具体形式包含着来自原本简单的事物的内在本质，它们是这种内在本质的外在形式；系统的结构就是来自同一个本质的不同形式之间相互作用的外在性整体关系；系统的要素构成系统的结构，并不是一大堆无关的物体随便堆积或"捏合"而成的整体，而是发源于相同的本质之物的不同形式之间的有内在联系和内在秩序的整体。

马克思在研究资本主义社会结构中总结出的上述观点和他所做的这种示范性思想方法启迪人们，事物内在本质的外化运动并不神秘，但要理解这种外化运动必须运用深刻的辩证思维方法。事物内在本质的外化运动实际上就是具有某种本质的事物在与其他事物的外在相互作用中改变了自己，同时也改变了它作用的对象之物。它使自己改变了外部的形态，或者使自己分化为多种具有独立形态的下一代事物，同时也使它作用的对象物改变了形态，使对象物也分化为多种具有独立形态的下一代事物，并将自己的分化之物与作用对象的分化之物纳入到同一本质支配的相互作用的体系之中，成为人们所看到的以外在性联系为特征的系统。

用马克思的方法来观察客观世界的系统体，就会发现客观世界中纷繁复杂的各种系统都有一个统一的内在基础或"灵魂"，这就是系统的本质，这种本质是由它的两种基本的内在属性构成的矛盾。承载这种本质的原初之物往往是较为简单的某一事物或某一系统，但本质的矛盾总是驱使这种原初之物与其他事物发生相互作用，在相互作用中使内在矛盾不断外化为它的各种具体形式，这些具体形式就是原初之物变化为复杂系统的组成要素及其相互之间的外在矛盾关系。系统因其矛盾的本性而不断发生分化式的运动，也不断将系统之外的物体加以改造并纳入到相互作用的系统关系之中，由此形成的内部组成要素越来越多，要素间的矛盾关系也越来越多样化、具体化。多样化、具体化的矛盾关系相互交织，形成网络式的整体结构，原初的简单系统就发展成了复杂系统。随着简单系统一步步发展成复杂系统，系统的本质在保持其相对稳定的同时，内在的属性也不断增多，不断丰富。所以，一切结构，都是事物或系统的本质或本质联系的一种外在化的形式，而本质和本质性联系则是决定外在化的结构形式的实质性内容。事物或系统的本质或内在矛盾外化为事物或系统的结构，或者说决定着事物或系统的结构，通过结构这种外在的形式，承载着事物或系统的一些特殊性质或特殊功能，成为事物以相对稳定的状态而存在的基础。

事物或系统的结构表现为一种外在性的关系，形成结构的各个具体的关系和环节，是由事物或系统内部的各种具体的外在矛盾组成的。越是结构复杂的系统，其内部的具体矛盾的种类和数量就越多。各种具体矛盾在相互作用中出现类型的分化，分成具有此一类共同性质的要素和具有彼一类共同性质的要素，这两类要素相互对立又相互联系，演变为统摄系统结构整体的矛盾，这就是系统结构中具有外在性特征的基本矛盾，构成系统结构的其他具体矛盾则是非基本的矛盾。这种外在性基本矛盾，一般体现为统摄或覆盖系统整体的两种基本的构成要素或两种主要的构成部分之间的外在性对立统一关系。譬如原子结构中的基本矛盾，就是原子核与核外电子（或电子层）之间的矛盾；生命系统的基本矛盾，是核酸与蛋白质这两种生化物质之间的矛盾；社会系统的基本矛盾，是生产力与生产关系、经济基础与上层建筑之间的矛盾，在对抗性社会系统中，这一基本矛盾表现为构成社会整体的两个基本阶级之间的矛盾。

与事物或系统的外在基本矛盾相对应的是事物或系统的内在基本矛盾。复杂系统的内在属性是多种多样的，这些属性构成的矛盾也是多种多样的，其中统摄所有内在矛盾的总体矛盾可以称之为内在基本矛盾，也就是系统的核心性本质矛盾，被统摄的其他内在矛盾则是系统的非核心性、非基本的本质矛盾。事物或系统的统一的、深刻的本质，即事物的内在基本矛盾在发展中由深层到浅层直到最外部的现象的表层，逐步地转化或表现为它的各级具体形式，亦即它的各级或各部分的具体矛盾的运动。通过这种深层到浅层的转化，使事物或系统的本质成为一个多层次、多系列、多要素的内在矛盾系统，事物或系统的本质成为一种丰富的、包含着多种矛盾的内在属性体系。这种内在属性体系有规律地形成这样的两个对立面：最大的和较大的普遍性蕴含在较小的普遍性之中，形成某一类系统共同具有的多层次的普遍性属性；同类系统中包含有一定程度的普遍性的特殊性，这种包含有一定程度的普遍性的特殊性又蕴含在包含有较低程度的普遍性的特殊性之中，形成某类系统共同具有的、最能体现该类系统不同于其他事物的特殊性。某一类系统共同具有的普遍性属性，与这一类系统共同具有的不同于其他系统的特殊性属性是一切事物或系统具有的两种基本的内在属性，这两种基本属性之间的对立统一关系构成该类事物或该类系统的内在基本矛盾，也就是该类事物或该类系统的内在本质。

以企业系统为例，来说明系统内在基本矛盾即内在本质的构造规律。

企业的本质可以概括为"以赢利为主要目的的经济组织"，这一本质是由企业的这样两种基本的内在属性构成的对立统一关系：经济属性和赢利属性。经济属性是企业具有的一种普遍性属性，一切经济组织如自足性经济组织、经济协调组织、经济合作组织以及某些社会组织等都具有这一属性，企业具有经济属性表明企业是一种经济组织，与其他经济组织具有同质性的共性特征。但是，在企业所具有的经济属性中还蕴含着社会属性这一更普遍的属性，因为经济属性实际上只是一种特殊的社会属性，经济属性的准确称谓应当是社会经济属性，即具有社会性质的经济属性。企业具有社会属性，表明企业同时又是一种社会组织，与其他社会组织具有同质性的共性特征。而在社会属性中，还蕴含着多层更普遍的属性，如动物属性、生物属性、自然物质属性等，因为社会系统同时也是一种特殊的动物类群、特殊的生命物质类群和特殊的自然物质系统等，社会系统只是这些更大的物质系统的特殊化的发展形式。所以，企业的经济属性，是企业这种系统所具有的多层次的普遍性属性。

企业的赢利属性是企业这类系统特有的内在属性，因为不仅企业自身必须依靠赢利才能生存和发展，而且社会整体也必须依靠企业赢利提供的物质条件才能生存和发展。但是企业的赢利属性并不是企业这类系统所具有的不包含任何普遍性的绝对的特殊性，而是包含有一定程度的普遍性的特殊性。在企业的赢利属性中包含有广义的经济属性，因为赢利其实就是一种特殊的经济行为，赢利属性是一切社会经济组织所具有的普遍性经济属性的一种特化的形式，特化属性中自然包含有它赖以产生的普遍性。因为具有这种普遍性属性，企业在遇到特殊的内外环境变化时，会放弃赢利目的，像其他社会组织一样只追求能够生存下去的目的。而且，在企业的赢利属性中所包含的广义经济属性中，还包含着更具普遍性的社会属性，企业为了更好地生存和实现更高水平的发展，会承担一定的社会责任，甚至主动向消费者、合作者让利，追求与消费者、合作者互利共赢的目标。企业的赢利属性之所以是企业这类系统特有的属性，主要是因为企业的赢利是企业的生存之本，也是社会整体的主要生存条件，这与其他非企业性经济组织和一些社会组织具有的赢利属性有所不同，这些非企业性组织的赢利对这些组织自身和对社会来说，只是一种次要的生存和发展条件。所以，企业的赢利属性中还包含有一种较低程度的普遍性，这就是企业与其他非企业性组织共同具有的一般性赢利属性。

由此可以看出，企业系统的完整本质，虽然可以归结为经济属性与赢利属性的对立统一这一基本矛盾，但这种对立统一关系中包含着多层次的经济和社会属性，甚至还包含着多层次的自然属性。如果将企业系统的赢利属性抽象掉，企业系统与其他经济组织的共同本质就是经济属性与社会属性的对立统一。再抽象掉企业的经济属性，企业就成为与各种社会组织同质的系统体。

2. 系统结构是整体性与分化性的对立统一体

在自然界、社会和思维领域，任何系统因为包含着两种最基本的内在属性及其相互之间的矛盾，因而必然会具有这样一种结构特征：系统的一些要素和结构关系主要是此一种内在属性的承担者，系统的另一些要素和结构关系则主要是另一种内在属性的承担者。由此必然导致系统在要素构成和结构关系上存在着两种对立的趋势：一种是结构关系维系着系统的各个组分或各种要素，使之耦合为系统的整体；决定了系统以统一的、整体的结构关系承载着系统的整体性质，体现为系统对外发挥的整体功能；另一种是彼此存在着差别的要素和结构关系具有分化、分离的趋势，决定了系统在内外矛盾的推动下必然走向分化甚至分裂。所以，任何系统虽然都具有整体性特征，但都不是不可分化的"铁板一块"的整体，而是整体与非整体的对立统一体。任何系统的本质都是对立面的统一，所以任何系统的结构都具有自相矛盾的本性。结构不仅具有整体性的特征，也具有非整体性的分化或分裂的特征。

由于系统的一些要素和结构关系主要是此一种内在属性的承担者，系统的另一些要素和结构关系则主要是另一种内在属性的承担者，所以随着系统内外条件的变化，特别是在系统内部矛盾和系统与其他系统之间的外部矛盾斗争的推动下，系统适应内外部斗争需要而使内在属性及其相互之间的矛盾也发生着变化：一些属性增强了、丰富了，另一些属性减弱了甚至消失了，原来没有的一些新的属性产生了。系统内在属性的这些变化必然体现为具体的组成要素和结构关系的相应变化：系统的一些要素增多了，一些结构关系增强了、丰富了；另一些要素减少了甚至消失了，另一些结构关系减弱了甚至消失了；原来没有的一些新的要素、新的结构关系产生了；系统的一些属性及相应的要素和结构关系，在内外部矛盾斗争的推动下逐渐增强了某种独立性，形成了某种独立化的形态；另一些属性及相应的要素和结构关系，也增强了某种独立性，形成了某种独立化的形态。这样，原来似乎是"铁板一块"的系统整体，因内在矛盾、内部矛盾与外部矛盾的相互作用和相互转化，呈现出分化甚至分裂的趋势，并且在内外条件变化到一定程度时形成了"一分为二"或"一分为多"的结局，一个整体的系统便分化为两个或多个相互独立的小系统、新系统。分化形成的小系统、新系统，在新的发展周期中又按照与前面的变化基本相同的规律，分化为又一代的小系统、新系统。如此循环往复，使单一的系统以分化的形式演化为越来越多的独立的小系统、新系统。

　　分化形成的众多小系统、新系统，既保留了它们在上一代、上上一代系统中获得的一些属性，也形成一些新的属性。这些小系统、新系统，依其各自的内在属性和外部条件的不同，以相互作用的关系形成新的大系统，它们则成为新的大系统的组成要素。这些新形成的大系统，有些仍不同程度地保留上一代甚至上上一代系统内部的结构关系，但却使这些结构关系被改造为松散化的关系；有些则改变了上一代、上上一代系统内部的结构关系，形成了性质不同的新型结构关系；还有些则彻底与上一代、上上一代系统的结构关系告别，成为具有特殊结构的系统体。

　　正是系统的内在属性的差别和对立，决定了系统结构关系的差别和对立。系统的内在属性稳定，系统的结构关系也就稳定；反之，结构关系则不稳定。

结构关系对内在属性也具有反作用。内外部因素如果促使系统的结构关系发生重要变化，结构关系的变化就会引起内在属性发生相应的变化。

3. 系统的结构是本质矛盾外化形成的网状矛盾关系

从内在矛盾与外在矛盾相统一的观点理解系统及其结构，以及系统结构与矛盾的关系，就会对世界的本质形成更清晰的认识。我们由此有理由将宇宙万物的最高本质归结为广义的物质，广义物质的本质性矛盾或内在基本矛盾可以归结为质量属性（狭义的物质属性）与能量属性的对立统一关系。

科学家已经指出，物质是能量的一种转化形式，能量也是物质的一种转化形式。宇宙中既有以质量形式存在的能量，也有以能量形式存在的质量，"如果将足够的能量集中到一点，那么它也能转换成质量"❶。这表明物质与能量是宇宙本质的两种基本的内在属性的体现，而能量和物质在其运动中又各产生出其多种多样的转化形式，这些形式越来越多，但都有一个共同的本源，具有本源所决定的共同的本质属性。寻找宇宙的本源之质一直是科学家追求的目标。爱因斯坦曾设想，自然界的四种力是由一个统一的力转化而来的具体形式。现在的一些物理学家循着这样的思路，已经将电磁力与造成放射性衰减的弱核力统一起来，证明后者只是一种弱电力。另一些科学家正在寻求建立"超级大统一理论"，设想能够成为自然界各种力的"祖宗"或"统治者"的统一之力是由一种"基本玻色子"的粒子来维系的。他们将这种玻色子称为 x 玻色子，甚至推测宇宙诞生后极短的时间内，除了重力，只有一种统一力存在，即 x 玻色子所维系的力❷。显然，科学家初步找到的这种"统一之力"，也是与一种本源性的物质——x 玻色子密不可分。还有的科学家推测，宇宙间四种力能否统一，可能与宇宙的温度有关。在宇宙最初形成时由于温度极高，只有一种力发挥相互作用。后来随着宇宙温度的逐渐降低，引力、强相互作用力、弱相互作用力和电磁力陆续被分离出来❸。这些陆续分化出来的力，其实就是宇宙温度极高时那种唯一的"原力"走向具体化的不同

---

❶ 艾萨克·阿西莫夫著，朱子延、朱佳瑜译：《亚原子世界探秘——物质微观结构巡礼》，上海世纪出版集团，2011年8月，第164、179页。

❷ 埃里克·简森著，熊况译：《宇宙简史》，上海科学技术文献出版社，2011年1月，第64-65页。

❸ 艾萨克·阿西莫夫著，朱子延、朱佳瑜译：《亚原子世界探秘——物质微观结构巡礼》，上海世纪出版集团，2011年8月，第218页。

形式，它们之间的相互作用形成宇宙的基本结构。

力的本质只能是矛盾，因为任何力，不是来自于或作用于另一种力，就是来自于或作用于另一种物质。因而任何力都不可能是宇宙的本源，只能是本源之物的一种性质。科学家寻找宇宙的统一之力，实质上是寻找宇宙的本源之质，也就是寻找广义的物质或本源的物质。还有的科学家将物质和能量的产生之源推测性地归结为"弦"，认为"弦"的振动产生了物质和能量，物质和能量的相互转化产生了宇宙万物。这种猜想性的推测如果有某种合理性，那么同样可以推测，"弦"在一定的条件下产生了物质和能量，物质和能量在另一种条件下也可以产生"弦"。"弦"如果存在的话，它无非就是包括物质、能量、"弦"等在内的更为广义的客观存在物的一种转化形式。

真正的科学家，总是自觉地或自发地运用辩证矛盾的思维方式来排除科学认识路途中的障碍，根据矛盾与结构相统一的普遍规律，揭示自然界的种种奥秘。宇宙万物中的任何一物，甚至包括猜测中的前宇宙之物、诞生宇宙的奇点等，将其作为系统来看，它的组成要素就是它的某种原初物的本质在其对立统一的矛盾运动过程中分化形成的各种具体形式。原初物分化形成的这些形式就成为它们彼此联结成的系统的组成要素，要素与要素既有共同的本源和本源所决定的共同的属性，又有运动中形成的不同的甚至相互对立的属性，相同又相异的要素相互作用形成的网状矛盾关系，就是系统的结构。

譬如，对于科学家所推测的138亿年前诞生了宇宙的奇点，现在可以进一步推测它的本质就是它所具有的收缩属性和扩张属性的对立统一。这种对立统一最终导致了扩张属性战胜了收缩属性而使奇点发生爆炸，产生出了婴儿宇宙。这时的宇宙是一团以射线为主要形式的能量，后来随着宇宙温度的逐渐降低，射线陆续转化为夸克等基本粒子，基本粒子进一步结合成的氢、氦等原子，再后来是原子结合成早期的恒星和星系，恒星和星系演化为越来越多样的物质形式。与这一过程同时进行的还有人们至今尚无法推测的另一些物质演化过程：婴儿宇宙不仅包含着以射线为主要形式的能量，还包含着以空间为主要形式的另一种能量，这种能量表现为宇宙时空的扩张，这种扩张与射线所转化成的物质形成外在的对立统一，物质使空间在局部范围趋于收缩，而空间却在总体上趋于扩张；射线转化成的物质也不只是基本粒子、原子及其组成的宏观物体，还有大量的被人们称为"暗物质"的存在物，这种暗物质也具有普通物质的"重力"属性或使时空弯曲的属性，但在其他方面却与普通物质格格不入。奇点作为宇宙系统的原初之物，在其内在矛盾的推动下分化为物质和能量两种形式，物质和能量又各自分化为普通物质与暗物质、普通能量与"时空能量"等具体形式，这些具体形式不断分化为越来越具体的形式。人们至今能够观测和研究的更为具体的物质形式和能量形式还只是普通物质和普通能量分化形成的多种多样的形式，而对于暗物质和暗能量（"时空能量"）的具体形式，人们几乎一无所知。但是不难理解，演化到现在的宇宙系统及其结构，其实就是奇点和它产生的婴儿宇宙的内在本质的各种外在化的具体形式之间的相互作用，以及这种相互作用构成的网状关系。

毫无疑问，以奇点为本源物质所分化形成的宇宙系统及其结构的规律，与以原始星云为本源物质形成的恒星—行星系统、以原始地球为本源物质形成的地球系统和以原始的核酸、蛋白质为本源物质形成的生命系统和生态系统等的规律，是完全相同的规律。所有的系统及其结构，都是它的本源物质的内在矛盾的各种具体形式之间的外在性矛盾关系网络。

四、结构是系统内部多种矛盾相互作用的综合运动形式

结构作为事物或系统内部各种矛盾相互作用、相互联结、相互制约的形式，乃是不以人的意识为转移的客观事物本来就具有的基本属性，即事物普遍具有的结构性联系的规律。一方面，结构归根结底乃是矛盾，是多种对立因素相互作用构成的多矛盾综合运动的形式，其发展变化遵循对立统一这一宇宙间最根本的规律。另一方面，结构又体现为多种矛盾之间相互作用、相互制约的具体的规律性，在结构中，任何一对矛盾都不能不受约束地产生、发展和转化，每一对矛盾都受其他矛盾的作用和制约，同时又作用和制约其他矛盾。多种矛盾的这种相互作用和相互制约构成的综合性运动，在特定条件下，形成了事物或系统内部结构的动态稳定性和某种程度上的组织性、秩序性。一切系统的结构，实质上就是多矛盾的复合体和复合运动形式。

（一）矛盾和结构都是客观的、普遍的物质存在形式

事物的矛盾是客观的、普遍的，结构也是如此。结构与物质、物质的矛

盾运动是不可分的。凡结构，都是物质的结构；凡物质，都是具有一定结构形式的物质。客观世界没有脱离物质实体而存在的结构或结构模式，也没有不具一定结构形式的物质实体。精神的、理论的结构，如人的知识结构、某一思想体系的结构、科学的结构等，只是一定的物质结构在人的意识中的反映。

有人认为物质是可以消灭的，而产生物质的是"弦"，"弦"是一种类似心灵、意识的东西。虽然自古以来想要把物质世界归结为意识或心灵的学说多不胜举，但能够令大多数人信服的却没有一个。主要的原因之一就在于任何人都不能靠"心灵"特别是靠臆造的"心灵"而生活下去。"人们首先必须吃、喝、住、穿，然后才能从事政治、科学、艺术、宗教等等"[1]。人必须依靠物质条件才能活下去，只有活下去才能具有正常的"心灵"、意识。人若无视物质的客观的、不以人的意志为转移的属性而随着"心灵"去闯荡，势必处处碰壁，甚至无法生存。科学家就是根据他们对物质世界的认识，才为人类不断创造新的生活条件找到出路。所以，如果将物质归结为类似心灵、意识的"弦"，这种物质观是难以成立的。

但是，如果把物质归结为非意识的"弦"，那其实等于将人们现在所说的物质归结为它的前身，即归结为"物质之母"。归结为"物质之母"与归结为物质有什么实质性区别吗？它们不都是独立于人的意识之外的客观实在吗？物质因有其"母"显得更具客观实在性，说明物质有一个客观的、不以人的意志为转移的来源或前身。既然物质有其"母"，其"母"自然也有其"母"，所以物质、物质之"母"以及物质之"母"之"母"等，是一个有待人类不断地揭示和认识的无限系列。这个客观的、不以人的意志为转移的物质来源或物质前身的系列，即使不同于物理学所说的由基本粒子组成的物质，但与哲学上所说的独立于任何意识之外的客观实在的物质是相同的或同一的东西。现代物理学理论只规定基本粒子和由基本粒子组成的存在物为物质，但物理学的进一步发展迟早会揭示，产生粒子性物质的存在物，譬如像有的科学家所推测的"弦"或"真空能量"、"假真空"等，如果有朝一日被确证是粒子性物质的来源，那么这种来源与粒子性物质本身只是同一物质的不同

---

[1] 恩格斯：《在马克思墓前的讲话》，《马克思恩格斯选集》第3卷，人民出版社，1972年5月，第574页。

形式，它们在更深一层的本质上并无差异，就像粒子性物质与能量在更深一层的本质上并无差异、水和冰在更深一层的本质上并无差异一样，因为它们能够相互转化，相互转化说明它们是同质而异形的存在物。

物质既然有其"母"，其"母"所以能够产生出物质，必然是因为它是一个包含着矛盾的存在物。"子"既是"母"的同质之物，又是"母"的异化之物，至少在无机界，"母"与"子"的关系是较为典型的对立统一关系。所以，物质有其"母"，其"母"亦有"母"；物质亦有"子"，其"子"亦有"子"。这种相生又相克的序列表明，自然界"母"与"子"的矛盾是客观的、普遍的。矛盾是客观的、普遍的，结构自然也是如此，因为结构与物质、物质的矛盾运动是不可分的。结构是物质的，同时又是借助于运动亦即以矛盾为基础而得到保持并发生变化的。原子的结构是在原子核及其所包含的质子、中子以及核外的电子等微观粒子的不停的运动中得到保持的，也是以这些运动在一定条件下的变化为前提而变化的。生命的结构，是以生命体的内外环境之间不停顿的物质、能量、信息的交换为前提而得到保持的。宇宙万物毫无例外地都是以物质的运动和物质与能量的相互转化为其存在提供支持条件的。

（二）结构是多种矛盾形成的复合矛盾关系

事物的结构，就其本质来说是动态的，静态结构只是动态结构在时间这一维度上的横断面，是人的思维对动态结构的一种抽象。结构的整体性、稳定性，也就是一些矛盾的运动受另一些矛盾的约束和限制的一种规律性，它只是绝对地运动着的各种矛盾的集合形式。非矛盾的物质结构同非矛盾的物质运动一样，都是不可想象的。譬如，由于波粒二象性的矛盾本性，电子不能无限制地靠近原子核，又由于静电引力的作用，电子又必须向原子核靠近。如果没有原子核与电子之间的这种既不能无限制地远离又不能无限制地靠近的矛盾关系，谁能想象原子的结构呢？在建筑物那里，假若没有各种构件之间的内力与外力，压力、拉力与抗力，分力与合力，以及各种作用力与约束反作用力的对立统一，建筑物的结构又会是什么呢？

所以，物质的各种结构，实质上就是物质的各种不同性质、不同特点和不同发展周期的矛盾运动因相互作用、相互制约而在整体上被扬弃的一种复合、叠加的形式或综合的形式。

　　复杂的机械运动，是由简单的机械运动的复合或叠加构成的。杠杆、轮轴、滑轮、齿轮、螺旋等这些简单机械，依其各自的功能特点，按照人们的特殊需要使之组合起来形成一种在相互作用关系中做功的体系，这就是机器。机器的整体运动就是对其各个部件的简单运动的扬弃。整体运动保留了各个部件的简单运动，同时又对各个部件的简单运动进行了严格的规定和限制。

　　化学结构理论，揭示了分子中原子与原子、离子与离子以及各种原子团、基团之间通过电荷的吸引和排斥的多向性对立面相互作用，保持分子整体结构的相对稳定。在晶体物质的结构中，每一对相邻的粒子之间都以正负电荷的相互作用形成一对外在性的矛盾，各对矛盾之间又以不同的空间方向上的作用力彼此相互牵制，使每一个粒子的相对运动都不能自由进行，而只能在平衡点附近振动。矛盾的这种相互牵制形成相对稳定的平衡，使晶体物质的粒子按一定的几何形状规则地排列，形成空间上不断重复的点阵结构。原子与原子之间的化学键是它们作为对立面进行矛盾斗争的一种形式。多个原子以共价键为纽带结合而成的分子，由于不同原子的电负性大小有差异，因而使共用的电子对偏向于电负性较大的原子一边，共价键因此成为有偏向性的极性键，所形成的分子也会成为带部分电荷的极性结构的分子。但是同一分子中如果存在方向相反的极性键，这些极性键便会相互制约而使极性被抵消，形成中性结构的分子。

　　地质的构造形式及其演变，是机械的、物理的、化学的、生物的多种矛盾运动的一种特殊的复合或综合。而生物的结构形式，则是化学的、物理的、机械的等一切较低级的物质矛盾运动在特殊的、复杂的条件下的另一种复合或综合。

　　医学界在对生命所下的定义中，强调生命是"由核酸、蛋白质等生物大分子组成的生物有机体的物质、信息和能量交换的综合运动形式"[1]。核酸在生命结构和生命活动中所扮演的角色主要是信息的储存、复制和表达。蛋白质在生命结构和生命活动中所扮演的角色主要是构造材料和各种生命功能的物质承担者。核酸和蛋白质以及其他多种物质构成的生命体，是迄今为止人类

---

[1] 郑建中主编：《医学导论》，人民卫生出版社，2020年5月，第4页。

所发现的宇宙间最复杂的物质结构形式。核酸与蛋白质，以及核酸、蛋白质与糖类、脂质类、维生素类等其他多种物质之间，是一种既对立又统一的矛盾关系。这些物质构成的生命体，是数以万亿计的矛盾相互作用的过程。这种相互作用形成的结构之所以具有自我更新的属性，即之所以具有能够"活着"的属性，是因为它是一种能够进行物质、信息和能量交换的综合性、有序性运动形式。在这里，生命系统具有复杂的结构，与生命是一种综合性的物质运动形式是基本等同的结论。

社会的结构，主要是人与人之间结成一定关系的方式，是人与人结成的经济的、政治的、意识形态的关系纵横相互制约的整体形式。在有阶级存在的条件下，社会的结构主要是指构成社会系统的要素是哪些阶级，这些阶级又分成怎样的阶层、利益集团直至个人，这些阶级、阶层、集团、个人相互之间存在着怎样的差别和矛盾，形成怎样的经济、政治、思想意识的关系或联系，以及这些关系和联系如何相互依赖、相互制约。

总之，客观世界的一切事物和过程，以及这些事物和过程在人们头脑里的反映，都不是单一的矛盾运动过程，而是多种矛盾关系相互联结、相互作用、相互制约的复合的、叠加的运动。"单纯的过程只有一对矛盾，复杂的过程则有一对以上的矛盾。各对矛盾之间，又互相成为矛盾"❶。毛泽东在这里所说的"复杂的过程"，也就是复杂结构的变化过程。在性质和发展周期上各自特殊的矛盾，因其既对立又统一的根本性质，不仅每一矛盾的对立双方相互依赖又相互斗争，而且每一矛盾的统一体和运动过程与其他矛盾统一体和运动过程也是相互联结、相互作用、相互制约的，即矛盾与矛盾之间也是互为矛盾关系的。矛盾之间的这种互为矛盾的关系，构成了千差万别的各种系统和过程的各自特殊的整体结构。结构，不过就是复合型的矛盾关系体系。

五、结构与矛盾的相互扬弃和相互规定

矛盾与结构是客观世界中一切事物普遍性的联系和运动的规律，二者既有区别又有联系。矛盾不同于结构，结构也不同于矛盾，二者之间存在着相互对立、相互规定的关系。同时，矛盾扬弃结构，使结构在被扬弃中转化为

---

❶ 毛泽东：《矛盾论》，《毛泽东选集》第1卷，人民出版社，1952年7月，第315–316页。

矛盾；结构也扬弃矛盾，使矛盾在被扬弃中转化为结构；矛盾与结构之间存在着本质性的联系。

（一）结构对具体矛盾关系的扬弃

结构是系统在其一定层次上扬弃各种局部的、具体的矛盾关系所达到的相对稳定的整体关系。在系统的每一层次上，多种要素或组分相互之间形成交互性的对立统一关系，但这些交互性的对立统一关系相互作用、相互制约的结果，是在这一层次的总体上扬弃了每一对具体的矛盾关系，即每一对矛盾关系被其他矛盾关系限制在一定的程度、一定的状态而形成相对稳定的整体结构关系。所以，相对稳定的整体结构关系，是对构成这种关系的众多要素之间的一定数量的交互性对立统一关系的扬弃。这种扬弃体现为以下两方面的作用：整体结构没有消灭构成它的那些具体的矛盾关系，而是将这些矛盾关系作为自己形成、变化的基础和动力保留在整体关系之中；整体结构对构成它的每一对矛盾关系予以规定和制约，使它们适应整体的规律性要求，而不是不受约束地运动、变化。

（二）基本矛盾对结构的扬弃

与结构扬弃构成它的那些具体的矛盾关系同时并存的，则是结构被该层次系统的总体性矛盾即系统的基本矛盾所扬弃。这种扬弃的具体形式是：构成整体结构的一定数量的具体矛盾相互作用、相互制约而形成矛盾类型的分化，一些矛盾具有某种共同的性质或运动趋向，另一些矛盾具有与前一类矛盾相反的某种性质或运动趋向，这两种类型的矛盾汇合成两种对立的力量，它们既相互依赖又相互斗争，成为统摄结构整体的基本矛盾。基本矛盾表征着任何结构都不是铁板一块，不是绝对稳定的关系，而是不断产生着分化或分裂的因素。基本矛盾如果没有被激化，它就可以形成合力，维持整体结构的相对稳定；基本矛盾如果被激化，它就会导致整体结构的分解。基本矛盾既保留了整体结构，又使整体结构具有整体矛盾的特征，使系统在整体上既有结构属性又有矛盾属性。

（三）客观世界中矛盾与结构相互扬弃、相互规定的辩证规律

自然界的每一物体，譬如每一块岩石、每一堆泥土、每一个水池、每一片云彩、每一个天体等，都是由一定数量的分子、原子、基本粒子等微观粒

子组成的系统，系统中的各种微观粒子都在做不同程度的无规则运动。这种无规则的运动表现为每一个粒子每时每刻都在以某种运动的方向和速度撞击另一个或另一些粒子，它同时也受到另一个或另一些粒子以另一种运动方向、运动速度的撞击，这就是每一个粒子与另一个或另一些粒子之间的个别的、具体的外在矛盾关系，这种矛盾关系的总和构成一定数量的微观粒子的无规则运动过程。正是这种数量巨大的个别的、具体的矛盾关系相互作用、相互制约，形成物体的一种相对稳定的结构——物体的某种热平衡状态，使物体具有某种相对稳定的温度、硬度、形状。这就表明，物体的一定温度、硬度、形状等，是由构成物体的微观粒子的无规则运动的程度及其相互制约的形式决定的，它的本质则是构成物体的微观粒子之间的矛盾以及这些矛盾相互制约所形成的结构。所以，结构是对构成结构的个别的、具体的矛盾关系的一种扬弃，它保留了这些个别的、具体的矛盾关系，但同时又把它们改造成相互制约的整体关系。

在社会领域，譬如在一个企业的基层组织里，几十个人、上百个人共同从事既有分工又密切协作的工作，每一个人与其他人在思想、感情、专业技能、综合能力、社会交往、家庭状况等方面，既有相同、相通、相互依赖的一面，又有相互差别、相互隔离、相互竞争、相互排斥、互不了解或存在误解的一面。这种每一个人与其他各个人之间的矛盾关系错综复杂，颇有"剪不断理还乱"的特征。但是，在这一基层组织的总体上，这些矛盾关系会汇合成一个大致的趋势：完成总体的任务，达到一定水平的协调，消除阻碍任务完成、干扰协调关系的因素。而将众多的矛盾关系汇合成这种趋势的基本因素，就是这一级基层组织的结构。虽然这一个人与那一个人有这样的矛盾，但那一个人与第三个人又有另一种矛盾，第三个人与第四个人又有不同于前面几个人的矛盾的矛盾，如此等等。这些不同个人之间的矛盾形成相互依存又相互制约的关系。一些矛盾的存在、发展可能加剧了某一个矛盾的状况，但另一些矛盾的存在、发展却又缓解了甚至消除了这一个矛盾的某种状况。多种矛盾如此相互交织、相互影响、相互制约，总体上形成了邪不压正、小错不乱大局的基本秩序。虽然人与人之间矛盾不断，纷纷扰扰，但是各居其位、各司其职、相互配合、各负其责的结构关系（这种结构关系往往是被有关制度加以明文规定了的,并且是由一定的机构来维护的)规定了每个人的行为不能突破的界限。因而,在总体上,各个具体的矛盾关系被扬弃了:一些矛盾关系或其积极、消极的影响被保留下来了,另一些矛盾关系或其积极、消极的影响被弱化了甚至消除了;总体上虽然还是有许多的矛盾,甚至还有非常突出的矛盾,但是矛盾被控制在不破坏基本秩序的程度上和不损害共同利益的限度内。

扬弃具体矛盾的结构又被另一种矛盾扬弃了,这种矛盾就是系统的基本矛盾。如以上所说,实际上物体的温度在任何时候都只是相对的稳定,而不可能是绝对的稳定,因为微观粒子之间的无规则的运动及其相互作用、相互制约永远都是不平衡的,所以物体内部不同组成部分之间的温度差别永远不会达到绝对相等的状态。也就是说,物体内部不同部分之间冷与热的矛盾,即运动激烈的粒子与运动不太激烈的粒子之间的矛盾永远不会消失。运动激烈的粒子体现物体较热的属性,运动不太激烈的粒子体现物体较冷的属性,体现这两种属性的两类粒子之间不停地进行斗争,亦即不停地进行着热交换。物体作为一个系统,其不同部分之间冷与热的矛盾亦即运动激烈的粒子与运动不太激烈的粒子之间的矛盾,就是物体系统的基本矛盾。系统的结构在整体上扬弃了个别的、具体的粒子之间的矛盾,但是它又被系统的基本矛盾所扬弃。基本矛盾保留了系统的结构关系,但同时又把它们改造成两类粒子之间的整体性矛盾关系,这种整体性矛盾关系比结构关系更能体现系统的深层本质。

在上述所讲的企业的一定层次上,不同个人之间的众多矛盾关系会汇合成一种大致的趋势,这就是完成总体的任务,达到一定水平的协调,消除阻碍任务完成、干扰协调关系的因素的趋势。但这种趋势只是企业这一级基层组织运行的大趋势中的主流,大趋势中还存在一些非主流的趋势,这就是与主流相反的因素——阻碍总体任务完成、干扰协调关系、反对有关制度规定等因素形成的趋势。这种主流趋势与非主流趋势的矛盾,就是更能体现这一级基层组织的本质的矛盾,也就是这一级基层组织的基本矛盾。基本矛盾是对基层组织的结构关系的一种扬弃,它在不激化的情况下,基层组织的结构关系是相对稳定的;基本矛盾如果达到了某种激化状态,该组织的结构就会面临解体的危险。

但是，上述矛盾与结构的相互扬弃关系仅仅只是系统的某一个层次内的相互扬弃，或者说只是在某一层次的系统中的扬弃。系统往往是多层次的，在比这一层次高一级或低一级的系统内，基本上还是重复着这种矛盾与结构相互扬弃的关系，但相互扬弃着的矛盾与结构，在性质上则有各个层次的特殊之处。上述所讲的一定温度的物体，如果与另一个或另一些物体发生相互作用，就会形成性质不同的矛盾关系。其中一种矛盾关系与上述热运动的矛盾关系相同，由此形成的结构以及扬弃结构的基本矛盾的性质也相类似。譬如地质领域不同的岩石相互作用，温度较高的岩石与温度较低的岩石之间发生以热能交换为主的冷热矛盾关系，温度较高的岩石向温度较低的岩石转移一定的热量，最后达到不同岩石之间温度基本相同的结构状态，实际上是不同岩石的内部微观粒子的无规则运动达到了程度上大体相同的结构状态，但这与每一种岩石内部的热平衡结构相比，却是更高一个层次的系统结构，即不同岩石之间构成的系统的结构。物体与另一个或另一些物体之间还有另一种与上述热运动的矛盾关系不同的矛盾，譬如不同的岩石之间不只是热传导的矛盾，还有相互之间的各种机械运动、化学作用等矛盾，这些矛盾不仅会导致不同的岩石之间实现热交换，而且会导致不同的岩石之间进行物质交换，造成岩石中一些化学成分的消失和另一些化学成分的形成，以及岩石的多种化学构成、物理性质、空间位置等的变化，使相互作用的岩石系统发生变质，形成新的岩石和新旧岩石组成的更大岩石系统。在更大的岩石系统这一较高层次上，其结构特征不只是热平衡，还有化学平衡、机械平衡、空间位置平衡等特征。而扬弃这种"多种平衡"的结构关系的基本矛盾，则是体现岩石的相对稳定性的构成部分与体现岩石的变质性的构成部分的矛盾，这种基本矛盾使更大岩石系统的结构处于稳定性与变化性的矛盾状态。

不论是自然界还是社会、思维领域，一切以系统形式存在的事物，其各个层次的结构都是由该层次的不同要素之间的个别的、具体的矛盾关系构成的，同时也是对不同要素之间的个别的、具体的矛盾关系的一种整体性的扬弃，而基本矛盾又是对结构的一种整体性、本质性的扬弃。任何系统内外部的矛盾与结构之间，都遵循着相互扬弃的辩证关系法则。这是矛盾的绝对性与结构的相对稳定性的对立统一法则。这种相互扬弃的关系，同时也是一种相互规定的关系。个别的、具体的矛盾组成结构，结构扬弃个别的、具体的矛盾，双方也就相互划定了一个相对的界限：个别的、具体的矛盾不同于结构，结构也不同于个别的、具体的矛盾，但是二者之间始终存在着内在的本质性的联系。同样，基本矛盾扬弃结构，结构的深层联系是基本矛盾，基本矛盾的具体形式是结构，二者之间的相互规定关系，与个别的、具体的矛盾与结构的相互规定关系大同小异，即：每一方具有确定的性质、特点决定了另一方不可能具有与之相同的性质、特点，只能具有与之相反的性质、特点，但同时，双方又存在着不可分割的联系，每一方依赖对方的存在而存在，依赖对方的性质、特点才有自己的性质、特点。

六、辩证结构理论与部门科学的结构理论

结构观点要求人们把对象纳入到它所在的系统中，从整体联系上考察对象的内部组成、内在矛盾性质及其发展、变化的规律。如果说量变质变规律和否定之否定规律分别体现矛盾运动、发展的状态和道路，那么结构规律在很大程度上则体现矛盾运动的系统特征。矛盾观点、结构观点和系统观点，都是唯物辩证法的基本观点，它们之间既有质的差别，又存在着不可分割的内在联系，其中矛盾观点是更为基本、更能反映事物本质的观点。

一些具体科学的结构理论和结构方法，以精确地研究对象的现象和把握对象的较初级的本质或本质的外在形式为特征，这是它们与作为世界观和方法论的科学——辩证唯物主义哲学之间的重要区别。部门科学为其特殊的领域、特殊的对象和特殊的研究方法所决定，以人的有局限性的思维活动把事物的相对稳定的结构形式从其矛盾总体联系中割取下来，甚至只取结构的横断面或粗线条的框架，以相对固定化的形态加以精确的、定量的分析和研究，用以揭示事物的组成及其某些性能方面的规律，这是必要的、合理的。如果说力学只讲两个物体的相互碰撞而不讲这种碰撞的本质是"争夺一个位置的斗争"（黑格尔语），这并不失其为力学科学。同样的道理，部门科学在研究事物的特殊结构中没有论述事物的更深刻、更普遍的结构哲学的道理，这也不失其为部门结构科学。但是，作为辩证哲学，在讲事物的系统性和结构规

律时却不能忽视对象的矛盾法则，不能把结构与矛盾割裂开来，不能把结构理解为不包含一定的历史发展成果、不具有一定的历史因素的横断面或固定的模式。辩证的结构理论应当是对各门具体科学的结构理论、结构方法和结构研究成果的积极的扬弃，因为它是人们对整个世界的最一般的也是最高层次的科学认识。任何具体科学的理论要进入哲学领域，都必须经过哲学的扬弃，正如任何特殊的东西要成为一般的东西都必须经过扬弃一样。

现时代，人类的实践和科学认识日益迅速地向客观对象的深度和广度进展，对客观对象的特殊结构的精确研究和普遍结构联系的综合把握，成为科学日益细密的分化和日益综合的、整体化的发展趋势。在这样一个时代，人类遇到了空前复杂多变的矛盾关系系统，因而比任何一个时代都更需要有辩证的思维方式、思想原则和知识体系。人类必将以越来越大的规模和越来越高级的形式发挥和发展自己的辩证思维这一宝贵的智慧，用以观察和研究客观世界的种种奥秘。其中就包括丰富和发展辩证结构理论，使之成为准确而综合地把握复杂对象的哲学理论工具。

第二节　矛盾推动简单的二元结构进化为复杂的多元结构

从矛盾的普遍性原理和每一事物的多向性矛盾关系的观点中，可以进一步提出这样一些问题：许多的矛盾汇合起来会产生怎样的规律性结果？由一些矛盾将另一些矛盾组织成为一种秩序性的过程会产生怎样的事物？具有秩序性结构的系统与非秩序性结构的系统有着怎样的本质区别？回答这些问题，首先需要探讨矛盾如何有规律地推动简单结构进化为复杂结构，认识系统结构成长、演化的矛盾动力特征。

一、对立面的统一和斗争形成最简单的二元系统结构

最简单的系统结构，就是由两个物体相互作用组成的二元结构。这种结构，同时也就是由两个对立面构成的对立统一关系。事物的本质，是由两种

基本的内在属性构成的既对立又统一的内在结构，同时也是事物的内在矛盾。两个对立物之间形成外在矛盾或外部矛盾，其内在的、本质的根据是二者既有共同的内在属性，又有不同的甚至相反的内在属性，这两种属性使二者能够结成对立统一的矛盾体，这种矛盾体同时也是最简单的二元结构的系统体。

两种元素或同一种元素的两个原子的相互作用，既是矛盾的对立统一关系，又是系统的结构关系。如果把这种关系看作是最简单的二元结构的关系，那么这种结构关系可以形成以下几种最简单的系统体：两个原子在空间上相互接近，依靠万有引力和相互间的电荷作用，形成在一定空间范围共处的二元系统体；两个原子因相互碰撞，形成以机械作用力为纽带的瞬间存在的二元系统体；两个原子发生化合反应，一个失去最外层的电子而成为带正电荷的离子，另一个得到对方的最外层电子而成为带负电荷的离子，二者以离子键的对立统一关系结合成为二元结构的化合物；两个原子共用最外层的电子，以共价键的对立统一关系结合成为单质的或化合物的分子。

在上述四种系统体中，除过机械性的相互接近、相互碰撞等相互作用形式外，两个原子以电荷的作用力形成化学键和以化学键为纽带的最简单的分子，是包括物质的化学反应、化学演化在内的一切化学运动得以进行的基本推动力，也是一切生命活动的基础动力。而化学键的本质，就是两个原子争夺最外层电子的"电力"或"电性"斗争。在离子键中，是体现金属性的原子失去最外层的电子和体现非金属性的原子获得对方最外层电子的斗争，斗争所达到的相对平衡状态，是两个原子因分别失去和得到最外层的价电子而分别成为带正负电荷的离子，正负电荷的相互吸引作用将两个原子"捆绑"在一起，成为化合物分子。共价键成键的本质仍然是两个原子争夺最外层电子的斗争，但争夺的形式是二者共用电子对，即两个原子既不失去也不获得价电子，但因为它们最外层的单个价电子自旋方向相反，这种自旋相反的单个价电子的电子云（准确地说是相应原子的原子轨道）在它们之间相互重叠，将两个原子"黏合"成为单质的或化合物的分子。不论是离子键还是共价键，二者所形成的相对稳定的分子，只是原子之间斗争程度的变化，而不是斗争的止息。离子键和共价键都有一定的键长，也就是说，成键的两个原子的原子核在一定的距离内你争我抢，形成势均力敌的相对平衡状态。如果获得外部的一定能量,这种平衡状态就会被打破,离子键或共价键就会断裂,两个原子又回到成键以前的相互分离状态。

符合这种二元结构模式的化学分子,如一氧化碳、盐酸、氯化钾、氯化钠以及氢、氧、氮单质分子等,既是两个原子构成的简单的系统体,也是两个原子构成的对立统一体。

从系统的角度看待和理解辩证矛盾,矛盾统一体同时也是二元结构的系统体。所不同的地方在于,矛盾强调的是此一元与彼一元之间是既对立又统一的关系,而一般系统理论则忽视此一元与彼一元之间是既对立又统一的关系,强调二者之间紧密相关的整体联系和结构关系。一个恒星与另一个恒星因引力作用形成相互绕行的双星天体,一个男人与一个女人结合成一个家庭,一个企业与另一个企业结成战略联盟等,这是外在的矛盾关系,也是常见的系统结构关系。从内在性来看,一个天体的本质分为物质的引力与排斥力两种基本属性,一个生物的本质分为同化与异化、生存与死亡两种基本属性,社会分为经济与政治两种属性等,是事物不同的内在属性构成其完整的本质系统的机制。所有这些,既是矛盾体,又是系统体。辩证观点认为,一方面,把它们理解为矛盾,要比把它们理解为系统更深刻、更具有本质和规律的意义;另一方面,把它们理解为系统,要比把它们理解为矛盾更具体、更具有精确性和实用的意义。所以矛盾同时就是系统的二元结构关系。这样的观点,能够把从工程技术意义上认识和描述系统的观点,与从哲学意义上认识和描述系统的观点统一起来,有利于理解和把握客观系统的真实构造关系。

二、矛盾推动二元结构转变为三元和多元结构

系统当然不会只停留在二元结构的水平。矛盾是推动系统由二元结构转变为三元和多元结构的根本动力。在对立面之间既斗争又统一的推动下,一种矛盾关系可以过渡或变化为多种矛盾关系彼此相连的多矛盾的系统体。

(一)以多种属性为根据形成多向性矛盾关系和多元的系统结构

事物总是具有多种属性,事物以其多种属性为根据必然会与其他许多事物形成多向性的对立统一关系。每一事物的属性、特征、方面、侧面等是多种的甚至是无限多的,每一事物与其他事物在某些属性、特征、方面、侧面

上是对立的,而在其他的属性、特征、方面、侧面上则是相近的或相同的。事物所具有的本质性属性和非本质的属性有多少,它与具有与自己的属性既相反又相同的属性的其他事物构成的对立统一关系就会有多少。每一事物因此就会成为面向多种他物的多向性对立统一关系的核心,由此必然形成以每一事物为核心的多向性、多元性或辐射型的对立统一关系网,这样就合乎规律地形成了多元结构的系统体。

氧元素具有二价的化学属性,所以一个氧原子可以与两个氢原子化合生成水分子,而水分子实际上是一个氧原子同时与两个氢原子形成两个共价键,两个共价键将争夺最外层电子的一个氧原子核与两个氢原子核"捆绑"在一起,构成相互联系的两对矛盾关系,同时也是以一个氧原子为核心构成的三元结构关系。碳元素具有四价的化学属性,氧元素具有二价的化学属性,所以一个碳原子可以与两个氧原子化合生成二氧化碳分子,二氧化碳分子与水分子的结构模式一样,也是三个原子构成的相互联系的两对矛盾和以一个原子为核心的三元结构关系。同样的道理,一个氮原子可以与三个氢原子化合生成氨分子,一个碳原子可以与四个氢原子化合生成甲烷分子,一个碳原子可以与另一个碳原子和六个氢原子化合生成一个乙烷分子,也可以同时与两个碳原子和八个氢原子生成丙烷分子,或者与另一个碳原子和四个氢原子生成一个乙烯分子,等等。所以,每一事物的多种属性必然形成多向性的矛盾关系,多向性的矛盾关系同时也就是多元的系统结构关系。

(二)矛盾对立面之间因中介物的加入而形成三元和多元结构

两个对立面之间既相互斗争又处于一个统一体中的关系,往往会因为既相互斗争又不能破坏统一体的某种客观的或主观的需要,使矛盾的双方或某一方借助一种中介物的作用,与对方进行更为有效的斗争或与对方保持某种联系。这种中介物有时是从对立双方中或其中的某一方中分化出来的,有时是对立双方或其中的某一方将外部的一些条件改造而成的。由于中介物在对立双方中充当"第三者"的角色,原本是矛盾双方直接性的相互作用,因为借助中介物的属性、作用而变成矛盾双方间接性的相互作用:矛盾的双方都与中介物建立直接的相互作用关系,每一方通过作用于中介物来间接地作用于对方。这种借助中介物的间接性对立统一关系,实际上使原来的一对矛盾变成了三对矛盾。如果将原来的对立双方设定为 A 与 B，将中介物设定为 C，那么，原来 A 与 B 构成的一对矛盾，现在变成了 A 与 C、B 与 C、A 与 B 这样的三对矛盾，其中 A 与 B 的矛盾由直接性的对立统一变成了间接性的对立统一。这样彼此相连的三对矛盾，便构成了三元结构的系统体。

上述利用中介物建立间接性对立统一关系的情况如果在 A 与 C、B 与 C 的对立统一关系之间重复出现，即 A 与 C、B 与 C 的对立统一关系需要分别借助它们各自的中介物 D 和 E 来维系既斗争又统一的关系，以实现对立双方或矛盾统一体的某种变化、发展，那么，最早的 A 与 B 这一对矛盾就会因此变成 5 对矛盾，即 A 与 D、C 与 D、B 与 E、C 与 E、A 与 B 之间的矛盾，其中，A 与 C、B 与 C 的对立统一关系由直接性变成了间接性，A 与 B 的对立统一关系中因为加进了 C、D、E 这三个中介物，其间接性程度更高了。这样，就使矛盾关系所构成的 A、B、C 三元结构的系统，变成了 A、B、C、D、E 构成的五元结构的系统。

（三）矛盾与外部条件的相互作用使二元结构转变为三元和多元结构

矛盾总是与它的外部条件处于相互作用之中。矛盾的两个对立面与它们的外部条件之间也是一种对立统一的关系，而且是一种普遍的、多矛盾交叉的相互作用关系。

将矛盾与它的条件区分开来，这只是人们在研究矛盾时将自己专门研究的矛盾与自己暂时不研究但却与自己所研究的矛盾直接或间接相关的矛盾区别开来的一种思维方法。这种方法只将自己专门研究的矛盾看作是矛盾，而将自己暂时不研究但却与自己所研究的矛盾直接或间接相关的另一些矛盾看作是所研究的矛盾的条件。人们之所以把自己暂时不研究但却与自己所研究的矛盾直接或间接相关的矛盾看作条件，主要是为了研究和说明某个或某些矛盾时思维更清晰一些。实际上，自己研究的矛盾与自己暂时不研究但却与自己所研究的矛盾直接或间接相关的矛盾都是矛盾。譬如，化学反应中，两种化学物质进行化合反应常常要有中介物质的加入才能实现或加快速度，这些中介物有时是温度、压力、光照、电场，有时则是催化剂、溶剂等。人们如果主要关注或研究两种物质发生的化学反应，只将这种化学反应看作是矛盾，而将反应赖以进行的介质等看作反应的条件，这样有利于集中地观察和说明化学反应中的主要矛盾关系和主要矛盾运动特点，而不将注意力分散到影响反应过程的其他矛盾关系上，固然不失为一种好的方法。但是实际上，化学反应所依赖的温度其实乃是另一种物质传导来的能量，这种物质与进行化学反应的两种物质之间是一种以能量交换为主的矛盾关系，这种矛盾关系和两种反应物与溶剂、催化剂、光照、电场之间的关系都是矛盾关系。

以某种溶剂溶解甲、乙两种溶质以便使其易于进行化学反应，溶剂就要分别克服甲、乙两种溶质分子之间的吸引力，使溶质分子分散到溶剂分子之中；同时，甲、乙两种溶质也要分别克服溶剂分子之间的吸引力，使溶质分子分散进入溶剂分子之中。甲、乙两种溶质分子分散进入溶剂后，每一个溶质分子与邻近的溶剂分子即发生分子间的相互作用，这种相互作用依溶质、溶剂的性质不同，有些成为成键的化学反应，有些则成为比化学键作用弱的分子间相互作用。但甲、乙两种溶质之间以及二者与溶剂之间的各种相互作用，实质上都是不同电荷之间的吸引与排斥作用，是甲、乙两种溶质之间以及二者分别与溶剂之间的矛盾关系，这种矛盾关系使甲、乙两种溶质之间以及二者与溶剂之间形成了三元结构关系。直到甲、乙两种溶质在溶剂中充分溶解并实现了充分的化学反应，生成新的物质，甲、乙两种溶质之间及其分别与溶剂之间的三元结构关系才转化为新生成物质与溶剂的二元结构关系。

通过加入催化剂来提高化学反应速度，是化学反应由二元对立统一转化为三元或多元关系的重要途径。如二氧化硫与氧发生化合反应生成三氧化硫，由于其反应速度太慢，需要加入一氧化氮气体作催化剂，从而使化学反应的关系和反应过程形成这样的特征：一氧化氮气体先与氧气反应生成中间产物二氧化氮，二氧化氮再与二氧化硫反应生成三氧化硫。在自然界，特别是在生物体内和现代工业生产及化学实验中，约有85%以上的化学反应需要加入催化剂来提高反应速度，所以化学领域中对立面之间以中介物为条件的矛盾关系是十分普遍的。

矛盾的两个对立面与它们的外部条件之间的关系无疑都是矛盾关系，这与两个对立面与其中介物的关系是一样的。这里所要强调的就是，既然矛盾的两个对立面之外的条件也是矛盾对立面的对立面，那么，任何矛盾关系加上它的条件，都必然由二元结构过渡为三元和多元的结构关系，这与两个对立面与它们的一个或多个中介物的矛盾关系也是一样的。所不同的是，矛盾的两个对立面与它们之外的各种条件的对立统一关系，有的是直接的，有的则是间接的。

（四）中介环节越来越多的对立统一关系形成结构越来越复杂的系统体

利用中介物和外部条件建立间接性对立统一关系的情况在对立面之间一再重复出现，必然会形成中介环节越来越多的对立统一关系，以及由这种对立统一关系构成的越来越复杂的多元结构的系统体。在自然界、社会和人的思维领域，对立面之间通过产生或加入越来越多的中介环节，以及加入越来越多的外部条件，使直接性的矛盾关系变成越来越间接化的矛盾关系的这种变化，是矛盾运动和矛盾得到某种程度解决的一种普遍规律，也是矛盾关系推动形成二元结构、三元结构、多元结构的系统体的一种基本机制。揭示这种规律，就可以将哲学史上一再提到的一与二、二与多的相互关系的观点，建立在有充分科学依据的基础之上。这就是：事物在本质上都是一分为二的，因而每一事物与它之外的其他任何事物都可以建立既对立又统一的矛盾关系，这种矛盾关系在发展中因加入中介环节和外部条件而过渡为多种矛盾相互关联的多元结构的系统体。

1. 无机界形成复杂系统的机制

结构最简单的原子是由一个原子核和一个电子构成的氢原子，它是一个较为典型的二元结构系统体，同时也是一个原子核和一个电子构成的互为对立面的对立统一体。比氢原子稍复杂一些的氦原子，是由一个原子核与核外的两个电子构成的对立统一体，但是氦原子的两个电子并不是绝对等同的东西，它们至少由于运动状态不同，其中的一个更靠近原子核，充当了原子核与另一个距离原子核稍远一些的电子的中介物的角色。这个更靠近原子核的电子虽然与另一个电子处于同一个电子层中，但是它具有"穿透"电子层的能力，对另一个电子和原子核均能够发挥直接的"屏蔽作用"，使原子核与另一个电子的引力因两个电子之间的直接的排斥力而减弱。同样的规律，在多电子的原子中，核外的众多电子分成若干层，其中内层电子处于外层电子与原子核之间的中介位置，对外层电子产生以排斥力为主的屏蔽作用，使外层电子与原子核之间的引力因间接性增强而减弱。

在一些化学反应中，由于中介物 C 的加入，使原来的 A、B 两个对立面争夺原子外层电子的对立统一关系变成了 A 与 C、B 与 C、A 与 BC、B 与 AC 这样 4 个对立面构成的两个性质不同的矛盾关系，这两个性质不同的矛盾按照时间顺序相互衔接，形成包括时序性结构关系在内的空间结构关系。如上述化学反应中，一氧化氮气体先与氧气反应生成二氧化氮，二氧化氮再与二氧化硫反应生成三氧化硫，最后生成的三氧化硫，既可以看作是原来的两个对立面即二氧化硫和氧气在经历了"激烈斗争"的两个阶段后形成的一种相对稳定的矛盾关系，也可以看作是三个氧原子与一个硫原子构成的相对稳定的四元结构关系。生物体内的许多生化反应在常温、常压条件下往往是难以完成的，但由于相应的酶作为中介物的加入，这些生化反应在瞬间就完成了。化学反应中还有另一种中介物加入的关系是较为普遍的，这就是许多化学反应必须在某种液体、气体、光照、电流等介质中才能实现，其所影响或构成的矛盾关系与催化剂的作用相类似。

在天体演化过程中，天体系统的分层结构也具有与原子结构相类似的规律。银河系的核心一般认为是由一个超大质量的黑洞和围绕黑洞的数以百亿计的密集分布的恒星组成的，其对构成银河系的其他众多天体物质具有主导性的吸引力。但是银河系在长期运行过程中逐渐分化出若干旋臂，旋臂盘旋运转形成核心、边缘、中间等不同的分层，其中，处于银盘中间的旋臂区段成为银盘核心物质与银盘边缘物质的中介物，它在一定程度上"屏蔽"了银盘核心物质与银盘边缘物质之间的引力，使银盘边缘只能分布较为稀疏的恒星和星云物质。太阳系的圈层结构比银河系更为清晰，其中距太阳较近的类地行星充当了太阳与类木行星的中介物的角色，它们以自己的质量和运行轨道等，分别对太阳和类木行星产生直接的相互作用，这种直接的相互作用在太阳和类木行星之间形成一定的中介性"屏蔽"作用。地球在其形成的早期，大体上只有核心物质与外围物质之间直接的相互作用。这种相互作用推动地球物质发生分化，逐渐分为地核、地幔、地壳、水、生物、大气等不同的圈层，原来的核心物质与外围物质之间的直接相互作用逐渐被处于中介地位的地幔、地壳、水、生物等圈层所隔离，成为间接的相互作用。而在人类诞生以后，又增加了一个新的中介圈层，即社会圈层，因而也就增加了地核、地幔、地壳与大气圈之间的又一层中介物。在地球的多圈层结构中，只有相邻的两个圈层能够发生直接的相互作用，不相邻的圈层大多只能发生间接的相互作用。

2. 生物界形成复杂系统的机制

在生命起源和生物演化过程中，最初产生出生命体的一个重要机制是核酸分子与蛋白质分子之间的相互作用。地球上最早出现的核酸分子与蛋白质分子当然比现在从细胞中提取出的核酸分子和蛋白质分子要简单得多，但是这些原始的分子应当具备了核酸分子复制自身并指导合成蛋白质分子，以及蛋白质分子为核酸分子的复制和为整个生命体的构造提供原料等结构和性能，否则生命就不会产生。甚至有可能出现过 RNA 分子逆向指导合成核酸分子和蛋白质分子的历史片段（这种逆向的生化过程，譬如 RNA 指导合成 DNA 和指导合成自身分子的"反转录"现象，以及蛋白质可以指导自身的形成等，在现在的生命过程中已被科学家发现）[1]。早期的核酸分子与蛋白质分子可能是一种较少有中介物的相互作用的对立面，但后来不断加入中介环节，如核酸复制出专门具有信使功能的另一种核酸 mRNA，mRNA 又分化出 rRNA，蛋白质分化出具有专门催化功能的酶，酶又分化出更多和更加专门化的酶，如分化出能够修饰不合格核酸分子和蛋白质分子的酶等。随着中介环节越来越多，核酸分子与蛋白质分子之间的相互作用越来越间接化。但是核酸分子与蛋白质分子之间的对立统一关系仍然是生命活动得以延续的基本矛盾，只是这种基本矛盾必须通过核酸、蛋白质、核糖、脂质等数量巨大的各种分子组成的具有复杂结构的系统关系来体现。

在高级的多细胞生物体内，构成同一组织的细胞之间，是一种相对独立的系统体之间的外在的对立统一关系。这种关系使细胞与细胞连成整体组织，可以协同地发挥功能。在不同的组织之间，细胞与细胞通过相互识别、黏着而形成相互连接的关系，将不同的组织连成整体的器官或生理系统。但是，细胞与细胞之间有封闭连接、锚定连接、通信连接等不同类型，所有这些连接都不是真正的直接连接，而是通过中介物间接地连接在一起。在封闭连接中有一种称为紧密连接的类型，由两个相邻细胞的表面产生出特殊的蛋白质

---

[1] 谢强、卜文俊编著：《进化生物学》，高等教育出版社，2010年8月，第30-31页。

分子，这些蛋白质分子颗粒相互连成一种"焊接线"样的长串，称为嵴线或封闭索。封闭索相互交错成网状，将相邻的细胞缠绕在一起。组成嵴线或封闭索的蛋白质分子有几十种之多，其中如穿膜蛋白分子，可以穿透细胞膜深入到细胞质内部。另一种蛋白质分子称胞质外周蛋白，它可以帮助穿膜蛋白分子与细胞质中的细胞骨架相连接。❶由几十种蛋白质分子组成的封闭索网络不仅只是缠绕在两个细胞的表面，而是像缝纫线一样，将相邻的两个细胞的细胞膜穿透后"缝合"到一起。这种起缝合作用的中介物实际上是一种结构复杂的系统体，从而使相邻细胞之间的二元结构成为复杂的多元结构。

细胞与细胞之间以细胞外基质为中介物所形成的相互作用关系，相比于单细胞生物之间的相互作用和低级的多细胞生物内部细胞与细胞的相互作用关系，其中介物的结构、功能及其与两个细胞之间的关系要复杂得多。细胞外基质是一种更复杂的系统，包含着种类繁多的生物大分子。其中如胶原蛋白，是动物体内高度特化的纤维蛋白家族，该家族的众多成员在细胞外基质中发挥着框架结构的功能。还有另一种蛋白质称非胶原蛋白，能够与多种细胞和细胞外基质结合，在细胞外基质中发挥组织者的功能。每个细胞与细胞外基质之间是通过细胞表面特殊的蛋白质分子相互识别、相互黏着的，这样就形成一种复杂的"特化区"，称为"特化连接结构"，实际上也就是形成了又一种系统体，即细胞—细胞外基质系统体❷。这个系统体又以同样的方式与相邻的其他细胞相连接，构成组织和器官等更大、更复杂的系统体。细胞外基质作为细胞与细胞之间的外在性和外部性矛盾关系的中介物，同时也是细胞与细胞之间的矛盾关系的外部条件，在相互对立的两个细胞之间扮演了"第三系统"的角色，形成"细胞—细胞外基质—细胞"这样的多元结构特征。

3. 社会领域形成复杂系统的机制

社会领域中由矛盾推动形成多矛盾关联体和多元结构的系统体，同样是一种普遍的规律。

人类的祖先曾经是一种不会制造工具的猿类，这些猿类与自然界的矛盾

---

❶ 陈誉华、陈志南主编：《医学细胞生物学》，人民卫生出版社，2020年1月，第236-238页。

❷ 同上书，第236、261、264页。

体现为它们用自己的四肢、牙齿等器官与自然物直接相互作用，以这种方式尽可能地利用有利的条件，改变或躲避不利的生存条件，获得食物和生存空间。但是在自然条件发生重大变化的情况下，它们不得不学习直立行走，并用逐渐变得聪明一些的大脑和灵巧一些的双手制造工具。也许一开始它们只是用手捡起现成的石块或树枝、藤蔓之类的自然物来作用于另一些自然物，后来才模仿现成的自然物来制造自己想要的自然物——一种经过加工、物化了一点智慧因素的自然物，亦即工具。猿类走出了这一步是一件惊天动地的事情，它们在与自然物的数万、数十万年的相互作用过程中，使自己进化成了一个新的物种——人类。从此，这些猿类与自然条件之间直接性的相互作用关系就变成了间接性的相互作用关系，因为在二者之间出现了一种中介物——工具，二者与人造工具之间则分别形成了直接性的矛盾关系。此后，人类加快了进化，其制造工具、加工自然物的能力随之得到提高，被加工的自然物的种类也越来越多，包括获取自然物和加工自然物的各种工具、供居住的房子、由人工控制和随时利用的火种、由兽皮和树叶做成的衣服、经过加工并且可以储藏的食物等。这些中介物越来越多，形成了庞大的人工物质体系，也就是社会性的财富体系，它们使人与纯自然物之间的直接性矛盾关系变得越来越间接化，使人与自然之间形成了越来越复杂的多种矛盾的关联关系和多元结构关系。

这种使直接性矛盾关系变得越来越间接化的过程，在人与纯自然物之间、人与自己生产的财富之间、人与人之间不断重复出现，从而使人与物、人与人之间形成了更加复杂化的矛盾关系和多元结构关系。

"商品的交换过程包含着矛盾的和相互排斥的关系"，商品的发展一直在创造这些矛盾能在其中运动的形式和得到解决的方法❶。而在交换双方的对立统一关系中加入中介物，使二元的矛盾关系变成多元的结构关系，就是不断改变矛盾运动的形式从而使矛盾得到解决的重要方法。

原始社会后期出现的最早的商品交换关系，即卖者与买者之间的物物交换关系，曾经持续了数千年。但是随着生产的发展，交换物的种类不断增多，交换的规模和地域范围不断扩大，物物交换的结果和效率越来越不称人意：

---

❶ 马克思：《资本论》第1卷，人民出版社，1975年6月，第122页。

卖者在卖出商品后不愿意马上就买其他商品，而是希望将卖出商品的收入储藏起来，以便在这些收入积累到一定数量时购买更值钱的东西，或者需要等待一定时期再购买急需的东西；买者也因为在市场上没有看中需要换回的东西而难以售出手中的商品；双方都希望有一种等价物充当交换的媒介，它可以任意分割并能长期保存而不变质。于是商品中便出现了一种特殊商品——货币，这种特殊商品逐渐成了物物交换的中介，使卖者与买者之间的直接性交换关系，变成了以获取货币为直接目的的间接性交换关系。原来只能以物物相交换的双方，现在都可以先将自己的商品换成货币，在适当的时候再用货币去买自己所需要的别人生产的商品。货币在这里充当了加快买卖进行的"催化剂"的角色。

其实，物物交换中的物即交换双方所持的商品，也是卖者与买者这两个对立面之间对立统一关系的中介物。"商品形式和它借以得到表现的劳动产品的价值关系，是同劳动产品的物理性质以及由此产生的物的关系完全无关的。这只是人们自己的一定的社会关系，但它在人们面前采取了物与物的关系的虚幻形式。"❶ 卖者与买者之所以成为矛盾的两个对立面，是因为他们彼此独立的私人劳动既具有特殊的社会性质，譬如都具有能够满足其他人的消费需要的性质；又具有共同的社会性质，譬如都具有同质性的社会必要劳动的性质，即共同的价值性质。这两种性质决定了他们在经济利益上成为既相互对立又相互依赖的对立面。他们相互交换商品，实际上是他们用"私人生产者的头脑"反映了商品社会中各个私人生产者之间的利益矛盾，并且找到解决这个矛盾的方式，这就是瞄准社会的需要并以最节约劳动时间的方式生产商品，以商品为中介物，一方面依靠买或卖的对方来实现自己的特殊利益，另一方面又防止和制止对方在交换中获得有损于自己利益的超额利益。

商品交换使人们在自己劳动中的直接的社会关系"表现为人们之间的物的关系和物之间的社会关系"❷，它"使不同的生产领域发生关系，并把它们变成社会总生产的多少互相依赖的部门"。它使原本"直接互相联系的整体的各个特殊器官互相分开和分离"，使"原来独立的东西丧失了独立，在另一种

---

❶ 马克思：《资本论》第 1 卷，人民出版社，1975 年 6 月，第 89 页。
❷ 同上书，第 90 页。

场合，原来非独立的东西获得了独立"。❶商品交换以及交换双方的中介环节越来越多，不仅极大提高了交换的效率，扩展了交换的范围，更重要的是加快了社会分工、行业分化和社会结构的更加多元化的步伐。由于商品交换的日益发达，推动了原始农业与包含在农业中的畜牧业发生分离，成为两个独立的生产部门。随后又使手工业与农业、畜牧业分离，接着又使商业从农业、畜牧业、手工业中分离出来。再后来，专门从事货币经营的金融业也成了独立的部门。这些独立化的部门既相互对立，又互为中介，以直接性相互作用关系即商品买卖关系，掩盖了越来越间接化的本质性矛盾关系———些生产者与另一些生产者之间既相互对立又相互依赖的利益关系。货币广泛运用于交换，加剧了财富积累和财富占有的不平衡，加快了财富生产者与财富占有者之间的分化，出现了富有阶级与贫穷阶级的分化和对抗。社会各个领域独立化的分化以及独立化引起的广泛的相互依赖似乎没有止境，除过经济领域各部门的独立化外，还有专门从事文化生产的部门、专门从事社会管理的部门、专门从事暴力统治的部门等纷纷独立出来。在地域空间上，专门聚集手工业、商业、文化、社会管理部门的城市和专门从事农牧业生产的农村等，都同时或陆续获得某种独立的、彼此对立的地位。经济越是发展，社会分工、分化和社会关系也越发达、越精细，直接性的社会矛盾关系呈现为社会要素极其多样的复杂的社会结构关系，因而也就越是深刻地掩盖了越来越间接化的本质性社会矛盾关系。人们似乎较容易看到社会的结构关系，却不太容易看到社会结构和社会变化背后的本质性利益关系，这是因为矛盾演变出结构，结构却掩盖了矛盾，结构实际上是矛盾运动的一种复杂化的形式。

三、矛盾推动形成复杂的空间结构

三维立体的并列关系是自然界和社会领域各类事物结构的普遍特征。事物的结构由简单的并列关系到复杂的并列关系的形成和演化，有一些共同的规律性，如：它们都以简单的二元结构即两个对立面既对立又统一的关系作为共同的起源或共同的基础、共同的推动力；它们都是由两个事物之间的直接性矛盾关系和一事物与其他事物之间的程度不等的间接矛盾关系依一定的

---

❶ 马克思：《资本论》第1卷，人民出版社，1975年6月，第390页。

规律组合而形成；它们都是以对立面处于空间的不同位置而形成的外在性矛盾关系为主要特征。以对立统一的二元结构为基础和推动力，形成越来越复杂的并列式空间结构，主要有以下四种类型。

（一）链条式的一维并联结构

自然界和社会领域普遍存在着对立物之间形成完全的或部分的链条式一维并联结构。其中，在物质的化学演化过程和现代化工生产中起到重要作用的一种一维并联结构的模式，就是组成分子的原子在空间上形成链条式排列的复杂结构。在一些烷烃分子中，碳原子与氢原子虽然不是线形排列，但碳原子与碳原子之间往往呈线形排列，称为"链状碳干"。如丁烷的链状碳干为C—C—C—C，正戊烷的链状碳干为C—C—C—C—C。乙炔的分子式为C_2H_2，两个碳原子以三键相连，两个氢原子分别与两个碳原子以单键相连，碳和氢共4个原子都在一条直线上排列，结构式为H—C≡C—H。随着链式结构的延长，由链式结构所决定的物质分子越来越成为复杂的系统体，其理化性质也发生着复杂的变化。糖类、蛋白质、核酸等多种有机大分子都具有链状结构特征。构造最简单的糖类如葡萄糖，其结构中包含有六个碳原子连成的直链。两个和两个以上的葡萄糖分子经缩合反应，可以通过其分子两端的官能团形成以化学键相连接的双糖、三糖、四糖等低聚糖。葡萄糖和低聚糖又可以作为单体，以同样的成键形式形成纤维素、淀粉等具有长链结构的多糖分子。其中如纤维素这种多糖分子中包含的葡萄糖单体达数千至一万以上，分子量高达一二百万。核酸（分为DNA和RNA两大类）是由其单体——核苷酸以化学键首尾相接组成的链状分子，一个核酸分子链中包含的核苷酸单体可多达上百万、原子数达百亿甚至千亿以上。蛋白质是由其单体——氨基酸分子以其一端的羧基和另一端的氨基首尾相连，按照一定的顺序组成的链状分子，称为肽链。肽链是和核酸一样具有复杂的生物活性的链状分子系统。

与链状分子结构相类似，生态系统中的食物链结构，电力系统普遍存在的用电器的串联结构和以供电线路为纽带的用户单位之间的串联结构，产业系统中以供需关系为纽带的产业链结构，经济空间布局中普遍存在的以交通线为纽带的城市链结构等，都具有链状或线形的空间结构规律。

（二）同一平面上并联的二维结构

无机物和有机物中的许多分子具有完全的或部分的平面并联结构。乙烯的分子式为 C_2H_4，两个碳原子以双键相连，每个碳原子分别与两个氢原子以单键相连，所有的碳、氢原子在一个平面上，形成同一平面上并联的结构。丙烯的分子式为 C_3H_6，其中 3 个碳原子和 C≡C 双键上的 3 个氢原子均在同一平面上，只有另外 3 个氢原子不在这一平面上。环丙烷的分子式为 C_3H_6，其中 3 个碳原子都在一个平面上，形成平面三角形的碳干结构。苯的分子式是 C_6H_6，6 个碳原子和 6 个氢原子都在同一个平面上，其中每个碳原子与一侧的碳原子以双键相连，与另一侧的碳原子以单键相连，与 1 个氢原子以单键相连，形成平面正六边形构型。

像太阳系这种行星系，处于中心地位的恒星和围绕恒星运行的多数行星，基本上都在同一平面上，它们之间的结构关系是较为典型的二维多极结构模式。

在经济和社会领域，企业、行业、城市、人口、行政单位、交通线等，都是在一定的地域空间呈平面网状分布，它们之间的对立统一关系和结构关系，都具有依赖地域条件的平面结构模式。

（三）三维的空间并联结构

自然界和社会中普遍存在的一种三维的多元并列结构模式，是以某一事物为中心，中心与周围其他事物形成中心物—外围物相互作用的辐射型对立统一关系网络。如天体中的球状星团结构，经济领域中的货币—商品结构、银行—产业部门及各类经济主体间的结构，社会领域中决策、指挥中心与各个执行单位之间的结构，化学领域的一些物质的晶体结构、络合物的分子结构和部分有机化合物分子的立体结构等，都具有这种三维结构的规律。在甲烷分子中，与碳原子成键的四个氢原子在空间上与碳原子构成四面体，碳原子处于四面体的中心，四个氢原子位于四面体的四个顶点，整个分子呈现为以碳原子为中心的辐射型立体结构。

自然界和社会中的另一种三维并联式空间结构模式，是诸多对立物中没有居于核心地位的对立面，而是各个对立物以"平等"的地位交互形成对立统一的矛盾关系。如流体物质的分子做无规则运动的混沌结构，生物领域中不同个体、物种通过相互竞争或互利共生而形成的群落结构，社会领域中一定数量的个体、组织以交互作用的方式结成的松散型或紧密型社会系统的结构等。

（四）并列式空间结构关系中的矛盾和系统特征

各种并列式结构的系统，包括一维结构的线形系统、二维结构的平面系统和三维结构的立体系统，都是以对立面处于空间的不同位置而形成的外在性矛盾关系为基础而形成的。这种结构，与系统的其他各种结构关系如层次结构、时序结构一样，都对构成结构关系的每一对矛盾关系施加了一定的规定或改造作用，赋予它们一定的系统属性。

化学领域中由粒子的相互作用构成的晶体和非晶体物质系统，是矛盾关系构成并列式结构的系统体的一种较典型的形式。粒子之间始终存在着正负电荷的相互作用，这种相互作用关系的本质，是粒子之间以内在属性的对立统一为基础的外在性对立统一。粒子之间因正负电荷的相互作用而形成成对结合的矛盾体，这种矛盾体彼此相互联结，使粒子在三维空间中周期性地重复排列，构成一种具有规则性结构的固体物质系统——晶体。在另一种情况下，粒子之间正负电荷的相互作用所构成的矛盾体，也可以使粒子在三维空间中形成非周期性的长程无序而短程有序的重复排列，这样就构成另一种固体物质系统——非晶体。在各类晶体中，离子晶体是以相邻粒子之间的静电相互作用为基础构成的固体系统；原子晶体是原子之间以共价键的相互作用为基础构成的固体系统；分子晶体是分子间以氢键、范德华力等相互作用为基础构成的固体系统；金属晶体是金属粒子以金属键的相互作用为基础构成的固体系统。

由彼此连接在一起的众多的粒子矛盾体所构成的晶体，其性质不同于单个的粒子和粒子结合成的单个矛盾体，而是具有一系列特殊属性的系统体。在离子晶体中，相邻离子结合成的分子矛盾统一体已不能一个个地单独存在，它们实际上已经被改造成为一个由数量巨大的离子构成的巨型分子系统。譬如由氯离子和钠离子结合成的氯化钠晶体中，其实并无独立的 NaCl 分子存在，而是每一个钠正离子都被围绕着它呈八面体排列的 6 个氯负离子强烈地吸引着；同样，每一个氯负离子也都被围绕着它呈八面体排列的 6 个钠正离子强烈地吸引着。每一个离子都与相临近的6个电荷相反的离子形成离子键，"这些键把晶体中的所有离子联成一个巨大分子"❶。也就是说，氯化钠晶体不是一个个独立的氯化钠分子的堆积体或连接体，而是扬弃了构成氯化钠晶体的一个个氯化钠分子独立体而形成的巨型分子系统，即一定体积的氯化钠晶体，就是一个巨型的、完整的氯化钠分子。水的晶体也就是水结冰形成的晶体，与氯化钠晶体有相似之处。每个氧原子与4个氢原子相连接、每个氢原子与两个氧原子相连接而形成四面体，一个冰块的全部水分子缔合成为一个巨大的水分子，而不再是像水蒸气那样，由一个个独立的水分子相互作用形成系统的结构。在金属晶体中，由于金属原子易于失去最外层的电子，这些脱离金属原子核的束缚力的电子被称为离域的自由电子，它们在众多的金属原子或金属阳离子之间不断流动，成为整个金属晶体的共用电子。因为共用自由电子，金属晶体就不是一个个独立的金属原子的堆积体或连接体，而是被这些自由电子缠绕、联结成的一个巨大的金属分子系统，即一块金属晶体同时就是一个完整的巨大金属分子。

第三节　矛盾推动结构的层次分化

在物质结构由简单到复杂的变化过程中，结构层次的分化是重要的变化形式和变化动力，而矛盾则是结构层次分化的根本性推动力。任何一种物质形式都有其矛盾着的本质属性，内在的矛盾属性表现在外在的和外部的关系中，就是千差万别的物质形式之间的外在的和外部的矛盾关系，体现为不同物质形式之间既对立又统一的相互作用。这种相互作用，推动千差万别的物质形式结合成不同层次的大系统，或者分化为不同层次的小系统，形成物质结构层次由大到小或由高到低的无穷系列。

一、对立物的相互结合形成越来越高的结构层次

在自然界、社会和思维领域，系统与系统总是能够结合为更大的系统，

---

❶　L.鲍林著，卢嘉锡、黄跃曾等译校：《化学键的本质》，上海科学技术出版社，1966年2月，第3-4页。

它们之间相互结合的基本作用力就是既对立又统一的矛盾关系。不同的事物，在本质上既有相同的属性，又有不同的甚至相反的属性，所以不同的事物总是能够依一定条件结合成为既相互对立、相互斗争又相互依赖、相互统一的系统体。这种系统体又与另一种系统体按照同样的规律结合成为更大的系统体。这种能够结合为越来越大、结构越来越复杂的系统体的事物，实际上也都是由多种要素组成的较小的系统体。正是由于系统体与另一些系统体之间始终存在着对立统一的关系，才能将若干小的系统体结合为较大的系统体，将若干较大的系统体结合为更大的系统体，由此形成系统之上总是有并且必然会有更大的系统的无穷系列。

由两个相同元素或不同元素的原子结合成的分子，譬如由氢、氧、氮、碳、氯等元素的原子结合成氢、氧、氮分子和一氧化碳、氯化钠、盐酸等分子，其结构可以看作是化学领域中最简单的二元结构。由这类简单分子再结合成更大的分子，如结合成水、氨、二氧化碳、甲烷、乙烯等分子，其结构就转变为三元或多元的结构。由含有数量较少的原子的分子进一步结合为分子量很大的分子，譬如由烷烃、烯烃、脂环烃、芳烃、卤代烃、醇、酚、醚、醛、酮等物质的分子，与其他的金属、非金属原子和有机分子、无机分子、官能团等化合，就会形成结构更加复杂、分子量更大的大分子物质，如形成吡啶、嘧啶、喹啉、嘌呤、单糖、氨基酸、核苷酸等物质。随着物质分子结构的复杂化和分子量的增大，分子的理化性质也发生相应的变化。吡啶、嘧啶、喹啉、嘌呤、单糖、氨基酸、核苷酸这类分子，其内部组成要素（原子、小分子、官能团、小分子链）的空间排列不仅具有比小分子复杂得多的三维结构关系，而且具有复杂的、专门化了的外向结合能力，能够有选择地与外部其他物质的原子、分子、官能团、分子链等结合成更大的多聚体分子系统。

作为生命体的主要构成物质的蛋白质分子，就是由水、氨、二氧化碳、甲烷及类似的其他多种小分子，以电荷之间的相互作用为基本动力和基本的键合关系，一级一级地结合为分子量越来越大的一种结构复杂的生物大分子。氨基酸是组成蛋白质的单体，蛋白质分子中包含有20多种氨基酸分子。每个氨基酸分子中既含有碱性的氨基，也含有酸性的羧基，所以能够通过它一端的氨基和另一端的羧基分别与另外的两个氨基酸的羧基和氨基形成正负电荷相互作用的肽键。肽键是一种共价键，它的本质是两个原子核争夺最外层电子的斗争处于相对均衡状态。一个蛋白质分子的氨基与另一个蛋白质分子的羧基形成肽键，使相互结合的两个氨基酸分子成为具有新结构特点的酰胺分子。酰胺分子与另外的氨基酸分子按照同样的成键方式继续结合，可形成三肽、多肽等越来越长的肽链，直至形成分子量达到数以千计、万计的蛋白质分子。与单个的氨基酸相比，酰胺分子不是两个氨基酸分子的简单堆积物，而是具有新结构特点的高一级的分子系统——二肽分子，而多肽分子则是比酰胺分子更高一层的分子系统，蛋白质分子则是多肽分子结合成的最高层次的分子系统。在构成蛋白质分子这个链条型大系统的各个酰胺分子的侧面，还存在许多羟基、氨基、羧基、羰基等不同的基团，这些基团都是带有一定数量电荷、具有静电作用或微静电作用的更小系统。这些小系统有的具有碱性，有的具有酸性。酸性和碱性基团之间产生的微静电作用被称为次级键或副键，这些次级键或副键像螺丝钉与螺丝帽一样，将构成蛋白质长链的不同基团键合在一起，蛋白质分子的长链因这些基团之间的键合作用而被折叠起来，形成多层折叠、反复卷曲的更加复杂的立体结构，产生出一系列重要的新属性——生物活性，如蛋白质构成细胞、生物组织、生物器官的多种理化属性，在生物体内完成物质运输、生化催化、信息交流、免疫、氧化、维持机体酸碱平衡和物质交换平衡等属性。

一个系统体与另一个或另一些系统体之间以外部的对立统一关系为纽带结成更大系统体的基本形式，就是在相互对立的系统体的基本结构不受重大破坏但却受到不同程度改变的情况下，对立的系统体之间依靠相互作用而形成并列的空间结构。这种空间结构循着从简单到复杂的进化阶梯，从链条式的一维结构进到平面上并联的二维结构，再到三维立体结构，直至包括时间维在内的四维甚至多维的结构，使系统的结构越来越复杂、高级，系统的属性越来越丰富、多样。

二、系统的分化形成越来越多的低层结构

（一）系统结构形成和发展中的分化规律

事物的本质是两种内在属性的对立统一，这种内在的、本质的对立总是

要走向具体的对立，通过具体的对立将内在的对立外在化地表现出来，产生外在的实际效果。同时，具体化的对立依外在条件的变化而不断改变其具体的形式，包括加入越来越多的中介环节的形式，分化为越来越多的新的统一体和新的阶段的形式，建立越来越广泛的相互作用和协同关系的形式，等等。这种将内在的对立外在化地表现出来的对立，具有越来越多的形式或形态，同时也越来越深地掩盖了内在的、本质的对立。这种一方面使本质外化另一方面又以外化的形式掩盖本质的具体对立，使丰富多样的外在对立关系不断沉淀到本质之中，成为更加丰富也更加深刻的本质属性和本质对立，从而使掩盖本质的外在对立又回归到被掩盖的本质对立之中，使本质的深刻性和丰富性提升到新的高度。

　　分化与分工是含义相近的概念，分化主要是指一种事物分离成两种或多种属性不同的事物，其含义较为宽泛。分工也是一种分化，但分工主要强调一事物分离成属性或功能不同的事物，其含义较为狭窄。自然界和社会领域中发达的分工现象，都是由一种本质性矛盾推动的层层分化的过程。分化形成越来越具体化、表面化的对立面和对立关系，以此体现本质的对立。包含着一定的本质内容的具体的、表面化的对立，依外部条件的不断变化，产生出越来越专门化的对立物和专门化的统一体，形成越来越复杂的、基于专门化分工的系统结构。譬如，地球物质的重力和各种物质团块对重力的抵抗力（团块的结构及其分子的热运动等），是地球物质具有的两种内在本质属性，这两种属性的对立统一是推动地球物质演化的一种内在的矛盾。由于这一内在矛盾的推动，使地球物质发生不断的分化，形成地核、地幔、地壳、大气等不同的结构圈层，每一个圈层又分化为不同的亚层或不同的板块。在地壳这一圈层，不仅分化为许多亚层和板块，而且分化为陆地和海洋，陆地又分化为山脉、平原、盆地、高原、河流、湖泊等。追溯这些分化的根源和分化后具有的性质可以发现，它们实际上都是同一本质矛盾越来越走向具体化、表面化的对立统一关系。随着地球演化的推进，这种分化越来越细密、越来越多样化，形成结构关系越来越复杂的地球物质系统。但是，这些分化形成的越来越具体化、表面化的小系统及其相互之间的关系，都包含着共同的本质内容——物质的重力和各种物质团块结构力对重力的抵抗力的矛盾。

以分工为基础形成的系统结构，往往掩盖了系统背后深刻的本质矛盾，给人们造成了只知有系统结构而不知有本质矛盾的肤浅认识。所以，人们看到的各种各样的系统及其结构，只是某种本质性内在矛盾的一种外在化的具体形式。地质、地貌的分化及其形成的复杂结构，只是地球的重力与反重力这一内在本质矛盾的一种外在形式。这种外在形式的变化和发展的真正推动力，来自于地球的内在本质矛盾。这种外在形式的变化和发展，同时也不断地"内化"为新的本质属性，使地球的内在本质——重力与反重力的属性不断丰富。重力推动物质向地心沉降，但是遇到某些地质结构的应力或热力的抵抗，则会转化为物质的水平运动，抵抗力足够强大时垂直沉降运动会转化为某些物质的垂直上升运动。与重力对抗的热力会推动部分地幔物质对地壳产生向上的推力，并从地壳板块的缝隙中冲出，形成岩浆的上升运动。但是冷却的岩浆又会产生朝向地心的沉降运动。

（二）内外矛盾推动大系统分化为多样性的小系统

由大系统不断分化为越来越小的系统，是物质结构层次形成和增多的又一种普遍现象。如果把一切事物毫无例外地看作是由多种要素通过复杂的相互作用组成的系统体，那么系统体不仅能够结合成为更大的系统体，而且也能够分化为有一定独立性的小的、低一级的系统体。

任何系统体因为包含着内在属性之间的矛盾，因而必然会具有这样一种结构特征：系统的一些要素和结构关系主要是此一种内在属性的承担者，系统的另一些要素和结构关系则主要是另一种内在属性的承担者，由此必然导致系统在要素构成和结构关系上存在着分化的趋势。随着系统内外条件的变化，特别是在系统内部不同组成部分相互作用的推动下和系统的外部矛盾的推动下，系统的内在属性必然发生相应的变化。系统内在属性的变化总是体现在具体的组成要素和结构关系上，使系统的一些属性及相应的要素和结构关系逐渐增强了某种独立性，形成了某种独立化的形态；同时使系统的另一些属性及相应的要素和结构关系，也增强了某种独立性，形成了另一种独立化的形态。发生这种变化的根本原因，是系统需要形成专门化更强的组成部分以及这些组成部分之间形成互补性更强的结构关系，以便以更强的生存、发展能力应对来自内外部的作用。这样，原来似乎是"铁板一块"的系统体，因内部矛盾与外部矛盾的相互作用和相互转化，呈现出分化的趋势，并且在内外条件的作用达到一定程度时，分化为两个或多个相互独立的小系统、新系统。分化形成的小系统、新系统，在新的发展周期中又按照相同的规律，分化为又一代的小系统、新系统。如此循环往复，单一的系统以分化的形式演化为越来越多的独立的小系统、新系统。

在分化形成的众多小系统、新系统中，除过被淘汰、被分解而难以生存下去的成员外，往往都具有这样两方面的特点：一、它们是同根同源的后代系统，程度不同地保留了上一代、上上一代系统的一些本质属性，相互之间保持着一定的整体联系，这种整体联系可能是相对紧密的，也可能是相对松散的，但都是将它们维系成为较高一层次的系统体的结构关系。二、它们在独立后获得了一些新的属性，使本质属性得到了丰富，增强了生存、发展的能力和潜力。

宇宙就是在不断的分化中成为现在这种多样性形态的。原始宇宙由一锅混沌的"夸克粥"分化为基本粒子、原子、星云、恒星、星系，星云物质分化为核心物质、外围物质并进一步分化为恒星、行星、卫星、星际物质碎片，恒星、行星、卫星分化为不同的物质圈层，原始的生命物质分化为单细胞、多细胞和不断进化又不断增多的物种，原始社会的"全能"式氏族分化为分别从事农业、畜牧业、狩猎、渔业、手工业的专业化的氏族，这些氏族进一步分化为个体家庭和更加专业化的生产组织。早期的生命体中所能合成的蛋白质种类是很少的，有可能就像现在人们看到的病毒体内的蛋白质的种类一样，分化程度不高。而在现代的高级生命体的细胞中，蛋白质的种类数以万计。这些蛋白质以及各种各样的酶，都是在漫长的生物进化过程中通过核酸的结构分化而被编码形成的。核酸中所含的基因是在不断的分化中增多的，一个祖宗基因分化形成越来越多的后代基因，类型多样的后代基因可以编码形成类型更多的蛋白质和酶，类型更多的蛋白质和酶可以组成类型多样的细胞和生物体。核酸一般是双螺旋结构，但也有分化为三螺旋、多螺旋结构的种类。大多数真核细胞只有一个细胞核，但也有分化为双核和多核的细胞。细胞的分化是生命体生长发育的重要规律之一，一个胚胎干细胞可以分化形成200多种不同的细胞，这些细胞可以分化并发育成几十种不同的组织和器官。

胚胎干细胞分化形成各种器官的过程，其实是生物在几十亿年进化过程中的分化式发展史的浓缩片段，它体现的不仅是个体生命的发生和发育规律，更是生物在几十亿年中共同的分化式发展规律。宇宙间所有的物质分化都遵循着相同的规律，即内外矛盾推动老一代系统分化为新一代的多样化、特异化系统。

三、系统的结合和分化形成多层次的复合结构

系统与系统通过对立统一的相互关系结合成为更大的系统，系统的分化式发展往往形成较小的或新的系统，如此形成一层又一层的多层次复合结构的系统。在多层次复合结构的系统中，每一层次是一个具有相对独立性的系统，它的相对独立性主要是由构成这一层次的各种要素的性质及其直接、间接的交互式矛盾关系的特点决定的。

原子作为一个特殊层次的系统，它与比它高一级的分子系统相比，构成要素和要素之间的相互关系不同，因而主要的性质也不同。原子有原子的相对独立性，分子有分子的相对独立性。但同时，二者也存在相互作用和相互依赖的关联性。原子的独立性是由原子核中质子与中子之间的强相互作用关系、原子核与外层电子之间的电磁相互作用关系以及每一个质子、中子与每一个电子之间的直接性和间接性的相互作用关系的性质，以及这些矛盾关系交织成的原子的整体结构关系的性质决定的。由两个或更多的原子化合而形成的分子，是比原子更高一级的系统，分子系统的独立性则是由构成分子的各个原子之间的化学键的性质决定的。原子的性质及其相互作用的关系，在一定程度上决定了它们所组成的分子的性质和结构。同样，分子的性质及其结构关系也在一定程度上规定了它所包含的原子的一些性质和结构。与此同理，分子与分子结合成更大的分子系统，更大的分子与组成它的各个较小的分子之间，是一种上层系统与下层系统之间的统摄与从属的关系，这两层系统各自有其一定的独立性，同时也有其相互的关联性、依赖性。

不同的层次之间，本质上也是一种对立统一的关系，如在原子系统中，每一个电子或每一个质子、中子与原子整体就是一种矛盾关系，失去或多出一个电子、质子、中子，都直接影响到原子整体性质的变化。社会组织内部，

每个成员与这个组织的整体之间就是一种互为条件但又存在矛盾斗争的关系。如在商品社会中，每一个私人劳动者既是社会总分工体系的一部分，同时又是与社会总分工体系互为对立面的矛盾关系。这种矛盾关系是通过每一个私人劳动者直接、间接地同其他私人劳动者交换他们的劳动产品的活动中体现出来的。如果交换不成功，如马克思所说，就意味着参与交换的某一个私人劳动者在"惊险的跳跃"中被"摔碎"了，即他被社会总分工体系证明不是其合格的构成部分而抛弃了。同样，一个国家内部，每一个微观组织或每一个部门、地区等，与国家整体之间的关系，也是一种对立统一的矛盾关系。这种矛盾关系是通过每一个微观组织或每一个部门、地区直接、间接地同其他微观组织或其他部门、地区之间的经济社会交往活动体现出来的。

客观世界和人的主观领域的一切事物，本质上都是具有多层次结构的复合系统。只是由于人们认识的局限性，在一定时期或一定条件下只认识到某些事物的一些较少或较简单的层次。或者由于认识和改变事物的某种需要，只选择认识和改变事物的某一个或某几个层次，不顾及事物的更多层次。但是从全面、深刻、辩证地认识事物的需要来看，仅从单层次的角度看待事物是有很大局限性的。为了获得更多、更全面的真理性知识，就需要将认识对象看作是具有多层次结构的复合系统。不仅要认识某一层次系统的结构和性质，还必须认识相邻层次各系统的结构和性质，认识不同层次系统相互作用的规律和特点。

尤其要认识到，不同层次的系统之间，是一种既具有本质性差异又具有本质性依存关系的对立统一体。低层次系统是高层次系统的基础，高层次系统是低层次系统的生存环境。二者之间既相互对立又相互统一的矛盾关系，是不断提高系统的结构水平和复合性能的重要推动力。系统有规律地增多一个层次的结构，就多一重本质和非本质的属性。在一些系统理论中，一般将系统的属性称作功能。系统的结构层次越多，系统所具有的本质性功能和非本质功能就越多。

生命系统与非生命系统相比，前者除过其他方面的结构优势之外，具有从微观粒子、大分子、细胞到宏观的器官、个体、群体等较多的结构层次。这些层次及其相互之间的内在联系，使生命系统的本质属性中既有原始宇宙的"夸克粥"的本质成分，有原子、分子、恒星、行星、星云等物质系统的本质成分，还有生物大分子、细胞、器官、生命整体、生命群体、社会系统等更多结构层次的许许多多的本质成分。这种多层次的本质属性和多层次的复合结构，使生命系统具有地球主宰者的本质性生存优势。

第四节　矛盾推动结构沿时序方向演化

一、系统的同时态结构和历时态结构

客观事物的结构与它们的历史发展过程是不可分割的。对结构作辩证的理解和说明离不开历史的观点，即离不开对这样一个基本事实的概括和说明：任何具体事物的结构及其每一个组成要素，都是历史地产生、发展和走向终结的东西。

凡是历史地产生、发展和走向终结的东西，如黑格尔所说，都是在生命中"具有死亡的种子"的"有限之物"，"凡有限之物都是自相矛盾的"，都是"由于自身的活动而自己过渡到自己的反面"[1]。黑格尔认为，有限之物就是不仅在外部受到他物的限制，在本性上也包含着内在的"他物"，即包含着无限地运动发展着的辩证矛盾的事物，因而，有限之物不是与无限相隔绝的东西，而是有限与无限、存在与非存在、肯定与否定的对立统一。系统的结构与系统的历史的不可分割的联系，正在于二者都统一于事物的辩证矛盾。二者是同一本质即同一矛盾运动的两个不同的侧面或两种不同的表现形式，即同时态的和历时态的两个侧面或两种形式。

事物由于内在的矛盾本性及由此形成的普遍联系的法则，形成由简单到复杂、由低级到高级的历史发展过程。在这样的历史发展过程中，由于矛盾双方的相互扬弃的否定之否定规律，使原来处于较低级、较简单形态的事物在被克服又被保留的过程中形成更为复杂的空间存在形式，形成空间的三维相互制约关系，从而使事物成为空间之物与时间之物、历史之物与结构之物

---

[1] 黑格尔著、贺麟译：《小逻辑》，商务印书馆，1980年7月，第177页。

的统一。因此，在事物结构的同时性空间并存形式中，包含着事物以往发展过程所积累的无数否定之否定的历史原因、历史结果或历史的轨迹。而在事物的历史发展过程中，又始终伴随着它的空间结构形式的变化。事物的静态中包含着永恒的动态，事物的动态中又包含着相对性的静态环节。事物的结构及其形成和演化，是偶然性与必然性、可能性与现实性、时间与空间、运动与静止、原因与结果的辩证统一。离开历史的观点来理解和说明结构，结构就成为与事物的客观实在性和永恒的运动性相脱离的东西，就只能是一种先于事物的存在而存在的精神性的固定不变的模式，而这种模式只有唯心论者才承认，唯物论是不承认的。

二、时序性是连续性与阶段性的对立统一

物理学将物质的时序结构纳入到宇宙的四维时空结构体系之中，指出时间乃是空间的第四维构成要素，时间和空间是互为条件的整体。物理学有关宇宙和物质的四维结构理论，同时也具有非常重要的哲学意义，它说明一切事物都具有包括时序结构在内的四维结构的内在属性和规律。

时间和空间也是物质所具有的两种既相互联系又相互对立的本质属性，是物质具有的两种不同形式的客观实在性。这两种属性，以及物质的其他一些本质属性，共同构成物质的更高一级的也是更为本质、更具有综合性的一种属性，这就是物质的客观实在性。物质的时间属性和空间属性，都是包含着许多具体属性的一种综合属性。就时间性或时序性来看，其至少包含着连续性和阶段性这两种对立的属性。

时间具有连续性的属性，这种属性表征着物质的运动在时间维上是不可间断、不可分割、不能停止的。系统因为具有时序结构的规律性，在每一瞬间，其结构关系和整体状态都在发生变化，由此决定了每一事物在每一时点上既是自身又不是自身，既具有某种存在形式、处于某种状态，又在向另一种存在形式和另一种状态过渡。构成原子的每一个微观粒子都处于不停顿的运动中，它们的运动状态具有"测不准"的高度变化性，使整个原子的矛盾和结构具有瞬息万变的时序特征。其实，微观粒子运动状态的"测不准"特征，是宇宙间一切物质形式的共同特征。人们认为宏观物体的运动状态能够

测准，这不过是人们将无法测准的运动状态近似地看作是测得很准的状态，但实际上，宏观物体发生的那些随时间流逝的不停地运动的细微变化，同样是无法准确观测的。古希腊哲学家赫拉克利特将万物的这种时序结构特征总结为一个著名的论断："人不能两次踏进同一条河流。"

时间又具有阶段性或相对可分割性的属性，这种属性表征着物质的运动形式随时间的流逝在不断变化。不同运动形式和运动状态的更替将连续性的物质运动过程区分为不同的阶段或时点、时段，处于不同的阶段或不同的时点、时段的物质运动形式之间存在着绝对性的时序联系和相对性的形式区别。所以，物质运动的过去与现在、现在与将来、历史与现实等不同的时段之间，是一种对立统一的关系，这种对立统一的关系构成了一切事物、系统及其结构都具有的时序属性。

事物包含的内部矛盾和事物与他物的外部矛盾，其本质都如黑格尔所说，是事物内在的"不安定性"。正是这种"不安定性"引起事物永不停息的运动、变化、发展，形成每一事物从出生到消亡的发展周期。这种发展周期总是分为不同的阶段，处于不同发展阶段的事物同其他的事物又构成相互作用的矛盾关系，形成多种多样的事物交互作用的整体过程。这样的整体过程，也必然会显示出一定的阶段性特征。所以，矛盾关系必然构成一种多要素交互作用的时序结构，形成具有时序结构特征的系统体。

事物由于具有时序的本质属性，因而毫无例外地都是过去与现在、现在与将来、历史与现实、时间与空间、连续性与阶段性的对立统一体。每一事物在每一时间点上，既是它自身，同时又是某种历史之物的延续和未来之物的前身，是历史之物过渡为未来之物的瞬时存在物，是历史之物通向未来之物的运动形式。所以，每一事物的结构关系中，都包含有过去过渡到现在、现在过渡到未来的结构关系和这种时序关系的空间轨迹，包含着不同阶段的结构及其对立统一关系。

过去与现在、现在与将来、历史与现实、时间与空间的对立统一关系，往往以空间上并存的不同事物或不同结构形式的对立统一来体现。处于过去与现在、现在与将来、历史与现实、时间与空间的对立统一关系中的某一种事物或某一结构形式主要体现现时的属性和特征，而另一种事物或另一种结构形式则主要体现历史的或将来的属性和特征。鸟类与始祖鸟化石这两种并存之物的对立，前者主要体现现代鸟类的属性和特征，后者主要体现远古鸟类的属性和特征；鸟类中一般鸟类与最聪明的鸟类的对立，一般鸟类主要体现现代鸟类的属性和特征，最聪明的鸟类则主要体现进化程度较高的未来鸟类的属性和特征。地球与月球的对立，前者主要体现太阳系中演化速度最快、演化程度最高的岩石星球的属性和特征，后者则主要体现太阳系中演化速度较慢、演化程度不高、带有更多历史痕迹的岩石星球的属性和特征。真核生物与原核生物的对立，前者主要体现现代生物的属性和特征，后者则主要体现真核生物产生以前的生物的属性和特征。任何事物都是时序性与并存性、时间性与空间性的对立统一体，因而它们的结构也都具有由时序性本质属性所决定的永恒的运动性、变化性、阶段性。

三、矛盾推动不同的时序过程合成为统一的结构变化过程

物质运动形式的时序性结构至少可以举出以下三种基本类型：线式的可逆性和不可逆性变化；循环式的周期性变化；由低级到高级的上升性发展。

（一）线式的时序性变化

线式的可逆性和不可逆性变化的最简单的结构形式，就是物体因受某种力的作用而发生的空间位置移动。这种运动可以是直线的，也可以是曲线的。如雨点受地球重力的作用，从云层降落到地面，在无风力作用的条件下一般是垂直于地面的直线运动，在有风力作用的条件下则是朝着大致垂直于地面的方向做曲线运动。一些物体的线式运动、变化是可逆的，如物体可以从A点移动到B点，又可以从B点移动到A点。

物体的空间位置移动既是一种重要的结构关系，又是一种重要的结构变化因素。譬如电子的空间位置移动、原子的空间位置移动、星体的空间位置移动、人的空间位置移动、商品的空间位置移动等，既是这些要素所处的系统的一种时序结构关系，又是这些系统的结构变化因素。

线式的时序结构同时也是一种矛盾结构。运动、变化的物体在每一时点既在某一位置又不在某一位置，既是自身又不是自身。

（二）周期性循环变化

物质运动的时序性结构的另一种普遍性形式是循环式的周期性变化，物体或系统的结构从某一时点开始运动或变化，经过若干阶段，又回到原来的结构形式，然后又开始新一轮的周期变化。

结构的周期性运动、变化的较为简单的一种形式，就是天体之间受引力与机械力的相互作用，形成一些天体围绕另一些天体的周而复始的循环运行。由于恒星的质量大，它的引力足以束缚行星围绕它做圆周或近似圆周的运动。而行星之所以没有被恒星的引力拉入到恒星内部，是因为形成恒星和行星的原始星云在凝聚成不同的团块时，既受到中心团块的引力作用，又受到外围团块向外飞驰的机械力的作用。这两种作用构成一种矛盾，使行星既不能脱离恒星的引力，又不能掉落到恒星里面，于是形成了所有的外围行星都按各自的轨道围绕恒星运动的圆盘状天体结构。爱因斯坦对此做出了另一种解释：行星之所以没有飞出到永远脱离恒星的空间，是因为恒星的巨大质量造成了时空的弯曲，行星在恒星周围的弯曲时空中运行，就像汽车在圆盘形的道路上行驶一样，无法冲出路边的围栏。

社会经济系统在不同利益主体和不同分工组织的矛盾关系推动下，形成由生产、分配、交换、消费诸环节首尾相接的再生产循环运行过程。其中，企业的运行呈现为"资本的投入—生产的进行—产品销售—资本的回收—资本的再投入"这样的循环。千百万微观单位的再生产循环运行彼此交织、渗透、融合，构成国民经济系统整体的再生产循环，呈现为生产—分配—流通—消费—再生产的阶段更替。

生命系统是由许许多多的循环圈构成的物质和能量的代谢体系和代谢过程。其中，细胞的周期性分裂是细胞的时序性结构变化的重要特征之一。从一次细胞分裂结束开始，到下一次细胞分裂结束为止，称为一个细胞周期。细胞周期分两个主要阶段，即间期和分裂期。处于前后两次分裂阶段的中间阶段称为细胞的分裂间期，也就是细胞的不分裂时期，只有在这种特殊的时期才能看到结构和形态完整的细胞。间期是分裂的准备期，间期又分为 G_1 期、S 期、G_2 期三个小的阶段。细胞以及细胞核、细胞质、细胞膜等各种细胞器的结构和形态，总是随着细胞的周期性变化而变化。这种既不停顿又高度有序的周期性变化,是细胞具有精巧的结构和相应的生命活力这一综合性功能的决定因素。绝大多数真核细胞结构的时序性特征之一,是细胞周期各个大小阶段内部和各个阶段之间,各种要素、分系统、过程等,严格地相互衔接、相互配合、互为因果,按规律准确进行,使细胞结构按周期各阶段的推进发生相应的准确变化。

周期性运动、变化不是绝对等同的重复变化,而是运动、变化实现积累的一种形式。每一次循环,都会引起系统、要素和结构关系的一定变化,其中较普遍的是量的变化,有些则是质的变化。多次的循环,就会引起系统、要素和结构关系的重大质变。

（三）上升性发展

系统的上升性发展,一般体现为伴随着时间流逝,系统组成要素和系统整体获得新的性质,新的性质不仅在原有的整体本质中增加了新的内容,而且在一定程度上使整体本质发生了上升性的变化。与整体本质的变化相对应,系统的结构关系也发生了复杂化、有序化变化。个体生命由胚胎到出生、生长、发育、衰老的过程,就是生命系统的一种上升性发展。由个体生命组成的生物群落以及它们与环境因子组成的生态系统,在复杂的矛盾关系中实现演化,形成生物群落由简单到复杂的变化过程和生态系统由某种均衡状态到失衡状态再到新的均衡状态的螺旋式上升、发展过程。国民经济系统整体的再生产循环过程重复性进行,使经济总量获得增长。经济总量增长提高了居民消费水平,也为各级各类微观和宏观经济系统的结构合理化和综合素质的高度化提供了基础性支持。所有这些变化相互推动、相互影响、相互融合、相互转化,构成社会经济由相对不发达状态到越来越发达状态的上升发展过程。

（四）分散的时序过程合成为统一的时序过程

上升性发展的规律性机制之一,就是将分散的时序过程合成为统一的时序过程。一切事物的结构都是永恒变化的一种关系体系。但是在由多种多样的关系构成的任何整体结构中,各种关系以及关系的承担主体却具有不同的变化速度和变化周期。这些具有不同变化速度、变化周期的结构关系和结构要素相互作用、相互衔接、相互制约,合成为结构整体的综合性变化速度、变化周期和发展过程。在这种由众多的时序性运动、变化的关系和关系承担者合成的整体结构的综合性变化、发展中，矛盾既是根本的推动力，同时也是根本的合成因素和协调因素。形成结构关系的每一对矛盾的两个对立面之间的斗争，使结构关系处于不断的变化之中。没有矛盾的推动力，结构以及结构中的各个要素、各种关系就不可能发生变化。但是，如果没有合成和协同、协调的因素，各个要素、各种关系的变化就不可能构成具有某种整体性、综合性的结构，尤其是不能构成有序性的结构。细胞的周期性变化过程是由许多具体的、特殊的、有一定分散性的生化反应过程"合成"的。一项复杂的工程，既包含不同工序的前后衔接，也包含不同工序的分散推进和彼此协同。工程的管理机构将不同工序的前后衔接和并行推进集合成协同进行的整体进程，工程才能按质、按量、按期完成。

在自然界和社会、思维领域，矛盾既是系统中各种分散变化过程得以持续进行的推动力，同时又是将许多具体的、特殊的、有一定分散性的变化过程合成为整体过程的协调之力。矛盾既推动结构变化又协调结构变化的规律和机制，是高级、有序性结构的重要特征。

第六章　有序性高级系统结构的形成和演化

"矛盾是简单的运动形式（例如机械性的运动）的基础，更是复杂的运动形式的基础。"[1]在客观世界中，有序性的高级系统结构的形成和演化，是系统与自身的结构缺陷不断进行斗争的过程和结果。而系统与自身的结构缺陷进行斗争的基本方式，就是系统的内在本质外在化为系统与外部其他系统的相互作用。在这种外在的相互作用中，系统不断改变自身的结构缺陷，增进自身的结构优势，实现由无序性的低级结构向有序性的高级结构过渡。本章以分析生命系统结构的一些特点为主要内容，试图说明矛盾在有序结构形成和演化中的规律性作用。

第一节　有序性结构及其形成的基础

一、有序结构和无序结构

在许多研究系统问题的著作中，将生命系统、生态系统、社会系统、人工智能系统的结构称为有序结构。对于究竟什么是有序性结构，可能会有很

---

[1] 毛泽东：《矛盾论》，《毛泽东选集》第1卷，人民出版社，1952年7月，第293页。

多不同的见解。在这里，我们姑且将生物大分子、单细胞和多细胞生命系统、生物种群系统、生物群落系统、生态系统、社会系统、人工智能装置等系统的结构特征统称为有序性结构，将有序性结构定义为具有某种秩序性并能够自动地维持这种秩序，具有某种组织性、有自动控制能力、有一定的方向性和目标性等属性的系统结构，而将不具有这些属性的其他自然物和人工产物的结构，归于无序性结构。在有序性结构中，具有自组织性、意识性和自我意识性的结构属于高级有序结构，如能够主动获取有利的生存条件的生命体，能够进行抽象思维的人类，特别是人的大脑，能够主动实现发展的社会等，就是具有最高级的有序结构的物质系统；其他的有序结构则是低级的有序结构。

一切系统结构的形成和变化都是由矛盾关系维系和由矛盾斗争推动的，但是矛盾所维系和推动的结构如果不具有自动控制特征，缺乏秩序性、组织性，这种结构就是一种无序的低级结构。结构的形成和变化如果只是受到外部因素的控制，这种结构同样也是一种低级的无序结构。如果结构的形成和变化所受到的控制来自于结构自身，这种结构就是一种具有自动调控能力或自组织能力的有序结构。同样都是由矛盾关系维系和推动的结构，有些系统的结构是有序性的，有些则是无序性的，矛盾在这两种结构形成和变化中的作用机制有着重要的本质差别。

二、有序结构形成的基础

科学提供的大量事实表明，有序性结构是由无序性结构转化或演化而来的，并且是以无序结构及其所包含的矛盾关系为基础的。生命物质的有序性结构，是以毫无自动控制能力的微观粒子及其所携带的正负电荷的相互作用为基础而形成的。由于原子携带有正电荷和负电荷，所以相同和相反电荷之间的相互作用可以使不同的原子结合为分子，也可以使分子分裂为单个的原子；可以使小分子结合为越来越大的分子，也可以使大分子分裂为小分子甚至单个的原子或离子。正负电荷之间的相互吸引作用和相同电荷之间的排斥作用，是一种毫无自动控制或自组织性质的自然力的作用。但是这种毫无自动控制能力的自然力的作用"加和"或结合起来，就成为越来越复杂的复合性结构，就会在某一结构层次上发生一种质的变化，产生出具有自动控制或自组织能力的有序结构。生命结构形成的一种奥秘，就在于毫无自动控制能力或自组织能力的自然物质和自然力，能够有规律地结合成为具有自动控制能力或自组织能力的有序结构。这种由无序结构过渡为有序结构的规律，是不以任何意识为转移的客观必然性联系，而不是偶然的巧合，也不是某种神秘力量支配的结果。

三、核酸分子的有序结构特点

（一）组成DNA分子的单体及其键合机制

地球在长期的演化过程中产生出了一种特殊的有序性结构的物质——核酸，它是千百年来人们始终感到神奇无比且神秘莫测的所谓"生命力"的主要源泉和主要承载体。核酸及其所编码的蛋白质的出现，标志着地球物质演化由无序结构进入有序结构、由无生命进入有生命的新时代。根据自然科学所提供的事实和知识来追溯物质结构由无序进入有序的规律，不难发现，无序结构的"单体"物质及其对立统一关系是产生有序结构的复合体物质的基础。

核酸分为脱氧核糖核酸（DNA）与核糖核酸（RNA）两大类。如果将DNA和RNA大分子看作是结构复杂的复合系统，那么构成这一复合系统的要素或各级分系统则是分为不同的层次的，在这里我们暂且将组成核酸这一复合系统的要素或各级分系统称为不同层次的单体。如果将构成脱氧核糖核酸（DNA）大分子的最低层次的单体看作是碱基分子和核糖分子，那么碱基分子和核糖分子结合成的更高一级的分子就是第二层次的单体，第二层次的单体彼此结合成的再高一级的分子就是第三层次的单体，如此等等。但实际上，碱基分子和核糖分子远不是构成核酸分子的最低层次的单体，最低层次的单体至少可以追溯到碳、氢、氧、氮、磷、硫等几种元素的原子，以及它们结合成的水、氨、二氧化碳、甲烷等小分子。这些元素的原子及其构成的小分子，依次构成许多层次的分子系统，才结合成结构相当复杂的碱基分子和核糖分子。

碱基分子有两大类，即嘌呤和嘧啶，它们都是含氮的杂环化合物。嘌呤有多种，常见的是腺嘌呤和鸟嘌呤，分别简写为大写字母 A 和 G。常见的嘧啶有尿嘧啶、胞嘧啶、胸腺嘧啶，分别简写为大写字母 U、T、C。A、G、C、T 这 4 种碱基分子是构成脱氧核糖核酸即 DNA 的单体，A、G、C、U 则是构成核糖核酸即 RNA 的碱基分子。脱氧核糖和核糖是分别构成脱氧核糖核酸和核糖核酸的又一种最低层次的单体分子，它们与上述的两大类碱基分子属于同一级别的单体。脱氧核糖分子和核糖分子与相应的碱基分子发生缩合反应，分别构成 DNA 分子和 RNA 分子的第二层次的单体——脱氧核苷分子和核苷分子。脱氧核苷分子和核苷分子与磷酸反应，分别生成 DNA 分子和 RNA 分子的第三层次的单体——脱氧核苷酸和核苷酸。脱氧核苷酸分子的种类只有 20 多种，它们相互之间以共价的磷酸酯键相结合，形成多聚体分子——脱氧核糖核酸，即链状的 DNA 分子。这种物质的分子链可以是只含有几十个脱氧核苷酸的短链，也可以是含有几十万甚至上百万个脱氧核苷酸、碱基数量数十亿、原子总量数百亿以上的长链。核苷酸分子相互之间以共价键相连接，形成另一种多聚体分子——核糖核酸，即链状的 RNA 分子。组成核酸分子链的多层次单体分子都是一种结构复杂的系统，这些单体分子上都有多种官能团或基团，这些官能团或基团带有强弱不等的正电荷或负电荷，可以形成特殊的离子键、共价键、氢键和各种分子间作用力。这些化学键和分子间作用力的本质都是正的或负的、强的或弱的静电力，这些静电力产生的相互吸引或相互排斥作用，是将原子结合成分子、将单体物质结合成具有生物活性的 DNA 分子和 RNA 分子的基本纽带。

（二）核酸的结构是一种时序结构与空间结构相统一的有序性结构

生命是在世代延续的过程中，既保持结构的相对稳定又实现分化发展和新旧更替的特殊物质形式，作为生命的遗传物质的 DNA 也是这样。构成 DNA 分子链的各个片段（也称序列）各有其特殊的功能，其中承载着生命体特殊信息并能够编码特定蛋白质的片段被称为基因。地球上的生物，从最简单的单细胞生物到最高级的智慧生物——人类，都有着共同的祖先基因，都是由相同的祖先基因通过自我复制、有控制的表达以及受内外环境的作用而扩增、突变而形成的。所以包括人类在内的所有生物都是同祖同源的，是同一个祖先生命体的遗传—变异之物。

生物的基因在空间上虽然呈现为许多分子片段连成的一条分子长链，但是在这种链状的空间结构中同时包含着基因进化的漫长而曲折的历史联系，即包含着基因的时序性结构关系。生物科学家们就是根据基因的这种空间结构与时间结构不可分割的规律性联系，可以从进化到现在的任何一条DNA分子链中，找出地球上所有生物在几十亿年的生物进化史中的哪一个时段上有着共同的祖先，又在哪一个时段上与自己的兄弟姊妹们或同祖同源的近亲们分道扬镳的依据。毫无疑问，不同的基因序列虽然连成分子长链，但它们在长链中的"辈分"关系和亲缘的远近关系是一目了然的。每个个体生物细胞中所包含的DNA分子链，其实就是它的基因世系图。在这份世系图中，有它在各个历史时期的祖先的"牌位"，也有它在各个历史时期的旁系亲属的"牌位"。当然，这些"牌位"都是具有一定的碱基结合形式的分子或分子序列、分子片段。

　　矛盾无处不有这一自然法则也适用于基因组和DNA分子链。在同祖同源的众多基因中，不乏既相互严格区别又相互密切配合的对立基因，如编码基因与调控基因、编码蛋白质的基因与编码酶的基因、奢侈基因与管家基因、与蛋白质直接结合的基因和与蛋白质不直接结合的基因等；也不乏优秀成员、勤劳守法者与家族败类、背叛者、闲散无业者并存的事实，其中有些基因是规规矩矩工作的基因，而有些则是假基因、闲置基因、残疾基因、产生肿瘤的基因。

　　核酸的有序性结构决定了它的一系列重要功能，其中最主要的功能，就是它的自我复制功能、遗传信息的储存功能、基因表达功能、自我调控功能。这些功能决定了生命体不同于其他任何物质形式的一系列本质特征。

第二节　有序结构形成的几种规律性机制

　　逐级组成具有高级结构的DNA分子的单体，其性质以及它们相互之间的结合关系都没有任何神奇和神秘之处。各级的单体都是普通的、不具有有序结构的小分子或大分子，它们不具有储存和表达遗传信息的功能，它们之间相互结合的形式更是普通的、不具有有序性关系特征的电荷间的相互作用。但是，分析一下由小分子组成大分子、由一般的大分子组成有序结构的核酸分子的一些特点，似乎可以看出推动系统结构朝有序性方向演变的一些规律性特点。

一、无序结构的单体结合成互补性的复合体

核酸分子的一层又一层结构中的单体，如组成DNA双螺旋链的两个单链，组成每个单链的20多种脱氧核苷酸分子，组成脱氧核苷酸的脱氧核苷分子和磷酸分子，组成脱氧核苷分子的脱氧核糖和腺嘌呤、鸟嘌呤、胞嘧啶、胸腺嘧啶4种碱基分子等，几乎总是具有成对地结合和互补地发挥作用的规律性。这些成对地结合的分子，在某些性质和主要功能上正好相反，但都是形成一定的结构或保持结构稳定所必需的要素。这种成对、互补地结合的要素，体现了有序结构中非对抗性矛盾的普遍性及其特殊而重要的作用。这种规律性的矛盾关系和结构关系，在所有的生命系统中极为普遍。不论在生命产生前的化学演化过程中，还是在后来的生物演化过程中，物质之间的对立统一关系总是普遍地造就出互补性的对立物和互补性的矛盾关系，这似乎是形成生命系统的复杂而有序的结构的一种不可缺少的机制。

自然界一直就普遍存在着两种性质不同的对立统一关系，一种是非对抗性的对立统一关系，另一种是对抗性的对立统一关系。在生命系统的结构中，普遍地存在着一种更加特殊的非对抗性对立统一关系。在这种非对抗性的对立统一关系中，两个对立面之间在主要的属性上是相同的，只是在某些非主要的属性上是对立的，由此使得这两个对立面之间具有更加牢固的相互依赖、互为条件的统一性联系。这种牢固的统一性联系没有消除对立面之间的对立和斗争，但是却能够将对立面之间的对立和斗争限制在一定的程度或一定的范围，使它们之间形成以一定程度或一定范围的斗争为条件的相互依赖关系。每一方都力求克服、改变对方与自己相反的那些属性，但由于二者在主要属性上是同一的，因而它们之间形成的统一体的"引力"总是占主导的地位，而它们之间互不相容的"斥力"则处于次要的地位，因而双方所具有的相反相克的那些属性就在相互的斗争中保持一定的距离和一定的程度，形成有斗

争的共存关系。矛盾双方成为统一体中能够互补的两种物质，能够发挥两种互补的作用，双方结成既有某种特征又有另一种相反特征的复合体。只要双方构成的统一体没有破裂，这种具有两种相反相成特征的复合体就总是能够保持并发挥其双重的必要属性或双重的功能优势。当然，这种互补性的对立面组成的统一体，对立面之间的统一仍然是相对的、有条件的，它们的斗争是绝对的、无条件的。在外部条件发生重大变化或某一对立面获得新的属性、受到新的巨大作用力的情况下，统一体还是会因斗争的激化而破裂或发生质的变化。

生命产生前的化学演化过程和后来的生物演化过程，似乎更加垂青这种以互补为特征的非对抗性矛盾关系，因为这种矛盾关系有利于形成有序性的、更加稳定的结构。究竟是化学演化和生物演化更多地得到了这种在自然界广泛存在并发挥作用的互补性矛盾关系的支持，还是演化过程更多地选择了这种互补性的矛盾关系而加快了演化的进程，或者是二者兼而有之且互为因果，都是未解之谜。总之，生命物质演化在分子水平上造成的一种普遍性的结果，就是每一种单体分子总是与在性质上与自己既有相同之处又有相反之处的另一种单体分子形成相反相成的互补关系。否则，由单体组成的系统就会淘汰不能形成这种关系的分子，选择能够形成这种关系的分子，以保证相反相成的互补关系产生出新的复合性分子和更加优越的双重功能属性。

已形成的复合性分子又按照同样的规则即成对地互补结合的规则，与另一种复合性分子结成更高一级的复合体。复合体的结构层次越来越高，其互补的双重功能属性层层叠加，也越来越复杂、越来越具有多方面的优越性。与此同时，各级复合体的结构关系以其所具有的优越性，反过来对各级单体的斗争活力及其相互关系、空间位置等进行一层又一层的规定和限制，使之适应成对、互补的对立统一规则的要求。复合体的结构越是高级、复杂，这种规则性的要求也就越严格、越全面。这种基于互补性对立统一关系的结构升级终于达到一个关节点或质变点，譬如 20 多种脱氧核苷酸以巨大的数量并按照一定的顺序组成 DNA 分子长链这样一个关节点，无序结构便发生质变，成为有高度组织性的有序结构。可以说，一种物质与另一种物质的成对互补的结合关系，是生命形成和演化得以成功的一条极为重要的自然法则。

二、形成有序结构的单体的数量达到巨大规模

生命物质具有有序结构的一个重要特征,是组成这些物质大分子的单体(也就是组成大分子系统的要素)以及单体之间构成的矛盾关系的数量达到了难以想象的巨大规模。高等动物的基因组所包含的碱基对的数量高达 3 亿之多,而每一个碱基对又是由数量巨大的碳、氢、氧、氮、磷等原子构成的生物大分子,所以高等动物的基因组所包含的原子数量至少有几百亿甚至数千亿。DNA 双螺旋链中的每一个碱基对、每一个脱氧核苷酸分子都是以许多的电荷作为键合力,由碳、氢、氧、氮等原子逐级结合而成的多要素的巨大系统,这种系统的结构是由数量巨大的矛盾构成的关系体系。其中的每一个化学键以及强弱不等的其他键合力、离子作用力、疏水作用力、空间位阻效应等,都是一对对强弱不同或斗争的激烈程度不等的矛盾,它们的数量是以数十亿、数百亿计的。数量巨大的单体相互作用而形成数量巨大的矛盾关系,这些单体和矛盾关系才能组成规模巨大、结构复杂的系统。DNA 分子中数量巨大的矛盾关系就像大大小小的螺丝钉与螺丝帽相互结合一样,将大小不等的原子、离子、分子、基团、分子团、分子团组成的各种因子等,键合成一个超大的分子系统——DNA 双螺旋链。

原子、分子、基团、分子团等单体以及它们之间的矛盾关系的数量达到百亿、千亿的巨大规模,就为系统形成复杂的分工创造了重要的基础条件。虽然组成 DNA 分子的脱氧核苷酸只有 20 多种,但它们之间形成的排列组合形式却可以达到 10 亿种以上。这就像 20 多个字母可以组成数量巨大、内容丰富、变化无穷的单词和句子一样,可以储存和表达海量的信息。如果将组成 DNA 分子的每一个原子比作社会系统中的个人,将 20 多种脱氧核苷酸比作社会大系统的主要分系统,将 3 亿个碱基对比作社会的基层单位,那么一个 DNA 分子实际上远比全球社会系统的 70 多亿人口规模大得多,比这些人口构成的社会结构的复杂程度还要高很多。如此的数量规模决定了 DNA 分子具有巨大的功能潜力,特别是它的信息功能潜力。只要 DNA 分子在对内和对外的相互作用关系中有某种需要,20 多种脱氧核苷酸就可以或迟或早地按照某种顺序组合成一种新的结构形式,产生出分子水平的专门化机构和相应的

功能来满足这种需要，从而使DNA分子具有更健全的生存和运行能力。所以，单体的数量和数量所决定的分工水平、功能潜力，有可能是生命形成和演化得以成功的又一条极为重要的自然法则。

三、结构的活力与结构的稳定性形成精准的结合

结构的活力与结构的稳定性形成精准的结合，有可能是生命形成和演化得以成功的第三条重要法则。尽管迄今人们还不十分清楚DNA双螺旋梯形结构为什么能够储存生命的遗传信息，但是可以肯定的是，双螺旋"梯子"的所有片段的结构以及它的整体结构，都是稳定性、精确性与矛盾性、动态性这两重性结合得很好的结构。这种两重性的结构，以稳定性、精确性控制矛盾性、动态性，以矛盾性、动态性复制和延续稳定性、精确性，使稳定、精确的结构在矛盾关系构成的永不停息而又有序的运动、变化过程中保持仅仅十亿分之一的误差。

（一）结构活力的基础是秩序化的矛盾斗争

DNA多级结构中的每一个单体、每一个最小的片段和最具体的相互作用关系，都是由不停地运动着的原子核和电子等粒子之间的矛盾构成的，因而使整体的结构和每一部分的结构都具有永恒运动的活力。DNA分子作为巨大的粒子系统，能够容纳单体分子所包含的性质各异且相互"争斗"不息的所有原子、离子、电子，但是又能将每个原子、离子、电子的"争斗"控制在系统结构所容许的范围内；系统淘汰或选择所需要的分子，控制原子、离子、电子相互之间的"争斗"的基本机制，就是以一些电荷间的斥力限制另一些电荷间的引力，又以一些电荷间的引力限制另一些电荷间的斥力，从而使整体所需要的分子被留住，使不需要的分子被排除，使携带电荷的原子、离子、分子、基团之间既保持"争斗"的活力，又维持"争斗"的相对均衡。

结构复杂的核酸分子中始终有不合格的粒子或"异端"成分的存在，但这些粒子或成分会被执行整体结构要求的某种带电粒子以其"电力"的作用"封存"起来或被推出体外。电荷之间保持"争斗"活力和维持"争斗"均衡，使核酸分子链中的每个原子只能处于确定的位置，只能与其他原子保持确定的相互关系，从而使性质各异、空间位置不同且相互争斗不息的所有原

子成为"服从"核酸分子的整体结构要求的合格粒子。这样，DNA系统的每一个片段、每一个基层单位的结构都是由秩序化了的矛盾构成的，活力无限的原子、电子在这里成为服从客观规则的成员，从而使每一个片段、每一个基层单位的结构既具有极大的稳定性、精确性，又具有永恒的动态性。只有稳定的、精确的结构，才可以稳定而精准地承担某种生物分子得以形成的模板或某种生化过程得以准确完成的设计者的功能，才能够铸造出合格的、符合整体需要的生化产品。

（二）以精准的复制维持结构的稳定

DNA分子具有高度稳定性结构的重要机制之一，是它在复制自身时具有高度的精确性和保真性。在由亲代DNA复制子代DNA的过程中，错配率约为十亿分之一，由此确保了亲代与子代DNA之间碱基序列高度一致、生命遗传特征高度稳定、遗传信息能够世代准确相传和生命活动能够有序进行。但同时，作为模板的DNA分子的结构必须是矛盾性的也就是动态的结构，在它无须发挥作用时能够被有序地拆除或转移，在它再次需要发挥作用时又能够被精准地重新安装起来或被运抵所需要的位置。

DNA分子的结构在具有高度稳定性的同时，还具有另一种本性，就是不断发生"良性"的或"恶性"的变化。

DNA结构的"良性"变化之一，是它总是在有序地"破坏"自身结构的过程中来准确地、永无止境地复制和保留自身的结构。在细胞分裂时，处于染色体中的DNA分子首先要分裂自身的双链结构。它在多种酶和辅助性蛋白质因子的催化作用下，并依靠充当"电池"的ATP提供能量，使数以亿计的碱基对有序地一一断裂，将双链结构解开成为单链，并在一定期限内维持单链的稳定状态；由一种具有特殊功能的短链RNA作为"引物"，以被解开的每一条亲代单链为模板，将输送到位的单体分子即若干种脱氧核苷酸分子在引物的引导下对号入座地"粘贴"到亲代单链模板上，又在聚合酶的催化作用下，使对号入座的脱氧核苷酸单体分子发生聚合反应，分别形成与亲代单链一模一样的子代单链；真核细胞的一条DNA双螺旋链在复制时会形成多个复制起始点，这些复制起始点的序列可以被成串激活，每个序列处的DNA双链有次序地解旋并打开，形成多个复制叉，使复制过程在DNA长链上的不同部位同时进行❶。复制完成后，作为临时性"工具"的引物和聚合酶等被及时去除，解开的亲代单链与复制的子代单链分别合成与亲代双链一模一样的子代双链。于是，原来的一条亲代双链，变成了一条亲代单链与一条子代单链相结合的两条子代双链，即每一条子代双链里各有一条母单链和子单链，母子单链通过碱基配对构成子代的两条双链，然后由两条双链分别指导和主导细胞的分裂，成为一分为二的两个子细胞里的核心构成部分。这就是DNA分子的半保留复制规律，它的实质是合成DNA子链的聚合反应是在以母链作模板的严格规定下进行的。

一条双链复制成两条双链，原来的母细胞就必然要分裂成两个子细胞。母细胞染色体中的一条DNA母双链复制成母子单链结合的两条子双链，并且分别配置到两个子细胞里"主持"细胞的"生计"和再繁殖。母细胞的DNA结构及其所承载的全部遗传信息由此准确无误地转移到两个子细胞里。随着细胞一代又一代的分裂、繁殖，DNA的结构及其所承载的全部遗传信息按照错配率仅为十亿分之一的准确程度代代相传。在这一动态过程中，解链、产生引物和聚合酶、引物和聚合酶发挥其引导和催化作用、作为原料的单体分子按照顺序"粘贴"到模板上并聚合成子代长链、去除引物和聚合酶、单链重新结合为双链，以及由专门化的酶、蛋白质等工具物对所复制的子链的准确与否进行识别、校对、修复等，从头至尾都是数以亿计的正负电荷形成化学键又断裂化学键的生化反应过程，也就是带不同电荷的原子、离子、分子、基团、因子之间的矛盾运动和对立面转化的过程。其中的每一对矛盾即每一个化学键的形成和断裂，都是受碱基配对等几种重要规律的严格控制，按照规律"制定"的基本秩序进行的❷。

DNA结构的又一种"良性"变化，是它在受到外部条件的重要作用时发生重大的重组和突变，但这种重组和突变也受到碱基配对等规律的控制，以有序性的重组和突变来适应环境的变迁，为自然选择提供机会。

DNA结构的稳定性毕竟是相对的，它因为受到自身内部或环境条件的作用，不可避免地会发生"恶性"的重组和突变，发生碱基错配、DNA片段的

---

❶ 陈誉华、陈志南主编：《医学细胞生物学》，人民卫生出版社，2020年1月，第186页。
❷ 周春燕、药立波主编：《生物化学与分子生物学》，人民卫生出版社，2020年7月，第232-241页。

缺失或插入等，从而使重要的结构关系出现缺损而导致生命体发生病变。

四、结构升级对单体的性质和结合方式形成严格规定

有序结构形成的一条重要规律，就是随着系统的结构由简单到复杂的每一步升级，结构关系对单体的性质、结合方式、空间位置等也进行更加全面、严格的规定。

当普通的、无序结构的单体分子以电荷间的相互作用结合成越来越复杂的 DNA 分子系统时，相应的结构关系对每一层次的单体及其所携带的电荷和电荷间的相互作用都做出了越来越严格的规定。这种规定当然不可能是主观的，而是客观的、由自然规律特别是化学键规律主导的。数以百亿计的原子及其相互之间争夺最外层电子的斗争，按照一定的空间并列关系和一定的层次间所属与从属的关系相互作用、相互限制，形成了一种有严格秩序性的三维空间结构——双螺旋梯形结构。随着较小的分子结合成较大的分子所引起的每一次的分子结构升级，结构关系都会对每一个原子在三维空间中的位置及其与其他原子的相互作用关系进行新的规定。DNA 分子的结构关系对每一层次的单体及其所携带的电荷和电荷间的相互作用所进行的规定，按照结构逐层升高的次序不断累积，最终使脱氧核苷酸分子一个个地按照一定的顺序以共价键连成长链，并且一条长链从首端到末端与另一条长链从末端到首端相互颠倒地反向排成双链，双链之间通过数以亿计的氢键连接长链各环节的核苷酸分子中的碱基，将两条长链键合成一种双螺旋型的、用分子和分子上的电荷搭建起来的梯子。DNA 分子结构的有序性的质变就从形成长链这里开始：虽然脱氧核苷酸分子、核苷酸分子上的基团、基团上的电荷、电荷与电荷形成的氢键等，都不具有储存和表达生命遗传信息的功能，但它们搭建起来的这种精巧的梯子则具有储存和表达生命遗传信息的功能。而且，梯子中只有一定的片段即一定的核苷酸排成的长短不等的序列能够储存和表达遗传信息，其他的核苷酸序列有些是辅助之物，还有一些则是废物或备用之物，但这些废物和备用之物在通常状况下也受到严格的规定，使它们不能干扰合格核苷酸序列的正常功能。

在 DNA 分子形成后，其长链上的许许多多的分子功能团就可产生特殊

的氢键、离子作用力、疏水作用力、空间位阻效应等多样性的矛盾关系，这些矛盾关系通过强弱不等的电荷间相互作用，使构成长链的每一个原子在三维空间里处于确定的位置而不能离位、越位，不能自由移动。DNA复制过程中，确保亲代与子代DNA分子在结构上的高度一致性和信息传递的高度保真性，是由以下几条重要的结构规律进行严格规定的：将双螺旋链连成梯形结构的碱基配对规律，决定了每条亲代DNA链与新合成的子代DNA链必然是一模一样的结构，并且两代链按照碱基一一配对的关系，必然形成与亲代双链一模一样的双螺旋结构；在复制起始阶段，DNA双链局部分开，形成"复制叉"结构，依次解开母链的双链结构，并依母链解开的顺序复制子链，提高了DNA复制的准确性❶；专门化的酶发挥专门化的功能，保证结构的一切环节和细节不出差错。如DNA聚合酶具有很强的核酸外切酶活性，能够在DNA复制过程中辨认并切除错配的碱基，使错配的分子被水解，将正确配对的分子填补到确定的位置，对复制错误进行校正，形成错配修复机制；DNA聚合酶具有对碱基的正确辨认和选择功能，能够"校读"新合成的子代DNA链是否准确无误，为实现碱基严格配对提供了可靠的保证条件和控制作用。

  DNA的复制过程，也就是DNA结构的有序形成过程，生物学将DNA结构的这种有序复制称为DNA结构的"保真式"生存过程。这一过程，就是按照系统高层结构的稳定性要求及其发挥特定功能的要求，规定每一个原子必须有确定的位置和与其他原子的确定的相互作用关系，将数以百亿计的原子及其相互之间争夺最外层电子的矛盾斗争限制在DNA保真式生存的秩序中。原子与原子之间的每一对矛盾都不能不受约束地展开对立面的相互作用，而是被其他的矛盾严格地加以限制。只要其中有一对矛盾不受控制地运动、变化，与这对矛盾相关的碱基、核苷酸等单体分子就很难在核酸的结构体系中存在下去，很难成为核酸大分子的组成部分。对于不受控制的要素，DNA整体结构应对的办法之一，就是创造出专门化的"因子"来进行专门化的"管制"。在一个分子中，创造出种类繁多的专门化的"因子"并行使专门化的"管制"不受控制的要素的职能，应当是在亿万年的化学进化和生物进化中积累起来的结构特征和物质属性。这就好比机器体系中每一个螺钉、螺帽、构

---

❶ 周春燕、药立波主编：《生物化学与分子生物学》，人民卫生出版社，2020年7月，第234页。

件都被其他的螺钉、螺帽、构件严格约束着的机制,是在人对机器体系进行构思、发明、改进、换代的漫长过程中积累而成一样。所不同的是,前者是自然规律主导的,过程非常漫长、曲折;后者是有意识的人主导的,过程相对短暂、进展相对顺利。两者都是以创造专门化的"因子"来消除专门化的无序因素的方式,保持系统结构的精准性和有序性。

五、核酸结构中几种重要的对立统一关系

(一)正负电荷之间的对立统一关系是将无序之物组织成有序结构的基础

将数百亿的原子、数亿的碱基、数百万个核苷酸分子结合成一个巨大的核酸分子,最基本的结合关系就是电荷之间的相互作用,归根结底是以原子核争夺核外电子的矛盾斗争维持着这种结合关系。电荷之间的这种斗争在几十亿年以前的地球上,曾使碳、氢、氧、氮、磷、硫等几种元素的原子结合成水、二氧化碳、氨、甲烷等小分子,这些小分子进一步结合成越来越复杂的无机分子和有机分子,包括组成核酸的碱基分子、核糖分子、核苷酸分子、核酸分子等最复杂的生物大分子。构成每一个结构层次或结构环节的原子、分子、基团等物质,几乎都是结构和功能上既有相同之处又有相反之处的成对互补的对立物。正负电荷之间的对立统一关系,是将这些无序之物连接成有序结构的生命之物的基础。

(二)DNA双螺旋结构中"大矛盾"管控"小矛盾"的叠加式对立统一关系

由嘧啶、嘌呤等碱基和核糖、脱氧核苷酸分子逐层组成的核酸分子往往不是以单链的形式存在,而是两条多聚脱氧核苷酸链围绕着同一个旋转轴,形成反向平行的双螺旋型链状结构。这两条多聚脱氧核苷酸链的组成成分和结构格式是一模一样的,每条链的一端称为5′端,另一端称为3′端,由5′端到3′端的脱氧核苷酸的排列顺序也是一样的。但是在两条单链结合为双螺旋链的统一体中,一条链是从5′端向3′端的方向排开,另一条则是从3′端向5′端的方向排开,两条链形成反向平行排列的结合特征。这种相互颠倒的结合方式,使一条链上的腺嘌呤碱基分子正好与另一条链上的胸腺

嘧啶碱基分子处于同一直线上并形成两对氢键、一条链上的鸟嘌呤碱基分子正好与另一条锌上的胞嘧啶碱基分子处于同一直线上并形成三对氢键。两条链之间总是以一种碱基与另一种具有某些相反性结构的碱基形成互补性的静电相互作用关系，从而使两条链成为各环节的碱基互补结合的螺旋型的"梯子"。两条相同的链以"头脚倒置"的方式相对立，这种对立为数十亿个碱基之间形成一一对应的对立统一的结合关系提供了精准的空间位置条件，同时也可以说为数十亿个碱基之间形成一一对应的结合关系提供了严格的规定。如果互补结合的双链受到温度、射线的激烈作用，或受到自身某些闲置片段的插入等非正常作用的干扰，而使某一对碱基发生错配，就会有行使专门职能的酶或蛋白质来识别出"冒名"的伪碱基，并用电荷之"刀"将其从 DNA 链上切割下来予以水解，用另一种酶或蛋白质的电荷之"手"将合格的碱基填补到缺位上，使错配之处得以修复。正是这种双链颠倒配置的"大矛盾"，将数十亿的"小矛盾"组织成一种整体的结构，形成数十亿的"小矛盾"服从一个"大矛盾"、一个"大矛盾"管控数十亿的"小矛盾"的矛盾"叠加"机制，形成了螺旋型"梯子"的精致结构。

（三）DNA 分子链四级折叠中的对立统一关系

人类基因组大约有 30 亿个碱基对，是一条长约 1.7 米的 DNA 双螺旋链。这种长链如果以平直伸展的方式或以杂乱卷曲的方式存在于细胞内，它就像一张铺展开的或胡乱揉成团的纸条一样，很容易受到内外各种有害因素的破坏，细胞也不可能为其提供足够大的铺展空间，其有序性的结构以及有序性的自我复制、有序性地编码蛋白质的功能等都将难以持续。但是这种分子长链在漫长的进化过程中找了一种高明的"藏身之术"，称之为四级折叠式的空间结构。它以极为精巧的机制缠绕在一个个的八聚体的核心组蛋白分子团上，在每一个核心组蛋白分子团上只缠绕 1.75 圈，然后延伸出来一段链条，再同样地缠绕在另一个组蛋白分子团上。如此重复缠绕而使 DNA 分子被折叠，使相对平直的分子链条变成串珠式的链条。这种串珠式的链条被称为染色质纤维，DNA 分子的长度因这种串珠式的折叠而缩短了约 7 倍。串珠式的链条即染色质纤维按照左手螺旋的方式再卷曲缠绕，形成一种中空状的螺线管，其形状就像连接电话机和听筒的卷曲状电线一样，使已经被折叠一次的 DNA 分子链得到第二次折叠，其长度压缩了 40~60 倍。染色质纤维螺线管进一步卷曲、折叠，形成由螺线管卷曲而成的超螺线管，DNA 分子的长度再被压缩 40 倍。之后，超螺线管再度盘绕，被压缩成为染色单体，DNA 分子长度再度被压缩 5~6 倍。染色单体在细胞核内与其他物质分子一起，被组装成染色体。1.7 米长的 DNA 分子经过以上四级折叠，被压缩了 8000~10000 倍，被组装在直径只有几微米的细胞核中。在这种四级折叠的盘绕、卷曲中，DNA 分子像一张长纸条被一再折叠，在每一层的折叠中都有一种特殊的蛋白质分子（组蛋白 H1）充当"订书钉"的功能，在卷曲、盘绕的某些点上将相邻的两层折叠纸"订"在相对固定的位置，使"长纸条"由此变成了占空间很小的一本"书"，成为人体的"遗传密码本"。DNA 分子缠绕、卷曲的每一个环节，都有相应的"订书钉"起固定作用。这些"订书钉"其实就是由组蛋白 H1 上的电荷与 DNA 分子链的一定折叠部位上的电荷相互作用形成的键合力[1]。

（四）DNA 分子的分化及其所形成的矛盾特征

DNA 分子不仅包含着"头足倒置"的双链之间的对立、双链上不同碱基之间的对立、不同的折叠段之间的对立，等等，而且包含着不同的分子片段之间的对立。不同的分子片段是 DNA 长链遵循对立统一规律形成的分化现象，它们几乎都是互为对立面，成双成对地存在于 DNA 长链之中，如基因片段和非基因片段、编码区与非编码区、内含子与外显子、合格基因与假基因、编码基因与重复基因等片段的对立。相互对立的分子片段既具有共同的结构和功能特征，又具有相反的结构和功能特征，它们之间以电荷的相互作用关系，连接成能够承载人体全部遗传信息的 DNA 分子"长卷"，并被规则地"装订成书"。

DNA 分子中所包含的遗传物质的最小功能单位称为基因，是 DNA 分子中承载特定遗传信息的一个个片段。这些片段之间由不含有遗传信息的另一些 DNA 片段即非基因片段隔离开，就像书中的标点符号将每句话隔离开一样。全部基因片段和非基因片段以相互间隔的排列形式连接成整体分子链，它们所组成的一种链条状综合体称为基因组，是细胞或生物体的一套完整的单倍

---

[1] 周春燕、药立波主编：《生物化学与分子生物学》，人民卫生出版社，2020 年 7 月，第 32–35、41–42 页。

体遗传物质，含有细胞和生物个体进行各种生命活动所需要的全部遗传信息。

进化程度较高的真核细胞的 DNA 分子包含的基因数量巨大，由这些数量巨大的基因所组成的基因组长链分化为两种基本的功能区：编码区和非编码区。非编码区是一段段能够被转录但不能指导蛋白质合成的 DNA 序列，称为"内含子"；编码区是既能够被转录又能够指导蛋白质合成的一段段 DNA 序列，称为"外显子"。内含子与外显子相互连接但又相互一一隔开，间隔地排列成基因组长链。

真核细胞的基因组中还存在着"家族"分化，形成许多不同的"基因家族"。每个基因家族有着相同的来源、相似的结构、相关的功能，是由一个祖先基因经过重复和变异过程形成的一组具有某种共同特征的基因群体。在各个基因家族中也有分化，既有合格的基因成员，也有被称作"假基因"的成员。基因家族中多数是合格的成员，它们能够精准无误地转录遗传信息，转录后生成细胞所需要的基因产物；假基因数量很少，但却是家族的"残疾人"或"不肖子孙"，因为它们的核苷酸排列顺序存在缺损、倒位、点突变等缺陷，功能上或是不能转录遗传信息，或是转录后生成无功能的基因产物，是潜在的祸根。基因组还存在编码基因与重复基因的分化，前者是能够编码蛋白质的基因，并有一个或几个复制品充当"候补"的角色；后者是功能不清楚且数量很大的 DNA 重复序列，它们有可能是基因王国里"白吃饭"且身份不明的一大群懒汉，也可能是编码基因的后备军。

DNA 分子在各种内外部条件的作用下，还可以分化为多种奇特的类型，形成不同类型的 DNA 螺旋结构，这些结构之间也是一种对立统一的关系。DNA 分子的标准式右手双螺旋结构被称为 B 型 –DNA，这种标准式结构只是在一定的湿度条件和生理条件下才能保持的最稳定结构。而在溶液中的离子强度或相对湿度发生较大变化的条件下，DNA 双螺旋结构的沟槽、螺距、螺旋的旋转角度、碱基对的倾角等，均有较大变化。譬如在条件发生特殊变化时，它可以形成具有另一种空间结构特征的 A 型 –DNA，也可以形成与右手双螺旋相反的左手双螺旋式结构，即反向旋转的 Z 型 –DNA。标准式右手双螺旋结构即 B 型 –DNA 的碱基配对也不是一成不变的，在环境的酸碱度发生某种特殊变化的条件下，DNA 双链的碱基配对也会发生多种变化，从而形成

DNA 的三链螺旋结构或四链螺旋结构，使 DNA 的许多重要功能发生相应的变化❶。

DNA 分子的分化及其所形成的不同的结构片段之间和不同的结构类型之间，既有对抗性的对立统一关系，也有互补性对立统一关系。分化是内部的或外部的矛盾运动的一种结果，同时也是内部的或外部的矛盾运动进入新阶段的开始。DNA 结构的矛盾本性及其有序性特征，决定了它只能依靠矛盾推动的结构复制来保持结构的稳定性，只能依靠矛盾推动的结构进化使结构在漫长的历史过程中保持相对的稳定，使生命在适应环境的过程中得以延续。

第三节　生命系统结构的信息指导机制
　　　　——基因表达

自然界产生出核酸和蛋白质这样复杂的生物大分子，无疑是非常神奇的发展过程和发展结果。但是比这更加神奇的地方，还在于这两种分子通过发挥其各自的功能，不断进行具有互补特征的"斗争"，在永不停息的合作与斗争中实现生命的延续。

生命系统结构的重要特征之一是它具有将自身延续下去的信息储存和信息表达功能。承载这种功能的物质实体，就是包含着数以千计、万计的基因序列的 DNA 分子。而生命信息的储存和表达，实质上就是生命体准确地保存自己的设计图纸和准确无误地按照设计图纸重新构造自己。这一过程在分子结构水平上的实现，就是核酸与蛋白质两种分子之间极为复杂的矛盾斗争和矛盾转化过程。

一、基因表达是 DNA 结构转化为蛋白质分子结构的矛盾斗争过程

DNA 分子中包含着数以万计的储存有特定遗传信息的最小功能单位，这些功能单位是 DNA 分子的一些片段，它们被称为基因。基因在本质上是生命

---

❶ 周春燕、药立波主编：《生物化学与分子生物学》，人民卫生出版社，2020 年 7 月，第 37–40 页。

构造和生命活动的信息，构成基因的 DNA 分子片段及其结构关系只是生命信息的物质载体。基因承载的信息只有通过表达，才能转化为构造生命的材料和进行生命活动的物质运动过程。

基因表达分两步进行：第一步是基因转录，即基因所储存的遗传信息由 DNA 分子"转录"为 mRNA 分子；第二步是基因翻译，也就是将转录来的 mRNA"翻译"为一种又一种具有特异生物学功能的蛋白质分子。这些被"翻译"出来的蛋白质分子，也就是按照 DNA 给出的图纸制造出来的种类繁多的生命体构造材料。这些材料各具特殊功能，是生命活动的具体执行者，它们是正常生命活动的物质基础。

包含着数千、数万个基因的 DNA 分子，通过复杂曲折的过程，完成难以计数的生化反应，最终制造出细胞所需要的各种蛋白质分子，为维持细胞结构的稳定和细胞分裂的进行提供基础性支持。在这一过程中，矛盾不断产生又不断解决，矛盾与矛盾之间相互作用、相互影响、相互转化。一些矛盾引起或管控另一些矛盾，矛盾与矛盾时而形成合力，时而形成分力，互为对立面的各种分子、因子相互对立同时又进行着有限度的然而又是非常重要的合作。这一切，体现了生命物质运动的内在活力和矛盾构造出有序结构、有序结构在一定程度上管控着矛盾运动的规律。

二、基因转录中的辩证关系

基因表达的第一步是基因转录，其实质是以 DNA 分子的一条单链为模板，以四种核苷三磷酸为原料，依靠一种专门行使运输职能的 tRNA 分子，将这些原料运送到确定的位置，在特定的酶分子的作用下，按照碱基互补配对原则制造出专门行使信使职能的 mRNA 分子，这一连串的生化反应的机理与 DNA 分子自我复制没有太大差别。

如果把作为模板的 DNA 分子单链比作原声的录音带，那么以它为模板制造出的信使 mRNA 分子就是按原声带复制的转录音带。这是 DNA 分子制造出与自己在结构和功能上既相同又在一些方面与自己相反的对立物。一方面，这种转录音带与原声带中某些片段的结构及其所承载的遗传信息是完全相同的；另一方面，这种转录音带充当传递遗传信息的信使，可以将原声带中的遗传信息送到这些信息能够发挥作用的位置，否则，传送信息就得原声带亲自出马，这显然是极其危险的。这种危险性就好比军队的总司令一次又一次地亲自到作战前线传达自己的命令，说不定哪一次就会受伤甚至永远也回不来了。但是 DNA 分子要制造出自己的信使这种对立物，必须借助于另一个对立物即 RNA 聚合酶的中介作用，使 RNA 聚合酶与 DNA 分子成为直接相互作用的对立面。RNA 聚合酶与 DNA 链上的一种被称为"启动子"的结构片段相结合，结合的方式是二者形成正负电荷的键合关系，将 DNA 分子双链的某一段打开，将原料物核苷三磷酸按照碱基互补配对原则一一结合到模板的起始点上。RNA 聚合酶沿模板链向前滑行，所到之处 DNA 双链陆续打开，核苷三磷酸分子紧随其后一一结合到打开的模板链上，并按照模板链的顺序彼此发生聚合反应生成 mRNA 链，即形成与原声带相同的转录音带。聚合酶后面已完成复制工作的 DNA 模板链陆续重新合成原来的双链。当聚合酶滑行到模板链的终止点时，复制出来的完整的 mRNA 分子链从模板上脱离，另一种酶分子与聚合酶结合，将聚合酶也从模板上"摘取"下来，复制过程到此完成。

按照细胞生存和分裂的需要，DNA 分子要复制出包括 mRNA 分子在内的多种多样的 RNA，这些不同种类的 RNA 分子各有各的专门复制过程，各自到细胞中指定的位置发挥其专门功能，其中能够编码蛋白质也就是能够指导合成蛋白质的 RNA 称为 mRNA，这种 RNA 的种类也非常多。刚复制出的 mRNA 分子还必须经过专门化的各种酶进行加工修饰，才能成为合格的信使。它之所以能够将 DNA 发出的指令即 DNA 储存的特定信息转录在自己身上，是因为它的碱基排列顺序就是复制出来 DNA 的碱基顺序，二者的碱基顺序相同，亦即结构相同，所携带的信息自然相同。在复制全过程中起催化作用的 RNA 聚合酶也有许多专门化的种类，每种酶完成自己的职责后有序地退出相应的位置。

三、基因翻译中的辩证关系

基因表达的第二步是基因翻译，其实质是 mRNA 以转录得来的信息指导合成细胞所需要的各种蛋白质。mRNA 是翻译的模板，但它只是一个生物大分子，而不是什么具有意识功能的物质，所以这里所谓的翻译或指导蛋白质合成等，也就是将 mRNA 自身的结构转化为细胞所需要的蛋白质的结构。这义是一种自己制造自己的对立物的过程。mRNA 是一种核酸分子，它在结构上与 DNA 的一定片段的结构相同，而与蛋白质相反。将 mRNA "翻译"成与自己在原料构成和结构关系上正好相反的蛋白质分子，其难度似乎就像让公鸡下蛋一样。然而随后的过程却展现出一个神奇的机制：公鸡确实是下不了蛋，但编码的信息却能引导、推动公鸡通过诸多环节，借助母鸡下出了蛋。mRNA 制造自己的对立物，实际上是 mRNA 代替 DNA 制造出核酸的对立物——蛋白质，因为 mRNA 仅仅是奉命行事的传令兵，DNA 才是决定合成蛋白质的真正主人。在这里，核酸与蛋白质之间的矛盾关系，被聚合酶、mRNA 等许多的中介环节掩盖起来了。就像公鸡与蛋之间互为对立面的矛盾关系，被母鸡这个中介物掩盖起来一样。

mRNA 是一定数量的核苷酸单体分子通过聚合反应连成的核酸分子长链，其中每三个相邻的核苷酸组成一个叫"密码子"的片段。mRNA 长链所包含的密码子共有 64 种，其中有 61 个密码子能够给蛋白质的合成编码，其余 3 个密码子的功能是在编码完成时终止编码过程。所有的密码子通过化学键连成整体，这个整体承载着 mRNA 所能携带的全部遗传密码。这种遗传密码的奥妙之处在于，mRNA 分子链的结构决定着所要合成的蛋白质中氨基酸单体分子的排列顺序。

mRNA 要被"翻译"成自己的对立物蛋白质，也必须先与中介物 tRNA 等建立直接的相互作用关系。tRNA 是合成蛋白质的运输工具，其分工职能是携带作为蛋白质原料的氨基酸分子进入 mRNA 所指定的位置。tRNA 自身结构中的三联核苷酸分子能够组成"反密码子"，这种"反密码子"能够识别出 mRNA 上的密码子，从而传递出 mRNA 密码指导合成蛋白质的准确信息。tRNA 识别 mRNA 上的密码子并携带特定的氨基酸分子合成蛋白质，也需要有一种中介物——专门化、特异化的氨酰-tRNA 合成酶的参与。这种酶有许多种，每一种都具有高度特异性的功能，既能够识别特异的氨基酸，又能辨认携带该种氨基酸的特异 tRNA 分子。

合成蛋白质还必须有精准工作的装配机器，这种机器叫核糖体，是几十种 rRNA 核酸分子与几十种蛋白质分子相互结合而成的三维结构的复合体。

这种复合体在一定程度上体现了核酸与蛋白质这两种对立物之间较为直接的矛盾关系。细胞中的核糖体有不同的种类，不同的核糖体合成不同的蛋白质。由 rRNA 分子与几十种蛋白质分子组成的核糖体中，有一些专门化的"机器构件"，即具有专门化的特异性功能的因子，如起始因子、扫描因子、延长因子、终止因子等。这些因子都是具有较复杂的结构的分子或分子团。氨基酸分子作为合成蛋白质的原料，在进入合成过程之前，必须在氨酰–tRNA 合成酶的催化作用下缩合成氨酰–tRNA 分子。具有合成启动功能的一种分子叫起始氨酰–RNA，它与核糖体上的特异因子（其中就包含具有运输和识别功能的 tRNA 分子）以及作为翻译模板的 mRNA 分子，共同组装成起始复合物。组装起始复合物的基本方式也是碱基配对结合。如 tRNA 分子上的反密码子与 mRNA 分子上的密码子就是通过配对结合，才能达到识别的目的。核糖体上还有专门的扫描因子，能够专一性地扫描、识别和选择 mRNA 模板上的起始位点和位点上正确的起始密码子，从而准确地启动蛋白质合成过程。扫描因子识别和选择 mRNA 起始位点的方式，就是构成这些因子的 rRNA 分子的末端与 mRNA 分子的首端上的起始密码子以碱基配对实现结合，将 mRNA 模板结合到核糖体上的指定位置。mRNA 模板是一条分子长链，而核糖体则是许多"构件"组装而成的块状的"机器"，二者只在一个确定的而且是较小的区间才能相互结合。这个区间有合成蛋白质的两个重要位置：P 位和 A 位。每分子 mRNA 链条上可以结合多个核糖体，第一个核糖体在 mRNA 链条上的起始部位结合，引入第一个特殊蛋白质分子——甲硫氨酸，这个甲硫氨酸是蛋白质合成和细胞正常活动所必需的、人体内无法合成的一种物质。引入甲硫氨酸后，第一个核糖体在 mRNA 链条上向前移动一个位置，后边依次跟着的是第二个、第三个、第 n 个核糖体。多个核糖体依次结合到同一个 mRNA 分子链上，像一条绳子上连了许多珠子一样。每一个核糖体独立完成一个蛋白质分子链也叫多肽链的合成，其指令都来自同一个 mRNA 分子链。在每个核糖体与 mRNA 分子相连的 P 位和 A 位，mRNA 上的密码子按照从 DNA 那里复制的信息，引导各种活化的氨基酸分子即各种氨酰–tRNA 分子按顺序结合到核糖体上，形成严格的"对号入座"的秩序。这个过程十分复杂，要通过一系列延长反应，使多种因子结合成过渡性的复合物，才能使需要结合的两个氨酰-tRNA 分子依次进入 P 位和 A 位。核糖体上的转肽酶将结合到核糖体上的相邻的两个氨酰-tRNA 分子催化合成为一个二肽酰 tRNA 分子。之所以称为二肽酰 tRNA 分子，是因为它是由两个氨酰-tRNA 分子分别以其包含的两个氨基酸分子上的氨基和羟基形成共价键缩合而成，缩合反应是两个氨酰-tRNA 分子中分别包含的两个氨基酸分子之间的结合，它们在 A 位结合成二肽酰 tRNA 分子后，P 位上析出的 tRNA 分子因完成了它的运输和识别使命而脱落，P 位空出。在专门的延长因子的作用下，核糖体带着新合成的二肽酰 tRNA 分子在 mRNA 模板上向前移动一个密码子距离，使新合成的二肽酰 tRNA 分子进入空出的 P 位，腾出 A 位接受新的氨酰-tRNA 分子。新的氨酰-tRNA 分子中的氨基酸又在转肽酶的作用下与向前挪动了一个位置的二肽酰 tRNA 分子中的氨基酸再形成共价键也就是肽键，在 A 位上又形成一个二肽酰 tRNA 分子，P 位上被析出的 tRNA 分子脱落。如此使一个个氨酰-tRNA 分子依次入座、成键、前移，形成肽链不断延伸、专司运输和识别任务的 tRNA 分子不断脱落的过程。当 mRNA 发出终止信号时，专门的识别因子对终止密码子进行识别，并结合到核糖体上引起新的反应，这些反应使参与合成过程的有关酶、因子等解体、脱落或释出，合成的蛋白质分子链也就是肽链也从核糖体上脱落，蛋白质合成过程亦即 mRNA 的翻译使命遂告结束。

四、蛋白质分子修饰和降解中的辩证关系

新合成的蛋白质分子链也就是多肽链要经过糖基化、甲基化等化学修饰，去除"新产品"上残留的多余部分，改变多肽链中氨基酸的性质和组成，并使其在一级结构的基础上进一步盘曲、折叠，使各有"奇技"的酶参与到识别和折叠肽链的过程中，最后才能形成具有天然构象和生物学活性的功能蛋白质。至此，具有生物学活性的 DNA 通过难以计数的中介环节，终于生产出了自己的对立物——具有与自己既相反又互补的生物学活性的功能蛋白质。

新合成的功能蛋白质被输送到细胞的指定位置发挥其功能，发挥过功能的蛋白质和在运输、工作过程中被损伤、被错误折叠的蛋白质等废物，则必须进行降解或清除。参与降解蛋白质的"专业工作者"是各种"泛素"酶，这些酶能够识别、标记出需要降解的蛋白质并与降解对象结合，被识别、被

标记的蛋白质被运送到细胞的"垃圾处理厂"——一种称为"蛋白酶体"的蛋白质复合体上进行降解。细胞内不能发挥作用的蛋白质不断地被降解,新的蛋白质不断地被合成并取代被降解的蛋白质,形成细胞内蛋白质代谢的循环过程。与蛋白质的合成一样,蛋白质的降解速率和降解位点出现异常,就会影响细胞的多种功能,导致疾病的发生。

五、生命系统有序结构的自组织机制——基因表达调控

核酸结构所具有的更高水平的有序性特征,是基因组高度有序的多级自我调控机制。

(一)一些矛盾管控另一些矛盾

DNA 分子及其包含的基因组在自身内存在着控制、调节、管理自身行为的构造部分,即专门的调控基因。显然,调控基因是其他基因特别是编码基因的对立物,但也是其他基因的安全维护者。专门的调控基因是 DNA 分子链上的一定片段,这些片段在 DNA 分子链上形成一定的"调控区",专司基因表达调控。调控区包含着多种多样的调控基因,这些基因有严格而复杂的分工,其中的若干基因还组成发挥专门调控职能的各种单位或"团伙"。如基因组中存在着对基因表达的各阶段产物进行加工、修饰的基因,对不合格表达产品进行降解的基因,对自身损伤进行修复的基因等。种类繁多的调控基因分别按照时间特异性、阶段特异性、空间特异性、组织特异性等特异性功能要求,准确调控基因的表达行为和表达过程,对 DNA 分子及其包含的基因自身的行为进行防错、纠错,使基因表达达到最大程度的准确无误。调控基因还能够与自身之外的物质建立相互协调的关系。调控基因能够与基因自身所编码的某些蛋白质和来自细胞其他部分的蛋白质等物质相互作用、相互结合,形成各种结构复杂、功能特异化的元件、单位,利用基因以外的这些物质的作用补充自身调控功能的不足,更高标准地完成对基因行为的调控。基因组的这种自我调控的结构机制,体现了核酸分子内部以及核酸分子与蛋白质分子之间的矛盾关系的非常奇妙的特征,可谓是矛盾规律所产生的天工奇巧之作。

第六章　有序性高级系统结构的形成和演化

（二）结构中的矛盾运动达到严格的特异化、专门化、定量化水平

基因表达是极为复杂的矛盾运动过程。为了防止基因表达过程中发生非正常变化事件，基因表达必须达到严格的特异化、专门化、定量化水平。

同一生命个体的所有细胞都具有相同的基因组，携带着个体生长、发育、活动、繁殖所需要的全部遗传信息。这些信息数量巨大，分类复杂，不能同时全部都表达出来，而是要严格按照细胞和生命活动所需要的一定的时间顺序开启或关闭相应的基因。这种按照一定的时间顺序开启或关闭相应基因的功能，称为基因表达的时间特异性。在生命体生长发育的不同阶段，不同的基因要严格按照各自的特定时间顺序开启或关闭，这种功能称为时间特异性中的阶段特异性功能。一种基因必须在个体的不同组织或器官中表达，而不能随处就表达，这种功能称为基因表达的空间特异性。基因在不同的组织细胞中表达的数量、表达的强度、表达的种类各不相同，这种功能称为基因表达的组织特异性。在不受环境变化影响的组成性基因表达中，其表达的强弱程度要受到一定的调控。在受环境变化影响的适应性基因表达中，其表达水平的增高或降低必须根据环境影响的强弱而受到相应的调控。各种各样的特异性要求，其实质是全方位的准确性要求，即基因表达必须做到最大限度的精准无误。

（三）一些矛盾控制另一些矛盾运动的进退和快慢

生命物质的有序性结构，往往体现为结构在其变化的每一步和每一个环节上，都会制造出专门化、特异化的化学分子或由许多分子组成的元件、功能单位等，执行专门的生化或生命活动职能。每一种专门化、特异化的分子、元件、单位，总是与另一种分子、元件、单位既相互对立又相互补充，协同完成共同的生化过程。在 DNA 分子长链的基因组中，一些片段是发挥表达功能的基因序列，而另一些片段则是专门控制、调节基因表达的基因序列，后者并不发挥其职能之外的编码蛋白质的职能，以便使基因表达调控这一极为重要的分工职能不致受到干扰或破坏。而要更可靠地保证基因表达调控职能不受到干扰或破坏，单靠严于职守的调控基因是不够的，还必须创造出稳定执行调控职能的专门机构来弥补调控基因的不足。这种专门机构，就是由调控基因与一系列被称为表达调控元件的其他生化分子相互结合而组成的专门

性调控单位——操纵子。显然，操纵子就是调控基因与它的对立物组成的互补性较强的调控团队。操纵子构造复杂，包含有专门控制、调节基因表达的基因。因为有这样的专门基因，就可以在操纵子这种团队的内部编码特定的酶。这些酶有许多种，它们通过与正在表达的基因形成化学键而达到相互结合，有的发挥增强基因表达活性的作用，有的则能根据需要关闭操纵子，阻止基因的表达。操纵子通过这些酶发挥其各自的特异化分工职能，准确"操纵"基因表达过程，使基因表达能够适应内外变化而进退自如，快慢有致。

进化水平较高的真核细胞的基因表达调控，可以分别在基因转录、RNA加工、RNA转运、mRNA降解、基因翻译和蛋白质活性等不同的环节上进行。其中，转录调控是真核细胞基因表达的主要控制点。转录环节若出差错，就像传令兵将司令官的命令传达错了一样，其后果可想而知。在基因转录这一环节中，影响基因转录的各种因子被组织起来，它们通过与DNA上的一定调控区的分子序列相结合，增强或抑制基因转录。其中，被称为"顺式作用元件"的功能单位，就是能够调控基因转录的一种特殊的DNA序列，它包括启动子、增强子、沉默子三个主要构成因子。这三种因子的功能是相互矛盾的也是相互补充的：启动子决定基因转录在何时何处开始，增强子根据需要可以增强某些启动子的功能，沉默子根据需要对基因转录进行阻遏，防止基因转录走过了头。另一种被称为"反式作用因子"的功能单位，是一种专门化的结构复杂的蛋白质群体，与"顺式作用元件"的功能既相互对立又相互补充。这些蛋白质群体与顺式作用元件也就是与DNA分子中专司调控的序列相结合，识别顺式作用元件中的启动子、增强子等片段，影响RNA聚合酶的活性，根据特异化的要求对基因表达进行正调控或负调控。

不只是在基因表达调控中，在生命活动的各个重要过程中，发挥正调控作用的因子与发挥负调控作用的因子都是缺一不可的，否则调控过程要么难以进行，要么无法"刹车"，其后果可想而知。

第四节　生命系统结构的进化和进化中的矛盾斗争

物质演化的历史表明，各种物质形式的结构进化，普遍具有优势结构取代劣势结构的基本趋向，而优势结构取代劣势结构总是在矛盾斗争的推动下实现的。生命系统的结构是自然界产生的一种最复杂的有序结构，这种高度有序的结构是在长期的与无序性结构缺陷进行斗争的过程中形成和完善的。生命从一开始就是在与死亡进行不停的斗争中保持和延续自身的。生命结构的有序性越高，其生存能力也就是战胜死亡的能力就越强。

系统与系统之间总是存在着相互作用，相互作用不断改变着系统的外部形态和内部结构。具有某种结构优势的系统在与缺乏结构优势的系统体的相互作用中，加快了自身结构的进化，形成优势结构取代劣势结构的进化史。在这种进化史中，生命物质的结构进化是整个自然界物质结构进化过程中的一个非常奇特的阶段。

一、化学进化中的矛盾斗争

科学研究证明，在真正的生命体形成之前，曾经有过一段漫长的以化学进化为主的前生命体的进化历史。

科学家通过人工模拟原始地球的环境条件下物质的化学演化过程，已经初步合成了核酸和蛋白质这两种生命物质的一些单体，在一定程度上揭示了化学演化中以化学键为主要形式的对立统一关系推动简单的分子进化为越来越复杂的分子，直至产生核酸、蛋白质这样的生物大分子及其相互作用关系的某些规律和机制。现在人们看到的具有生物活性的各种生命物质和具有各种奇特功能的生命系统，并不是这些物质本来就如此神奇，而是经过几十亿年的进化历程，由原始地球上的简单分子及其合成的生物小分子和最早的核酸、蛋白质等物质转化而来的。

（一）化学进化的主要阶段

无论是在自然界还是在化学实验室里，都可以做到由无机的和有机的简单分子合成氨基酸、核苷酸等生物小分子。在生物体内，也广泛存在着氢、氧、水、乙烯等简单分子。这表明化学进化的初始阶段，应当是原始地球上的氢气、二氧化碳气体、甲烷、水、氨气等简单分子合成诸如氨基酸、核苷酸等较复杂的生物小分子的过程。

化学进化的中期阶段，应当是氨基酸、核苷酸等生物小分子聚合为核酸、蛋白质等生物大分子的过程。对于生物小分子聚合为核酸、蛋白质等生物大分子的途径，科学家通过模拟实验已经提供了可信性较高的证据，但是还需要寻找更多、更有价值的证据。

化学进化的后期阶段，应当是核酸、蛋白质等生物大分子之间形成相对稳定的、互为因果的有序性生化反应，以及形成稳定的信息传递功能的过程。这一过程产生的由生物大分子组成的各种功能单元相互耦合，形成具有生命体的一些特征但还不是完整的生命体的一种"准生命体"或"半生命体"的系统，即前生命体系统。

（二）化学进化的关键一步是核酸具有了复制自身和编码蛋白质的功能

在化学进化的后期阶段，最关键的一步是核酸如何准确地复制自身和如何编码蛋白质。只要化学演化完成了这一步，生命体的出现就只是时间迟早的问题。

在数亿年、十数亿年的漫长化学演化中，终于进到了这样一步：一些分子进化出了某种活性，可以较准确地复制自身，并编码制造其他的分子，这些编码和被编码的分子有秩序地组成某种系统，可以用世代更替的方式延续自身的存在。科学家在研究这一步如何完成的探索中，提出了许多有价值的见解。

在进化到成熟阶段的生物细胞内，遗传信息的传递方向是由 DNA 到 RNA 再到蛋白质，即 DNA 作为模板合成 RNA，RNA 复制了 DNA 的结构，也就相当于转录了 DNA 储存的遗传信息，并用这些信息指导特定蛋白质的合成，被合成的种类繁多的蛋白质被输送到细胞的各个部位发挥其专门的生化功能。但是在生命出现以前，化学演化并不一定是先有 DNA，再产生 RNA，最后合成蛋白质。在进化的早期，应当是在某种混乱的化学反应中逐渐形成有序性的结构关系。科学家根据是否具有酶活性，提出最早出现的具有生物活性的大分子应当是 RNA。RNA 所具有的酶活性，既能够催化核酸的剪接，使其具有生物活性，又能够催化氨基酸与氨基酸之间形成肽键从而聚合成蛋白质分子链，还能够催化 tRNA 与氨基酸之间的化学键的形成和断裂，从而使 tRNA 能够定向、定时、定点运输氨基酸。RNA 形成后因其具有的结构和功能优势，曾长期成为地球化学演化世界的统治者。它指导合成蛋白质，并与蛋白质（包括反转录酶）合作指导合成 DNA。但是，当 DNA 形成后，由于它具有双螺旋结构的稳定性优势和增大基因组的优势，不仅能够减少自身的生存危险，而且能够扩大信息储存量，于是 DNA "逐步取代了 RNA 作为遗传物质的地位；蛋白质则逐步承担并大大丰富了 RNA 作为酶和结构分子的功能"❶。从此，DNA 成为化学演化界的发号施令者，RNA 降身为 DNA 的仆从，蛋白质成为供 DNA 和 RNA 驱使的劳动力。三者相互作用，紧密关联，成为构造生命系统的支柱。

对于核酸与蛋白质之间是如何建立起像成熟生命体细胞中那样的反馈式因果联系，一些科学家提出了"催化超循环"假说。该假说从生物大分子之间形成连锁循环性化学反应过渡到连锁循环性催化反应，来解释自复制单元的形成机制和"一定量的信息在传代中稳定不变"的化学机制；从若干连锁循环性催化反应构成更大的连锁循环性催化反应的过程，说明通过循环式的因果关系，可以将多个自催化和自我复制单元联结成具有超循环自组织功能的系统❷。

催化超循环假说的合理性似乎不难理解。原始地球上发生的各种核酸分子与各种蛋白质分子之间的化学反应（当然这些反应还会有糖类、脂类分子以及其他各种无机和有机分子参与），在化学机理和自然选择相结合的作用下，或迟或早必然产生这样几种结果：

第一种是生化反应循环圈。一种反应过程的生成物成为另一种反应过程得以进行的一种反应物，后一种反应过程的生成物又成为第三种反应过程得

---

❶ 谢强、卜文俊编著：《进化生物学》，高等教育出版社，2010 年 8 月，第 31 页。
❷ 同上书，第 31 页。

以进行的一种反应物，最后第 n 种反应过程的生成物又成为最初一种反应过程得以进行的一种反应物，如此形成互为因果的反应循环圈。这样的循环链条越长，产生的生物大分子的种类就越多，生化反应按照一定的次序稳定地进行的有序性就越强。

第二种是催化反应循环圈。一种反应过程的生成物成为另一种反应过程得以进行的催化剂，后一种反应过程的生成物又成为第三种反应过程得以进行的催化剂，最后第 n 种反应过程的生成物又成为最初一种反应过程得以进行的催化剂，如此形成互为因果的催化反应循环圈。这样的循环链条越长，不仅能够产生越来越多的专门化、特异化的生物大分子，譬如种类繁多、功能各异的蛋白质分子、酶分子以及诸多分子结合而成的各种因子、元件、结构域等，能够使生化反应按照更高的有序性稳定进行，而且能够使循环圈成为一种自催化系统和自我复制系统。自催化系统排除了常温、常压条件下其他物质参与生化反应和催化过程的可能性，保证了系统结构的稳定。自我复制的循环系统，使核酸、蛋白质等重要的大分子能够借助诸多中介环节，自己催化自己参与的化学反应，借助循环式的生化反应自己复制自己，将上一代的自己的信息完整地传递给下一代的自己。由此形成核酸的自我复制和编码蛋白质的机制，以及蛋白质（包括酶）参与核酸的复制和核酸编码蛋白质的机制。

第三种是超级催化反应循环圈。一种催化反应循环圈成为另一种催化反应循环圈得以进行的催化剂，后一种催化反应循环圈又成为第三种催化反应循环圈得以进行的催化剂，最后第 n 种催化反应循环圈又成为最初一种催化反应循环圈得以进行的催化剂，如此形成互为因果的超级催化反应循环圈。这样的循环链条不仅能够使生物大分子实现自己催化自己、自己复制自己的生化反应，将上一代的自己的信息完整地传递给下一代的自己，使自己在复制自己的过程中得到长久生存，而且能够使互为因果的诸多循环圈被准确地组织起来。一种循环圈循环到某一环节，其他的循环圈也必须循环到全面配合的相应环节；反之亦然。互为因果的循环圈组织成为超级循环圈，若干超级循环圈按照同样的规律组织成为更高级的循环圈，直至形成具有完整的自组织功能的生命系统。

上述三种循环圈都是在长期的历史过程中形成和变化的。每一种循环圈在其早期都是简单的、存在着许多缺陷的。随着进化路程的延伸，循环圈的结构逐渐趋于复杂、有序，功能趋于相对完整。每一种循环圈的每一个运行环节都会因为受到环境因素或循环过程自身因素的作用而发生变异，甚至使循环圈遭到破坏。循环圈有可能将变异矫正到原来的秩序中，也有可能利用变异产生的连锁反应，构建起另一种循环圈并将其纳入良性循环的秩序中，由此进化出更具优势的结构和循环功能。最不幸的当然是循环圈几经挫折而无法恢复到原来的秩序，甚至遭到破坏，落入被淘汰的行列。

（三）矛盾推动化学进化趋向结构优化

化学进化中产生出了两种相互对立又相互依赖的生物大分子，即核苷酸多聚体和氨基酸多聚体。前者统称为核酸，包括 DNA 和多种 RNA，DNA 能够复制自身并通过 RNA 指导合成后者；后者统称为蛋白质，能够吸收有机分子，为前者提供复制自身的"下锅之米"，并协助前者完成其几乎所有的生化功能。核酸与蛋白质是"和而不同"的矛盾关系，一方依赖另一方而存在，但同时却排斥对方取代自己的地位和功能。

原始有机分子聚合成链条状的核酸和蛋白质这两种多聚体，并结成"和而不同"的关系，所依靠的是化学键的连接作用。但是还必须有另一种对立物，它能够催化化学键的形成和断裂。否则，在常温、常压等条件下，产生多聚体的化学键是难以形成的，即使能够形成，在需要它断裂时却不能断裂，多聚体就既不能形成有序的结构，也无法有序地发挥其功能。多聚体在进化中找到了这种对立物，它就是酶——一种特殊的、具有专门化性能的蛋白质分子。多聚体靠什么找到这样的对立物的呢？靠的就是电荷的吸引和排斥作用。酶之所以能够高效催化多聚体的各种生化反应，靠的就是它携带着能够促进化学键形成和使化学键断裂的正负电荷。多聚体找到了弥补自身缺陷的对立物，并与对方建立了"和而不同"的互助互补关系。其道理，就如同氧原子"找到"了氢原子并与之结合为水分子，水分子又"找到"了高温条件并在其帮助下与结合得不算很紧密的氢原子分手一样。

在自然界和社会领域，欠缺之物与补缺之物必然形成既对立又统一的矛盾关系是一种普遍性的规律。当欠缺之物需要一个弥补欠缺的对立之物时，它会用自己"欠缺"的属性吸引能够弥补欠缺的另一种属性及其承载物，就像饥饿的人或"饥饿"的细胞总是能够找到消除饥饿的食物一样。尽管有时也会找错，但也会纠错，最终在纠错战胜找错的过程中形成稳定的食物链关系。

原始地球上的化学进化所遵循的基本规律之一，就是以化学键为基本纽带，在分子与分子之间越来越广泛地建立起缺陷之物与补缺之物的对立统一关系。这种关系一对又一对、一环又一环、一层又一层地叠加起来，使最终形成的系统体具有缺陷越来越少、优势越来越大的结构特征。原始的 RNA 指导合成蛋白质，二者后来又合作合成 DNA，DNA 最后取代 RNA 成为最具优势的遗传信息载体，三者相互作用所构成的系统体具有更大、更全面的结构优势，但是还面临着一个严重的欠缺，这就是需要一个保护膜将系统体与外部环境隔离起来。这种膜一方面可以保护 DNA、RNA、蛋白质和各种酶分子不致受到不利的环境条件的过多伤害，另一方面又能够使系统体需要的物质进入系统体内部，使系统体产生的废料排到体外。系统体就像当年 RNA、DNA 和蛋白质分子找到它们需要的酶分子一样，依靠它自身的电荷终于找到了或者自己制造出了由磷脂分子组装起来的这种膜，这种膜使结构的有序性优势又增强了一个等级。

二、细胞进化中的矛盾斗争

（一）从"半生命体"结构过渡到完整生命体结构

细胞结构进化的第一步应当是从"半生命体"结构到完全生命体结构的过渡。

从远古到现在一直繁衍生息的病毒的生存之道，也许有助于启发人们从矛盾的观点来认识生命遗传物质何以会形成双螺旋链的奥秘，以及"半拉子"细胞如何进化为完整细胞的奥秘。

在完整的生命体即成熟的原核细胞形成以前，很可能有大量的"半生命体"的存在。它们的基本形式可能像现在人们看到的病毒一样，其遗传物质是一种原始的 RNA 短链或 DNA 单链。甚至像最简单的病毒如朊病毒（又称朊粒）一样，没有遗传物质，只有蛋白质，依靠宿主的基因来编码自身的蛋白质并复制自身。当时的地球上还没有产生出完整的细胞，所以这种"半拉子生命体"只有附着在另一个它的同类的身体上，通过"祸害"同类才能复制自身，不断生存下去。但是被"祸害"的同类也有活性，它只有改善一下自身的结构，让"祸害"自身的那个入侵者变成复制自身的牺牲者，才能"变祸为福"。两个"半拉子生命体"为了生存反复进行"入侵"和反"入侵"的斗争，各自都以较快的变异不断地改善自身的结构以求得生存。直到后来，相互"祸害"的"半生命体"终于进化出了一种新种，成为完整的具有独立生命活动能力的细胞。现在的地球上普遍存在一种病毒感染另一种病毒的现象，似乎可以从一个侧面印证地球在几十亿年前可能一再地"试生产"出各种废品 RNA 分子、DNA 分子、蛋白质分子和由它们组装成的"半拉子生命体"，艰难地开拓着生命的起源之路，最终形成并被自然条件选择了合格的、有结构优势的 DNA 分子、RNA 分子、蛋白质分子和完整的细胞生命体。

（二）由原核细胞结构过渡到真核细胞结构

细胞结构进化的第二步应当是由原核生物的细胞结构向真核生物的细胞结构的过渡。

最早形成的细胞应当是像支原体那样的原核细胞，结构极其简单。结构比支原体复杂的原核细胞以细菌为代表，由一层细胞壁包裹着细胞膜，细胞膜内是细胞质，细胞质中有数千到数万个核糖体和包裹着环状 DNA 分子的拟核区，DNA 分子的结构、功能以及合成蛋白质的程序也很简单。

与原核细胞的结构相比，进化到较高水平的真核细胞的结构复杂得多，主要有三方面的优势。

（1）真核细胞具有由核膜包围形成的细胞核和由膜包裹的各种细胞器。核膜为基因表达提供了时空隔离屏障，使遗传物质具有稳定的环境，使基因的表达调控更加安全、精确、高效。

（2）细胞内部形成多层次的系统结构，每一层次的系统都由精细分工和特异化的功能单位及其相互作用的复杂关系构成。真核细胞的结构可以粗略地划分为五个主要层次。

第一个层次是细胞的整体系统，可称为第一级系统。

第二个层次是细胞膜、细胞质、细胞核三个分系统，称为第二级系统。

第三个层次是细胞膜、细胞质、细胞核三个分系统下属的分系统，为第三级系统。属于这一层次的系统分别为：细胞核（间期核）由核膜、核仁、核基质等分系统组成，染色体位于细胞核内，是 DNA 分子的载体，每条染色体为一个 DNA 分子；细胞质由数量巨大的核糖体、粗面内质网、滑面内质网、高尔基复合体、溶酶体、过氧化物酶体、囊泡、线粒体、中心粒、细胞骨架、细胞质溶胶等分系统组成；细胞膜由膜脂、膜蛋白、膜糖等几种分子系统组成。

第四个层次是第三级系统下属的第四级系统。如作为细胞质下属的重要分系统的核糖体，由一定数量的扁平囊泡、小囊泡、大囊泡组成。作为细胞核下属的重要分系统的核膜，由外核膜、内核膜、核周隙、核孔复合体、核纤层等组成；作为细胞核的另一个分系统的核仁，是一种过渡期的结构单元，由纤维中心、致密纤维组分和颗粒组分三个小系统组成，在细胞分裂末期出现、细胞分裂前期消失，主要的功能是合成、加工 rRNA，并将 rRNA 分子与核糖体蛋白分子装配成核糖体亚基；细胞核组成部分之一的核基质由 200 多种核基质蛋白与少量的 RNA 分子组成，这些分子结合成一种纤维网架，分布在整个细胞核内，充当 DNA 复制的空间支架。

第五个层次是第四级系统下属的分系统，这些分系统有的属于多种分子组成的复合体，有的基本属于单分子水平的小系统。如核孔复合体是构成核膜的分系统之一，它由胞质环、核质环、辐、中央栓四个小系统组成，这些小系统分别由多种蛋白质分子组成。又如核仁下属的三个分系统即纤维中心、致密纤维组分和颗粒组分，分别由以下更小的系统组成：纤维中心由直径 10 纳米（nm）的纤维组成，这些纤维是从染色体上伸展出的一段 DNA 分子折叠成的袢环；致密纤维组分这一小系统是 rRNA 的转录场所，含有正在转录的 rRNA 分子、核糖体蛋白分子和某些特异性的 RNA 结合蛋白；颗粒组分这一小系统由新转录生成的 rRNA 分子、核糖体蛋白分子和正在装配的核糖体亚基等组成。

（3）细胞质与细胞核之间既相互隔离，又能够进行有选择、有控制的物质交换。如核孔复合体上存在一种充当受体的特殊蛋白质，能够识别它所要运输的核酸和蛋白质分子，因而能够有选择地将细胞核所需要的蛋白质输入细胞核内，将细胞核内合成的核糖体大亚基、小亚基（亚基就是分支的肽链）和由 DNA 分子转录生成的 mRNA、tRNA 分子输出到细胞质中。

（三）细胞结构的分化水平与结构的有序性水平呈正相关关系

细胞的系统结构中具有专门化、特异化功能的分系统的层次和种类越多，即细胞结构的分化水平越高，细胞结构的有序性水平就越高，细胞的整体功能就越健全。譬如，细胞有无具有检测功能的分系统，是其有序性高低的一个重要特征和重要标志。真核细胞中包含有对细胞周期运行状况是否正常进行检测的分系统，这种分系统能够及时"发现"细胞周期运行中的危险并组织对危险的排除，可以最大限度地保证遗传的稳定性和细胞的正常生长、增殖。相反，在失去检测机制的细胞中，基因组高度不稳定，DNA 发生基因扩增、重排、点突破等概率增高并易于导致肿瘤发生[1]。细胞结构的有序性越高，则结构中像细胞周期检测系统这样的专门性分系统的层次和各层次中分系统的种类就越多，对细胞结构稳定性及相应的功能的维护就越健全，细胞的生命力就越强。

与原核细胞相比，真核细胞结构的复杂性远不止上述几方面。真核细胞因为具有结构复杂的优势，体现其生命活力的功能较之原核细胞就要强得多，所以真核细胞就比原核细胞更能够适应环境，获得更快的进化。在优胜劣汰的自然法则下，简单的单细胞真核生物较快地进化到多细胞生物、原生生物、动植物，直到进化出哺乳动物、灵长类动物和人类这样的高级生物，所依靠的基本优势就是复杂而相对健全的结构。相较于真核细胞的进化速度，原核细胞（如细菌）的结构和功能几乎可以看作是处于数亿年裹足不前的状态。

三、单细胞生物进化为多细胞生物中的矛盾斗争

生命进化的第三步是由单细胞生物向多细胞生物的过渡。

单细胞生物进化为多细胞生物，是在两种矛盾的推动下实现的。第一种是单细胞生物与环境的矛盾；第二种是单细胞生物相互之间的矛盾。这两种矛盾不仅推动了单细胞生物向特化方向进化并结成细胞群，并且推动了单细胞生物实现基因突变，由基因决定单细胞生物向多细胞生物过渡。

---

[1] 陈誉华、陈志南主编：《医学细胞生物学》，人民卫生出版社，2020年1月，第317页。

科学家从古生物学、形态学和胚胎学等方面的证据中得出结论：单细胞生物发展成群体以后，又进一步发展成多细胞生物[1]。单细胞生物能够独立地完成运动、消化、呼吸、排泄、感应、生殖等多方面的生命功能，这些功能都是由细胞中的不同部分按照分工协同的机制进行的。但是在与各种环境因子的相互作用中，以及细胞的各个部分的相互作用中，分别承担运动、消化、呼吸、排泄、感应、生殖等功能的各个部分的进化是不平衡的，有的部分进化快，功能越来越强大、健全，成为相对发达的细胞器，而另一些部分则进化慢，其功能相对弱小或不健全，成为薄弱的细胞器。由此引起了细胞结构的变化：相对发达的细胞器带动整个细胞向继续增强自己功能的特化方向进化，进化慢的细胞器成为特化细胞器的从属物。这种变化进一步引起细胞体积变大和新的细胞器的形成，原来结构简单的、体积很小的单细胞变得更大也更加复杂，细胞整体的结构对细胞的特化发展能够给予更大的协同支持。细胞内部的变化引起了细胞之间相互作用的重大变化：一种特化的细胞与另一种特化的细胞越来越形成相互依赖的关系，如擅长运动的特化细胞需要与擅长消化、擅长呼吸、擅长感应的特化细胞结成分工协同的群体，以便能更敏捷地感受刺激、更快地找到和消化食物、更多地与外界交换气体，等等。这种细胞群的结构虽然较为松散，细胞与细胞之间只有简单的分工和协调关系，但却具有单独生存的细胞所没有的优势。这种细胞群也在进化。群体关系推动群内每个细胞提高其特化的程度，每个细胞提高特化程度又进一步推动群体的结构趋于紧密，这种相互作用关系的世代重复，使这类细胞逐渐获得一系列新的功能：每个细胞主动寻求与其他细胞结成群体，并能够产生维护细胞群结构的专门性生化物质和细胞器。所有这些变化的世代积累必然会引起细胞基因的突变，DNA 分子中产生了能够表达和调控细胞分化的序列。表达和调控细胞分化的基因决定了单细胞生物不再只有分裂的功能，而是在分裂的基础上能够实现分化，即细胞朝着特化的方向分裂，最终形成特化的组织和器官，单细胞生物遂进化为多细胞生物。

---

[1] 武汉大学、南京大学、北京师范大学合编：《普通动物学》，人民教育出版社，1978 年 5 月，第 60、186–187 页。

四、有序结构是在与无序结构的矛盾斗争中产生的

物质进化的实质是矛盾推动下的结构的复杂化和高级化。有序结构的产生和进化，是在不同结构水平的系统之间的矛盾斗争推动下实现的。

化学进化和生物进化的历史表明，正负电荷相互作用的矛盾斗争形成各种简单的和复杂的化学结构，化学结构在自身包含的矛盾推动下产生出具有某种组织性、秩序性的结构，结构的组织性、秩序性产生出最早也是最简单的生命体，简单的生命体在内外部矛盾的推动下实现由低级到高级的进化，这种充满着矛盾并趋于高级化的进程很难停下脚步，因为任何力量也不能取消电荷之间的相互作用，以及在此基础上产生的一个系统与另一个系统的矛盾斗争。

在生命产生以前的化学进化过程中，是较复杂的无序结构与简单的无序结构进行的矛盾斗争。

与生命体的结构相比，无生命的物质结构是一种低级的无序的结构，这种结构不可能战胜生命的有序结构，而只能在与生命体的相互作用中被自己的对立面分解或加以改造，全部或部分地并入生命体之中，成为生命体的组成部分或附属部分。这就是生命结构与无生命物质结构不可避免的矛盾斗争，同时也是生命的本质特征之一。生命如果不能有选择地分解和改造非生命物质的结构而将其同化，它就不成其为生命。

但是，生命并不是突然间才具有其独特的有序结构的。生命的有序性结构，是前生命物质在进化中获得的具有相对优势的无序结构与缺乏优势的、更为低级的另一些无序结构之物进行长期斗争的产物。

在几十亿年以前的地球上，甚至在时间和空间距离更加遥远的其他天体上，曾使碳、氢、氧、氮、磷、硫等几种元素的原子结合成水、二氧化碳、氨、甲烷等小分子。这些小分子在早期地球的某种特殊条件下，进一步结合成越来越复杂的无机分子和有机分子，包括能够组成核酸的碱基分子、核糖分子、核苷酸分子、脱氧核苷酸分子和能够组成蛋白质的氨基酸分子等较复杂的生物大分子，以及由这些大分子聚合成具有生物活性的多聚体分子，即核酸分子和蛋白质分子。

尽管迄今为止科学界还没有完全搞清楚最早能够复制自身并且能够编码蛋白质的核酸分子是怎样产生的，但是根据已有的一些研究成果可以做出这样一种推测：当原始的核糖分子、核苷酸分子、脱氧核苷酸分子和氨基酸分子在自身所带电荷的相互作用下和外部提供一定能量的条件下，聚合成更高一级的多聚体大分子时，即使这种大分子的结构远没有进化到现在的核酸、蛋白质分子的结构那样复杂，但这样的结构总是比水、二氧化碳、氨、甲烷等小分子和核糖分子、核苷酸分子、氨基酸分子的结构更具有生存优势，因为它具有复制自身和编码另一种多聚体分子的特殊结构和功能，具有各个组成部分以强弱不等的化学键为纽带而相互联结、相互维护、相互调节等结构优势。也许这种特殊的结构和功能一开始还很不稳定，随时会因为外部条件的变化和内部结构的不完善而解体，但是它能够"吃掉"或改造、缩合低级结构的分子，并将其转化为自身的组成成分，而水、二氧化碳、氨、甲烷等低水平结构的分子却不能"吃掉"或改造核酸、蛋白质分子。同样的道理，核糖、核苷酸、氨基酸等大分子相对于水、二氧化碳、氨、甲烷等小分子，在结构上也具有类似的优势。所以，生命产生前的化学进化过程，实际上是大分子的较复杂的无序结构与小分子的简单无序结构进行长期斗争，并在斗争中不断提高自身的结构水平，使自身的无序结构进化为有序结构的过程。

早期的生命结构，其有序性程度肯定是很低的。但是在与死亡和无生命物质进行的斗争中，生命物质不断战胜自身的结构缺陷，终于形成了战胜死亡、同化无生命物质以实现长久生存的一种高级的有序结构。其中，核酸分子的形成，标志着化学物质的长期进化终于达到了一个划时代的关键点：物质可以长久地保存自己，可以一再战胜死亡而长久地生存下去。当然，核酸不是把自己静止地保存在一个密闭的物体中，因为那样的保存只能使自己变成化石而不再是生物活性物质。核酸是在一次又一次地准确复制自己的变化中保存自身的，是在不断自我复制的运动中战胜死亡并得以长久生存的。核酸还通过不断地编码蛋白质，驱使蛋白质为核酸的复制提供原料和运输服务，甚至建造包膜将核酸和蛋白质与外部环境隔离起来等途径，形成核酸与蛋白质以及糖、脂质等相依为命的具有初步生命功能的复合体。所以，核酸分子的结构是生命体的有序结构得以形成和维持的最主要的支柱，同时也是与无序结构进行长期斗争的产物。

五、有序结构与自身内部无序性因素的矛盾斗争

有序结构同时也是在与自身内部的无序性因素进行不断斗争中形成和提高的。

生命体的有序结构中，始终存在着一些组成部分的变动性与另一些组成部分的保守性的矛盾斗争。这种矛盾斗争是生命体排除自身内部的无序性因素的重要规律性机制。生命体中凡是需要提高保真性或保证生命活动正常进行的关键性、决定性的部位或环节的分子、因子、系统等，其结构和功能都分别具有最保守、高度保守、一般保守等不同程度的保守性。这些在基本结构和功能上几乎不变的分子、因子、系统等，在生物进化中与具有不同程度的变动性、灵活性、变异性的分子、因子、系统构成矛盾的对立面，两种对立物既对立又互补、既斗争又依赖，二者在形成和维持、增强生命活力中缺一不可，失去哪一方都会破坏生命的有序结构。

以下几种事实证实了生物进化过程中变化之物与保守之物的矛盾斗争：

DNA 的所有复制源序列，均有一段同源性很高的保守序列[1]。这种序列能够保证 DNA 分子的双螺旋碱基顺序在细胞分裂时准确、完整地保持不变，从而将亲代的遗传信息传递给子代细胞[2]。

调节细胞周期的蛋白质网络系统具有高度保守的特征。从非常低级的酵母菌一直到人类这种最高级的生物，所有的物种都经历了漫长而复杂的进化之路，形成了种类繁多的各种生物。但是在这些生物的所有的真核细胞中，像调节细胞周期的蛋白质网络这类决定生命可以继续延续下去的特殊物质系统，在生物进化的无数次变化中保持几乎不变的结构特征。只有这种高度保守的基本构成，才能保证细胞周期中一系列生化反应有序进行[3]。

生物细胞的基因组中，原癌基因是维持机体正常生命活动所必需的一种基因，它的基本功能是促进细胞增殖。但这种基因的功能事关重大，因为如果它不受抑制地发挥其功能，就会导致细胞的恶性增殖而形成肿瘤，因此这

---

[1] 陈誉华、陈志南主编：《医学细胞生物学》，人民卫生出版社，2020年1月，第186-187页。
[2] 同上书，第200页。
[3] 同上书，第300、310页。

种基因在进化上高度保守，变异性很小❶。

生命体还通过创造具有特异化功能的单位，与体内的无序性因素进行斗争。其中如细胞周期监控系统就是这样的单位。在细胞所处环境发生变化、细胞周期正常运行受到干扰时，为了防止细胞出现DNA突变或其他恶性生化事件，细胞中的监控系统能够对DNA复制、纺锤体组装、染色体分离、DNA损伤等事件或故障进行监测。监控系统中有许多种类的专门化分子，如其中的感受分子专门捕捉异常信号，转导分子则对信号实施转导，效应分子直接执行对细胞周期进行负性调控任务，在面临危险时，使细胞周期运行暂停。与这些专门化分子发挥其功能形成紧密配合的，则是细胞启动特定的基因，使其指导合成特定的蛋白质，由这些蛋白质实施故障修复。当故障排除后，细胞周期阻滞便解除，当确认每个关键环节没有危险时，细胞周期才能在正性调控系统的作用下，开启向下一个阶段运行。如果故障无法排除，负性调控就使细胞周期终止，细胞发生主动性凋亡。如果细胞在这种情况下不凋亡，故障就会传给下一代的细胞，其后果将非常严重。所以，监控系统是细胞与自身内部的无序性因素进行不懈斗争的重要职能机构。正是由于这一机构"因时因地"地启动或终止负性调控系统，细胞周期运行才能提高其"令行禁止"的有序性水平。

细胞的基因结构中也充满有序因素与无序因素的斗争。基因组中的原癌基因能够促进细胞增殖，但也能造成细胞增殖失控而使细胞发生病变。原癌基因还可能发生点突变、基因扩增、重排等基因改变，使原癌基因转化为癌基因并形成肿瘤。与原癌基因相反的一种基因是抑癌基因，它能够抑制细胞过度增殖或恶性增殖，对细胞增殖发挥负调控功能。原癌基因与抑癌基因二者相互作用达到某种平衡状态，细胞增殖亦即细胞分裂才能正常进行，细胞的无序性增殖、细胞结构的某些异常变化、一些肿瘤的产生以及其他许多疾病发生的风险才能被排除❷。如此等等。

---

❶ 陈誉华、陈志南主编：《医学细胞生物学》，人民卫生出版社，2020年1月，第320页。
❷ 同上书，第317–320页。

六、高级有序结构与低级有序结构的矛盾斗争

在生命产生以后,既有生命体的有序结构与无生命物质的无序结构的矛盾斗争,也有一些生命体的优势结构与另一些生命体的劣势结构的矛盾斗争,还有高级生物的高级有序结构与低级生物的低级有序结构的矛盾斗争。这些斗争,都为低级有序结构进化为高级有序结构提供了推动力。

简单的多细胞生物的结构进化为越来越复杂的高级生物结构,是在生物与环境条件之间、生物个体之间、生物物种之间的矛盾斗争中实现的。在这三种矛盾的背后,起决定性作用的推动力则是高级有序结构与低级有序结构的矛盾斗争。

高级有序结构较之低级有序结构更能够适应环境变化,更具有种群竞争优势和个体竞争优势,因而在与环境条件、其他生物个体和其他物种之间的矛盾斗争中,具有决定性的优势。

以动物界为例。最简单的多细胞动物是海绵动物,这种动物虽有细胞的分化,但分化的细胞没有形成组织和器官,是多细胞生物中生存能力最低下的一种。比海绵动物高一级的动物是腔肠动物,其细胞分化形成功能各异的组织,但没有形成功能专门化的器官,其消化组织呈袋形,袋口既是食物的进入口,也是排泄物的排出口。比腔肠动物高一级的动物是软体动物,具有头、触角、眼、口、足、内脏团、鳃等器官,这些器官虽较简单,但却有专门的和协调发挥的生理功能。节肢动物是无脊椎动物中进化程度最高的一个门类,其形态结构和生理功能水平显著高于前几种动物,除具有水生的结构优势和种类外,还产生了适应陆地生活的器官和陆生的种类,因而远比软体动物分布广泛、竞争优势强。动物界最高级的类群是脊索动物,具有结构复杂、以脊索支持身体、生活方式多样等优势。脊索动物中最高级的是脊椎动物,脊椎动物中最高级的是哺乳动物,哺乳动物中最高级的是灵长类动物,灵长类动物中最高级的是人类。脊索动物中这些主要的进化等级之间最具有决定意义的结构差别,集中在大脑这种特殊的器官上。高级种类较之低级种类,都有更加敏锐、发达的神经系统和脑器官。由于具有发达的脑器官,就会提高各个器官之间的协调运动水平和整体结构的有序性水平。爬行动物比

鱼类有更加灵活的大脑。恐龙能够统治地球近一亿年之久，主要是因为它们在那个时代的所有动物中属于最聪明的物种。哺乳动物的大脑比爬行动物更发达。哺乳动物中的一支习惯于在树上生活，世世代代的树居生活使它们进化出了可以抓握的爪子、一对朝前生长的眼睛和更加聪明的大脑，成为最适于在森林环境生存的新种——原猴。能够灵活抓握的爪子使它们善于攀爬，可以极为敏捷地躲避敌害和获取食物。一对朝前生长的眼睛使它们具有更加开阔的和立体的视力，这与灵活的爪子可以形成视力与运动能力的配合优势。爪子和眼睛的运用促进了大脑的进一步发育，形成了智力、视力和运动能力的配合优势。而那些没有这些生理结构优势的树居物种，在与原猴的生存竞争中都先后灭绝了。这些树居物种中的一支，后来因森林环境发生重大变化而来到平坦的草原谋生。它们保存了并且改进了树居祖先积累的许多结构优势，同时又形成了在平地上生存的一系列新的结构优势，如直立行走、使用和制造工具、结成一定的群体等优势，最后进化成为一个新的物种——人类。人类依靠以发达的大脑为主导的综合性结构优势，成为了地球的主人和文明的创造者。

与生物在生理方面的结构优势相伴随的另一种结构优势，是以基因为主的分子水平的结构优势，并且生理结构优势是受分子结构优势决定和支配的。生物在与环境和生存竞争对象进行的斗争中，进化出具有斗争优势的细胞、组织、器官和生理结构。这种进化的每一步，都伴随着相应的基因改变。生物之所以能够进化出具有斗争优势的细胞、组织、器官和生理结构，决定性的因素是基因组中新增了能够编码新的蛋白质（包括酶）的基因序列。由于编码大量的新的蛋白质，才能够有序地组建新的细胞、组织、器官，能够协调新的细胞、组织、器官与已有的细胞、组织、器官的统一行动。所以，在自然选择和生存竞争中获得成功的物种，其结构的有序性优势不仅是生理结构的优势，更为重要的是以基因结构为主的分子结构的优势，以及分子结构与宏观生理结构相统一的结构优势。

高级有序结构之所以能够战胜低级有序结构而加快生物进化的步伐，有一个十分重要的证据，就是高级有序结构比低级有序结构具有更加旺盛的活力。研究指出，越是高级的生命系统，越需要更大的能量密度。"光合作用的植物所使用的能量大约是恒星的1000倍,而定量配给人类一天的食物比这要多大约20倍",而作为迄今人们所知道的宇宙中结构最复杂的物质的人类大脑,所使用的能量比一个人平均所使用的能量还要多10倍❶。这就是说,一个人维持其有序的生命结构所需要的能量速率密度,等于恒星维持其无序性结构所需要的能量速率密度的2万倍,而人的大脑维持其更高水平的有序结构所需要的能量速率密度比恒星要多20万倍。这种随结构有序性水平的提高而需要相应的能量速率密度的提高的事实,也证明了结构的有序性水平越高,它所包含的内部矛盾的平均激烈程度也越高。人体的正常体温虽然只有三十六七摄氏度,但是它所组织起来的原子与原子之间的电磁相互作用的速率密度,特别是作为它的最重要组成部分的大脑所组织起来的原子与原子之间的电磁相互作用的速率密度,却是其他任何物质的结构无法相比的。当然,包括人在内的一切高级生命体内难以计数的原子与原子、分子与分子、基团与基团等之间的矛盾斗争,既是异常激烈的,又是高度有序的。

---

❶ 埃里克·简森著、熊况译:《宇宙简史》,上海科学技术文献出版社,2011年1月,第270页。

第七章 生命系统结构的矛盾支配规律

生命系统的结构是生命的内在本质矛盾表现为外在的整体结构关系的一种形式。生命的本质矛盾是生命体所具有的生存属性与死亡属性的内在对立统一。生命活动的基本特征就是生命系统有序地合成新的物质和有序地分解、排除废料的矛盾运动过程。生命的内在本质矛盾最集中地体现为生命系统的基本矛盾，也就是核酸与蛋白质这两种生化物质之间的对立统一。生命物质的结构活性，来源于最早的核酸和蛋白质及其相互作用的矛盾关系。核酸与蛋白质的矛盾表现为这两种生化物质之间多种多样的外在相互作用，这种相互作用贯穿于生命系统各个结构层次、各个结构环节和生命活动、生物进化的整个过程，是生命结构和生命活动中最普遍的对立统一关系。这一矛盾全面地统摄、控制、影响着生命系统结构中各层次、各环节、各个具体过程的其他各种矛盾，并且在很大程度上控制、影响着生命系统与外部环境条件之间的矛盾。生命系统的本质矛盾、基本矛盾及其统摄下的各层次、各环节的具体矛盾的综合运动，推动生命整体结构的形成和演化，决定生命结构和生命功能的特点。生命系统动态结构的主要机制就是矛盾关系机制。矛盾不仅是推动生命结构的周期性变化和上升性发展的基本动力，而且是生命结构变化的调控动力和生命结构保持活性的基础动力。

第一节　生命的本质及其表现形式

一、生命的本质是生与死的内在对立统一

科学家普遍认为很难给生命下定义。这其中的重要原因之一，就是生命是具有多重和多方面本质属性的物质系统，一个简单的定义很难概括这种物质系统的全部本质属性和由全部本质属性构成的内在本质的整体。

从科学所揭示的事实来看，生命体是迄今人们所知道的宇宙中物质进化达到的最高级的形式，是比其他物质系统都要复杂的一种特殊的系统体，而人的大脑则被认为是比各种生命体还要复杂得多的一种特殊物质系统。从辩证哲学的观点来看，所有的生命体，包括长着非常复杂的大脑的人，其本质毫无例外地是一种内在的矛盾，是该系统最主要的两种本质属性的对立统一关系。

（一）生命的定义

恩格斯对生命的本质是这样概括的："生命是蛋白体的存在方式，这种存在方式本质上就在于这些蛋白体的化学组成部分的不断的自我更新。"[1] 恩格斯当时所说的蛋白体，主要是指像蛋白质那样的一类结构复杂、功能特殊的生化物质，这些物质构成了生命的主要物质基础。现代一些学者根据恩格斯的思想，对生命所下的定义则充分考虑到了蛋白质与核酸这两种生化物质都具有的重要性，认为生命是"主要有核酸与蛋白质组成的具有不断自我更新能力的多分子体系"[2]。还有的定义强调生命是"由核酸、蛋白质等生物大分子组成的生物有机体的物质、信息和能量交换的综合运动形式"[3]。与此类似的定义，均关注到了生命体最主要的两种组成成分和它们最主要的属性，即生命体是由核酸和蛋白质这两种最主要的生物活性分子和其他多种化学物质组成的复合性物质体系，这种物质体系最主要的属性是以综合性的运动形式进行

---

[1] 恩格斯：《反杜林论》，《马克思恩格斯选集》第3卷，人民出版社，1972年5月，第120页。
[2] 李难主编：《生物进化论》，人民教育出版社，1982年12月，第27页。
[3] 郑建中主编：《医学导论》，人民卫生出版社，2020年5月，第4页。

不断的自我更新。

进一步分析和拓展这些定义所包含的科学内涵，可以加深对生命本质的认识。

核酸在生命结构和生命活动中所扮演的角色主要是信息的储存、复制和表达。尽管它本身是一种客观实在的物质形式，具有物质的客观实在性属性，但是这种物质形式只是生命结构和生命活动的全部信息的物质载体，信息属性应当是它的主要属性。蛋白质在生命结构和生命活动中所扮演的角色主要是构造材料和各种生命功能的物质承担者。核酸和蛋白质所具有的自我更新性属性实际上就是这两种物质具有的最主要的生命属性，是生命体所具有的能够"活着"的本性。但是这种本性并不是核酸和蛋白质这两种物质分割开来各自单独具有的，而是二者紧密结合起来，形成一种既对立又统一的矛盾统一体才具有的。当然，这个矛盾体同时也是一个结构复杂的系统体，是一种综合性的物质运动形式。

（二）生命是有序地合成新的物质和有序地分解、排除废料的矛盾运动过程

生命体能够不断地"活着"，是因为它能够不断地更新自己，"活着"的真正含义就是不断地更新自身。可是仅仅能够活着只是核酸与蛋白质（当然还有诸如糖、脂质、维生素、水、矿物质等其他次要的组成成分）组成的这个系统性的矛盾体的一种属性，这个系统性矛盾体还有另一种与"活着"相反的重要属性，这种属性就是死亡。恩格斯认为生与死是相互依存的两个对立面，"在无生命物体中成为破坏的原因的东西，在蛋白质中却是生存的基本条件。从蛋白体内各组成部分的这种不断转变，摄食和排泄的这种不断交替停止的一瞬间起，蛋白体本身就停止生存，趋于分解，即归于死亡。因此，生命，蛋白体的存在方式，首先是在于：蛋白体在每一瞬间既是它自身，同时又是别的东西"[1]。有生必有死，能够活着也必定能够死亡，"死亡本身也是生命的一部分"，是生命体所具有的生长、发育、繁殖、衰老、死亡这许多属性中的一种属性[2]。生命体正常发挥其出生、生长、发育、繁殖、衰老等功能，

---

[1] 恩格斯：《反杜林论》，《马克思恩格斯选集》第3卷，人民出版社，1972年5月，第121页。
[2] 郑建中主编：《医学导论》，人民卫生出版社，2020年5月，第5页。

都属于它的生存属性。生命体永久地丧失其出生、生长、发育、繁殖、衰老等功能即是它的死亡属性。但是死亡不是在生命的终点突然到来的,而是伴随着生命活动的始终,是在与生存不断进行的斗争中最后战胜了生存的结果。

核酸与蛋白质构成的系统性矛盾体能够不断地更新自己,自然就会不断地分解自身内部那些老化的成分和失去功能的或破坏正常功能的成分,将这些成分及时地排出体外。只有这样,才能保证系统性矛盾体真正地"活"下来。所以"活"下来的重要依赖条件之一就是不断地实现局部的死亡,即不断地分解并排出"活着"所必然产生的废料。但是不断地实现局部的死亡即不断地分解并排出废料必须是有序进行的,一旦这种过程出现无序性的病态变化,体现生命活力的核酸和蛋白质就会矫正这种变化,使之恢复到有序的轨道。有序地合成新的物质和有序地分解、排出废料,是生命体内不断进行的一种生与死的斗争。这个斗争一旦停止,生命也就难以继续"活"下去。

(三)生命是生存与死亡相互转化的矛盾运动形式

生命体"活"下来的又一个重要的依赖条件,就是核酸与蛋白质直接或间接地构成的各种系统性矛盾体必然要衰老,衰老的过程是病变不断发生的过程,同时也是受到生存活动不断抵抗的过程,抵抗衰老的最终结果是生命体走向死亡。产生这样的结局是因为核酸与蛋白质等生命物质更新自己的能力是有限度的,超出了这个限度就得终止活着。但是生命体的个体死亡实际上是另一种形式的"活着",因为生命个体在活着的时候就将保证生命"活着"的信息复制出来并准确地传给下一代,以下一代的"活着"来体现生命是世代延续地"活着"的系统体,是生命的又一个周期的自我更新过程。所以,上一代个体的死亡实际上是两代个体相继"活着"的两个周期的衔接点。

由此可以看出生命所具有的最主要的两种本质属性:"活着"和死亡,即生存的属性和死亡的属性。正如恩格斯所认为的,生命,从最本质的特征来看,它是生与死的矛盾体,是生存不断战胜死亡又始终伴随着死亡的一种物质存在形式。自然界的其他物质形式,都不具有生命的这种本质特征。虽然人们常常也讲恒星的死亡、化学分子的生长、地球的寿命等,但这些都是一种借喻生命概念的表述。除过生命物质,迄今人们所知道的其他物质形式都不具有真正意义上的生与死的属性。

二、生命系统的基本矛盾——核酸与蛋白质的对立统一

核酸与蛋白质这两种生化物质的对立统一关系不仅充满每个细胞,而且充满细胞构成的所有组织和器官,充满细胞和细胞组成的复杂生命体从生到死的全过程,充满生命系统各个层次、各个环节和所有生物种类演化、更替的全过程,是生命结构和生命活动中最普遍的矛盾关系。这一矛盾最全面地体现了生命系统的内在本质特征,同时也最全面地统摄、控制、影响着生命系统结构中各层次、各环节、各个具体过程的其他多得难以计数的矛盾,并且在很大程度上统摄、控制、影响着生命系统与外部环境条件之间的矛盾。所以,核酸与蛋白质的矛盾是一切生命系统的基本矛盾。

基本矛盾是本质矛盾最集中的外在化表现形式。生命所具有的生存性与死亡性这两种相互矛盾的本质属性,是最深层的内在属性,它们都是各自包含着许多具体的、浅层的内在属性的综合属性。如生命的信息性与物质性、生物的遗传性与变异性、生化物质的保守性与易变性、生命结构的有序性与无序性、精确性与误差性、稳定性与变动性等,就是带有一定的内在特征的具体属性。各种内在的具体属性,都是生命系统的整体本质的构成部分。生命的本质属性和本质矛盾是一切生命系统的内在规定性,它必然要以外在的形式表现出来,体现为生命结构和生命活动的外在的具体性形式。其中如核酸与蛋白质、核酸和蛋白质与其他生化物质之间,不同的细胞之间、细胞的不同构成部分之间、不同的组织和器官之间、不同的生物个体和生物种群之间的矛盾和结构关系等,就是体现生命本质特征的外在的具体性的形式。在这些外在的具体矛盾和结构关系中,核酸与蛋白质的矛盾是统摄生命系统中其他各种具体矛盾的基本矛盾。

基本矛盾不同于本质矛盾的一个重要特点是,基本矛盾属于外在性的矛盾,而本质矛盾则是内在性的矛盾。核酸与蛋白质这两种生化物质之间就是以外在的相互作用为其重要特征的。它们以各自相对独立的形态、相对完整的结构和结构所决定的功能,既相互对立又相互依存,处于不断的相互作用之中。二者在结构和功能上既有截然相反的许多区别,又有相辅相成、相依为命的许多紧密联系。

生命体的结构是一种动态的结构，在分子水平上，这种动态的结构主要体现为核酸与蛋白质的矛盾斗争，或者说这种结构的动态性、有序性主要是由核酸与蛋白质之间的受到严格调控的矛盾斗争来维持和推动的。基因的复制和表达过程，就是核酸分子指导合成种类繁多的蛋白质分子和蛋白质分子（包括酶）广泛而密切地配合基因的复制和表达的生化反应过程，同时也是细胞在分子水平上通过核酸与蛋白质的矛盾斗争来保持自身结构的动态稳定性的主要领域。核酸与蛋白质的矛盾关系，直接决定着细胞的生存、死亡和细胞生命能否一代代地延续下去，决定着核酸的分子结构、蛋白质的分子结构以及核酸、蛋白质分别与糖、脂肪、维生素等其他生命物质的相互作用的有序性水平，是矛盾运动创造神奇的生命物质结构和生命活动过程的一系列重要机制的集中体现。

三、生命系统基本矛盾的特点

生命之所以成其为生命，最主要的"生命线"就是核酸与蛋白质之间始终存在着没完没了的矛盾斗争。而核酸与蛋白质的对立统一作为生命体的基本矛盾，有其一系列重要的特点。

（一）核酸与蛋白质的矛盾是体现生命系统内在本质的外在性矛盾

核酸与蛋白质的矛盾作为生命系统的基本矛盾，贯穿于生命体的各个组成部分和生命活动、生物进化的全程。作为系统的基本矛盾，它是一种外在性的矛盾，是两种具有相对完整的结构和功能的物质系统之间的对立统一关系，而不是两种属性之间的内在矛盾关系。

1. 核酸与蛋白质的矛盾体现着生命系统的遗传信息属性与物质代谢属性的对立统一

核酸与蛋白质的矛盾作为生命系统的基本矛盾，并不是直接地体现生命系统所具有的生的属性和死的属性的外在性矛盾，而是直接体现着生命系统的信息属性和物质属性的内在矛盾的外在对立统一。生与死两种属性的矛盾是生命系统最深刻的本质矛盾，而信息属性和物质属性的矛盾是比生死矛盾较浅一层的内在矛盾，后一种矛盾是前一种矛盾在本质范围内的具体化形式，是以具体化的较浅层的本质体现更深内在化的本质的一种矛盾。所以，核酸与蛋白质的矛盾是以某种间接的程度体现生命系统的生死矛盾的。

任何物质形态都有信息属性，而生命的信息属性的特殊之处主要在于它的遗传信息属性，即生命的遗传物质——核酸，能够将生命体的全部信息进行有效的储存和准确的代代传递。任何物质形态都有一定的质量、能量、结构等客观实在的物质属性，而生命的物质属性的特殊之处主要在于它的物质代谢属性，即生命能够以核酸、蛋白质、糖、脂肪、维生素、水等为主要材料，通过从外部环境中对这些材料中的某些种类的吸收，以及在系统内部对这些材料的合成、修饰、加工、输送、发挥功能、降解、排泄，以及再吸收、再合成、再输送、再发挥功能、再降解、再排泄的循环式代谢过程，保持生命物质的不断更新和结构的动态平衡。生命体的这两种内在属性，即遗传信息属性和物质代谢（包括能量代谢）属性，在分子水平上主要体现为核酸和蛋白质这两种各具独立形态和独立结构的生物大分子的矛盾关系。其中核酸主要体现生命的遗传信息属性，蛋白质主要体现生命的物质代谢属性。核酸编码蛋白质，蛋白质参与基因复制和基因表达过程并按照核酸发出的指令有序构造生命体的各个组成部分，形成核酸与蛋白质以外在的矛盾关系体现生命体内在的本质矛盾的运动过程。

2. 核酸和蛋白质这两种物质中都包含着生存因素和死亡因素

核酸与蛋白质以间接的形式体现生命系统的生死矛盾，不是一方主要体现生存的属性而另一方主要体现死亡的属性，而是每一方都包含着这样两种组成部分：一种组成部分主要体现生存的属性，另一种组成部分主要体现死亡的属性。核酸中包含着真基因和假基因，以及正常基因与闲置基因、突变基因、残缺基因、受损基因，编码基因与非编码基因等相互对立的基因序列。蛋白质种类繁多，结构和功能各异，在生物体内承担物质运输、生化催化、信息交流、免疫、氧化、维持机体酸碱平衡和物质交换平衡等生物活性的功能，并且都处于不断的合成、降解的代谢过程中。蛋白质正常合成、折叠、降解和正常发挥功能，体现着生命体的生存属性，而蛋白质合成、折叠或降解异常，形成不合格的蛋白质和需要降解而未能降解的蛋白质，就会造成细胞生命活动受阻，引发肿瘤等各种疾病甚至细胞死亡，这些则体现着生命体的死亡属性。核酸和蛋白质各自内部的这些相互对立的组成部分，就是分别体现生存属性和死亡属性的物质实体。核酸与蛋白质的矛盾斗争，主要体现为每一方都在抵制以致消除对方中不正常的、对生命有害的成分和功能。如核酸通过专门的基因序列，通过编码一些蛋白质和酶来维护另一些蛋白质的结构稳定和正常发挥功能，检测、调控蛋白质的合成、修饰和功能状况，准确地识别和降解失去功能的蛋白质。蛋白质则时刻检测、调控核酸的复制和基因的表达，修复受损的基因序列。核酸与蛋白质的相互统一，则主要体现为每一方都在紧密、严格地配合对方发挥其正常功能，并以自己的特殊功能弥补对方功能的不足和缺陷。如核酸以一些专门化的基因序列编码生命所需要的全部蛋白质，又以另一些专门化的基因序列与专门的蛋白质结合，形成基因序列与蛋白质分子的复合物，共同发挥各种专门化的生化功能。有些蛋白质分子中还含有核酸成分，实际上是核酸与蛋白质的直接结合物。

3. 生命基本矛盾在基因表达调控中的体现

基因表达调控是在分子结构的水平上，解决生命体面临的生与死的尖锐矛盾的一个重要领域，也是核酸与蛋白质之间的矛盾斗争的一种具体体现。

基因与死亡作斗争的重要领域之一是通过基因对自身所储存的信息的表达过程进行调控，以排除基因表达中发生异常变化的危险。基因表达是一种极为复杂的信息传递过程和受信息指导的生化反应过程，这一过程的任何一个环节如果受到环境因素的影响或信息传递错误而发生非正常的改变，都会造成基因损伤、蛋白质合成受到破坏并引发疾病甚至导致生命体死亡的后果。因此基因表达必须达到高度的特异化、专门化、定量化。为了保证基因表达的准确进行，基因表达必须受到严格和精确的调控。但是在生命体内部和外部环境中，不断有不利因素干扰基因表达过程，形成基因与内外干扰因素的不断斗争。基因表达调控，就是基因既要与生命体内部的干扰因素作斗争，又要与环境因素作斗争。通过斗争式的调控，不断排除基因表达中发生异常变化的危险，在内外环境因素的影响下维护基因表达的正常秩序，保证生命体能够最大限度地适应环境变化，实现正常生长和发育。

在基因表达调控过程中，体现核酸与蛋白质的矛盾斗争的两个具体的对立面，一个是核酸中的调控序列，另一个是专门对基因表达过程进行调控的一类特异化的蛋白质。

核酸中的调控序列，就是核酸分子链中专门对编码基因的表达功能进行调控的 DNA 特殊片段。这些片段类型多样，相互之间联系复杂，甚至形成专门化的"区域"——调控区，它们以及它们结合成的团体统称为顺式作用元件。专门对基因表达过程进行调控的特异化蛋白质，种类繁多，作用各异，统称为调节蛋白或反式调控因子。核酸中的调控序列和特异化的调节蛋白这两个对立面中，前者是发挥"顺式"作用的，是核酸自身包含的自我调控因素，是构成 DNA 双螺旋分子链的一种专门化的片段或元件，具有储存和表达调控信息的功能，对调控过程给出确切的信息和程序；后者是发挥"反式"作用的，是帮助核酸进行自我调控的特殊蛋白质组成的元件，它是核酸内部的编码基因所编码的一类蛋白质，它们在基因表达调控中能够发挥调控基因不能发挥的作用。调控基因即顺式元件以发出信息的形式指导基因表达过程，而调节蛋白即反式元件则是以蛋白质分子与调控基因发生一系列生化反应的形式来干预基因表达过程。二者之间的矛盾斗争是以互补性的协调方式进行的。顺式作用元件与反式调控因子以化学键为纽带相互结合，组成各种专门化、特异化的功能单位，按照调控基因发出的指令完成相应的调控职能。在它们相互结合成的各种专门化、特异化的单位及其调控过程中，调控基因是决定性因素，调节蛋白或反式元件是从属因素。前者指导后者的行动，从根本上限制后者的异常行动的发生；后者执行前者的指令，同时还要根据内外条件变化，因时因地制宜地增强或阻遏前者的功能，使基因表达适应条件变化和生命体的需要而进退自如，快慢有致。二者之间的这种互补式的矛盾斗争，是基因表达调控得以有序、准确进行的重要保证条件。

基因表达调控的各种功能，最终都要落实为一系列的生化反应。这些生化反应的基础性、普遍性机制，就是改变反应物的正负电荷的相互作用。或者是中和正电荷而让负电荷发挥作用，或是相反，以此造成化学键的形成或断裂，达到一定的调控目的。所以，基因表达调控的一切环节都是在正负电荷相互作用的驱动下，按照遗传信息规定的程序运动、变化，将核酸与蛋白质的斗争落实为越来越具体化、特异化的电荷相互作用。

（二）核酸与蛋白质的矛盾是一种互补特征很强的非对抗性矛盾

成对结合的互补之物是形成有序结构的重要支柱。在生命结构中，对立面形成的互补优势是自然选择和基因决定二者共同创造的一种生命力量。这种既对立又互补的合力机制在生命结构中极为普遍，而在核酸与蛋白质的矛盾关系中得到很典型的展现。

基因表达是核酸的有序结构产生蛋白质的有序结构的一种奇巧无比的一系列生化反应过程。在核酸和蛋白质这两种生化分子的结构中及其相互作用的过程中，充满了各种各样的对立物的斗争。这些对立物大多是在长期的化学进化和生物进化过程中，经过反复的化合、分解、锻造、选择、修饰、加工的产物。它们之间的斗争虽然从不间断，但多数对立物都遵循互补和相反相成的规则，使对立物的斗争处于某种被控制的程度。对立物的斗争不仅不破坏结构的有序性，而且有利于形成和增强结构的动态有序性。

分析基因表达过程中的互补性对立统一关系的特点，有助于理解生命结构中非对抗性矛盾的特点及其对生命结构和生命活力的重要性。

碱基互补配对的规律，在核酸的双螺旋结构中及其自我复制中，在核酸与蛋白质的相互作用以及二者参与的许多生化反应中，均发挥着支配作用。在细胞内，作为蛋白质合成机器的核糖体上，有专门的扫描因子，能够专一性地扫描、识别和选择作为信使的 mRNA 分子链上的起始位点和位点上正确的起始密码子，从而准确地启动蛋白质合成过程。而扫描因子识别和选择 mRNA 起始位点的方式，就是构成这些因子的 rRNA 分子的末端与 mRNA 分子的首端上的起始密码子，以碱基配对的互补性方式实现结合，成功地将 mRNA 模板结合到核糖体上的指定位置。在基因表达过程中，密码子与反密码子是一种既相反又互补的相互结合之物，后者能够识别出前者，从而传递出 mRNA 密码指导合成蛋白质的准确信息。作为蛋白质合成机器的核糖体，它的许多专门化的零部件，如起始因子、扫描因子、延长因子、终止因子等，都是按照配对、互补原则组装成整体的系统，发挥正、负两种功能，保证蛋白质合成等生化过程按时、按点开始，按速度和顺序要求推进，按时、按点终止。

（三）核酸与蛋白质的矛盾是生命物质不断分化和不断提高协同水平的主要推动力

生命体可能是一切物质形态中分化程度最高或者说分工水平最发达的系

统体。核酸与蛋白质的矛盾，是形成这种高度发达的分工体系和在分工基础上形成普遍而严密的协同关系的主要推动力。

核酸与蛋白质以相互作用的矛盾关系维持生命的正常活动和生命体的世代延续，其路程并不平坦。它们在漫长的进化之路上，始终以相互斗争又相互依赖的关系，不断扫平进化和生存中不平坦的路面，也不断创造出与对方做斗争同时又维护与对方的统一关系所需要的中介物。这些中介物对于不断消除它们之间出现的种种冲突、不断排除它们面临的共同危险、不断克服对方和自身的种种缺陷至关重要。这些中介物中最普遍的就是各种RNA分子、特异化的蛋白质分子和酶分子，以及这些分子组成的特异化的元件、因子，等等。借助中介物的作用，核酸与蛋白质一方面提高了与对方做斗争的功能，另一方面提高了与对方相统一、相协调的水平，由此使二者的进化之路既是矛盾斗争之路，又是创造中介物和深化中介物分工的结构演变之路。随着它们之间矛盾斗争的进展，它们创造的中介物越来越多，中介物的分工越来越发达，分工基础上的协同关系越来越精准、全面。而发达的分工和分工基础上的严密的协同关系，又使核酸、蛋白质、生化分子复合体、细胞等生命物质，不断增强了创造更加专门化、特异化的生化分子和生化复合体的功能，由这些更加专门化、特异化的生化分子、生化复合物以及它们之间的相互作用所推动的生命系统的结构和功能也越来越走向高级水平。

核酸与蛋白质的矛盾推动了生化分子和分子复合物越来越走向多样化、特异化，生命体的结构因此越来越复杂、越来越提高了有序性。但是核酸与蛋白质的矛盾关系却越来越被这种复杂的、充满中介物和中介环节的有序性结构关系掩盖起来。人们直接看到的是纷纭复杂的特异生化分子、特异复合物、特异因子等难以计数的中介物和中介环节之间的相互作用，但却不容易看到核酸与蛋白质之间的矛盾关系，或者只是在极少的情况下看到它们的直接相互作用。这就像社会领域中生产与消费的矛盾、财产占有阶级与劳动承担阶级的矛盾、价值与使用价值的矛盾等带本质性的矛盾，被产业分工、技术分工、企业内分工、家庭内分工、地区分工、社会领域分化以及在这些分工、分化基础上形成的社会结构关系网所掩盖一样，使人不易看出系统结构背后的本质构造和本质力量。

(四)核酸与蛋白质的矛盾是异常复杂的两大生化物质体系之间的矛盾

核酸与蛋白质之间的矛盾不是简单对立物之间的相互作用,而是结构异常复杂、种类极为多样的两个生化物质系统之间的对立统一。二者对立统一的具体形式多种多样,在生命系统中的分布领域最为广泛。矛盾双方既有直接的相互作用,又有间接的相互作用;既有中介环节较少的相互作用,也有中介环节很多的相互作用;既有普遍性的相互作用,又有特殊性、个别性的相互作用。核酸与蛋白质的统一和斗争产生出极其多样的中介物,大量中介物的产生使核酸与蛋白质的二元结构关系演变成越来越复杂的多元结构关系。

在基因转录过程中,DNA、RNA 和蛋白质之间进行着复杂的直接和间接的相互作用。RNA 就是 DNA 所创造的与蛋白质相互作用的一种重要的中介物。DNA 通过遗传信息的转录,创造出专司信使职能的 mRNA、专司装配职能的 rRNA 和专司运输职能的 tRNA。近似地看,DNA 与这三种中介物之间是直接性的转录与被转录的相互作用,通过这种相互作用驱使这三种中介物与有关的蛋白质分子发生直接相互作用,达到编码蛋白质的目的,而 DNA 与它所编码的蛋白质在很多领域中只是间接地相互作用。但准确地说,DNA 转录生成 mRNA、rRNA 和 tRNA 也是间接地进行的,因为还有中介物 RNA 聚合酶等许多生化物质参与其中。

DNA 转录生成 mRNA、rRNA 和 tRNA 是在细胞核的核仁和核基质中进行的。核仁是一种动态性较高的结构单元,由纤维中心、致密纤维组分和颗粒组分三个分系统组成,在细胞分裂末期出现在子代细胞中,在子代细胞分裂的前期又消失。核仁的主要功能是合成、加工 rRNA,并将 rRNA 分子与核糖体蛋白分子装配成核糖体亚基。所谓亚基,也就是蛋白质分子主链即肽链延伸出的支链。DNA 以自身为模板转录生成 rRNA,其催化剂为 RNA 聚合酶Ⅰ。所以准确地说,DNA 是以催化剂为中介间接地转录出 rRNA 的。DNA 转录生成信使 mRNA,更是经过了许多中介环节的。DNA 以 RNA 聚合酶Ⅱ充当催化剂或中介物,先转录出核内异质 RNA 即 hnRNA。这种"新出厂"的产品 hnRNA,在细胞核内需要经过剪接等加工过程,形成成熟的 mRNA,才能被运出细胞核,在细胞质中按照 DNA 转录给它的信息指导合成蛋白质。DNA 转录出 tRNA,是由 RNA 聚合酶Ⅲ充当催化剂的。tRNA 的重要功能是携带作为合成蛋白质的基本原料的氨基酸分子进入核糖体，按照 mRNA 提供的信息合成蛋白质。但是，tRNA 必须先识别出 mRNA 上的密码子，才能携带特定的氨基酸分子结合到 mRNA 分子链上的指定位置，合成蛋白质。而要携带特定的氨基酸分子，还需要有一种中介物——专门化、特异化的氨酰-tRNA 合成酶的参与。这种合成酶既能够识别特异的氨基酸，又能辨认携带该种氨基酸的特异 tRNA 分子。由这种酶充当催化剂，特异的 tRNA 分子才能与特异的氨基酸形成临时性的化学键，前者以化学键为拉手，携带后者到达指定位置。如此等等。

核酸与蛋白质直接相互作用的重要领域是构成细胞核的重要部分——核基质。核基质由 200 多种核基质蛋白与少量的 RNA 分子组成，这些分子结合成一种纤维网架，分布在整个细胞核内，充当复制 DNA 的空间支架。DNA 分子是一种长链，它折叠成弯来弯去的袢环，与有关的酶、因子等共同粘附在核基质网架上，形成 DNA 复制和 RNA 转录的复合体。DNA 袢环以其特定位点的核苷酸序列与核基质上的特定蛋白质分子相互作用，使 DNA 复制的合适地点落实到核基质网架上。而 DNA 粘附在网架上进行复制，还需要解旋酶、聚合酶等更多的蛋白质分子充当催化剂，才能解开 DNA 分子的螺旋形双链，由两条母单链分别复制出两条子单链，母单链与它复制出的子单链再结合成下一代的 DNA 双链。这是核酸与蛋白质直接相互作用的一个个具体部位。DNA 袢环上具有转录活性的基因只有直接结合到核基质上，才能转录生成各种 RNA。

核仁下属的三个分系统，即纤维中心、致密纤维组分和颗粒组分，是由更低一级的分系统组成的，这几个分系统都是核酸与蛋白质直接相互作用的具体部位。纤维中心由直径 10nm 的纤维组成，是能够转录生成 rRNA 的 DNA 分子序列（rDNA）所粘附的部位。该 DNA 分子序列是从染色体上伸展出的一段 DNA 分子折叠成的袢环，由这些袢环上含有的 rDNA 基因提供模板，才能转录生成 rRNA 分子。致密纤维组分这一分系统是 rRNA 的转录场所，含有正在转录的 rRNA 分子、核糖体蛋白分子和某些特异性的 RNA 结合蛋白。颗粒组分这一分系统是加工、修饰新转录生成的 rRNA 分子，并将 rRNA 分子与核糖体蛋白分子装配成核糖体亚基的场所，装配好并达到成熟状态的核糖体亚基由核仁运至细胞质中,充当合成蛋白质的机器。

在核糖体内,几十种 rRNA 核酸分子与几十种蛋白质分子相互结合,形成三维结构的复合体,充当合成蛋白质的装配生产线。各种功能特异化的酶与正在表达的基因形成化学键,结合成复合体。这些酶有的发挥增强基因表达活性的作用,有的则根据需要阻止基因的表达,使基因表达能够适应内外变化而有进有退。这些都在一定程度上体现了核酸与蛋白质之间较为直接的矛盾关系。DNA 中的编码基因通过 RNA、聚合酶、核糖体等中介环节,以发出指令的形式生产出与自己既相反又互补的功能蛋白质,包括种类繁多的酶,这是核酸与蛋白质之间的间接性的矛盾关系。基因所编码的蛋白质在细胞内完成其使命后被降解,降解后的部分物质作为原料供 DNA 编码新的蛋白质。编码、降解、再编码、再降解,蛋白质代谢的循环过程体现了核酸与蛋白质之间多种多样的直接和间接的矛盾关系。

第二节　生命系统动态结构的矛盾机制

客观世界的一切系统的结构都是空间结构与时序结构的对立统一,因而毫无例外地都是动态的结构。那些似乎是凝固不变的结构,其实只是它的动态性不易观测,或者是人们仅凭经验而不是依靠科学知识看待这些结构而已。所有的生命系统都具有动态的有序结构,这种结构也是空间结构与时序结构的对立统一。但是生命系统结构的动态性特点,主要体现为它是以物质和能量的有秩序的代谢来维持的结构。不论是在分子水平上,还是在细胞水平、器官水平和高级生命系统的整体水平上,物质和能量的代谢过程都是通过对立面的统一和斗争实现的。

在本书的前面章节中,已经对核酸、蛋白质等生物大分子的动态结构特征作了较多的分析说明。这一节,主要通过分析细胞等生命系统的动态结构特征,揭示矛盾构成生命系统的动态结构的一些重要机制。

一、生命系统的动态结构规律

生命系统的结构是通过以物质和能量代谢为主的方式不断地生产和再生产出来的。在分子水平、细胞水平、器官水平和整体水平上，构成生命系统的各种物质不断地被生产出来，在一定的位置和一定的时段内发挥其功能，又不断地老化、分解并被排出生命系统之外。生命系统的结构，就是构成生命系统的物质不断地被生产、不断发挥其功能又不断地老化、分解并被排出生命系统之外的整个过程中，一些物质与另一些物质构成的生产和再生产的相互作用关系。这种相互作用的关系，也就是在结构和功能性质上既有相同之处又有相反之处的对立物之间的统一和斗争。在生命系统中，所有的物质和物质之间的相互作用关系，都是通过生产和再生产的方式不断形成又不断分解的，以此实现生命物质、生命系统及其结构关系的不断更新。这种生产和再生产的过程一旦停止，就意味着死亡和系统结构的解体。所以，生命系统的结构，是一种不断更新的动态结构。

（一）生命系统动态结构的微观矛盾基础

生命系统结构的微观基础有许多层次，如原子层次、分子层次、细胞层次。其中，构成细胞这一层次的微观系统又可以划分为三个主要层次，即细胞膜、细胞质、细胞核层次，核仁、核糖体、膜脂层次，囊泡、纤维中心、核基质蛋白层次。分子这一层次的微观系统又可以划分为小分子、大分子等不同层次。每个层次的结构都由相应的微观矛盾关系构成，具有以矛盾关系为基础的动态特征。在这些层次中，最主要的两个层次是分子水平的结构和细胞水平的结构。构成分子结构的微观矛盾主要是各种化学键，构成细胞结构的微观矛盾较为复杂，其中基本的矛盾就是核酸与蛋白质的矛盾。

1. 分子水平的矛盾

生命系统的基础物质主要是各种无机和有机分子，这些分子之间的化合和分解反应是形成生命系统的基础性结构关系和为生命活动提供动力的主要能量来源。而分子之间进行的化合和分解反应的实质，就是两个或多个原子核争夺最外层电子的矛盾斗争。这种斗争体现为参与化学反应的两个或多个原子的最外层电子，以不同的运动轨道构成化学键或断裂化学键。而构成化学键或断裂化学键的电子,都是以接近光速的运动,时而相对地接近这个原子核,时而又相对地接近另一个原子核;时而在这个位置,时而又在另一个位置。所以,以接近光速运动的电子所构成的化学键,不论是较为牢固的离子键,还是不太牢固的共价键、较弱的氢键,或是更弱的疏水键、范德华力等,都是动态性极强、稳定性极弱的矛盾关系。生命系统就是在这种矛盾关系的基础上形成其多层次的有序结构。所以,任何生命系统的结构,都是建立在动态性极强的原子之间的矛盾关系的基础上的。不论是在分子水平上,还是在细胞水平、器官水平和高级生命系统的整体水平上,物质和能量的代谢过程最终都要落实到化学键的有序形成和有序断裂这样的矛盾关系上。

2. 细胞水平的矛盾

细胞是具有独立生命活动功能的最小、最简单的生命体。细胞的动态性结构,尤其是细胞的周期性分裂、运行的结构特征,在形成高级生命系统的动态结构中发挥着决定性的基础作用。

细胞作为具有独立生命活动功能的微观生命体,其本质矛盾与所有生命系统的本质矛盾没有太大的区别,这种本质矛盾就是内在的生存属性与死亡属性的对立统一。当然,细胞的内在本质矛盾表现为外在化的具体形式,与器官水平和高级生命体整体水平的系统的内在本质矛盾的外在化形式相比是大不相同的。细胞的内在本质矛盾的外在化形式有以下两种类型:第一种类型是细胞内部各种组成部分主要是各个细胞器之间的外在性和外部性相互作用,即细胞系统的内部矛盾和内部矛盾交织形成的细胞的内部结构,特别是细胞的动态性结构;第二种类型是细胞与其外部环境因子之间的相互作用,包括细胞与其他细胞、细胞间质之间的相互作用和细胞与生命系统以外的自然环境因子的相互作用。

分析以细胞分裂为重要特征的结构机制,能够很好地揭示矛盾既推动系统的结构变化又协调结构变化的规律和机制。细胞内在矛盾的外在化形式之一便是细胞所具有的动态结构。细胞的内在矛盾推动细胞的结构始终处于动态的变化过程中,其中最主要的动态变化就是细胞的周期性分裂。细胞的分裂,使细胞的内在的和内部的对立达到表面化状态。

细胞以及细胞核、细胞质、细胞膜等各种细胞器的结构和形态,总是随着细胞的周期性变化而变化。这种既不停顿又高度有序的周期性变化，是细胞具有精巧的结构和相应的生命活力这一综合性功能属性的决定因素。细胞所具有的这种依运行阶段的不同而呈现出的不同结构特征，被称为时相。时相，可以理解为特定时间点所具有的特定的结构关系、结构特征或结构状态。

作为一个构造复杂的生命系统，细胞整体的周期性变化过程是由许多具体的、特殊的、有一定分散性的变化过程"合成"的。矛盾既是所有这些分散变化过程得以持续进行的推动力，同时又是将许多具体的、特殊的、有一定分散性的变化过程"合成"为细胞整体的生命活动过程的协调之力。

（二）生命系统结构的周期性变化特点

周期运行和周期性结构变化是生命系统动态结构的重要特征。生命系统通过周期性的运行过程，生产出维持系统生存、实现系统生长所需要的生命物质，以新的生命物质替代老化的生命物质，更新系统的部分结构关系或整体结构关系，使系统的结构和功能既保持一定的重复性，又发生阶段性的变化。生命系统通过周而复始的循环式运行，使系统实现生长、发育、繁殖、衰老、死亡等重大的结构和功能变化。

植物在适应环境的进化中形成了随季节变化和昼夜交替而变化的周期性生长特点。温带地区的落叶树种在春季发芽、开花、结果，夏季加快生长，秋季果实成熟，树叶凋落，冬季休眠，普遍具有季节性的周期变化特征。动物也普遍具有随季节变化而重复发生的生长、繁殖、迁徙或休眠等周期生长特征。动植物的周期性生长除了引起外部形态特征的变化外，也引起细胞结构和器官、系统等生理结构的一定变化。周期变化的不断积累，引起内部结构关系和功能性质的重大变化。

高级动物的生理结构，在分子水平、细胞水平、器官水平和整体水平上，都普遍具有周期运行和周期变化的特点。其中如心血管系统的周期性结构和功能变化，是决定动物各个结构层次、各个生理系统能否正常运行和整体生命活动能否正常进行的关键领域。心脏是高级动物的泵血器官，心脏的收缩期和舒张期相互连接构成一个心动周期。心脏的两个主要构成部分——心室和心房，在结构和功能上是典型的对立统一关系。心室收缩产生的压力，推动血液打开动脉瓣并由心室流向动脉血管。心室舒张，室内压降低。在心室舒张的后期,心房开始收缩,心房与心室的压力差推动房室瓣打开,心室产生"抽吸"作用,使血液由心房流入心室。血液由心房流入心室,心房开始舒张,房内压力降低,也产生"抽吸"作用,使静脉血管的血液流入心房,完成一个心动周期。然后进入下一个心动周期,心室再次收缩,推动血液流向动脉血管。心室与心房都具有相类似的泵血功能,即射血和"抽血"的双重功能,但是心室的射血和"抽血"功能强大,是推动血液循环流动的主动力泵。心房是"协助"主动力泵的次动力泵,其主要功能是接纳、储存从静脉回流的血液,充当血液回流到心室的通道。与心室和心房的矛盾关系相类似,动脉血管和静脉血管也是在结构和功能上的对立统一体。由心室射出的血液进入动脉血管后,由动脉血管的收缩和舒张推动血液及其携带的氧气流向全身各个器官、组织。从各个器官、组织回流的静脉血液,经静脉血管流入心房,完成一次体循环流动周期。心脏与血管之间、心血管与全身各个器官之间的结构关系,都是通过以血液运输为主的方式,周期性地生产和再生产出来的。

生命系统结构中的每一个器官、组织与另一个或另一些器官、组织之间的相互作用,都具有周期性变化特征。这种周期性的变化,都是在器官、组织内外部的矛盾关系推动下实现的。如脑组织与脑脊液这两种物质之间的结构关系,就是通过二者相互依赖又相互"斗争"的作用,周期性地生产和再生产出来的。脑组织与脑脊液在结构和功能上差异很大,但是二者却是相反而相成的互利之物。脑组织与心血管都是在瞬间就能决定高级动物生死的至关重要的器官,但脑组织与心血管相比,是极为精巧而又"娇气"的器官,经受不起激烈的刺激和震荡。所以在脑组织外围,依次有软脑膜、脑脊液、蛛网膜和头骨等保护层组织。其中,处于软脑膜和蛛网膜中间层的脑脊液,能够使大脑像泡在水中一样,缓冲来自外界作用力的震荡,并以其浮力作用减少大脑自身重量的压力。脑脊液还含有各种调节大脑所需的信号分子和胶质细胞,并且具有清理大脑产生的废料的功能。但是,由于大脑的特殊结构和极其重要的功能,脑脊液必须保持高度的洁净性。人每天要生成约800毫升(ml)的脑脊液,并且要更新4~5次。每天生成的全部脑脊液都要通过多种途径,被吸收进入静脉血液中,完成生成、更新、吸收的周期性循环。为了保持脑脊液的洁净性，脑脊液与血液之间设有屏障物，使脑脊液可以被吸收进入血液中，但血液中的"不洁"之物不能进入脑脊液中。

二、矛盾推动细胞结构的周期性变化

（一）细胞周期和细胞的循环运行特点

细胞结构变化的重要特征之一是它周期性地发生分裂。"地球上所有生物，从单细胞到哺乳动物，均是通过重复的细胞生长和分裂而维持生存和保持物种延续的。"[1] 从一次细胞分裂结束开始，到下一次细胞分裂结束为止，称为一个细胞周期。细胞周期具有高度精确的特性，首先必须实现细胞分裂前遗传物质的精确复制，进而通过细胞分裂确保子细胞遗传物质的精确分配。处于前后两次分裂阶段的中间阶段称为细胞的分裂间期，也就是细胞的不分裂时期。处于分裂间期的细胞核称为间期核，因为只有在间期才能看到结构和形态完整的细胞和细胞核。细胞进入分裂期后，核膜裂解，核仁消失，核的各种组分重新分配，这时的细胞核结构与间期核的结构有很大差异。

细胞分裂周期分为两个大的阶段，即有丝分裂期和分裂间期。分裂间期又分为三个小阶段，即 G_1 期、S 期、G_2 期，其中 S 期就是 DNA 复制合成的时期，G_1 期和 G_2 期是合成大量蛋白质、储存能量及其他物质、促进细胞生长、为 DNA 复制和细胞分裂做准备的时期。间期结束即是细胞分裂期，称 M 期。S 期与 M 期是整个细胞周期的两大关键阶段。只有在间期才能看到完整的细胞和细胞核，而这个完整的细胞和细胞核存在的时期，恰恰就是细胞核和整个细胞走向分裂的开始。因为就是在这个时期发生了 DNA 的合成和复制，细胞内的一套遗传物质变成了两套完全相同的遗传物质。

绝大多数真核细胞结构的时序性特征之一，是细胞周期各个阶段严格按照"间期（G_1 期、S 期、G_2 期）—M 期—间期"的阶段性结构依次过渡，在各个阶段内部和各个阶段之间，各种要素、分系统、过程等，严格地相互衔接、相互配合、互为因果，保证周期性循环的准确进行和细胞结构按周期各阶段的推进发生相应的变化。

G_1 期是 DNA 复制的准备时期，这一时期细胞大量合成 RNA 和蛋白质等

---

[1] 陈誉华、陈志南主编：《医学细胞生物学》，人民卫生出版社，2020 年 1 月，第 307 页。

物质，组蛋白、非组蛋白、蛋白激酶等多种蛋白质发生磷酸化变化，这种变化为包含着 DNA 分子的染色体结构发生必需的改变做准备；细胞膜加强从外部运入氨基酸、核苷酸、葡萄糖等小分子和多种调控物质，为细胞进行大量的生化合成（包括合成和复制 DNA 分子）提供所必需的原料。

S 期是 DNA 合成和复制的进行和完成时期，这一时期 DNA 合成所需的酶类，如 DNA 聚合酶、DNA 连接酶、胸腺嘧啶核苷激酶等酶分子的含量大幅增高，酶的活性显著增强。这一时期 DNA 合成中需要量很大的组蛋白 mRNA 含量能够比其他时期增加 50 倍以上。组蛋白是将 DNA 分子与其他蛋白质组装成染色体的重要物质，这种物质的合成与 DNA 复制是相互依存并且必须同步进行的。与 DNA 复制密切相配合，在细胞质中合成的组蛋白 mRNA 等被迅速运入细胞核，与已复制的 DNA 结合，组装成足够数量的核小体，以保证在 DNA 复制合成的基础上形成具有两条单体的染色体。当 DNA 合成即将结束时，不再发挥作用的组蛋白 mRNA 在短时间内大量降解。DNA 复制如果受到抑制，细胞中组蛋白 mRNA 含量也会发生并行性降低以致停止。同样，组蛋白合成若受到抑制，DNA 复制合成的速率亦迅速降低以致在数秒钟内停止。

G_2 期是细胞分裂的准备时期，该期大量合成一些与 M 期结构和功能相关的蛋白质，如合成在 M 期组装纺锤体必需的微管蛋白和各种调控因子等。

M 期是细胞分裂的进行和完成时期，该期染色体凝集后姐妹染色单体分离，遗传物质平均分配到两个子细胞，核膜崩解后又重建，纺锤体形成又消失，收缩环出现，细胞质分裂，原来的一个细胞变成了两个细胞。

（二）细胞分裂的重要根源——DNA 分子两个单链之间的矛盾

细胞分裂无疑是一种对立面尖锐斗争的过程和结果，但这是一个结构极为复杂的生命系统所包含的两个对立面。两个对立面之间并没有什么明晰的界限，它们各自都是结构和变化极为复杂的生化物质体系，并且经过极其复杂的斗争过程而分裂为结构同样复杂的两个生命系统，即两个新的细胞。

那么，细胞分裂的根源是什么呢？找到细胞分裂的根源，就能够看清引起分裂的两个对立面的轮廓。

从细胞周期各阶段的依次过渡和各个阶段结构关系的紧密相关性变化可以看出，引起细胞分裂的两个基本的对立面就是染色体所承载的 DNA 分子的两个单链之间的矛盾。

DNA 分子是两条结构完全相同的多聚脱氧核苷酸链围绕着同一个旋转轴，形成反向平行的双螺旋型分子链。两条相互结合的单链中，一条链是从 5′ 端向 3′ 端的方向排开，另一条则是从 3′ 端向 5′ 端的方向排开，两条链是以"头脚倒置"的方式结合为双链的。这种看似纯粹形式上的对立，在细胞的生长和分裂中的作用却是极其重要而深远的。

在一个刚形成的细胞内，首先进行的一个重大变化就是 DNA 分子的复制。DNA 双链通过复制，由一套变成了相同的两套。在细胞分裂之前有一个为分裂做准备的阶段，这个阶段就是 DNA 的复制时期和下一阶段细胞分裂所需要的特定蛋白质的合成时期[1]。这个为细胞分裂做准备的时期被称为细胞的"分裂间期"，是细胞的结构和形态最完整的时期，同时也是为细胞分裂埋下种子的时期。

由于 DNA 复制，在细胞内就形成了两套细胞生长的蓝图，或者说形成了指挥细胞生长的两个"司令部"，由此造成了"箭在弦上不得不发"和"一发而不可收拾"的趋势。两个"司令部"通过基因表达的方式，分别发出各自指导细胞内物质合成和构造新细胞的指令，于是在同一个细胞内出现了两个几乎一模一样的分系统，它们都在发挥"蛋白质合成—物质运输—构造细胞器—废物降解"的生命功能，有条不紊地进行着细胞所需物质的生产和再生产，由此造成一种必然的趋势——一个细胞分裂为两个细胞在所难免。

所以，如果 DNA 不复制，细胞就不会分裂为两个几乎完全一样的细胞。但是 DNA 如果不复制，它自身的存活时间是有限的，难以将自身长久保留下去。DNA 只是一个有生物活性的化学分子，它并没有思考的能力，因而它不可能为了自身长久地生存下去而主动地复制自己，也不会因为想到复制了自己就会引起细胞分裂和生命的延续并为此做出进一步的努力。它之所以复制自己，是因为它面对着自身内部的和外部的诸多矛盾，在对立面斗争的推动下不复制自己别无其他生存之道。而推动它复制自己的内外部矛盾，主要是内外部的数以亿计的电荷的作用，包括 DNA 分子链中的数十万个脱氧核苷酸分子、数万个基因和非基因片段及其所含的原子、残基、电荷等相互之间的

---

[1] 陈誉华、陈志南主编：《医学细胞生物学》，人民卫生出版社，2020 年 1 月，第 300 页。

矛盾，以及参与整个过程的所有 RNA 分子、蛋白质分子、酶分子、各种功能因子及其所含的原子、残基、电荷的矛盾等。这数以亿计的正负电荷的相互作用，不仅表明细胞内部矛盾的数量巨大，而且表明这些矛盾的作用不是混乱的，而是有序的，是生命在长期进化过程中形成的极为复杂而有序的一种矛盾系统。

三、矛盾是细胞结构变化的调控之力

细胞周期在正常条件下有顺序地按 G_1—S—G_2—M 的阶段更替循环运行，其进程是连续的和不可逆的。细胞中的许多分系统是这一进程的推动者，但同时还有一些分系统是这一进程的阻滞者或抑制者。在细胞的动态性结构中，正是由于推动、促进细胞周期运行和阻滞、抑制细胞周期运行的两种分系统之间既相互对立又相互补充、相互协同，才使细胞的结构变化具有"令行禁止"的有序性和生命活力。

（一）细胞周期调控系统的矛盾本质

细胞周期的调控机制体现了细胞结构具有严格的时序性特征和这种特征具有可靠的保障机制。矛盾在形成和维持这种保障机制中发挥着主导作用。

1. 细胞周期调控系统

细胞作为微观的生命系统，在其结构中存在一种发挥细胞周期调控功能的分系统，称细胞周期调控系统，它实质上是一种复杂的细胞周期调节蛋白分子形成的网络。这种调控系统的基本构成，即它由哪些蛋白质组成以及这些蛋白质相互间形成怎样的网络结构关系等，在从酵母菌到人类的各个物种的所有真核细胞中都具有高度保守的特性。在生物的漫长而复杂的进化过程中，细胞的各个主要构成部分都发生着重大的变化，而这种调控系统却以其几乎不变的结构特征发挥着相对恒定的功能，正是这种恒定的功能保证了细胞周期中一系列生化反应能够按严格的时序要求进行。该系统能够发挥强大可靠的分子开关作用，精细地协调细胞周期中的不同事件，使特定的生化反应能够在特定的细胞周期起始时被激活，而在该细胞周期事件结束时被灭活，从而使各细胞周期能够在细胞正常生命活动所要求的准确的时间并以准确的顺序，程序性地开始和结束。这种系统还能够对细胞内外的信号产生应答，

如接受细胞外蛋白质或生长因子的作用，使细胞周期受到多因子、多层次的调控，呈现高度的时空有序性和协同性[1]。具有高度保守性的细胞周期调控分系统，与细胞中具有不同程度变异性的其他分系统无疑是处于自始至终的矛盾斗争之中的。前者的保守性或不变性是细胞周期准确进行的重要保证条件，自然也是细胞的重要"保命"条件；后者的变异性是细胞适应环境获得生存的保证条件，是细胞的另一种"保命"条件。二者的相互对立、相互斗争和相互依赖、相互补充，是细胞和由细胞构成的高级生命体不论是在短暂的周期和周期的各阶段中，还是在世世代代的漫长进化过程中都能存活和发展的"双保命"机制。

2. 细胞周期调控系统的核心构成物

细胞周期调控系统的核心构成物是细胞周期蛋白和细胞周期蛋白依赖激酶。这是两类既相互对立又相互依赖的生化物质。细胞周期蛋白是真核细胞中的一类各有其特异性的蛋白质，这类蛋白质能够适应细胞周期进程的需要，周期性地合成出来并周期性地降解。细胞周期蛋白依赖激酶是一类必须与细胞周期蛋白结合后才具有激酶活性的一类酶分子，这类酶分子也各有其特异性，它们在细胞周期的各阶段，通过特定酶分子与特定的细胞周期蛋白分子的结合，也就是被自己的对立面激活后，可以对多种细胞周期相关蛋白进行磷酸化改造，引发或控制细胞周期的一些主要的生化反应事件，在细胞周期调控中发挥关键性核心作用。

以细胞周期蛋白依赖激酶为核心的细胞周期调控系统，是特异性各不相同的细胞周期蛋白分子与细胞周期蛋白依赖激酶分子等多种分子结合而形成的复合物，这种复合物是细胞周期中各个生化事件的发生、发展、结束具有时序性和协调性的根本保证。由于有这种保障性的条件，细胞才能周期性地有序运转。所以，对这种激酶的活性必须进行精准的调节，在需要活性的时候充分地激发活性，而在不需要的时候则要抑制活性。细胞中有不同的对立物对这种激酶的活性进行正向和反向的精准调节。其中主要的途径包括：特定的细胞周期蛋白依赖激酶与特定的细胞周期蛋白形成对立统一式的结合，以便产生细胞周期进程所需要的激酶活性；对细胞周期蛋白依赖激酶进行多

---

[1] 陈誉华、陈志南主编：《医学细胞生物学》，人民卫生出版社，2020年1月，第300、310页。

重磷酸化和去磷酸化改造和修饰，以便根据周期运行需要使激酶完全地被激活而不是轻微的或部分的激活；细胞周期蛋白依赖激酶与其另一种对立物即特定的抑制因子形成对立统一式的结合，以便在细胞周期出现故障时能够抑制激酶活性，使细胞的周期运行暂停于某一阶段或者永远地终止，以防将周期运行的差错带入 DNA 复制和细胞分裂中。

3. 细胞周期调控系统的工作机制

细胞周期调控系统之所以能够准确地调控细胞的周期性运行，首先是因为细胞周期蛋白能够被 DNA 中的特定基因序列周期性地表达，而周期性地"表达"的含义，就是这种蛋白质能够在特定基因的指导下，根据细胞周期进展的需要而被周期性地合成和周期性地降解。细胞周期蛋白周期性的表达、合成、降解过程，能够直接引发细胞周期蛋白和细胞周期蛋白依赖激酶复合物的周期性表达和周期性的生成、降解，使特异性各不相同的细胞周期蛋白依赖激酶的活性只能在特定时点按顺序被激活。被激活的激酶控制着受到它修饰的"底物"。这种"底物"，就是可以被加工成有用物的相关蛋白质分子。这些受严格控制并且经过特异化加工、修饰的蛋白质分子，就成为推进细胞周期过程的最终执行者，它们能够引发细胞周期进程中特定生化事件的发生。正是这些事件的发生和完成，才构成细胞周期各阶段依次过渡的实质性内容。这些事件的发生、进展和完成构成多系列的因果链条，其中的一些链条和过程可以因突然事件而暂时停顿，但大多数保证生命活动正常进行的链条和过程是不可逆的。而性能各不相同的蛋白质分子、酶分子以及它们构成的分子复合物，都具有专门性、时序性、特异化的调控功能，正是它们的多样性调控功能的协同发挥，保证了细胞周期中数以亿计的生化反应"像钟表一样"精准无误地协同进行。

4. 细胞周期的其他调控因子

除过细胞周期调控系统外，细胞中还有以下几种调控因子能够发挥各有其长的互补性调控作用：细胞自身分泌的或旁分泌产生的生长因子，可激活细胞内多种蛋白激酶，促进或抑制细胞周期进程相关的蛋白质表达，参与对细胞周期的调控，使细胞周期中各个事件、进程保持相互协同；细胞自身分泌的一种糖蛋白——抑素，可引起信号的转换及向细胞内传递转换的信号，进而对细胞周期相关蛋白的表达产生影响，发挥无毒性、可逆性、特异性的调控作用；细胞中的 cAMP 和 cGMP 是两种相互拮抗的胞内信使，一种可促进细胞分裂中 DNA 及蛋白质合成，另一种则可以抑制 DNA 及蛋白质合成，二者共同作用形成的矛盾关系，可以"不偏不倚"地维持细胞周期的正常进行。

（二）细胞周期监控系统的矛盾本质

细胞的动态性结构的重要特点之一是细胞的周期性运行具有堪称健全的监控系统。监控系统是细胞内与调控系统密切配合的又一种分系统，这种分系统及其功能，实质上是一种推进周期运行与抑制周期运行的矛盾关系和一些矛盾检测、控制另一些矛盾的有序性结构—功能关系。一句话，是由矛盾关系构成的具有监控功能的系统。

在细胞所处环境发生变化、细胞周期正常事件受到干扰时，为确保细胞周期的准确进行，细胞周期的进程往往会在某一时点暂停或终止。之所以发生这种情况，是由于为了防止细胞出现 DNA 突变或其他恶性生化事件，细胞中存在着一系列复杂的监控系统，称为监测点。这些监测点可对细胞周期发生的重要事件及出现的故障加以检测，如对 DNA 复制、纺锤体组装、染色体分离、DNA 损伤等事件或故障进行监测并形成专门的监测点。

细胞周期监控系统或监测点是由众多蛋白质分子构成的复杂的信号传导网络。该网络中存在一种感受分子，它一旦捕捉到异常信号，就会通过转导分子实施信号转导，最终由效应分子直接执行对细胞周期的负性调控。这种负性调控首先启动细胞周期阻滞，使细胞周期运行暂停，使细胞不能从一个阶段转向下一个阶段。其次通过应激启动基因表达，即启动特定的基因，使其指导合成特定的蛋白质，由这些蛋白质实施故障修复。当故障排除，细胞周期阻滞解除，细胞周期所必需的正常事件一一完成，每个关键环节没有危险，细胞周期才能在正性调控系统的作用下，开启向下一个阶段的运行。如果故障无法排除，细胞周期就会终止，细胞即发生凋亡。如果细胞在这种情况下不凋亡，故障就会传给下一代的细胞，其后果将非常严重。在一些高级动物的肝、肾、骨骼等组织中，其细胞一直处于休眠状态的 G_0 期，但是当这些组织发生损伤时，损伤就会刺激处于 G_0 期的细胞周期监控系统，使这些细胞恢复细胞分裂，在短时期内产生大量的新生细胞，加快创伤的恢复❶。由于监控系统"因时因地"地启动或终止负性调控系统，细胞周期运行才可以进一步提高其"令行禁止"的有序性水平。所以，监控系统是在调控系统之上再加上的一道管控细胞运行开关的阀门，是监控矛盾管控调控矛盾的一种更加保险的机制。

（三）基因组的内部矛盾决定并控制着细胞结构中的所有矛盾

细胞所具有的精准的时序性动态结构，其中主要是细胞的周期性结构变化，与细胞的空间并存性结构一样，从根本上都是受基因编码调控的，也就是受特定基因发出的指令来调控的。然而，能够发出指令来调控细胞周期变化的特定基因本身，就是一种对立统一的矛盾体。

在细胞染色体所承载或包裹的 DNA 分子中，准确地说是在 DNA 分子中的基因组中，包含着编码多种具有调节功能的蛋白质的基因。其中如构成细胞周期调控系统的各种蛋白质和激酶，就是由相应的基因进行编码（发出指令），按照编码给出的程序被制造出来的。如果没有编码这些蛋白质和酶的基因，也就不会有细胞周期调控系统和细胞周期检测系统。而在 DNA 包含的基因组中，就有原癌基因和抑癌基因这两种既相互对立又相互依赖的基因。原癌基因是细胞内与细胞分裂、增殖密切相关的基因，同时也是维持机体正常生命活动所必需的基因。原癌基因能够编码产生种类较多的蛋白质，通过这些蛋白质的功能实施对细胞周期的调控。抑癌基因是正常细胞所具有的、能够抑制细胞过度增殖或恶性增殖的一类基因，其作用与原癌基因相反，但二者又有互补作用。抑癌基因编码的蛋白质通常能与转录因子结合或本身就是转录因子，这些因子是细胞增殖的负调控因子，能够影响细胞周期相关蛋白质的合成及 DNA 复制，进而调控细胞周期的进程。细胞增殖亦即细胞分裂的正常进行，有赖于原癌基因与抑癌基因二者的相互作用保持某种平衡状态。如果原癌基因过度促进细胞增殖而抑癌基因作用减弱而不能抑制这种过度增殖，两种基因的相互作用失去平衡，细胞增殖就会处于失控状态。原癌基因如果发生点突变、基因扩增、重排等基因改变，会导致原癌基因转化为癌基因，而癌基因通常因获得新的表达产物而过度刺激细胞增殖，细胞不可控

---

❶ 陈誉华、陈志南主编：《医学细胞生物学》，人民卫生出版社，2020 年 1 月，第 317–319 页。

地增殖就会形成肿瘤。抑癌基因对细胞增殖发挥负调控功能，这种功能得到正常发挥，就会有效地抑制细胞特别是肿瘤细胞的过度增殖。相反，抑癌基因的这种负调控功能的减弱或丧失，使细胞增殖不能受到必要的抑制，也会促进肿瘤细胞增殖失控❶。由此可知，不论是细胞的正常生长和正常分裂，还是细胞结构的异常变化、肿瘤的产生以及与细胞周期相关的其他许多疾病的发生，从根本上来说，其根源就在DNA分子内部，是DNA包含的基因组内部两种相互对立又相互依赖的基因的相互作用保持平衡或失去平衡所致。所以，基因组内部两种相互对立又相互依赖的基因的矛盾，决定着并且从根本上控制着细胞结构中几乎所有的矛盾，决定和控制着细胞由生到死的全过程。

四、矛盾是生命结构变化的推动力

生命的本质就是生与死的矛盾斗争。在分子、细胞、器官、整体等不同的结构层次和各层次的不同构成部分之间，生与死的矛盾斗争一刻也不停止。核酸与蛋白质的矛盾是生与死的矛盾的最集中的体现，这一矛盾以及它所统摄的其他各种具体矛盾，在细胞和其他生命系统的周期运行中可以达到暂时的、相对程度的解决，但在生命个体的生存过程和生命系统的世代更替中则永远不会有最后的解决。生命之所以繁衍不息，其本质的原因就在于生与死的矛盾无法得到最后的解决。

核酸周期性地编码（指导制造）特定的蛋白质和酶，特定的蛋白质和酶以及它们的结合物周期性地被激活并且周期性地驱使特定的、被修饰的蛋白质去引发特定的生化反应事件，包括周期性地复制和合成核酸这样的事件，周期性地发生的生化反应事件推动细胞的周期性循环运行。核酸不断地发出指令并制造出指令的执行者，从信使RNA一直到引发具体的生化事件的"最终执行者"的特异蛋白质，形成一个漫长而极其复杂的因果链条和这些链条构成的动态结构。而作为核酸驱使的最基层的执行者的各种特异蛋白质，其中有些又是核酸的制造者，它们为核酸的复制、合成提供原料和运输、信息、调控服务。譬如细胞周期蛋白和细胞周期蛋白依赖激酶这两种蛋白质相互结合形成的一种复合物，不仅能够启动核酸的复制、合成，而且能够阻止已复

---

❶ 陈誉华、陈志南主编：《医学细胞生物学》，人民卫生出版社，2020年1月，第320页。

制的核酸再发生复制，确保 DNA 只复制一次 ❶。

核酸通过基因表达不断制造出自己的许多对立物，这些对立物主要是细胞内数万种的蛋白质和酶。但这些对立物实际上是核酸"自己的他物"，是来自于核酸又回归于核酸的"对立之物"。因为合成这些对立物的指令或密码来自于核酸，它们被合成后又直接或间接地参与复制、合成核酸，或者执行核酸的其他指令，它们和核酸是形影不离的伴生者。核酸自身包含着多种基因，这些基因能够编码多种具有调节核酸自身功能和调节生命体的其他功能的多种多样的蛋白质。核酸既包含着维护自身存在的基因，同时也包含着毁灭自身的基因。其中，正常基因可以看作是维护核酸和生命体生存的基因，假基因、恶性突变基因、受损基因等则可以看作是毁灭核酸和生命体的基因。除此之外，两种正常基因能够协同发挥作用，可以看作是维护核酸和生命体生存的因素；两种正常基因不能协同发挥作用，则可以看作是毁灭核酸和生命体生存的因素。DNA 中包含的原癌基因和抑癌基因这两种既相互对立又相互依赖的基因，它们能否协同地发挥作用，就是核酸自身包含的"求生"和"致死"的两种因素。所以，肿瘤的产生，以及与细胞周期相关的其他许多疾病的发生，包括组织、器官的病变等，从根本上来说，其深刻的根源往往就在 DNA 内部，是 DNA 内部两种相互对立又相互依赖的基因相互作用失去平衡所致。DNA 既是生命之源，同时也是死亡之源。在 DNA 内部，甚至在所有的生化物质和生命体内部，求生和致死的矛盾斗争并不一定都体现为良性之物与恶性之物的斗争，往往也体现为两种良性之物的斗争在某种平衡点附近的波动。保持这种斗争的平衡也就是保持某种结构关系的相对稳定，就意味着生；这种斗争失去平衡也就是某种结构关系受到破坏，则意味着死。

然而，DNA 不能单独生存，它只有和它编码的对立物——种类繁多、功能各异的蛋白质和酶处于相互作用的共生关系中，才能成为决定生死的生命主宰者。

生命结构从微观到宏观，从个体到种群，之所以具有令人叹为观止的有序性和永恒的动态性，其中重要的一个特征，就是结构的关键环节、关键分子、关键属性的形成和变化必须精准无误。为此，生命不仅创造出了具有

---

❶ 陈誉华、陈志南主编：《医学细胞生物学》，人民卫生出版社，2020 年 1 月，第 313-314 页。

专门性、特异化功能的各种生化分子和生化物质系统，还创造出了这些生化分子和生化物质系统周期性地在准确的时点得以合成和降解的机制。这是生物在亿万年进化中形成的一种"保命性"的动态结构机制。生命体的结构在不断变化，但"保命性"结构机制相对于其他的结构关系，则保持着动态的稳定性。而创造和维护、调控这种"保命"机制的力量，就是对立面的统一和斗争。如果哪种因素不能使生命所需要的生化分子和物质系统在准确的时点得以合成和降解，那么就会有另一种相反的因素强制它、帮助它或引导它甚至代替它在准确的时点合成和降解生命所需要的生化分子和物质系统。而这两种相反的因素常常又是相依为命的"搭档"，谁也离不开谁，但谁也不"苟同"于谁。

第三节　生命系统的结构活性及其矛盾基础

以核酸、蛋白质为主的生物大分子，以及由这些大分子和其他物质构成的复合物、细胞、组织、器官、个体生命系统等，都是具有生物活性结构的特殊物质形式。生物活性结构有两个重要的特点：高度的活跃性和高度的有序性。前一种特点体现为生命物质结构总是处于不停的运动、变化中和广泛的联系中，后一种特点体现为生命物质结构具有严格的秩序性和精准地发挥功能的特性。这两种特点同时也体现了生物活性结构的矛盾本性和以矛盾为基础的规律性。

一、分工是形成结构活性的重要基础

分析有序结构形成的一系列特点，就会得出这样的结论：系统的结构复杂到一定程度，就会产生自我调节的有序性机制。而结构趋于复杂化的变化，总是在对立面的统一和斗争的推动下实现的。对立面的统一和斗争推动简单的系统形成日益发达的分工和在分工基础上的全面、深化的协同，分工和协同成为结构向高级化演化的重要杠杆。

在自然界、社会和思维领域，分工是分化的一种形式，分化比分工更具

有普遍性。分工主要强调一事物分离成在功能属性上各不相同的两种或两种以上的事物，其含义较为狭窄，注重事物在功能、作用、做工等方面的分化性变化发展特点。所以，分工在普遍的意义上也可称作分化，分化在特殊的意义上也可称作分工。分化或分工，是系统结构进化的重要推动力。

（一）马克思分工理论的启示

马克思分析社会领域中分工的本质和分工与协作的关系的一些思路，有助于我们更深刻地认识生命系统结构中的分化、分工现象及其产生结构活性的规律。

马克思将资本主义社会的分工区分为个别分工、特殊分工、一般分工、地域分工等不同类型，认为发达的分工"为专业化、专门化的发展，为人的细分奠定基础"，推动了社会生产的专业化、专门化发展[1]。分工一方面具有其自然必然性和社会历史的必然性，另一方面推动了"人的细分"和人的片面化、人性的畸形化变化，使人失去全面发展的机会和能力。但是人的细分和人的片面化变化在资本主义社会却成了一种生产优势。一种产品的生产"逐渐地分成了各种特殊的操作，其中每一种操作都形成为一个工人的专门职能，全部操作由这些局部工人联合体来完成"，从而形成了一个"以人为器官的生产机构"，并"显示出它特有的优越性"[2]。如果抛开资本主义社会的具体条件，马克思在这里所指出的分工推动系统要素的"细分"、"专门化"、"片面化"及其相互之间增强的依赖性等，在自然界譬如在生命系统中，确实会形成一种"特有的优越性"。

马克思揭示了分工必然与它的对立物——协作相伴随的规律。分工是人与自然、一些人与另一些人之间的社会矛盾的表现形式，随着分工的发展也产生了个人利益与人们的共同利益之间的矛盾。这种共同的利益，就是彼此分工的个人之间的相互依存关系[3]。也就是说，分工是某种本质矛盾的表现形式，这种本质矛盾使分工者增强了相互依存的关系。"单个劳动者的力量的机械总和，与许多人手同时共同完成同一不可分割的操作（例如举重、转绞车、

---

[1] 马克思：《资本论》第1卷，人民出版社，1975年6月，第389-392页。
[2] 同上书，第374-375页。
[3] 马克思、恩格斯：《德意志意识形态》，《马克思恩格斯全集》第3卷，人民出版社，1960年12月，第35-37页。

清除道路上的障碍物等）所发挥的社会力量有本质的差别。"通过协作不仅提高了个人生产力，而且创造了一种生产力，即集体力❶。分工必然产生协作，协作必然产生新质的东西。分工越是深化，分工者就越是趋于专业化、片面化，协作也就越趋于发达，由此推动系统的结构关系越来越复杂。

马克思关于分工和分工与协作的相互关系的思想，同时具有哲学上的普遍意义。分化或分工是事物内在矛盾外在化的一种形式，是事物变化、发展的客观需要与满足这种需要的客观条件的内在联系的一种具体形式。分化开的事物获得各自相对独立的属性和地位，但同时又增加了各自的片面性、局限性、孤立性缺陷，需要通过相互之间的联系，特别是相互间的协同性联系，克服各自的片面性、局限性、孤立性缺陷，形成分化基础上的协同性系统体。在生物界和社会领域，分化或分工越是趋于深化，协同也越是会提高到新的水平。分工与协同之间的这种循环式相互作用和相互转化，是产生系统结构活性和活力的重要基础。

（二）分工产生和发展的规律——缺陷之物与补缺之物的内在联系

物质演化、进化的重要特点之一，就是演化、进化在客观上提出某种要求，迟早会产生出满足这种要求的专门化的新事物，这就是分工或分化得以产生的原因。这种原因其实就是缺陷之物与补缺之物总是存在着相互对立又相互依赖的内在联系。在社会领域，原本是综合素质基本相同、彼此之间没有分工基础的人，由于某种需要的产生，譬如需要医生治病，需要制造某种特殊的工具，需要公共管理者、职业保卫者等，就会在这些没有分工基础的人们中间，以人与人的某种天赋差别、兴趣爱好、责任感等为基础，在共同需要的强力推动下，产生出适应这些需要的专门化、专业化的人，形成分工—协同的社会组织。同样，在生命系统中，由于某种生理或生化需要的产生，或早或迟也会产生出类似的分工—协同的组织。

但是，在周期较短的运动、变化中，虽然在客观上提出某种要求，往往极少能够产生出满足这种要求的专门化的新事物。生命物质在分子水平上的有序性结构，往往体现为结构在其变化的每一步和每一个环节上，都会制造出专门化、特异化的化学分子或由许多分子组成的元件、功能单位等，执行

---

❶ 马克思：《资本论》第1卷，人民出版社，1975年6月，第362页。

专门化的生化或生命活动职能，保持甚至增强结构的有序性。这种应运而制造出客观需要的新事物的有序性结构特征，如果单纯从静态来看，似乎是非常神奇的。但是如果将其放到长期的演化、进化的历史过程中来看，就容易理解其客观的因果关系和必然性。因为长期的演化、进化过程会遇到或者会产生出创造新事物的偶然性，也会使客观上需要新事物的变化过程捕捉到这些偶然性事件，并造成一定的条件将偶然事件变成重复性事件和必然性趋势。

在地球早期的化学进化中，可能某种化学反应难以进行下去，需要一种特殊的催化剂，而环境在短期内却难以产生出这样的催化剂。但是在长期的过程中，某种偶然事件产生出了这样的催化剂，于是那种需要特殊催化剂的化学反应就很幸运地完成了。也许这种偶然性的"运气"就只有这一次，但也有可能，这种偶然性的事件因为某种条件而连续发生了多次。因为任何偶然性中都包含有必然性，不包含必然性的偶然性是不可能发生的。只要使产生偶然性事件的条件一直存在或重复出现，偶然性事件就能够不断发生或重复产生。所以，只要过程足够长，原始地球上需要特殊催化剂的那种化学反应就会有很多机会捕捉到带来催化剂的偶然性机会。而且，得到催化剂的化学反应还可能创造另一种偶然性事件，它引起了环境的某种变化，甚至是连锁性的变化，这些变化特别是连锁性的变化竟然可以较为稳定地产生出那种特殊的催化剂。于是，一再依靠偶然性事件才能完成的化学反应，现在可以在连锁式循环变化过程中重复地进行下去。一些古生物学家在这方面提出了许多类似的有意义的推测和研究成果，生物体内也广泛存在着类似的连锁式生化反应循环。生物体内类似的连锁式生化反应循环，无疑是自然界中类似的化学反应循环长期进化的结果。这种进化必然产生出越来越多的分工之物：两种反应物需要一种特殊的催化剂，特殊的催化剂的生成又需要另一种特殊的催化剂，另一种特殊的催化剂需要某种特殊的分子将其引导或运输到某个位置，如此等等。反应物的种类不断分化，催化剂的种类也不断分化，复杂的分工受客观需要的推动，由此进入一个似乎没有终点的延续过程。

（三）高度分工产生出高度专门化的新物质

在 DNA 分子长链中，一些片段是发挥表达功能的基因序列，而另一些片段则是专门控制、调节基因表达的序列，这说明基因在它的历史上至少产生了两种基本的分工：表达基因和调控基因。其实，基因在其历史变化过程中产生的分工是异常复杂的，这种复杂的分工使它可以复制出多种多样的RNA，这些不同种类的RNA分子分别被运到细胞中的指定位置并发挥各自的专门功能。其中能够按照DNA的指令指导合成蛋白质的一种RNA称为mRNA，其他的还有专司运输的RNA、与各种蛋白质进行合作的RNA等。基因中有正常发挥功能的基因，也有不发挥功能的闲置基因；有编码的基因，也有不编码的基因。调控基因也有严格而复杂的分工，其中有开启或关闭表达的基因、加快或减慢表达的基因以及对基因表达的各阶段产物进行加工、修饰的基因，对不合格表达产品进行降解的基因，对自身损伤进行修复的基因等。分工发达的调控基因还能够与自身之外的物质建立相互协同的关系，如调控基因能够与编码基因所编码的蛋白质和来自细胞其他部分的蛋白质相互结合，形成各种结构复杂、功能特异化的元件、分子复合体，更高标准地完成对基因表达的调控功能。

基因的分工与生物体内各种生化物质的分工一样，无疑是长期演化和进化的产物。根据已有的科学资料可以推想，最原始的DNA分子链肯定是不太长的，分子链中的基因序列也没有达到很高的分工水平，其中就可能只有表达基因而没有调控基因，由此导致DNA分子的复制和基因的表达经常出错，产生出大量的废品蛋白质和这些废品蛋白质参与构造的残疾生命体，或者产生出像最简单的病毒这样的"半生命体"。这种低质低效的基因复制和基因表达非常需要有一种特殊的基因来管控基因表达过程，但在短时间内却无法产生出这样的急需之物。化学演化重复进行着这种缺乏管控基因的基因表达，但同时也造成了某些基因发生突变的条件和机会。这种突变发生过亿万次，其中可能有一次产生出了一种新的基因序列，它失去了基因表达的功能，却具有与外部某些条件相结合来管控基因表达的功能。由于这种基因的出现及其逐步的进化、完善，基因表达结束了它的低级演化阶段，进入到了能够有调控地进行准确表达的新阶段。类似的突变继续在数以万年、十万年、几十万年的周期中时不时地出现，使调控基因能够发生专门化的分化和分工，调控基因由少数序列变为数量越来越多、分工越来越细的众多序列，变为调控基因的大家族，调控功能达到严格的特异化、专门化、定量化水平。特异化、专门化、定量化的调控功能不仅要求数量越来越多、分工越来越细的调控基因必须彼此协同其行为，组成统一发挥专门调控职能的各种单位或"团队"，而且要求彼此协同的诸多基因或基因的"团队"与一系列被称为表达调控元件的蛋白质分子相互结合，形成基因内部与基因外部因素的协同关系，组成专门性的"跨基因"调控单位——操纵子，成为稳定执行调控职能的专门机构。由于有了这样的分工和协同，才有了今天人们看到的真核细胞中基因所具有的高度调控水平。

细胞中的核糖体和酶系统也是具有复杂分工的体系，其发达的分工—协同关系同样也是长期进化的产物。核糖体分为不同的种类，不同的核糖体合成不同的蛋白质，就像不同的机器生产不同的产品一样。核糖体作为蛋白质合成的机器，它还有自己的许多专门化的零部件，即具有更专门化分工的特异性功能的因子。细胞中的各种酶，以其各自的"奇技"参与到各种各样的生化反应中，从修饰加工刚刚合成的核酸和蛋白质分子，到参与降解蛋白质和处理生化垃圾，既能够识别、标记出特定的作用对象，并准确完成专门化的分工职能，又能够在完成任务之后自动退出其工作的场所。

推而广之，核酸、蛋白质等一切有生物活性的分子，都是在长期的进化过程中才达到了高度分工的水平，产生出高度专门化、特异化的功能分子和功能因子，其数量、种类之多和分工之细密、奇特，达到了非生命物质难以企及的程度。

基因表达和细胞内外的生化反应过程中，各种各样的化学分子就像有头脑的生物一样，具有识别、辨认、标记、扫描、介导、转导、指示方向、携带、组装、加工、修饰、保护、清除、降解、运输、竞争等功能，能够在纷繁的生化反应中发现和确认正确的作用对象，"指导"或引导一些分子按照规定的步骤行动并达到被规定好的目的。这一切虽然都是无任何意识功能的化学分子所为，但其产生的综合作用却具有某种类似意识活动的特征和效果。之所以能够产生如此奇异的特征和效果，重要的原因之一是大分子、大分子组成的构件、分子构件组成的构件群（各种复合体、因子等）的结构和功能都达到了高度的专门化、特异化的分工水平。正是发达的分工使各种化学键的形成和断裂被专门化地进行严格规定，分子、基团、复合体的位置、功能等被严格地进行规定并被加工成精准的零部件。

这种规律性机制给人们认识这类对象带来的启示是：结构复杂到一定程度，便会产生出类似或接近意识的功能。所以高等生物，特别是人的大脑，之所以能够成为结构最复杂的物质系统并具有意识性功能，发达的分工水平以及在分工基础上的高度协同关系似乎起到了决定性的作用。

二、对立物既斗争又配合的特殊矛盾关系

生命系统在长期的进化中，普遍地形成了对立物既斗争又配合的非对抗性矛盾关系。这种关系是形成系统结构活性的又一重要的基础条件。

DNA 分子的折叠、复制和转录是与它的对立物——一种被称为"组蛋白"、"非组蛋白"等蛋白质分子进行"合作"来完成的，这些蛋白质分子是细胞核的重要组成物。与对立物既斗争又合作、既分工又配合，是 DNA 分子维持其结构稳定和发挥复制、转录等重要功能的关键性机制。

在细胞分裂的间期核内，也就是在还没有进入分裂过程的细胞核内，DNA 分子与组蛋白分子、非组蛋白分子和少量的 RNA 分子相互结合，使长达 1.7 米的 DNA 分子链被折叠成 30 纳米（nm）的细丝状染色质，弥散在细胞核内。在细胞分裂期中，DNA 分子与组蛋白和非组蛋白分子的结合关系发生变化，染色质变成高度螺旋和进一步折叠的结构。这种结构使复制成为完全相同的两套 DNA 分子能够被准确地分配到分裂后的两个子细胞中。组蛋白富含带正电荷的碱性氨基酸，属碱性蛋白质。其中称为"核小体组蛋白"的一类分子可以将 DNA 分子链卷曲形成核小体，还有一类称为"连接组蛋白"的分子在 DNA 分子的折叠过程中起"订书钉"的作用，将一层一层折叠起来的 DNA "装订"起来，不致发生"抖一抖就会散乱"的情况。核小体组蛋白作为与 DNA 分子紧密结合并形成核小体这一系统体的重要"搭档"，在生物进化的漫长过程中保持基本不变化的高度保守的特性，这无疑有利于 DNA 分子和细胞的结构稳定[1]。组蛋白作为 DNA 的亲密搭档，在细胞周期的 S 期与 DNA 同时合成，但组蛋白合成的地方却在细胞质中，合成后即转移到细胞核内与 DNA 分子结合，装配成核小体。组蛋白的电荷性质的改变成为 DNA 复制和

---

[1] 陈誉华、陈志南主编：《医学细胞生物学》，人民卫生出版社，2020 年 1 月，第 187 页。

RNA 转录的开关，使复制、转录进退自如。组蛋白带正电荷时与 DNA 结合，可以抑制 DNA 的复制和 RNA 转录。改变组蛋白电荷性质的途径，是将组蛋白分子中所含的某些氨基酸进行乙酰化、磷酸化或甲基化的修饰。构成组蛋白的某些氨基酸被进行乙酰化、磷酸化修饰，其带正电荷的碱性就被改变，这样可以降低组蛋白与 DNA 分子的结合，使 DNA 的螺旋结构解旋，从而有利于 DNA 的复制和转录的进行。对组蛋白的某些氨基酸进行甲基化修饰，则可以增强组蛋白与 DNA 的相互作用，降低 DNA 的转录活性。非组蛋白是一类带负电荷的酸性蛋白质，其中有启动蛋白、DNA 聚合酶、引物酶等不同成分。这些成分以非组蛋白复合物的形式结合在某段 DNA 分子上，启动和推进 DNA 分子的复制。或者作用于一段特异 DNA 序列上，能特异地解除组蛋白对 DNA 的抑制作用，对有关的基因转录进行调控❶。

DNA 的折叠、复制和转录既不能停滞或过于缓慢，也不能过快、过头，保持这种有序进行的关键，就是 DNA 分子与细胞核内其他各种组分特别是特殊蛋白质分子之间的非对抗的矛盾关系。

三、矛盾构成生命结构和生命结构驾驭矛盾的规律

生命体在其每一个结构层次和结构环节上，都是由内部结构和相应的功能性质既相同又不完全相同并且总是在某些方面正相反的原子、离子、分子、基团、功能单位、结构域、分子集合体、细胞器、细胞、组织、器官等构成的对立统一体。这种既相同又相反的对立物及其对立统一的关系，是生命体消除危险和增强活力的重要规律性机制。否则，任由某一方极端性、片面性地发挥作用，生命的正常活动就会被破坏，生命也就不成其为生命。对立物的统一和统一关系中的非对抗性、互补性的斗争，是生命物质在生命活动的众多层次上和无数的环节中设置的"保险阀"。这种广泛设置"保险阀"的规律，使生命结构中每一物必须有相同又相异的另一物为其提供补缺和安全保障。当然，对立物的非对抗性、互补性的斗争，只是生命物质保持其生物活性的多种机制中的一种机制。还有另一种相反的机制，就是对立物的非对抗性、互补性的斗争在一定条件下会转化为对抗性、冲突性的斗争，这种斗争

---

❶ 陈誉华、陈志南主编：《医学细胞生物学》，人民卫生出版社，2020 年 1 月，第 186-188 页。

既可能使生命物质战胜死亡因素，也可能使生命物质被死亡因素所战胜。但是，生命物质在长期的进化中广泛地设置的非对抗性、互补性"保险阀"，是增强其结构有序性和生命活性的重要机制。

在生化反应和生物分子水平，无数个精巧绝伦的微观行为，即使是人的聪明的大脑与灵巧的双手协调操作都难以做到，而那些简单而且毫无意识的分子、分子集合体、基团、结构单元等，以化学键、氢键等为其"双手"，转瞬间就完成了。由核酸编码和转录的各种特异化的化学分子，可以从事选择、识别、辨认、感受、携带、扫描、发现正确的作用对象、检测、调控等专门化的职能，可以对新的生化产品进行加工和修饰，可以保护某个分子免受破坏，甚至可以指导一些分子按照规定的步骤行动，与另一些分子进行竞争，为一些分子发挥功能指示方向等。在将氨基酸合成为蛋白质的过程中，某个执行专门职能的 tRNA 分子进入它"工作"的位置，将两个氨基酸的氨基和羧基"安装"成肽键，然后这个完成了任务的 tRNA 分子从"工作"位置上脱落下来，将位置让与新的角色使用[1]。又如，DNA 分子链长达 1 米多，要在这么长的链条中随时找到某一些需要表达的目标基因，即找到分子链的某一些确定的片段并实现表达过程实非易事，但在细胞核内很轻易地就做到了这一点。这是因为 1 米多长的 DNA 分子链在细胞核内被折叠成 1 万多个弯曲的半环，像长纸条折叠并装订成有页码的书本一样，使 DNA 分子链不致成为一团乱麻。有一种称为粘合素的特异蛋白质形成一种圆环，套在 DNA 分子的某一个半环上，可以来回滑动，通过滑动，能够有选择地将半环上本来相距较远的两个片段拉近。这两个被拉近的片段，一个是称为增强子的片段，另一个是需要表达的目标基因。将这两个片段拉近，增强子就能接近并激活需要表达的目标基因，使其给出指令来合成确定的蛋白质。粘合素圆环有选择地将半环上本来相距较远的两个片段拉近，找到目标基因并激活它，就好像人有选择地翻书找出某段文字一样，十分精确。它之所以能够做到这一点，是因为有一种称为 CTCF 的特异蛋白质分子，专门为它指示方向。CTCF 也结合在 DNA 分子链上，也能够来回滑动，它面对着粘合素时意味着停止，背对着粘合素时意味着通行。这样，就指示粘合素环找到增强子和目标基因并将二

---

[1] 陈誉华、陈志南主编：《医学细胞生物学》，人民卫生出版社，2020 年 1 月，第 219 页。

者拉近[1]。这种像精巧的自动开关的机械装置一样的分子行为，在细胞内和细胞之间的生化反应过程中十分普遍。

生命体内所有类似的精准行为的基础，就是大分子和大分子组装的构件、构件群等，具有复合型的结构和高度专门化的功能。它们结合为某种复合体的化学键的形成，或者分裂为不同的单体的化学键的断裂等，都是被严格地规定了的。这种规定是在亿万年的生物进化过程中被一再地选定了的，很难轻易改变。分子、基团被事先规定好并在适合的时点被加工成精准的零部件，又在电荷作用的引导下，按规定程序运动或被运输到指定位置，或者使其发生已确定好的变化。这里只有电荷的吸引或排斥作用，看不出任何超自然的神秘力量。形成化学键的键合作用，也就是电荷之间的相互吸引作用，有些是两个或几个完整的电荷之间的较强的相互吸引作用，有些则是若干分之一的分数电荷间的微弱的相互吸引作用。而这些键的断裂，则是电荷之间的相互排斥作用所致。将数以亿万计的不同电荷之间的吸引作用和相同电荷之间的排斥作用组织成为有序的、精巧无比的生化反应过程，以排斥力拆解相互吸引的关系，以吸引力排除相互排斥的关系，数量巨大的电荷之间的矛盾就转化成为活力四射的有序性生命活动过程。这就是矛盾构成生命、生命驾驭矛盾的奥秘。

---

[1] 埃雷兹·利伯曼·艾登：《DNA上的生命之环》，环球科学，2019年第4期，第45-51页。

第八章　生命系统的内部矛盾和外部矛盾

生命系统与其他各种物质系统一样，有其相对独立的存在形式和相对明确的边界。生命系统的内部矛盾，就是生命系统边界以内的所有矛盾。生命系统的内部矛盾在生物进化的过程中不断产生、发展、转化，由简单的矛盾关系进化为越来越复杂的矛盾关系，形成生命系统特殊的内部矛盾体系、多方面的内部矛盾特点，这些矛盾构成生命系统特有的活性结构。

生命系统的外部矛盾包括生物与环境的矛盾、生物与生物的矛盾，这些矛盾关系相互交织，构成生物种群、生物群落、生态系统等各种系统性的形式。生命系统的内部矛盾和外部矛盾始终处于相互作用和相互转化的过程中，在环境作用与基因决定的共同推动下实现生命的延续和生物进化。

第一节　生命系统的内部矛盾

个体生命系统的内部矛盾是大量矛盾相互联结的复杂体系。这一体系是在生命的本质矛盾即生与死的矛盾所产生的内在力量推动下，构成生命系统的各种物质、各个组成部分、各种生化反应过程之间的多种多样的对立统一关系的总和。这种总和的对立统一关系，也就是生命系统的整体结构。或者也可以说，生命系统以整体结构的形式体现生命的本质矛盾，这种整体结构是生命系统内部以外在性相互作用为主要特征的各种具体的对立统一关系相互联结而构成的，这些外在的、具体的对立统一关系及其所构成的局部的和整体的结构，是生命本质矛盾不断解决又不断产生的必要形式和必要条件。

一、生命物质自己制造自己的对立物的规律

（一）内在矛盾外化为有"亲缘"关系的外在矛盾

为什么在像生命这样的有序结构的系统中存在非常普遍的具有互补特征的矛盾关系？其中的重要原因之一，就是形成有序结构的要素具有自己制造出自己的有一定"亲缘"关系的对立物的属性。

自然界和社会领域中，事物自己产生出自己的对立物是一条普遍规律。事物内在的两种属性的对立发展到一定程度，必然使事物分裂或分化为相互外在的不同部分，转化为外在之物的对立和斗争。这些相互外在的不同部分，既具有原事物的内在属性，又获得了一些新的属性。它们既有同一的属性又有对立的属性，是同根同源的即有一定"亲缘"关系的对立物。这里所说的"亲缘"关系，实际上是指这些外在之物虽然获得了各自独立的结构和地位，但彼此间仍具有较多、较强的内在联系。其中，一事物分裂或分化为相互外在的不同部分有两种不同的类型：一种是原事物仍保持独立的存在和原来的基本性质不变，分裂或分化出的独立部分成为一种既继承了原事物的某些属性又有自己的一些新的属性的新事物；另一种是原事物分裂或分化为各自独立的不同部分，但原事物却失去原来独立存在的形态，转化为若干个既继承了原事物的某些属性又有自己的一些新的属性的新事物。这两种类型在本质上并无重要差别，它们都是内在属性的对立必然外化为外在性对立的普遍规律的两种表现形式，或者说是事物自己产生、制造出自己的对立物的一种规律性表现。这两种外在的对立，本质上都是事物自己与自己的对立，或者如黑格尔所说，是事物自己与"自己的他物"的对立。一方面是因为事物自己在与外部的他物的相互作用中获得了某种新的属性而与原来的自己相区别、相对立；另一方面又因为自己没有失去原来的内在属性而与自己相同一。

一事物因分裂或分化而形成若干相互独立的新事物，其中一些新事物在一些属性甚至在主要属性上与自己相同，而在另一些属性甚至在主要属性上

与自己相反。这些与自己相反的属性如果正好是自己存在和发展所欠缺的、必不可少的条件，这个独立出来的新事物就成为弥补自己的片面性、缺陷性的协同之物或互利共生之物。当然，在另一些条件下，事物也经常会因为分裂或分化产生出与自己在属性和形态上相对抗的对立物，从而形成激烈对抗、殊死搏斗的外在矛盾关系。在自然界和社会领域，内在对立转化为激烈对抗的外在对立的矛盾运动形式也是较为普遍的。但是即使是这种对抗性的外在对立，对立双方之间也同样存在着一些同根同源的"亲缘"属性，只是这些同根同源的属性由于多种原因而显得过于薄弱，不能遏制双方相互对抗的属性所引起的冲突，致使双方虽系同根却"相煎太急"。

值得重视的是，在物质的结构演化过程中，结构关系向高度化的进化，特别是向有序性的高度化进化，往往偏重于选择和助推协同之物或共生之物所形成的矛盾关系，因为这样的矛盾关系既能够使对立的双方产生互相推动、不"苟且求同"的斗争，又能够结成互补的关系，有效弥补矛盾每一方的片面性、缺陷性，提高它们的协同性、互补性，有利于形成协调、稳定、有序的整体结构关系。结构关系向高度化的进化虽然不能完全排除对抗性的矛盾关系，但是似乎偏重于淘汰对抗性的矛盾关系，或者会以结构关系造成的条件将这类矛盾关系严格控制起来，尽量使之处于隐性状态。

（二）生命物质制造自己的对立物的特殊方式

1. 生命物质"擅长"制造自己的互补性对立物

自己制造出自己的对立物是自然界和社会领域一切事物运动、变化、发展所遵循的一条普遍规律，而生命物质则是一种"擅长"于制造自己的互补性对立物的特殊物质形式。生命物质以生物活性或生命活动的特殊方式制造出自己的互补性对立物，这是其能够形成越来越复杂、高级的有序结构和具有顽强的生存能力的重要机制，同时也是生命的内在矛盾不断外化为有"亲缘"性、互补性外在对立统一关系的重要特征，是生命系统的内部矛盾不同于其他物质系统的内部矛盾，也不同于生命系统的外部矛盾的重要特征。

在生命系统内部，从每一个分子、基团、因子、复合体到每一个细胞、组织、器官、生理系统，其对立之物同时又往往是依赖之物、有益之物、不可或缺之物。随着外部条件的变化和生命整体的发展，作为生命构成部分的每一个分子、基团、因子、复合体、细胞、组织、器官、生理系统等，其原本颇具优势的结构和功能越来越难以适应内外环境的变化，需要有一种"属于自己的"亦即对自己继续生存有重要补充作用和协同作用的"新物件"来化解危机，弥补自己相对简单或存在缺陷的结构和结构所决定的严重不足的功能，以便重新获得生存的优势。由于生命整体及其各个重要组成部分都不同程度地具有以矛盾关系为基础的有序结构的优越性能，因而当生命整体或某个组成部分在客观上需要有一种"新物件"来帮助战胜生存危机的时候，这种"新物件"或迟或早就会被制造出来。而制造这种"新物件"的重要机制之一，就是有"亲缘"的非对抗性的矛盾斗争和对立面的统一。然而，从矛盾斗争中制造出来的"新物件"自然不会是只有有利的一面而没有对立的另一面。相反，一切事物产生出来的新事物都是它的对立之物，是既对立又有益的不可或缺之物。这是宇宙中一切事物所遵循的一条普遍规律，生命系统当然也不例外。在生命物质系统中，生物活性物质制造与自己协同、互补、共生的对立物的矛盾运动和矛盾关系十分普遍。

生命系统制造自己的"亲缘"性对立物的方式有别于其他物质系统。这些方式在一定程度上体现了生命系统有序结构的特征。

2. 分化发展是生命物质制造自己的对立物的主要方式

同一物质系统分化为有同根同源性的内在联系的相对独立的若干系统，这些独立系统之间又结成既对立又依赖、既斗争又互补的外在的矛盾关系，这在生命系统内部是非常普遍的结构形成和结构变化机制。

在分子水平上，核酸就具有很典型的分化发展特征。最低等生物细胞中的核酸分子链很短，结构十分简单。越是高级的生物，其遗传信息的载体即核酸分子链越长、结构越复杂，核酸分子中包含的基因数量也越多。高等生物细胞中的核酸所包含的数量巨大、功能多样的基因，很多是在进化中由某一个祖先基因逐渐分化形成的基因家族，有些家族的成员数量庞大，成员的功能特点也五花八门。其中不乏既相互严格区别又相互密切配合的对立基因，如编码基因与调控基因、编码蛋白质的基因与编码酶的基因、奢侈基因与管家基因、与蛋白质直接结合的基因和与蛋白质不直接结合的基因等。蛋白质分子也具有与核酸大体相同的分化发展特征，许多结构和功能相近但又有重要区别的特异化的蛋白质，也是由某一个祖先蛋白质分化、演变而形成的，它们在生命活动中都有其不可替代的分工地位和特殊作用。

　　在细胞水平上，所有细胞的分裂是最普遍的分化发展形式。一个细胞分裂形成下一代的两个细胞，这两个细胞即使完全相同，但由于它们所处的空间位置和微环境的差异，它们相互之间就会形成外在的矛盾，并在相互作用中发生结构、功能和形态的变化。不仅是细胞分裂，细胞的分化更明显地具有对立面相互斗争又相互依赖的矛盾特征。在动物胚胎发育过程中，来源于单一受精卵的细胞，不断分裂形成结构、功能、形态、生化特征各不相同的细胞类群，组成这些类群的每一个细胞在一定条件下均能够分化发育为完整的动物个体，因而被称为全能细胞。这种细胞类群进一步发育成三胚层结构的系统。这种系统的三个胚层相互限制又相互依赖，它们相互限制的作用被称为"胚胎诱导"。如中胚层首先独立分化为不同的组织和器官，它同时还产生诱导作用，促进其他两个胚层向着结构和功能相反的组织器官分化，而不能向着与中胚层的分化方向相同的组织器官分化。这种诱导与被诱导实际上是一种深刻而激烈的斗争，诱导一方释放某种因子作用于被诱导方的细胞，调节被诱导方细胞的基因表达，通过影响被诱导方细胞的"决策机构"来推动被诱导方按照某种相反的方向分化。虽然每个胚层及其包含的细胞都有向多种方向发育的潜能，但由于受另两个胚层的限制或诱导，就只能向一种被"决定"了的组织和器官的类型方向发育。譬如内胚层的细胞也能够分化发育为其他两个胚层所发育的组织和器官，但是却被其他两个胚层所"决定"、所限制、所诱导，只能定向地发育为消化道及其附属器官、唾液腺、胰腺、肝脏、肺和排泄、生殖器官的小部分等，而不能发育为骨骼、肌肉、纤维组织、心血管系统等。组成三个胚层的这类定向发育的细胞称为多能细胞。各胚层的多能细胞进一步分化即进入器官发生阶段，在这个阶段，这些细胞再次受到被"决定"、被限制或被诱导的作用，只能发育为某个确定的器官，而不能发育为别的器官，因而将这类细胞称为单能细胞❶。由全能细胞到多能细胞再到单能细胞的发育过程，是分化形成的不同的细胞、不同的细胞类群、不同的胚层、不同的组织、不同的器官相互限制（即相互斗争）又相互依赖、相

---

❶ 陈誉华、陈志南主编：《医学细胞生物学》，人民卫生出版社，2020年1月，第337、353页。

互补充的必然结果。某一方朝某种方向发育，就限制了另一方也朝这个方向发育，也就等于规定了另一方必须朝另一种相反的方向发育。这就是生命体内的一种推动分化发展的矛盾斗争。这种斗争不断缩小细胞发育的自由度，将全能细胞改造为多能细胞，再将多能细胞改造为单能细胞，同时又保存了所有细胞的全能潜力、多能潜力，使细胞以及细胞构成的组织等系统具有多重的潜能属性。

这种推动分化发展的矛盾斗争在数十亿年的生物进化过程中持续进行，制造出了堪称神奇的各种各样的生物大分子、细胞、组织、器官、生命个体、生物种群等，创造了无数的生命奇迹。这种斗争配合环境的作用，将有"亲缘"联系但又相互对立的生物大分子、细胞、组织、器官、生命个体、生物种群之间的斗争，内化为一种程序，以相应的基因序列如奢侈基因与持家基因等序列的结构形式，将这种程序固定下来，形成基因的选择性表达机制。也就是说，同根同源而又相互对立的生物大分子、细胞、组织、器官、生命个体、生物种群之间的矛盾斗争，在亿万年中"内化"为不同的基因序列之间的矛盾斗争。奢侈基因决定细胞按照特化方向发育，持家基因决定细胞按照共同的方向发育。相互对立的这两种基因又受调控基因的指挥，严格按照特定的时间顺序、空间顺序和强度等规定，编码特定的蛋白质，由特定的蛋白质将基因的指令落实为具体的生化事件，使基因作出的"决定"得以实现。胚胎发育和个体发育中，由受精卵到全能细胞、多能细胞、单能细胞的发育过程，只是将几十亿年的生物进化史中无数的矛盾斗争及其成功与失败的事实极大地加以简化，重演了其中的一些关键性的片段。

3. 生命物质制造自己的对立物具有严格的秩序性

一般来说，某一生命物质总是先制造与自己差别不大的对立物，然后通过与自己差别不大的对立物发挥的作用，间接地制造出与自己差别较大的对立物，如此循序延伸它的"产业链"，逐步制造出与自己差别越来越大的对立物。DNA分子要发挥它的遗传信息功能，保证生命活动的正常进行和生命结构的稳定延续，就必须制造出自己的互补性对立物——蛋白质，因为只有蛋白质才能建造生命体的各个组成部分，并参与复制和合成DNA分子。DNA分子要指导制造出与自己差别很大的蛋白质，它的第一步是制造出与自己差别不大的信使分子，即制造出 mRNA 这种颇类似自己的对立物。借助 mRNA 以及协助 mRNA 的 tRNA、rRNA 等核酸分子的共同作用，DNA 将自己发出的指令"翻译"成蛋白质的制造程序，经过很多中间环节，最终合成细胞所需要的各种蛋白质，包括种类繁多、功能特异化的各种酶。如果按照 DNA 的指令"翻译"成的蛋白质不合格，DNA 分子还会指导合成更加专门化的蛋白质和酶，对这些不合格的产品进行加工、修饰，或者将一些"不成器"的蛋白质运送到细胞中的"垃圾场"降解。合格的蛋白质和酶保证了细胞的正常生存，同时也为 DNA 分子一代又一代地复制自身提供原料、运输、装配机器、监控系统、修复缺损等条件。

DNA 分子由相互颠倒排列的单链合成为双链，这也是一种自己制造与自己非常类似的对立物的化学反应：一条单链复制出另一条与自己完全相同但却排列顺序被颠倒的单链，两条单链因颠倒排列而使横向的数以亿计的碱基能够一一配对，这些配对的碱基将两个单链连成梯形的双螺旋链。新合成的双螺旋链在继续复制自身的过程中，重复着上述"单链—双链—新的单链—新的双链"这样的过程。但是，这不是无谓的重复，每一次由双链到单链再到双链的重复，都会引起数以万计的下一代蛋白质的合成和一个细胞分裂为两个有"亲缘"关系的下一代细胞，产生出与 DNA 差别越来越大但又互为生存条件的对立物。

4. 对立面的统一和斗争创造出对立面所需要的中介物

矛盾对立面的统一和斗争创造出对立面所需要的中介物，这是生命系统不断创造出与自己有"亲缘"关系的对立物的又一重要方式，也是生命系统的内部矛盾联结为越来越复杂的有序结构的重要基础。

生命系统的结构是一种动态的结构，在分子水平上，这种动态的结构主要体现为核酸与蛋白质的矛盾斗争，或者说这种结构的动态性、有序性主要是由核酸与蛋白质的矛盾斗争来推动和维持的。但这两种分子的矛盾关系中，直接性的相互作用较少，更多的是间接性的相互作用。因为在这两种分子之间总是存在大量的中介物。这些中介物包括各种 RNA 分子和各种酶，以及糖、脂肪、维生素、水等。正是这些中介物的加入，才使核酸与蛋白质的矛盾不断产生又不断得到解决，同时也使核酸与蛋白质二者所构成的二元结构变成越来越复杂的多元结构。

生物进化过程中对立面创造中介物的现象十分普遍。最早的多细胞生物是由内、外两个胚层构成的二元结构的系统，也是较为典型的两个对立面构成的矛盾统一体。内、外两个胚层构成的二元系统后来产生出了它们的中介物——中胚层，进化为内、中、外三胚层结构的系统。而中胚层的形成，一种类型是内、外两个胚层在分界处各有一个细胞分裂成许多细胞，这些细胞形成索状物深入到内、外两个胚层之间，发育成为中胚层。另一种类型是内胚层向外突出成对的囊状突起，囊状突起与内胚层逐渐脱离，在内、外胚层之间扩展成为中胚层[1]。这两种类型，前一种是对立的两个胚层"共同投资"生产出它们的中介物——中胚层，后一种是一方单独"投资"生产出两个胚层的中介物。内胚层在多细胞生物进化中分化为消化道及其附属器官、唾液腺、胰腺、肝脏、肺和排泄器官、生殖器官的小部分，外胚层在进化中陆续分化为神经系统、皮肤等。中胚层作为内、外胚层的中介物，在多细胞生物的进化中继续分化，形成骨骼、肌肉、纤维组织、心血管系统和生殖器官、排泄器官的大部分。从三个胚层的分化发展过程中可以看出，内、外两个胚层固然缺一不可，但中胚层的确是内、外两个胚层进一步发展不可缺少的中介条件。中胚层虽然是后来的生成物，但却是三个胚层中首先进行独立分化的部分。中胚层首先分化并通过对其他两个胚层发挥诱导作用，"逼迫"其他两个胚层向着相反的组织器官分化。只有中胚层分化形成骨骼、肌肉、纤维组织、心血管系统和生殖、排泄器官的大部分，内、外两个胚层才能够分化形成相应的器官并与中胚层的分化物构成生命系统的整体。否则，缺少中胚层及其分化形成的骨骼、肌肉、纤维组织、心血管系统和生殖、排泄器官的大部分，内、外两个胚层只能停留在双胚层结构的低等多细胞动物（如腔肠动物）的水平，无法进化为扁形动物、节肢动物等较高级的水平。由此可以看出，内外两个胚层之间的矛盾要得到一定程度的解决，必须创造出一个中介物——中胚层，通过中胚层来补充、强化内外两个胚层的功能，逐步扩大两个胚层相互联系、相互补充的领域，由此使二元的胚层结构转化为三元的

---

[1] 武汉大学、南京大学、北京师范大学合编：《普通动物学》，人民教育出版社，1978年5月，第62-63页。

胚层结构，并为三个胚层进一步分化为更加多样化、专门化的器官和系统奠定基础。

三胚层动物以及此后动物界继续进化的事实表明，内、中、外三个胚层分别分化为较少、较简单的器官，较少、较简单的器官进一步分化为较多、较复杂的器官和生理系统，产生出器官构成越来越多元化的高级生物。由较少、较简单的器官逐渐分化为较多、较复杂的器官和生理系统的矛盾关系机制，与内、外两个胚层产生出它们的中介物——中胚层的机制是大体相同的，即相互对立的器官产生出它们所需要的中介器官，中介器官与它的对立物又产生出它们的中介器官。只有产生出相应的中介器官，相互对立又相互依赖的器官才能解决它们之间的矛盾，进化为高一级的器官和生命体。否则，没有相应的中介物，相互对立又相互依赖的器官无法解决它们之间的矛盾，只能在原有的结构水平上重复低级的生命活动。

从生命的进化和个体的发育过程来分析生命系统中多元结构关系的形成规律就可以发现，多元结构关系都是从二元的矛盾关系演变、进化而来的，并且多元的结构关系同时也就是由许多的二元矛盾关系联结、集合而成的。

二、生命在长期进化中形成的内部矛盾体系

生命系统的内部矛盾纷纭复杂，仅在分子水平上，高等动物的这种矛盾的数量可能多达万亿计甚至亿亿计。厘清这些矛盾的相互关系及其构成系统整体结构的机制，需要追溯这些矛盾发生、发展的源头，分析其在生物进化过程中产生和发展的特点。

生物的个体发育过程，短促而又简化地重演了生物所经历的数十亿年的进化历史。所以分析生物从胚胎到成体的发育过程的矛盾特点，有助于认识生物进化过程中各种矛盾产生、发展并形成一定结构的一些规律。

在最简单的生命体产生之前，化学进化中的主要矛盾是核酸与蛋白质这两种生化物质之间的相互作用。核酸主要是生化物质的信息储存和信息传递的载体，它可以进行准确复制自身的生化反应，将自身结构中所储存的信息准确地传给下一代核酸；它还能够进行编码蛋白质的生化反应，使蛋白质也能形成完全相同的下一代。蛋白质是生命物质的主要构造者和生命活动的主

要载体，它被编码和合成后，可以在核酸复制自身等一系列生化反应中发挥催化剂等辅助功能，并与核酸结合成相对稳定的核酸—蛋白质复合体。这两种生化物质的产生及其相互作用的矛盾关系，为生命的产生奠定了主要的物质基础。

化学进化最终产生出了最简单的生命体——原核细胞。这种生命体的主要构成部分之间的矛盾，是化学进化过程中核酸与蛋白质的矛盾的一种升级版的、更加复杂的形式。原核细胞的主要矛盾是以核酸分子为核心的拟核区与以核糖体为主要组成成分的细胞质的矛盾，其次是以拟核区和细胞质为一方，以细胞膜为另一方的细胞质（包括拟核区）与细胞膜之间的矛盾。原核细胞进化为真核细胞，主要构成部分之间的矛盾是细胞核与细胞质的矛盾，其次是细胞核、细胞质与细胞膜的矛盾。但是，真核细胞的细胞核、细胞质和细胞膜三者之间的矛盾关系推动矛盾的每一方发生了高度的分化，形成许多的结构层次，每个层次都由特异化的众多分系统组成，分系统之间形成更加多样的矛盾关系。

单细胞生物进化为多细胞生物，细胞内部的分化程度进一步提高，细胞之间的分工也在深化。细胞的分化和分工是细胞之间矛盾发展的必然结果。细胞与细胞之间，一方形成这样的特长，另一方必然形成相反的特长。细胞彼此形成各有特长的分工，因此就能够结成既对立、斗争又互补、依赖的细胞群体。一些细胞群体在与另一些细胞群体以及与环境之间的相互作用，推动了细胞群体向着特异化的组织和器官发展，简单的多细胞群体便进化为越来越复杂的动植物生命体。

"动物和人类胚胎的三胚层代表不同类型细胞的分化去向"[1]，同时也再现了最早的多细胞生物的内部矛盾和内部结构十分简单的特征。高等动物的受精卵经过卵裂形成许多小细胞，小细胞组成囊胚，囊胚相当于生物进化中最早的多细胞生物，其细胞的分化和分工处于较低水平。囊胚发育到原肠胚阶段，形成了内、中、外三个胚层，其中内胚层陆续发育为消化道及其附属器官、唾液腺、胰腺、肝脏、肺等器官，中胚层陆续发育为骨骼、肌肉、纤维组织、心血管系统、泌尿系统等，外胚层陆续发育为神经系统、皮肤等。原

---

[1] 陈誉华、陈志南主编：《医学细胞生物学》，人民卫生出版社，2020年1月，第336页。

肠胚分化形成的三个胚层，代表着生物进化过程中各种器官开始形成的历史阶段。事实上，进化史上最早的多细胞生物的基本结构是二胚层而不是三胚层，如腔肠动物，其构成部分只有内胚层和外胚层。而比腔肠动物更简单的多细胞生物如海绵动物，还没有形成细胞紧密结合的胚层，只形成松散结合的两个细胞层。腔肠动物是由内、外两个胚层构成的二元结构的生物，其内部的主要矛盾是两个胚层的对立统一，其中的内胚层发挥着最简单的消化—排泄功能。两个胚层各自的细胞分化形成最初的组织，组织中的一些细胞发生特异化分化，成为形成未来器官的"种子"细胞。如一些神经细胞相互连接，形成最原始的神经组织。

最早的三胚层动物是扁形动物，其基本结构是在内外胚层中间形成了一个发达的中胚层。中胚层所形成的组织具有储藏水分和养料的功能，增强了动物抗干旱和耐饥饿的能力。中胚层还强化了肌肉系统的形成，增强了动物的运动机能，使其能够更有效地摄取食物。中胚层是骨骼、肌肉、纤维组织、心血管系统、泌尿系统等器官的前身，也是促进内胚层发育为消化道及其附属器官、唾液腺、胰腺、肝脏、肺等器官，外胚层发育为神经系统、皮肤等系统的必要条件。所以，中胚层的形成是内外两个胚层之间的矛盾发展到一定程度的必然结果，也是动物整体各组成部分特别是内外两个胚层进一步发展的要求。只有中胚层作为内外两个胚层共同的对立面，才能更加有效地推动内外两个胚层向高一级的结构和功能发展。

三胚层动物的出现，加快了动物的器官和生理系统的分化，使动物的三元式胚层结构陆续进化为越来越复杂的多元化的器官——生理系统结构。推动这一进化的内部动力之一，是动物机体各组成部分之间的矛盾，特别是细胞与细胞、器官与器官、生理系统与生理系统以及它们与生命整体之间的矛盾。细胞与细胞、器官与器官、生理系统与生理系统之间以及它们与生命整体之间的矛盾，是构成生命系统的高层结构的矛盾。这些高层结构矛盾扬弃了生命系统的低层结构的矛盾，如亚细胞水平的矛盾、大分子水平的矛盾、小分子水平的矛盾等，将这些矛盾保留在受高层决定和调控的基础环节中，体现了生命系统内部高层矛盾关系的主要特征。

三、生命系统内部矛盾的主要特点

在动植物、微生物机体的内部，生物分子之间以及细胞与细胞、器官与器官、生理系统与生理系统之间的矛盾有以下三方面的重要特点。

（一）细胞与细胞之间的矛盾产生出结构复杂的中介物系统

细胞与细胞之间的矛盾，普遍地是以细胞外基质或细胞表面分泌物、表面受体分子等为中介，形成相互对立又相互统一的关系。细胞与细胞之间的相互作用，推动它们之间不断产生特化的中介物。这些中介物基本上都是由细胞分泌物与细胞表面分子结合而形成的。特化的中介物产生后，又与细胞发生相互作用，推动细胞之间形成更有利于细胞生存的相互作用关系。每个细胞与相邻细胞之间，通过中介物产生机械性的相互作用，这种相互作用是形成一定组织和器官的整体机械力的基础。相邻细胞之间通过分泌细胞外基质的各种构成物，分泌旁分泌因子、外泌体等物质，能够产生相互诱导、相互影响、相互调控的作用。细胞分泌蛋白水解酶，对细胞外基质的废料进行降解，保持细胞之间微环境的正常代谢。相邻细胞通过分泌和降解细胞外基质，相互之间形成影响形态结构、影响生存与死亡、调节增殖和分化、影响迁移等相互斗争又相互依赖的关系。细胞相互之间以细胞外信号分子为中介，可以在远近不同的距离传递和转导各种信息，使每个细胞对内外部的信号做出适当的反应，形成细胞的社会性协调和整合机制，增强细胞和生命整体的生存能力[1]。

（二）器官与器官之间的矛盾是有多方面"亲缘"关系的非对抗性矛盾

器官与器官之间（包括生理系统之间）的矛盾，譬如消化器官与血液循环器官的矛盾，心肺器官与骨骼、运动器官的矛盾，神经器官与消化器官和血液循环器官的矛盾等，都是相互依赖性很强、互补特征非常明显的非对抗性矛盾。由于长期的自然选择和进化，生命体各个组成部分之间形成了紧密的内在和外在联系，它们之间的矛盾关系中渗透着多方面的"亲缘"关系。处于对立统一关系中的各个器官，从进化史上来看都是由共同的祖宗之物——最早的单细胞生物、多细胞生物、原始的简单器官等，以分化、升级

---

[1] 陈誉华、陈志南主编：《医学细胞生物学》，人民卫生出版社，2020年1月，第269-270、273页。

的途径进化而来的。从个体生物的发育史来看，所有的器官都是由共同的源头之物——受精卵、囊胚、原肠胚等，以细胞分化的途径发育形成的。所以，器官与器官之间的矛盾，不同于生命体与环境因子的矛盾。前者是有"亲缘"关系的，具有深厚而特殊的内在同一性。后者没有"亲缘"关系，虽然也有内在的同一性，但与前者有根本的区别。尽管如此，器官与器官之间的矛盾关系的本性和生命体与环境因子的矛盾关系的本性是一样的，都遵循矛盾普遍性的规律。一方面，器官与器官始终处于不断斗争的关系中。每一个器官都不能够完全适应其他器官的需要，器官之间一直都在争夺有限的营养物质，每一个器官都受到其他器官的制约，特别是不可避免地会受到其他器官的薄弱、缺陷之处或发生伤病等带来的限制或损害，都需要其他器官改善结构和功能以最大限度适应自己发挥功能的要求。器官之间的这种相互斗争，是推动每个器官不断改善其健康状况和不断进化的重要动力。另一方面，相互斗争的器官始终处于相互依赖、相互补充、协同发挥功能的关系中，每一方都不能脱离对方而独立存在和独立发挥功能。

一个器官与另一个器官之间的矛盾，实际上是这个器官与生命整体之间的矛盾的一种特殊的、局部的表现。每一个器官的结构和功能，都是通过直接作用于另一些器官而间接地适应和作用于生命整体的，是整体生命活动不可缺少的内部条件。同样，每一个器官的结构和功能，都依赖于生命整体的结构和功能，整体生命活动的正常进行是每一个器官生存和发挥功能的前提条件。

（三）发达的调控关系是生命系统内部矛盾的重要形式

越是进化到高级阶段的生物，越是需要并能够依靠复杂的调控系统提高各个组成部分之间的协同能力，以协同性的功能排除各种危险、隐患和致病、致死因素，形成更强的生存能力。从基因的复制、表达，蛋白质的合成、修饰和降解，到细胞的结构以及细胞的分裂和分化，从单细胞的生命活动到多细胞生物的生理活动和进化，再到高级生物各种器官组织的形成、器官之间的相互作用和生命整体的活动，生命结构的各个层次、各个环节和生命活动的一切过程，都有相应的调控系统发挥作用。生物调控系统发挥其功能的实质，是调控系统与被调控系统之间既进行不停顿的斗争，又保持相互依存的紧密关系。调控系统是生物在几十亿年的进化中形成和逐步完善的"保命"机构,它主要体现生命整体的结构和功能要求,矫正被调控的分子、细胞、组织、器官等系统的无序性结构和功能缺陷,使被调控的系统始终按照生命整体的要求准确、协同地发挥作用。调控系统与被调控的各个系统的矛盾,实质上是生命整体与它的各个组成部分之间的矛盾。生命整体越是进化到高级阶段,它的组成部分就越是复杂多样;组成部分越是复杂多样,生命整体就越是难以使每个部分都能够适应整体要求,协同地发挥其功能。所以,生命进化到高级阶段,生命整体与它的各个组成部分之间的矛盾就趋于尖锐化。而发达的调控系统,就是生命在进化中创造的解决自身内部矛盾的一种"保命"的条件。但是矛盾法则同时也决定了调控系统一经形成,它就会与被调控的系统形成新的矛盾关系。被调控系统因自身的局限性和受内外部各种因素的影响作用,经常会出现背离生命整体要求的生化或生理事件,包括与某些调控系统发生冲突。出现这种情况时,就会由另一些调控系统发挥特异的调控功能,矫正某些被调控的系统的"离经叛道"行为,使其回到正常的生命活动轨道上来。创造出特异的调控系统以弥补原有调控系统功能的不足,是生命进化中不断解决"保命"与"要命"的矛盾的一种必然趋势。所以,越是高级的生命体,其调控系统的种类就越多,调控功能就越多样、全面,对生命活动的保障能力就越强大。

高级动物特别是人的心血管系统对其他器官和生命整体的作用极为重要,心血管系统的调控机制也非常高效而复杂。对人体心血管功能进行调控的系统,有神经调节、体液调节、心血管自身调节和动脉血压调节四大类数十种小类,其中仅体液调节就有十几种。多种调节系统主次分明、各司其职,各展其长、相互配合、协同发挥作用,能够最大限度地保持正常心率、心输出量、血压和器官血流量等心血管基本功能的稳定,并根据机体需要协调各器官之间的血流分配,使心血管功能的发挥能够适应人体代谢活动的改变[1],不致因代谢活动的改变而使心血管功能的发挥出现异常。其中,控制心血管活动的神经系统是中枢神经系统的一个分系统,称为心血管中枢。组成心血管中枢的神经细胞称为神经元,分布于从脊髓到大脑皮层的各个部位。各个部

---

[1] 武宇明、祁文秀主编:《生理学》,人民卫生出版社,2020年5月,第126–127页。

位的神经元的类型和功能各不相同，但又相互密切联系，协同发挥作用。心脏活动受心交感神经和心迷走神经双重支配，在神经调节方面可谓是由矛盾的两个对立面构成的"双保险"的机制。心交感神经通过释放一种特殊的递质乙酰胆碱，支配心脏各个部分的活动。如通过释放去甲肾上腺素等递质，作用于心肌细胞膜上的特殊受体，引起心肌细胞内一些物质浓度的改变和一些特异化物质活动的增强，改变钙离子等物质的流量，使由心肌细胞构成的心肌纤维的活动同步加强，由此引起心率加快、心肌收缩力增强及房室传导速度加快，对心脏功能发挥正性的亦即增强性的调节作用。与心交感神经的功能相反，心迷走神经通过释放另一种递质，作用于心肌细胞膜的另一种特殊受体，引起心率减慢、心房肌收缩力减弱和房室传导速度减慢，对心脏发挥负性的亦即抑制性的调节作用。心交感神经和心迷走神经内均含有大量的传入神经纤维，主要感受来自心脏的化学刺激和机械牵张刺激，使神经系统与心脏之间形成相互感受对方的作用并作出相应的反应的反馈式联系。心迷走传入纤维的活动可引起交感神经抑制，而心交感传入纤维活动可引起交感神经活动增强。二者根据机体活动的需要发挥各自的作用，使心脏的功能发挥随机体的需要而增强或减弱。当机体增大运动量时，或者当出现高血压和慢性心力衰竭时，心交感传入纤维活动增强，激活甚至过度激活心交感神经，增强心脏功能。当机体进入睡眠状态时，心迷走传入纤维活动增强，心交感神经受到抑制，降低心脏功能发挥的强度。与心交感神经和心迷走神经以正、负两种作用调节心脏功能的机制大体相类似，交感神经还有缩血管神经纤维和舒血管神经纤维，二者分别以正、负两种作用调节血管的舒张，根据机体的需要控制血流速度和血流量。心血管是一个极为复杂的生理系统，同时也是一个复杂的矛盾体。其中心脏与血管、心房与心室、动脉血管与静脉血管等相互之间的对立统一，是该系统的主要内部矛盾。心血管中枢则是管控这个矛盾体的又一种矛盾体，它分别作用于被管控的两个对立面，可以随需要而使一方的作用增强、另一方的作用减弱，形成一种矛盾管控另一种矛盾、另一种矛盾再管控下一级的矛盾的因果链条。这种链条体现了生命活动的一个重要特点：既不扼杀矛盾也不回避矛盾，但是却有效地管控矛盾；不扼杀生物活性和生命活力，但却使活性、活力秩序化、结构相对稳定化。

生命体依靠发达的调控系统，能够对内部和外部的变化、刺激作出整体性的快速、准确的反应，这是来自于矛盾管控矛盾的有序性活力。有序性的活力是生命力的特点，也是自然界最强大、能量密度最高的运动之力。

（四）生命系统各个层次的矛盾都受基因矛盾的决定和调控

生命系统各个层次的矛盾及其特点，包括分子与分子、细胞与细胞、器官与器官、器官与整体之间的矛盾及其各自的特点，最终都受基因的决定和调控。但DNA分子及其包含的基因组以及基因组中的单个基因，也是对立统一的矛盾体。因而，基因决定和调控生命系统各层次的大量矛盾，也是矛盾决定和调控矛盾的辩证关系。

基因是生命之所以成其为生命的最主要的结构—功能特征。基因是生命体给自己制定的"制度体系"，基因所储存的全部信息，其实就是生命活动必须遵循的制度。基因决定并调控生命结构和生命活动，就是"规定"生命的一切结构关系和一切活动都必须严格按照既定的"制度"进行。基因承载的信息通过表达，决定和调控蛋白质的合成；基因通过自身的复制、基因表达和编码特异化的蛋白质，决定和调控细胞周期、细胞分裂；基因通过奢侈基因与管家基因的相互制约，决定和调控细胞分化、器官发育；如此等等。在生命体内，基因不仅决定和调控自身以外的各种生化物质的合成、运输、功能发挥和降解，决定和调控生命体各个组成部分的结构、功能及其协同关系，而且也决定和调控基因自身的结构和功能。在基因组中，各种基因序列均有严格的分工和准确的相互配合。其中就有专门决定和调控基因自身结构和功能的特殊基因，这类基因称为调控基因。编码基因与调控基因，是基因组内部对立统一的两个矛盾方面。专司调控基因自身的基因不能"为所欲为"，不能不受约束地"监管"、"处置"其他基因。它是否能够"公正无私"地、准确地发挥自己的调控功能，还要受另一种因素的制约，即受其他专门性基因所编码的特异性蛋白质的制约。它只有与这类特异性蛋白质结合成一定的复合体共同发挥作用，才能"公正无私"地、准确无误地调控其他基因的表达过程，使各类基因按照"准确无误"、"令行禁止"的"制度"要求履行各自的职责。如果基因自身的结构和复制、表达、调控过程发生差错或受到破坏，还有专门的监控系统发现这些差错和"伤病"，并有专门的纠错系统来修复差错,"治疗"伤病。实在无法修复和"治疗"基因自身的差错和伤病时,则由另一些专门性的系统来执行停止细胞运行甚至促使细胞凋亡、解体的任务,以免将基因的差错和伤病带给下一代细胞。如果这一切都不起作用,基因的差错和伤病将会导致生命体发生肿瘤、其他病变甚至死亡。所以,基因决定和调控生命体内部的各种矛盾,并在一定程度上调控生命体与外部环境之间的相互作用,既有其高度的"权威"性,又有其无法绝对避免的局限性。与任何事物一样,基因是在不断解决自身内部和外部的矛盾中,决定和调控生命体内部和外部的其他各种矛盾的。

第二节　生命系统的外部矛盾

生命系统的外部矛盾是生命系统及其各个组成部分与外部环境系统之间的外在性矛盾关系。这种外在的和外部的矛盾关系是生命系统的内在本质矛盾的一种外在化的形式。生命系统通过外部矛盾关系,与环境条件形成不间断的相互作用,在相互作用中获得适应环境的性状或者被环境变化所淘汰。生命系统的内部矛盾与外部矛盾始终处于相互作用、相互影响和相互转化的过程之中,内外矛盾所产生的合力是个体生命活动和物种、生物群落等群体生命系统生存、变化的基本推动力,也是各种生态系统形成和演变的基本推动力。

一、生物与环境的矛盾

(一)生物与环境的本质矛盾及其表现形式

一切个体的和群体的生命系统都具有生存与死亡这两种内在的本质属性,这两种本质属性之间对立统一的矛盾关系,体现为生命系统求生避死的运动特征。生命系统求生避死的活动必然与外部环境条件产生机械的、化学的、物理的、生物的相互作用,形成外在性和外部性的矛盾关系。生命系统通过外在的和外部的矛盾关系,一方面对外部信息进行处理并做出反应,主动寻找和利用有利于自身生存的环境条件,将自身生存所需要的物质和能量吸收到生命体内部，转化为生命系统的组成部分和正常的生理活动；另一方面主动躲避和改变不利于自身生存的环境条件，并将自身生命活动所产生的废弃物质和多余的能量排放到环境中，并向外部环境输出信息，形成物质、能量、信息在体内外的循环，保持生命系统结构与外部环境之间的动态平衡。生命系统具有接受和处理内外部信息的功能，因而能够在与外部环境的相互作用中，主动地利用外部有利条件，躲避和改变不利条件，获得适应环境的新的性状或新的生存优势。在外部环境发生重大变化、环境的有害作用难以抵御的情况下，个体或群体的生命系统也会因环境变化而较快死亡或逐渐消亡。

生命物质来源于非生命物质，是非生命物质长期演化的产物，并且生命物质的基础性组成物都是非生命的有机物质或无机物质，所以生命物质与非生命物质有着共同的本质属性。但是生命物质是具有高度有序性结构和生命活性功能的一种特殊物质，具有非生命物质所不具有的一系列特殊的本质属性，如生长、代谢、发育、繁殖、生命信息的储存和表达、生命活动的自我调节、适应环境、遗传、变异、死亡等生命特有的属性，因此生命物质与非生命物质又有着相反的或相互对立的本质属性。生命物质与非生命物质在本质属性上既相互同一又相互对立的矛盾，既体现为生命系统内部不同组成部分之间（如不同的分子、不同的器官、不同的组织、不同的细胞之间）的外在性和外部性矛盾关系，也体现为生命系统与外部环境之间的外在性和外部性矛盾关系。其中，个体的和群体的生命系统与外部环境之间的外在矛盾关系，统称为生物与环境的矛盾。

（二）生物与环境的矛盾是生物系统整体与环境系统整体的矛盾

生物生存所依赖的外部环境是由多层次的系统构成的，从一个水坑、一根朽木、一块草地、一片森林，到较大的山体、山谷、流域、岛屿、海洋，直到整个地球甚至太阳系，都是生物生存的不同层次的环境。构成这些不同层次的系统体的基本要素，如气候、土壤、水、地质、地形、生物、人为条件等，称为生态因子或环境因子。每一类型的因子又包括更具体的构成要素，如气候因子包括温度、湿度、光照、空气成分、风速、风向等，地形因子包括山地、台地、平原、高原、盆地、高度、坡度、坡向等。所有这些不同的因子、要素之间，都存在着由其本质联系所决定的复杂的相互作用，这种相互作用将不同层次的环境系统和不同的因子、要素连结成一定的整体,对生存于环境中的生物产生整体的、综合的作用。所以,生物与环境的矛盾,本质上是生物与其所处的外部环境系统整体的矛盾。生物与某一个或某一些环境因子、生态因子的矛盾,只是生物与环境系统整体的矛盾的个别表现形式。

生物与某一个或某一些环境因子、生态因子的矛盾,总是受它与另一些环境因子、生态因子的矛盾的影响和制约。这种影响和制约的广泛延伸和不断进行,汇合成这样一种总的矛盾关系:生物(个体的或群体的)是一个系统性的对立物,环境是另一个系统性的对立物,二者既相互依赖又相互斗争,形成生命系统最基本的外部矛盾关系。这种外部矛盾关系,使生物不只是形成对环境的一两种适应性,而是形成"一组(或一整套)彼此相互关联的适应性"❶。生长在沙漠的一些植物,既善于将水分供应充分时期所吸收的水分储存在根、茎、叶中,还能够有效地保存水分,减少水分蒸腾,保证光合作用所需要的水分的持续供应。被称为"沙漠之舟"的骆驼,靠取食含露水的植物嫩叶和吃多汁的植物获得必要的水分,以驼峰中储存的脂肪的代谢来产生代谢水,以尿的浓缩减少水分输出,以调节体温来减少出汗,这就使其细胞的特殊结构不会因失水或水分增加而受到损害。由于具有这一整套的适应性,所以骆驼能够正常地生存于干旱缺水的沙漠环境之中。

系统性的外部环境条件作用于生物体,生物体也以系统性的方式反作用于外部环境条件。正是由于外部环境的作用和生物对环境的反作用,才使生物形成了一整套协同的适应特性,即生物学上称为"适应组合"的生存特征❷。这种特征表明,个体的和群体的生物,总是作为系统的整体接受环境整体的作用和反作用于环境整体的,它们之间的矛盾是两个系统体之间的矛盾。这种系统与系统之间的矛盾关系,是生命体正常生存和生物实现进化不可缺少的外部推动力。

但是,相对于某一个体的或群体的生物来说,其与环境的矛盾主要集中在生物与其直接或间接地相互作用的较小的环境系统的矛盾,这种较小的环境系统被称为生物的小生境。

---

❶ 尚玉昌编著:《普通生态学》,北京大学出版社,2010年8月,第25页。

❷ 同上书,第26页。

（三）生物与环境的矛盾斗争的主要特点

生物与环境之间的矛盾，是以生物主动进行的求生避死的斗争为重要特征的。这种矛盾斗争有以下三种具体特点。

1. 生物与环境之间的矛盾保持在生物的一定耐受范围之内

生物对其环境条件的适应，实际上是一种不间断的矛盾斗争过程。耐受性就是生物对环境的一种斗争性。在环境条件基本不危害生物正常生存时，生物与环境的相互作用保持在一种动态平衡状态。在环境条件发生显著变化并且有害于生物正常生存的情况下，譬如在温度过高或过低、水量过多或过少、光照过强或过弱等情况下，生物通过对生态因子的有害作用的抵御和反抗，保证正常生命活动不被破坏。生物的耐受性，就是对环境的有害作用进行的各种抵御和反抗。这种抵御和反抗，主要是通过相应的器官、组织发挥的保护作用和体内发生的一系列物理的、化学的、机械的变化来实现的。如一些植物的蜡质表皮可以减少体内水分的过度蒸发，植物表面生长出浓密的细毛和棘刺可以增加散热面积，动植物在体内快速合成某种特殊的物质、细胞内某些酶系统发生改变，动物转移生存地点、躲避有害刺激，以及休眠、自动调节体温和自动调节体液中的物质含量等变化，保持内环境的稳定，形成对有害条件的抵御和反抗能力，使正常的生命活动能够进行。生物对生态因子的耐受范围有一定的限度，超过这个限度，生物的正常生命活动就会遭到破坏。如一些昆虫在环境温度达到零摄氏度以下时，其体液并不结冰，其生命处于"冷昏迷"状态，不出现生理失调，当环境温度回升时，仍可恢复正常活动。但是在温度下降到临界点导致体液完全结冰时，昆虫便会死亡[1]，昆虫与环境的矛盾斗争到此便画上了句号。

2. 生物在与环境的矛盾关系中进化出特殊的器官或组织

生物在长期抵御有害条件的过程中会进化出特殊的器官或组织，以此来抵消、减弱甚至适应有害条件的作用。这种进化过程在一开始时，往往只是由已有的某些器官或组织"勉为其难"地抵御有害条件的作用，或者像有些植物那样，临时生长出某种应急性的器官或组织。随着时间的推移，"勉为其难"的、临时性的器官或组织逐渐发生变化，有的变为有效抵御有害作用的

---

[1] 尚玉昌编著：《普通生态学》，北京大学出版社，2010年8月，第41页。

专门器官或组织，有的则变为适应有害作用的器官或组织。如一些木本植物的原生根在缺氧时会死亡，但在茎的地下部分会长出不定根来取代原生根。经常遭受洪涝灾害的陆生植物，其根部长时间被水淹没，处于缺氧状态，这种植物体内进化出一个个的气室和连通各个气室的发达的通气组织，氧气可以通过通气组织从地上枝和茎干输送到根部，保证根部不致腐烂、坏死。

3. 生物在与环境的矛盾关系中增强自身的调节功能

生物通过增强其调节系统的功能，使内部结构适应外部条件的变化而发生相应的变化。许多陆生动物为了减少体内水分的过多散失，由专门的调节系统控制皮肤、呼吸器官和肾脏等器官的功能，最大限度减少体表蒸发和呼吸带出水分，提高肾脏浓缩尿的功能。但减少体内水分散失会提高体温，一些动物通过调节体温变化、增大体温波动范围、允许体温有较大的变化幅度来解决保水与散热的矛盾，在缺水和高温条件下维持正常生存。

二、生物与生物之间的矛盾

相对于某一个体的或群体的生物而言，其他的个体或群体生物都是其环境因子，所以生物与生物的矛盾是生命系统与外部环境条件的矛盾的一种特殊表现。

一切生命体既有共同的本质属性，又有各自特殊的本质属性，这种内在的矛盾本性，决定了一定数量的个体或群体的生命系统能够共处同一环境中，必然形成既相互依存又相互对立的矛盾关系，存在着伴随其生命活动始终的外部矛盾斗争。

生态学理论指出，物种之间存在着三种基本的相互作用关系，即受益关系、受害关系、中性关系。这三种基本的相互作用关系表现为 11 种具体的相互作用关系，即互惠、共生、共栖、寄生、类寄生、植食、捕食、竞争、抗生、互抗、中性[1]。在这 11 种相互作用关系中，包含了物种之间的两类不同性质的矛盾关系，即对抗性矛盾关系和非对抗性矛盾关系。

（一）生物之间的对抗性矛盾关系

植食、捕食、竞争、抗生、互抗、寄生、类寄生这 7 种相互作用关系

---

[1] 尚玉昌编著：《普通生态学》，北京大学出版社，2010 年 8 月，第 81 页。

属于对抗性矛盾关系。植食关系中，虽然被动物吃掉的只是植物生产量中的"过剩"部分，一般不会破坏一个自然群落的组成成分和结构的稳定性，但这是因为食植动物的数量增长受到其大敌等条件的制约，因而一般只能吃掉植物生产量中的"过剩"部分，再多吃就会造成食植动物数量过度增长，为其天敌提供较多的猎物，最终食植动物的数量还是要回到只能吃掉植物生产量中的"过剩"部分这样的限度内。但是，在食植动物数量增长的制约条件被破坏的情况下，食植动物数量就会出现过度增长，群落范围内的植物就会被基本吃光，群落的成分和结构会遭到破坏，然后就是食植动物因食物匮乏而大量死亡。由此可见，植食关系这种矛盾的对抗性是显而易见的，只是这种对抗性的矛盾一般会受到食物链等条件的制约而不致破坏生态系统的平衡。

食植动物与植物之间的对抗性矛盾推动了二者进化出越来越多的对抗性属性，如植物进化出各种机械性的保护物或者对动物有毒的物质，动物则进化出能够吃带刺的、有毒的植物的适应性等。与植食关系相类似，捕食、竞争、抗生、互抗、寄生、类寄生这几种相互作用关系也应当属于对抗性矛盾关系。

（二）生物之间的非对抗性矛盾关系

物种之间的互惠、共生、共栖、中性这4种相互作用关系属于非对抗性矛盾关系。需要指出的是，这4种相互作用关系虽然属于非对抗性矛盾关系，但非对抗性并不等于只有统一而没有斗争，相反，处于这种关系中的矛盾双方的斗争是从不停息的，只是斗争的方式不同于对抗性矛盾。在互惠关系中，双方始终存在着甲方有利于乙方的程度与乙方有利于甲方的程度的差别，甲方的个体数量与乙方的个体数量并不能达到恰好相互适应每一方需要的程度，甲方的每一个个体并不能够一一对应地找到其所需要的乙方的个体；甲乙双方除过相互提供有利的生存条件之外，还存在相互间干扰、阻碍正常生存的种种关系；如此等等。所以，互惠关系中始终存在着双方的对立和斗争。共生、共栖、中性这3种相互作用关系，与互惠关系中互惠与斗争共存的特点相类似。实际上，互惠、共生、共栖、中性这4种相互作用关系，只是两个物种之间在主要属性或者某些特殊属性之间形成的相互依赖或相互无害的关系，而在其他属性上，两个物种之间并不一定是相互有利或相互无害的。植物与传播花粉的昆虫能够以花粉为媒介形成共生关系，但植物及其开花的性状也会吸引某些食植动物和鸟类的注意，这对昆虫就可能造成致命的威胁。同饮一池水的许多动物也许是相互无利亦无害的中性关系，但在池水减少甚至干涸时，或者在池水融入洪水之中时，其中的一些物种间的中性关系就不一定能够继续保持。

三、生物与环境之间矛盾关系的系统形式——种群、群落和生态系统

生物个体与各种环境因子的矛盾属于生物个体系统的外部矛盾，但同时又属于生物个体所在的一定环境系统的内部矛盾。而且正是生物个体的这种外部矛盾，才使生物与环境条件能够结成各种各样的系统体。这种系统体主要有生物种群、生物群落、生态系统等具体形式。

（一）生物种群的矛盾和结构

生存于同一环境之中的同物种的个体生物之间，始终存在着相互作用的外部矛盾关系。这种矛盾关系以生存竞争为主要形式，将个体生物结合为一个个的集合体，称为种群。在种群中，每一个个体生物与其他个体生物之间都是一种多向性的矛盾关系。个体生物 A 既与个体生物 B 争夺生存地点，又与个体生物 C 争夺营养物质或食物来源，与个体生物 D 争夺交配对象或交配机会，还与个体生物 E、F、G、H 等争夺诸如光照、水分、合作者、隐蔽物等更多的生存条件。每个个体生物不仅与很多的其他个体生物之间存在着相互竞争的关系，而且同时也存在着共同抵御天敌、共同抵抗自然灾害、合伙获取食物、雌雄相互求偶、保持相对合理的分布密度等相互依赖的关系。这种既相互竞争又相互依赖的矛盾关系，将一定时空范围内的生物个体，组织成为具有相对稳定的整体性结构和功能的种群系统。种群系统是构成种群的个体生物的系统性生存方式。种群系统的形成和演进又扬弃了种群内个体生物的特性以及个体生物之间的矛盾关系，即种群系统既保留了个体生物的某些特性以及个体生物之间的矛盾关系，同时又使这些特性以及个体生物之间的矛盾关系受到系统结构关系的规定、改造、控制、调节，使个体生物具有适应种群系统结构的共同属性。

种群对个体生物的特性及其相互之间的矛盾关系进行扬弃的一种重要的规律性机制，就是将个体生物及其相互之间的矛盾关系保留在构成种群系统整体的低层结构中，使之成为系统整体的基础环节。这里所说的低层结构，就是种群内分化形成的更加具体的小系统的结构层次，如种群内的亚群、亚群内的小群等小系统的结构。在种群内不同的亚群、小群等结构层次中，数量众多的个体生物之间的相同性质的矛盾和不同性质的矛盾相互作用、相互影响、相互制约，形成相应的结构层次的矛盾合力。这些矛盾合力之间又以相互作用、相互影响、相互制约的关系，最终形成种群整体的合力。各层次的合力既是对分力的一种保留，同时又是对分力的改造、控制和整合。合力不是消除了矛盾，而是将一种矛盾统一体与另一种矛盾统一体结成更大一些的矛盾统一体，所以它仍然是由两种作用力构成的矛盾。经过多个层次的保留和在保留基础上的改造、控制、整合，种群内数量众多的个体之间的矛盾就逐级汇合成了种群系统的整体合力。这种整体合力也就是种群的基本矛盾，即种群内优势个体构成的"阶级"、"阶层"与劣势个体构成的"阶级"、"阶层"之间的矛盾。

种群内的优势个体因其具有基因方面的或后天方面的种种优越的特性，在生存竞争中处于有利的甚至主导的地位。劣势个体则因其基因方面的或后天方面的种种弱点，在生存竞争中处于不利的、附属的甚至趋于消亡的地位。优势个体与优势个体之间也存在着矛盾斗争，它们之间的矛盾斗争或者是处于势均力敌的均衡状态，或者是促使一些个体变得更强大而另一些个体逐渐失去优势。在优势个体与劣势个体之间还存在着数量巨大的一般个体，它们具有相对性的或某些特殊的生存优势，是"比上不足比下有余"的中间阶层。优势个体与一般个体之间自然也存在着矛盾斗争，它们之间的矛盾斗争一般会产生三种结果：一般个体中的多数个体依靠自己的相对性优势仍能够生存，因而应属于次优势个体；一般个体中的少数个体在斗争中获得了新的优势或增强了综合优势，进入到优势个体的阶层；一般个体中的另一些个体在斗争中失去其原本并不太强的相对性优势，成为劣势个体。最终，在种群中形成一定数量的优势个体与一定数量的一般个体和一定数量的劣势个体并存的局面。三者之间的矛盾斗争，实质上是以优势阶层与劣势阶层的两极性斗争为主导的，中间状态的一般个体总体上属于有一定生存优势的阶层，并且始终处于分化之中，因而是从属于优势阶层与劣势阶层的矛盾关系的。

生命的本质特征之一就是依靠优势而生存，失去优势就意味着失去生存的权力。所以，优势个体与劣势个体的矛盾本质上是争夺生存权的斗争，是生命体所具有的生与死的本质矛盾的一种外在化的形式。优势个体与劣势个体的矛盾是覆盖种群系统整体并贯穿于种群发展全过程的基本矛盾。这一矛盾在推动种群内的优胜劣汰和种群的不断演替中发挥着主导的作用。

（二）生物群落的矛盾和结构

地球上的生物都具有一种共同的属性，这就是每一个物种与其他物种的相互依赖性，由此决定了在一切适于生物生存的环境中都是多种生物共同生活在一起的。与同一种群中各个个体生物相互作用构成种群系统动态结构的规律大体相同，在一定的时空环境中，不同的种群相互作用便构成更为复杂、更高一级的系统体——生物群落。

在群落内，不同物种之间本质上是一种既对立又统一的矛盾关系，这种矛盾关系体现为不同物种的群体之间的相互作用和个体之间的相互作用。如前所述，不同物种的个体相互作用，表现为互惠、共生、共栖、寄生、类寄生、植食、捕食、竞争、抗生、互抗、中性这11种具体的相互作用形式。其中，植食、捕食、竞争、抗生、互抗、寄生、类寄生这7种相互作用属于对抗性矛盾关系，互惠、共生、共栖、中性这4种相互作用属于非对抗性矛盾关系。与不同种群个体之间的相互作用并存的，还有相同种群的个体间的相互作用。所以在群落内，每个个体生物实际上始终处于与同种群个体和不同种群个体之间的多向性矛盾关系网络中。这两种矛盾关系使同物种的和不同物种的个体之间形成整体关联的关系网，也就是群落系统的整体结构。这种整体结构关系扬弃了不同的个体、不同的种群的特性，既保留了个体生物及其种群的某些特性，同时又使这些特性受到群落结构关系的规定、改造、控制、调节，使个体生物以及各个种群具有群落系统所赋予的质的规定性。群落结构关系扬弃不同的个体、不同的种群之间的矛盾关系，既保留了这些矛盾关系，同时又使这些矛盾关系受到群落结构关系的规定、调节、控制，使不同种群之间的矛盾斗争有利于群落整体结构的相对稳定。

在群落结构关系的规定、调节、控制下，不同种群之间不论是对抗性的矛盾斗争还是非对抗性的矛盾斗争，都成为维持种群间相互依赖关系的必要条件。同样，种群间的相互依赖关系也是它们之间进行对抗性或非对抗性矛盾斗争的必要条件。那些尖锐对立的种群，其个体之间进行着生死搏斗，但种群与种群却保持着"不离不弃"的关系，否则就会同归于尽。群落结构关系对群落内不同个体之间和不同种群之间的矛盾关系的规定、调节、控制规律，在种群系统和生态系统内部也同样适用。

群落对个体生物之间以及不同种群之间矛盾关系的扬弃，形成了群落系统的基本矛盾，这就是群落内优势种（包括关键种）与一般种、劣势种的矛盾。优势种具有最大的环境适应性，对其他种群的生存具有重大的影响甚至主导的作用。优势种与一般种、劣势种的矛盾，实质上是以优势种与劣势种的两极性矛盾为主导的，这与种群内优势个体与劣势个体的两极性矛盾的性质有相似之处。优势种与劣势种的矛盾贯穿于群落的整体及其发展的全过程，是推动群落系统内个体、种群的优胜劣汰变化，产生新的物种、种群，形成群落的动态结构特征和不断演替过程的主导力量。

（三）生态系统的矛盾和结构

生态系统是生物与非生物成分既相互对立又相互依赖而结成的具有一定结构和功能的统一体。生态系统中，生物与非生物成分相互对立又相互依赖的矛盾关系，体现为生物以个体的和群体的组织形式与气候、土壤、地形、水、空气等各种非生物成分的相互作用，以及生物个体之间和群体之间的相互作用。根据生物与生物、生物与环境因子之间相互作用的性质的不同，生态学将构成生态系统的基本要素划分为无机物质、有机物质、气候因素、生产者、消费者、分解者六大类，其中前三类为非生物因素，后三类为不同种类的生物。对生态学所划分的生态系统六大基本要素或六种构成成分及其各类要素的主要功能进行分析，可以看出构成生态系统的以下四种重要的矛盾关系。

1. *生物与非生物因素的矛盾是生态系统的基本矛盾*

生命的本质特征之一，就是与非生命的物质既相互对立又相互依赖。个体的或群体的生物与非生物因素的相互作用，是生命本质特征的一种普遍的外在表现形式。在生物与非生物因素构成的生态系统中，生物与非生物因素的相互作用主要表现为生物与环境之间进行的物质和能量循环。生物从环境中获得生存所需要的物质和能量，将自身的代谢产物和生命活动所转化的能量排放到环境中，以此保持生命活动的正常进行和生命的世代延续。所以，生物与非生物因素的矛盾是生物生存和发展的最基本的、决定性的条件。没有这一条件，绿色植物、蓝绿藻等自养生物就难以产生和繁衍，食植动物、以动物为食的动物和分解动植物残体的细菌、真菌、食腐动物等自然也就不可能产生和繁衍。虽然绿色植物、蓝绿藻等自养生物是与非生物因素直接相互作用的主要生物种类，食植动物、以动物为食的动物和分解动植物残体的细菌、真菌、食腐动物等异养生物是间接地从非生物的自然界获得食物，但是，第一，异养生物间接地从非生物的自然界获得食物，归根结底还是依赖非生物因素而生存的，它们与非生物因素之间的矛盾仍然是其生存的首要条件，只不过它们与非生物因素之间的矛盾是以自养生物为中介的；第二，异养生物除过获取的食物是间接地来自非生物因素外，它们的其他生存条件，如气候、温度、湿度、土壤、地形等，同样是直接来自非生物因素，即它们对非生物因素与自养生物一样有着广泛的依赖性。

2. 生产者与消费者的矛盾是生态系统中生物分系统内部的基本矛盾

作为自养生物的生产者，是生态系统中最基本和最关键的生物成分，也是生态系统的重要分系统——生物分系统的主导因素。生产者养活了整个生物界，是生物生存和进化的基础。消费者依赖生产者而生存，同时又对生产者的生存、进化产生重要的推动作用。一级消费者对生产者的消费，使生产者进化出一系列优良的器官和性状，提高了绿色植物等生产者的生存能力和多样化水平。二级、三级、四级消费者的消费活动制约了一级消费者的过度消费，在一定程度上保证了绿色植物等生产者不致被一级消费者吃光，是生产者与消费者保持动态平衡关系的重要力量。所以，生产者与消费者的矛盾，是生态系统中生物分系统的基本矛盾，是生态系统演化的重要推动力。

3. 生产者、消费者与分解者之间的矛盾

在生态系统中首先必须有生产者和消费者及其对立统一关系，然后才能产生分解者。分解者既与生产者相对立，又与消费者相对立，是生产者与消费者的矛盾得到一定程度解决的中介条件，同时也是生物与非生物因素的矛盾得到一定程度解决的中介条件。由于分解者的产生，生产者与消费者的生存、进化及二者的矛盾关系，生物与非生物因素的矛盾关系，以及整个生态系统的结构和演化，才能成为矛盾不断产生又不断得到解决的可持续的过程。

4. 生态系统的网状结构其实就是生态系统组成要素之间的矛盾关系网

生态系统中的生物与各种非生物因素，都是同质性的物质和能量的不同运动形式和转化形式。它们之间之所以存在着必然性的矛盾关系，是因为二者既是同质性的物质和能量，同时又是不同形式的物质和能量。同样，不同的种群、群落和不同的个体生物之间存在着必然性的矛盾关系，是因为它们既是同质性的生物，又是不同结构形式和不同生存方式的生物。这种本质性的联系，决定了每一个生命个体、每一个种群、群落，都通过直接和间接的对立统一关系，与生态系统中其他的生命个体、种群、群落之间形成多维性的网络联系。

事物的矛盾本性就在于，不论是内在的属性还是外在的物体，有对立就必然有统一，有统一就必然有对立，既有对立又有统一的事物必然形成普遍的关联网。生态系统的基本结构关系是食物链和食物网，食物链和食物网就是宇宙间一切事物必然形成普遍的关联网的一种特殊化、具体化或生态化的形式。生态系统中的食物网，本质上是以食物为中介的矛盾关系网。而食物不过就是物质和能量的一种具体形式。抽去食物的具体形式，食物就是一定质量的物质和一定形式、一定数量的能量。将食物的具体形式还原为一般的、没有差别的物质和能量，食物所体现的就是生物之间争夺生存权的矛盾斗争关系，是一种物化了的生存竞争关系。所以，食物链和食物网就是所有的生物之间争夺生存权的矛盾关系链和矛盾关系网。这种矛盾关系链和矛盾关系网不仅将一定区域范围内的一切生物个体和生物群体连结成为生态系统的整体，而且将整个地球上的一切生物个体和生物群体都编织到全球生态系统之中。人们曾经在很小范围的农田里使用杀虫剂来防治害虫，想以此来解决人与害虫的生存矛盾，却想不到这些杀虫剂竟会扩散到地球的各个角落。人与害虫的矛盾原本是地球上很小的生态系统中的相对单一的矛盾关系，但是，同任何一个生物个体或生物群体与另一个生物个体或生物群体的矛盾一样，这种小范围的、相对单一的矛盾关系在矛盾连成的关联网中产生了全球性的效应。地球上生物的数量无疑是一个天文数字，由这些生物组成的全球生态系统的结构是一种巨大而无比复杂的有序结构。构造这种结构的基本力量，与构造 DNA 分子、蛋白质分子、细胞、器官、生命个体的结构的基本力量一样，都是物质的矛盾本性和一种物质形式与另一种物质形式之间的矛盾关系。

第三节　生命系统内外部矛盾的相互作用和相互转化

矛盾没有孤立存在的可能性。凡矛盾，都处于相互作用、相互影响、相互转化的关系中，都是以矛盾网的形式存在和发挥作用的，或者说都是以系统结构的形式存在和发挥作用的。自然界和社会领域中一切系统的内部矛盾和外部矛盾都不可能是孤立的和相互隔绝的，而是相互作用、相互影响、相互转化的，生命系统自然也是如此。动物、植物、微生物等个体的生命系统，以及种群、群落等群体的生命系统，其内部矛盾与外部矛盾始终处于相互作用、相互影响和相互转化的过程之中。内外矛盾所产生的合力是个体生命活动和物种、生物群落等群体生命系统生存、变化的基本推动力，也是各种生态系统形成和演变的基本推动力。

一、生命系统内外部矛盾相互作用的主要形式

个体生命系统的内部矛盾与外部矛盾的相互作用有多种形式。

（一）外部矛盾引起内部矛盾和内部结构的改变

个体生命系统的外部矛盾是内部矛盾变化、发展的重要条件和重要推动力。外部矛盾必然引起内部矛盾的改变，进而引起内部结构的改变。由于受外部矛盾的推动，内部矛盾一般会发生以下四种重要的变化。

1. 由潜在矛盾变为现实矛盾

生命系统的内部结构极为复杂，系统内各个组成部分之间虽然都存在着本质性的对立统一关系，但是一些组成部分与另一些组成部分之间由于隔离

因素较多，往往不发生直接性的相互作用，它们之间只是一种潜在性的矛盾关系。但是在某些外部矛盾的作用下，这种相互隔离的、潜在性的矛盾关系就会转化为现实的、直接性的相互作用，并由此引起整体生命活动的相应变化。动植物机体受到外部作用力的伤害，引起细胞和组织的病变、损伤甚至坏死。出现这种情况时，机体就会对所形成的缺损进行修复。机体对缺损的细胞或组织进行修复的重要机制之一，就是动员存在于受损的器官组织中或骨髓中的干细胞实施修复。其中如成体干细胞，具有自我更新的能力和一定的分化潜能。在机体生理活动正常的情况下，成体干细胞只是通过非对称性分裂以新细胞代替老化的细胞，分裂后即处于静息状态，不再继续分裂来增加干细胞的数目，使干细胞的数目保持恒定。处于静息状态的干细胞与它所处的器官组织以及其他器官组织之间，基本上是一种"不相往来"的潜在性矛盾关系。但是在组织受到损伤时，机体就会通过复杂的信号传导机制，"调动"骨髓内和组织内的干细胞进入损伤部位，并使之结束静息状态而被激活，以快速的分裂和定向的分化形成新的组织。完成组织修复任务的干细胞随即受到调控因素的抑制，重新进入静息状态。

2. 改变内部主次矛盾的关系

外部矛盾可以使内部的一些矛盾上升为生命活动的主要矛盾，原来的主要矛盾变为次要矛盾。生命系统及其各个组成部分都不可能是绝对健康的，而是存在着各种各样和不同程度的疾病，存在着由相对不健康的器官、组织、细胞等引发的矛盾。在生命活动的不同时期所发生的疾病，或者某个不健康的器官、组织、细胞影响到其他的器官、组织、细胞的健康，就会成为系统内部的主要矛盾，其他方面的不协调、不健康状态则为次要矛盾。但是在外部条件发生重大变化、生命系统与外部条件之间的冲突加剧的情况下，譬如受到严重创伤、严重辐射、吸入有毒物质、大量的细菌和病毒侵入等，产生重病或急性病，就会使体内的次要矛盾变为主要矛盾，原来的疾病或不健康的器官造成的病变成为次要矛盾。或者在外部条件有重大改善的情况下，会使体内的某些疾病得到治疗或缓解，从而使主要矛盾变为次要矛盾，原来的某些次要矛盾成为主要矛盾。人类由于认识到外部矛盾使体内的一些矛盾上升为主要矛盾，原来的主要矛盾变为次要矛盾的规律，就创造出医疗、疗养、营养、锻炼等各种方式，创造出防治动植物病虫害的各种技术手段，促进人和动植物体内主次矛盾的转化，提高人和动植物的健康水平。

3. 改变一些重要矛盾的对立面的相互关系

树木生长中，顶芽发育成树干，顶芽以下的腋芽发育成树枝。顶芽发育好，树干就长得快；腋芽发育得好，树枝分化就多，树冠就长得庞大。顶芽和腋芽是树木内部矛盾的两个对立面，二者在相互斗争和相互依赖中，顶芽一般占优势，称为"顶端优势"，腋芽一般处于被抑制的地位。如果外部作用力毁坏、损伤了顶芽，顶芽以下的腋芽就会较快地发育成许多的新枝，扩大树冠的空间范围。相反，如果树木分布较密集，腋芽因为树木密集生长而难以获得足够的阳光，难以发育成更多的树枝，顶端优势就会导致树木长得又高又直❶。

4. 内部各种矛盾的相互关系发生变化

外部矛盾往往会在生命系统内引起"首发"性的矛盾，"首发"矛盾引起许多"继发"矛盾，"继发"矛盾引起更多、更大范围的连带性矛盾，由此形成矛盾引发矛盾的连锁反应，使生命系统内部协调运转的秩序性受到一定程度的干扰甚至破坏。这种连锁式的矛盾链、矛盾网使机体内部原来的矛盾关系发生连锁式变化，刺激机体各组成部分产生协同性反应，形成生命系统以整体协调的方式应对外部作用或解决外部矛盾的一系列功能特征。外部作用造成细胞损伤，损伤刺激细胞释放多种生长因子和修复介质；生长因子刺激细胞增殖，修复介质调节血管渗透性并启动细胞迁移，使干细胞到达指定位置；细胞增殖引起细胞外微环境和各种化学因子发挥对细胞增殖的调控作用，在细胞增殖达到所需要的程度时释放抑制因子，使细胞增殖减缓甚至停止；如此等等。

（二）内部矛盾引起外部矛盾和外部环境的改变

生命个体内部矛盾的发展，会使其某些关键性器官变得更加健康、发达，从而使其生存竞争的能力得到提高，这样就会战胜更多的竞争对手，也会繁殖产生更多的优良后代，从而对种群、群落、生态系统产生重要的影响。内部矛盾引起的生命机体的健康性、上升性变化是外部矛盾变化、发展的重要

---

❶ 马炜梁主编：《植物学》（第2版），高等教育出版社，2015年8月，第76页。

动力。受其推动，外部矛盾一般也会发生以下几种变化：由潜在矛盾变为现实矛盾；一些矛盾上升为环境系统的主要矛盾，原来的主要矛盾变为次要矛盾；一些重要矛盾的对立面的相互关系发生重大变化；环境系统中许多矛盾的相互关系发生重大变化，形成与内部矛盾的连锁反应相似的连锁式变化。内部矛盾也会引起生命机体的衰弱性、退化性变化，这种变化会使其生存竞争的能力下降，从而对种群、群落、生态系统产生一定的影响。

二、个体生命系统内部各种矛盾的相互转化

进化到较高级阶段的个体生命系统结构中包含着数以千亿、万亿计的矛盾，这些矛盾既有原子、分子、大分子水平的，也有细胞、组织、器官、生理系统、生命整体水平的。生命系统内部这种极其复杂的多元和多层结构关系都是从相对单一的二元的矛盾关系演变、进化而来的，并且多元、多层的结构关系就是由多得难以计数的二元矛盾关系集合而成的。生命之所以成其为生命的一条重要规律，就是构成生命系统整体的这种多得难以计数的矛盾，不仅始终处于对立面的相互依赖又相互斗争之中，而且始终处于对立面相互转化和矛盾与矛盾相互转化的过程中。矛盾的转化就是矛盾的解决，就是一种性质的矛盾变化为另一种性质的矛盾。内部各种矛盾的有序转化是生命活动和生命系统的动态有序结构的重要规律性机制。

（一）生命系统内部矛盾的普遍关联和相互转化

维持生命系统高度有序性结构的最本质的力量是生命物质所具有的生存属性与死亡属性的矛盾，而生存与死亡的矛盾主要体现为生命物质在生命体不同的结构层次上进行的相互作用。这种相互作用的实质，是物质和能量在生命体各个构成部分之间和各个构成部分内外的流动和转化。

生命体的各个构成部分之间，总是以一定的物质和能量作为基本"手段"作用于对方并受到对方的反作用。相互依赖又相互对立的分子之间、细胞之间、器官之间，既相互提供某种物质和能量，又相互争夺另一种物质和能量；或者在此时向对方提供物质和能量，在彼时则与对方争夺物质和能量；一方需要较多的物质或能量，另一方却只能提供较少的物质或能量；物质和能量只有经过输出一方的特殊加工或转换，才能输入到另一方，而加工或转

换的数量和质量却难以完全适合另一方的需要，因而需要另一方的反作用才能有所改善，所以输出方与输入方必须处于不断的相互作用中才能保持相互协同的关系；如此等等。这种矛盾关系是在漫长的进化过程中形成的具有很强的协同性和相互适应性的多矛盾相互关联的体系，对立的各方一般都处于非对抗性的相互作用中。通过非对抗性的相互作用，每一方的正常生存成为其他各方正常生存的必要条件，每一方的薄弱、不足之处也不断地成为其他各方正常生存的障碍。不断地排除或弥补对方的薄弱、不足之处，成为分子与分子、细胞与细胞、器官与器官之间矛盾斗争的一种较普遍的形式。

个体生命系统内部各个器官、组织、细胞、生物分子等都是有特殊结构形式和相对性边界的不同层次的系统体。物质和能量在这些系统体之间和系统体内外流动、转化，是不同的器官、组织、细胞、生物分子之间不断产生矛盾又不断解决矛盾、一些矛盾不断地转化为另一些矛盾的普遍形式。各种矛盾的具体性质及其微环境条件不同，它们产生和解决的具体途径，包括以物质和能量为载体或者为中介、为"手段"的途径也就不同。在生命活动中，物质—能量以某种特殊的形式流动、转化，能够使一种矛盾得到解决，但同时又会产生另一种矛盾。然后物质—能量又以另一种特殊的形式流动、转化，使新产生的矛盾得到解决，但由此又产生了新的矛盾。这种以物质—能量流动、转化的特殊形式来解决特殊矛盾又产生新的特殊矛盾的循环永远不会终止，生命活动也因此能够终生延续和世代更替。生命体内部各组成部分之间的矛盾不断产生和不断解决的这种循环，推动了各组成部分之间依赖程度和协同水平的不断提高，保证了生命系统结构具有动态的活力和生存能力稳中有升地提高。难以计数的矛盾形成普遍的关联关系和普遍的相互转化关系，这就是在生命体内部，特别是在高级生命体内部，为什么会形成那么复杂的核酸分子、那么多种类的蛋白质、有那么多种类的酶来催化那么多特异的生化反应等奇妙过程的真正奥秘。

（二）分子和细胞水平上的矛盾转化

在生命系统的分子结构层次上，不同的小分子、大分子、基团等进行的相互作用，实质上就是一些分子的有序分解和另一些分子的有序合成。这些分子在常温、常压等条件下本来是难以分解或合成的，但是由于有特殊的酶分子起催化作用，还有充当"生化电池"的分子如腺苷三磷酸（ATP）等提供反应所需要的能量，于是难以解决或难以转化的矛盾就迎刃而解了。普通的化学分子之所以能够有序地转化为核酸、蛋白质、酶等特异化的生化分子并发挥它们的功能，是因为相应的催化物质和供能物质使正负电荷之间的吸引力有序地转化为排斥力、排斥力有序地转化为吸引力，一份一份的电荷之能转化为有序发挥作用的化学键能，从而使原本难以分解或合成的分子有序地实现了分解和合成。由分解转为合成，由合成转为分解，由一种分解、合成转为另一种分解、合成，这种变化就是分子水平上矛盾转化的普遍形式。

在细胞结构层次上，细胞的周期性运行以及对细胞周期进行的多种调控作用，细胞与细胞之间的信息传递、生化诱导、物质运输等相互作用，是通过被有序地组织起来的更多环节和更多数量的分子合成和分子分解等生化反应来实现的。但与分子水平的相互作用不同的是，细胞水平的相互作用，是将数量巨大的分子结合成复杂的分子集团、由分子集团结合成更加复杂的细胞器、由若干细胞器结合成有独立生命功能的完整细胞等，以这些分子集团、细胞器、细胞等为主要角色进行的一种相互作用转化为另一种相互作用，以相互作用的不断进行和不断转化维持细胞的生命活动和细胞的动态结构。这些比生化分子更大、更复杂的角色之间的相互作用之所以能够有序地进行，除过电荷有序地提供的电能、电能转化的化学能之外，还有电能、化学能转化的热能、机械能以及它们转化成的神秘的生命力之能——生物能。能量的转化推动物质的转化，能量和物质转化的实质是矛盾性质的转化，是一种相互作用转化为另一种相互作用。这种不间断的矛盾转化是细胞具有独立生命功能和动态结构的重要规律。

（三）器官和生命整体水平上的矛盾及其转化

在器官和生命整体的结构水平上，组织与组织、器官与器官之间的相互作用，体现为一些器官产热或储能、供能，另一些器官散热或释能、耗能；一些器官吸收、合成、储存、输送营养物质，这些物质同时携带着一定的能量，另一些器官消耗、分解营养物质或释放、排泄代谢物质，同时也带出一定的能量。组织与组织、器官与器官之间不断产生矛盾又不断解决矛盾，体现为每时每刻每一个器官对物质和能量的需要既不能完全地得到满足，又能在供需波动中基本上得到满足；物质和能量在器官之间的流动、转化既不均等，并且常常受到阻碍，又能够达到基本合理的分配，并一次次地排除运行障碍，基本上保持正常的流动和转化。

心脏输送血液和血液回流到心脏，是一个循环式的矛盾转化链条。心脏只有解决好心室与心房的矛盾，才能正常地收缩和舒张并发挥射血功能。射血功能推动血液流出心脏进入动脉血管，意味着心室与心房的矛盾转化为动脉血管的收缩与舒张的矛盾和动脉血管与相应的调控系统的矛盾。动脉血管只有解决好它与调控系统的矛盾和自身的收缩和舒张的矛盾，血液才能正常地由主动脉流向各个分支动脉和全身各处的毛细血管。血液流到毛细血管，意味着动脉系统的矛盾转化为微循环中微动脉与微静脉两个系统之间的矛盾。微动脉与微静脉的矛盾解决得好，血液就能够顺利地流到静脉血管，这样，微动脉与微静脉的矛盾就转化为静脉血管的收缩和舒张的矛盾，推动血液流回心房。血液流回心房意味着静脉血管系统的内部矛盾转化为静脉系统与心脏系统的外部性矛盾。然后，血液由心房流回心室，外部性矛盾又转化为心脏内部心室与心房的矛盾。

心脏向全身各个器官包括心脏自身输送血液，但并不都能满足各个器官对血液的需要，而是处于既能满足一定需要又不能完全满足需要的矛盾关系中。尤其是当某个器官发生特殊变化、需要大量血液的情况下，心脏必须迅速增大对这个器官的供血量，相应地减少对其他器官的供血量，由此会加剧心脏与其他器官的矛盾，加剧需血量迅速增大的器官与供血量突然减少的器官的矛盾。机体中每个器官发挥其功能，都要以一定数量和质量的物质、能量为载体作用于其他器官，这与心脏发挥功能的状况大同小异，即始终处于既能满足一定需要又不能完全满足需要的矛盾关系中。

肝脏的含血量显著高于其他器官，占人体血液总量的14%，它在供血方面受到的"优待"是与其他器官对血液的需要相对立的；但肝脏又是产热量最高、代谢活动最旺盛的器官，它能够合成蛋白质、凝血因子等极为重要的活性物质，能够储存糖原、脂肪等营养物质，能够吞噬血液中的细菌、异物，消除血液中的毒素，排除废料，处理多余的物质，完成重要物质的代谢等，是其他器官和生命整体所依赖的营养库和"保护神"。肝脏功能衰弱或存在缺陷，其他器官就处于危险境地。所以，只有肝脏在供血方面受到"优待"，肝脏与其他器官的矛盾就能够得到一定程度的解决。肝脏与其他器官的矛盾得到一定程度的解决，又会引起其他的矛盾，譬如大脑与心脏、大脑与其他器官的矛盾。

　　人的大脑的重量只占体重的2%，安静状态时大脑血流量却占到心脏输出量的15%，耗氧量占全身耗氧量的20%，而且血流量和耗氧量必须保持稳定，不允许有过高和过低的波动。大脑的这种"富贵"且"娇气"的特性，显然与其他器官对血、氧的需要是相对立的。但是以大脑和脊髓为主要器官的神经系统是人和高级动物生命活动最重要、最复杂的调节控制中心，其功能不仅使机体内各器官、各系统之间保持协调统一，精确地完成正常的生理功能，而且能够接受体内外环境的各种信息，使机体灵活地适应内外环境的不断变化。大脑的语言、思维、学习、记忆等高级功能，使人具有其他动物无法企及的社会性、创造性生存能力。脑组织是宇宙间能量需求密度最高的物质组织形式，大脑缺血缺氧3~4分钟就会造成梗死甚至导致生命整体死亡。所以，大脑保持既"富贵"又"娇气"的特性，不只是大脑的生存需要，也是其他器官和生命整体生存的需要。所以，心、肺等器官既要"优待"肝脏，又要"优待"大脑，还有兼顾其他器官的需要，不能不随时变换供血、供氧的重点。

　　骨骼和骨骼肌是人和动物获取食物、躲避危险、保障正常生命活动和生命安全的器官。人体骨骼肌在进行剧烈运动时，产热量占到人体总热量的90%，这些热量来自糖、脂肪等物质的氧化，需要心血管的供血量增大10~20倍才能得到满足。这就需要大幅度减少对其他器官的供血量，从而使骨骼肌与其他器官的矛盾接近激化状态。但如果不减少对其他器官的供血量，骨骼肌就不能进行剧烈运动，生命体或其某些器官就会在机体与外部的激烈冲突中受到致命伤害❶。所以，在出现外部危急情况、需要进行剧烈运动时，心、肺"优待"肝脏和大脑的重点就得转移到"优待"骨骼肌方面来。

　　由此可见，器官与器官之间的矛盾，以及器官内外部的矛盾，始终处于紧密关联和相互转化的关系中。保持这些矛盾的紧密关联和相互转化，是每

---

❶ 武宇明、祁文秀主编：《生理学》，人民卫生出版社，2020年5月，第142、198、220页。

个器官和生命整体正常生存的需要。

（四）对抗性矛盾与非对抗性矛盾的相互转化

生命体的一切器官、组织等都处在无休止的矛盾斗争中，矛盾斗争在器官、组织或整体处于基本健康的情况下，保持着一种非对抗性的动态平衡。但是在器官、组织或机体发生病变或来自外部的严重伤害的情况下，非对抗性的相互作用则会被激化为对抗性的冲突，使生命活动陷入危机之中。

完善的血液循环能够为机体各个器官、组织提供氧气和营养物质，虽然各个器官、组织在争夺氧和营养物质中不断进行斗争，但是基本上处于非对抗性的状态。血液循环如果出现障碍，引起缺血或血栓、栓塞等病变时，就会造成肺、肝、肾、脑等器官的缺血或淤血，严重的会造成这些器官的萎缩、坏死、梗死。血管内形成血栓，正常情况下能够在血管破裂时起止血作用，在血栓形成时间不太长或血栓体积较小时可以被血管内的特殊酶溶解，但是在血栓完全阻塞血管时，则会引起器官或组织梗死。所以，血栓既可以解决或缓解血液循环中的矛盾，也可以产生或激化血液循环中的矛盾。

生命系统从分子水平到整体水平，各个层次、各个构成部分都处于矛盾关系中，这些矛盾关系大多属于非对抗性关系，但每一种矛盾都可能由对抗性转化为非对抗性，或由非对抗性转化为对抗性。所以，生命系统的各个层次、各个构成部分既有解决矛盾、保持健康的条件，也有激化矛盾、发生病变的条件。病变就是非对抗性矛盾转化成为对抗性矛盾，同时也是生存与死亡进行斗争的激化形式。而治愈疾病和创伤，就是对抗性矛盾转化为非对抗性矛盾。

三、生命系统内外部矛盾的相互转化

客观世界的一切系统都是开放式系统，开放系统只有通过与环境之间进行不间断的物质、能量和信息的交换，才能维持系统结构的相对稳定，并实现系统的演化或进化。而系统与环境之间进行的物质、能量和信息的交换，实质上是系统内外矛盾的相互转化。生命系统与外部环境之间进行的物质、能量和信息的交换，虽然有其不同于非生命系统的一系列重要特征，但本质上都是系统内外矛盾的相互转化。这种转化的具体形式，包括内部矛盾与外部矛盾在相互作用中不断发生变化，推动内部各种矛盾的相互转化以及内部矛盾外部化和外部矛盾内部化的转化，并由此引致生命个体的内部结构和外部环境系统的结构发生互动式的变化。

（一）内部矛盾外部化

内部矛盾通过一定的途径，可以转化为外部矛盾。可以说，一切生命体的所有生命活动，都包含着内部矛盾外部化的转化过程。生命体内部的所有生化反应和生理活动，就是不断地产生又不断地解决自身的内部矛盾。而生命体在不断地产生又不断地解决自身内部矛盾、进行正常的生化反应和生理活动的同时，又以内部生化反应和生理活动产生的物质和能量作用于外部环境因子，排除外部因素造成的生存障碍，获取继续生存所需要的物质和能量，使内部矛盾转化为解决外部矛盾的能力和活动过程。植物的雌、雄两种性细胞结合形成合子，发育成种子，这是植物的内部矛盾。成熟的种子散落在母体植物的周围，发芽、生根、成长，形成与母体植物相互竞争的个体，原来的内部矛盾转化成了外部矛盾。动物的繁殖也与此相类似。母体动物与其所孕育的卵或胎儿之间的矛盾是母体的内部矛盾，卵或胎儿生出后与母体的关系就成为外部矛盾。人发挥其大脑的功能设计工具或工程，这是人体的内部矛盾。人所设计的工具制造出来或所设计的工程开始实施，它们与设计者的关系就转化为外部矛盾。

（二）外部矛盾内部化

外部矛盾通过一定的途径，可以转化为内部矛盾。光合作用是绿色植物与太阳光的相互作用，是植物的外部矛盾。在这一矛盾过程中，植物吸收太阳光能，将二氧化碳和水合成为糖类、脂类、氨基酸、蛋白质等物质，将太阳光能转化为这些有机分子中的化学键能。而化学键及其所包含的能量的本质，就是原子之间、生物分子之间以争夺电子为主要形式的矛盾斗争，也是植物各个细胞之间、器官之间矛盾关系的实质内容。所以，光合作用是植物的外部矛盾转化为内部矛盾的较为典型的形式。植物在繁殖过程中，借助于风力或昆虫、鸟类的外部作用，将一株植物的花粉传播到另一株同类植物的花的柱头上，使来自不同植物个体的雌、雄两种性细胞相结合，发育成兼有两株植物性状特征的植物幼体，这也是外部矛盾内部化的一种形式[1]。动物从

---

[1] 马炜梁主编：《植物学学》（第 2 版），高等教育出版社，2015 年 8 月，第 93-94 页。

外界获取食物并将食物消化吸收后转化为自身的营养成分，这与植物的光合作用一样，也是外部矛盾内部化的过程。

四、环境作用与基因决定

生命个体的内部矛盾与外部矛盾是内外部诸多因素广泛而紧密的相互作用关系，这种关系最集中地体现为环境影响与基因决定的相互作用和相互转化。生命延续和生物世代的遗传变异，是环境作用与基因决定共同产生的结果。在这一过程中，不断发生着环境作用转化为基因决定、基因决定转化为环境作用的循环式变化。这种循环变化体现了生命系统内外部矛盾相互转化的普遍规律。

（一）环境转化为基因

基因不是从天上掉下来的，也不是自己产生出自己的。化学进化的事实表明，承载基因的 DNA 分子是原始地球的一定环境条件的转化物。

环境因子对生命个体产生的一切作用，都是作用于能够直接接触到的细胞。而细胞最外层的构成部分即细胞膜，是物质、能量、信息在细胞之间和细胞与细胞外环境之间交流的重要通道，行使着细胞内外之间的物质转运、信号传递、信号识别等多种功能，直接、间接地参与细胞的增殖、分化，细胞的黏附、代谢和能量代谢等生命活动。细胞膜行使这些重要功能、参与多种生命活动，都是由组成细胞膜的专门化、特异化的生物分子具体执行的。这些分子，如多种多样的磷脂、胆固醇、糖脂、膜蛋白、酶、糖蛋白等，各司其职又相互协同，使细胞膜具有动态的结构和复杂的生物功能[1]，能够在一定程度上"代表"细胞甚至生命系统整体接受外部环境因子的作用并反作用于环境因子。细胞膜的这种结构和功能特征，决定了任何环境因子作用于生命体都必然会直接作用于分子水平的生命物质，产生生物分子的生化变化和细胞超微结构的变化。

生物对环境因子的不利作用做出反抗并逐步适应这种不利作用的一种变化称为驯化，驯化过程会引起细胞酶系统的改变。酶是生物体内决定重要的生化反应能否按照确定的速率实现，并能够直接和间接地作用于 DNA 分子、

---

[1] 陈誉华、陈志南主编：《医学细胞生物学》，人民卫生出版社，2020年1月，第68-75页。

引起基因变化的重要活性物质。改变酶系统和酶分子，不仅可以改变生物对不利条件的耐受限度，而且一些重要的酶系统的改变，会涉及基因的改变，由此引起基因的损伤、修复和基因突变。酶系统改变如果引起基因的改变，很可能在某些基因家族中产生该家族能够接受的、与家族成员有着非对抗性的"亲缘"矛盾关系的新基因。

高等生物细胞中的核酸分子包含着数量巨大、功能多样的基因，其中很多基因是在长期进化中由某一个祖先基因逐渐分化形成的基因家族。有些基因家族的成员数量庞大，成员的功能特点多种多样。但是同一家族的基因，在功能上具有大同小异的"亲缘"特征，由这些大同小异的基因所编码的蛋白质当然也具有大同小异的"亲缘"特征，由大同小异的蛋白质构造的各种因子、细胞器、细胞、组织、器官、生命个体、生命群体等，自然也具有大同小异的"亲缘"特征。所以，基因家族中的成员如果发生分化式的变化，就会产生出结构相近的"同宗"的新基因，从而使基因家族的规模扩大。新的基因必然会编码产生出有一定"亲缘"关系的大同小异的各种蛋白质、酶，大同小异的各种蛋白质、酶可以构建出大同小异的生物因子、细胞器、细胞、组织、器官、生命个体、生命群体。

羚羊类生物具有适应海拔较高的草原环境的基因，而藏羚羊则具有适应海拔超过4000米的青藏高原这一"生命禁区"的强大生命力。中国有关研究机构在破解藏羚羊强大生命力的基因密码的过程中发现，藏羚羊基因组中与能量代谢和氧气运输有关的基因发生了显著的家族扩增。研究者对已知的247个高原适应性相关基因进行了筛选，最终发现有7个基因在藏羚羊和美国高原鼠兔中发生了趋同进化。受这些基因的决定，藏羚羊的心肌细胞和肺细胞较之同类动物有许多特异化的功能，这使藏羚羊的肺明显大于其他高原动物。这些特异化的功能增强了心肺的能量代谢和吸收运输氧气的能力，提高了藏羚羊对青藏高原低氧环境的耐受性能[1]。可见，藏羚羊适应青藏高原特殊环境的基因，是青藏高原环境条件的转化物。

外部环境引起基因变化的重要机制之一，就是环境因子（温度、酸碱度、辐射、化学物质等）直接刺激细胞膜，细胞膜将刺激传导到细胞质和细胞核

---

[1] 刘洋：《藏羚羊为何可以健步如飞》，环球科学，2013年第7期，第22页。

的一定部位，引起某些蛋白质、酶的变化，一些特异性的蛋白质或酶的变化进一步引起基因的变化。内外部环境因子引起 DNA 组成与结构的变化称为 DNA 损伤或"基因损伤"，其后果有两种：DNA 结构发生永久性改变，即基因突变；DNA 失去作为复制和转录模板的功能。环境变化引起基因突变的形式之一，是基因家族的分化式变化，这种变化产生出的新基因与"同宗"的其他基因是大同而小异的"弟妹"或"子侄"关系。由这些基因编码产生出的蛋白质以及由这些蛋白质构建的细胞和高级生物与其亲代是大同而小异的变异体，这些变异体在外部条件不严苛的环境中就能够繁殖生成新的物种或亚种。譬如藏羚羊物种的产生和发展，就是由于羚羊类动物的基因家族的扩增引起的物种分化发展现象。随着时间的推移和环境的不断变化，环境引起大同小异的基因变化，基因变化引起相应的生物个体和生物物种的变化，这些变化会逐渐积累，最后发生基因的重大突变，并引起生物个体和生物物种的重大变化。于是，大同小异的变化就可能转化为"大异小同"的变化。

（二）基因决定转化为环境作用

基因是 DNA 分子中包含着的储存有特定遗传信息的最小功能单位。基因储存和表达生命信息，实质上就是准确地保存生命体的设计图纸和准确无误地按照设计图纸不断重新构造生命体，由此决定着生命系统的结构、生命活动的过程和生物的进化。

基因决定生命系统的结构和生命活动过程的功能，不断地转化为它的对立物——环境作用，它与环境作用相互依赖、相互对立又相互转化，推动生命个体、生物物种和生态系统的不断变化和发展。

生命个体获得了一种能够适应环境、产生强大生存竞争优势的基因，就会迅速繁殖，产生越来越多的同类个体，形成优质个体数量呈几何级数增长的趋势。这种趋势会以越来越大的规模和力度改变种群、群落和生态系统的结构，形成新的环境。新的环境作用于生命个体，促进生命个体发生分化式变化：一些生命个体难以适应新的环境，特别是难以适应新的、更加激烈的生存竞争环境，趋于消亡；另一些个体则能够适应新的环境，增强了生存竞争能力，推动环境发生进一步的变化。

第九章　社会矛盾与社会结构

社会系统是比生命系统更高级的有序结构系统。社会系统的结构关系和承担结构关系的主要组成要素是不断地生产和再生产出来的活性关系和具有思维能力的活性物质。社会只有依靠不断地生产物质的和精神的文化产品，才能既依赖自然又相对地独立于自然而获得生存和发展。马克思将社会系统的结构特征概括为生产力与生产关系、经济基础与上层建筑这几个分系统的内部结构以及分系统相互之间的对立统一关系，不仅强调了社会结构的矛盾本性，同时也指出了社会系统的基本组成要素包括自然要素、人、人工物质要素和社会意识四大类，以及联结这四类要素的基本结构关系，这种关系包括人与自然的关系、人与人的物质利益关系、人与人的精神交往关系。马克思创立的矛盾与结构相统一的辩证社会结构理论，对19世纪中后期以来社会结构和社会发展研究起到了广泛的指导作用。

进入较高级发展阶段的社会系统，其结构关系具有层次结构、分工—协同结构、地域空间结构、时序结构、内在结构与外在结构等重要特征，同时也具有客观性、物质性结构总是受到以社会制度为主的意识性结构的反映和维护的特征。制定和实行一定的经济制度、政治制度和思想意识制度是一种政治行为，所以社会制度同时也是社会矛盾最集中和表现最激烈的领域。社会结构以整体的、物质的力量，扬弃了个人能动地表现自己愿望和目的的单个活动，使社会关系内在化为人的本质属性。

第一节　社会系统的矛盾本性

人类是在它的祖先被自然界的变化逼到了绝地的猿类，经过数百万年的生存斗争才进化而成的。猿进化成人，也就意味着猿群进化成以主动创造文化求生存的物种组织——社会。人及其所组成的社会系统，本质上是自然属性和文化属性的对立统一。其中，文化属性包括社会生产属性和人的需要属性。这两种既相互联系又相互对立的内在属性是人之为人、社会之为社会的整体本质的基础性构成部分，也是人类社会与自然环境之间的矛盾不同程度地得到解决又不断地产生、扩大甚至激化的内在驱动力。人的需要使人具有追求物质利益的社会属性，这种属性使人与人之间形成经济利益的对立统一关系，即社会生产关系。社会生产关系是一种社会性、文化性的物质关系，是人与人之间以怎样占有物质财富为核心的利益争夺关系。这种利益争夺关系使原本没有阶级分化的社会成员逐渐分化成为经济利益上相互对立的阶级、阶层，政治就是不同的阶级、阶层为争夺经济利益而形成的又一种社会关系，即一些阶级、阶层对另一些阶级、阶层实行强制性统治的关系。不同阶级、阶层为了争夺经济利益，就必须争夺政治利益。为了争夺经济利益和政治利益，就必须首先争夺政治权力。所以政治就成了最集中的经济矛盾形式。人与人之间不仅形成了经济利益的矛盾关系和政治利益的矛盾关系，还形成了各种社会意识性的矛盾关系。人与人的社会意识关系是一定的社会生产关系即经济利益矛盾的反映，同时又对社会生产关系产生反作用。社会物质生活领域所发生的一切矛盾，都会反映为相应的社会意识矛盾。社会意识的矛盾关系构成了社会生活的一个特殊的领域——社会意识形态。

一、人类社会的产生及其本质特征

人类是在它的前身与自然界进行长期的矛盾斗争中产生的一个特殊的生物种群。

人类学研究的初步结果表明，从猿到人的进化过程经历了 1000 多万年。

人类学中的一种观点认为，在距今300万~200万年前，出现了最早的人属物种——南方古猿。另一种观点则认为，在距今600万~450万年前，出现了最早的人属动物。人属物种先后经历了直立人、早期智人、晚期智人等阶段，大约在3.5万年前形成了现代的人类。

（一）类人猿产生和进化中的矛盾

人类的动物祖先被称为类人猿，是一种类似于人的猿类而不是直立行走的人类。这种生活在东非森林中的被称为古猿的动物，逐渐取代了最早的类人猿——原康修尔猿，进化成为更接近人的猿类。古猿获得进化的重要原因之一是距今大约1600万年前，非洲的气候变得更加干燥和具有季节性，东非地区的森林变得更适合猿类的生存。古猿在这样的环境中生活了300多万年时间。到距今1300万年前，古猿进化出了灵巧的手臂，善于抓握树枝，将整个身体悬吊在半空，有利于保持身体的直立状态。这种古猿被称为皮尔劳尔猿。在距今600万~450万年前，地球气候发生了又一次重大变化，非洲的森林趋于消失，草原侵入了林地，出现了与森林相间的稀树草原。古猿的生活环境开始恶化，但它们还是"几乎全都生活在树木繁密的雨林环境中，或者至少是以森林—草原交错区为自己的栖息地"❶。有一种研究认为，这一时期形成了最早的人类，如乍得沙赫人、图根原人等，这些被称为"最早的人类"都具有善于攀爬、抓握树枝的特点，是"随着非洲东部大森林逐渐变得干旱而出现的"❷。但是，从人类所具有的适合于直立行走的脚和被脚解放出来的手等重要器官的结构特点来看，真正能够直立行走的人类，无疑是在长期的森林生活中所取得的进化成果的基础上，因为环境条件的巨大变化，不得不走出森林、长期生活在草原地区的一系列环境和生活条件造成的。尽管至今仍然没有获得足够的考古资料证明这一点，但也无法否定这样的推测。因为一直生活在森林中的类人猿的脚，不经过在地上行走的上百万年的进化，无论如何是不能成为真正人的脚的。没有真正人的脚，手也不能被从四肢行走中解放出来，大脑也不会和手脚一样进化得那么快。

---

❶ 伊恩·塔特索尔著、贾拥民译：《地球的主人——探寻人类的起源》，浙江大学出版社，2015年9月，第2-7页。

❷ 同上书，第8-11页。

（二）置之死地而后生的人类

从已有研究成果可以做出这样的推测：大约400万～300万年前，地球气候的剧烈变化使生活在非洲东部森林中的一支类人猿不得不离开它们舒适的家园，来到草原谋求生存。它们曾在森林家园生活了上千万年，进化出了许多颇具优势的器官，拥有当时所有动物中最发达的大脑和一双朝前的眼睛，有强壮而灵活的、善于在林间攀爬腾跃的上肢和挺直的身躯等。如果气候不发生更大的变化，这支类人猿依靠自己进化出的这些优异的器官和生存能力，将一直在较小的变异幅度内世世代代延续到现在，与现代生活在非洲地区的黑猩猩、倭黑猩猩没有太大差别。但是气候变化使森林大量消失，脱离森林来到草原的这支类人猿必须接受大自然的严酷选择：要么灭亡，要么按照新环境的要求改变自己。它们在森林中进化出的优异器官，如发达的大脑、朝前的双眼、灵活的上肢和习惯于挺直的身躯等，在新的环境中仍然具有生存竞争的优势。但是具有一定抓握能力的脚趾和不善于快速奔跑的后腿和脚掌，尤其是体型相对弱小、缺乏坚牙利爪和快速奔跑能力的生理缺陷，使它们随时面临被凶猛的天敌大量捕食的危险。如果是在森林与草原相间地区生活，它们在十分不利的情况下也可以暂时地回到森林中渡过难关。但是，肯定是由于气候的进一步变化使森林与草原相间地区的环境变得更加严酷，以至于给这支类人猿留下的生存之路不容它再有别的选择，只能选择"背水一战"的生活方向，继续发挥自己的大脑、双眼、上肢等强项，将后肢等弱项转变为强项，于绝地中求生存。

在艰难的进化中，这支类人猿学会了用后肢直力行走，这样就能够以更加开阔的视野观察周围的一切，更快、更准确地获取生存所需要的信息。它们原本就十分灵活的双手变得更加灵活，不仅更善于抓握东西，而且学会了制造工具。它们制造出了最早的石器、木器、骨器工具，使双手得以延长，狩猎和采集的劳动能力极大增强。它们学会了用火，后来又掌握了保存火种和人工取火的技术，实现了由生食到熟食的过渡。它们的大脑有了更高水平的进化，这使它们的行动更加敏捷，创造能力更强。它们发明了语言，能够进行意识的交流，增强了学习能力和对自己群体的组织能力。它们甚至开始了艺术的创造，将更好的生存方式、行动方式和内心的愿望用声音的艺术、符号的艺术、肢体的艺术表现出来，用精神的力量将自己的群体加固成它们所能设想到的组织形式。它们虽然早就形成极为简单的分工，如男女的分工、不同体力的分工等，但是在进一步的发展中它们深化、扩展了这些分工，出现了最原始的技术分工和更多地用脑力与更多地用体力的分工。这样的变化，使它们终于进化成了一个新的物种——创造文化的物种。至此，"它们"变成了"他们"，当年被自然界的变化逼入绝地的有些像人的那一支猿类进化成了真正的人类，猿群进化成了社会性组织。

社会组织不再是被动适应自然界的物种组织形式，而是主动创造文化的物种组织形式。这种物种组织不仅创造物质文化，还创造精神文化；不仅创造自己所需要的、自然界无法提供的消费品和生产资料，还创造自己群体内的交往关系、组织形式和制度体系。

（三）人类的自然属性和文化属性

以创造文化的方式求生存，是人与其他动物、人类社会与其他动物群体最根本的区别。而人类走上这一条道路，其实不单是甚至完全不是人类的祖先——那一支境遇悲惨的类人猿的选择，而是大自然的选择，是大自然的无情变化"逼迫"那一支境遇悲惨的类人猿不得不"就范"的结果。自然界曾经多次以"逼迫"的方式给其他物种提供过类似的机遇，但是只有那一支境遇悲惨的类人猿因祸得福。其中的重要原因之一，就是那一支境遇悲惨的类人猿在漫长的森林生活的历史中进化出了一些优异的器官，特别是聪明的大脑。主要靠聪明的大脑，使陷入绝地的类人猿能够一次又一次地找到其他动物无法找到的生存之路。类人猿无论如何想不到它们只有创造文化才能生存下去，但是它们依靠自己的大脑和大脑协调起来的其他器官的统一行动，能够更有效地与自然界的不利条件作斗争。在经历了殊死搏斗的几百万年、淘汰了不知多少个颇具进化成就的分支类群后，终于使其中的一支最具进化优势的类群走到了文化世界的入口并懵懵懂懂地闯了进去。

闯进了文化世界的入口，获得了创造文化的能力，就获得了在整个生物界无与匹敌的生存竞争能力。这就是人类社会这种特殊的生物种群得以产生并以加速度的步伐发展壮大的奥秘所在。

回过头来看，人类社会的产生，人类社会的一系列质的规定性，人类社会的本质等，这些创世的"天机"和"天性"究竟来自哪里？回答是：来自于自然界固有的矛盾，来自于自然界各种物质形式的相互作用和相互规定。事物在发展中总是要产生出自己的对立物，因为它自己的本质中就包含着这种对立因素。不会思考的自然物总归会产生出会思考的自然物，这种产生出会思考的自然物的途径一点也不神秘，它就是对立物之间永无止境的相互斗争和相互转化。不会思考的猿类面对饥饿、寒冷、酷热和死亡的威胁，只能做出尽可能快的求生反应。它们不会构思出一套又一套的计划、方案来谋取胜利，只会尽快地找到食物或者脱离险境。但是一再地、世世代代地做出尽可能快的求生反应，就使它们的大脑和受大脑调控的眼睛、上肢、下肢等重要器官因被"重用"而得到了更多的血液供应。充足的血液供应以及这种供应引起的基因突变，使大脑等器官变得更加发达，原本只会做出快速反应的神经器官逐渐产生出了能够进行简单思维的功能。只能进行简单思维的器官在进一步的被"重用"的漫长历史中转化成为能够进行深度思考的器官。于是，一种会思考的猿类就作为不会思考的自然物的对立物诞生了，并且建造了自己的群体——社会。所以，社会的质的规定性，社会作为一种特殊的物种系统的本质，不是自己赋予自己的，而是自然界中直接、间接地作用于这种物种系统的环境大系统赋予它的。环境的变化"逼迫"当年那一支不幸流落到草原地区的猿类只能走创造文化的道路才能够生存下去，否则就只有消亡。当然，环境变化也为这支猿类的进化提供了一定的有利条件，使它们拥有获得成功的条件和可能性。

现在我们可以顺理成章地得出结论：人类的本质同时也就是社会系统的本质，是自然属性和文化属性的对立统一。社会系统既具有与一切自然物相同的物质属性，具有对自然环境的依赖性，又具有创造文化的社会属性，具有与自然物和自然环境相对立的独立性。这两种内在属性及其对立统一关系构成人类和社会系统的完整本质。

二、人与自然的矛盾——社会生产力

人与自然的矛盾根源于人获得了新的本质属性即社会属性或文化属性。人获得了这种本质属性，就与自然界、自然物形成了本质性的对立关系。当然，人仍然具有一系列与自然界、自然物相同一的本质属性，所以人仍然对自然界、自然物具有极大的依赖性。人与自然的内在矛盾关系，决定了人总是不满足于自然界提供给人的生存条件，总是通过与自然界、自然物的相互作用，主动地改善生存条件，获取不断增多的物质的和精神的生活资料。

不会思考的猿类在与自然环境的长期斗争中转化成会思考和能够创造文化的人类，猿群转化成人类社会，猿类与自然环境的矛盾关系也就转化为人类与自然环境的矛盾关系。人类与自然环境的矛盾集中体现为人类总是有设想、有预谋、有计划地改造自然环境的某些条件，生产自己所需要的、自然界无法直接提供的生产资料和消费资料，这与猿类与自然环境的矛盾有着质的不同。生产活动成为人与自然的矛盾关系的主要形式，同时也成为改造和提高人的素质的主要途径。从事生产的人是受自己的需要的推动而对自然物实施改造的，这与猿类等其他动物受生存本能的推动而作用于自然界的行为有着本质的不同。人的需要推动人类不断扩大对自然环境和自然规律的认识，不断深化对人自身和人与自然环境的关系的认识，并在此基础上扩大对自然物的改造和利用，生产出数量和种类越来越多的物质财富和精神财富，使自己的消费成为社会性的、越来越丰富和越来越高级的消费活动。

人在生产物质财富和精神财富的过程中，也就是在不断扩大和深化人与自然环境的矛盾关系的过程中，获得了一种新的规定性——生产力，即人改造自然、获取财富的能力。人的认识越是扩展、深化，人的生产能力也就越得到提高，人的需要随着认识的扩展、深化和生产能力的提高而改变，变得越来越多样化、高级化。人在获得生产力这种社会属性的同时，也获得了另一种社会属性——需要，其中主要是对物质生活资料、精神生活资料的消费需要和对社会关系的需要，并且是不断增长、不断变化的需要。生产和需要成为人之为人、社会之为社会的最基本的内在属性。这两种既相互联系又相互对立的内在属性是人之为人、社会之为社会的整体本质的基础性构成部分，也是人类社会与自然环境之间的矛盾不同程度地得到解决又不断地产生、扩大甚至激化的内在驱动力。只要人具有这两种内在的本质属性，人与自然的矛盾不仅不会有终结之时，而且会不断升级、不断扩大。

人在与自然环境的矛盾关系中，也就是在生产物质财富和精神财富的实践中不断面临着新的压力。即使人不扩大生产，维持低下的生产能力和消费水平不变，自然界也绝不会与人和睦相处，而是会不断地以各种变化、灾害压迫和折磨人，逼迫人与不利的自然条件作斗争，通过实现新的需要、扩大生产、增加财富的方式保持主动的生存权。而每当人们要实现新的需要、扩大生产、增加财富的时候，就会受到两种制约：一种是阻碍人们从事生产的过分强大的自然力；另一种是与实现人的一定需要的目的相比显得过于弱小的人的生产能力。人是会思考的动物，在面临这两种制约时，人能够做到的就是提高人的生产能力，以更强的生产能力战胜与人作对的自然力。在人类社会的初期阶段，人提高自身生产能力的基本途径大致有这样三种：一是提高单个人的体力和智力；二是提高人口和劳动力的数量；三是将尽可能多的人口、人力组织成社会系统的整体实施对自然物的改造。

为了提高单个人的体力和智力，社会发展初期的各个阶段和各个社会组织实行的最普遍的办法包括：提高人的生活消费水平，通过改善吃穿住行的条件，保证劳动力的生产和再生产的良性循环不致受到破坏；运用一定的教育手段，使劳动的经验和知识在时间上得到传承和积累，在空间上得到交流和聚集。

为了提高人口和劳动力的数量，原始社会和古代社会都极力提倡和鼓励生育，其中一些社会组织和民族还通过掠夺人口来达到增加其劳动力数量的目的。

人类最富于创造性的和最能彰显其社会性特质的一种战胜自然力的方式，就是将尽可能多的人力联合为一定的社会组织，以社会系统整体的力量实施对自然物的改造和对自然力的抗衡。人类发明各种社会组织形式的根源甚至可以追溯到一些灵长类动物的群体组织，但是只是在人类能够进行真正的社会性生产活动时，类人猿的动物式的群体组织才过渡到社会组织。所谓真正的社会性生产活动，就是社会成员总是以组织成社会系统整体的形式从事生产，在生产中实行分工协作，对生产的产品按照一定规则或制度进行的分配，这种分配能够保证作为现实劳动力和潜在劳动力的人口不断地生产和再生产出来，从而保证生产能够以循环式的再生产持续进行。

助推动物式的群体组织过渡到社会组织、动物式的生存方式过渡到社会生产的生存方式的重要条件之一,是人类发明了语言。语言是交流的工具,也是思维的外壳。有了语言,人们之间便可以通过交流的方式,彼此了解和共享认识成果、行动目的、内心的愿望和感情等,从而形成和巩固一定的社会性组织,在组织内形成分工协作的关系,产生出不同于单个生产力相加之和的新质的、整体的生产力。语言还使人的创造成果、劳动经验、知识和思维活动得到更有效的交流、传承、积累,更快地提高个人和组织的智力水平,并逐步形成抽象思维能力。

人通过不断提高生产的技术性和社会性水平,成为了自己命运的主导者,为社会系统的发展奠定了越来越坚固的基础。

三、人与人的经济利益矛盾——社会生产关系

人与人的经济利益矛盾根源于人获得了又一层本质属性即追求经济利益的属性。人获得了这一层本质属性,就使得人与人具有经济利益上的差别,形成一些人与另一些人的利益对立关系。人与人形成经济利益的对立关系,并没有消除人与人所具有的多方面的共同本质属性,而是在经济利益对立的关系中包含着但同时也改变着其他方面的相互统一、相互依赖关系,表现为既相互对立、相互斗争又相互统一、相互依赖的外在性社会矛盾关系。

(一)生产关系是人类创造的一种物质文化成果

推动动物式的群体组织过渡到社会组织、动物式的生存方式过渡到社会生产的生存方式的又一重要条件,是人类发明了与生产能力相适应的生产关系,即人与人的物质利益关系。许多高等动物的动物群体在获得食物后,是通过你死我活的争抢来分食其"劳动成果"的。多次抢不到食物的成员,特别是幼崽、体弱者和怀孕的雌性成员等,就有可能饿死或因营养不良而病死。这种纯兽性的食物分配方式使这类群体不仅很难发展壮大,而且随时都会因饥饿或灾害而走向覆灭。人类在漫长的进化中一步步地革新了这种纯兽性的成员间关系,在自己的组织内部,创造出了一种尽最大可能保证每个成员能够生存、保证社会组织的稳定存在并获得一定发展的关系,即社会生产关系。社会生产关系只有能够思考的人作为社会组织的成员时才能在他们之间建立起来。动物们不会思考,不能设计和判断在它们之间建立怎样的关系才能使

它们获得持续而稳定的生存。而人则能够通过思考、设计、试验、判断、反复实践、不断总结等思维和实践活动，找到最有利于他们生存、最大限度地获取生活资料的相互关系模式并付诸实行，还能够将这种关系模式用习惯或制度的形式固定下来，代代沿袭、相传并不断改进。所以，生产关系与动物式的群内关系的本质区别，在于生产关系是人在面临生存压力的条件下，通过思考、设计、试验、对比、判断、反复实践、不断总结等思维和实践活动所创造的一种物质性的文化成果，是人与人之间的一种社会性、文化性的物质关系。

人类创造和改变生产关系的每一步，都标志着人类在社会性、文化性、人性等本质属性提高的道路上取得了重大成功。在生产能力低下的时代，人类通过共同劳动、平均分配食物和其他生活条件来尽可能地增殖人口和减少人口伤亡，维系社会组织的稳定，使社会组织具有持续发展壮大的基础。在生产能力获得较大提高、产品有了剩余的时代，人类改变了产品公有制的关系，实行并不断完善以私有制为主导的生产关系，将氏族组织改变为个体家庭，将部落、部落联盟组织改革成为维护私有制的政治组织，使成百万、成千万的人口组织成为一定的社区、民族和国家，完成了由野蛮时代到文明时代的过渡。在生产能力获得较之传统社会有了质的提高、物质财富不再成为人们争抢着占有的对象的未来时代，全人类将联合成为更高级的社会组织形式，人与人之间的关系最终脱去动物式关系的残迹，形成经济平等的物质利益关系，并在此基础上创造出神话般的文明和神话般的文明进展速度。

（二）生产关系的矛盾本性

人类发明的生产关系并不是什么绝对完美和理想的和谐关系，而是人与人之间以怎样占有物质财富为核心的利益争夺关系，所以它本质上是一种物质利益方面的矛盾关系。实际上，各个历史时期的生产关系并不是由某个或某些先贤发明的，而是人类适应生产实践的需要顺势形成的。不过如前所述，人类是会思考的动物，在适应生产实践的需要形成某种有利于成员共同生存的相互关系时，社会成员们能够做出判断并以主动的行为将这种关系用习惯或制度的形式固定下来。但是，社会成员们对一定的生产关系做出判断并以主动的行为将这种关系用习惯或制度的形式固定下来，始终是在对抗性的或非对抗性的矛盾中进行的。历史上出现的每一种生产关系从来不是人人都赞成、拥护的东西，而是一些人赞成、拥护而另一些人反对甚至反抗的利益矛盾关系。

在原始社会，虽然在原始群、氏族等社会组织内部实行共同劳动、平均分配劳动成果的习惯或制度，但在不同的原始群、氏族、部落之间，却经常进行着掠夺人口、财富和争夺资源的战争。进入文明时期，由于有了剩余产品，就产生了占有剩余产品并通过占有剩余产品来占有对大多数社会成员的支配权和统治权的不平等生产关系。这种生产关系基本上适应了文明社会各个历史时期的生产力水平，同时也产生了以一些人的痛苦和死亡换取另一些人的生存、发展、享乐和统治权的种种社会弊病。私有制在产生和发展文明的同时，也产生和发展了贪婪、犯罪、暴力、战争、征服、统治、家天下、压迫、奴役等社会弊端，社会矛盾达到了空前激烈、尖锐的程度。人类本性中残留的兽性成分，在阶级对抗的社会中以文明为遮掩甚至有时干脆不用文明遮羞布的赤裸裸的形式出现在人与人的利益关系中，形成文明与反文明的尖锐对立。

人类在它的原始的和迄今经历的各个文明阶段，由于种种局限性，尤其是历史的局限性，不可能发明出超出历史条件限制的更好、更理想的生产关系，至多只能对一定时期的不合理生产关系和维护这种关系的制度实施一些改良、改革甚至革命性改造的措施，却不能对基本的经济条件发号施令，不能对基本适应生产力发展但却存在种种弊端的生产关系任意更改。人类对自己发明的生产关系的欣赏和无奈，就像对自己发明的生产工具的欣赏和无奈一样，只能是一种矛盾的态度，因为自己的发明之物本身就是一种既有功用又有欠缺的矛盾之物，并且始终处于矛盾关系之中。当你发明它和发挥它的作用的时候，既有成功的喜悦，又包含着不尽如人意甚至越来越不如人意的遗憾。

（三）生产关系本质上是人与人在物质利益方面的矛盾关系

人类脱离动物界后，因为发明了生产力和生产关系而成为文化的创造者和反抗自然力压迫的胜利者，但同时也成了更加深重的矛盾和危机的制造者。人类用创造文明的手段获得了对其他动物的绝对的生存竞争优势和对地球的统治权，但却产生了人与人之间以占有物质财富为主要根源的社会矛盾，并因此带来了接连不断的社会危机。动物没有什么利益，动物之间也没有什么利益关系。人却不同，人有因需要而产生的利益，人与人之间就存在着为利益而展开争夺的社会矛盾，并因此导致一浪高过一浪的社会冲突和大量的人口死亡。而产生这种社会悲剧的重要根源，首先是经济利益矛盾，其次是在经济利益基础上产生的政治利益矛盾。

利益是人类特有的一种社会属性。利益产生于一定的需要，满足了需要也就等于获得了一定的利益。但人的需要不是对一次性消费对象的需要，而是对多样性的和源源不断的对象的需要。即人的需要既包括暂时的需要，也包括长远的需要；既包括个别的需要，也包括总体的需要；既包括物质的需要，也包括精神的需要；既包括财富的需要，也包括关系的需要。"利益是以特别强烈地和比较持久地满足一定需要为目的的"，或者说"利益是人们满足一定的客观产生的需要的集中的持续较长的目的"❶。要充分地满足人的需要，就要接连不断地提供他所需要的各种各样的物质的、精神的、社会的对象之物。而要充分地满足社会上所有人的这些需要，社会在每一时期都难以为此提供全部的、完善的手段，而只能提供满足一部分人的"集中的持续较长的"需要的条件和手段。于是，在一定的历史条件下，集中的和持久性的需要得到满足的人与集中的和持久性的需要不能得到满足的人，就形成利益相互对抗的不同集团，并且前者总是通过压抑后者的需要来满足自己的需要。

从完整的意义来理解，利益就是满足"集中的持续较长的"需要的目的与满足这些需要的条件、手段和过程的统一体。争夺满足人的需要的条件、手段甚至时间，即为满足需要而进行的种种努力，就成为社会系统中不同的阶级、阶层、集团之间经济利益矛盾和政治利益矛盾的具体形式。人的利益是一个"无底洞"，至少对那些获得了或有条件获得、有愿望获得对他人的支配权的私有者来说，他们为填满这个"无底洞"所进行的努力是无止境的。在私有制占主导地位的社会中，一些人占有远远超出他们持久的消费需要的财富，他们除过挥霍性地消费这些财富之外，主要是用占有大量财富的方式

---

❶ 奥塔·锡克著，王富民、王成稼、沙吉才译：《经济—利益—政治》，中国社会科学出版社，1984年5月，第262-264页。

来垄断社会生产的条件，通过垄断社会生产的条件，即占有大量的生产资料，获得长久地占有他人的劳动和支配他人的社会活动的权力。集中而持久地占有这样的财富和这种权力，就是这些人的经济利益。同样，对那些不拥有对他人的支配权甚至自己还受他人支配的社会成员来说，要实现自己"集中的持续较长的"需要的目的，就必须与那些为填满其利益"无底洞"者的努力进行争夺。一些人要努力地填满自己的利益"无底洞"，另一些人则要他们完全或者有限度地放弃填满自己的利益"无底洞"的努力，双方不可避免地展开为实现各自利益目的的斗争。而且，处于不同社会分工地位的个人之间，以及个人与社会共同体之间，也因为各自利益目的的不同而产生相应的对立和斗争。

"长远的、一般的利益把社会中地位相似的人们互相联结起来，并通过一定的客观经济过程把他们共同的、不断重新产生的地位或与社会其他人的持久的本质关系表现出来。"❶所有的社会成员、社会阶级、阶层、集团等都有不同的甚至对立的利益目的，并付诸相应的努力来实现这些目的。那些处于相同社会地位的社会成员和阶级、阶层，由于其利益的相同或相近，总是会做出共同的努力，与处于另一种社会地位的成员和阶级、阶层进行利益的争夺。其中，一方要扩大人与人的利益差距，另一方则要使社会成员获得利益的目的、条件、手段、机会走向低差别化和最终的均等化。这种出于利益目的的对立和斗争，就是人与人的利益矛盾的真实关系，是一切社会矛盾的真实根源，也是社会生产关系的本质体现。

四、人与人的政治矛盾

（一）政治的本质和人与人的政治利益关系

人与人的一切社会关系，本质上都是利益关系❷。所不同的是，有些社会关系是私人之间的利益关系，而有些则是阶级之间、集团之间、国家之间、民族之间的利益关系；有些是物质性的利益关系，而有些则是政治性的、思想意识性的利益关系。

---

❶ 奥塔·锡克著，王富民、王成稼、沙吉才译：《经济—利益—政治》，中国社会科学出版社，1984年5月，第264页。

❷ 王浦劬等著：《政治学基础》，北京大学出版社，2006年1月，第48页。

在迄今以来的文明时代，人与人结成的利益关系是由多种性质不同的关系交织、融合而成的综合性关系，其中基础性的关系是经济利益关系。在私有制的经济利益关系中，一些人占有大量的财富并因此拥有对其他社会成员的支配权，被支配的社会成员就只能放弃自己的利益目的，甚至被迫成为财富占有者实现其利益目的的工具。这种支配与被支配的关系必然激起作为支配对象的人的不断反抗，不断的反抗必然导致社会组织结构的解体，支配者与被支配者的利益都无法保障。为了制止或控制这种反抗，占支配地位的阶级就需要建立一种集中的、持久地发挥作用的暴力机器，以有组织的、占优势的暴力压制被支配者分散的反抗暴力。于是，在原始社会后期，部落或部落联盟就被逐渐改造成一种政治产物——国家。所以，国家是阶级矛盾不可调和的产物，是用强制性统治的矛盾斗争形式控制物质利益争夺的矛盾斗争的一种社会关系。

国家产生的背景是原始社会后期的社会分工以及与分工"是同一件事情"的私有制，分工和私有制产生了阶级分裂和阶级斗争。"随着分工的发展也产生了个人利益或单个家庭的利益与所有互相交往的人们的共同利益之间的矛盾"，由于这种矛盾，"公共利益才以国家的姿态"而采取一种和实际利益脱离的独立形式，即采取一种虚幻的共同体的形式，"各个不同阶级间的真正的斗争"就在这种虚幻的共同体的掩盖下进行着[1]。恩格斯指出，"国家无非是一个阶级镇压另一个阶级的机器"，甚至是革命阶级取得胜利后不得不使用的"一个祸害"，并且强调要"尽量除去这个祸害的最坏方面"[2]。所以，国家的本质是阶级统治，是居于统治地位的阶级维护其阶级利益、控制和压抑被统治阶级的反抗斗争的暴力工具。由于国家的出现，统治阶级维护其阶级利益和被统治阶级被剥夺其利益的对抗性关系，就通过政治权力的强制性功能相对地固定在统治阶级能够控制的某种程度上。

国家出现以后，人与人的政治矛盾主要体现为以下三种具体的、外在性的对立统一关系：行使国家政治权力职能的人员与主动接受或被动接受国家

---

[1] 马克思、恩格斯：《德意志意识形态》，《马克思恩格斯全集》第3卷，人民出版社，1960年12月，第36–38页。
[2] 恩格斯：《〈法兰西内战〉导言》，《马克思恩格斯选集》第2卷，人民出版社，1972年5月，第336页。

政权作用的社会成员的相互作用；社会成员在共同参与一定的政治活动中发生的相互作用；社会成员通过各自与国家政权之间的直接相互作用而形成的间接相互作用。

（二）政治权力是一种强制性的社会力量

政治权力是一种利益主体对另一种利益主体施加强制作用的一种社会力量。与其他社会力量不同的是，政治权力是由一定的政治制度明确规定才能行使的特殊社会力量。而政治制度是按照统治阶级的意志和政治思想制定的规范体系，所以，政治不是物质性的关系而是精神性的关系，是社会意识的一个特殊领域。政治权力的本质是社会的不同阶级、阶层、集团之间的力量制约关系，是拥有较大政治权力的阶级、阶层、集团对拥有较小政治权力甚至不拥有政治权力的阶级、阶层、集团实行压制的一种社会关系。政治权力虽然不是物质性的东西，但却是一定的物质力量即经济力量的转化物，是在经济上占统治地位的阶级、阶层、集团将自己所占有的物质财富的一部分集中起来，组织成为对另一些阶级、阶层、集团进行强制性支配和压制的社会力量，包括军队、警察、法院、监狱、行政机构及相应的设施、物资、资金等。同经济利益一样，拥有政治权力和政治权利就是最主要的政治利益，就是运用政治的强制权维护一些人对另一些人的统治，使被统治者的利益从属于统治者的利益。行使政治权力的主体是在政治上居于统治地位的阶级、阶层、集团，这些阶级、阶层、集团通过它们组织起来的国家机构行使政治统治和政治管理的专门职能，规定不同阶级、阶层、集团之间的利益分配，协调它们之间的利益矛盾，维护政治权力主体的利益。

由于政治权力是一种强制性的统治权或统治力量，所以它同时也是不同阶级、阶层、集团之间利益矛盾的焦点。不同阶级、阶层、集团为了争夺经济利益，就必须争夺政治利益。为了争夺经济利益和政治利益，就必须首先争夺政治权力。每当政治权力主体行使其权力损害到其他阶级、阶层、集团的利益时，总是会受到被损害者这样那样的反对或抵抗。而政治权力主体则会对反对或抵抗其权力的阶级、阶层、集团实施镇压，由此引发激烈的政治、社会冲突。整个文明史，几乎就是一部接连不断的政治搏斗和暴力冲突史。这种基于经济利益的政治搏斗和暴力冲突，既是社会发展和政治进步的推动力，同时也是社会的伤痛，是人类提高其文明水平不得不付出的代价。

所以，国家，政权，看起来是凌驾于不同阶级、阶层、集团、个人之上的公共权力或公共力量，其实是居于统治地位的阶级、阶层、集团维护其特殊利益的工具，是人与人之间政治矛盾关系的中介物。通过这一中介物的功能，每个社会成员都处于一定的政治关系之中，都受到政治关系的强制性作用，都通过政治中介机构与其他社会成员形成一定的政治关系。而这一政治中介物与它在形式上隔离开来的相互对立的阶级、阶层、集团、个人之间，则形成了更为直接的矛盾关系。一切被剥夺了正当利益的阶级、阶层、集团、个人，只要他们有一定程度的社会觉醒或社会组织，就总是把斗争的矛头指向凌驾于他们之上的国家政权。所以，历史上被发动、组织起来的革命阶级所要解决的根本问题就是国家政权问题[1]。同样的道理，居于统治地位的阶级能否维持其统治地位、能否保持社会稳定和经济发展，根本的问题也是其能否稳固国家政权的问题。

（三）国家的公共管理属性和政治进步

国家的完整的本质应当是暴力统治属性和公共管理属性的对立统一。国家的前身就是父系氏族时代的部落会议和部落联盟会议这样的公共管理机构。部落会议和部落联盟会议已包含有暴力统治的萌芽，但它基本上是一种公共管理机构。国家的产生扬弃了这种公共管理机构的结构和功能性质，形成了以暴力统治为主导、公共管理从属于暴力统治的"虚幻的"公共权力。所以在文明社会的暴力统治中也包含着一定的公共管理的成分。随着社会的发展、进步，特别是在一次又一次的革命斗争的打击和推动下，以暴力统治为主导、公共管理从属于暴力统治的国家组织形式也不断地受到改造。在封建社会取代奴隶社会、资本主义社会取代封建社会以及近代以来世界主要国家的社会变迁和社会变革过程中，特别是在各国各民族人民反对黑暗腐朽的各种暴力统治、争取民族独立和人民民主的革命斗争的推动下，国家的公共管理职能在绝对性和相对性上都呈逐渐增强、扩大的趋势，而暴力统治的职能在某些方面和某些国家虽有强化的趋势，但总体上国家的暴力统治职能相对地受到抑制或削弱，世界性的政治进步的总趋势是政治演变的主流。

---

[1] 列宁：《论两个政权》，《列宁全集》第24卷，人民出版社，1957年5月，第18页。

推动政治进步和国家公共管理职能逐渐增强的根本力量是经济发展，这是经济与政治的矛盾关系发展转化的客观规律的体现。在经济与政治的矛盾关系中，经济是基础，是决定性的力量；政治是在经济基础上所形成的社会上层建筑的一部分，是经济的集中体现，对经济有重要的反作用。但是经济与政治相比，其发展的活力更为旺盛，所带来的利益更为广泛，所涉及的利益主体更为庞大，决定社会生存的作用更为重大。所以，在特殊的特别是革命时期中，政治与经济相比不能不占首位；但是在较长的历史时期中，经济与政治、基础与上层建筑相比，前者是决定性的历史推动力，后者是从属性的历史推动力。在历史上，一些强大的君主可以在政治领域任意发号施令，但却不能对经济条件和经济发展发号施令。如果他非要对经济条件发号施令不可的话，那最后的结果就只能是在经济规律面前碰得头破血流，以失败而告终。

现代社会中，科学技术革命对经济产生了越来越大的推动力，经济发展、经济结构升级及其对政治、对国家职能的推动和改造作用展现出日新月异的特点。一切违背科学技术和经济发展的客观要求的落后的政治制度和国家组织形式，都面临着不改革就会导致社会危机、暴力冲突甚至政权倾覆的危险。尤其是在经济走向全球化发展的背景下，一些国家仍在以落后的政治意识强化对本国人民群众的暴力统治，还有一些国家强化对外的暴力干涉，使用国家的对外暴力职能来获取不正当的国际经济利益，阻碍其他国家的正常交往和发展。国家职能的种种畸形化变化，使许多国家的国内经济发展和造福世界的经济全球化发展受到严重干扰。正如恩格斯所说，国家作为"阶级镇压的机器"是革命者和人民群众不得不使用的"一个祸害"，"尽量除去这个祸害的最坏方面"，应当成为各国人民群众和一切仁人志士的共同使命。而以这样那样的方式继续发挥"这个祸害的最坏方面"，将少数人的特殊利益粗暴地凌驾于全体社会成员的公共利益之上，则是一切开历史倒车者的共同特点。适应科学技术和经济发展需要稳步推进政治改革，是推动现代社会进步和政治文明的不二选择。而社会进步和政治文明又是经济和科学技术更高质量发展不可缺少的推动力。

随着经济发展和社会进步，不仅国家的暴力统治职能必然会不断弱化并最终趋于消亡，国家的公共管理职能相应地会不断增强和扩大，而且国家的公共管理职能必然会在它与人民群众的矛盾关系中不断提高其文明化水平。国家的公共管理职能所体现的是全体社会成员的共同利益，这种共同利益在社会分裂为对立阶级的历史时代总是被淹没在统治阶级的特殊利益之中，社会也因此处于连绵不断的动荡和战乱之中。只有在现代社会，体现全体社会成员的共同利益的国家公共管理职能才在革命斗争、政治斗争和政治改革推动下不可遏制地得以加强和扩大。但是如毛泽东所说，即使是在实行社会主义制度的国家，行使国家公共管理职能的政府机构与人民群众之间也是一种矛盾关系。不过这种矛盾关系不是对抗性的，而是非对抗性的❶。国家的管理者和全体人民群众都应当正视和正确认识这种矛盾关系的特点，认识国家公共管理职能是以暴力为后盾的政治特点，总结历史上和现代社会中运用国家机器处理社会问题的经验和教训，摒弃种种虚幻的、历史唯心主义的国家观念，在正视和正确认识这种政治矛盾关系和政治矛盾运动规律的基础上，制定和实施科学性、可行性、人性化的政策、制度和改革措施。每个社会成员都应当自觉维护国家政权的正常运行，执政者要高度尊重每个社会成员在国家政治生活中的法定权利，双方在正确认识矛盾和主动解决矛盾的相互作用中，形成人民政治权利与国家政治运行、政治进步的动态均衡关系，及时消除政治隐患，保证国家的长治久安。

五、人与人的社会意识矛盾

人是能够思考的社会动物，人在与自然物的相互作用中和人与人的相互作用中，必然形成一定的社会意识。社会意识既是社会矛盾的产物，又是社会矛盾的一种特殊形式；既是人的精神劳动产品，也是人的一种社会交往关系。

人类刚刚从动物界脱离出来时，还没有专门生产意识产品和建立意识性交往关系的需要和条件。"思想、观念、意识的生产最初是直接与人们的物质活动，与人们的物质交往，与现实生活的语言交织在一起的。观念、思维、

---

❶ 毛泽东：《关于正确处理人民内部矛盾的问题》，《毛泽东选集》第 5 卷，人民出版社，1977 年 4 月，第 364-365 页。

人们的精神交往在这里还是人们物质关系的直接产物。"❶ 人们怎样生产意识产品、生产出怎样的意识产品和建立怎样的意识交往关系，是受人们的生产力水平和物质交往关系制约的，是由人们的实际生活过程决定的。人们为了能够更好地解决人与自然和人与人之间的矛盾，就逐渐产生了充当矛盾斗争工具的社会意识，形成了社会矛盾关系的一个新领域——人与人的社会意识交往领域。

人们在与自然作斗争的过程中，由于受到自然力的压迫，迫切需要提高人的生产能力。而人提高生产能力的重要途径之一，就是提高人的认识能力，生产出智力产品，用智慧的力量驾驭更大的自然力来抗衡那些压迫人的自然力。人类生产智力产品的方式和领域包括：探索自然的奥秘，获取自然科学知识和技术知识；思考社会和自然现象背后的本质性、规律性联系，总结哲学方面的猜想和知识；探索一切人们认为必须知道的领域，以期发现对提高人的体力和智力有用的知识。

人们在与他人建立和发展各种社会关系的过程中，由于受到社会关系的制约和压迫，迫切需要改善不合理的或不利于自己的社会关系，形成并不断积累反映社会关系的知识，包括：探索人与人的利益关系奥秘，总结和交流管理生产、管理社会、分配产品、交换产品、教育下一代等方面的知识，制定一定的规则、制度、道德标准等；探索人的审美奥秘，创作艺术产品，满足人的审美需求，提高人的精神素质，强化人的精神动力；探索人的内心世界脆弱性的特点，创立各种形式的宗教，使人的精神受到一定程度的麻醉，减少精神威胁、精神压迫带来的痛苦。

由于意识生产逐渐从物质生产中分离出来，意识生产的成果极大地增强了人的智力和社会组织的聚合力，意识生产就成为社会生产力和社会生产关系的重要构成部分。经济越是发展，人类意识生产的需求也越旺盛，社会意识的发展就越快。在生产力发展和生产关系进步的推动下，特别是在私有制和国家产生的条件下，人类进入了专门化和大规模地进行精神文化生产和形成精神文化交往关系的文明时代。由于每个人、每个社会组织以及不同的阶

---

❶ 马克思、恩格斯：《德意志意识形态》，《马克思恩格斯全集》第3卷，人民出版社，1960年12月，第29页。

级、阶层、利益集团所处的经济地位和具体条件不同，因而所形成的社会意识也千差万别。既有个人的、小集团的、局部地区的意识，也有属于整个阶级、阶层、利益集团、国家、民族和全社会的意识；既有零碎的、低级的、自发产生的意识，即由感情、意志、感觉、判断、情绪等组成的社会心理形式的意识，也有系统的、严密的、经过深刻加工的、具有相对独立形态的社会意识，即一定的社会意识形态；既有科学的、进步的、包含着合理成分的意识，也有荒诞的、迷信的、反动的、包含着有害成分的意识。人们在从事社会意识生产并以此增强了社会生产能力、推动社会发展的同时，也产生了许多负面结果，形成了各个历史时期的精神垃圾，产生并加深了物质领域与精神领域的社会矛盾。

各种各样的社会意识，都是一定的社会存在和社会物质条件的反映，它们既相互区别、相互对立又相互统一或相互同一，形成人与人之间日益复杂的精神性社会矛盾关系。这种矛盾关系是一定的社会生产关系即经济利益矛盾的反映，同时又对社会生产关系产生反作用。社会物质生活领域所发生的一切矛盾，都会反映为相应的社会意识矛盾。社会意识的矛盾关系构成了社会生活的一个特殊领域——社会意识形态领域，形成了具有一定独立性的社会分系统，即社会的精神文化系统，并与社会的物质生活系统之间形成相互对立又相互依赖的关系。

人与人的社会关系，原本只是为了生存而共同进行生产活动的物质性关系。由于社会意识的产生和意识生产的专门化，人与人的社会关系在物质关系的基础上增加了另一种关系，这就是社会意识关系或精神交往关系。社会意识不论是作为社会的精神产品，还是作为社会的关系领域，都是在社会发展的一定阶段与社会的物质生产逐渐分离，并在社会发展过程中不断分化而形成各种独立化形式的。在社会发展由野蛮时代过渡到文明阶段后，逐渐分化形成的具有相对独立形态的社会意识形式主要有政治、科学、艺术、哲学、道德、宗教等。这些不同的社会意识形式之间，既相互区别、相互对立，又相互统一、相互依赖，形成社会意识形态的整体性系统结构，体现着人与人之间多种多样的社会意识性关联关系和精神交往关系。

第二节　社会系统的矛盾—结构特征

与生命体的结构相类似，社会系统的结构是一种活体结构。这种活体结构的重要特点之一是，承担结构关系的主要组成要素是不断地生产和再生产出来的能够思维、能够进行主动活动的人及其结成的活性的社会关系。社会系统的活性结构特征是由它的内在矛盾本性决定的。社会系统的内在本质是文化属性与自然属性的对立统一，社会只有依靠不断地创造物质的和精神的文化产品，才能既依赖自然又相对地独立于自然而获得生存和发展。而社会创造文化的主要形式就是进行社会生产，通过生产活动不断制造出具有文化属性的物质资料，生产和再生产出具有社会属性的人口、劳动力以及人与人的社会关系。生产活动使人与自然的关系和人与人的关系形成既相互依赖又相互对立的矛盾体，进而使人与人的物质利益关系和人与人的社会意识关系形成既相互依赖又相互对立的矛盾体。这两种矛盾相互联系、相互制约、相互转化，推动生产发展、社会财富增多、人口增加、社会分工越来越发达和社会关系越来越复杂，使社会系统的结构关系处于不断的更新和变化之中。

一、马克思的社会结构理论

马克思在他的哲学、经济学等著作中，揭示了社会系统的结构特征和结构变化规律，形成了内容丰富的辩证社会结构理论，对19世纪中后期以来世界社会结构理论的研究和发展起到了极为重要的启发、指导作用。

（一）马克思的社会基本矛盾理论

马克思将社会系统的结构特征概括为经济基础和上层建筑这两个分系统的内部结构以及两个分系统相互之间的对立统一关系。"生产关系的总和构成社会的经济结构，即有法律的和政治的上层建筑竖立其上并有一定的社会意识形式与之相适应的现实基础。物质生活的生产方式制约着整个社会生活、政治生活和精神生活的过程。不是人们的意识决定人们的存在，相反，是人们的社会存在决定人们的意识。社会的物质生产力发展到一定阶段，便同它们一直在其中活动的现存生产关系或财产关系（这只是生产关系的法律用语）发生矛盾。于是这些关系便由生产力的发展形式变成生产力的桎梏。那时社会革命的时代就到来了。随着经济基础的变更，全部庞大的上层建筑也或慢或快地发生变革。"[1]

马克思的上述观点以及他在其他地方阐述的有关社会结构的思想观点大致包括以下主要内容：社会的经济基础也就是生产关系的总和亦即社会的经济结构；生产关系的基础是社会的物质生产力，物质生产力是人作用于自然以获得物质生活资料的能力；生产关系与生产力的对立统一体是社会的生产方式，生产方式也就是人的社会存在方式或人的物质生活方式，是上层建筑能够竖立其上的物质基础；生产方式作为人的社会存在方式，既包括人与人的物质利益关系即生产关系，也包括人与自然的关系即生产力，所以生产方式与生产关系或经济结构相比，是内容更为广泛、作用力也更为坚实的经济基础；社会的上层建筑包括政治、法律、科学、艺术、道德、哲学、宗教等社会意识形式，是适应经济结构的需要而逐渐形成并不断丰富、变化的精神性社会生活领域，亦即社会系统的意识形态领域或上层建筑领域；上层建筑与经济基础、生产关系与生产力之间是对立统一的矛盾关系，而且这两种矛盾关系彼此紧密关联，互为发展和转化的条件；当生产关系不能适应生产力发展的需要时，便会发生变革生产关系的社会革命；社会革命改变了经济基础，旧的上层建筑因不能适应新的经济基础的需要而解体，代之以新的上层建筑。

马克思将社会的基本结构概括为生产力与生产关系、经济基础与上层建筑的矛盾，有时也将这两种相互联系的矛盾概括为社会存在与社会意识的矛盾关系，其中社会存在也就是生产力与生产关系的统一体，即社会生产方式，是社会意识赖以产生和发展的物质基础；社会意识是社会存在的反映，对社会存在发挥反作用。强调了社会结构的本质是对立统一的矛盾关系而不是什么和谐关系、均衡关系，正是这种矛盾关系决定了社会系统以它特有的方式运行和发展。马克思关于社会结构的这一理论，也被称为社会的基本矛盾

---

[1] 马克思：《〈政治经济学批判〉序言》，《马克思恩格斯选集》第 2 卷，人民出版社，1972 年 5 月，第 82-83 页。

理论。

社会存在包括生产力与生产关系这两个基础性的物质领域及其相互之间的对立统一关系。"人们为了能够'创造历史',必须能够生活。但是为了生活,首先就需要衣、食、住以及其他东西。因此第一个历史活动就是生产满足这些需要的资料,即生产物质生活本身。"❶"人们在生产中不仅仅同自然界发生关系。它们如果不以一定方式结合起来共同活动和互相交换其活动,便不能进行生产。为了进行生产,人们便发生一定的联系和关系;只有在这些社会联系和社会关系的范围内,才会有他们对自然界的关系,才会有生产。"❷所以,"一切生产都是个人在一定社会形式中并借这种社会形式而进行的对自然的占有"❸。马克思所说的决定社会意识的社会存在,包括以下两个方面:第一位的存在就是人们能够立足于自然界的存在,即人们通过"对自然的占有"来获取自己所需要的物质生活资料,这是人能够以人的方式生活下去的最基本的条件;第二位的存在是人们能够结成一定的物质利益关系也就是生产关系的存在,这种物质利益关系相对于物质生产,乃是一种"社会形式",但却是不可缺少的形式,是以物质资料为中介将个人、阶级、阶层结合成社会系统整体才能占有自然的形式。所以说,马克思所说的社会存在,其实就是生产力与生产关系的统一体,亦即社会的生产方式。

社会意识所包括的政治、法律、科学、艺术、道德、哲学、宗教等不同的意识形式之间,既相互区别、相互对立,又相互统一、相互依赖,形成社会意识的整体性系统结构。马克思认为,政治是社会意识的特殊形式和社会上层建筑的特殊领域,指出政治是按照一定的政治思想建立的人与人之间的强制性利益关系是,其本质是一种社会意识关系,而不是像生产关系那样的物质性社会关系。也就是说,政治的本质属性是社会意识而不是物质利益,是社会意识这一分系统的构成部分。但政治这种意识形式具有特殊的物质外壳,即具有按照一定的政治思想组织起来的军队、警察、法制机构、公共管

---

❶ 马克思、恩格斯:《德意志意识形态》,《马克思恩格斯全集》第3卷,人民出版社,1960年12月,第31页。
❷ 马克思:《雇佣劳动与资本》,《马克思恩格斯选集》第1卷,人民出版社,1972年5月,第362页。
❸ 马克思:《〈政治经济学批判〉序言》,《马克思恩格斯选集》第2卷,人民出版社,1972年5月,第90页。

理机构等物质性机构，是集中地反映和维护一定的经济利益关系的社会意识形式。政治与法律、科学、艺术、道德、哲学、宗教等意识形式之间是一种既对立又统一的矛盾关系。一方面，政治与其他意识形式在本质属性上都是社会性的精神，是一定的社会存在即一定的生产力与生产关系在人的精神上的反映；另一方面，二者在其他属性上又是相互对立的，政治是强制性的、集中地反映经济利益关系并有坚硬的物质外壳加以维护的社会意识形式，在上层建筑领域具有主导性的作用，而其他的社会意识形式则不具有这些属性，但却具有它们各自的特殊意识属性。

（二）马克思的分工—交换理论

马克思关于社会基本矛盾的结构理论，在它的经济学著作中形成了更加丰富也更加具体化的内容，其中就包括有关分工与交换的理论。分工与交换，是将社会系统的各种要素联结成系统整体的本质性纽带。

1. 分工产生和发展的必然性

马克思指出，社会领域的分工最初是从氏族内部的"纯生理的基础上"产生的一种自然的分工，是在一定的自然条件差别的制约下[1]，由于天赋（例如体力）、需要、偶然性等而自发地或"自然地产生的"分工。随后，分工成为人与自然、一些人与另一些人、享受者与劳动者、个人利益与公共利益、社会存在与社会意识以及不同的社会意识之间的矛盾的表现形式，"分工包含着所有这些矛盾"，体现着社会关系的不平等性。"随着分工的发展也产生了个人利益或单个家庭的利益与所有互相交往的人们的共同利益之间的矛盾"，这种共同的利益，就是彼此分工的个人之间的相互依存关系[2]。在资本主义社会，分工发展为企业内部的个别分工、行业之间的特殊分工、部门之间的一般分工、空间上的地域分工。分工进一步从经济领域扩展至社会一切领域，"到处为专业化、专门化的发展，为人的细分奠定基础"[3]。马克思既指出了分工形成和发展的自然必然性和社会历史必然性，同时也指出了分工的本质是社会的内在矛盾。社会需要和人口的增长产生、推动了分工，分工推动了阶

---

[1] 马克思：《资本论》第 1 卷，人民出版社，1960 年 12 月，第 389-392 页。

[2] 马克思、恩格斯：《德意志意识形态》，《马克思恩格斯全集》第 3 卷，人民出版社，1975 年 6 月，第 35-37 页。

[3] 马克思：《资本论》第 1 卷，人民出版社，1975 年 6 月，第 389-392 页。

级的分化和社会生产的专业化、专门化发展，推动了"人的细分"和人的片面化、人性的畸形化变化。

在资本主义企业内部的分工中，人的细分和人的片面化变化，成为产生资本主义生产优势的条件。一种产品的生产"逐渐地分成了各种特殊的操作，其中每一种操作都形成为一个工人的专门职能，全部操作由这些局部工人联合体来完成"。"这种偶然的分工一再重复，显示出它特有的优越性，并渐渐地固定为系统的分工"，从而形成了一个"以人为器官的生产机构"。特殊的工人或工人小组成为局部工人，工场的全部工人成为总体工人。前者成为后者的一个器官，后者的片面性甚至缺陷就成了他的优点❶。

2. 分工必然产生协作和交换

马克思揭示了分工必然与它的对立物——协作相伴随的规律。"单个劳动者的力量的机械总和，与许多人手同时共同完成同一不可分割的操作（例如举重、转绞车、清除道路上的障碍物等）所发挥的社会力量有本质的差别。"通过协作不仅提高了个人生产力，而且是创造了一种生产力，即集体力❷。协作的实质是活动的交换，"不论是生产本身中人的活动的交换，还是人的产品的交换，其意义都相当于类活动和类精神"，也就是相当于人的本质性活动和体现人的本质的精神，是把每个人"同别人结合起来的本质的联系"❸。分工产生的不同的企业、行业、部门、地区等，必须形成商品交换或非商品交换的纽带，才能实现共同利益。分工越是深化，分工者就越是趋于专业化、片面化，交换也就越趋于发达，由此推动社会系统的结构关系越来越复杂。

马克思在分析商品生产过程时指出："社会分工使商品所有者的劳动成为单方面的，又使他的需要成为多方面的。"❹社会分工造成单方面的劳动与多方面的需要之间的矛盾不只是商品生产中的特殊矛盾，而是一切社会生产中普遍存在的矛盾。马克思揭示了从原始社会的自然分工中产生商品交换的规律和越来越发达的分工产生越来越发达的交换的规律，指出这是"各种社

---

❶ 马克思：《资本论》第1卷，人民出版社，1975年6月，第374–375、387页。
❷ 同上书，第362页。
❸ 马克思：《詹姆斯·穆勒〈政治经济学原理〉一书摘要》，《马克思恩格斯全集》第42卷，人民出版社，1979年9月，第24–25页。
❹ 马克思：《资本论》第1卷，人民出版社，1975年6月，第124页。

会经济形态所共有的"规律[1]。这种规律决定了任何一个社会的任何生产主体，其生产能力相对于他们的消费需求都无一例外地具有"片面性"的特征。每一个生产主体只能生产出他们的能力所企及的产品，因为他们的生产能力，总是受他们各自生理的、社会的、专业技术的、地域综合条件的等多方面的规定和制约，不可避免地具有其特殊性、专业性、地域性或局限性。生产的"片面性"的本质是专业性，不断提高生产的专业性是提高劳动生产效率和生产社会化水平，进而提高经济效益和社会效益，并以此为基础不断改善社会成员生存条件的基本途径。与生产的片面性、单一性特征相对立，作为既是生产主体同时又是消费主体的个人或社会组织，其现实的消费需求却是相对全面的，即他们必须获得吃、穿、住、行、用、享受、发展等多种多样的消费品，才能生产和再生产其生产能力并获得一定发展。而要使每一个个人或社会组织都能获得相对全面的消费品，所有的生产主体就必须从事既有分工又相互合作、相互交换其劳动或产品的社会性生产。因此，生产的片面性与消费的全面性的矛盾，就成为推动人类走向日益广泛的分工—协作和交换、联合的基本力量。从个人之间的协作、合作、联合，到社会组织之间的协作、合作、联合，从技术性、生产性、经营性的协作和联合，到综合程度越来越高的经济性、社会性、思想文化性的协作和联合，人们在不同规模和不同的社会系统层次上建立有偿的或无偿的、包含商品交换的或不包含商品交换的协作、合作、联合，都是用以弥补生产的片面性缺陷、提高生产能力和社会生产力水平的手段，同时也是体现和提高、丰富人作为"社会动物"的本性的一种途径。而协作，实质上是人的活动的直接交换，商品交换则是以产品为中介、以等价为原则的间接协作。协作和交换，都是将分工者维系成总体生产力和社会系统整体的纽带。

人类社会解决生产的片面性与消费的相对全面性矛盾的基本途径，就是发展分工和交换。"分工是自然形成的生产机体，它的纤维在商品生产者的背后交织在一起，而且继续交织下去。"[2]"普遍的需求和供给互相产生的压力，

---

[1] 马克思：《资本论》第1卷，人民出版社，1975年6月，第389-397页。
[2] 同上书，第125页。

促使毫不相干的人发生联系。"❶分工使社会成员和社会组织的生产能力向专业化、专门化、特殊化方向发展,形成多样化、多元化的生产主体和产品,而交换则使各自独立的、专业化的生产者之间相互让渡其产品,"使不同的生产领域发生关系,并把它们变成社会总生产的多少相互依赖的部门"❷。分工发展和深化了生产的片面性,而交换则将各种各样的片面性生产结合成相对全面的生产体系。分工形成相互分离的主体,交换则将分离开的主体联系成互通有无的网络。适应分工的每一步发展,交换也发生相应的变化和发展,由氏族、家庭、微观组织内部的直接的活动交换,发展为微观组织之间、行业之间、地区之间、国家之间、世界各大洲之间越来越广泛的商品交换。与商品交换同时发展的,还有各种不对等的、非商品性的交换。深化的分工和广泛的交换,成为社会系统的基础性结构关系。

（三）马克思关于社会内在矛盾外在化为社会结构关系的理论

马克思在论述资本的整体结构时曾指出,资本在整体的运动过程中产生了它的各种具体形式及其相互作用,"资本在自己的现实运动中就是以这种具体形式相互对立的,对这些具体形式来说,资本在直接生产过程中采取的形态和在流通过程中采取的形态,只是表现为特殊的要素。"❸马克思的《资本论》等重要著作中,包含着对系统性事物特别是对社会系统的结构规律的深刻说明。《资本论》所研究的对象——资本,其深刻的本质就是生产的社会性与生产资料的私人占有形式的矛盾。这种本质矛盾体现在具体的生产过程中,就是资本家阶级通过占有资本和资本转化成的生产资料而占有工人的剩余劳动这一普遍的生产关系,以及资本家阶级内部不同的阶层、集团、个人分割剩余劳动这一利益关系。马克思把这一本质矛盾及其外化为全社会的生产关系、利益关系的因果链、因果网,看作是一个具有整体性时空结构的巨大系统。马克思的一系列论述表明,这个系统及其整体结构中的各级各类的要素,如价值、剩余价值、产业资本、商业资本、货币资本、生产资本、商品资本、利润、平均利润、商业利润、企业主利润、利息、地租等,都是资本在运动

---

❶ 马克思:《政治经济学批判》(1857—1858年草稿),《马克思恩格斯全集》第46卷上,人民出版社,1979年7月,第104页。

❷ 马克思:《资本论》第1卷,人民出版社,1975年6月,第390页。

❸ 马克思:《资本论》第3卷,人民出版社,1975年6月,第29-30页。

中转化成的具体形式，也就是资本主义生产关系和利益关系由最普遍的、深层的本质内容到具体化、个别化的转化形式。资本的内在结构是资本所具有的各种普遍属性之间的对立统一关系，资本的外化形式则是资本在以商品交换为主的运动中转化成的社会结构关系。这些社会结构关系也就是资本运动的具体形式，亦即资本主义社会系统的各种组成要素相互作用形成的利益关系。这种利益关系或结构关系在资本运动的初级阶段是较为简单的，而在资本的继续运动中则分化为不同层次和不同系列的复杂关系，这种复杂的关系也就是资本主义国家的内部矛盾和外部矛盾关系的总和。

马克思分析资本的内在本质外化为这种"对立统一关系总和"的思路是：资本是资本主义社会的灵魂承载之物，它包含着这个社会的内在本质矛盾，这个内在本质矛盾就是生产的社会性与生产资料的私人占有形式的矛盾。资本因为其包含着这样的矛盾，或者说因为它是这一矛盾的集中体现，它就成为如黑格尔所说的那种"不安定"之物，必须通过矛盾所驱动的不停的运动，使这种内在的矛盾外化为各种具体的形式和不同形式之间的外在的矛盾斗争。但是马克思在分析说明资本在运动中外化为各种具体形式及其矛盾斗争时，运用了黑格尔特有的辩证思维方法，对资本主义社会系统的矛盾和结构进行了有特殊创见的揭示。

马克思把资本主义社会看作是一个有机的系统，指出这个社会的财富表现为"庞大的商品堆积"，"单个的商品表现为这种财富的元素形式"❶。单个商品是"元素"，那由一定数量的元素和财富所有者、劳动者结合成的企业就是资本主义社会系统的"细胞"或基本组成要素。资本主义企业是从事社会化生产的组织，具有社会化生产的内在属性，它通过市场交换，由全社会的商品生产者为其提供原料、设施、服务，又将自己的产品销售到全社会，本质上是一种社会性的生产组织。资本主义企业同时又具有私人占有生产资料的属性，是一种生产资料和产品归私人占有的生产组织，它通过组织私有制的生产经营，将工人创造的全部剩余价值转化为私人资本的不断增殖。资本主义企业的这种内在矛盾本性也就是资本的内在矛盾本性，这种本性物化在它所生产的商品中，形成商品的内在矛盾。所以商品作为组成资本主义社会系

---

❶ 马克思：《资本论》第1卷，人民出版社，1975年6月，第47页。

统的"元素",本质上是资本主义利益关系的物化形式,内含着资本主义社会的本质矛盾。马克思分析了资本主义企业生产的商品的两种矛盾着的内在属性,即价值和使用价值,指出商品的价值是由成本价值和剩余价值这两部分构成的。前者是资本家购买生产资料和劳动力所付的成本即投入资本的转移价值,后者是工人新创造的而为资本家无偿占有的价值。

资本主义企业的内在本性、资本的内在本性和资本主义企业所生产的商品的内在矛盾,实际上都是一回事,就是这些作为资本主义社会系统的细胞、要素、元素的微观单元,其本质都是生产的社会性与生产资料私人占有形式的内在矛盾。或者说,它们都包含着生产的社会性与生产资料私人占有形式的内在矛盾。

资本主义企业内在矛盾实现外在化运动的第一步,就是资本家投入一定量的资本购买生产资料和劳动力,使生产资料与劳动力结合,生产出商品,形成生产资料统治劳动力、劳动力依附生产资料的外在性矛盾关系,实际上就是资本家以资本所有权来支配工人为其出卖劳动力的不平等的交换关系。这种外在的交换关系或矛盾关系,同时也是资本主义企业这一微观系统的基本结构关系。

资本主义企业内在矛盾外在化的第二步,是企业产品的销售。资本家将一部分销售收入用来偿付生产资料的消耗和工人的工资,将剩余价值转化成的那部分销售收入作为新增的资本并入他的总资本之中,使自己的资本实现增殖。资本主义企业的投入产出每循环一次,工人只能得到养家糊口的劳动力价值的转化物——工资,而资本家除过补偿了他付出的成本外,还得到了全部的剩余价值转化物——利润。于是,资本主义企业的内在矛盾即社会化生产属性与私人占有生产资料的属性的矛盾就显现出来了,变成了外在性的矛盾:资本家通过一次次的资本增殖越来越富有,工人除过能够生产和再生产自己的劳动力之外一无所有;资本家只占有价值形式的商品而却并不消费这些商品的使用价值,工人需要消费更多的使用价值而却没有足够的价值物——钱来购买这些使用价值,由此造成无法销售的商品越堆越多,而这些销不出去的商品的价值在资本家的钱袋里也越积越多;社会分化为贫富两大对抗的阶级,产生了日益尖锐的阶级斗争。由此形成了资本主义社会系统的又一类外在性结构关系，即生产者与消费者、富人与穷人的矛盾关系。

资本主义企业内在矛盾外在化的第三步，是不同行业的资本家形成分割剩余价值的利益关系。商业资本家因为其承担工业品销售的职能而分得一定数额的工业剩余价值，银行资本家因为其提供贷款的职能而分得一定数额的工商业剩余价值，土地所有者因为提供土地使用权而分得一定数额的农业剩余价值。各个行业的资本家都为追求超额利润而展开激烈的竞争，竞争的结果，除过少数资本家能够偶然地获得超额利润之外，各行业的资本家所能得到的利润额，基本上都是投入等量资本只能获得等量的利润，由此形成了各行业之间利润率的平均化。原本只是包含在商品价值中的剩余价值，就这样在商品的销售和剩余价值的分割过程中转化成了利润，并通过利润率的平均化过程，使不同行业和同一行业的各个资本家之间分割剩余价值的竞争趋于均衡。分割剩余价值的利益关系在技术分工和产业分化的推动下，促进了新生行业和专业化地区的产生，产生了相应的行业间利益矛盾和地区间利益矛盾，这些矛盾构成了越来越复杂的产业结构和地区结构关系。所有这些利益关系都体现为资本主义社会特有的"永远的不安定和变动"即永远动荡的社会结构关系❶。

当然，资本主义企业内在矛盾外在化还有其第四步，这就是不同的国家之间通过国际贸易关系，形成分割剩余价值并进一步分割世界市场的利益关系。国家间的这种利益分割关系与国内各行业、企业之间的利润率平均化的关系，在本质上是大同小异的。这种关系同时也是国家之间形成国际社会系统的基础性结构关系。这种结构关系"使未开化的和半开化的国家从属于文明的国家，使农民的民族从属于资产阶级的民族，使东方从属于西方"❷。

资本主义企业本质的这种外在化的矛盾和结构关系，在资本的不间断的运动过程中，反过来又内在化为企业的属性，使资本主义企业的内在矛盾趋于尖锐化。企业之间以外在性的竞争和利益争夺，推动它们各自一方面提高社会化生产水平，从事更大规模的生产，建立更广泛的商业联系和技术协作，另一方面提高私人占有财富的规模和水平，更大规模地占有和积累资本，追

---

❶ 马克思、恩格斯：《共产党宣言》，《马克思恩格斯选集》第1卷，人民出版社，1972年5月，第254页。
❷ 同上书，第255页。

求垄断优势和垄断地位。在企业和资本实现其内在本质外在化的运动中，资本转化为它的各种具体形式，如商品价值、剩余价值、固定资本、流动资本、人力资本、产业资本、商业资本、货币资本、生产资本、商品资本、工资、利润、平均利润、商业利润、企业主利润、利息、地租、人格化的资本家和无产化的工人，以及越来越多的部门、行业、专业化地区等，转化为这些具体形式之间的外在性矛盾关系，即转化为社会的各种要素、组成部分以及各个结构层次的具体矛盾关系和各种表面现象，分化为这一社会的各具形式的个体事物，如作为物品的商品、作为商品等价物的货币，作为个人的卖者和买者、资本家和工人、不同行业的工人和不同个人特征的资本家等，以及这些个体事物之间外在的商品性和非商品性交换关系。

  从表面上看，资本主义社会中各种要素多如牛毛，这些要素相互之间的结构关系无比复杂，但这些其实都是由一个共同的本质蕴含之物——资本转化来的具体形式，都有资本打上的内在烙印。资本就是这个社会系统的灵魂，是这个社会系统的内在结构关系，而社会系统的各种要素、各个组成部分及其相互之间的一条又一条、一层又一层的结构关系，则是这个社会系统的细胞与细胞、元素与元素之间的外在性结构关系。马克思以矛盾方法和结构方法、发生学方法和解剖学方法相统一的辩证思想方法，从资本主义社会的这些表面现象中，从这些似乎是相互隔离的、各自独立的、谈不上有什么矛盾的个体事物中，揭示了它们的统一的基础和内在的联系——资本及其包含的内在矛盾、内在结构关系，从它们包含的内在矛盾中揭示了它们产生、发展、分化的历史必然性和空间关联性，从而以科学理论的形态再现了资本主义社会的整体结构及其基本矛盾的运动。马克思的分析表明，资本从表面现象看是各种各样的商品或一堆堆的金钱，但从本质上看不是物而是一种社会结构关系，是资本主义社会分化为越来越多的企业、行业、专业化的地区，分化为对立的阶级、民族和国家，以及这些分化物之间的矛盾关系和整体联系。

  马克思在辩证的社会结构理论方面开创的研究领域、研究方法和做出的伟大贡献，深刻地影响了世界的发展进程和世界性的思想革新运动，使马克思主义的世界观、方法论及其在各个领域的科学理论观点更加广泛地深入到人文社会科学的几乎各个领域，成为推动人类社会和人类思想发展的宝贵财富。一切以追求真理为其基本的社会责任的人文社会科学家，无不从马克思的学说中获得启发和教益。

二、现代西方的社会结构理论

在现代西方社会结构理论研究中，许多著名学者汲取了马克思的辩证社会结构思想，不同程度地正视并分析了社会结构与社会矛盾的关系，做出了有价值的贡献。

（一）矛盾性社会结构理论

德国著名社会学家马克斯·韦伯认为社会关系中包含着斗争，斗争是社会关系的一种类型。"斗争在如下意义上应该称之为一种社会关系，即行为以不顾合作者或合作者们的反对，而企图去实现自己的意志为取向"；"和平的"斗争应该叫作"竞争"，互相对抗的生存竞争应该称之为"选择"；只有在真正发生竞争的地方，我们才想说是"斗争"[1]。韦伯注意到社会关系中包含着斗争，将社会关系中客观存在的不同性质的矛盾理解为所谓的"斗争"、"竞争"、"选择"等，这种思想多少包含了一些辩证法的内容。

英国社会学家安东尼·吉登斯在其"结构化理论"中提出了"谨慎使用"社会矛盾这一术语对于社会理论研究"是不可或缺的"观点。他认为"生存性矛盾"是"人的生存的一项基本属性"，"在人类境况的核心，可以说存在两种相反力量的对抗：生活一方面依赖于自然界，另一方面又不从属于自然界，而且与自然界相抵触。"而"结构性矛盾则是人类社会的构成性特征"，"结构性原则是在矛盾之中展开运作的"[2]。吉登斯认为"早期国家"的形成是一个充满结构性矛盾的过程，"以国家为基础的社会的形成引发了次生矛盾"，"次生矛盾是伴随现代民族国家的形成而出现的"，现代全球新秩序中的次生矛盾集中体现于资本的国际化与民族国家的内部巩固的关系[3]。"矛盾是个结构性概念"，矛盾体现了各个社会系统的结构性构成中主要的"断裂

---

[1] 马克斯·韦伯著、林荣远译：《经济与社会》上卷，商务印书馆，1997年12月，第68—69页。
[2] 安东尼·吉登斯著，李康、李猛译：《社会的构成——结构化理论纲要》，中国人民大学出版社，2016年5月，第182页。
[3] 同上书，第184—186页。

带"，牵涉到不同集团或人群、阶级之间的利益分割❶。很明显，"谨慎使用"矛盾概念的吉登斯，在一定程度上已经讲到了辩证社会结构理论的一些重要观点。

（二）包含辩证观点的社会交换理论

20世纪60年代在美国兴起的社会交换理论，受益于马克思的辩证结构思想，在全球范围得到较为广泛的传播和认可。这一理论的代表人物主要有G.霍曼斯、彼得·布劳、塔尔科特·帕森斯和罗伯特·默顿等。该理论认为人类的社会活动可以归结为广义的交换活动，这种普遍性的交换活动构成人与人的社会关系，形成社会结构的动态特征。其中，彼得·布劳在其《社会生活中的交换与权力》等著作中，阐述了一系列富含科学价值的思想观点，这些观点可列举出以下四方面。

（1）社会交换是个体之间、群体之间、对抗力量之间、社区成员之间、权力拥有者与接受权力作用者之间的各种社会关系的基础。社会的微观结构是由进行互动的个人组成的，微观结构中人与人的交往是直接的交换。宏观结构是由互相联系的群体构成的，宏观结构中人与人的交往大量的是间接的。宏观结构的基本机制是以社会规范为中介，以正式的程序与强制性的手段维持交换秩序。

（2）社会交换既有对等的、两相情愿的，也有非对等的、强迫性的。不对等交换产生了社会的权力差异与分层现象。拥有权力者与被使用权力的人民之间往往存在冲突性的交换关系。权力的剥削性与压迫性使用，会激起社会非难并在极端情况下引起强烈的敌视情绪和对权力的反抗。领导者能够增强对下级的容忍心，可使下级对权力的服从更加稳定❷。

（3）社会交换构成社会结构关系是一个辩证的矛盾运动过程。交换过程包含着一系列的矛盾，其中最主要的矛盾是交换双方的共同利益与各自的特殊利益的矛盾。社会力量总是相互矛盾的，由一种社会力量引起的条件可能激起另一种社会力量在相反方向上的出现。既得的利益与权力、传统的价值、

---

❶ 安东尼·吉登斯著，李康、李猛译：《社会的构成——结构化理论纲要》，中国人民大学出版社，2016年5月，第187页。
❷ 彼得·M.布劳著、李国武译：《社会生活中的交换与权力》，商务印书馆，2008年11月，第227–228页、311–312页。

已经建立的组织及制度等属于稳定社会结构的力量，是抵抗社会变化的力量；而社会革新和重组的力量则是对稳定结构的力量的反抗力量。每一种社会行动都由某种适当的反行动加以平衡，社会结构就是不同力量形成的平衡关系，但是每种形成平衡的力量都在其他层次上引起不平衡。在社会结构的许多层面上，会出现反复地打破平衡和恢复平衡的力量。

（4）不同群体和阶层的人们的社会关系具体地表现在他们的社会互动和沟通过程中。人们都按照理性追求特定的目标，但目标的选择和实现必须受到社会结构的限制。

20世纪后期兴起的理性选择理论，譬如美国社会学家詹姆斯·S.科尔曼的理论中，包含着对G.霍曼斯和彼得·布劳的社会交换观点的肯定，认为"在日常生活中，处处可见社会交换"，这种交换就是行动者为了最大限度地实现个人利益，"使用自己掌握的资源换取使他能够获利的资源"。科尔曼同时也指出，非经济类型的交换可能产生非自愿的、强迫性的交换，使"威胁和允诺都被看作交换"[1]。

西方社会交换理论包含着许多科学的、值得借鉴的观点，同时也存在一定的局限性。如彼得·布劳认为人类行为是以交换为指导的，这种结论既有反映社会结构规律的合理性，也有令人费解的地方。正确的观点应当是：交换是社会结构规律的具体化形态，它并不能指导什么，相反，它只是人的内在社会属性的外在化形式，是由人的需要"指导"或推动的。

三、社会系统的内部矛盾和外部矛盾

社会系统的内部矛盾与外部矛盾的区别，主要取决于怎样划分一定的社会系统的边界。企业、事业单位等是微观的社会系统，部门、行业、地区、国家、民族、世界等是不同层次的宏观社会系统。确定了这些系统的边界，那么边界以内的社会矛盾就是该系统的内部矛盾；系统与边界以外的对立物的矛盾，以及系统边界外部的各种社会的或社会与自然因素的矛盾，就是该系统的外部矛盾。外部矛盾在一定的条件下可以转化为社会系统的内部矛盾，

---

[1] 詹姆斯·S.科尔曼著、邓方译：《社会理论的基础》上，社会科学文献出版社，1999年10月，第45-47页。

内部矛盾也可以转化为外部矛盾。

(一) 社会系统的内部矛盾

具有相对独立性的宏观社会系统，如较大的地区社会系统、国家社会系统、全球社会系统等，其内部矛盾包括该系统的内在本质矛盾、社会基本矛盾、阶级矛盾、民族矛盾、地区矛盾、微观社会矛盾、个人矛盾等，这些矛盾的总和即这些矛盾相互交织、相互作用所构成的整体关系，也就是该社会系统的结构。

马克思将社会系统的构造机制概括为经济基础与上层建筑这两大领域及其相互之间的矛盾关系，这种概括包含了极为复杂的具体内容。将这两大领域及其矛盾关系还原为具体化的内容，就是数量巨大、性质复杂多样的社会矛盾，主要是人与人之间以物为中介的利益矛盾和人与人之间直接相互作用的社会矛盾。马克思有关社会矛盾的概括，反映了所有具有相对独立性结构和功能的宏观社会系统的内部矛盾和内部结构的规律。

在具有相对独立性结构和功能的宏观社会系统中，其经济基础领域和上层建筑领域都是大量的个人从事着具体的社会活动。这些个人因其所从事的社会活动、所处的社会地位、所占有的社会财富多少的不同，划分为不同的阶级、阶层、利益集团、职业类型、行业类型，这些个人及其构成的阶级、阶层、利益集团、职业类型、行业类型又与一定的地域条件、自然条件相结合，形成包括国家、民族在内的各种地区社会共同体。在一定的社会系统内部，人与人之间以物为中介的利益矛盾和人与人之间直接相互作用的矛盾，包括社会成员个人之间的矛盾、不同阶级和阶层之间的矛盾、微观单位之间的矛盾、不同行业或部门之间的矛盾、不同地区之间的矛盾、国家机构与人民大众之间的矛盾、不同民族之间的矛盾等，都是该社会系统的内部矛盾。这些内部矛盾都是不同社会主体之间的外在性矛盾，是不同社会主体因各自具有的社会本质属性的差异而表现出来的外在性相互作用关系。其中的每一种矛盾的性质各有特点，既有经济性的矛盾，也有政治性、思想文化性的矛盾；既有对抗性的矛盾，也有非对抗性的矛盾；既有在社会运行发展的一定阶段上起主要作用或主导性作用的主要矛盾，也有起次要作用的次要矛盾。所有这些矛盾相互作用、相互制约所形成的整体关系就是该社会的结构，是社会矛盾因相互作用、相互制约而形成的相对稳定的社会关系形式。

自从私有制产生以来，富人阶级与穷人阶级的阶级利益矛盾始终是社会内部基本矛盾的最主要的体现，而围绕国家政权的矛盾斗争则是阶级矛盾最集中的体现。在现代社会，这种延续了数千年的社会矛盾的具体形式有了很大的变化，各个国家处理和管控这类矛盾的方式各有其特点，但矛盾的实质并没有根本性变化。几乎所有的重大社会危机的发生和发展，都以社会的贫富对立为主要根源。非平衡发展规律决定了要高效率地发展社会经济，就必须允许经济要素适度集中于某些利益主体的支配权限内，从而使这些利益主体成为大量物质财富的占有者。而社会结构稳定和人类对社会公平的要求则决定了社会制度和社会管理必须有效地抑制社会财富过多地集中于少数人手中，并抑制掌握大量财富的阶级对社会权力的垄断。既不能凭意志来消除私有制和私有制造成的贫富对立，又不能听凭贫富对立的扩大化、尖锐化而将社会推向激烈冲突的深渊，这就是全人类在今后较长时间所面临的严峻而深刻的挑战。只要这个挑战仍然存在，社会就不可能像一些善良人们所幻想的那样达到"和谐"。

为了全人类的命运不至于终结于为争夺财富而进行的大规模社会冲突之中，必须不断地探索和健全以社会主义原则有效抑制贫富差距扩大的社会制度，使有效抑制贫富差距扩大和有效发展社会生产力保持最佳的结合。只要实现这种最佳结合的努力在中国和世界许多国家取得成功，形成真正的人类命运共同体就有希望。

（二）社会系统的外部矛盾

不论是微观的还是宏观的社会系统，都有其相对明确的边界。社会系统在其边界以内组织、调控自身的运行发展，同时与边界以外的环境之间进行不间断的物质、能量和信息的交换，是社会系统的基本生存方式。社会系统自身的运行发展主要是在其内部矛盾的推动下进行的，社会系统与外部环境之间的物质、能量和信息的交换则是社会系统与外部条件之间的内在矛盾关系的外在化和外部性形式。

某一社会系统与其他社会系统之间，以及社会系统与自然环境之间的矛盾，是这一社会系统的外部矛盾。如不同国家之间的矛盾，就是国家这种社会系统的外部矛盾；民族或地区之间的矛盾，就是民族或地区这种社会系统的外部矛盾。外部矛盾是社会内在矛盾的外在性和外部性表现形式，它是社会系统运行发展的外部条件和外部推动力。

私有制取得社会统治地位以来，国家就成为独立性和暴力特征最强的社会系统。在现代世界上，根源于一些社会主体最大限度占有财富的国内阶级对立，往往采取国家与国家相对立的形式，集中体现为富国与穷国、发达国家与发展中国家之间的矛盾斗争。这就是国家这种独立性最强的社会系统的最主要的外部矛盾。

科学技术革命推动了世界主要国家的经济结构升级，同时也加剧了世界发展的不平衡。一方面，它使世界经济进入一个新的发展阶段，达到更高水平的科技化、知识化、全球化、信息化、绿色化、人性化；另一方面，它使国家间的发展差距演变成为更加激烈的利益冲突。在充满矛盾和对抗的国际社会中，世界性的结构升级、经济转型和新的发展阶段的到来，特别是中国将成为世界第一经济大国并引起世界力量对比的重大变化，都意味着国际利益关系发生巨大变化和必然引发激烈的国际斗争甚至国际冲突。中国等发展中国家要改变自己长期以来的落后状况并进入发达国家的行列，一些发达国家就会把这些崛起的发展中国家看作是"敌国"式的竞争者，尽力阻碍甚至破坏发展中国家的正常发展，中国等发展中国家因此将不得不应对由此带来的严峻挑战和重大国际风险，不得不做好国际矛盾激化时的自卫自强的打算。

亚当·斯密有一个重要的观点：邻国如果是敌国的话，它的财富对本国有一定的危险，但在和平通商状态下，邻国的财富能够和我们交换更大的价值，提供更好的市场。"应该使全国国民都认为，邻国的富乃是本国可能获得财富的原因和机会。"❶ 亚当·斯密的科学而又善良的理论，恐怕难以说服拥有强大暴力统治工具的国际富人阶级。世界各国经济与中国经济相互影响，走向一体化的共赢发展是必然趋势，但是必须通过复杂而激烈的斗争才能推动这种趋势变为现实。中国没有别的选择，它只有使自己变得更强大，才能成为遏制战争和推进和平交往最可靠的力量。而要使自己变得更强大，最主要的就是实现科技、思想、制度、文化的全面而成功的创新。在强者林立的

---

❶ 亚当·斯密：《国民财富的性质和原因的研究》下册，商务印书馆，1974年6月，第66—67页。

国际环境中实现全面创新，就少不了要向强者学习。当你还没有把强者的长处学到手时，强者依然是强者。当你把强者的长处看作是短处时，你必败无疑。当你把强者的全部长处都学到手时，你有可能不战而胜。全面超越国际上的强者，是中国未来处理好外部矛盾关系的主要途径。

（三）将外部矛盾转化为内部发展的推动力

在未来险恶多变的国际环境中，中国趋利避害的指针应当是正视并积极应对和有效解决外部矛盾，尽可能地化外部矛盾为国内发展的推动力。

中国必须更加积极主动地实行开放战略，拓展新的开放领域和发展空间。要以综合实力为后盾，以更高水平的创新为利剑，顶住来自各方的外部压力，反击各种围堵、打压行为，坚定不移地增强跨国发展能力，提高企业的国际化经营水平和国家对国际局势变化的管控、影响能力，成为国际竞争的优胜者。

中国要深刻认识经济利益冲突是引发经济和社会危机、导致经济和社会结构畸形的根源这一规律的严峻性，坚定不移地建立和健全以公有制为主体、多种经济成分公平竞争和共同发展的基本经济制度。依靠基本经济制度，使国家在任何时候都有强大的经济手段解决国内的绝对和相对贫困问题，有能力防止少数经济寡头绑架国家政治权力的悲剧的发生，有效维护经济和社会结构的合理稳定性，稳步推进经济和社会结构演化升级，形成最大限度容纳社会生产力发展和社会进步因素增长的结构优势。

要强化经济结构升级的科技支柱，走独特而有效的科技创新和科技发展之路。构建专业门类尽可能齐全的科技体系，实行最具竞争力的科技体制，在三十年左右的时间内成为世界科技强国，将经济实力的增长建立在稳固的科技实力的基础之上。

要增强经济结构演化升级的产业支柱和区域支柱，分期分批取代世界经济大国的优势产业地位。通过模拟世界分工格局来调整国内区域经济布局，将省级和省级以上的大区域陆续建设成相当于世界各个经济大国的实力特征的经济区，形成分工发达、布局合理、空间组织水平高超的全能性区域—产业体系，使区域和产业构成具有最强大的国际贸易优势和抗击国际干扰的能力。

要增强经济结构演化升级的综合实力支柱。提高经济与科技、经济与文化、经济与社会、经济与人的全面发展的良性互动水平,提高国民经济系统的集成发展水平,有效解决综合实力持续增长的结构难题,形成综合实力增长最快的经济社会结构模式。

四、社会系统的基本矛盾

基本矛盾是贯穿系统整体的各个主要构成部分和系统运行发展全过程的矛盾。一般来说,基本矛盾也就是系统的两种基本构成要素或系统的两个基本构成部分之间的矛盾。社会系统的基本矛盾,就是生产力与生产关系、经济基础与上层建筑这两对紧密关联的矛盾。

在社会系统内外部特别是社会系统内部的众多矛盾相互作用的综合运动过程中,社会基本矛盾是统摄其他各种矛盾的总体性矛盾关系,是一切社会矛盾相互作用构成的集中形式或合力形式。所以,社会矛盾虽然具有大量性、多样性、复杂性特征,但是社会基本矛盾是决定社会系统变化、发展的基本方向、基本趋势的力量。根据基本矛盾的状况,可以分析和判断大量、复杂的社会矛盾的总体状况。

马克思所揭示的社会系统的基本矛盾之所以是两对矛盾而不是一对矛盾,这是由社会系统的特殊本质和特殊的结构形式所决定的。

社会系统是建立在人与自然的矛盾关系基础上并且是依赖这种矛盾关系而得以生存和发展的物质系统,人与自然的矛盾关系是形成社会系统的完整本质的重要根源和前提条件。而体现人与自然的矛盾关系的最主要的属性就是生产力,即人与人结成一定的系统整体共同作用于自然界以获取物质资料的能力。这种能力是一种内在的、本质的属性,是在人类形成前后的漫长历史过程中,人类的动物祖先和人类自身与各种自然条件进行的斗争中逐渐形成和发展的。具有了这种属性,人类就最终脱离了动物界,具有了自己的独特生存方式,即以社会组织的形式进行生产、以创造文化求得生存的社会性生活方式。这种属性归根结底是自然界赋予人类的,是自然条件变化"逼迫"人类、人类不屈服于自然压力的产物。与这种属性同时产生的另一种属性,就是人与人总是结成一定的社会关系进行生产,每一个人都依赖其他人和与其他人结成的社会关系,离开了其他人和与其他人结成的社会关系,单个的人就无法进行生产，也无法生存。人类之所以能够不屈服于自然压力并且占有自然物，创造出具有文化特征的物质财富和精神财富，最主要的"靠山"就是具有结成社会关系的本质属性。这种属性，就是人的社会属性，或者说是人依赖社会关系并善于结成社会关系和改进社会关系的属性。所以，生产力与生产关系的矛盾，是人之为人、社会之为社会的本质属性的赋予者或缔造者。

假如人类像其他物质形式那样，不具有社会意识，不具有创造精神财富的能力，那么毫无疑问，人类社会的基本矛盾也就只是单纯的物质性矛盾。可是人类偏偏就是在这一点上同其他物质形式不一样，具有以社会形式生产意识产品的能力，由此形成了一个相对地独立于物质生产系统的精神生产系统，这就是被马克思称为上层建筑的社会分系统。由于上层建筑这一分系统的特殊功能，人类可以生产出诸如政治、法律、科学、艺术、道德、哲学、宗教等各种各样的精神产品和人与人之间的精神交往关系，这些精神产品和精神交往关系能够成倍地放大人类的物质生产能力，形成物质生产能力与精神生产能力相互促进、相互转化的良性循环，社会的发展也因此不再只是具有物质演化的慢节奏特征，而是呈现为具有精神驱动力的加速度的特征。

但是，上层建筑形成、发展和发挥其功能的同时，也同它赖以产生的经济基础之间形成了相互矛盾的关系。经济基础对上层建筑具有决定作用。经济基础的发展和变革，必然推动上层建筑实现相应的变革和发展；经济基础落后、薄弱和存在不完善之处，对上层建筑的发展则起着决定性的阻碍和制约作用。上层建筑对经济基础具有重要的反作用。上层建筑适应经济基础发展的需要则能够推动经济基础的变革和发展，反之，则阻碍经济基础的变革和发展。在上层建筑中发挥主导作用的政治，是集中反映经济发展需要和集中解决经济发展问题的最有效的手段。上层建筑中的其他组成部分，以其各自的特殊功能，反映和反作用于经济发展，在总体上是经济发展和经济变革不可缺少的精神推动力。

生产力与生产关系的矛盾和经济基础与上层建筑的矛盾虽然都是社会系统的基本矛盾，但这两种矛盾的地位和作用并不是相等的。生产力与生产关系的矛盾较之经济基础与上层建筑的矛盾，是第一位的和更具有决定性的矛盾，而经济基础与上层建筑的矛盾则是第二位的和从属性的矛盾。由于社会系统具有自然物质性、社会物质性和社会意识性这种多重的本质属性，具有社会要素与自然环境、物质要素与精神要素相互交叉、渗透的复合性结构特征，所以体现这种多重本质属性和复合性结构特征的基本矛盾，就只能是生产力与生产关系的矛盾和经济基础与上层建筑的矛盾既紧密关联又主次分明的矛盾关系。

五、社会系统的基本结构

马克思在他所创立的历史唯物主义理论中，以高度概括的形式，将社会系统的基本结构归结为生产力与生产关系的矛盾和经济基础与上层建筑的矛盾，不仅强调了社会结构的矛盾本性，同时也指出了社会系统的基本组成要素包括自然要素、人、人工物质资料和社会意识四大类，以及联结这四类要素的基本结构关系包括人与自然的关系、人与人的物质利益关系、人与人的精神交往关系，在哲学史上第一次形成了矛盾与结构相统一的科学的辩证结构观点。循着马克思这一"双矛盾"的理论研究思路，可以深刻而清晰地理解和揭示支配社会结构的矛盾本质和辩证规律。

（一）社会系统的组成要素

社会系统的基本组成要素包括自然要素、人、人工物质资料和社会意识四大类，其中第一位的要素就是自然要素，即人们赖以生存的自然资源和自然环境。人类进行生理活动和社会生活所依赖的各种自然物和环境条件，不仅是社会系统赖以生存和发展的前提条件，而且总是穿插、渗透在社会系统的其他要素和结构关系之中，并且总是成为人与人相互交往的中介物。地质条件、地理条件、气候条件、生态环境等各种自然物"不仅制约着人们最初的、自然产生的肉体组织"，"而且直到如今还制约着肉体组织的整个进一步发达或不发达"[1]。人们的生理活动、生产活动和社会交往活动都无法与这些自然物截然分开。人所结成的不同的利益集团，不仅争夺人们所生产的物质财富，同时也争夺纯自然的资源财富和环境财富，以至于在一定程度上可以说，完整的社会系统的相当大一部分是深入和融合在自然界之中的。

---

[1] 马克思、恩格斯：《德意志意识形态》，《马克思恩格斯全集》第3卷，人民出版社，1960年12月，第23页。

人是社会系统的最主要的构成要素。"任何人类历史的第一个前提无疑是有生命的个人的存在。因此第一个需要确定的具体事实就是这些个人的肉体组织,以及受肉体组织制约的他们与自然界的关系。"❶一定数量和一定质量的人口和人力,是构成一定的社会系统、社会团体、社会基层单位的主体性要素,是一定的社会结构关系的主要物质承担者。

人工物质资料是构成社会系统的第三种基本要素,是人赖以生存的社会性物质财富,包括人所生产的消费资料、生产资料、公共设施等。人与人的社会关系,总是以人生产的物质财富为中介而形成和维持的。人与人之间只有共同地生产物质财富和以一定的方式分配、占有、消费物质财富,才能保证人口和社会系统的生存和发展。

社会意识是构成一定社会系统的精神要素,是社会能够按照人的本质特征的要求生存和发展的重要条件。人创造物质文化、精神文化和建立、发展各种社会关系,从事各种社会实践,都具有一定的精神动力,都是在精神上先构思、设计、想象出所要取得的成果的图景后付诸行动的,并且总是在尽可能地占有、继承和参考前人已经创造的精神财富的基础上进行构思、设计、想象和行动的。而人所创造的各种社会意识成果,都有其相应的物质外壳。依靠一定的物质外壳或物质载体,社会意识才能作为社会的财富得以保存、传播、交流、使用,转化为社会运行发展的推动力。

(二)社会要素的关联关系

社会系统的组成要素是社会关系的承担者,社会系统的结构则是社会要素相互关联关系的整体形式。将各种社会要素联结成社会系统整体的关联关系主要包括人与自然的关系、人与人的物质利益关系、人与人的精神交往关系。所有这些关联关系,本质上都是要素与要素之间的内在矛盾关系,并且在外在形式上表现为要素与要素之间的相互作用关系。

自然要素、人、人工物质资料和社会意识这四大类基本要素各有其具体化的形式,如自然要素有各种各样的自然资源和自然环境条件,人有素质、社会地位、社会意识各不相同的个人、团体、阶级、阶层,人工物质资料有

---

❶ 马克思、恩格斯:《德意志意识形态》,《马克思恩格斯全集》第3卷,人民出版社,1960年12月,第23页。

种类繁多的生产资料、消费资料、公共设施，社会意识有各种社会心理、社会思想、社会意识形式及其相应的物质外壳等具体形态。同样，社会要素之间的关联关系也有各种具体化的关系，如直接性的关系、间接性的关系、个人之间的关系、阶级之间的关系、阶层之间的关系、微观单位之间的关系、国家之间的关系、民族之间的关系等。各种外在性关联关系的背后，是本质性程度各不相同的内在属性之间的联系起支配作用。社会的关联关系不断地改造着关系的承担主体，物化或人格化为承担主体的内在属性。承担主体内在属性的变化又不断地改变着关联关系，推动社会系统的结构关系发生量的变化和质的变化。

社会系统内部各种要素之间相互关联的关系，其实质就是人与人之间以物为中介的矛盾关系。这些矛盾关系不仅数量巨大，而且性质也各不相同。大量而复杂的矛盾相互作用、相互制约所形成的整体关系就是社会的结构。所以，社会结构也就是社会系统内部众多矛盾的综合运动过程，这种综合运动过程有一定的运动、变化趋势，但相对于它所包含的每一具体矛盾的变动性特征，综合运动则具有相对稳定的整体关联特征。社会结构之所以具有相对稳定的整体关联特征，是因为组成社会结构的众多矛盾中，一些矛盾具有对抗性、激烈性、周期性较短的特征，另一些矛盾则具有非对抗性、平缓性、周期性较长的特征，性质、特征各不相同的矛盾相互作用、相互制约，就像机器的各个零部件之间的相互作用、相互制约关系一样，所形成的多矛盾的"合力"就呈现为相对稳定的整体关系形式。

（三）社会系统结构关系的主要类型

社会要素之间的对立统一性关联关系构成社会系统的整体结构，以外在的整体关系体现社会系统的本质属性。这些结构关系与生命系统的结构关系有某种类似之处，具有以下四种基本类型。

1. 层次结构关系

层次结构是自然物质系统、社会系统和思维系统的普遍性结构规律。与生命和无生命的物质系统相类似，社会系统也具有大系统包含小系统、小系统包含更小的系统，大系统之上又有更大的系统等层次系列结构特征。如果将个人看作社会系统的组成要素，那么家庭、基层社会组织、各级地区、部门、国家、全球社会等就是社会系统的不同结构层次。不同的社会层次之间是一种所属和从属的关系，本质上是系统整体与系统的组成部分之间的对立统一关系。

2. 分工—协同的结构关系

与生命系统的分化—协同式结构特征相类似，社会系统的结构是在社会的分工与协同的矛盾推动下，通过由简单到复杂、由低级到高级的演变，形成相互并列的各个组成部分之间的整体关联形式。社会的分工，如马克思所说，是人的需要的变化、增长与满足需要的能力、手段之间的矛盾推动的。"已经得到满足的第一个需要本身、满足需要的活动和已经获得的为满足需要而用的工具又引起新的需要。""由于生产效率的提高、需要的增长以及作为前二者基础的人口的增多"，推动了分工的发展，包括物质劳动和精神劳动相互分离的"真实的分工"的发展。分工起初只是男女之间的分工，"后来是由于天赋（例如体力）、需要、偶然性等而自发地或'自然地产生的'分工"。与分工相伴随的，是人与人之间的"自然关系"和"社会关系"所构成的"共同活动的方式"，是人与人之间的"物质联系"或"彼此分工的个人之间的相互依存关系"❶。从原始人群开始，就有了出于自然原因的男女分工、体力和智力强弱的分工、长幼之间的分工。在原始社会的中后期，由自然因素引起的氏族内部分工和地域分工、劳动的专业分工和产业分工逐渐深化、扩展，不仅形成从事专门化生产的氏族、部落、地区、行业，而且形成了脑力劳动与体力劳动的分工和分化，以及由此引起的阶级分化、城乡分离、统治者与被统治者的对立等。进入文明阶段后，性别、资源、地理条件等自然因素仍然是引起分工的重要动力，但包括技术因素和经济因素在内的社会因素则成为分工发展的决定性推动力。为了追求更高的生产效率和更大的经济和政治利益，经济和社会的各个领域都在深化和扩展分工。分工使社会成员的能力、实践活动和社会组织的职能越来越趋于专门化，专门化带来越来越高的效率和利益，但同时也使社会成员的能力、实践活动和社会组织的职能越来越趋于片面化。因分工而分离开的社会成员、社会组织、地区、国家之间，必须

---

❶ 马克思、恩格斯：《德意志意识形态》，《马克思恩格斯全集》第3卷，人民出版社，1960年12月，第32–37页。

相互弥补片面化的缺陷才能分享到分工带来的好处。于是，分工每发展一步，弥补分工缺陷的普遍交往关系和相互协同的关系也随之建立起来。这其中，有些分工是自愿的、主动进行的，有些则是被迫的、强加于人的或不知不觉进行的。同样，弥补分工缺陷的交往关系和协同关系，有些是自愿地、主动地建立的，有些则是以暴力的和非暴力的强制方式建立的。直到现在，在社会系统的几乎每一种结构关系和每一个结构环节上，都可以看到这种分工—协同的矛盾关系的历史痕迹和现实特征。社会系统在其各个层次上，都有并列存在并处于相互作用关系中的不同的构成部分，如专业化、特异化程度不同的个人、组织、行业、部门、地区、国家、民族等。这些构成部分既相互区别、相互对立又相互依赖、相互交往、相互联系，保持着一定程度的协同关系，并因这种相互对立和相互协同的关系而使该层次的系统具有整体性的结构和功能。

3. 地域空间结构关系

社会成员的生命活动和社会实践活动，社会组织的运行发展，总是与一定的地域条件相结合，形成具有地域特征的社会共同体，如不同的民族、不同的国家、不同的地区社会等。不同的地域社会系统之间，既存在着自然条件方面的相互联系，也存在着经济和社会交往方面的联系，一些地域之间还存在着统一的行政管理方面的联系。地域条件不同，由地域条件决定的社会共同体的特点也就不同。在人们的生活和社会发展中，每一个地域共同体既有其地域性的长处、优势，又有其地域性的短处、劣势，由此决定了不同的地域共同体之间，总是既相互对立又相互依赖。每一个共同体都需要与其他共同体建立发展经济的、文化的合作和联系，而建立合作和联系的各方又总是存在着利益上、文化上的差别甚至冲突，由此所形成的社会系统的地域空间结构关系，总是具有地缘性的矛盾特征。

4. 时序结构关系

社会系统的时序结构关系主要体现为社会运行发展的一些阶段与另一些阶段、一些要素与另一些要素之间的历史联系。社会的历史联系是由社会的基本矛盾运动推动形成的。同自然物质系统的结构一样，历史联系就是社会系统的第四维的结构关系。社会的任何一种空间结构形式和空间关系，都是在一定的历史过程中形成的,是体现历史联系的空间形式。"历史的每一阶段都遇到有一定的物质结果、一定数量的生产力总和,人和自然以及人与人之间在历史上形成的关系,都遇到有前一代传给后一代的大量生产力、资金和环境,尽管一方面这些生产力、资金和环境为新的一代所改变,但另一方面,它们也预先规定新的一代的生活条件,使它得到一定的发展和具有特殊的性质",由此形成"人创造环境,同样环境也创造人"的循环式历史联系❶。任何社会要素、社会结构关系、社会发展水平、社会成员和社会生活的特殊性质,都是一定的历史过程的产物,都受到不以人的意志为转移的历史条件的规定。在这些历史条件中,最具决定性作用的是构成历史过程基础的物质生产方式,其次才是构成历史过程的社会意识条件。虽然"在社会历史领域内进行活动的,全是具有意识的、经过思虑或凭激情行动的、追求某种目的的人",但是"历史进程是受内在的一般规律支配的","无数的个别愿望和个别行动的冲突,在历史领域内造成了一种同没有意识的自然界中占统治地位的状况完全相似的状况"❷。所以任何个人都无法凭靠自己的意志和谋略左右历史进程,即使是非常杰出的历史人物,其付诸行动甚至"引起伟大历史变迁"的动机,实际上只是广大群众、整个民族或整个阶级的行动动机的特殊表现形式,是经济关系对历史进程起决定作用、国家和政治制度只起从属作用这一普遍规律的特殊表现形式。

六、社会系统的内在结构和外在结构

一切系统的结构关系都有内在性关系与外在性关系之分。在一些研究系统问题的部门学科中,更多的是从一些外在性特征描述和反映系统结构的。其常见的做法是将系统的结构区分为多种组分(要素或组成部分)和多级分系统,确定系统的边界,以及系统的组分之间、各级分系统或子系统之间的空间关联关系或时间关联关系,区分、度量系统整体和系统主要关联关系的各种具体状态,描述和分析系统的对内、对外功能以及系统与环境的相互作

---

❶ 马克思、恩格斯:《德意志意识形态》,《马克思恩格斯全集》第3卷,人民出版社,1960年12月,第43页。

❷ 恩格斯:《路德维希·费尔巴哈和德国古典哲学的终结》,《马克思恩格斯选集》第4卷,人民出版社,1972年5月,第243、245页。

用，用理论的或数学的模型反映系统的原型和系统的演变，从中得出相应的结论和对策。哲学领域中，有些系统—结构理论注重从外在性特征反映系统的结构关系和结构状态，有些则注重研究和反映系统的内在性、规律性结构特征。西方结构主义哲学和社会学中的一些结构理论，虽然注意到系统结构的内在性特征，但是却将这种内在性特征归结为唯心论的先验性模型，认为内在性结构是客观对象系统应当适应的一种精神性或制度性规定。

马克思主义唯物辩证法对包括社会系统在内的一切物质系统结构的研究和理解，既重视吸收自然科学、社会科学的一些具体学科对系统结构研究的科学性内容，也对哲学唯心主义结构理论中的一些体现辩证法思想的积极内容持肯定态度，但同时与这两种结构理论对系统结构的理解和反映有着重要的区别。唯物辩证法的系统结构理论与以上两种结构理论相比，其最主要的两个基本观点是：第一，客观物质系统的组成要素、结构关系和结构变化规律是不以人的主观意识为转移的，人只有正确地认识这些客观物质系统的组成要素、结构关系和结构变化规律，才能形成科学的、包含着客观真理的系统结构理论；第二，客观物质系统的结构与客观物质系统的矛盾是辩证统一的，系统的结构是系统的各种矛盾相互关联的整体形式，系统的矛盾有内在与外在的区分，系统的结构也有内在结构与外在结构之分，后者是前者的表现形式，前者是后者的本质内容。根据这两个基本观点，唯物辩证法的系统结构理论认识和研究客观物质系统的基本方法，就是从分析、认识系统的表面性、外在性的矛盾和结构关系入手，揭示系统的内在性、本质性矛盾和结构关系，从内在与外在相统一的关系中全面反映一定的系统结构的形成、系统结构保持相对稳定和系统结构演变的规律。

人们对社会系统的结构如果只进行直接的、表面的观察和理解，那么就只能将社会结构理解为一种外在性的整体关联关系，将系统的组成要素或组成部分理解为各种具有独立存在形态的人和物，将要素之间形成的结构关系理解为一些人与另一些人的互动关系。这种理解不仅没有什么错，而且是十分必要的，只是仅仅理解到系统结构的这些表面性、外在性特征就会失之肤浅、片面。正确的做法是将这样的观察和理解作为认识系统结构的内在性、规律性特征的第一步，从外在性特征中"透视"到系统的内在性、本质性的矛盾和结构关系，再从内在表现为外在、外在包含着或展示着内在的辩证关系中，达到对社会系统结构的全面性、深刻性认识。

在社会系统的外在性关联关系的背后，是本质性程度各不相同的内在属性之间的联系，并且这种联系对系统的外在性关系起着支配作用。社会系统的各种组成要素，不论是人还是物，都各有其内在的本质属性，这种内在的本质属性既有深层的，也有浅层的。其中，深层的本质属性是要素所具有的普遍属性，浅层的本质属性则是同类要素所具有的带有一定普遍性的特殊属性，更浅层的本质属性是某一小类要素所具有的带有一定普遍性的特殊性，最浅层的属性就是个别的、现象形态的特征，而不是本质属性。人与人、人与物之间的关联关系，同样分为深浅程度或普遍性程度不同的类型。其中，人与人、人与物之间以普遍属性形成的关联关系，或者说人与人、人与物之间关联关系中包含的普遍性关系，就是深层的、本质的内在结构关系；而人与人、人与物之间以一定的特殊属性形成的关联关系，则是较浅层的、具有某些本质特征的内在性结构关系；人与人、人与物之间以个别属性形成的关联关系，就是非本质的、外在性的结构关系。这三种深浅不同的结构关系并不是截然分开的，而是普遍性寓于特殊性、个别性之中，特殊性、个别性表现着自己所包含的普遍性。也就是说，深层的、普遍性的、规律性的结构关系总是要表现为浅层的、特殊性的、表面性的结构关系，浅层的、特殊性的、表面性的结构关系总是受某种深层的、普遍性的、规律性的结构关系的支配，以多样性、个别性、变动性的结构关系表现着稳定性、普遍性、规律性的结构关系。正因为如此，人们并不能直接观察到不同的阶级、阶层、利益集团、国家、民族、部门、行业、社会生活领域之间的内在结构关系，而只能观察到各有其特点的个人、集团、组织的具体活动，以及这些活动之间相互作用或相互交换的具体状态和具体结果。即使是不同的阶级、阶层、利益集团、国家、民族之间发生大规模的冲突，人们直接看到的也只是一个个的具体冲突事件。如果没有思想家或代表人物、领袖人物对这些事件背后的内在关系予以揭示和说明，不用理性思维的直观者也还是只能理解到具体事件中一些人是怎么做的，另一些人又是怎么做的，他们是怎样相互冲突的，而却很难全面、深刻地理解到具体事件中的人归属于一定的阶级、阶层、利益集团、国家、民族，他们与另一些人的互动性、冲突性关系乃是不同的阶级、阶层、利益集团、国家、民族之间的稳定性、持续性、本质性关系的具体表现形式。

为了正确地理解社会系统的内在性结构与外在性结构的区别和联系，就必须通过感性与理性相结合的认识方式，一方面，认识社会的自然要素、人、人工物质资料和社会意识这四大类基本要素既有其普遍的内在属性，又各有其特殊的属性和具体化的形式；另一方面，要认识社会要素之间的关联关系也有各种普遍性、共同性的关联关系和特殊性、具体化、表面化的关联关系。如阶级之间的关系、阶层之间的关系、国家之间的关系、民族之间的关系、部门和行业之间的关系、包含许多中介环节的关系、整体与部分的关系、国家与公民的关系等，往往都是一种普遍性的、只有用抽象思维才能发现和理解的结构关系；微观单位之间的关系、个人之间的关系、具体事件中表现出来的关系等，则是普遍性、本质性结构关系的具体表现形式。普遍的、本质的结构关系必然表现为具体的、外在的、表面的结构关系，具体的、外在的、表面的结构关系也一定包含着普遍的、本质的结构关系。

一个人具有温和的或者暴躁的性格，具有这样的或那样的能力，喜欢与这种人或者那种人交往，对社会现象有这样的或那样的看法和态度等，这是个人的特殊性或个别性社会属性。在这些属性中，就程度不同地蕴含着他的许多普遍性社会属性，那就是他的阶级属性、政治属性、经济利益属性、国家或民族属性、社会正义属性或非正义属性等。他与其他人的交往关系，如商品交换关系、分工协作关系、朋友关系、上下级关系、偶然的冲突或临时的合作关系等，是一种生动具体的互动和交换关系，但这些关系中程度不同地包含着他与全社会各种人之间的利益关系、阶级关系、政治关系、正义与邪恶的关系、私人利益与社会利益的关系等。社会系统中的每个人，都通过与其他人的互动式交往关系，融合到全社会的利益关系、阶级关系、政治关系、正义与邪恶的关系、私人利益与社会利益的关系之中，既在一定程度上表现社会整体的结构关系，同时又受社会整体结构关系的支配。正是这些关系产生的作用，才使他成为社会系统的有机组成要素。

从理论上认识和把握社会系统的结构，并将这种理论认识转化为自觉的社会实践，就要一方面运用从具体到抽象的思维方法，从外在的、表面的、微观单位之间以及个人之间的具体交往活动中概括出不同阶级、阶层、利益集团、国家、民族之间的利益争夺关系、整体结构关系，并进一步将其概括为社会的基本矛盾关系，发现生动具体的交往关系中包含着普遍性、规律性的社会结构关系；另一方面又能够运用从抽象到具体的思维方法，将社会系统中不同主体的利益争夺关系、整体结构关系、基本矛盾关系还原为它的具体表现形式，即还原为微观单位之间、个人之间生动具体的交往关系、交换关系、互动关系、冲突关系、矛盾关系等，从内在与外在的相互联系和相互转化中把握社会系统的整体结构和结构变化规律。

七、社会结构与社会制度

社会结构的独特之处是具有物质性结构与意识性结构相统一的本质属性，即客观性、物质性结构总是受到以社会制度为主的意识性结构关系的反映和维护，使社会结构增强了它的稳定性。社会制度属于政治的范畴，不仅政治制度、思想文化制度是政治性、意识性的规范，经济制度同样也是意识性的社会规范。制定和实行一定的经济制度与制定和实行一定的政治制度、思想文化制度都是一种政治行为，是用集中的、强制性的方式固化一定的经济利益关系的意志行为。毫无疑问，社会制度是社会矛盾最集中和表现最激烈的领域。

（一）社会制度的本质

社会制度是人们对社会行为、社会关系、社会结构所制定的规则，是将社会成员的行为以及由这些行为构成的社会交换、社会关系、社会结构用一定的规则体系固定下来的社会意识形式。社会制度的本质不是客观性、物质性的规定与被规定的关系，而是精神性的规定与被规定的关系，是根据一定的客观需要所形成的并要求社会成员服从的主观的规范体系。

社会制度的原型应当是原始社会时期的原始人群或氏族、部落等社会组织中，用以规范其成员的行为和相互关系的约定俗成的规则体系，这些规则体系规定社会组织的成员在生产、生活和相互关系中必须怎样做和不能怎样做。这种规则体系的内容，有的表现为社会组织首领的意志和他发布的指令，有的表现为社会成员长期形成的习惯、风俗，有的则表现为原始宗教中各种

"神"的意志和"神"在社会组织中的代理人"传达"的"神"的指令。总之，原始社会的社会制度是原始人普遍认为大家必须遵守的规则，认为违反这些规则将给组织的所有成员带来灾难性后果。

原始人建立的简单而又蒙罩着原始宗教外套的社会制度，在进入文明时代之后逐渐演变为明确性、系统性、强制性的社会规范体系。这些规范体系一般由代表统治阶级利益的国家的专门机构制定，并且通过行政和法律的形式使之固定下来。在文字发明和使用之后，则用文字的形式将行政和法律对社会制度的规定公布出来，力求使人们相信社会制度反映的是公共利益的要求。实际上，从私有制和国家产生以来，社会制度所反映和维护的主要是居于统治地位的阶级的利益，但同时也对统治阶级和统治集团过度扩张其利益进行了不同程度的限制，这种限制旨在维护社会各个阶级、阶层之间形成的统治与被统治、特权与服从特权、统治权的分配等不平等利益关系的相对稳定。所以，在存在着阶级和阶级对抗的社会中，社会制度乃是维护一些阶级剥削、统治另一些阶级的不平等利益关系的强制性社会规范。

（二）社会制度与社会结构的辩证关系

社会系统的结构关系中，最主要的是人与人的利益争夺关系，这种利益争夺关系的相对平衡状态就是相对稳定的社会结构关系，它更深一层的本质关系就是社会的基本矛盾关系。相对稳定的结构关系和基本矛盾关系的最具体的表现形式，就是个人之间、微观单位之间的交往关系、交换关系、互动关系、矛盾关系、冲突关系。结构关系和基本矛盾关系之所以具有相对稳定的特征，是因为数以亿万计的个人之间、微观单位之间的交往关系、交换关系、互动关系、矛盾关系、冲突关系相互作用、相互制约、相互转化，在一定程度上弱化了其中的对抗性、暴力冲突性矛盾关系。但是这种弱化只是相对的、暂时的、有限度的，超出了一定的时间、范围、条件、限度，对抗性、暴力冲突性矛盾关系不仅不会缓和，甚至会被进一步激化而形成全面的社会冲突，社会系统及其结构就会像沸腾的水一样翻滚不息。社会制度就是以强制性的规定，压制一些利益主体反对另一些利益主体的对抗性行为，使不平等的利益关系能够一再地被生产和再生产出来，使社会结构处于较长时间的相对稳定状态。

社会制度以强制性的规定压制一些利益主体反对另一些利益主体的对抗性行为的基本方式，当然不会仅仅依靠一纸文书中书写的规定或发布几道号令的力量，而是以国家机构为制定和执行制度的主体，一方面制定出尽可能全面的行政性、法律性规定，包括经济、政治、思想意识各领域中的行政性、法律性规定，对社会成员、社会组织的一切利益行为和利益关系做出明确支持或限制的规定；另一方面，则集中一定的经济和社会力量，建立一系列的专门性机构，包括行政、法律机构和军队、警察等暴力机构，借助暴力工具执行和维护行政性、法律性规定，以集中起来的物质力量压制或制衡对抗社会制度的力量。所以，社会制度虽然是意识性的规范体系，但是它有坚硬的物质外壳和一定的物质力量来保证其实行。所以，由于有一定的社会制度的维护，社会结构才具有客观物质性与主观意识性相结合的相对稳定的特征。

但是，社会制度加固社会结构的功能并不是绝对有效的，相反，它自身就是一种包含着社会矛盾并始终处于社会矛盾关系之中的社会意识形式。社会制度包括经济制度、政治制度、思想文化制度等不同的制度领域，各个领域又划分为更加具体的领域或部门、环节。其中，经济制度是规范经济行为和经济利益关系、维护社会的经济系统结构的制度体系，政治制度是规范政治行为和政治利益关系、维护社会的政治上层建筑系统的结构的制度体系，思想文化制度是规范思想文化行为和思想文化利益关系、维护思想意识系统的结构的制度体系。社会越是发展到较高级的阶段，社会结构关系和维护这种关系的社会制度规范体系也就越复杂。一种社会制度不论多完善，它都会在日积月累的社会矛盾斗争中逐渐显示出其局限性、落后性甚至反动性，都会在社会基本矛盾的推动下走向终结，让位于新的更加进步的社会制度，为社会结构的升级和演变腾出新的空间。

（三）现代社会的制度结构化和结构制度化特征

现代社会在以信息技术为主导的科学技术的革命性快速发展的推动下，出现了快节奏的运行发展特征，社会结构的动态性逐渐增强，社会制度的变革步伐也越来越快。社会制度变革的基本趋势是适应科学技术和社会生产力发展的需要，不断调整反映不合理的利益关系的制度体系或制度中的某些环节，使社会制度更多地反映和维护多数人的利益，由主要体现社会的保守属性的规范体系转变为更多体现社会的变革属性、创新属性的规范体系，在承认、反映和维护财产的多种所有形式的同时稳步推动社会公平程度的提高，在维护社会秩序稳定的同时合理扩大公民的民主、自由权利。这种趋势在不同的国家有其不同的具体形式和不同的实现途径。譬如在实行社会主义制度的国家，其社会制度主要反映和维护占人口绝大多数的人民群众的根本利益，而在实行资本主义制度的国家，社会制度主要反映和维护少数富人的特殊利益，这两种国家的社会制度的变迁趋势有着截然不同的具体形式和实现途径。但是在现代几乎所有的国家，社会制度的保守属性逐渐弱化、变革属性和创新属性逐渐增强的趋势则是共同的特征，因为这是现代条件下社会矛盾推动社会制度不得不变化的规律性特征。这种规律性的推动作用虽然受到拥有特殊利益的阶级、阶层的顽强抵制，但还是不能阻挡社会制度趋于进步的变化趋势，不能改变社会制度的主动变革性越来越强的时代特征，因为社会制度不主动变革就会使社会陷入越来越深重的危机之中。而社会制度的主动变革性的增强，就使社会制度越来越贴近社会结构的客观物质本性，也使客观物质性的社会结构关系越来越具有人性化的社会制度的特征。

尽管现代社会具有制度更贴近结构和制度适应结构变化而能较快做出反应的特征，但是社会制度与社会结构是两种性质不同的社会关系体系。社会结构是以经济结构为基础的也就是以物质性结构关系为其本质特征的整体关系体系，这种整体关系体系的形成、变化是不以任何意识和意识性关系为转移的。而包括社会制度在内的人与人的意识性社会关系，只是反映和反作用于经济性也就是物质性社会关系的第二位的结构关系，第二位的结构关系不可能决定和左右第一位的结构关系的形成和变化。任何社会制度都不是随意制定、随意改变的，它是基本适应一定的社会结构关系的形成和变化而制定和改变的。所以，如果以唯意志论的立场和方式将某种社会制度强加于社会，推行所谓"使社会结构制度化"的变革，以制度代替结构，必然会犯削足适履的错误，最终会在社会结构变化的客观规律面前碰得头破血流。

在西方社会学的一些理论中，将社会制度看作就是社会结构，认为社会结构就是按照人的意志构建起来的社会关系体系，而构建社会关系体系的途径就是先设计出社会制度，再用所设计的社会制度套在社会现实之上，形成所谓"制度化"或"结构化"的理想社会。这种社会结构观认为社会系统并不具有什么"结构",只不过体现着"结构性特征",社会结构不应当是"外在于"人的行动、制约社会主体的"自由创造"的"架构"。[1]

社会系统不是只体现着"结构性特征",而是具有像自然系统一样不以人的意志为转移的矛盾—结构规律。社会结构就是由一个个具体的人的行动、一个个社会主体的"自由创造"活动以及这些活动之间的相互"交换"构成的整体关系,但是数以千万、亿万计的个人及其相互之间的互动或交换活动所构成的社会合力,在宏观上形成了一种整体性的、有规律的结构关系,使社会系统的所有要素、构成部分既相互依赖又相互对立。这种使所有要素、构成部分既相互依赖又相互对立的整体关系,既以千万、亿万计的个人及其相互之间的互动或交换活动为基础,同时又扬弃了它所包含的每一个人和每一种具体的交换关系,使他们只能在适应整体关系的前提下发挥社会主体的行动和"自由创造"能力。

历史唯物主义的社会结构观应当承认现代社会确实具有社会制度结构化和社会结构制度化的某种演变趋势。社会制度结构化的趋势表现为社会制度越来越紧贴社会结构关系和越来越广泛地融合于社会结构变化过程中。现代社会的结构关系中包含着发达的物质反馈和信息反馈关系,这种反馈关系使各种社会矛盾迅速而全面地作用于社会制度的各个组成部分和行使社会制度职能的各级政府机构,使政府机构面临着在社会结构变化中不主动变革社会制度就会引起社会剧烈震荡的风险。及时变革社会制度的一些内容、环节使之较快地适应和贴近社会结构的变化已成为现代政府职能转变的重要特征。这样,就形成了社会矛盾推动社会制度主动性变革的机制,而不像以往历史时代那样,社会制度以及代表社会制度的阶级和他们的政府以其顽固的保守性与社会结构的变化趋势相对抗,一次次地引发大规模的社会冲突和社会革命。尽管社会制度主动性变革的机制在未来相当长的时期内还难以从根本上改变财富统治人、财富转变为特权、特权加剧社会的不平等、社会不平等引发社会冲突等根深蒂固的社会制度,但是社会制度主动性变革的时代特征是

---

[1] 安东尼·吉登斯著,李康、李猛译:《社会的构成——结构化理论纲要》,中国人民大学出版社,2016年5月,第15-16页。

顺应社会基本矛盾运动规律的产物，只要它能够促进生产力更快发展，它就能够最终摧毁根深蒂固的落后社会制度。

与社会制度结构化趋势紧密相联系，社会结构制度化的趋势表现为社会结构的各个部分、环节和各种具体的结构关系及其变化，都有相应的制度规定与之相对应、相结合。社会结构越来越复杂，社会制度也与这种复杂化变化相适应，紧随结构的变化而变化。由于社会制度的保守性具有降低的趋势，社会结构较大程度地脱离社会制度而变化的传统特征也趋于弱化，而与社会制度变革基本同步变化的特征趋于增强。

社会制度的主动性变革特征和社会结构演变增强制度化特征是社会生命力增强、社会进步步伐加快的表现，它的突出表现就是占人口95%以上的人民大众谋取自己正当利益的行为成为社会制度形成、变革的主要推动力和主导潮流。社会结构演变和社会制度变革的基本趋势是人民大众越来越真正地成为社会系统的主导要素，成为社会结构演变和社会制度变革的主导力量。人民群众将越来越普遍地运用科学化、民主化、人性化的思维方式，认识并推动社会结构演变和社会制度变革，创造越来越高级的社会文明。

第三节　社会系统结构与社会成员的本质

一、社会系统的本质

社会系统的本质是自然属性和文化属性的对立统一。社会系统既具有与一切自然物相同的物质属性，具有对自然环境的依赖性，又具有创造文化的社会属性，具有与自然物和自然环境相对立的独立性。这两种内在属性及其对立统一关系构成人类社会系统的完整本质。社会系统的这一内在本质，体现为社会的基本矛盾，即生产力与生产关系的矛盾和经济基础与上层建筑的矛盾。在社会基本矛盾关系中，生产力之所以是最终的决定性因素，即生产力不仅相对于生产关系而且相对于上层建筑，都具有决定性的作用，其中最主要的原因就是生产力中包含着自然属性，包含着社会对自然的高度依赖性和社会与自然物之间不可分割的融合性，包含着人本身既是社会动物又是自然生物这样的两重性。

在很长的历史时期中，人类对自己的"类"特征即社会的系统特征缺乏全面、深刻的科学认识。"自然界起初是作为一种完全异己的、有无限威力的和不可制服的力量与人们对立的，人们同它的关系完全像动物同它的关系一样，人们就像牲畜一样服从它的权力"，由此产生了人对自然界的纯粹动物式的意识——自然宗教[1]，将自然界、某些自然物看作是以绝对权威统治人的神。随着人类社会实践的发展，人们获得的自然科学知识不断增多，人挣脱自然力的束缚、获得对自然的自由也越来越多，人们对自然盲目崇拜的意识也越来越淡化。尤其是在近代以来的工业化过程中，人类获得了快速增长的对自然的改造能力，形成了以大规模破坏自然环境为代价的生产方式。与此相对应，人类在意识领域也出现了许多"人定胜天"的思想，日益严重地忽视了社会对自然的依赖性和社会系统所具有的内在自然属性。于是，在对社会本质的认识中，就只重视和强调社会的非自然的内在属性，而不重视甚至否认社会的完整本质中包含着内在的自然属性。传统工业化的经济产生出传统式的忽视自然属性的社会本质理论，似乎社会的本质不是内在的矛盾着的两种属性，而只是单一的社会属性。

传统工业化经济在环境问题日益严重的灾难性变化面前不得不另辟蹊径，其中最具希望的实践和理论之一，就是由传统工业化经济转变为生态型的可持续经济，由片面强调增殖物质财富的社会发展模式转变为增殖物质财富、精神财富、社会关系财富和环境财富并重的新型社会发展模式。与这种转变相适应，社会意识领域中出现了某种革命性的变化，强调自然环境、自然界对人类命运的重要性的思想文化像潮水一样涌现出来。这其中，也夹杂了某种以"敬畏自然"为特色的学说，大有回归自然宗教的味道。其实，"敬畏自然"与破坏自然同样都是违背科学、背离自然规律的。正确的做法应当是深刻、全面、科学地认识自然、认识社会、认识社会与自然的内在联系，探寻出一种社会与自然基本保持良性相互作用的模式。

---

[1] 马克思、恩格斯：《德意志意识形态》，《马克思恩格斯全集》第3卷，人民出版社，1960年12月，第35页。

社会的前身是一种纯粹的自然系统，即高级猿类的种群系统。由猿类种群过渡到社会系统，其实就是自然的种群系统增加了一层文化属性。所以社会系统既是具有文化属性的自然系统，同时也是一种具有自然属性的文化系统。人类创造文化所需要的物质、能量、环境条件，包括生物学意义上的人自身的生命等，只能来源于自然界。人类的社会文明程度越高，就越是需要从自然界获得越多的物质、能量和越广阔的自然环境。所以，自然界并不理睬人是否敬畏它，人如果一味地敬畏自然只能泯灭科学，使人重新成为自然的奴隶。人类为了生存、为了战胜自然灾害、为了进到更高级的文明水平，还是要以不断地扩大利用自然资源为主的途径来解决自身面临的财富匮乏和力不从心的种种问题，以驾驭更大的自然力来消除自然界带给人类的各种灾难，以增加对自然界的知识来获得对自然的越来越大的自由。但同时，人类又要不断地提高节约自然资源、改善自然环境的能力，以驾驭更大的自然力、利用更多的自然规律来消除人类带给自然界的不良后果，获得对自然的更大更高级的自由，丰富社会的文化属性和自然属性。

社会系统除过具有内在的自然属性外，还具有自身特有的内在属性，这就是它的文化属性。文化属性其实也就是社会属性，是物质文化属性与精神文化属性的对立统一体。社会的物质文化属性主要体现为社会生产方式，其中最主要的是体现为社会生产关系，而社会的精神文化属性主要体现为社会意识。文化是人类特有的生存方式，人类就是因为具有文化创造的能力而将自己与纯粹的自然物区别开来。凡是人类创造的、为自然界所没有的一切物质的和精神的、实体的和关系的、思维的和实践的产物、活动等，都是文化或文化创造活动。所以，文化属性或社会属性，是人类社会特有的本质属性。其中，建立、发展和拥有社会关系的属性，特别是建立、发展和拥有社会生产关系的属性，是所有文化属性或社会属性中的核心属性。其他的社会属性，都是这一属性的衍生物或转化物。

二、社会结构关系规定社会成员的本质

社会系统的结构关系从整体方面对每一个社会成员产生规定和改造作用，使组成社会系统的个体成员、社会组织及其相互之间的各种矛盾关系，不同

程度地失去其原来在相对独立状态时的某些性质，具有了在社会系统结构关系的规定、影响下形成的某些新的性质。这种在社会系统结构关系的规定、影响下形成的新的性质，就是构成社会成员和社会组织本质的主要或重要的内在属性，也就是社会成员和社会组织从社会系统结构关系中获得的质的规定性。

但是应当清楚，社会系统的本质与社会成员的本质既有密切的联系，又有很大的区别。社会系统的本质，是社会系统在与各种自然系统的相互作用中和自身的发展过程中获得的系统整体的本质。而作为社会成员的人的本质，则是在人与人的社会交往关系中，由社会系统的整体结构关系赋予的内在属性。社会系统的本质是文化属性与自然属性的对立统一体，而人的本质虽然也包含着文化属性与自然属性的内容，但是人的本质的主要成分则是社会关系的总和，是以社会生产关系为主、社会意识关系为辅的全部社会关系内在化而形成的人的属性。

（一）社会系统中具体的矛盾关系规定社会成员的具体属性

社会系统的结构关系虽然具有不可分割的整体性关联特征，但是可以近似地划分为性质上各有差别的许多具体的对立统一关系或局部的结构关系。其中每一种具体的矛盾关系或局部的结构关系，对结成这种关系的每一方，也就是对处于这种关系中的每一个社会成员、社会组织，都不断地产生着相应的推动、改造、影响作用，使社会成员、社会组织处于不断的运动、变化之中。这种运动、变化的积累，使社会成员、社会组织具有相应的特殊性质。在结构复杂的社会系统中，每一个社会成员、社会组织都受到来自社会各方面的多种关系的作用和规定，在多种、多重的作用和规定中将外部的社会关系转化为自身的新的属性，这就是社会关系的内在化、人格化过程。每一个人，都处于与亲属、老师、同学、同事、朋友、上下级、竞争者、敌对者、陌生人等的矛盾关系或局部范围的结构关系中，从这些关系中获得相应的感情、品德、习惯、经验、知识、技术、爱好、能力、思想等属性。这些具体的关系又受到社会系统整体结构的作用而不断发生变化，使个人已经获得的一些属性消失、改变，或原有的属性被新的属性所渗透、遮盖、扬弃，在属性的新旧更替中由单纯、幼稚的人成长为成熟的和相对全面发展的人，人的本质也,因这些具体属性的变化和积累而发生量的或质的变化。

（二）多重社会结构关系规定社会成员具有多重的本质属性

在社会系统的结构关系中，有些是影响甚至决定社会发展全局的重要矛盾关系，如阶级之间、集团之间、国家之间的重大经济利益关系、政治关系、思想关系等，这些关系与亲属、师生、同事、朋友、上下级、竞争者之间的具体矛盾关系不同，它对社会成员和社会组织的本质、本质属性具有重要的规定和影响作用。这种规定和影响作用，有些是社会成员和社会组织在社会实践中直接感受到的，有些则是通过教育、传媒、有意识的引导、强制性的作用、重大社会事件的推动和影响等途径，规定、支配社会成员和社会组织的实践活动和思想意识，影响他们的人生道路和命运，使其具有一定的社会本质属性。

社会系统的大小和性质不同，其结构关系赋予每一个社会成员和社会组织的属性也不同。范围广大、历史久远、结构复杂的社会系统，规定社会成员和社会组织具有普遍的、深层的本质属性；范围小、存在时间短、结构简单的社会系统，一般只能规定社会成员和社会组织具有表层的、具体的、侧面的、个别的性质或某些非本质的特征。社会成员和社会组织之所以具有多层次、多方面的属性，就是因为他们同时或先后处于范围大小不同、历史长短不同、结构复杂程度不同的各种社会系统之中，受多种多样的社会结构关系的规定所致。人与人的经济利益关系规定人具有为获得一定的经济利益而付诸实践的内在属性，人与人的政治关系规定人具有政治性的内在属性。经济关系、政治关系和社会意识关系共同作用于人，使人具有反映社会整体变化的社会意识属性。而人与人的经济关系、政治关系、社会意识关系又各有其多种具体的关系形式。这些多重的社会关系，规定社会成员和社会组织具有多重的本质属性。要全面认识社会成员和社会组织的本质，就必须认识这种本质赖以产生和发展的各种社会环境及其多重的社会关系的特征。

三、人的本质是社会关系的内在化

马克思在《关于费尔巴哈的提纲》中说:"人的本质并不是单个人所固有

的抽象物。在其现实性上，它是一切社会关系的总和。"❶ 马克思在《德意志意识形态》一书中指出，"社会结构和国家经常是从一定个人的生活过程中产生的"，但"这些个人是从事活动的，进行物质生产的，因而是在一定的物质的、不受他们任意支配的界限、前提和条件下能动地表现自己的。"❷ 马克思在这里以及在他的其他著作中表述了以下一些阐述人的本质的重要思想。

（1）人的本质是社会关系的总和，主要是指人的社会属性即人区别于其他物质形式的特殊属性是在经济的、政治的、社会意识的多种多样的社会关系的支配和规定下形成的。其中，无数个人从事物质生产活动所结成的社会关系是一种不受个人任意支配的物质关系，也是形成个人本质的最主要的社会关系。此外，形成人的本质的，还有包括政治关系在内的意识性社会关系。物质关系对人的本质形成起着决定性作用，人的本质形成的第一位的原因是物质生产关系而不是空洞、抽象的意识。

（2）人的本质是社会关系的总和并不是说社会关系的总和等于人的本质，而是指各种各样的社会关系作用于人，内在化或人格化为人的本质属性。每一个人为了生活就必须从事物质生产活动，他从事生产活动就必然与其他的人产生直接、间接的相互作用和相互影响。这种相互作用和相互影响的关系包括：占有生产资料或是不占有生产资料、受生产资料占有者支配或是以占有生产资料而支配别人；决定或接受一定的产品分配方式，包括平均分配、按照需要分配、按照劳动多少分配或是按照占有生产资料的多少分配；在生产活动中是相互平等的关系还是一些人强制另一些人服从的关系；在政治上和思想上是人人相互平等的、自由的关系，或者是一些人借助特权甚至暴力对另一些人进行强制性管制，并以此维护公共的或者某些特权者的经济利益；一些人并不直接参加生产活动，甚至远离生产活动，但他们占有生产资料、占有资本或掌握政治权力，并以此支配其他人为其生产财富，所以仍属于物质生产关系的承担者之一。无数个人所从事的生产活动相互交织、汇合成社会系统的整体关系，这种整体关系就是社会的结构，也就是社会关系的

---

❶ 马克思：《关于费尔巴哈的提纲》，《马克思恩格斯选集》第 1 卷，人民出版社，1972 年 5 月，第 18 页。
❷ 马克思、恩格斯：《德意志意识形态》，《马克思恩格斯全集》第 3 卷，人民出版社，1960 年 12 月，第 29 页。

总和，也就是塑造人的本质的社会结构之网。

（3）人的本质的实现就是人发挥出他的种属能力，这种种属能力就是人类成员普遍具有、普遍都能发挥的能力，是人与人结成社会整体才能发挥的能力。人只有作为人类这个"类"的不可分离的个体来展现他的内在属性和能力，把自己与人类的其他成员看作是不可分割的整体，以自己的劳动和生存为其他成员提供有利的生存、发展条件，同时依赖其他成员的劳动来提高自己的劳动和生存水平，他才是具有人的真正本质的人类成员。否则，他就是本质被削弱或扭曲了的人类成员。人类所有成员只有实现最大限度的平等、联合、协作，才能真正体现人是作为"类"的存在物的本质。

（4）社会的结构以整体的、物质的力量，扬弃了个人能动地表现自己愿望和目的的单个活动，成为不受个人任意支配的决定性条件，赋予每个人以一定的本质属性。所以，人类是结成一种社会系统的整体，以"类"的存在物的形式从自然界索取生活资料的，人在自己所从事的生产活动中获得的本质是人类共同具有的内在属性。社会关系的总和同时也就意味着人类总是以社会整体的力量与自然界相互作用，形成人类与自然界相互关系的总和。如果没有与自然界相互关系的总和，人与人的社会关系及其总和就毫无意义，也无法存在。

第十章　社会结构演变的矛盾动力

社会系统是在周而复始的循环式运行过程中得以生存和发展的。推动社会运行、发展的基本力量是数量众多、性质各异的社会矛盾，这些矛盾集中地体现为社会的基本矛盾。社会的循环式运行结果的积累，形成物质财富、精神财富的增加和社会结构关系的渐进性变化，为社会系统实现上升性发展奠定基础。社会发展是社会系统在循环运行的基础上实现的进步性、上升性变化，其实质是社会结构的演变和升级。社会的重大发展往往表现为社会变革。社会变革是以从事社会革命或社会改良的阶级、阶层、政治集团为主力，破坏旧的社会结构关系和维护旧结构关系的社会制度，建立新的社会结构关系和维护新结构关系的社会制度。社会创新是现代社会条件下逐渐形成并不断完善的一种进步的社会变革方式。社会创新包括科学技术创新、文化创新、制度创新、政策创新、结构创新、关系创新、行为创新等社会方方面面的创新活动，是传统社会向现代化社会过渡的主要形式。

第一节　社会矛盾与社会运行

社会系统是在周期性的运行过程中维持其生存并实现发展、变化的。社会运行也就是社会系统的循环式再生产运动，包括物质再生产、精神再生产和社会关系再生产。社会运行是社会系统的基本生存方式，社会系统通过循环式再生产运动，将自然资源纳入社会系统之中，生产和再生产出社会系统生存所需要的物质资料、精神文化资料和社会成员之间的利益关系、交往关系亦即社会系统的结构关系。在社会运行中，组成社会系统整体的各个微观单位和各行业、部门、地区等宏观系统的再生产运动彼此联结、交叉、渗透，构成全社会有组织的再生产循环过程，周而复始地生产、分配、交换、消费物质财富和精神财富，使社会系统的结构关系和生存能力实现自我更新。

一、社会运行的基本动力是人的需要

人的需要是人的重要本质属性，这种本质属性根源于人的自然性生存本能。人在进化过程中，其自然性生存本能受到人的社会生产活动和社会关系的规定，动物式的生存需要就被改造、提高为社会性的生存需要。动物式的生存需要不仅十分简单，而且在需要得到满足之后不会再产生新的需要，因而动物式的"生产"只是满足其基本不变的、既是最高的也是最低的生存需要的活动。人的生存需要是社会性的需要，这种需要的社会性特征至少包括以下几方面：需要的种类是多方面的，既有对多种物质资料的需要，又有对多种精神资料和多种社会关系的需要；需要是一个不断变化、发展的过程，原来的需要得到满足之后又会产生新的需要，初级的需要得到满足之后会产生较高级的需要；需要既包括个人的需要，也包括集体的、阶级的、国家的、民族的、全人类的等不同层次社会群体的需要，而且个人的需要与群体的需要互为条件，既相互对立又相互转化，具有人类共同体所有成员的需要紧密相关联的特征。所以，只要具备一定的现实条件，人的需要就会向更加多样、更加高级、更加富于人性的方向变化、发展。随着人的需要的变化、发展，人满足需要的手段也在需要的引导和推动下实现相应的变化、发展。而人满足需要的手段的变化、发展，又会引导、推动人产生新的需要。

人的需要从形式上看是人的主观动机，但它的本质内容则是人对物质资料、精神资料和社会交往关系的依赖性，这种依赖性使人不断产生出新的需要和为满足需要而进行的实践活动。人获得自己的需要之物，就能够以人的方式亦即以社会的方式继续生存；人如果不能获得这些需要之物，就不能以人的方式生存。人为了获得自己所需要的物质资料、精神资料和社会关系，就将这种动机转化为相应的社会实践活动，生产出一定质量和数量的物质资料和精神资料，建立、维持或改变一定的社会关系，形成以社会关系为基本纽带、以共同生产为基本特征的社会运行过程。

二、生产与消费的矛盾直接推动社会的周期性运行

人总是结成一定的社会关系才能从事社会生产，所以人们共同生产的物质产品和精神产品作为人的生活资料必须经过分配，才能被从事共同生产的各个社会成员所消费。分配还要从共同生产的产品中分出一部分作为下一周期生产的投入要素，以便有条件启动和进行下一周期的生产过程。在社会分工越来越发达、人与人的社会关系越来越复杂、社会成员分布的空间范围越来越广泛的情况下，共同生产的产品在分配之后还必须经过流通和交换，才能成为适合于每个社会成员消费的生活资料。获得消费资料的社会成员，经过吃、穿、住、行、娱乐、审美、消遣、休息、享受、交游等消费活动，延续了自己的生命，也就重新生产出了自己的劳动能力，然后将这种能力投入到新一轮的生产过程中。生产、分配、流通、消费这些环节依次衔接、过渡并循环往复地进行，形成社会运行的周期性再生产过程。在社会发展的低级阶段，譬如在原始社会阶段，氏族公社内部进行的再生产运行的各个环节及其相互衔接、过渡的方式十分简单，物质、精神、社会关系的再生产都是混为一体的。随着社会发展进入越来越高级的阶段，社会系统的周期性运行过程的各个环节及其相互衔接、过渡的方式也越来越复杂，承担每一环节职能的社会主体都是一种庞大而复杂的人—物系统，物质、精神、社会关系的再生产也分化为越来越细密的组织、行业、部门、生活领域。

构成社会运行过程的最基本的两大环节是生产和消费，分配和流通只是衔接生产与消费的中介。消费是需要的满足，同时也是新一轮生产的开端，它的本质是生产出继续进行生产的主体。生产是满足需要的手段，它的本质是生产出满足需要的物质资料、精神资料和新的需要。消费与生产的矛盾也就是需要与满足需要的手段的矛盾，分配和流通是这种矛盾得到一定程度解决的中介条件。消费与生产的矛盾、需要与满足需要的手段的矛盾是呈现为

外在性对立的矛盾，它的内在本质是人对生活资料的依赖性与人生产生活资料的能力的矛盾。需要是一种内在属性，能力也是一种内在属性，所以说，消费与生产的矛盾，是人需要生产、需要文化的内在属性与人从事生产和创造文化的能力这两种内在属性的矛盾的外在形式。这种根源于人的内在本质的矛盾永远不会有最后的解决办法，所以社会运行也永远不会因矛盾动力的枯竭而终结，除非人类社会被某种不可抗拒的力量所摧毁。

三、社会运行的循环转化规律

社会运行的基础环节是经济运行，经济运行的主要功能是为社会整体的生存和发展生产和供应物质财富。社会系统就是以生产和占有一定的物质财富为利益关系的主要纽带，形成经济系统和经济结构，使社会整体的运行发展建立在一定的物质财富和物质关系的基础之上。同时，社会其他领域的运行则为经济运行提供精神性、政治性、公共关系性的资源或条件，具有提高经济运行的能力、扩展和深化经济运行的潜力的功能，成为经济运行不可缺少的条件。经济运行与社会其他领域的运行既相互区别、相互对立又相互联系、相互依赖、相互转化，构成统一的社会运行过程，使物质财富、精神财富、人口、劳动力和社会结构关系在运行中不断地生产和再生产出来。

（一）经济运行的循环转化

经济和社会各领域的运行都具有循环式和周期性的运动、转化特征。经济运行就是物质生产领域中生产、分配、流通、消费诸环节依次衔接、过渡的周期性再生产过程。其中，生产环节由一定分工水平形成的具体的微观单位和行业、部门、地区等系统组成，其职能是将自然资源和经济社会资源转化为现实的物质财富，增殖价值和使用价值。分配环节将物质财富转化为共同生产的各个个人、单位、部门、行业、地区可以自主支配的财富，流通环节将各个个人、单位、部门、行业、地区自主支配的财富转化为能够直接消费的生活资料和生产资料。生活消费环节将生活资料转化为人口和劳动力的生产活动，生产出活劳动这种最宝贵的经济资源。生产性消费将生产资料和劳动力转化为新一轮的生产过程，生产出一定数量的物质财富。经济良性运行的特征是通过生产、分配、流通、消费诸环节的依次过渡，在周而复始的循环过程中实现物质财富的正增长。经济非良性运行的特征是物质财富的负增长，经济的停滞性运行的特征是物质财富的零增长。只有良性的经济运行，才能为经济和社会发展提供不断增多的物质财富。实现经济运行的良性循环，重点在于物质财富的增殖，而实现物质财富增殖的重点在于提高劳动力的素质和劳动者的劳动积极性，因为只有活劳动才是财富增殖的真正源泉。

（二）经济与政治的循环转化

经济是政治等上层建筑的基础，政治是经济的集中体现，是维护一定的经济利益、解决经济问题的集中性、强制性手段。政治是社会领域中专门生产政治意识产品和政策、社会制度、公共管理、外交、社会和国防安全保障等特殊产品的部门。履行政治职能的部门和机构必须耗费一定的物质财富才能正常运行，这部分物质财富通过以财政为主的分配渠道，从经济领域流向政治领域，转化为政治产品和政治活动，是政治运行、政治进步和政治改革不可缺少的物质条件。政治产品和政治活动通过政治意识的传播、交流和政治机构的运行，作用于包括经济在内的社会各个领域，以正向的或负向的效果，转化为社会各领域的运行效率和效益。符合经济和社会发展需要的进步的政治职能，能够促进社会各领域的正常运行发展，尤其是能够集中解决经济运行中的重大问题，保障经济的正常运行，提高经济运行的效率和效益水平。政治领域中的缺陷、弊端、腐败和倒退行为，则会阻碍社会各领域的正常运行发展，不能有效解决经济运行中的问题，甚至成为经济正常运行的严重障碍。经济与政治的矛盾是经济基础与上层建筑的矛盾的集中表现形式，二者之间的良性相互作用和良性相互转化是社会正常运行的最主要的保障条件。

（三）经济与科技的循环转化

经济与科技的循环转化是社会运行发展的支柱力量。科学技术既是生产力的主要构成要素，同时也是社会意识的重要组成部分。科学通过技术环节转化为生产力，成为经济运行和财富增殖的源泉性和支柱性推动力，实现科技知识财富向物质财富的转化。物质财富增殖通过企业经营管理和政府财政分配等渠道转化为科技投入增长，实现物质财富向科技知识财富的转化。物质财富与科技知识财富的相互转化能够产生财富增殖的倍加效应。一定数量的物质财富投入到科学技术的研究和开发中所产生的知识成果再投入到经济运行中，往往会产生出成倍、成十倍甚至成百倍、成千万倍的增殖财富。其中的奥秘之一，就是物质财富无法用快速复制、传播的方式实现增殖，而知识财富不仅能够快速复制、传播，而且能够在已有的创造成就的基础上实现更快和更有价值的创造，从而以越来越快、越来越有价值的创造驾驭成倍、成十倍扩大的自然力，生产出成十倍、成百倍甚至成千万倍的物质财富。所以，保持科技投入的增长是形成科学技术的加速度发展和经济总量的快速、持续增长的最主要的内生增长机制，也是经济与科技实现良性循环转化的关键所在。

（四）经济与精神文化的循环转化

以教育、文学艺术、道德、哲学等思想理论为主的精神文化各领域，主要生产塑造人的灵魂和净化、美化社会环境的精神产品。这些产品通过提高人的精神素质、清除社会中的精神垃圾、化解社会冲突，能够增强经济、政治、科技运行发展的潜力和动力，是经济繁荣、社会进步和国家综合实力持续壮大不可缺少的文化资源。精神文化领域的正常运行，依赖经济领域提供一定的物质投入。投入的渠道包括市场配置、财政分配和单位、个人支出。经济与精神文化各领域之间实现良性循环转化是社会全面进步的重要标志，但是实现良性转化必须解决好不同转化周期的互补和协同问题。教育造就人才和高素质的劳动力的周期约为十几年甚至几十年；文学艺术影响人的精神世界、提高人的审美素质的进程更慢，周期更长；道德的教育和影响在提高人的行为规范水平方面所依赖的条件更复杂，其产生显著效果的周期较为模糊；哲学社会科学在提高人的思想素质和精神境界方面所产生的效果较为直接，周期相对较短，但对人的综合知识水平有较大的依赖性。将一定的物质财富投入精神文化各领域，使物质生产转化为精神生产的周期相对较短，而使精神文化各领域的生产转化为物质生产却需要各不相等的较长时间，并且很难测定物质生产与精神文化各领域相互转化的效果。实际上，精神文化各领域在运行方式、运行周期、产品输出、产品消费等方面不仅各自有其特殊性，而且整个精神文化的生产及其产品的输出、消费等，与物质生产相比也有极大的不同。精神文化各领域的生产及其产品的输出、消费既有各自相对独立的一面，同时也有相互融合、渗透的一面。各领域总是在既相互区别又相互融合、渗透的运行过程中，以综合性的精神产品作用于物质生产过程，转化为经济运行的效果和效益。所以，经济运行与精神文化运行相互转化的一种表象往往是：经济向精神文化的投入每时每刻都在进行，而精神文化向经济的转化却总是看不见、测不出效果，精神文化似乎是只消耗物质财富而不创造物质财富的一个纯粹"务虚"的领域。其实不然。精神文化的生产和产品的形态以及产品的输出、消费总体上是一个无形的过程，这种无形的产品通过无形的渠道并以无形的方式被社会各个领域的人们消费，消费过程和消费效果也是无形的。这种无形的内容不仅有其有形的形式，如出版物、音像制品、艺术表演、传授知识的教学活动、科学研究活动等物质性的载体形式，而且科学、政治、文学艺术、道德、哲学等精神文化的生产和产品一般总是相对地集中在教育领域，以传授知识、培养人才和人才流动的方式输出到社会的其他领域。这种无形的生产、无形的产品、无形的消费和无形的消费效果也正是精神文化所具有的本质性特征，它对于社会各个领域的运行特别是经济的运行不仅是必需的，而且是非常重要的。其重要性就在于精神文化是为全社会生产灵魂、生产无形的软实力的领域。它的生产和产品以较长的周期最终转化为每个社会成员的灵魂、精神境界、精神动力，成为社会生产力的主导性构成部分，成为推动生产关系和上层建筑变革的精神动力。精神文化运行转化为经济运行的真正效果，就是每过一定时期，全体社会成员的单项精神素质和综合精神素质都得到提高。这种提高不仅表现为经济领域的劳动力和经营管理者的素质普遍得到提高，经济运行的效率、效益也因之提高，而且表现为非经济领域社会成员的素质以及这些领域运行的效率、效益普遍得到提高，并且对经济运行产生正向的推动、影响作用，形成经济与精神文化之间的良性相互转化。

第二节　社会交换与社会矛盾斗争

在社会发展的较高级阶段，经济和社会意识各领域都分化为专门化水平越来越高、分工关系越来越细密的不同部门、行业、微观组织等，国家之间和国内各地区之间也分化为专门化程度越来越高、利益目标各不相同的区域共同体。与分化和分工的不断深化的过程相伴随，这些高度分化的要素、组成部分之间不断增强相互联系，形成越来越紧密的相互依赖关系，使社会系统的整体结构水平不断提高。社会系统的各种要素和各级各类组成部分在高度分化的同时，增强其相互依赖、相互转化的整体性关系的主要途径，就是构成社会系统的每一个领域、部门、单位、个人，都以直接或间接的方式，面向其他的领域、部门、单位、个人的需要，从事广义的社会生产并输出自己的产品。这种广义生产所形成的产品既包括物质产品、精神产品、服务活动，也包括各种各样的社会活动，如政治活动、私人或组织之间的交往活动、军事活动等。这种广义的生产和广义的产品以及由此产生的广义的交换，是社会要素构成社会系统整体和社会运行总过程的规律性机制，也是社会运行的真正活力所在。

一、广义的社会生产和社会交换

社会系统的每个领域、部门、单位根据自己的社会分工职能向其他的领域、部门、单位提供专门化产品并与自己所需要的其他领域、部门、单位的产品相交换，形成全社会以广义的产品交换为主要纽带的网络型循环转化关系。由于各个领域、部门、单位的社会分工职能不同，其生产活动和产品的性质也不同，因而相互交换产品的性质和方式也不同。经济领域各个部门、单位、个人以商品的等价交换为主要形式，输出自己的产品，获得自己所需要的物质资料和精神资料，形成各自的投入—产出循环运行过程。同时也以上缴税费等方式输出产品，通过以政府机构为主的中介环节，与非物质生产各领域、部门、单位形成非等价的交换，获得自己所需要的精神资料、安全保障、社会保障、公共秩序、社会影响等公共性、公益性消费资料。精神文化的各个领域、部门、单位、个人，由其社会分工的地位和特点所决定，以等价交换或非等价交换的形式向全社会提供自己的产品，同时获得自己所需要的物质资料、精神资料和公益性消费品，形成符合自己的社会分工职能的投入—产出运行过程。以政府机构为主的政治领域各部门、各单位，本质上属于社会的精神文化领域，但具有不同于其他精神文化部门的特殊性。政治领域各部门、单位所从事的是政治性生产活动，产品主要是政策、法令、制度和政治活动、公共管理活动、军事活动、维护社会安全活动等，这种生产和产品是维护一定的阶级、阶层、国家、民族的经济利益或全社会的公共利益所必需的，但同时也是对抗另一些阶级、阶层、国家、民族的利益和压制那些破坏公共利益者的社会斗争手段。政治领域各部门、单位甚至个人输出自己的产品，同时根据国家行政和法律的规定，获得必需的物质资料、精神资料和公益性消费品，形成政治循环运行的过程。社会系统的各个领域、部门、单位所从事的专门化生产，只有经过交换活动，才能转化为自己的再生产循环过程，也才能够将自己的再生产循环与其他领域、部门、单位的再生产循环相互衔接、融合，构成社会整体的循环运行过程。

广义的社会交换有时也被称为社会互动，是个人之间、社会组织之间相互交换其实践活动或物质性、精神性产品的社会关系。"个体之间的交往势必被组织成复杂的社会结构，而这些交往常常被制度化，使组织的形式永久存在下去。"❶ 现代西方一些社会学家将广义的社会交换活动和交换关系概括为一种专门的学说，称为社会交换理论，为揭示社会结构的一些规律性特征提供了有益的启示。

二、社会交换是社会矛盾和社会结构关系的具体形态

（一）社会交换的本质

一切社会关系和社会结构都有其共同性和规律性，这种共同性和规律性有各种具体的表现形式和表面性的形态，表现为个人之间、社会组织之间的各种交换活动。正是这些生动具体的交换活动，构成每个人都需要其他人的社会交往关系，形成社会最底层的各种动态的、活性的关系网络。这种关系网络将单个的社会成员编织成各种社会组织，将不同的社会组织编织成社会系统的整体，形成社会的整体性结构和功能。所以，社会交换活动是构成社会整体结构关系的最具体的形式和纽带。

马克思在创立历史唯物主义理论时就论述了有关社会交换的具体形式及

---

❶ 彼得·M.布劳著、李国武译：《社会生活中的交换与权力》，商务印书馆，2008年11月，第47页。

其本质，认为人的活动的交换和产品的交换都是人的"类活动和类精神"，是人与人相互结合起来的"本质的联系"❶。马克思有时也使用"交往"、"社会交往"的概念说明人与人的社会交换关系及其构成一定的社会结构的规律。他认为，"社会结构和国家经常是从一定个人的生活过程中产生的"，"这些个人是从事活动的"和"能动地表现自己的"，他们以一定的方式共同进行生产，进而形成"一定的社会关系和政治关系"❷。"生产力与交往形式的关系就是交往形式与个人的行动或活动的关系"，"个人之间进行交往的条件是与他们的个性相适应的条件"，因为"生存于一定关系中的一定的个人只能生产自己的物质生活以及与这种物质生活有关的东西"。"人们进行生产的一定条件是同他们的现实的局限状态和他们的片面存在相适应的，这种存在的片面性只是在矛盾产生时才表现出来"❸。马克思在这里表述的观点深刻而明确：个人总是有其局限性、片面性，具有局限性和片面性的个人只能生产有局限性和片面性的东西，因此他们必须与其他人进行以交换为特征的交往，才能形成社会的生产力，进而形成适应生产力的经济利益关系，以及适应经济利益关系的政治关系、意识形态关系和社会的整体结构关系。

为了认识社会交换、社会关系、社会结构的本质和变化规律，人们就必须对分散在全社会的各种具体的交换活动及其构成的交往关系和由这种关系编织成的社会结构进行理论的概括，抽去其具体性、表面性特征，揭示出这些交换关系和交换网络的普遍性、规律性特征，形成反映社会关系和社会结构的本质内容的抽象化、理论化模式。譬如：从广泛存在于各领域、各地区、各种社会组织的各有其特点的具体的交换活动中，概括出主要的、共同的特征，就会发现每天都发生千百万次的生动具体的交换活动，其共同的特征就是人与人总是结成一定的利益关系，共同作用于自然界，以获得共同生存所需要的物质生活资料。人与人总是通过交换活动结成一定的利益关系这种特征，马克思将其概括为一种理论化的概念——生产关系；人与人总是通过利

---

❶ 马克思：《詹姆斯·穆勒〈政治经济学原理〉一书摘要》，《马克思恩格斯全集》第42卷，人民出版社，1979年9月，第24-25页。

❷ 马克思、恩格斯：《德意志意识形态》，《马克思恩格斯全集》第3卷，人民出版社，1960年12月，第29页。

❸ 同上书，第80页。

益关系结成一定的社会整体，共同作用于自然界以获取生存资料这一共同特征，马克思将其概括为另一种理论化的概念——生产力。与此相同，马克思将人与人的政治性和意识性交换关系概括为上层建筑，将人与人在社会生产中的交换关系概括为经济基础，进而从纷纭复杂的社会交换活动中概括出社会基本矛盾的理论模式。社会基本矛盾理论，就是揭示社会交换活动的本质和规律的一种社会结构理论。

社会交换活动是社会系统具有生命活力的重要体现，也是人的本质的最生动的外在化形式之一。社会交换活动所表现的是人的这样一种内在的、本质的矛盾：人的需要是多方面的，人的能力却是相对单方面的，所以每个人必须与其他人进行活动或产品的交换，才能满足自己多方面的需要，以人的生活方式生存下去。

人和一切事物一样，都是内在的矛盾之物、片面之物，具有片面性或对外部事物的依赖性这样的天性。事物的片面性就是一种欠缺性，即总是缺乏能够弥补自己的片面性、欠缺性的对象物。只有得到这种能够弥补自己的片面性、欠缺性的对象物，它才能成为相对全面性的存在物。然后它又会产生新的片种面性、欠缺性，需要新的对象物来弥补自己的片面性、欠缺性。事物的这片面性、欠缺性永远不会达到绝对的全面性或绝对的完美性，所以一切事物"欠缺—弥补欠缺—新的欠缺—新的弥补欠缺"的运动过程永远没有尽头。人的片面性、欠缺性既有自然属性的内容，同时也有社会属性的内容，这种片面性、欠缺性属性集中体现为人的需要。每个人、每个社会组织，都有多方面的或相对全面的需要，多方面的需要产生多方面的利益追求。需要者只有得到自己的需要之物，使自己多方面的需要得到满足，才能以人的方式、社会的方式生存和发展。如果得不到自己的需要之物，需要得不到满足，人以及人和人组成的社会系统就不能继续生存和发展。但每个人、每个社会组织满足自己的需要、实现自己的利益目标的能力却是相对单一的或片面的，因而需要借助其他人、其他社会组织的能力和活动来满足自己的需要，弥补自己的不足，实现自己的利益。"个体所体验到的满足感都取决于其他人的行动。"[1]个人、社会组织的多方面的需要产生多方面的利益追求，多方面的利

---

❶ 彼得·M.布劳著、李国武译：《社会生活中的交换与权力》，商务印书馆，2008年11月，第49页。

益追求构成多方面的交换活动和交换关系。所以,每个人、每个社会组织都需要与其他的个人、其他的社会组织进行产品和活动的交换。通过交换,自己与其他的个人、其他的社会组织都获得所需要的资源,使各自的特殊利益与交换双方的共同利益达到相对一致。每个人、每个社会组织与其他的个人、其他的社会组织进行产品和活动的交换,看起来是一种外在的交往关系,但这种外在的交往关系所体现的是他们之间的内在的本质联系。交换的每一方都有其内在的、本质的缺陷,都需要其他各方弥补自己的这种缺陷,自己也弥补其他各方的缺陷,互相弥补本质性的缺陷就成了人与人、社会组织与社会组织之间的内在本质联系,而本质联系就是规律。所以,支配人与人、社会组织与社会组织之间生动具体的交换活动和交换关系的是客观规律,是人与人只有结成一定的社会关系才能生存和发展的社会结构规律。

人类整体也有其局限性,人类是通过与自然界的相互作用和自身的不断发展来克服这种局限性的。人类从一开始就是通过与自然环境、自然条件、自然资源的结合和相互作用,即通过与自然界之间进行的物质、能量、信息的循环式交换来弥补自身的局限性并获得不断发展的。在社会领域,人类一方面需要其所有的成员和各种社会组织相互合作、协作、联合来弥补其局限性,这种相互合作、协作、联合就是通过交换活动实现的;另一方面则需要在不断的发展中,以高级阶段的进步性、优越性克服其低级阶段的落后性、局限性。人只有不分种族、地域、宗教信仰、政治派别、文化差异等,实现最广泛的协作、联合或者交换,并在发展中不断改进、完善其协作、联合、交换的方式,才能最大限度地克服自身的片面性、局限性,充分发挥人的潜能,使人的本性得到丰富、提高,使社会在人的发展的基础上不断进步、不断提高文明水平。

(二)社会交换是社会矛盾的具体形态

但是,交换并不是交换双方利益的绝对一致,它实际上是人的内在矛盾的外在化形式。人既有共同的需要和共同的利益,又有各自特殊的、相互冲突的需要和相互冲突的利益;既追求共同利益,又追求各自的特殊利益。人与人的交换,并不总是取得共同利益与各自的特殊利益的一致,而是既有两种利益的相对一致,也有不同利益的冲突。追求共同利益使冲突弱化,使交换能够继续进行；追求各自的特殊利益又往往引起新的冲突，促使交换双方寻求新的途径来弱化冲突。所以，交换总是在矛盾关系中进行的。

每个领域、部门、单位、个人向其他的领域、部门、单位、个人提供自己的产品，并与自己所需要的其他领域、部门、单位、个人的产品进行等价的或非等价的、商品的或非商品的、自愿的或不自愿的交换，这种交换本质上是一种对立统一的社会矛盾关系，是社会矛盾最生动具体的形态。这种交换，包括在市场上进行的商品交换，其他领域的合作性、协商性、公益性的非商品交换，以及在行政性、法律性规定下的交换和以各种形式强加于人的交换。所有这些交换都是以利益的争夺为中心进行的，或者说这种交换本身就是一种争夺利益的社会活动。商品交换是以表面上的平等交易掩盖实际上总是一方吃亏而另一方占便宜的交换。由于供需不平衡、价格波动或其他种种原因，个别的交换过程都不可能达到绝对公平，而只是就全社会的交换总量的平均值而言卖方与买方是等价交换的。各种合作性、协商性、公益性的非商品交换和非等价交换中也存在着交换双方在产品质量和交换效果等方面的利益争夺关系，不过这种利益争夺的斗争并不激烈。通过行政性、法律性规定进行的非商品性交换，如收税与交税、依法征地与被迫出让土地使用权、行政命令与服从命令，以及像白居易在其《卖炭翁》一诗中描绘的那种农夫的木炭与宫廷的红绫的交换等，则含有强制性与服从性、依规依法与违规违法的利益争夺关系。以各种形式强加于人的交换，包括偷盗、欺诈、杀人越货、迫害、陷害、奴役、侵害人权、滥用权力、发动侵略战争等，实际上是社会制度、社会弊端造成的病态的社会主体和病态的交换关系。这种病态的交换关系表现为交换的一方的人格和社会属性被严重扭曲，他们以其生产的社会负产品、负价值的活动破坏他人的正常生活和社会的正常运行，而交换的另一方则被迫以生产社会的安全产品、正义产品和自卫产品与病态的一方进行交换，双方的交换变成了邪恶与正义的利益争夺斗争。如美国社会学家布劳所说，社会交换既有对等的、两相情愿的，也有非对等的、强迫性的；不对等交换产生了社会的权力差异与分层现象，拥有权力者与被使用权力的人民之间往往存在冲突性的交换关系；权力的剥削性与压迫性使用，会激起社会非难并在极端情况下引起强烈的敌视情绪和对权力的反抗。

但是，只要是社会成员和社会组织，要生存就必然要从事一定的社会生产，参与一定的社会交换，处于一定的社会交换关系之中。只是大多数的社会成员和社会组织所从事的是创造社会有用产品和社会正价值的生产，他们之间进行的交换是有益于交换双方和社会整体运行的互利交换。以犯罪为生存方式的社会成员和社会组织所从事的是制造有害于社会的毒品和社会负价值的生产，他们与创造正价值的社会成员和社会组织之间进行的交换是阻碍社会运行发展活动与推动社会运行发展活动的一种特殊交换，这种社会交换所形成的社会关系是一种对抗性的利益关系，并且是根源于一定的生产力水平、一定的社会制度的必然性的社会结构关系。实际上，还有大量的社会成员和社会组织所从事的是既创造社会有用产品和社会正价值又创造社会毒品和社会负价值的生产，这些社会成员和社会组织所产生的社会负能量，也只有在社会交换活动中才能被其他社会成员和社会组织所产生的社会正能量加以抵消。正是由于社会交换关系中必然形成的正能量对负能量的抑制和抵消作用，社会机体才有基本的健康保障。

（三）社会交换是社会运行和社会结构关系的活性状态

每个领域、部门、单位、个人与其他的领域、部门、单位、个人所进行的直接的或间接的、对等的或非对等的、商品的或非商品的交换，同时也就是社会系统各个组成部分、各个要素之间以利益争夺的矛盾斗争连接成的最生动具体的社会结构关系。把这些交换关系从社会的总体交换网络中近似地一个一个分离出来看，它就是一种争夺利益的矛盾关系。但是将它们一个一个地回归到总体的交换网络之中看，它们都是相互作用、相互制约、相互转化的整体结构关系和整体运行过程。每一种具体的交换关系和关系的承担者之所以是它们的那种性质、那种特点而不是别的性质、特点，就是因为受整体结构关系和整体运行过程的规定，使它们处于那个特定的位置上和特殊的环境中。社会系统整体的生存需要和这种需要推动下形成的运行方式、分工关系、交换关系等，规定了系统中每一个领域、部门、单位、个人必须处于确定的但也有一定自由度的位置，必须按照社会分工和社会需要从事受一定限制但也有一定自由度的广义生产活动，只能依靠自己的生产活动和符合社会需要的产品，获得自己的生存和发展资料，成为社会系统整体的合格构成部分。否则，就会在社会交换活动中失去生存条件，成为社会运行过程必须排除的废料。不论是矛盾关系相对缓和的共同生产活动、交换活动、利益争夺活动，还是激烈的政治斗争和大规模的暴力冲突，其实都是不同的利益主体相互交换其活动和产品的具体形式，是社会运行和社会结构关系的活性状态。

三、社会矛盾斗争是保持社会结构活性的基本机制

社会交换活动是社会基本矛盾的最具体的表现形态，也是社会结构的活性状态。经济的、政治的、思想文化的社会矛盾不只是停留在它的内在的、本质的范围，而是要将本质表现为它的各种具体化、外在化的形式和生动化的形态。这种体现社会内在本质矛盾的具体化、外在化的矛盾斗争，是遏制社会过早和过度腐败的最基本和最有实效的社会运行机制和社会结构特征。

布劳认为交换引起义务不平衡造成了权力上的差异，使成功者、获得利益更多者逐渐成为列维-斯特劳斯所说的"得到特权、头衔、等级、权威和声望"的人[1]，其他人则成为中等和下等地位的阶级、阶层，这样会阻碍社会结构各个部分之间面对面的直接交往。其实社会分化不只是阻碍交换，它同时也促进交换。越是存在社会地位、职业、思想意识等方面的差别，就越需要与其他各方进行交换，以便从对方那里获得自己不能生产而却需要的东西。只是这种交换必须经过矛盾斗争，使交换双方在付出一定代价的条件下回到实现共同利益的轨道上。社会交换不可能消灭社会分化，但可以通过交换中的斗争推动社会分化趋向进步。社会交换中存在的利益冲突，经过反反复复的矛盾斗争，促使参与交换的各方为了实现共同利益和各自的特殊利益，制定和实行交换各方都必须遵守的共同规则和共同标准，按照一定的社会规范进行交换。或者以其他的斗争方式，使占据高级地位的人受到不同程度的制约和改造，使中等和下等地位的阶级、阶层获得平等的权利。

在社会系统中，整体需要每一个合格的组成部分，每一个合格的组成部分也需要其他的合格组成部分和健康的整体，各方始终处于相互选择的矛盾斗争之中。斗争的主要方式就是广义的社会交换。只有在这种斗争型的交换

---

[1] 彼得·M.布劳著、李国武译：《社会生活中的交换与权力》，商务印书馆，2008年11月，第167页。

关系中，恶性膨胀的谋利行为才能得到遏制，过早和过度腐败的利益主体才能被较快送进社会的"垃圾处理场"。社会成员之间和微观组织之间正常的交换关系虽然普遍地表现为交换双方的利益争夺关系，体现着具体化的社会矛盾斗争，但却能够使争夺利益的双方都获得利益、获得进步并保持相对均衡的制约关系。久而久之，原本不合格的社会成员和微观组织也会在这种关系中逐渐向合格化的方向转变，社会整体也会在社会成员和微观组织的合格化进步中提高其健康水平。而用极端的统治手段或用精神麻醉的方式取消或破坏这种正常的交换，企图消除交换中的社会矛盾斗争，则必然导致人与人之间利益关系严重失衡，并引发普遍、深重的社会腐败。农民用自己生产的粮食与手工业者制造的农具相交换，双方获得的利益并不绝对均等，但这种交换是地位平等的交换，交换双方都能受益，也都能够接受。双方进行的讨价还价的斗争会推动交换品的价格更接近其价值，也能激励双方生产更好的产品，以更加健康的心态参与交换。地主将土地出租给农民，要求农民向其交出一半以上的收获品。这是地位和价格都不平等的交换，农民被迫接受这样的交换，但却以各种方式反抗地主的剥削行为。双方的不平等交换使矛盾斗争愈演愈烈，甚至发展为暴力对抗。长期斗争的结果会使一部分地主将地租降到农民能够接受的程度，也会使一部分恶霸地主与农民在暴力冲突中两败俱伤。中国历史上的封建王朝用残酷的经济剥削和政治统治无偿占有农民的劳动并剥夺农民的政治权利，农民就用武装反抗的活动与之相交换，最终的结果是一个个封建王朝失去其统治权，农民获得一定时期内的正常生存权，社会获得一定的进步、发展。在一些实行野蛮、残酷的奴隶制或农奴制的国家和地区，统治者用精神麻醉的方式消除被统治阶级的反抗精神，其结果是这些国家和地区几百年甚至上千年处于黑暗、落后、愚昧的社会状态而无进步性变化。

　　社会矛盾斗争和由这种斗争活动相互联系、相互制约构成的社会的活性结构关系就是社会的生命线，也是人的本质形成和不断丰富的源泉。没有社会矛盾斗争和由这种斗争活动构成的个人之间、微观单位之间、部门之间、地区之间、国家之间、民族之间的利益关系，这些社会主体的生存条件就会被社会腐败所吞没。所以，现实的、社会性的个人以及由个人组成的微观单位、部门、领域、地区、国家、民族等系统体，在本质上都是社会矛盾关系和社会结构关系的规定之物、内化之物，都是在社会矛盾斗争和社会与自然的矛盾斗争中获得生存权和发展权的智慧之物、进化之物。

第三节　社会发展与社会结构演变

社会发展是社会系统在物质财富和精神财富增加的基础上，由低级到高级、由简单到复杂的上升性变化过程。社会发展主要体现为社会系统的结构和功能性质发生了重大的进步性变化，为进一步的、更高水平的财富增长创造了条件。

一、社会矛盾推动社会发展

社会发展和社会运行的直接推动力都是社会需要，但推动社会发展的需要比推动社会运行的需要更高级、更具有综合性和长远性。社会需要是社会基本矛盾的具体表现，是社会成员需要新的生活、新的生活需要新的生产力、新的生产力需要新的生产关系、新的生产关系需要新的社会意识这样的矛盾关系链条。个人和社会组织为了追求新的利益目标，就必然付诸行动，从事一定的社会生产，主动进行社会交换。个人和社会组织所从事的生产活动和交换活动各有其不同的利益目标，这些由不同目标驱动的生产活动和交换活动既相互促进、相互融合，又相互制约、相互冲突、相互抵消，在整体上形成一种不以单个人的意志为转移的社会合力，推动社会系统由低级到高级的发展。由社会系统的各级各类组成部分的具体需要汇合成的社会整体的综合性需要，往往经过社会的思想家、政治家的精神加工，成为一定阶级、阶层、政治集团、国家、民族的有明确意识和明确目标的共同需要，并转化为相应的共同行动和体现社会发展需要的历史过程。

社会系统形成上升性发展的规律性机制具有类似于生命体发展的生长机制、发育机制和综合发展机制等特征。

（一）社会的生长机制

有序性系统实现发展的首要特征是不断生长出新的要素、新的子系统和新的结构关系，社会系统也不例外。社会系统的生长以社会财富的增长为基础。只有物质财富和精神财富持续不断地增加并得到合理的分配和使用，新的社会要素、社会组织、社会关系才能不断地、有秩序地产生、扩大和完善。具体体现为开发和建设新的工程项目，形成新的经济增长点和社会生长点，新的社会子系统不断产生，各级各类子系统之间的功能耦合网不断扩大和不断复杂化。在一定投资能力的基础上，人民生活和社会发展所需要的高质量的建设项目越多，社会生长的速度就越快。

（二）社会的发育机制

社会系统的发育是指社会系统的内部组织结构和对外功能发生重大的积极性变化，使系统演化或成长到高一级的阶段。具体体现为社会财富的生产手段更加先进，社会分工和分工基础上的协作水平显著提高；人民生活和社会发展产生出新的需要，并有新的产品、行业、部门、专业化地区来满足这些需要；各行业、部门、地区之间的经济和社会联系更加紧密，社会运行的效率、效益更高；社会呈现出进入新的阶段、具有新的发展能力的一系列特征。

（三）社会的综合发展机制

社会的综合发展机制表现为社会财富的分配和使用更加合理，社会成员的物质生活状况普遍得到改善，精神生活更加健康、更加丰富多样；社会系统的各个领域、部门、地区、单位和社会成员的素质普遍提高；人们之间的物质利益关系和其他社会关系更加进步、更加适应经济和社会发展的需要；经济发展与社会进步紧密相联系，形成融为一体的经济社会综合发展过程；社会系统的自我调控能力显著增强，社会各领域的协调水平得到提高，社会系统由原来的内稳态进入到更高一级的内稳态；经济社会发展与生态环境的关系更加协调；等等。

二、社会发展的实质是社会结构演变

社会结构既具有绝对的动态性，又具有相对的稳定性。社会发展的实质是在社会财富增长的基础上,社会结构实现了进步性的变化。而社会结构的进步性变化,体现为社会结构的渐变式和突变式交替进行的演变过程。

(一)社会结构演变的微观基础

社会交换所产生的活性机制是推动社会结构演变的基础性动力。社会结构关系是社会成员之间、社会组织之间的生产活动和交换活动所构成的动态利益关系,而不是像固体物质结构那样的板块与板块间的对接关系。利益争夺是一种由不停顿的活动构成的社会关系,这种关系表现为生产活动和交换活动中的矛盾斗争,其中有些矛盾斗争的方式是温和的,有些是较温和的,有些则是对抗性、冲突性的。这种不同方式的矛盾斗争是社会基本矛盾的具体化,是社会本质矛盾的外在化形式,同时也是最底层、最具体的社会结构机制。不管社会结构在宏观层次上看起来多么稳定,但是在微观层次特别是在个人这一最低的层次上,社会结构关系则是由数以百万、千万计甚至数以亿计、十亿计的个人的社会实践活动和这些活动构成的社会交换关系构成的,是一种变动不居的活动和活动着的关系。毫无疑问,这种由数量巨大的个人活动和活动构成的交换关系,就像物质分子结构中的那些原子核外围的电子一样,只能用统计学的或者是"测不准"的方法确定它们的相对位置和它们之间的相互关系。社会系统最底层的这种结构关系每时每刻都在变化,但它所构成的宏观社会结构却在很长时间都看不见变化。看不见的变化并不是没有变化,而是被相对稳定状态掩盖着的变化。

社会系统最底层的结构关系是由个人的实践活动和个人之间的社会交换关系构成的,因而是最具活动性和最有活力的结构关系。所有的社会创新、社会财富、社会进步因素,都是在这种关系中萌芽、产生、发育、增长或成长的。所有的社会结构变化、社会变革,也都是在这种关系中孕育或酝酿、发展起来的。社会结构演变就是在这种关系中时而有声有色时而又悄无声息、此地风平浪静而彼处却风起云涌地进行着。

(二)社会分工形成不断复杂化的社会结构

社会分工是社会基本矛盾的重要表现形式。社会分工和分工基础上的社会协作是推动社会结构演变的一种重要的规律性机制。在社会经济领域,"分工总是意味着为了生产各种使用价值而组织起来的整个社会劳动过程分成为它的各个组成部分","分工是一个没有完结的持续过程,不仅不断地产生新的更专业化的劳动,而且也同时产生新的行业"和新的广泛的生产领域❶。分工永无终点地持续产生新的更专业化的劳动和新的行业、新的生产领域,这不仅在经济领域而且在社会生活的各个领域都是一种普遍的规律。"随着社会共同体的发展日益庞大和复杂,恰如机体随其进化而变得更大和更加复杂化一样,社会分工的现象变得越来越明显。在一个文明社会中,专门工种的分类目录几乎可以多至无限。"❷分工推动社会结构关系由简单到复杂的不断变化的机制主要有以下三种。

1. 分工受社会需要的推动

引起分工的根本原因是个人和社会组织对更多生活资料、生产资料和精神文化资料的需要,这种需要进一步引起对生产这些资料的更高生产效率的需要,更高生产效率的需要产生出对更高专业化分工的需要,于是就形成不断深化的专业分工和不断提高的生产效率。所以,社会需要是推动分工持续进行的内在动力。社会需要的多样化、高级化推动分工的深化和社会生产效率的提高,社会生产效率的提高引起利益关系和社会结构关系的进步性变化,这些反过来又推动社会需要的多样化、高级化变化,形成循环式的结构演变过程。

2. 分工使相互分离开的个人和社会组织加强联系

分工的本质不是单纯的分离,而是以分离的形式加强相互之间的联系。分工形成分工者各不相同的专业特征和社会地位,同时也使彼此分开来的分工者更加需要联合起来才能既提高生产效率又弥补各自的缺陷和获得更多的利益。因此,分工每深化一步,处于分工关系中的个人之间和社会组织之间的相互依赖性和他们之间的协作程度、协作水平就达到更高的水平。这样就推动了分工发达的社会组织和社会系统更快地实现结构升级。

3. 分工使原本分离的个人和社会组织结合成新的社会系统

在相互远离、没有交往关系的个人和社会组织之间,由于进行商品交换

---

❶ 奥塔·锡克著,王富民、王成稼、沙吉才译:《经济—利益—政治》,中国社会科学出版社,1984年5月,第48-49页。
❷ W.B.坎农著,范岳年、魏有仁译:《躯体的智慧》,商务印书馆,1982年11月,第190页。

和非商品性交换，建立起以共同利益为纽带的分工—交换关系，使这些曾经"老死不相往来"的社会要素和社会单元结合成结构关系越来越紧密的社会统一体。

（三）社会结构的渐变式演变和突变式演变

社会结构的渐变式演变是社会矛盾没有被激化时呈现的数量积累型演变。在生产力发展没有受到严重阻碍、社会主要利益集团之间没有出现激烈对抗、来自外部的冲击没有破坏社会结构的重大关系的条件下，社会结构的演变处于渐变的状态。社会结构的渐变式演变一般处于已形成的社会制度能够容纳的范围之内，不会引起社会制度的重大变化。

突变式演变是社会基本矛盾被激化、社会对立势力以对抗性的方式寻求新的利益平衡的演变。造成社会结构的突变式演变的主要原因是：社会生产力发展受到严重阻碍甚至被破坏，社会主要的阶级、阶层、利益集团之间出现激烈的对抗，或者来自外部的干涉对社会结构的重大关系产生剧烈冲击，代表社会前进方向的社会革命或社会改良的力量强烈要求对社会结构和社会制度进行改造，并为实现一定的革命或改良的目标付诸实际行动。社会结构的突变式演变必然会触及社会制度，以部分地或从根本上改变社会制度为主要目标，通过社会制度的部分性或根本性变化为社会结构的进步性变化扫清道路。

三、社会变革和社会创新

（一）社会变革

社会基本矛盾达到某种对抗性甚至全面对抗的程度，其得到解决的方式就是进行主动的社会变革。社会变革的主要特征是以社会革命或社会改良的阶级、阶层、政治集团为主力，破坏旧的社会结构关系和维护旧结构关系的社会制度，建立新的社会结构关系和维护新结构关系的社会制度。

引起社会变革的主要原因是拥有既得利益、占据社会统治地位、拥有一定社会权力的阶级、阶层、集团等，由社会发展的推动者变为社会发展的阻碍力量。这些阶级、阶层、集团等不仅不放弃既得利益，而且使用各种手段甚至使用暴力镇压被统治阶级的反抗，维护其阻碍社会前进的利益和地位，从而使社会矛盾被激化，导致社会变革。社会变革的方式主要有社会改良和社会革命。

社会改良的主要特征是部分地改变旧的社会结构关系和维护旧结构关系的社会制度，调整阻碍生产力发展和社会前进的社会结构关系，使社会结构关系和社会制度获得一定程度的进步性变化。

社会革命的主要特征是从社会系统的整体上改造旧的结构关系和维护旧结构关系的社会制度，建立新的社会结构关系和维护新结构关系的社会制度。社会革命不仅是破坏旧的社会制度的变革，同时也是锻炼、培养新的社会力量，试行和健全新的社会制度的创新过程。在社会革命过程中发展壮大的进步力量，通过进一步掌握科学的思想理论和科学技术手段，批判地总结人类所创造的文化成果，科学地认识客观世界和革命者自己，成为历史前进的合格引领者。

（二）社会创新

社会创新是现代社会条件下逐渐形成并不断完善的一种进步的社会变革方式。社会创新包括科学技术创新、文化创新、制度创新、政策创新、结构创新、关系创新、行为创新等社会方方面面的创新活动。这种广泛而深刻的社会创新活动正在改变人们对社会变革的认识，以致一些思想家们将现代社会的重要本质特征概括为创新型社会。

社会矛盾发展为剧烈的社会冲突的重要原因之一，是社会系统的一些成员、要素、组成部分和社会的微观、宏观结构关系在社会运行发展过程中发生了不同程度的"病变"，并且因"病变"不能得到及时治疗而转化为社会的"顽疾"、"痼疾"。全面社会创新就是社会系统的各个成员、各个组成部分和社会运行发展的各个环节，在社会矛盾运动的推动下不断进行创造和革新，以便遏制社会的各种"病变"，治疗社会的"顽疾"、"痼疾"。通过不漏死角的全面创新，使社会矛盾在个人之间、社会组织之间得到正视、重视和及时解决，使社会运行发展中不可避免地产生的腐败因素、黑恶因素、落后因素、愚昧因素在显露某种苗头时就能被发现并及时被清除或改造，甚至在还没有显露苗头时就能被预防。实行全面社会创新的政策，能够使社会制度从其整体到各个细微环节处于不断的改革和完善之中，使科学和文化的创造活动更加深入、广泛，从而使社会成员和社会组织的创造、创新成果最大限度地造福于全社会。

全面社会创新是传统社会向现代化社会过渡的主要形式,需要全社会以各种方式支持创新、参与创新、提高创新能力,以代价最低、负作用最小、成效最大的社会变革方式建设高度文明的新型社会。

四、社会结构关系的人格化和人性化的社会关系

(一)经济和社会结构关系的人格化

马克思在《资本论》中多次提到并揭示了资本关系"人格化"的规律性,指出资本家就是资本的"人格化"。马克思有关资本人格化的论述,实际上等于揭示了一切社会形态中社会结构关系与作为结构载体的人之间的一条重要的本质性联系——结构关系的人格化和人格化的人承载结构关系的对立统一规律。

一定的经济和社会结构对于处于该结构关系中的每个要素都形成一定的规定作用,使之改变其不适应结构关系的某些属性,增加或增强适应结构关系的属性,最终被结构关系改造成为具有该社会系统特有的本质属性的组成部分。经济和社会系统的最基本的要素就是作为利益主体的个人,以及由个人组成的家庭等社会细胞。作为社会大系统的各级分系统的企业、事业单位、社会团体、行业、部门、地区、国家等,都是以个人、家庭等最底层的细胞为"结构之砖",以一定的利益关系为纽带,逐级结合而成的社会组织。经济和社会结构关系对各级分系统和对底层社会细胞的规定、改造作用,使它们成为具有一定社会本质的要素。其中尤其是对个人的规定和改造作用,使每个人的素质趋于"格式化":系统结构要求人怎么做,人就不得不怎么做;要求人处于怎样的社会地位,人就不得不处于怎样的社会地位;要求人具有怎样的思想意识,人就大体上会具有怎样的社会思想意识。当然,这种迫使人人都必须"就范"的结构关系也经常遭到"就范"者的反抗,但是符合规律的并且受到社会制度维护的结构关系,总是以其较大的稳定性不断地消融这种反抗。在存在对抗性利益关系的社会条件下,经济和社会结构关系使人的素质趋于"格式化"的过程中,造成两种截然相反的结果:使富人阶级成为支配穷人阶级的人格化的人,使穷人阶级成为被支配的、经常不得不反抗富人阶级以争取自身生存条件的人格化的人。社会由此走向越来越严重的利益

对抗和人格对抗的冲突，直至发生社会革命，将维护旧结构的社会制度推翻，以新的社会结构取代旧的社会结构，重新开始社会结构关系人格化的过程。

人格是个人所具有的各方面社会属性和精神素质的整体。人格也就是人性或人的本质，包括人的情感、意志、思想、气质、性格、道德品质、能力等属性和人拥有某种权力和承担某种义务的资格，是人在复杂的社会关系中所形成的多方面、多层次的社会属性、社会特征，体现为人的总体精神素质并支配着人的行为。

人格并不是天生的气质，也不是贵族特有的血统或精神。人格归根到底是一定的经济结构关系和维护经济结构关系的社会制度的产物。人格的健康、丰富必然带来社会的较快进步，人格的普遍扭曲必然造成相应的社会问题、社会弊病。而不论是人格的扭曲还是人格的健康，其根源都存在于社会的经济结构关系之中。在现代市场经济条件下，经济和社会结构关系人格化的规律仍然发挥着不以人的意志为转移的作用。中国正在探索社会主义的市场经济发展之路，确立以人民为中心的发展思想和利益关系规则，努力实现人人平等、共同富裕的经济社会发展目标。要实现这样的目标，必然遵循经济社会结构关系人格化的规律，以体制改革、制度创新、政策革新等为主要手段，促进经济社会结构朝着进步化、合理化、人性化和每个人的人格受到普遍尊重的方向演变。为此，中国的经济结构必须保持公有制经济占有较大比重，使广大人民群众有可靠的经济权力，通过占有公有的物质生产资料而不致处于被富人阶级强制支配的地位。同时，政府为各种经济成分创造平等竞争的社会条件，使一切经济主体都有其合理合法的社会地位，都能够发挥出自己的发展潜力，获得合理合法的财富。

社会主义市场经济关系必须有自己的人格化的主体才能发挥其优越性。随着经济体制改革的推进和社会主义制度的不断完善，社会主义市场经济的结构关系将不断趋于合理化。要使社会成员有健康的人格，必须促进结构关系及相应的制度在整体上和各个具体环节上向缩小贫富差别、尊重经济平等的方向演变，不断为人的全面发展和人格的端正、进步、健全拓宽道路。其中，经济结构的进步性演变应当走上这样一种良性循环的道路：以保障社会生产力发展和全体人民的人格尊严为前提，推动经济结构和经济制度向科学化、高度化、人性化方向演变；以提高人民群众的经济地位和社会地位为主导性政策取向，以文化、教育等为重要手段，促进全民素质稳步提高，塑造人性化的结构关系的优质载体，保证经济和社会结构关系的合理演变和升级。

促进经济结构人格化的主观努力，就是把最能促进生产力发展、最有利于平等竞争和最能增进国家、集体、个人的共同利益的经济利益关系，变成深入人心、塑造健康精神的物质条件，内化为人的健康的情感、意志、思想、气质、性格、道德品质、能力等综合素质。一方面要维护人与人之间平等相待、公平竞争、互助互利的经济利益关系，建立和完善规范市场经济行为的制度体系和法律体系，使每个人在平等竞争中凭其良好的品质和能力创业、做事；另一方面要积极培养、扶持能够承担和维护规范的市场经济关系的人，造就通晓市场经济规律、勇于并善于开拓创新、以国家和集体的大局利益为重的德才兼优的企业家、职工、经济和行政管理人员、法律工作者、个体生产经营者等市场经济主体，吸引、组织、训练、提高更多的人成为懂市场、会经营、守规则、有良好专业技能的劳动者。这两方面努力的最终目的，是形成合格的经济人与合理的利益关系之间互为因果的上升发展过程。

（二）人性化的社会结构关系

近代以来的世界普遍实行的市场经济是一种以科学技术快速进步为基础推动力、以私有制占绝对统治地位的发达的商品经济。这种经济形态有其明显的阴暗面，这就是经济行为普遍以利己为出发点，社会普遍盛行以占有财富为条件支配他人的劳动的制度原则，社会关系中充斥着剥削、掠夺、欺诈、霸权等非人性的行为。

马克思尖锐地批判了私有制条件下特别是资本主义制度下违背人性的、异化的社会结构关系，认为"在私有权关系的范围内，社会的权力越大，越多样化，人就变得越利己，越没有社会性"[1]，这种社会关系使人的活动表现为人的苦难，人的创造表现为统治人的异己的力量，人的财富（也就是人的劳动活动）表现为人的贫穷，"他支配物的权力表现为物支配他的权力"[2]。资本

---

[1] 马克思：《詹姆斯·穆勒〈政治经济学原理〉一书摘要》，《马克思恩格斯全集》第42卷，人民出版社，1979年9月，第29页。

[2] 马克思：《詹姆斯·穆勒〈政治经济学原理〉一书摘要》，《马克思恩格斯全集》第42卷，人民出版社，1979年9月，第25页。

的贪婪性使"每个人都千方百计在别人身上唤起某种新的需要,以便迫使他作出新的牺牲,使他处于一种新的依赖地位,诱使他追求新的享受方式,从而陷入经济上的破产。每个人都力图创造出一种支配他人的、异己的本质力量,以便从这里面找到他自己的利己需要的满足。""每一个新产品都是产生相互欺骗和相互掠夺的新的潜在力量。人作为人越来越贫穷……他的贫穷随着货币的权力的增加而日益增长。""工业的宦官即生产者则更下贱地用更卑鄙的手段来骗取银币","投合消费者的最下流的意念,充当他和他的需要之间的牵线人,激起他的病态的欲望,窥伺他的每一个弱点,然后要求对这种殷勤的服务付报酬"❶。"掠夺和欺骗的企图必然是秘而不宣的……因为每一个人的私利都力图超过另一个人的私利","在这场斗争中,谁更有毅力,更有力量,更高明,或者说,更狡猾,谁就胜利"❷。"劳动……不是自由地发挥自己的体力和智力,而是使自己的肉体受折磨、精神遭摧残。""劳动不是自愿的劳动,而是被迫的强制的劳动。因而,它不是满足劳动的需要,而只是满足劳动需要以外的需要的一种手段。"❸

马克思当年揭露和批判的这种腐朽的事实,在今天的市场经济中仍然是屡见不鲜的。今天的世界市场经济还产生着诸如环境问题、竞争过于激烈的非人道问题、民族之间差距扩大的问题、大国霸权问题、文化冲突问题、精神相对贫困问题等。这些都是与社会的进步和人的全面发展相对立的。

市场经济是人类必经的并且是伴随人性缺损的一个特殊历史阶段的经济形式。正像人类经历过的原始社会的野蛮情况和奴隶制、封建制的非人性的统治一样,要不要实行市场经济并不是可以凭人的好恶来选择的。马克思作为伟大的思想家,能够超出他的那个时代的局限看到历史前进的方向和未来社会的优越性,给人们指出了结束野蛮的、不文明的社会制度,创建新的社会形态和社会制度的方向,但马克思没有也不可能排出未来历史发展的时间表。从马克思的思想原则来看待市场经济,只要效率与公平的社会矛盾没有

---

❶ 马克思:《1844年经济学哲学手稿》,《马克思恩格斯全集》第42卷,人民出版社,1979年9月,第132-133页。

❷ 马克思:《詹姆斯·穆勒〈政治经济学原理〉一书摘要》,《马克思恩格斯全集》第42卷,人民出版社,1979年9月,第35页。

❸ 马克思:《1844年经济学哲学手稿》,《马克思恩格斯全集》第42卷,人民出版社,1979年9月,第93-94页。

出现本质性的转化,是否实行市场经济就不能单凭人的意志来选择,而要根据经济和社会发展的客观规律来决定。

　　社会主义市场经济并没有完全消除违背人性的社会结构关系,因为在公有制和私有制并存的条件下,资本的贪婪性运动和增殖方式虽然受到社会主义制度的抑制,但在一定程度上仍能够造成扭曲人性、危害社会、腐蚀政治和思想文化的恶果。市场经济存在这种阴暗面,并不是某个人或某些人的意志使其如此,而是现阶段以及今后相当长时期内,社会生产力的水平决定了经济形态的本质只能是效率与公平的对立统一。为了提高效率,社会和经济的运行发展就必须最大限度发挥个人、企业、国家等各类利益主体出于利己的积极性,在单位时间内创造尽可能多的财富。但最大限度发挥出于利己的积极性必然带来消极性的后果——贫富差距的扩大及其连带产生的社会恶果。因此,不论是从社会发展的客观要求还是从人人生而平等的政治和道德原则的要求来看,为了消除或者减轻贫富差距扩大及其产生的社会恶果,还必须与提高效率水平基本同步来提高经济和社会的公平水平。而要提高经济社会的公平水平,就必须在制度、政策、思想观念、道德上实行与利己相反的利他、利公原则,形成限制和适度弱化利己积极性带来的负面效果。在这一点上,世界许多国家各有其特殊的制度、政策、思想观念、道德文化等方面的创造和贡献。有的国家通过实行对高收入阶层征收高额税收、对低收入阶层和贫困人群提供基本或最低收入保障、实行各种福利主义政策等措施,减轻贫富差距扩大带来的社会痛苦。中国的社会主义市场经济,除过实行与以上措施相似的制度、政策以外,最重要的是坚持和完善社会主义基本经济制度,毫不动摇巩固和发展公有制经济,毫不动摇鼓励、支持、引导非公有制经济发展,充分发挥市场在资源配置中的决定性作用,更好发挥政府作用,有效地抑制资本的贪婪性运动和增殖方式的消极作用,使经济结构和经济制度成为效率与公平既对立又统一的动态平衡器。必须在制度、政策和精神文化建设上限制、弱化市场经济的负作用,对不合理的社会关系和维护这种关系的制度、体制进行改革,为形成和健全人性化的社会结构关系进行长期、不懈的努力。

第十一章 社会经济系统及其结构演变规律

经济系统是社会系统的一个特殊的分系统，其主要功能是为社会系统的生存和发展提供物质条件。任何经济系统都是一定社会系统的构成部分，是具有一定社会属性的经济关系体系。经济系统的结构对社会系统的结构具有基础性的支持作用，社会系统的结构包含着经济系统的结构，对经济系统的结构具有整体性的规定和影响作用。经济系统结构的合理化和高度化，是推动社会发展、进步的基础性保证条件。

经济结构是一定经济系统的整体构造规律和构造特点。现代社会从微观到宏观的各种经济系统，尤其是国家、地区、部门等宏观经济系统，其结构日益复杂化，是多层次、多系列、多维度的经济利益关系和产业—技术关联关系、信息反馈关系等相互交织的网络，具有牵一发而动全局的有机整体特征。为了能够更深入地认识现代经济结构的本质特征，可以从两个方面探索经济系统的结构规律：一个方面是一定经济系统的结构保持其整体性和相对稳定性的规律；另一个方面是一定经济系统的整体结构实现渐进式演变和重大质变的规律。

经济结构保持其整体性和相对稳定性的规律，体现为系统的一定层次的基本矛盾扬弃该层次的整体结构关系、整体结构关系又扬弃其赖以形成的具体矛盾关系的矛盾—结构转换机制，体现为复杂的矛盾关系既相互依赖又相互制约而构成相对稳定的整体关联关系的多种规律性。多种矛盾关系既相互依赖又相互制约是决定经济系统构造特征和发展状况的基本结构关系。

经济结构演变规律，则是一定的经济系统因其包含着矛盾而逐渐失去其结构的稳定性，由一种整体性过渡为具有新质的另一种整体性的规律。这种规律体现为矛盾推动结构关系发生多维度、多面性的渐变和质变的内在联系。这种以矛盾为基本推动力的结构演变，是经济系统实现上升性、进步性发展的实质内容和主要标志。

变革、调整经济结构，促进经济结构的合理变化，需要充分认识和利用经济系统结构形成、演变的一系列客观规律和规律性机制，注重发挥辩证矛盾的本质性推动作用，健全经济结构的整体功能，在追求经济动力最大化的前提下，实现经济结构的整体合理与局部合理、相对稳定与优化升级的动态统一，实现经济系统的最佳运行发展功能。

第一节　经济系统及其结构

经济系统是以作为社会成员的人为基本构成要素，以资源、产品、商品、资金、物质设施等为中介物，以人与人之间一定的经济利益关系和其他经济、社会联系为纽带而构成的具有再生产功能的社会系统。世界上没有纯粹的、独立于社会整体的经济系统。所谓经济系统，其实就是社会系统的经济分系统，是具有社会属性但以发挥经济功能为主的关系体系。所以，对经济系统的准确称谓应当是"社会经济系统"，其含义是具有社会属性的经济系统或属于社会系统的经济子系统。

经济系统一般都具有大系统包含小系统、小系统包含更小的系统、大系统彼此耦合形成更大系统的多层次构造特征。其中，属于微观经济系统的主要有企业、事业单位、非企业生产经营单位、家庭、基层地区等；属于宏观经济系统的主要有各类行业、产业部门、社会生活大领域、地区、国家、全球等大系统，以及经济区、开发区、产业园区、产业集群等特殊系统。

所谓经济结构，就是体现社会经济系统的基本构造规律、构造机制和构造特点的整体联系方式，是社会经济系统的构成要素、构造单元、子系统、分系统之间相互联结的整体形式。

一、马克思关于经济结构的论述

科学地认识和调整、变革经济结构，揭示经济结构形成和变化的规律，不能不联系到马克思的有关理论。马克思从最概括的意义上把经济结构归结为"生产关系的总和"[1]，指出这种"总和"乃是一定社会形态的"现实基础"。马克思在《资本论》等经济学著作中，论述了私有制条件下特别是资本主义社会中经济结构的基本框架和许多细节，其中构成经济结构框架的主要有以下三种基本的利益关系。

（1）生产资料的占有形式。谁占有生产资料，谁就以占有生产资料为主要手段，占有或控制、支配不占有生产资料但又依赖生产资料而生产、生活的其他人的劳动，由此形成"生产资料占有者—生产资料—劳动者"这样的利益结构关系。

（2）人与人在社会生产中的地位及相互关系。占有生产资料的阶级、阶层、利益集团等，在社会生产中居于统治、支配、管理的地位，不占有生产资料或占有很少的生产资料的社会阶级、阶层、利益集团等，在社会生产中居于被统治、被支配、接受管理的地位。其中，在占有生产资料的社会阶级、阶层、利益集团之中，依其占有生产资料的多寡，分成不同的等级，在社会生产中所处的统治、支配、管理的地位亦各有差别，他们相互之间存在着竞争、利益争夺等关系；在不占有生产资料或占有很少的生产资料的社会阶级、阶层、利益集团中，依其所处的具体条件，在社会生产中既有相互平等、相互协作的关系，又有相互竞争的关系。

（3）产品的分配关系。占有生产资料的社会阶级、阶层、利益集团，在产品分配中占有较多的财富份额，不占有生产资料或占有很少的生产资料的社会阶级、阶层、利益集团，在产品分配中占有少量的财富份额。

以上三种基本的经济利益关系也就是私有制社会的"生产关系的总和"，构成了私有制社会的经济系统的整体结构，是私有制社会运行发展的基础环节。

马克思在《资本论》等著作中论述了资本主义经济的整体结构，提出了

---

[1] 马克思：《政治经济学批判序言》，《马克思恩格斯选集》第2卷，1972年5月，第82页。

社会利益矛盾既是资本主义经济结构的支配力量，又是资本主义经济结构的骨架和细胞的重要思想，揭示了社会经济结构的矛盾本性及其相对稳定的整体形式。"资本在自己的现实运动中就是以这些具体形式互相对立的，对这些具体形式来说，资本在直接生产过程中采取的形态和在流通过程中采取的形态，只是表现为特殊的要素。"❶《资本论》对"生产关系的总和"的思想作了详细的解析，指出资本不是物而是一个阶级占有另一个阶级的劳动的社会矛盾关系，并进一步说明了资本如何主宰资本主义企业的运行发展，资本主义社会的微观单位如何以资本—利润为主要纽带构成行业、地区以至整个国家等各级各类的经济系统，以及小系统如何构成大系统、大系统构成更大系统，微观单位之间、行业之间、地区之间如何形成以资本—利润为纽带的横向关联关系，生产、分配、交换、消费等社会再生产各环节和经济发展各阶段依次过渡的系列如何把横向的系统串联成整体运行的社会生产系统，展示了资本主义经济系统的多维结构关系及其发展的趋势和特征。

在社会经济系统的多维度的经济结构关系中，最基本、最本质的关系仍然是马克思所说的以物质资料为联结中介的人与人之间的社会生产关系，即一些社会成员通过占有、使用、分配、交换、消费一定的物质财富而与另一些社会成员结成的经济利益关系。这种经济利益关系依历史条件的不同（主要是生产力水平的不同）而呈现为对抗性的、非对抗性的或二者兼有的特征，其他的结构关系都是这种本质性结构关系的派生性、外化性、延伸性的产物。正是这种经济利益关系及其派生的其他经济和社会关系，把一切社会成员联结、组织成一个个的氏族、家庭、企业等社会细胞，社会细胞又逐级组织成为行业、地区、国家等更大的社会经济系统。

社会成员之间的经济利益关系不断派生出其他的经济和社会关系，形成经济系统的越来越复杂的结构。这种由经济利益关系不断派生形成越来越复杂的经济结构关系的规律包括：由一定生产力水平所决定，社会必然形成一定的分工水平和阶级、阶层分化的特征；社会分工必然形成一定的微观经济单位，微观单位依一定的经济和技术联系构成各种产业部门；产业部门依一定的经济和技术联系构成一定的产业体系；阶级和阶层分化必然形成人们占

---

❶ 马克思：《资本论》第3卷，人民出版社，1975年6月，第29—30页。

有、使用、分配、交换、消费物质财富的经济利益关系；由生产力水平和经济利益关系所决定，不同的阶级、阶层之间和不同的产业部门之间必然形成相应的政治利益关系和其他社会关系。这些关系就是社会经济系统的基本构造关系。不论这种构造关系是相对简单还是越来越复杂，在其背后起支配作用的本质性联系，总是个人、企业、行业、部门、地区、国家等利益主体之间既寻求和实现共同利益又尽力扩张各自的特殊利益的矛盾关系，以及这些矛盾关系既相互依赖又相互制约而构成的相对稳定的关联形式。

二、经济结构与经济功能

（一）经济结构与经济功能的对立统一关系

经济系统的结构关系将组成系统的众多要素联结成只有整体才能具有的性质，这种性质表现在对系统外部事物的作用，就是系统的外部功能；表现在对系统内部的某些要素、关系或组成部分的作用，就是系统的内部功能。由此形成系统结构与系统功能之间既相互依存又相互对立、相互转化的矛盾关系：结构产生和决定功能，是功能的载体，有怎样的结构，就有与之相对应的功能，功能不能脱离结构而产生和发挥；功能是结构的外在化、动态化转化形式，功能将一定的结构关系转化为对内、对外的作用，产生对内、对外的运行和发展效果，同时又反作用于结构，促进结构发生适应新条件、新功能的变化。

经济结构所产生的基本功能，就是实现生产、流通、分配、消费诸环节紧密衔接、依次过渡的再生产循环运行，在循环运行的基础上实现经济总量增长和系统由低级向高级的上升、发展。这种功能分为内部功能和外部功能两个紧密相联系的方面：内部功能是形成并组织再生产的各个环节以及各环节紧密衔接的运行过程，实现经济总量增长和系统发展；外部功能是适应外部环境（包括社会环境、市场环境、居民生活、生态环境等），建立与外部各种系统之间的经济技术联系，同时对外部的环境因子发挥影响、推动作用，形成与外部环境之间的物质、能量、人员、信息的交换。

经济系统的运行、增长、发展及其对环境的适应和影响、推动等功能又反作用于经济系统的结构，促使结构发生改变。经济系统的功能发挥正常，则能促进系统的结构适应功能发挥的要求逐步趋于健全；反之，经济系统的功能受内外部条件的限制而不能正常发挥，如因自然资源枯竭而不能过多地发展资源型产业、在市场竞争中长期处于劣势，或者因出现社会革命、遭受战乱等，则能促使系统的结构发生改变甚至解体，形成新的系统结构。

（二）经济结构的动态稳定性

一定的经济结构形成后，特别是在受到相应的经济制度的维护的条件下，就具有相对的稳定性，这种相对的稳定性是经济系统正常运行、稳定增长、持续发展的重要保证条件。除非内外部发生不可控的事件，否则经济结构是不会失去其相对稳定性的。承担经济系统的生产、流通功能和部分分配、消费功能的实体组织是社会分工所形成的各类产业系统，产业系统之间以专业化的分工协作关系（包括商品交换关系）为主要纽带，彼此耦合而形成一定的产业构成体系。产业构成体系是经济系统整体最主要的分系统，其结构即产业结构是经济结构的主导性构成部分，也是产生和发挥经济功能的主导性因素。产业结构的状况一方面体现社会与自然界的矛盾关系，标志着社会在一定时期从自然界获取物质财富的能力和水平；另一方面体现社会内部处于不同分工地位的经济主体的利益关系，这种利益关系首先决定于产业体系中从事每种特殊产品生产的企业和行业等主体是否能够提供社会对这种产品的特定数量的需要，以及由此决定的社会资本总量、利润总量、劳动力总量、社会必要劳动时间总量在不同生产部门、不同行业之间的分配[1]，而这种分配是以市场交换的方式和政府进行一定干预的形式，在经济要素的不断流动中和经济主体之间不断的利益争夺中实现的。所以产业结构所体现的实际上就是社会生产力与生产关系的矛盾，产业结构就是生产力与生产关系的矛盾斗争处于某种相对均衡状态的形式。一定时期内所有社会成员的劳动能力和社会的科学技术达到怎样的水平，各个社会成员、社会经济组织从社会总产品中怎样获得利益和获得多少利益，全社会从自然界获取物质财富的能力就达到怎样的水平，产业结构也就具有怎样的水平和特征。由此可知，产业结构是生产力与生产关系之间的矛盾关系所呈现的一种相对均衡的结构形式，它是客观的、物质的结构关系，而不是人的意志能够左右的结构关系。以产业

---

[1] 马克思：《资本论》第3卷，人民出版社，1975年6月，第716页。

结构为主要支柱的经济结构，当然更是不能单凭人力来左右其变化的结构关系。

但是，经济结构毕竟是在矛盾关系的基础上形成的整体关系形式，其稳定性是相对的、动态的，始终处于演变之中。经济结构所具有的这种动态稳定性和渐进式演变的特征，使其经常出现局部的、程度不等的结构和功能缺陷，需要在进一步的运行、发展中进行调节。如果经济系统自行调节不能起到应有的效果，则需要通过一定的制度、政策、管理等行政性手段进行调节。调节或调整经济结构的主要目的在于追求更好的经济功能，即按照符合经济主体利益要求的功能目标，改变经济系统的某些结构关系甚至整体结构的某些特征。但是，经济结构是物质的、不以人的意志为转移的结构关系，相对的稳定性是它的重要规律性特征，不是人的主观性干预能够随意改变的。所以，运用制度、政策、管理等手段进行结构调整，只能矫正经济结构的局部的、程度不太严重的缺陷，不能改变经济结构的重大关系。只有遵循经济结构的演变趋势，通过长期的调整效果的积累，才能促进经济结构发生重大的积极性变化。

三、经济结构规律和经济结构特点

经济利益关系将一切社会成员联结、组织成一个个的社会细胞，社会细胞又逐级组织成为行业、地区、国家、世界等更大的社会经济系统，这种联结、组织有其一定的规律。正是这些规律，保证了经济系统在其动态平衡中能够发挥生产、流通、分配、消费物质财富的功能。

（一）经济结构规律

经济结构规律是经济系统本质的、内在的构造关系，是一定的经济系统形成并保持其结构的整体性、稳定性和实现演化的规律。这种规律体现为系统的一定层次的基本矛盾扬弃该层次的整体结构关系、整体结构关系又扬弃其赖以形成的具体矛盾关系的矛盾—结构转换机制，体现为复杂的矛盾关系既相互依赖又相互制约而构成相对稳定的整体关联关系的多种具体的规律性。

马克思在研究资本主义经济结构问题时，经常运用辩证法的"扬弃"这一概念来说明整体对它的各个构成部分既否定又保留的规律。"每一单个资本只是社会总资本中一个独立的、可以说赋有个体生命的部分。社会资本的运动，由社会资本的各个独立部分的运动的总和，即各个单个资本的周转的总和构成"，单个资本以互相交错、互为条件的循环关系形成社会总资本的运动❶。但是，社会总资本与单个资本在性质上和运动形式上都是不一样的，"总资本表现为所有单个资本家的股份资本的总和"，每个资本家在加入这个并不是真正的股份公司而只是他们不知不觉地形成的社会资本的"总和"时，"都知道自己投入了什么，但是不知道自己取出什么"❷。"单个资本家或每个特殊资本的平均利润，不是由这个资本直接占有的剩余劳动决定的，而是由总资本占有的剩余劳动总量决定的，每个特殊资本仅仅是按照它在总资本中所占的比例从这个剩余劳动总量中取得一份股息。"❸也就是说，单个资本所构成的社会总资本将单个资本扬弃了，使它们转化成为失去自己的某些独立性、特殊性的社会资本。马克思在分析资本主义股份公司的资本构成特点时，指出股份公司虽然是由单个的私人企业入股而形成的资本主义企业，但是它"表现为社会企业，而与私人企业相对立"，是"作为私人财产的资本在资本主义生产方式本身范围内的扬弃"❹。马克思在分析资本主义的信用制度和银行制度的社会特征时指出，这两种制度"扬弃了资本的私人性质"，并且"已经包含着资本本身的扬弃"❺。马克思的"扬弃"概念，有助于我们更好地理解社会经济系统中矛盾与结构的辩证关系。

一定层次的经济系统的结构都是多种经济要素相互关联的相对稳定的整体关系，但这种整体结构关系又被该层次的基本矛盾所扬弃，体现为基本矛盾统摄下的系统结构。譬如，省市层次的国民经济系统所具有的结构，在整体上是被总需求与总供给这一基本矛盾所扬弃的。该层次经济系统所有的结构环节、结构层次、结构关系、结构要素以及整体的结构关系，都必须适应总供需相对平衡的要求，在总供需的矛盾运动统摄下发挥自己的分工职能，保持整体结构相对稳定。

---

❶ 马克思：《资本论》第 2 卷，人民出版社，1975 年 6 月，第 390、392 页。
❷ 同上书，第 483–484 页。
❸ 马克思：《资本论》第 3 卷，人民出版社，1975 年 6 月，第 686 页。
❹ 同上书，第 493 页。
❺ 同上书，第 686 页。

在一定层次的经济系统中，供给与需求这一基本的经济矛盾是扬弃该层次的结构关系和构成结构关系的具体矛盾关系的更具整体性和本质性的对立统一关系。"供求实际上从来不会一致"，二者在一定时期中达到的相对的一致，"只是作为它们的矛盾的不断运动的结果"[1]。地区和国家经济系统中，供给与需求之间的矛盾是系统的基本矛盾，当然也可以认为生产与消费是系统的基本矛盾，这两者其实是同一种矛盾的不同表述方式。供给是"商品的卖者或生产者的总和"[2]，或者说是较为广义的生产，即包含着物质产品、精神产品、服务、分配活动、管理活动的生产。需求是"商品的买者或消费者（包括个人消费和生产消费）的总和"[3]，或者说主要是对消费品（物质产品、精神产品、服务、分配活动、管理活动）的需要。供给与需求的矛盾其实就是生产与消费的矛盾的更全面的表述，后者就包含在前者之中。供给与需求同时又是系统中所有经济主体的两种内在的属性。供给包括物质产品、精神产品、服务、分配活动、管理活动的生产，因而也就包括系统中所有从事物质生产、精神生产、服务工作、分配和管理活动的个人和组织。同样，需求包括物质产品、精神产品、服务、分配活动、管理活动的消费需要和对生产资料、生产性服务的消费需要，因而也就包括系统中所有从事物质生产、精神生产、服务工作、分配和管理活动的个人和组织，因为这些经济主体都具有两重性的经济属性，即既是卖者又是买者，既具有供给的属性又具有需求的属性。在地区和国家的经济管理中，实际上是无法严格区分哪一方是供给方、哪一方是需求方的，因为每个人、每个经济组织同时既是供给方又是需求方，他们毫无例外地既为全系统供给自己的产品或服务，又消费社会各领域提供的产品和服务。宏观管理只能近似地将物质生产、商业性服务和有关部门的协调、调配工作划归供给的领域，而将对生活消费品和生产消费品的消费需要划归需求领域。

一定层次的经济系统的整体结构关系是由该层次的许多具体的矛盾关系相互联结而形成的，运用抽象的方法将该层次的整体结构关系近似地一一拆

---

[1] 马克思：《资本论》第3卷，人民出版社，1975年6月，第212页。
[2] 同上书，第216页。
[3] 同上书，第216页。

分开来，结构关系就是各种要素之间的一对又一对的单个矛盾关系；将这些拆分开来的单个矛盾关系又回归到它们相互联结的整体之中，这些矛盾关系就构成整体的结构关系。

与基本矛盾扬弃整体结构的辩证关系一样，一定层次的整体结构关系又扬弃构成其整体的每一结构环节、结构侧面的具体矛盾关系，使这些矛盾关系在复杂的相互依赖又相互制约中形成整体上相对稳定的关系体系。如构成省市经济系统的众多要素（行业、部门、下属地区）之间都存在着利益上的矛盾关系，省市经济系统的整体结构既限制各个组成要素的特殊利益的过度扩张，又维护它们的合理、合法的利益和功能，将它们改变为适应整体结构关系的合格构成部分，也就是将它们之间的矛盾扬弃而形成省市经济系统的整体结构。

扬弃一定层次的结构关系的基本矛盾与处于同一层次的其他系统的基本矛盾又被更高一级的系统结构所扬弃，形成更高一级系统的整体结构。某一省市的国民经济系统所具有的总供需矛盾，与大体处于同一层次的其他省市的国民经济系统和国家各个部门系统的供需矛盾，既相互依存又相互制约，形成全国经济系统的整体结构。各省市为了实现其供需平衡，就需要与其他省市建立和保持横向的供需关系或投入—产出关系，形成省市相互之间的利益矛盾。国家整体结构对各个省市内部的供需矛盾和省市相互之间的供需矛盾均有一定的促进和制约作用，既限制其某些不合理的独立性，又保留其合理的地位和作用，使这些矛盾的运动和变化适应国家经济系统整体结构相对稳定的要求，也就是将各省市之间的矛盾加以扬弃而形成国家系统的整体结构。

经济结构与经济（利益）矛盾逐层相互扬弃的机制，是经济系统既保持其运行活力又具有相对稳定的整体结构的重要规律。在私有制条件下，千千万万个体生产者自私地追求个人利益的行为，却汇合成了公众的最佳福利，使每个人都能买到自己所需要的物品。古典经济学家所论述的这种机制，其实就是个人的谋利行为被市场经济的结构关系所扬弃的机制。而进一步扬弃这种系统结构关系的，则是社会总供给与社会总需求之间的矛盾。

经济系统的结构规律，总是体现为一些矛盾转换为某一层次的结构、某一层次的结构又转换为另一层次的矛盾这样的矛盾—结构转换机制，这是经济系统具有动态稳定性的矛盾—结构关系的基本规律，亦即矛盾与结构相互扬弃、相互转化规律。

（二）经济结构机制

经济结构机制是结构规律在一定条件下发挥作用的具体形式，具有随具体条件的变化而发生相应变化的灵活性和复杂的因果关联性，是非本质的或较浅层本质的结构关系。经济结构与经济制度相互依存又相互对立、相互制约的关系，在各种具体条件的作用下发生相应的变化，但是又不改变经济结构和经济制度的相对稳定性，而是在经济结构和经济制度的一定弹性范围之内产生某种经济运行发展效果，这就是经济结构机制的体现。所以，经济结构机制也可以理解为经济结构和经济制度的弹性变化机制。一定时期的或某一类型的经济系统所具有的产业组织、产业结构、区域分工及区域经济联系、同一阶级和阶层中人们收入水平的差异及其相互关系等，应当属于结构机制的范畴。合理、进步的经济结构和反映、维护这种经济结构的经济制度都具有较大的弹性，能够适应内外部条件的变化而促进经济系统的运行和发展。

（三）经济结构特点

经济结构特点是经济系统在特殊条件下形成的与其他经济系统相区别的特有的结构特征，如具有特殊自然条件和特殊文化传统的国家和地区在产业结构、消费结构、区域结构等方面的特征，经济系统内部各级各类分系统、子系统所构成的层次系列、并列关联系列及其相互耦合的方式等，就属于结构特点的范畴。国家或地区经济系统因其主导产业、支柱产业、产业构成体系和某些经济制度的不同而形成的结构特征，以及这种特征所决定的经济运行发展特征，就是其经济结构的特点。

四、市场经济及其主要类型

（一）经济结构与经济体制

经济系统的重大结构关系尤其是重大的经济利益关系，总是受到相应的制度以及承担制度运行功能的国家组织机构的反映和维护，形成客观的经济结构关系与人们制定的制度以及维护和执行制度的组织机构三者相互适应、相互作用的体系，具有"盘根错节"的复杂性和一定程度的稳定性。经济制度以及制度性组织机构的设置状况、功能特点一般称为"体制",如市场经济体制、社会主义市场经济体制、计划经济体制等。而制度、制度性组织机构的运行方式及其与经济结构、经济实体之间的相互作用,则称为经济的运行机制。体制和机制实际上是经济制度所规定的经济运行方式和运行特点,是制度通过组织机构适应和制约经济结构关系、经济结构关系反作用于制度和组织机构的动态形式。调整和变革经济结构,总是离不开调整和变革相应的制度和制度性组织机构,即离不开相应的体制和机制改革。通过对经济体制和经济运行机制的改革,形成与新的经济结构关系相适应的经济制度和经济运行的体制、机制。

经济结构是客观的、物质的、不以人的意志为转移的整体关系,而维护或破坏一定的经济结构关系的经济制度和维护、执行制度的组织机构,则是一定的经济主体为实现其利益目标而制定的主观性规范体系。经济结构与经济制度相互依存、相互制约,是一种对立统一的矛盾关系。经济结构如果没有一定的制度、机构的维护或变革,就会处于随机性的形成和随时受到破坏的状态,难以持续、稳定地发挥其功能。经济制度及相应的组织机构如果没有客观的、物质性的经济结构关系为依托,就会成为脱离实际的主观规定,无法产生经济运行发展的实际效果。

(二)市场经济的几种类型

市场经济也就是发达的商品经济,是市场配置资源占主导地位的经济运行发展形式。市场经济在长期的发展过程中先后形成了这样几种基本的类型:前市场经济——在经济总体中占一定份额的商品经济;资本主义早期和中期实行的传统市场经济;资本主义的现代市场经济;社会主义的现代市场经济。

市场经济的最初形式也是最简单的形式是原始社会后期出现的商品经济,这种还只是雏形的商品经济先后发展到奴隶制商品经济、封建制商品经济等较高级的阶段,以后逐渐过渡到资本主义商品经济这一新的阶段。资本主义商品经济是对以往商品经济的一种扬弃,它保留了以往商品经济中具有旺盛活力的积极因素,去除了以往商品经济中缺乏生命力的一些消极因素,形成了一种市场配置资源占绝对优势的新型商品经济,也就是以社会化大生产为其本质特征的近代市场经济。

20世纪后期发生的新的科学技术革命极大地推动了市场经济的一系列变革，使传统的市场经济过渡到以综合创新为基础动力的高度发达的现代市场经济。在实行资本主义制度的国家，现代市场经济既有不同于传统市场经济的一系列创新性特点，同时又有传统市场经济的许多保守性、利益对抗性的痼疾，存在着对抗性经济利益关系所产生的一系列社会弊端。在实行社会主义制度的国家，曾经对商品经济和计划经济等经济运行方式进行了长期、艰难的探索，取得了许多宝贵的经验。中国在总结各种经济运行发展方式的正反两方面经验的基础上，积极探索社会主义制度条件下实行市场经济的道路，在改革传统的公有制经济体制、健全市场配置资源的体制机制、发挥多种所有制主体运营资本的功能等方面取得了重大成功，形成了市场经济运行发展的一整套有效的制度和政策。中国所实行的社会主义市场经济是对现代资本主义市场经济的一种积极的扬弃，保留了资本主义市场经济中有生命力的积极因素，去除了资本主义市场经济中产生利益对抗等许多保守性弊病，创造了资本在不同经济成分之间运动、转化的体制机制，使市场经济的活力与制约利益对抗的社会主义制度形成了动态的相互适应。中国探索社会主义制度条件下实行市场经济的道路和体制机制虽然取得了重大成功，但这种探索还只是万里长征走完了第一步，今后的路程还很长，所取得的成就也将更加重要、更加伟大。

（三）社会主义市场经济的本质特征

社会主义市场经济最本质的特征，就是对资本主义市场经济进行了积极的扬弃，保留、增强了市场经济的活力，限制了资本主义市场经济产生利益对抗的缺陷，使市场经济的活力与共同富裕的利益关系和反映这种利益关系的制度形成了良好的结合。

1. 资本主义市场经济中包含着适应社会化大生产发展需要的一些共性因素

在资本主义市场经济的制度体系和运行方式中，包含着适应社会化大生产发展需要的一些共性的本质因素，但是资本主义的垄断式私有制形式，极大地限制甚至窒息了这种共性本质因素的充分发挥。马克思在《共产党宣言》

等著作中指出，资产阶级及其所推动的资本的运动使生产工具、生产关系和全部社会关系"不断地革命化"，这种"革命化"的发展迫使一切民族"采用资产阶级的生产方式"[1]。马克思所说的资产阶级所推动的资本运动，也就是资本主义的传统市场经济的基本运行方式。马克思指出，资本是工人劳动的物化形式。资本所有者通过对生产资料的垄断，迫使活劳动与资本结合，资本才能够实现增殖。资本所有者将工人所创造的剩余价值亦即增殖了的资本与其原有的资本合并，形成资本的不断积累过程。这个过程使资本像滚雪球一样越滚越大，资本吸附活劳动的规模也因此越来越大。资本在这一过程中的运动、增殖成为资本主义社会富有阶级的财富增长的源泉，而工人在这一过程中所得到的始终是只能养家糊口的工资。这就是资本运动所推动的"革命化"发展和资产阶级"按照自己的面貌为自己创造出一个世界"的奥秘[2]。

但是，资本的重要本质规定性之一，是资本作为社会化大生产条件下的物化的活劳动，是必须在运动中才有生命力、才能增殖、才能推动革命化发展的一种社会关系，没有运动、没有具体形式的不断转化和脱离一定社会关系的资本是不存在的。而资本运动的规律性特征之一，就是它能够在生产社会化程度不断提高的过程中扬弃旧的方式，产生新的方式。历史表明，资本运动的方式不仅可以在资本主义的社会关系中亦即在资本主义制度所容许的范围内被扬弃，而且可以在超出资本主义的社会关系和资本主义制度的更大范围被扬弃。譬如，资本主义股份公司的运行方式、资本主义国家的非私有制企业的运行方式、资产阶级国家对经济运行的行政干预等，就属于资本运动在资本主义制度所容许的范围内被扬弃的形式；而社会主义市场经济则是资本运动在超出资本主义制度的范围被扬弃的形式，这种扬弃能够产生出非资本主义的资本运动方式。

资本的运动如果在其自我扬弃中去掉了资本的私人垄断性占有的特征，转化为资本的集体占有、全民占有、国家占有、私人占有、个体占有、混合占有等多种占有形式并存的特征，资本作为物化了的活劳动和社会化的经济

---

[1] 马克思、恩格斯：《共产党宣言》，《马克思恩格斯选集》第1卷，人民出版社，1972年5月，第254-255页。
[2] 同上书，第255页。

关系，就会继续保持它的"不断地革命化"的本性，成为集体、全民、国家、私人、联合体手中的财富增殖工具。否则，它的"不断地革命化"的本性就会因陷入利益对抗而走向枯萎，转变成阻碍整个社会的革命化发展的保守性。因为随着生产社会化程度进到越来越发达的水平，产业结构和市场交换关系日益复杂化和高度动态化，物质财富只有转化为资本，才能根据发展的需要被任意量化、分割并进行优化配置，才能在不停顿的运动中采用最灵活的方式实现最大限度的增殖，给资本的所有者带来最大的利润和最多的发展机会。在资本主义制度下，资本的增殖只服从于资本的私人所有者的利益追求，因而使资本的运动和增殖在促进社会生产力发展的同时，必然带来劳动阶级的相对和绝对贫困，带来富有阶级和贫穷阶级的利益对抗，这种利益对抗进一步扩展为富国对穷国的剥削、侵略、奴役，并因此产生无休止的经济社会危机和国内战争、国际战争，由此使资本的增殖活力被摧残、被窒息。

2.社会主义市场经济是对资本主义市场经济的积极扬弃

社会主义市场经济制度既包括资本的全民占有、集体占有、国家占有形式，也包括资本的私人占有、个体占有、混合体占有形式，使各种占有形式处于平等竞争的地位，并且能够对危害社会整体利益、危害人民群众根本利益的资本运行方式进行有效的抑制，形成资本在不同的占有形式之间顺畅流动、转化的运行机制，从而使资本的运动和增殖在促进社会生产力发展的基础上，为资本的各种所有者尤其是为广大人民群众带来利益的最大幅度增进和社会地位的提高，带来最大限度的经济平等和社会进步。

社会主义市场经济制度使资本运动方式的扬弃超越了资本主义制度的限制，因而能够最大限度地发挥资本增殖的积极作用，将资本增殖的本性转化为人民群众的普遍富裕和国家的强盛，转化为遏制财富垄断阶级和谋图霸权的国家的各种非法行为的正义力量。在资本主义制度下只能为资本的私人所有者带来财富垄断利益的资本和资本的增殖本性，在社会主义制度下被改造成为一种中性的经济要素和经济运行方式。它既可以为资本的私人所有者带来应得的利益，也可以为资本的集体所有者、全民所有者带来应得的利益，还可以通过资本的公共所有形式、国家所有形式，为全体社会成员带来应得的利益。于是，资本的增殖成了社会主义国家各个阶级、阶层共同富裕的财富来源。社会主义国家以经济的和政治的形式,将资本增殖所产生的物质财富转化为维护公平正义的力量,用来遏制财富垄断阶级的各种非法行为,并且通过利益关系链条惠及所有的阶级、阶层和社会成员,实现国家经济的稳步、持续增长和人的全面发展。在国际上,社会主义国家将资本运动和增殖所产生的物质财富转化为维护世界和平的力量,有利于将各种进步的社会力量逐步联合成为反垄断、反霸权的世界潮流。这种潮流使社会主义国家和一切坚持进步、反对倒退的国家能够在互利关系中稳步增强实力,不断削弱以致最终消除资本引致危机和战争的反面作用,促进国际规则的变革、国际关系的改善和国际社会的不断进步,实现国家之间不分大小、穷富、强弱的一律平等和广泛合作。

3. 社会主义市场经济的本质矛盾及其产生的发展动力

毫无疑问,社会主义市场经济也是一种矛盾体,也是在自身的内在本质矛盾和各类经济系统内外部的各种外在性矛盾的运动中不断发展,由低级阶段走向高级阶段的过程。社会主义市场经济的内在本质矛盾,主要是经济的社会化程度与多种所有制形式之间的矛盾。这种内在性本质矛盾在外在形式上,表现为经济结构与经济制度、经济结构与经济增长、供给与需求、微观与宏观、市场机制与政府调控的矛盾,以及按照收入和职业差别划分的不同阶级、不同阶层、不同人群之间的矛盾,表现为企业之间、行业之间、地区之间的矛盾等。所有这些外在性矛盾,当然也可以将其概括为人民日益增长的生活需要与经济发展不平衡不充分之间的矛盾。

与以往的经济形态相比,市场经济是一种社会化程度不断提高的经济形态。由于科学技术革命的推进,科技成果转化为新的生产力的周期不断缩短,任何垄断科技成果进而垄断社会生产的条件,都将被科技研发及其推动下的社会生产的全球分工和全球协作、交流的趋势所销蚀。一切经济和社会主体的最大利益,就是推动生产的社会化程度在深度上由各种利益主体之间较为松散的、不均衡的相互依赖向更加紧密、更加全面的相互依赖水平升级,在广度上由一国、一地的狭小范围的相互依赖向全球各个国家、各个地区、各个产业、各个利益主体甚至各个个人之间的更大范围的相互依赖水平扩展。市场经济达到最高水平的社会化,就是在科学技术高度发达、高度分工协作的基础上,全球经济实现最高水平的一体化,即全球经济系统中的每一个国家、每一个行业、每一个企业、每一个社会组织甚至每一个人,都离不开其他的国家、行业、企业、组织、个人,全球数十亿人成为谁也离不开谁的分工协作、彼此依赖的社会经济系统。显然,这个趋势必然与阻碍、破坏全球化过程的利益主体产生对抗并最终战胜他们。

一切市场经济的内在本质矛盾都是经济的社会化水平与财富的占有形式之间的矛盾。资本主义市场经济的内在本质矛盾是生产的社会化与生产资料的私人占有形式的矛盾,社会主义市场经济的内在本质矛盾则是包括生产在内的所有经济活动的社会化与财富的多样性占有形式之间的矛盾。这两种矛盾,前者是对抗性矛盾,后者则是非对抗性矛盾。在社会主义条件下,与生产社会化程度不断提高的趋势相比,生产资料(集中体现为资本)的不同占有形式及其运行的体制机制则是相对稳定的,二者之间产生矛盾也是必然的。生产资料的全民占有、集体占有、国家占有、私人占有、个体占有、混合体占有、外商占有等各种形式,对生产社会化程度不断提高的适应性有很大差别,从而对市场变化的适应性也有很大差别。这些差别导致不同的所有制形式、不同的利益主体、不同的经济系统之间形成发展能力、经济利益、收入水平方面的差别,产生发展水平和经济利益方面的种种矛盾。正是这些矛盾,交织成为社会主义市场经济各类系统的特殊结构关系,决定着社会主义市场经济的综合增长能力、总体发展水平和对外竞争力。

矛盾既带来困难和问题,但同时也产生发展的动力。社会主义国家和社会主义市场经济的各类利益主体,只有正视并科学、有效地解决这些矛盾,按照矛盾和系统结构相统一的客观规律推动社会主义市场经济的改革和发展,才能在矛盾运动中争取主动,推动经济发展、社会进步和人的全面发展。

(四)社会主义市场经济是逐渐改变市场经济本质缺陷的经济形态

在历史上,市场经济作为一种矛盾体,其形成和发展必然产生出自己的对立物——社会主义的经济关系和经济制度。从资本主义市场经济萌芽和形成时起,社会主义因素就与经济和社会的资本化进程相伴随而产生,相对立而发展。资本主义市场经济发展的每一步,都存在着社会主义与资本主义两种力量和两种趋势的斗争。尤其是当资本主义陷入严重危机期间,社会主义与资本主义的斗争就会走向激烈的对抗，爆发各种形式的革命斗争，使资本主义社会处于剧烈动荡之中。一方面，在资本主义国家内部，社会主义与资本主义的斗争不断推动各种形式的经济和社会变革，加快资本主义在其制度框架之内的自我扬弃，使资本主义市场经济由相对落后的阶段过渡到一个又一个的新阶段；另一方面，资本主义国家内部两种力量和两种趋势的斗争在一定的历史条件下，走向以武装斗争为主的外部对抗的形式，产生出一批又一批实行社会主义制度的国家，在世界范围内形成资本主义国家与社会主义国家之间的对立和斗争。

资本主义之所以必然产生自己的对立物——社会主义，而且社会主义必然要取代资本主义，是因为资本主义实行少数人垄断式地占有社会财富的制度越来越严重地阻碍社会的继续发展。这种制度将大多数社会成员推向了绝对贫困和相对贫困的境地，处于贫困境地的阶级只有用社会主义制度取代少数人垄断社会财富的资本主义制度，才能改变自己的社会地位和命运，实现社会成员的共同富裕。但是，在最发达的资本主义国家，居于统治地位的资产阶级往往将其从非等价的国际贸易中获得的超额利润和用暴力手段掠夺的其他国家的财富的一小部分，用来提高其国内的福利水平，同时收买国内下层阶级中的一些人，使这些人由资本主义制度的反叛者转变成这一制度的维护者，从而在一定程度上或暂时地起到缓和国内阶级矛盾的作用。但是，实行这种"掠夺于外、安抚于内"的策略，却使这些"最发达的"资本主义国家与世界其他国家之间的矛盾不断激化，爆发无休止的世界性政治对抗和军事冲突。少数财富垄断者越是强化其对社会财富的垄断地位，这些垄断者所统治的发达国家便越是要强化其对世界其他国家的剥削和掠夺；发达国家越是强化其对其他国家的剥削和掠夺，被剥削、被掠夺国家的反抗就越普遍、越激烈，世界性的战争就越多，战争的规模就越来越大。世界越来越陷入战争频发的危险境地，其祸源主要来自少数财富垄断者不断强化其财富垄断地位的社会制度。所以，少数发达国家越是富裕，其国内的阶级矛盾越是呈现某种暂时缓和的状态，世界上国家与国家之间的战争就越是频频发生且战争的规模和破坏性越来越大。

资本主义的现代市场经济比早期的市场经济更严重地加剧了财富向少数

人的集中，加剧了社会的贫富分化和富国与穷国、发达国家与发展中国家间矛盾的尖锐化，使财富垄断阶级和经济发达国家成为贫穷阶级和发展中国家走向富裕的对抗性障碍。现代市场经济所造成的这种对抗性的矛盾，使各国国内的不同阶级之间和一些国家与另一些国家之间、不同民族之间的冲突愈演愈烈。处于财富垄断地位的阶级和国家，凭靠它们手中握有的经济、政治、军事特权，不容许其他的阶级和国家通过经济发展和革命斗争改变自己贫穷、落后的地位。它们的代理人明确表示，如果发展中国家的人民都过上和发达国家的人相同的生活，世界的资源就会耗竭，而它们绝不会容许这样的情况发生。它们要用一切手段剥夺发展中国家的发展权，而面临发展权被剥夺的阶级和国家要想成为自己命运的主宰者，就不能接受财富垄断阶级和发达国家强加给自己的命运，而是采取经济的、政治的、军事的、文化的各种手段，反对财富垄断阶级和霸权国家的各种特权，力求使自己成为全球社会中平等的一员。尤其是中国等实行社会主义市场经济制度的国家，以及实行独立自主发展政策、拒绝霸权统治的国家，必然与推行财富掠夺和世界霸权政策的少数发达国家发生利益冲突。这两类国家之间的斗争将是长期的、激烈的。随着科学技术革命的推进，以及世界性经济技术交往的不断深化和不断扩展，社会主义国家、拒绝霸权统治的国家在科学技术和经济发展方面成为独辟蹊径、后来居上的新生力量。发达资本主义国家能够掌握的先进技术、能够占有的产业垄断地位，后起的新兴国家不仅也能够掌握、能够占有，而且能够在制度上使先进的科学技术和垄断性优势发挥出在发达国家不能发挥的巨大作用。科学技术革命和世界经济交往所产生的这种变化，使世界性的反霸权斗争有可能出现重要的转折——霸权地位走向衰落，国家之间的平等竞争和友好交往成为国际社会发展的主流。

世界性的霸权与反霸权的斗争，将各国国内的阶级对立与国际上霸权国家和争取发展权国家的对立，融合为世界性的两种力量、两种命运的斗争，使近代以来财富统治人、资本奴役人的阶级对立，集中地体现为拥有大规模杀伤性武器的经济和军事大国之间的对立。任何使这种对立走向激化的行为，都可能引发使全人类遭受空前浩劫的大规模战争。矛盾运动的规律是物极必反。人类社会走到了这样危险的一步，同时也以危险带来的警示，使智慧的人类能够看清历史的逻辑和自己的前景：人类因为发展了市场经济，造就了迄今最高度的社会文明，但市场经济的本质性矛盾也将人类推到了自我毁灭的边缘；人类要避免同归于尽的命运，就必须按照市场经济的本质性矛盾运动规律，使市场经济产生并持续壮大自己的对立物——社会主义的经济、政治、文化；由资本主义过渡到社会主义是历史发展的必然趋势，同时也是占人口绝大多数的人民群众为改变自身的无权地位和不断增进自身利益而进行的艰难、曲折的斗争过程；人类必须也能够从市场经济造成的危险中走出来，但前提是无论如何不能使财富垄断和世界霸权成为主宰人类命运的力量。

正如人类曾经艰难地但也是成功地结束了中世纪黑暗的专制主义封建统治一样，人类也应当而且能够艰难而成功地结束财富垄断和世界霸权的统治地位，并且依靠人民群众决定历史发展方向这一根本性的力量，使结束财富垄断和世界霸权的统治不必付出核大战的代价。历史发展的这种逻辑及其展示的未来前景必然会反映到越来越多的人类成员的头脑中，使全人类或迟或早明白这样一个道理：以社会主义市场经济的优越性及其所产生的物质和精神力量，一步步地消融财富垄断的地位和世界霸权的统治，使财富垄断阶级和维持世界霸权的国家不得不在社会主义市场经济持续发展、全人类的共同利益不断增进的现实面前，使其反人类的利益要求一再落空，人类由此将走出市场经济造成的险境，走上最符合人性化原则和人的全面发展要求的社会创新道路。面对人类生与死的抉择，越来越多的人都会积极、主动地探索这样的道路，而不会不假思索地维护财富垄断和世界霸权的统治，引发无休止的社会冲突并导致人类文明毁灭于战争之中。

中国实行的社会主义市场经济制度，就是在实行市场经济通用的有关制度和政策的同时，建立和不断完善社会主义的利益关系，实行有效推动全体社会成员共同富裕的社会主义的制度、政策、措施，发展社会主义的思想文化，以社会主义的制度、政策、文化有效地限制、弱化并最终消除市场经济特别是传统市场经济的本质缺陷，以更加积极的方式推动市场经济的自我扬弃，实现公平与效率的结合，促进经济和社会的健康发展，使人民群众的利益比富有阶级的利益增长得更快，从而为实现人的全面发展创造不断改善的经济和社会条件。

第二节　现代市场经济系统及其主要的结构规律

现代市场经济是以综合创新为基础动力的经济关系体系，经济结构的复杂性达到了空前的水平，并且还在向更高的复杂结构演变。在地区、国家等经济系统中，多种多样的经济主体、经济要素之间形成一系列多维、多向、多层次的关联关系，这些关系构成系统的整体结构关系，其中的每一种关联关系实质上都是对立统一的矛盾关系。由多重矛盾关系交织成整体的结构关系，体现了系统内外不同的经济主体、经济要素之间的多重本质性联系。这些本质性联系就是经济系统形成和保持基本结构关系的动态稳定规律。

一、微观层次与宏观层次的内在关系

层次结构是物质结构的普遍规律。一切物质系统都具有多层次的结构特征，并且在结构和功能性质上低层次系统与高层次系统之间存在着互为因果的关联关系，社会经济系统也不例外。但是经济系统的微观层次与宏观层次之间的关联关系，是以各级经济主体的主动性谋利行为为基础的互为因果的对立统一关系。微观系统的结构特征和功能性质，是以个人所具有的社会属性、知识结构、行为特点、劳动能力、综合素质为基础而形成、保持和变化的，微观系统在本质上是个人经济活动的直接性或初级性集成，是创造物质财富和精神财富的源泉。宏观系统的结构特征和功能性质，是以个人以及企事业单位、个体经济单位的结构特征、功能性质、行为特点、综合素质等为基础而形成和变化的，宏观系统在本质上是对微观系统的经济活动的逐级扬弃和分层集成，是汇合和放大微观系统功能的组织形式。微观、宏观之间在本质上既相互对立又相互统一。表现在结构和功能上，微观系统的发展、变化对宏观系统的发展、变化发挥着基础性的保障、推动和制约作用，宏观系统对微观单位的发展、变化发挥着主导性的有时是决定性的推动和制约作用。二者总是互为因果，彼此相互推动、相互制约、相互调节，在循环式的互动过程中实现共同发展。微观单位所发生的普遍性困难往往汇合成宏观经济的

困难，微观单位的普遍性发展和进步也必然引起宏观系统的相应发展和进步。宏观经济系统的结构缺陷，如区域、行业发展失调或运行管理不当，或政策、法律、制度的某些缺失等，也会使微观单位普遍陷入困境。宏观系统为了适应外部条件的变化和实现系统整体的发展目标，以宏观整体的结构关系所组织、集中起来的经济投入能力和在政策、文化方面采取的措施等，不断地作用于个人和微观单位，改变其原有的某些结构特征和性质，促使其形成适应宏观整体需要的某些新的结构特征和功能性质，为个人和微观单位的发展、变化和行为的规范化创造不断改善的宏观环境条件。

微观与宏观之间既相互对立又相互统一的矛盾关系，实质上是每一个微观单位与宏观整体之间的矛盾关系。这种矛盾关系之所以能够产生推动双方共同发展的效果，其奥秘之一是宏观环境对每一个微观单位能够带来特殊的外部性效应。对每一个微观单位来说，宏观环境的正向作用主要体现为环境内众多的微观单位以千丝万缕的联系作用于它，给它带来单靠它自身难以生产出来的外部性好处，使它不用增加投资就能够较大幅度地增加产出。每一个微观单位单靠它自身生产出来的财富，再加上宏观环境带给它的外部性好处，就超出了孤立状态下单个微观单位的生产经营能力。如果再加上政府实行的宏观政策的正向作用，每一个微观单位的生产经营能力又会有重要增长。这样，就使得系统内所有微观单位的运行发展所形成的宏观效果远远大于孤立状态下各个微观单位运行发展效果的相加之和。宏观系统给每一个微观单位带来如此多的外部性效益，同时它也获得大于所有微观单位运行发展效果之和的好处，就形成微观与宏观正向的相辅相成的发展效果。当然，微观与宏观之间不只是产生正向的相互作用，它们之间也产生负向的相互作用。但是在系统的正常状态下，微观与宏观之间每一方不利于对方发展的行为都会受到出于共同利益目的的有效的反制作用，因而正向的相互作用总是大于负向的相互作用。微观与宏观之间只有处理好其对立统一的矛盾关系，使正向的相互作用效果尽可能地大于负向的相互作用效果，双方均可获得最佳的运行发展效果。中国改革开放几十年连续高速发展，其主要的奥秘也在于微观与宏观之间对立统一关系所产生的双赢效果。如建设各种开发区、产业园区、试验区、城市群、经济带等，多数都获得了成功，其优越性就来自微观与宏观之间对立统一关系产生的双赢效果。中国的国家体量大，微观单位数量多、增加快，其微观与宏观的双赢效果与其他国家相比就具有倍加的效应。

为了使微观、宏观之间的循环式互动运行发展能够健康、持续进行，国民经济系统的上下层次之间就必须建立合理的利益分配关系、管理权力的分配关系、统摄与从属的关系以及灵敏、准确的信息反馈联系，并且要用政策、法律等规范化的形式把这种合理的层次关系相对地固定下来。

随着微观和宏观经济的成长、发展，微观与宏观之间的关系也随之发生变化。微观与宏观相互之间不断向对方提出改革、发展的新要求，有时产生较为突出的不相适应甚至相互对立、冲突等问题。这就需要按照层次之间相互适应、相互促进的要求，改革和完善有关的结构关系和制度、政策、法律，以便更加充分地发挥从微观到宏观各层次的积极性和潜力，提高各层次的组织结构水平和综合效益，增强层次之间的协调性。改革和完善经济系统各层次之间的结构关系，其实质是提高国民经济系统的整体组织水平，把各个微观单位的功能有秩序地组合成在性质上发生了重大变化、在总量上大于各微观单位功能之和的宏观经济系统的功能和实力，为国民经济发展提供层次间的合力推动机制。

二、空间上有组织的整体关联关系

经济系统发展的综合水平总是体现为经济结构的日益复杂化并不断提高整体功能水平，而经济结构的复杂化和整体功能水平提高的直接推动力，主要来自社会需求的日益多样化及其引起的社会分工的不断深化。人们的生活消费需求和生产消费需求的种类不断增多，开发和生产满足这些不断增多的需求种类的产品和服务，就需要越来越多的企事业单位、行业或部门系统以及专业化生产的地区来承担。这就在空间上形成不断深化分工的趋势，产生越来越多的并列存在的微观经济单位和行业、部门、专业化地区等各级各类经济系统。

宏观经济系统中并列存在的企事业单位和行业、部门、地区等，都是具有多种属性的多面体系统，它们中的每一个都在寻求与自己既有共同利益又有互补性专业功能的诸多合作者。每一经济主体通过积极、主动地建立和发展与其他经济主体之间的商品贸易、协作联合、要素流动、信息交流等横向交往关系，形成不同经济主体之间相互促进、相互影响、相互制约的关系，这些关系汇合成国家和世界经济系统在水平方向上或空间维度上日益复杂的组织结构网络。分工越发达，这些关系的种类就越多、越紧密，网络密度就越高，平等的竞争就越充分，利益分配就越趋于合理。这种网络，把地区、国家以至全球等不同空间范围的各种经济要素和个人、企业、单位、行业、组织机构等，都编织到各层级的整体系统之中，使其按照社会的需要从事专业化生产，在一定的竞争压力下和追求不断增进的利益中发现并改革自身的不合理结构和制度，提高自身的素质，主动建立和发展对自身有利的经济、技术联系。这样，在宏观经济系统的外部联系和内部要素、内部结构关系中，就不断地产生着推动系统的空间组织结构水平提高的力量。不断发掘并协调这种力量的作用，可以加快经济空间组织结构演化的速度，提高空间组织结构的效益功能。

经济系统各个利益主体之间的横向关联和横向互动关系，实质上是一种横向的对立统一关系。每一种关系的双方都在寻求在共同利益中实现自身利益最大化的途径，并为此推动对方发生有利于自己一方的变化。但是，双方在这样的互动中最终实现的都不是每一方的单独意愿，而是克服了每一方的缺陷并使每一方的利益目标均被"打了折扣"的互利目标，产生出较为合理的共同利益和寻求共同利益的合理手段。这种由矛盾关系织成的空间关联网络，形成经济系统的横向的多元合力推动机制。为了使这种横向的多元合力推动机制更加健全、健康、进步，需要市场竞争与行政手段、文化措施的良好配合。

三、时序结构与空间结构的对立统一关系

微观和宏观经济系统的运行，由生产、分配、交换、消费诸环节首尾相接构成再生产的循环过程。其中，众多微观单位的再生产循环运行以商品交换为主要纽带，彼此交织、渗透、融合，构成行业、地区、国家、世界经济系统整体的再生产循环。而在国家或地区等宏观领域，社会再生产四个基本环节的职能分别由各种从事专业化生产的个人、企事业单位、行业、部门、地区和作

为生活消费者的居民等不同的经济主体承担。这些主体彼此之间按照一定的分工协作关系和利益关系发挥各自的专门职能，保证宏观经济系统整体运行的每一个环节得以实现并过渡到下一个环节。由此，使经济系统在时序方向上或时间维度上的结构关系，与该系统在空间方向上或空间维度上的并存性结构关系之间，形成互为前提、互为因果、相互调节、相互控制的对立统一关系。二者互为前提、互为因果的关系体现为时序上诸环节依次过渡的循环运动和由这种循环运动连接成的历史过程，是维系空间结构并促进空间结构进化、发展的纽带，而空间上并存的企业、单位、机构、行业、部门、地区等经济主体及其在横向上的技术和利益关联关系，则是时序结构留在空间上的"轨迹"，是时间顺序空间化的形式。二者相互调节、相互控制的关系是其相互"斗争"的特殊表现形式，这种"斗争"体现为空间结构的松散、断裂或缺陷，必然造成时序上的运行或发展的障碍，时序上的衔接不畅甚或停滞、断裂，必然使空间上并存的部分单位陷入困境；时序上不间断的运行性、阶段性联系，推动空间上并存的各企业之间、企业与事业单位之间、不同行业或部门之间，不同地区之间、不同国家之间深化分工协作，建立广泛而密切的经济技术交往关系，提高一体化互利合作水平；空间上的经济交往趋于广泛、密切和横向结构趋于合理，则推动时序上诸环节或诸阶段之间实现紧密衔接和顺利过渡。时、空两个维度的结构关系既相互依存又相互"斗争"，产生相互推动的合力，是经济系统实现良性运行和协调发展的主要规律。

由此不难理解，调整空间结构关系和上层系统与下层系统之间的垂直结构关系，就是为了使时序方向上的各个阶段能够不间断地相互衔接，依次过渡，产生经济运行发展的最大成效。根据社会再生产运行是否畅通、是否呈良性循环的状况，则可发现经济系统空间结构是否合理，发现空间上哪些单位、分系统具有优势或存在缺陷，从而使管理决策机构针对所发现的结构缺陷或即将出现的结构失衡问题，及时调整产业系统的内外结构以及经济系统的分配结构、流通结构、消费结构，调整与这四大环节的结构密切相关的劳动力结构、投资结构、地区结构、价格结构等，使社会再生产四大环节的结构保持动态的相互适应和依次过渡。

四、多维的整体关联规律

社会经济系统是在长期的社会演变过程中形成的具有特殊整体关联特征的系统关系,其结构与生命体的整体结构有许多类似之处,是一种遵循多维性整体关联规律的结构形式。

经济系统在垂直方向上形成多层次的结构,在水平方向上形成并列关联的网状结构,在时序方向上形成连续性和阶段性的纵向结构。这三个维度的结构关系互为前提、互为因果并相互转化,形成整体关联的三维结构网络。三维结构中的每一个基本环节或者每一个分系统也各有其三维或多维结构。与经济系统的三维结构相交叉的,还有诸如资源结构、人口结构、就业结构、所有制结构、价格结构、市场结构等。把这些结构及其时序变化并入经济系统之中,则系统的结构就远远超出三维关系,成为多维性的整体结构关系。多维整体结构中众多的要素、层次、环节、侧面、分系统的结构,都是在经济运行、发展的长期历史过程中,按照系统整体功能的要求,通过不断吸收并改造外部要素,经过不断的分化、组合、生长、蜕化过程,有组织地形成既相互区别又紧密关联的一定层次的整体关系。它们之间既有直接性的相互作用关系,也有以中介物为条件的间接性关联关系;既有现实性的关联关系,也有尚未形成但却有可能形成或必然要形成的潜在性关联关系。这些众多的然而又彼此密切相关的要素、层次、环节、侧面、分系统等,其各自的结构只有在彼此相互适应的关联关系中结成更大的有机系统,社会再生产才能顺利进行。其中的任何一种结构或结构性关联关系出现严重缺陷,都会以直接和间接的关联反应或连锁反应引起其他部分以至经济系统整体的结构变化。

多维性整体关联规律在宏观经济运行发展中体现得较为充分。宏观经济实现增长首先需要投资得到增长,进而引起货币供给增长,银行适应这种增长要求增加贷款,相应地降低贷款利率,刺激投资者增加投资。投资增长会促进就业、工资和 GDP 的相应增长,同时也会带来物价上涨,提高通货膨胀率,这有利于企业提高利润水平,但对居民消费则会产生负面影响,社会消费水平因此会相对或绝对下降。物价上涨和消费水平下降一方面能够刺激进口增长,因为从国外进口价格相对便宜的消费品和生产资料较有利可图,另一方面对经济增长和企业投资产生直接的抑制作用。而进口增长的持续进行则会刺激汇率的提高，使本国货币升值，一方面不利于出口增长和出口产业及相关产业的发展，并对就业增长产生负面影响，对国内物价上涨产生抑制作用；另一方面会引起金融市场上购买本国货币的数量增加，国外投资进入国内的数量相应增加，推动国内利率的提高。利率的提高不利于投资增长和GDP增长，但对价格上涨和居民消费增长有抑制作用。为了刺激出口增长，就要降低出口产业的成本，其中就包括降低出口产业的税率和贷款利率，实行刺激出口的一些措施。出口增长带动出口产业及相关产业的发展，对就业增长产生正面影响，有利于GDP增长，同时引起汇率下降，对进口增长产生抑制作用，进而降低金融市场上本国货币的供应量，抑制国外投资的进入。为了矫正宏观经济运行中的各种不平衡状态，政府运用财政、货币方面的政策加以干预，如实行财政扩张政策可以扩大社会总需求量，刺激投资、就业、GDP增长，推动价格上涨，而实行货币收缩政策则可以降低投资、就业、GDP增长。这些政策的效果在经过一段时期后，最终还是回归到经济运行相对均衡、经济结构关系相对稳定、经济增长幅度符合增长能力的客观状态。

经济系统中与上述情况相类似的多维关联关系，把系统中的每一个个体的或群体的人和每一个企业、事业单位、行业、部门、地区等都编织到整体性的经济网络中，使之分别处于网络的一定的结点上。经济系统的有机整体性结构对处于每一结点的每一个要素、层次、环节、侧面、分系统和每一种关联关系等，都发挥着客观的"规定"作用，赋予它们有机整体性的系统质。它们获得这种系统质，就意味着它们的存在和发展不具有完全性的自己规定自己的"自由"质或个体质，只能在适应经济系统的有机整体性结构的前提下，拥有相对的、有限的自由，只能以系统整体的"零部件"的身份发展自己。整体关联规律对系统各种组成部分的"规定"作用，使系统的每一个"零部件"和"零部件"之间的关联关系都必须是合格的，"零部件"们必须按系统整体结构的要求，改变自己原来的某种性质、特点和内部结构关系，形成并发展适应系统整体要求的某些性质、特点和内部结构关系，在被整体关系网所规定的范围和程度上从事经济活动，否则就面临着解体、重组、被改造或被淘汰的命运。国家、地区、部门甚至企业等不同等级的经济系统的管理者，就是根据系统整体结构保持动态稳定和基本合理的要求，对系统的各个层次、各种要素、各个环节、各个侧面、各个分系统的结构及其彼此适应的状况进行经常的调查、分析和监测，对引起整体结构失衡和造成整体运行阻塞的因素及时发现并予以排除。

整体关联规律与经济主体的活力之间存在着相互依存、相互制约、相互转化的对立统一关系。一方面，整体关联规律并没有泯灭经济主体的活力；相反，在整体关联规律的"规定"之下，微观经济系统成为最具发展活力的构造单元。整体关联规律的"规定"作用既包括限制作用，也包括刺激、助推作用，主要是以多维关联的形式保持经济系统整体结构的相对稳定和系统运行的正常进行，为微观经济系统生存、发展提供良好的宏观环境，并且以多种宏观条件刺激、助推微观系统增强运行、发展活力，使之成为宏观系统发展的基础推动力。整体关联规律的作用也同样刺激、助推各级宏观系统增强发展活力，并将这种活力集成为系统整体的活力。同时，各级经济主体可以利用多维关联网络关系作为输入、输出的渠道，增强自身的开放性，充分吸收、利用系统整体和系统外部的各种有利因素来发展、壮大自己，有规律地改变自己在系统中的地位和作用。企业、事业单位和行业、部门、地区等各级分系统普遍地发展和壮大，又会引起经济大系统整体素质的提高和综合实力的增强。另一方面，各级分系统的发展活力也不断反作用于经济系统的整体结构，对过时的、不合理的关联关系形成冲击、否定作用，增强系统整体结构的动态性、演化性活力，推动整体关联规律的作用形式不断发生变化。

五、多维反馈联系形成的自组织规律

经济系统的主要构成要素是具有主动性谋利行为的人，由人构成的各级分系统则是具有主动谋利行为的社会性经济组织。不同的个人之间、经济组织之间在物质利益上存在着既相互区别又相互依赖、既要不断增进又要求达到一定程度的公平合理这样的矛盾关系。因此，在经济系统的不同层次之间，不同的要素、环节、侧面、关系和不同的分系统之间相互依存、相互制约、互为因果的关联关系中，既包括客观的相互作用、相互调节、相互控制他方的关系，也包括人的主观的相互作用、相互调节、相互控制他方的关系，这样就形成相互之间的作用与反作用、控制与反控制的反馈性联系。多种多样的反馈联系中，既有相互促进的正反馈联系，也有相互干扰、破坏的负反馈联系。各种反馈联系彼此影响、作用、交织、转化，形成牵一发而动全局的联动式反馈网。每一种反馈联系的此一端的变化引起另一端的变化，另一端的变化又引起此一端的进一步变化。每一种反馈联系的互为因果的相互作用，又牵动其他各种反馈联系和系统各部分发生变化。经济发展水平越高，这种反馈联系网就越致密，反馈通道就越复杂。尤其是现代信息技术革命带来的互联网、物联网、机器人等智能化技术手段的普遍运用，使经济社会系统的反馈联系机制发生了质的变化和升级，经济系统的反馈联系正在进入智能化的高级阶段。

普遍性的、密如蛛网的反馈联系主要是以人的主动的活动为基础形成的，但它们彼此交叉、渗透和相互作用而形成的整体性多维反馈网，又具有扬弃个人或下层系统的目的性、主观性的客观必然性和客观规律性。

经济系统的这种整体联动性反馈网，是它具有类似于生命体的自组织机能和特殊的生命力机能的一种重要规律。通过这种反馈网的联动作用，系统每一个部分或侧面，每一种要素或每一种关系发生变化，都会产生整体性连锁反应，要求整体的各层次之间、各环节之间、各侧面和各种关系之间作出相应的反馈：要么将这种变化矫正过来，要么在变化了的条件下达到新的相互适应。凡不能与整体相适应的关系或分系统，或迟或早地将得到调整。某些重要机构受到损坏，也将按照系统整体正常运行的要求得到修复。反馈网一方面使人们的主观随意的经济行为受到限制，另一方面又使人们依照客观规律谋取正当利益的主观能动作用得到越来越充分的发挥。系统的结构因此更加具有活性，同时也更加具有秩序性。这就是社会经济系统类似于生命系统的一种最重要的"内自动稳定"机制："任何变动趋势都将使一个或数个对抗这种变动的因素的作用有所加强。"[1] 其特点就是通过内部多维反馈联系互为因果和相互调节、相互控制的联动作用，保持系统内部的基本条件、基本关系的相对稳定或动态平衡，以适应外部环境的变化，求得生存和发展。

经济系统的自组织规律使承担着社会所需要的种类极其繁多的分工职能

---

[1] W.B.坎农著，范岳年、魏有仁译：《躯体的智慧》，商务印书馆，1982年11月，第191页。

的个人、企业、单位、部门、地区等利益主体，在远离自己生存必需品的供应来源的情况下，能够及时获得生活和生产的必需品，使全社会所有的分工职能承担者以反馈联系网为纽带，组织成维持各个承担者的生存条件和全社会的生存条件的利益共同体。当共同体内外部各种破坏这些生存条件的因素出现时，反馈联系网就能及时组织起对抗、消除这些破坏性因素的力量，使经济和社会的各级系统及其成员保持并增强生存和发展能力。

虽然社会的发展在这方面已经取得了重要的进步，但至今还远未形成高水平的自组织性机制，因而不得不经受反馈调节不健全、自组织能力薄弱所带来的种种危机和苦难。因此，人们必须对系统结构的这种反馈网的连锁反应有足够的认识，以不破坏系统的"内稳态"为前提，对可能引起的其他各种变化进行预测，并采取配套措施进行全面的控制和调节，以保持经济的正常运行和健康发展。

六、整体结构对局部结构的扬弃规律

在经济系统的结构中，系统整体结构对系统内各级各类子系统的结构和各个侧面、各个部分的局部结构关系不断进行"扬弃"，是系统维持动态结构和具有正常功能的基本规律。

经济系统内各级各类子系统和系统的各个侧面、各个组成部分，出于其生存、发展的需要，主动地建立、发展与其他子系统、其他组成部分之间的结构关系，使系统结构关系趋于复杂化、多样化、致密化。而系统整体则按照整体结构合理性的要求，对子系统相互之间形成的局部结构关系进行选择、改造和制约，消除其与整体合理性要求相冲突的因素和特征，保留、增强其与整体合理性相一致、相适应的特征，淘汰那些与系统整体利益不相容的局部结构关系，由此形成经济系统内部两种结构关系的对立统一：局部结构关系不断延伸发展、局部功能趋于增强与整体结构扬弃局部结构、整体结构和整体功能趋于完善的互动过程，在互动中实现系统结构的动态合理化。这种互动机制，是经济系统结构在内生因素驱动下趋于合理和系统的发展功能得以增强、完善的主导性机制，也是一切影响和调整、变革经济结构的主观行为的客观依据。一切经济系统，就是按照这种规律性机制的要求，使系统内各类经济主体、实体、分系统等相互形成的局部性经济关系和联系,既要具有局部的、暂时的合理性,更要具有整体的、长远的合理性。任何局部结构和局部关系必须接受整体结构的选择、改造和制约,在局部与整体的动态协调中实现结构演进,发挥最佳功能。

科学的经济结构思想理论,就是依据整体结构对局部结构扬弃的规律,强调经济系统的整体关系、整体功能、整体协调的重要性,注重结构的整体平衡;在实施结构调整和各种结构干预措施时,坚持整体合理与局部合理相统一、重点突破与整体协调相统一的原则,使经济结构变化处于合理化的范围。

扬弃是事物遵循客观规律实现正常发展的普遍性机制。在经济和社会领域,扬弃是蒸发"水分"、去除泡沫,形成坚实素质和综合实力的重要发展机制。没有整体对局部、后一发展阶段对以前发展阶段、相互作用的一方对其他各方的扬弃,就不会有符合客观规律的健康发展。促进经济发展的主观努力,只有把经济结构的客观性扬弃机制转变为高水平的政策创新、政策完善、政策实施,转变为改革制度、制定和实施发展规划的过程,转变为经济主体的理性发展行为,才能尽最大限度减少盲目发展、盲目调整造成的损失,产生一举多得的功效。

经济结构是社会有机体的活体结构,调整经济结构不能像修理机器那样,拆下一些零件后再换上另一些零件,而是像人通过吃饭、服药、运动来治疗和抵抗疾病一样,对吃下去的东西进行消化、选择、吸收、排泄,通过吸收积极的、有效的因素来改变不合理的结构关系,通过各种经济关系之间的相互依存和相互制约来形成和"加固"合理的结构,注重依靠经济系统的内生力量和规律性机制推动经济结构的合理变化。

第三节 经济结构演变规律

经济结构的演变规律,是经济系统因其内部矛盾的运动以及内外部矛盾的相互作用、相互转化而逐渐失去其结构的稳定性,由一种整体性过渡为具有新质的另一种整体性的规律。这种整体结构变化的规律体现为矛盾推动结构发生多维度、多面性、多层次的渐变和质变的一系列具体规律。这种以矛盾为基本推动力的由简单到复杂、由低级到高级的结构演变，是经济系统实现上升性发展的实质和主要标志。

一、经济结构波动式演变规律

经济系统的结构和功能在本质上不同于无生命的自然系统和人工系统的结构，而是一种有组织、有生命、有复杂的反馈联系网的社会关系体系，具有新陈代谢和生长、发育等重要功能。经济系统在物质财富、精神财富、信息财富不断增加的基础上，不断产生新的经济主体和新的微观系统、子系统，不断建立和发展与其他经济主体、经济组织之间的关系和联系。在这一过程中，经济结构一方面通过平衡—失衡—再平衡的波动式演进保持相对的稳定性，另一方面新的结构关系和关系的承担主体不断萌芽、生长、发展，推动系统内部各级各类子系统之间的功能耦合网不断扩大，结构关系实现由简单到复杂、由低级到高级的成长和发展，系统的功能性质由此实现进步性变化，系统由一种"内稳态"进到更高一级的"内稳态"，并为进一步的、更高水平的增长奠定了新的基础，创造了更优越的条件。

经济系统的发展成果一方面用于外部的交往和投资，扩大对外的商贸和经济文化交流规模，力求实现对外经济的良性循环，扩展经济发展的外部空间；另一方面将主要的发展成果以企业内部初次分配的形式、市场交换的形式、财政分配的形式等，分流到系统内部各领域和各种结构关系中，转变成各种利益主体的收入，使人口、劳动力、经济利益关系不断地被生产和再生产出来，实现经济社会的正常运行。所以，经济结构是在经济运行过程中不断地被生产和再生产出来的活体结构关系。经济运行良好、经济增长能够持续，经济活动主体的利益就能够普遍而较快地得到增进，由经济主体之间的利益关系构成的经济结构就有条件实现量的变化和质的变化，经济结构中经常出现的薄弱环节或缺陷之处，也会在经济运行过程中得到加强或弥补。如果薄弱环节或缺陷之处具有商业性投资价值，就会由有关企业投资建设相应的项目而使薄弱环节或缺陷之处得到加强或弥补。如果薄弱环节或缺陷之处不具有商业性投资价值而只具有社会公益性质，就会由政府进行直接、间接的投资而得到加强或弥补。

经济运行发展是一个不断打破结构平衡又不断恢复结构平衡的波动过程。经济运行发展中出现薄弱环节、缺陷之处和供需失衡,甚至出现严重的结构失衡,都是经济和社会矛盾推动和影响经济结构变化的正常现象。正是这些看起来不正常的正常现象,一再地引起经济结构中的反馈联系网的反应,刺激经济运行向薄弱环节、缺陷之处或供需失衡、结构失衡的部位增加资金、物资、人力、知识、政策的投入,使薄弱环节和缺陷之处得到加强或弥补,使供需失衡、结构失衡状况得到矫正,使经济结构由旧的均衡进到新的均衡。国家和地区政府进行经济结构调整,就是将一定数量的经济发展成果投入到需要加强、弥补或矫正的结构部位上,使经济结构保持动态的合理化。

二、经济结构演变的基础推动力

经济结构合理与否的核心问题是社会成员的贫富差别问题,解决这一问题的基础条件是物质财富的较快增长。只有生产力达到较高的水平,社会才有能力将更多的物质财富分配给低收入的阶级、阶层,使贫富差别逐步缩小。所以,经济结构演变的基础性推动力是社会生产力。

经济结构是社会结构的基础,而生产力结构则是经济结构的基础。生产力的水平决定着人与人之间形成怎样的经济利益关系及其派生关系,以及这些关系交织成怎样的经济结构。

社会分工形成怎样的产业体系、各产业之间形成怎样的技术联系和经济利益关系,以及这种技术—经济联系的合理化、高度化程度,实质上是以劳动分工为基础形成的一定水平的生产力结构,习惯上称其为产业结构。产业结构与生产力结构实际上是同一个东西,只是这两个概念所反映的对象的重点有一些差别。产业结构概念重点反映的是产业体系的构成,而生产力结构概念重点反映的是各类产业的共同本质——人的生产能力及其所形成的结构特点。无论产业结构达到怎样复杂、高级的程度,面临多么复杂的问题,其内在的核心问题都可以归结为"造就怎样的劳动者、使用怎样的劳动工具、作用于怎样的劳动对象、生产怎样的物质产品",也就是归结为一定的生产力结构。所以,经济结构中,产业结构处于基础性、核心性地位。经济结构发生进步性变化，是生产力发展直接推动产业构成的合理性、上升性变化并进一步推动经济结构变化的结果；经济结构出现倒退性变化甚至紊乱、解体，则是生产力遭到干扰、破坏的结果。

马克思认为，在生产力没有发展到一定程度的条件下，新的更高的生产关系即新的经济结构是"绝不会出现的"，因为"人类始终只能提出自己能够解决的任务"[1]。人们可以根据对科学技术进步及其向产业发展转化的必然趋势的认识，超前规划和推进经济结构的转变，但经济结构转变的目标、进程和实际结果最终要适应现实生产力发展的水平，接受生产力发展状况的检验。实现经济结构的重大合理性、进步性转变，首要的条件是科学技术进步、产业成长和产业结构升级积累到不进行经济结构的重大变革就不能进一步发展的程度。在这种积累尚未达到这样的程度时，经济结构只能与科学技术进步和产业成长大体同步地处于渐进的演变过程。进行经济结构的重大调整，必须对科学技术进步和产业成长、新的科学技术革命及其向产业革命转化的总体状况、基础环节、关键领域、必然趋势，以及这些变化对经济结构转变的推动作用等做出全面、准确的调查和预测，据此来制定、实施以科技创新为主要驱动力的战略，在生产力领域实现重大变革和质的提高，使一大批以先进科学技术为基础的新兴产业合乎规律地成长为支柱性、主导性力量，使产业结构实现合理化、高度化，为经济结构的重大进步性变化提供基础推动作用。

三、结构载体与结构关系的对立统一

（一）结构载体与结构关系之间的辩证关系

任何结构都是结构载体与结构关系的统一体，经济结构也不例外。经济系统的结构是由结构关系和结构关系的承载者亦即结构关系的载体相互关联而构成的。结构关系的载体是承担一定结构关系的要素或实体，结构关系则是不同要素、实体之间既相互依赖又相互制约的联系。

经济结构中结构载体与结构关系之间相互依存、相互制约、相互转化的互动机制，是经济系统结构在不断的运行、成长中趋于合理和系统发展功能

---

[1] 马克思：《〈政治经济学批判〉序言》，《马克思恩格斯选集》第2卷，1975年1月，第83页。

得以增强、完善的基础性、规律性机制。经济系统在其运行和财富增长的基础上，不断增加、引进、聚集各种经济要素，建立、建设、完善各类经济主体、经济实体、管理机构、分系统、子系统等实体组织，即不断生长新的经济关系的承担主体或载体。新的主体或载体要想具有旺盛的生命力，必须注重建立与其他主体或载体之间的交往、协作、互利关系，也就是建立以商品交换为主的社会交换关系。任何经济主体或经济实体都不可能在孤立、封闭的环境中生存和发展，只有发达的社会经济交换关系特别是发达、合理的结构关系，才能赋予经济实体以不断增强的发展能力。载体的增多及其素质的普遍提高，必然普遍追求建立更加发达、进步的利益关系，推动整体结构的进步性变化；发达、进步的结构关系，则能够进一步推动载体数量的增加和素质的普遍提高。二者互促互动，推动经济结构实现渐进式的演变，并积累成结构水平的快速提升。

在经济结构调整的实践中普遍存在的一种误解，就是把某些结构载体当成了载体与结构关系的统一体，以为只要建立或建设起某些新的企业、行业、平台、经济区，弥补了发展中的某些"短板"，或者达到了某种比例关系等，就等于调整了结构，其结果往往是事与愿违或不尽如人意。结构是载体与关系不可分割的统一体，是一种产生系统的生存和发展能力的整体性、相对稳定性构造关系。在系统中，没有结构关系的载体只能是一堆废料，没有载体的结构关系只能是空中楼阁。促进结构的合理性变化，必须做到结构关系与结构载体同步变化、互相适应。促进经济结构的变化、升级不能过分依靠行政性的措施，而应当主要依靠经济系统的自调整机制，如结构关系促进结构载体成长、结构载体主动建立和完善结构关系这样的良性互动机制等。行政手段只是有效地促进这种机制的形成和完善，而不能代替这种规律性机制的客观作用。

结构关系与结构载体之间既相互依存又相互制约的规律，决定了调整和转变经济结构，一方面要根据消费需求、发展需要和结构合理化的需要，注重建立有优势、有发展能力的经济实体、经济组织，如新型的企业、机构、行业、部门、产业聚集区等，优先和强化建设所急需的实体、机构、行业、地区，使结构载体达到相对齐全；另一方面必须同步促进经济实体、经济组织之间形成日益发达的结构关系，注重促进那些开创性、试验性、不稳定性的经济关系在其承担主体之间的利益博弈过程中和系统内外其他关系的作用、制约下，趋于健全、稳定、发达。

（二）经济结构关系是多重关系构成的复合性联系纽带

并不是任何经济联系或经济关系都可以称之为经济结构关系。经济系统的结构关系不是暂时的、简单的、单线条的技术联系或利益关系，而是多重关系相互"缠绕"而组成的复合性、相对稳定的经济联系，是能够相对稳固地将经济系统各组成要素维系成有机整体的纽带。一般来说，能够称之为经济结构关系的，主要包括以下四种具体关系：一是技术关系，包括不同利益主体之间在技术上的分工、协作、配套、互补、竞争、影响等相互关系；二是经济关系，包括不同主体之间的财产所有关系、供给—需求或投入—产出关系、交易及价格关系、利益分配关系、经济竞争关系等；三是维护经济和技术关系的政策、法律、体制、文化关系；四是其他关系，如空间距离、彼此共存、依赖共同的自然条件等关系。除过这四种重要关系外，实际上还有无法与经济关系截然分开的各种政治关系、思想意识关系等。所以真正的经济结构关系，就像好多细丝拧成的粗线一样，是以经济利益关系为主、多种社会关系紧密结合而形成的综合性关系。如何使这些关系形成最佳的"缠绕"方式，将其"合成"相对稳定的结构关系，是合理干预经济结构、促进经济结构演变和升级必须解决好的问题。

经济系统的结构关系也有内在关系与外在关系之分。一般来说，经济主体之间普遍性的、相对稳定的利益关系属于内在的关系，而经济主体之间具体的交往、交换关系则属于外在的、表面化的关系。外在的、表面化的关系是内在的、本质性关系的具体表现形式，内在的、本质性的关系是外在的、表面化的关系按照一定的规律发生和变化的基础。人们在表面上看到的个人、经济组织每日每时所进行的经济活动和这些活动构成的经济交往关系，似乎纷繁而杂乱，其实在这些看似没有内在联系、没有规律性的活动和关系背后，始终是某种普遍性的、内在的规律性联系起着支配作用。经济政策、经济制度、经济法律等规范，主要是根据普遍性的、内在的经济关系及其变化规律来制定的。

为了使经济结构关系趋于健全、稳定、合理，应当力求做到：第一，通过探索、试验，设计和建立有利于各类经济主体共同发展的分工协作、技术联合、经济互利、平等竞争、相互影响的关系，使这些关系发挥对利益各方发展的最大推动力和最佳利益获得作用；第二，对已经建立起来的合理关系，要通过政策、改革、法律、行政措施等进行"加固"，即对关系进行必要的维护和合理制约，防止合理的关系处于忽生忽灭或自生自灭的状态；第三，随着经济社会环境的变化和关系各方的发展，对结构关系和维护关系的体制、政策等进行经常性的修补、充实、完善。

四、经济结构形成和演化的积累规律

（一）经济结构的进步性演变需要多方面主观努力的积累

同任何事物的生成和发展都要遵循由量变到质变的规律一样，合理的经济结构关系的形成也必须经过一定的积累过程。经济结构本质上是一种客观的、物质的系统构造关系，不是凭人的主观意志就可以随意改变或调整的。但是人们在经济结构演进、成长的客观过程中并不是无能为力的，而是可以发挥主观能动作用的，这就是通过一定时期的主观努力的积累和积累成果的扬弃，使人的主观努力（包括政府的政策、调控措施等干预行为）转变为合理、进步的经济结构关系的形成和变化。

作为经济结构的主导性因素的产业结构，其实现高度化的主要条件是高科技产业和新兴服务业获得更快发展，传统产业得到改造提升，为此就必须有雄厚的科技创新实力作支撑条件。而雄厚的科技创新实力不能仅靠短期内增大投资等手段而获得，必须经过一定时期的科学技术、教育、文化、信息等知识产业发展的积累，以及多方面政策效果、改革成果、各类产业配套支持成果的积累才能获得。这种积累过程，也就是政府、企业、科研开发单位实施一系列政策、规划、发展措施，以及工人、农民、科技和教育工作者、各级管理者发挥创造性能力的主观努力过程，是在空间上集聚、时间上积累创新成果和配套能力的过程。这一过程所集聚、积累的成果，还要受到复杂的产业关联和产业链条、区域结构、消费结构、外贸结构、经济运行状况、国内外科技和产业协作条件、国际产业结构变化趋势等重大结构关系和环境

条件的制约、改造和选择,使其中有利于国家和地区经济发展的成果、因素更快积累并转化为生命力旺盛的企业、行业、地区和经济增长过程,使那些对国家和地区经济发展作用较弱或负作用较大的成果、因素的积累受到一定的抑制或被淘汰,使那些生命力旺盛的企业、行业、地区及其所带动的经济增长领域,与其他企业、行业、地区之间的利益关系和经济技术联系在耦合过程中趋于合理、稳定,使那些暂时的、不合理的、缺乏生命力的利益关系和经济技术联系被淘汰。通过这种复杂的积累机制、积累过程和扬弃过程,人们促进创新的主观努力才能转化为产业结构高度化的实际效果,经济结构的上升性演变才会有坚实的支柱。

政府通过实施发展和改革的各种战略规划、计划、工程等来推进经济结构调整,必须经历战略效果的积累过程,即通过一定时期内实施多轮战略的效果积累和空间上实施多种领域的战略效果积聚,才能产生结构合理化的总体效果。同样的道理,进行成功的制度创新、体制和机制改革,要有一个思想理论知识积累和普通居民、企业家、政府人员综合素质的积累过程。不同经济主体之间的利益关系趋于成熟、稳定、合理、进步,也有一个积累过程。没有利益主体合理、强烈、持续的利益追求,以及为追求利益而与其他利益主体反复探索、试验并结成互惠互利的关系,有利于各方共同发展的利益关系就难以转变为合理、进步、稳定的经济结构关系。

(二)合理而稳定的结构关系是长期发展成效积累的结果

经济结构的进步性、上升性演变和经济结构调整要取得显著成效之所以要经过积累,是因为不同经济主体、经济实体、经济系统或分系统、子系统之间建立起某种不紧密、不稳定、不成熟的经济或技术联系,还算不上是相对稳定的、合理的经济结构关系。为了促进某一产业更快发展,政府有关部门与科技、产业、金融等行业或实体之间建立彼此沟通、协作、协同、互利的试验、试点关系,以及地区之间建立的交流、协作、联合关系等,一开始往往是暂时的、不稳定的、不健全的、缺乏生命力的,难以发挥结构关系的稳定性功能。要使这种暂时的、不成熟的经济关系成为合理而稳定的结构关系,必须经历关系各方的素质不断提高、彼此相互适应和关系本身不断健全的过程,必须接受其他关系和环境条件的多方促进、强化、制约,接受系统整体结构的扬弃,才能转变为具有较高合理性和稳定性的结构关系。重大结构关系的形成并趋于合理、进步、稳定,还必须经历制度的积累过程,逐步形成维护、强化和合理制约这种结构关系的政策、法律、法规、行政规则等规范体系。经济结构的进步性变化及其相应的制度体系的健全,还必须以一定的文化积淀为基础。没有文化的长期积累和集聚,结构关系的承担载体——人及其经济社会组织,就缺乏良好的素质和健全的性质。人的素质不高,结构关系和制度体系就难以达到高度的合理性、进步性和必要的稳定性。所有这些积累过程,也就是经济结构形成、演变、成长的渐进过程。不经过这样的积累和渐进过程,仅靠实行某一种或某几种政策措施、发展战略、法律手段来变革、调整国家、地区、行业等经济系统的重大结构关系,企求一举将经济结构调整到位,其目标往往要落空。要使传统的高投入、低效益、不协调、不可持续型经济结构关系,转变为低投入、高效益、创新驱动、协调和长期可持续发展型结构关系,在政策、体制机制、规划、措施的设计和实施中,必须充分考虑积累规律发挥作用的领域、时间、方式和条件,减少期望值过高和"揠苗助长"的失误。

五、经济结构的成长规律

经济结构是经济系统的整体构造关系,但从来没有纯粹的、孤立于社会有机体之外的经济系统,一切所谓的经济系统,其实只是与一定社会系统血肉相连的经济分系统,是人们把社会的经济关系从社会有机整体中抽象出来加以认识和把握,但最终还是要将其还原到社会有机体之中来全面认识和把握的经济关系系统。把经济系统及其结构还原到社会有机体的整体之中,如同把血液系统及其结构还原到生命整体之中一样,就不能不面对一个无法回避的事实:经济系统及其结构是有生命的、能够像生命体的生长和发育那样实现其成长式发展的有序性系统结构。

(一)经济结构不以人的意志为转移的自然成长机制

经济系统及其结构关系的生长,就是系统内部不断产生新的要素、新的组织机构、新的子系统,形成越来越多的微观单位和新的行业、新的部门、新的城镇、新的经济区等,在这些新的实体或载体之间以及它们与原有的实体、载体之间不断形成新的结构关系。经济系统及其结构关系的发育，是指该系统在生长新的结构载体和结构关系的基础上，系统结构实现由单一到多样、由一维到多维、由简单到复杂的演化或成长，系统整体的组织结构和功能性质由此进到高一级阶段的规律和机制。推动经济结构生长发育的重要机制之一，就是在经济稳定增长的基础上，系统内部分工水平不断提高，分化开的各部分之间形成整体性和相互依赖性更强的本质联系，系统的运行发展功能也因此得到质的提高。

中国经济正处于快速成长之中，经济结构面临着构筑新优势并依靠新优势形成新结构的重大转变。但是新的优势有些是可以"构筑"的，如基础设施建设，能够通过增大投资和加快设计、审批、施工、验收来达到目的；而有些则是用"构筑"的手段难以加快也难以如愿的，如形成有较强竞争力和合理规模的战略性新兴产业群，必须遵循类似自然规律的道路，经过产业的萌芽、生长、发育、壮大、成熟并形成结构合理的产业群落这样一种自然过程才能达到目的。虽然中国急需以加快发展战略性新兴产业为突破口来推进产业结构的合理化、高度化，但战略性新兴产业的生长发育不是单凭主观的努力就可以做到的，而是要有一个自然的成长过程。整个工业体系的分工水平低、工业的许多行业生长发育不良，工业各行业之间、传统产业与新兴产业之间、工业与农业和服务业之间的结构关系还较为简单、松散，各产业系统内部和各产业之间的结构关系发育程度也较低等，对战略性新兴产业发展和产业结构合理化、高度化会形成严重的制约。金融支持、政策倾斜等手段虽然是促进新兴产业发展的有效办法，这些手段就像给农作物施肥、浇水、灭虫以助其生长一样，可以快速聚集投入要素，集中突破产业发展的一些关键领域、重点环节，在条件优越的地区率先取得显著成效，刺激、推动新兴产业在一定时期内较快增长和发展。但这些手段和措施不能取代新兴产业的自然成长机制和发育成长过程，因为新兴产业在相当长的时期内是不成熟产业，这种不成熟状态往往给产业自身的健康成长以及与其他产业之间的结构关系以致给国民经济整体结构，都会造成多方面的困难和隐患，这种难题不是产业外部的支持措施在较短时期内能够解决的。一个个地解决新兴产业不成熟的问题，如解决产业赖以成长的科技研发能力、科技成果转化率和产业化率、产业标准、产业综合素质和竞争力、产业组织和产业内部结构、产业内外的配套水平、产业的投入—产出链、较高的行业分工水平和区域分工水平、产业健康发展所依赖的人才队伍等决定性条件和内外部综合配套条件问题,不仅要假以时日,而且必须循序地经历产业的一系列生长发育阶段。该生长出来的必须要等到它生长出来(譬如最先进的芯片行业)、该长大的必须要等到它长到足够大(譬如航空发动机产业)的时候才能发挥作用。新兴产业要走向成熟,不仅产业自身要经历一系列生长发育阶段,要有坚实的技术储备和人员素质储备,产业成长的重要环境条件——产业群落、区域产业聚落、外部结构关系等,也必须经历不可跨越的生长发育阶段。每个新兴产业和新兴产业群,都必须与传统产业之间形成合理而发达的科技衔接链和投入—产出链,形成这样的"链"也就是形成产业的外部结构,必须经历一个量的积累过程和质的飞跃阶段。事实上,许多新兴产业就是在传统产业内部孕育、萌芽、成长起来的,是由传统产业的许多科技研发成果或分支行业逐步转化、成长、壮大,不断接受传统产业为其哺乳、输血、遮风挡雨和提供技术、人才、管理等"营养",才发展成为结构和功能较为健全的独立行业的。新兴产业成长的每一步,都与传统产业之间存在着千丝万缕的联系。工业和全部产业体系的发育程度低、基础支撑力不足,新兴产业、高端产业也难以快速成长壮大。只有新兴产业越来越多、各门类新兴产业之间以及新兴产业与传统产业之间形成水乳交融的协调发展关系,经济结构成长才能步入稳健的轨道。

(二)提高经济结构合理化、高度化水平的途径

推动系统结构生长发育的基本力量是分工。促进社会经济系统及其结构的生长发育,提高经济结构的合理化、高度化水平的重要途径之一,就是深化系统内外部的技术和经济分工,包括深化企业内部、企业之间的专业分工和全社会的专业分工,适应分工发展的要求,建立承担新的分工职能的实体、机构,在实现分工的新旧实体和机构之间建立广泛的联合、协作、互利合作关系,提高经济系统的专业化、分工细化水平。提倡和推动经济实体、经济组织之间的公平竞争,在竞争中消除企业、行业、地区等各级经济系统的脆弱性、不成熟性,提高其组织结构水平和研发、开放、联合、合作等方面的

综合素质。适应分工深化和分工扩大的要求，促进结构关系由简单向复杂的进化，推动各级经济系统内部和各种系统之间的结构关系由单链条转化为复合链条，由链条型转化为网络型、由松散型转化为致密型、由低合理性转化为高合理性，形成高效率、高效益、高度合理性的经济结构关系。

　　经济高质量发展的本质是提高经济结构的合理化、高度化水平。提高经济结构的合理化、高度化水平有两个重点领域：第一个重点领域是缩小收入差别，最大限度发挥社会各阶级、阶层和各类利益主体的潜力和能力，最大限度弱化经济利益方面的对立和冲突，最大限度增强经济发展的总体推动力；第二个重点领域是促进产业结构的高度化、合理化，使高新技术产业成长为左右经济大局的主导型产业群。这两个重点领域每取得重要的进展，经济结构的合理化、高度化水平就能够被带动到一个新的水平。但是这两个重点领域取得重要的进展都必须采取以稳求快的策略，注重打好坚实的基础，积累和集聚实力，抓住机会实现关键性突破。以稳求快的策略在一定程度上借鉴了生命体的成长机制，注重提高经济系统的"体格健康"水平，因为只有健康的体格才能产生最大的力量。这种策略实施到一定程度，经济结构升级和经济高质量发展就会进入到质变的、相对快速的阶段。

第十二章　个人矛盾及其形成的社会发展合力

经济和社会结构演化升级的基础推动力来自社会微观领域的各种矛盾。其中，个人之间的矛盾是经济和社会结构最底层的推动力。企业、事业单位等微观组织是将个人矛盾集成为微观的发展合力的主要组织形式。以建设结构合理、制度健全、文化先进、活力充沛的微观组织为主要途径，并配合其他微观和宏观的政策措施，正确疏导、化解、解决个人之间的矛盾，是增强经济和社会结构的抗干扰能力和协调发展功能，推动经济社会结构实现演化、升级的基础环节。

第一节　个人矛盾及其形成社会结构的规律

个人是社会系统最基本的构成要素，是经济和社会关系最基本的承载体。如果将企业等微观组织比作社会系统的细胞，个人、家庭就相当于经济社会有机体的"生物分子"或亚细胞组织。个人是构成社会微观组织的最底层的要素，是社会系统的结构之砖，也是社会系统最具活力的微观基础。世界、国家、地区等社会系统的发展变化，总是直接、间接地影响到个人。宏观经济和社会的变化与每个人的关系，就像人体的血液、器官、体温的变化与细胞和生物分子的生存关系一样，息息相关，紧密关联。宏观和微观组织的生命力和发展活力，归根结底来源于这些组织内外部的个人。以最有效的组织结构方式，将亿万个个人追求合理合法利益和自身发展的动机、思想、实践，集成为微观系统和各级宏观系统的发展合力，再进一步集成为国家、民族发展的整体合力，是具有非同寻常的社会进步意义的创新之路。

一、个人矛盾及其形成的社会合力

个人是社会系统结构的个体化、微缩化形式，社会系统结构是个人本质的外在化、实现化形式。个人的整体素质，反映着社会的基本结构关系，是一定社会系统的结构关系的内在化、人格化。社会系统的结构，则是全部社会成员相互交往关系的总和或相互交换其产品、活动的整体。从个人的素质中，能够看到他所处的社会系统的多方面特征；从社会系统的结构关系中，也能看到其社会成员的普遍特征。一个国家或一定历史时期中社会成员的素质普遍低下或较普遍地呈现畸形化特征，根本原因是这个国家或这一历史时期中的社会结构和社会制度存在严重缺陷。

（一）个人矛盾及其社会本质

各级社会系统归根结底都是由一个个的个人组成的，个人之间总是存在着各种各样的矛盾。个人之间以其社会交往或社会交换活动构成的社会关系，归根结底是对立统一的矛盾关系。这些矛盾关系体现为以下四种主要类型。

（1）个人之间以利益目标基本一致而结成的细微型组织，如家庭、合作团体、兴趣爱好者团体、朋友团体等。细微型组织内人与人之间以共同生活、相互帮助、合作共处为主旋律，但也存在着各种不和、不协调、意见不一甚至行为冲突等对立的关系。

（2）个人之间因利益目标的冲突而产生对抗，甚至因一方或双方受到对方的伤害，形成仇恨，导致互不相容的斗争。

（3）个人之间因利益目标的暂时性、局部性不一致而使相互关系时好时坏，形成"不团结"、"闹意见"、离心离德的不和睦关系。

（4）个人之间因不了解、缺少接触机会或其他原因，相互之间漠不关心，冷淡相处，"老死不相往来"。

个人之间的种种矛盾，实质上是社会矛盾的表面化、个别化的表现形式。在个人矛盾的背后，是两种基本的社会力量或两个基本的社会阶级、两种对立的社会发展倾向的统一和斗争，而其最深刻的本质，则是人的社会存在与社会意识的统一和斗争。

个人矛盾数量巨大，表现形式复杂多样，其不断地产生、发展、积累、转化，汇合成为推动社会运动、变化、发展的基本矛盾和社会的整体结构关系，是社会系统生存、发展的最为生动、具体的表现形态。

（二）恩格斯关于个人矛盾形成社会发展合力的论述

恩格斯在谈到无数的个人在复杂的矛盾关系中构成社会发展进步的总体结果时，提出了一个"无数个力的平行四边形"形成"总的合力"的论断。他说："历史是这样创造的：最终的结果总是从许多单个的意志的相互冲突中产生出来的，而其中每一个意志，又是由于许多特殊的生活条件，才成为它所成为的那样。这样就有无数互相交错的力量，有无数个力的平行四边形，而由此就产生出一个总的结果，即历史事变，这个结果又可以看作一个作为整体的、不自觉地和不自主地起着作用的力量的产物。因为任何一个人的愿望都会受到任何另一个人的妨碍，而最后出现的结果就是谁都没有希望过的事物。所以以往的历史总是像一种自然过程一样地进行，而且实质上也是服从于同一运动规律的。但是，各个人的意志——其中的每一个都希望得到他的体质和外部的、终归是经济的情况（或是他个人的，或是一般社会性的）使他向往的东西——虽然都达不到自己的愿望，而是融合为一个总的平均数，一个总的合力，然而从这一事实中绝不应作出结论说，这些意志等于零。相反地，每个意志都对合力有所贡献，因而是包括在这个合力里面的。"❶

恩格斯的这一论断包含以下几方面的重要含义。

个人之间始终存在着因生活条件不同和追求目标不同而形成的矛盾，这些矛盾体现为任何一个人的愿望都会受到任何另一个人的妨碍，于是产生许多单个意志的相互冲突。

个人之间的矛盾体现为无数相互交错的力量构成的"无数个力的平行四

---

❶ 恩格斯：《恩格斯致康·施密特》，《马克思恩格斯选集》第4卷，人民出版社，1975年1月，第478-479页。

边形",即构成无数个小的合力,这些小的合力又以"平行四边形"的合成形式合成为一个总的合力——"产生出一个总的结果,即历史事变",但这个总的结果已经不是主观意志之物,而是扬弃了一个个主观意志的客观力量和客观过程的产物。一个个以主观意志行事的人,他们之间的矛盾和冲突最终汇聚成了不以他们的意志为转移的客观过程和客观力量,推动产生了某种历史事变,这些事变是谁都没有希望过的事,但是却是必然发生的事。

个人之间的矛盾汇聚成一种超越、扬弃个人的自然过程,每个人在与他人的矛盾和冲突中没有得到他向往的东西和希望得到的利益,而是无数个人的努力融合为一个总的发展结果,这就是社会发展遵循的一条普遍规律,即人民群众创造历史和推动社会发展的客观规律。

虽然社会发展的规律及其发展的结果扬弃了每个人的意志,但每个人的意志和努力并不是毫无意义的;相反,每个意志都对社会发展总过程有所贡献,每个人凭意志而实践的效果都包括在社会发展总结果的里面。

从恩格斯关于个人矛盾构成社会发展合力的上述思想中,可以得到以下四点重要启发。

(1)个人之间因生活条件不同和追求目标不同而形成的矛盾是客观的、普遍的,这些矛盾在不同的社会制度和不同的具体条件下会有不同的性质和不同的表现形式。人与人之间既有相互妨碍、相互冲突的关系,也有相互依赖、相互帮助的关系。通过社会制度的变革和创新,可以大量减少相互妨碍、相互冲突的关系或减轻相互妨碍、相互冲突的程度,大量增加相互依赖、相互帮助的关系,尤其是可以将大量的相互冲突关系转变为非对抗性甚至相互友好的关系。

(2)个人之间的矛盾形成小的合力、较大的合力和最大的合力,这些合力扬弃单个人的意志和追求,产生出推动社会经济发展的总的结果,是通过一定的经济和社会组织结构形式实现的。变革、调整、优化经济和社会的各级系统的组织结构,以最佳的结构形式集成个人的意志和追求,是推动经济和社会发展的基本方式。

(3)个人之间的矛盾汇聚成一种超越、扬弃个人的自然过程,虽然每个人在与他人的矛盾和冲突中没有得到他向往的东西和希望得到的利益,但个人参与社会实践、追求合理合法利益的努力,只要顺应人民群众共同创造历史和推动社会发展的总趋势,每个人就能从经济社会发展的总过程、总结果中获得自己原先没有想到而却实际得到的利益。因而,应当教育每个人懂得发展的大局,懂得"小我"服从"大我"的道理。

(4)每个人追求合理合法的个人利益的积极性,都有其不可磨灭的贡献和积极意义,尊重个人的人格和创造性,最大限度鼓励、支持个人的合理合法的谋利行为,发挥个人参与社会发展实践的积极性,是增强国家总体实力的根本途径。

二、个人矛盾关系实现重大进步的基本途径

人是最具活力的生存主体。人与人之间因为各自追求生存和发展的动机、方式、条件各不相同,其中主要是个人之间利益目标和谋利方式的不同,彼此间产生矛盾和解决矛盾的过程永无止境。个人矛盾必然汇合成不同的社会组织和不同的阶级、阶层甚至不同的社会发展趋势之间的矛盾,从而为社会整体的发展提供了源源不断的推动力。然而,个人之间的矛盾不只是具有推动社会发展、进步的正向推动力的一面,也有人与人之间相互伤害、无谓地消耗社会资源、造成社会祸乱的负作用的一面。尤其是在存在着阶级对抗的社会条件下,个人之间纷繁复杂的矛盾关系中,主流的或主导性的矛盾关系就是对抗阶级之间的矛盾,不过这种矛盾往往以个别化的形式表现为一个阶级的个人与另一个阶级的个人之间的对立和斗争,从而掩盖了个人矛盾背后的阶级对立的实质。此外,在各个阶级、阶层、集团内部,也存在着带有本质性的两种势力或两种倾向的矛盾,即进步的或先进的势力、倾向与腐败的或落后的势力、倾向的矛盾。这些本质性矛盾也往往以个别化的形式表现为某一个人与另一个人之间的对立和斗争,掩盖了个人矛盾背后的带本质性的社会矛盾。所以,个人之间纷繁复杂的矛盾的根源,主要是社会的阶级、阶层、发展倾向、思想意识的分化和对立。此外,也有大量的个人矛盾是个人生活的狭小范围内,人们在思想意识、生活方式、行为特点、细枝末节问题上的对立、差异产生的。

个人矛盾能够普遍地得到合乎人性的正确、合理的解决的基础,在于人

们赖以生存的经济条件得到根本的改善。只有在消除了"物统治人"（马克思语）的社会制度下，也就是人与人在经济地位上实现平等以及由于经济上的平等进而在政治上、思想意识上也实现相互平等的社会制度下，每个人都受到全社会的重视、尊重，每个人都能够自觉地担负起自己的社会责任，个人矛盾才能够较为普遍地得到合乎人性的正确、合理的解决。但是，个人矛盾永远不会被消灭；相反，越是发达的社会，个人之间的矛盾就越多、越复杂。因为在发达的社会条件下，人的社会属性和社会追求更丰富多样，产生矛盾的社会根源更深厚、更广阔。当然，发达社会条件下解决矛盾的手段更有利于人性和社会的共同发展。所以，在任何时候都不应当相信没有矛盾的"和谐社会"的空话。矛盾是社会之所以成其为社会的本性，同时也是社会不至于凝固起来自取灭亡的生命力所在。辩证法不幻想没有矛盾的世界或人为地消除客观矛盾的"和谐"，它只是正视矛盾并因势利导地促进矛盾发挥其积极的作用。

辩证法因势利导地促进个人矛盾发挥其积极作用的基本立场，可以概括为如下四个要点。

（1）创造经济的、政治的、社会的、法律的、文化的、科学技术的综合条件，使个人之间的对抗减少、对抗程度减弱，注重以经济的发展和繁荣化解利益冲突，减少社会对抗。

（2）正视社会发展必然不断引起社会分化的事实，正视社会分化必然不断增加人与人的利益差别和利益对抗，增加个人地位和属性的多样化，以及这种多样化必然导致个人矛盾普遍存在的事实，确立因势利导解决矛盾的基本立场。个人矛盾的普遍存在会使社会关系和社会结构增加"紊乱"程度，但这种矛盾汇合成的主流是社会活力趋于旺盛，而不是危险增多。所以必须在社会制度和社会意识领域相应地增加对社会和人的见识的多样性变化的理解、包容的内容，增加对多样性变化的择优吸收、广泛集成的内容，以社会制度和社会意识领域的主动创新和变革，矫正不合理、不合法的利益关系，促进人与人之间超越差异性甚至对立性，增强、增多相互理解、相互合作、相互帮助的关系和行为，将更多的个人矛盾转化为推动社会进步的积极力量。

（3）推进和普及社会思想教育，促进个人在社会实践和与他人的相互关系中增强理性,提高法律和道德的自觉性,引导、鼓励"人人可为君子"、凡夫可成圣贤、要想别人尊重自己首先得自己尊重自己等素质发展方向。

(4)推进和普及"大爱之情高于天"的健康情感教育,促进个人在社会实践和与他人的相互关系中树立"大爱爱天下、小爱爱亲人"的高尚情怀,使每个社会成员以具有爱国家、爱民族、爱社会、爱人类、爱亲人的"大爱"为荣尚,使人与人之间的社会同胞感情增厚增宽,大爱情感与小爱情感融为一体。

三、个人利益的合理合法性

个人利益的差别和对立是产生个人矛盾的主要根源。正确认识现代市场经济条件下的个人利益的特点、个人之间的利益关系及其引起的矛盾,必须坚持利他与利己紧密相结合的人生观和价值观,使越来越多的人能够从人生观和价值观的高度处理自己与他人的利益关系,将大量的个人对抗、个人冲突、个人摩擦转化为个人之间的相互理解、相互谅解、相互帮助,将分散的、相互对立甚至相互冲突的个人追求,合成为既有共同目标、共同追求又能实现各自特殊利益目标的利益共同体发展过程。

利己是人的社会行为的重要原动力。马克思主义认为,人的本质的重要体现是人的需要。人的需要作为一种内在的必然性,全面地规定着人的活动,是人从事社会实践活动的内在动因。人只有持续地满足自己的需要才能生存和发展,而要持续地满足自己的需要就必然产生利己的行为。利己的欲望和行为根植于人的生存本能,它发源于人的自然属性,是人维持自身生存和发展的重要社会特征。在市场经济条件下,不论是对于社会组织还是对于个人来说,只要遵循自愿、等价、互惠互利、合法合理的原则,追求自身利益的最大化就是合理的社会行为。市场经济就是通过鼓励企业、个人等市场主体在法律和制度的框架内最大限度地追求自身利益,形成追求自身利益的公开竞争,在企业和个人利益最大增进的基础上来提升整个国家和社会的综合发展能力。因为在每个人对自身利益的追求中,都有其对社会组织以至整个国家和民族的一份贡献。个人利益的增进中总是包含着他对社会贡献的增加。所以,为了有效地推动集体和国家的发展,激发和保护个人追求合法利益的活力，是增强全社会发展活力、推动社会健康发展的基础。

但是，个人利益始终包含着矛盾并处于社会矛盾关系之中。个人利益与社会公共利益是人类社会生存和发展的基本条件，二者实际上是不能截然分开、不能单独存在的，它们之间是既相互区别、相互对立、相互制约又相互依存、相互融合、相互转化的辩证统一关系。个人利益是社会公共利益的微观基础，是社会公共利益的个体化存在形式；社会公共利益是个人利益在社会系统整体上的积极扬弃，是个人利益的系统化、高度社会化的存在形式。社会系统的公共利益是由系统内许许多多的个体成员的利益通过"无数个力的平行四边形"等复杂的社会关系集合、融合而成的，没有个人利益就不会有社会公共利益；同样，没有社会公共利益和维系社会公共利益的社会关系、社会制度、社会意识，就不会造就具有社会属性的个人，不会产生个人的社会性利益需求，因而所谓的个人利益也就不是具有真正的社会意义、社会属性的个人利益，而只能是纯粹的动物式的个体生存需要。如果没有对于个人利益的尊重和保障，社会的总体利益就将成为无源之水；如果没有对于社会公共利益的维护和保障，个人利益也将失去存在和保障的社会条件。社会的发展，实际上就是在社会成员的个人利益与社会系统的公共利益既相互对立、相互制约又相互依存、相互转化的循环过程中实现的。普遍地增进了社会成员的个人利益，个人利益就能够合成和转化为社会公共利益的增进和扩大；社会公共利益的增进和扩大，又能够为个人利益的增进提供更有效的手段和条件，从而转化为个人利益的进一步增进和扩大。

社会的利益关系和社会制度越是进步、合理，每个社会成员就越能光明正大地追求自身的合法利益，想方设法在自愿、互利、合法、合理的范围内实现和扩大自身利益，由此使社会公共利益的基础越来越宽广、深厚，社会系统的总体利益和社会成员的个人利益都能合乎规律地得到增进和扩大。

四、利他的利益追求高于利己的利益追求

虽然个人利益有其一定的合理合法性，但是每个人的个人利益与其他人的利益和社会的公共利益却是很难截然分开的。完全脱离开其他人的利益和社会的公共利益来谋取个人利益，必然会走进极端利己行为的死胡同，最终

将使其个人利益化为乌有。谋取合理合法的个人利益，只能走以利他、利社会为前提的道路。

马克思主义认为，人是由一定的社会关系所造就的现实的、具有一定社会本质属性的人。离开他人、社会、社会关系，人就不成其为人，就难以按人的生活方式活下去。所以，利他是由人的本质所决定的人的一种重要的社会属性。人不可能以单个的个体形式孤立生存，而只能是人类这个"类"的存在物，只能以人类特有的社会群体的形式而存在，也就是以社会系统赋予的系统质的资格而存在。每个人自身以外的他人的存在，是每个人自身生存、发展的起码条件。作为人的"类"存在物，他人是自身的外延存在形式，自身是他人的个别化存在形式，自身与他人是既相互区别、相互对立又相互依存、相互转化的人类的统一体、社会的统一体。任何个人都不可能脱离开他人的存在、脱离开他人所提供的社会条件来实现其利己的目标。任何人的利己行为，实际上始终是以依赖他人的存在、利用他人创造的条件为前提的。每个人实现利己目的的一切能力，包括他的智力、技能、经验甚至体质等，都是许多的他人和他人所编织的社会关系赋予他的。因此，任何人只有不破坏他人生存和发展的条件，他才会有自身生存和发展的条件。他只有以利他的行为来维护他人生存和发展的条件，才能实现自身的生存和发展。因此，利他的原则是人的谋利行为中高于利己原则的更为根本的原则。

利他是一切社会的根本要求，当然也是以市场经济为基础的社会的本质要求。市场经济的基本法则是：市场主体，不管是作为个体的"小己"，还是作为社会组织、社会大系统的"大己"，它要实现自身的利益，就必须为他人、为其他社会系统、为全社会创造一份自己能够胜任的利益；为了满足自身多方面的需要，就必须首先以自己的劳动满足他人和社会某一方面的需要。市场经济规范个人与他人、个人与社会的相互关系的原则是：利己先利他，利他是利己的前提。以提倡利他经营哲学而著称的日本企业家稻盛和夫说："做生意需要利他之心，说得极端一点儿，要把自己的事情置之度外，只考虑买东西的客人，努力让客人开心满意。"稻盛和夫将他的这种帮助别人也就是帮助自己的哲学观点称之为"人世间的真理"❶，表明他是有深刻思想的企业家。在企业界，像稻盛和夫这样提倡和实践利他思想的企业家有很多，今后还会出现更多。

中国的华为公司是实行以利他为先的企业价值观的一个典型。这个公司虽是民营企业，但却具有为公而经营、为公而发展的重要特点。公司经过30多年的艰苦奋斗，历经许多磨难，发展成为全球通信行业的领军企业，为国家也为全世界的人们做出了奇迹般的贡献。公司创始人和主要领导人任正非提出"华为要确保奋斗者的利益"，将公司绝大多数的股份分给职工，他本人只占1.01%的股份。任正非强调华为只赚小钱，不赚大钱，不追求利润最大化，只追求合理的利润。华为公司从最高管理者到普通员工形成一种共识，这就是坚持客户利益为先，为客户创造价值，客户的成功便是自己企业的成功❷。华为从经营业绩到文化创造、从产品质量到人的素质、从忠实于客户到报效国家和热爱人类，都开创了现代企业发展的全新境界。这个企业不只是通信行业的领军者，更是进步价值观的领军者和时代前进的领军者，它所走的是一条以企业的创造性发展辐射和带动社会文明发展的道路。绝大多数中国人都希望有更多的华为式企业成长起来。事实上，中国近几十年来已经涌现出了一大批文化境界高尚的企业和企业家。支持华为式企业更快更好地发展，这是一种发自亿万人心中的力量，也是一种推动历史车轮前进的力量。人们从华为所站的价值高度上可以瞭望到人类解决重大社会难题的曙光：由秉持公心、德才兼具的贤者领军，企业可以做到赚钱与道德双赢，社会可以做到效率与公平同步提高，人类可以享受到物质与精神双重富裕。

在社会化程度越来越高的现时代，每个人的工作都是社会分工体系中的一个特殊环节，都是直接有利于他人才能得到社会的认可然后才会有利于自己的一种社会化的工作。所以一切有正常思维能力的人都应当明白一条做人的基本道理：利他是每个人的基本生存之道。只有通过为别人谋利才能够最终实现为自己谋利，只有先满足别人的愿望和需求，才能满足自己的愿望和

---

❶ 稻盛和夫著，京瓷株式会社编，曹岫云译：《利他的经营哲学》，机械工业出版社，2020年1月，第236页。
❷ 王健、邓南方著：《华为成长之道：市场驱动下的价值创造逻辑》，电子工业出版社，2019年4月，第164、174、190页。

需求；只有主动地尊重、关心、理解、信任和帮助别人，才能赢得别人的尊重、关心、理解、信任和帮助，才会为个人成长和组织的发展营造良好的环境，赢得广泛的认可和支持。一个从不考虑他人利益的人，也较难得到他人的支持和帮助，因而是难以在社会上立足、也不可能持续实现自身利益的。任何个人或组织要满足自身需求，首先必须以诚信为本，寻求和建立与其他个人、与其他组织之间的自愿交换、自愿合作关系，依靠这种关系实现与交换方、合作方的互惠互利，实现自身需求与社会供给的相互适应，双方依靠利他的信誉来保证彼此交换与相互满足的顺畅实现。

由于人的社会地位、受教育的程度、在社会实践中被打上的时代烙印的不同，人的利他属性也有质的差异和水平高低的不同。仅仅出于利己目的而去做利他的事，追求利己与利他两种成效的等价交换，这是最一般的利他行为，这种行为体现的是绝大多数社会成员都具有的普通的利他社会属性。比这更低水平的利他行为，则是一味追求利己、仅仅在客观上或无意中产生某些利他效果的行为，这种行为体现的是非常薄弱的利他社会属性。出于对社会发展规律的认识、对社会发展前景的科学预见、对人民群众根本利益的关心和追求、对社会历史使命和重大社会责任的自觉承担，把利国、利民、利人类确定为自己的奋斗目标，如无数英雄先烈为了革新图强，为了民族的自由、独立、解放和国家的富强，为了世界的和平和各国、各民族的自由平等，艰苦奋斗，前仆后继，甚至不惜献出自己的宝贵生命，是最高尚的利他行为，这种行为所体现的是最优秀、最先进的社会成员所具有的大公无私、毫不利己专门利人的社会品性。现实生活中，各行各业的优秀人物在处理自己与他人、个人与社会的关系时，表现出维护大公、先人后己、超越小我甚至舍己为人的精神和品质，这是超出一般利他水平的模范性利他行为，体现的是引领社会健康发展的利他属性。只有崇尚利他的利益追求，才能够帮助个人找到实现利己目的的正确途径。高尚的利他行为给人们的重要启示是，无论是个体从业者还是在社会组织中任职的人，都不能满足于一般的、低水平的利他行为，而是需要发扬一定的自我牺牲精神和高尚的奉献精神，使利他成为自己自觉保持并不断提升的精神境界。只有使每个人在工作时心中有他人，懂得为他人而工作是更高水平的个人价值追求，人人才能更加负责、圆满地完成自己的分内之事，企业、组织才能有广泛而良好的业绩和社会信誉。在市场经济条件下，既不能以空话、套话、大话反对、否定、损害合理、合法的私人利益，也不能以维护私人利益为理由来反对和否定先进、高尚的利他、利国、利民、利人类的模范行为，不能反对和否定引领社会发展、提升人们精神境界的先进伦理道德。那些代表未来先进价值取向的伦理道德，虽然在现实社会条件下还只是由少数先进人物提倡和践行的，但却能广泛发挥净化现实社会环境和人们的精神境界、维护绝大多数社会成员的正当利益的精神动力作用，促进现实社会以更快的步伐由相对落后的阶段向更高一级的阶段过渡。

五、利他与利己的辩证统一

利己和利他是人维持生存和实现发展的两种基本的社会属性，这两种属性是互为条件、相互依存的，它们的对立统一构成了人的完整的社会谋利本性。

人的各种逐利行为，实际上是人的利己和利他两种属性共同地、辩证统一地发挥作用的体现。人的每一个具体的逐利行为，要么是利己性占主导地位、利他性处于从属地位，属于具有一定的利他性特征的利己行为；要么是利他性占主导地位、利己性处于从属地位，属于具有一定的利己性特征的利他行为。绝对纯粹的利己性行为和绝对纯粹的利他性行为实际上是不存在的。即使是极端自私的人，譬如损人利己、损公肥私的犯罪者，其谋取个人非法利益的行为，所伤害的是很多人甚至全社会，但所带来的利益或好处也远不止属于他一个人，而是属于全社会的共同敌人。这种人在谋取其罪恶的个人私利的同时，也有意或无意地为他的同伙或他所从属的阶级、阶层、集团带来了一定的共同利益。因为这种人的出现不是单纯的个别现象，而是某种阶级、阶层、集团发生恶性病变的一种带有普遍性的社会现象。

所以说，世界上没有绝对纯粹的利己行为，也没有绝对纯粹的利他行为，因为处于一定社会系统关系中的"己"和"他"的区别不是绝对的，而是相对的。在某种条件下，或依照某种标准来划分，自己与他人有着明确的界限，自己不是他人，他人不是自己。但是在另一种条件下，或依照另一种标准来划分,原来认为的他人则包含在"大己"之中,原来认为的自己却只是"他人"的延伸或"他人"的转化物。一个人在外在的形式上可能还是他自身,但其内在的某些素质以及由这些素质所支配的行为却可能已经不是单个的他自己了,他在内心世界或者实际行为中可能已经站到他人的行列里了,即他成了形式上的自己、实际上的他人了。杰出的英雄人物、捍卫国家和民族利益的代表人物、品行端正的模范人物等,在外在形式上表现为他是他自身而不是众人,并且他也有自己赖以生存的私人生活和私人利益,但是他的思想和他的主要的社会实践活动是站在社会公众甚至全国、全民族甚至全人类的行列里,成为形式上的自己、实际上的公众了,他是群众利益、群众智慧、群众意志不同程度地凝聚成个人素质的特殊形式。实际上,大多数社会成员,其个人素质都是社会利益、群众智慧、群众意志不同程度地凝聚而成的个体形式,只是一些人凝聚得多、凝聚得更好一些,另一人凝聚得少、凝聚得较好或较差一些。每个人总是自觉地或者被迫地、不知不觉地接受别人创立的思想或按照别人的意志思考、行动和生活的,因而总是形式上的自己、实际上的他人,绝对独立于他人之外的个人是不存在的。所以,每个人的谋利行为究竟是利己还是利他,就很难划出绝对明确的界限,只能划出相对明确的界限。危害公众利益的犯罪分子,腐化堕落的官员和思想畸形的"公知"们,其行为的根源除过有其个人特殊性的一面之外,更多的是有深刻的社会根源。这类人的素质中更多地凝聚着的是社会关系、社会制度、社会传统、社会环境的种种缺陷和弊端。个人素质的畸形是社会弊端的凝缩,个人素质的优良则是社会进步关系的人格化。随着社会关系和社会制度的不断进步,素质畸形的个人和社会组织会越来越少,素质优良的个人和社会组织会越来越多。传统的企业营销理论往往把消费者看作是"他人",主要谋划如何使消费者更多地购买自己的产品,更多地为自己贡献利润。现代的企业营销理论则把消费者看作是"自己"的一部分,主要谋划如何使消费者与企业成为利益目标较为一致的统一体。一个社会组织的领导人既要在自己个人利益的立场上扮演好"自己"这个角色,合理合法地取得自己个人的利益,对自己的家庭、亲人承担"自己"的职责;同时又要在集体利益、国家利益甚至人类利益的立场上扮演好"他人"的角色,努力维护并增进集体利益、国家利益甚至全人类的利益，承担好"他人"的职责。因此，他必须既是自己，又是他人；既是作为个人的小"己"，又是作为集体、国家、人类的代表的大"己"。

个人利益是社会公共利益的微观基础，社会公共利益则是个人利益得到保障的社会环境。个人或团体的利他行为，是对其他人和其他团体的利己行为的直接肯定，同时也是对自己的利己行为的间接肯定，因为利好他人的合理、合法性也证明利好自己有着同样的合理、合法性，证明包括自己在内的所有人都有平等的利益追求。人的个体需求和任何团体的集体需求的实现，总是依赖于群体和全社会为其创造条件。所以利他不是单向的帮助他人，而是珍惜和建立、维护自己与他人之间的互利共生的命运关联关系。现代人所需要的全部物质产品和精神产品的生产、流通、分配，都是建立在全社会人与人之间极其复杂多样的分工、协作、联合、交往、交换关系的基础上。人只有以利他行为维护和发展这种关系，才能不断满足自己的各种需要，达到合理、合法地扩大利己的目的。同样，每个社会成员只有在高水平地履行自己的社会分工职能的基础上合理合法地扩大个人利益，全社会才能不断满足扩大再生产的各种需要，达到扩大社会共同利益的目的。作为个人，只有坚持利他与利己的结合，在利己与利他的相互关系上把利他摆在优先位置，把利己的愿望建立在利他的基础之上，在为他人、为集体、为社会创造物质财富和精神财富的过程中，才有条件合理、合法地追求个人利益的扩大，也才能全面地实现个人价值，实现利他与利己、个人价值与社会需要的有机统一。

坚持利他与利己辩证统一的价值观，就要准确处理个人与他人之间的利益关系。在市场经济条件下，个人作为独立的利益主体的地位受到社会的认可，实现个人利益的途径趋于多样化，个人利益彼此间更加密切、广泛地互相依赖，但也经常地发生矛盾和冲突。同时，社会有关个人利益的制度、政策、法律、法规、道德等规范体系也日益完善，追求个人利益的合理与否的界限由此变得越来越分明，公平竞争成为追求个人利益的基本条件，在共同的游戏规则面前人人都是平等的，任何人都不能以自己的利益替代和侵害他人的正当利益。如果不能正确看待和处理个人与他人之间的利益关系，往往容易导致损人利己现象的发生。如果把合理合法的个人利益当作杂草予以拔除，其结果则是直接或间接地损害了人民群众的切身利益，经济社会发展就失去了基本的源泉和动力。但同时，社会也必须有效约束过分强调个人利益而妨害他人利益和社会利益的倾向，不能把个人利益提到至高无上的地位，更不能为追求个人利益而不惜损害他人利益和社会公共利益。无视个人利益和过分膨胀个人利益的偏向，都会使社会中的人际关系难以形成自觉合作的氛围，社会成员的劳动积极性和创造性不能得到最大限度的调动。

第二节　个人矛盾形成社会合力的组织结构

经济和社会发展最深厚的力量源泉，存在于亿万个人之中。是否能够最大限度发挥个人的潜力和积极性、创造性，并以矛盾合力的形式将这种潜力和积极性、创造性汇聚成全社会的健康发展过程，是衡量社会的制度和社会运行的体制、机制先进与否的基本尺度。

一、个人矛盾形成社会发展合力的组织结构形式

将个人和个人之间的矛盾关系合成为经济和社会发展的合力的最主要的形式，就是各级各类社会组织。其中，各种微观组织是最直接地组合个人能力、控制和解决个人矛盾、形成微观发展合力的主要形式。优化微观系统的组织结构，改进其组织管理，提高其综合素质，是增强社会发展总体合力的基础性途径。

个人矛盾形成社会发展合力的微观组织结构形式主要有家庭等超微组织、企业等微观组织、各级宏观组织和无形组织。

（一）家庭等超微组织

以家庭为主的包括亲属圈、朋友圈、兴趣团体、小微合作团体等社会小系统，可以称之为超微型社会组织。这种社会组织以亲缘、血缘关系或者分工合作、共同利益、志趣爱好等关系为纽带，将个人组织成为微型的集体，能够产生大于组织内单个人的能力、贡献、成果的总和的系统性能力、贡献、成果，是形成社会发展合力的最低层次的组织形式。国家和基层的社会政策、社会管理机构应当重视这种超微组织的结构及其功能状况，促进其提高素质，

改进结构形式,创造性地组合个人能力,控制、化解个人矛盾,形成顺应人性、活力旺盛的社会"亚细胞"组织,为宏观社会系统的发展提供健康的基础组织保证。

(二)企业等微观组织

企业、事业单位、村、街道等是中国经济社会的主要微观组织,也是直接组合个人能力,控制、化解个人矛盾,将个体力量集成为一定规模的社会力量的主要形式之一。微观组织要能够最有效地组合个人力量,控制和化解个人矛盾以形成最大发展合力,需要把握以下重点:增进个人经济利益,合理分配组织所取得的收益,正确处理个人之间的利益分歧;改进组织结构,合力配置人力资源,珍惜每一个人及其做出的每一份贡献,形成最佳的人力资源组合和最具优势的分工协作体系;及时发现并妥善解决个人之间的矛盾,尽最大努力防止、减少恶性冲突的发生;摒弃拉帮结伙的派系陋习,净化微观组织的内部关系和环境氛围,树立邪不压正的文明风气;发展微观文化,以先进的文化滋养人的心灵,化解人与人的分歧、隔阂。

(三)各级宏观组织

行业、部门、地区等各级宏观组织是在微观组织的基础上形成的高一级的社会大系统,这些系统类型多样,规模差别很大,在组合个人力量、化解个人矛盾方面各有其特殊的作用。其中最主要的,就是这些宏观组织通过制定、实行针对个人行为的政策、制度、措施,既能帮助微观组织提高对个人的组织水平,也能够直接对个人发挥政策、制度、思想意识等方面的辐射、聚拢、集成作用。其中如改进和完善针对个人的福利、服务、法律、法规等方面的政策、制度等,可以起到在宏观上组合个人力量、化解个人矛盾、聚拢和暖化人心的重要作用。

(四)无形组织

人类社会自古以来就有以思想文化为纽带的无形组织。现代社会因为思想文化、社会交往、通信手段日益发达,以思想文化和兴趣、爱好、感情等为纽带的无形组织也越来越发达,无形组织成为组合个人力量、化解个人矛盾的重要形式。这类无形组织诸如同乡、同事、同学、战友、杰出人物的崇拜者、兴趣爱好者、名人的粉丝圈、微信群等,虽然不一定有成形的组织结构，但是其动员、组合、聚拢个人力量，沟通个人感情，化解一些个人矛盾等方面的作用，却是不可小觑。同乡、同事、同学、战友们经常的相互关心、相互联系，举行联谊、纪念活动等聚会，有利于弘扬正气、联络感情、美化社会精神环境。杰出人物的追随者、崇敬者的义务宣传和言传身教活动，有利于辉煌业绩和崇高品质的发扬光大。球迷们追捧球星和关注赛事的热情及参与有关活动，有利于推动体育及相关商业的发展。影迷、歌迷们的类似活动，有利于文艺演出事业的发展。总体来看，无形组织的日益发达是经济发展和社会进步的体现，其社会作用总体上是积极的，在融洽人际关系、创造和传播文化、形成社会发展合力等方面，有利于经济发展和社会进步。

如何发挥好无形组织的积极作用是当今社会面临的重大问题。总体来看，只有社会经济利益关系和政治、意识形态关系减少对抗性，社会文化不断发展、繁荣，社会主流意识健康、丰富、进步，社会氛围具有扶正祛邪的主导性潮流，社会的无形组织就能够充分发挥其壮大发展合力的积极作用。

二、正确处理个人矛盾的制度和政策

（一）健全正确对待和处理个人矛盾关系的社会制度

个人矛盾不是纯个人问题，个人矛盾背后起支配性作用的力量是不同的阶级、阶层、政治集团甚至是不同国家、不同民族之间的矛盾。大量的个人矛盾，都表现为个人之间在具体利益方面的摩擦和冲突，但这些摩擦和冲突都有一个共同的特征，这就是摩擦和冲突的每一方在社会地位、社会行为、社会意识等方面都有一定的共同性。这些摩擦和冲突如能得到及时的处理，就可以化冲突为合力，成为增强社会活力和有利于社会稳定的积极因素。这些摩擦和冲突如果不能得到及时而恰当的处理，就会堆积成日渐严重的社会问题，加剧社会的恶性分化，其中的有些矛盾甚至有可能成为大规模社会冲突的导火索。所以，"群众问题无小事"这个原则性格言也可以表述为"个人矛盾非小事"。

基层组织是个人矛盾最集中的领域。造成个人矛盾堆积成严重社会问题的重要原因之一，是基层单位和基层组织的有关制度、运行机制存在缺陷和基层领导者的素质不适应社会发展的要求。较普遍的表现诸如一些基层领导者以权谋私、贪腐、玩忽职守、处事有失公正，维护公民合法权益的意识淡漠，被黑恶势力所利用甚至成为黑恶势力的保护伞，甚至屡屡出现拐卖妇女儿童、群众因上访或给领导者提意见而受到长期迫害、私设公堂残害无辜而无人过问、一些人非法谋取私利造成人员伤亡等恶性事件。

社会制度的进步性、健全性应当体现在它能够细致入微地保护每一个公民的合法权益和正常生活。在社会发展节奏不断加快的现时代，社会制度不断健全、不断堵塞漏洞的步伐也必须加快。其中，保护公民合法权益和正常生活的法律、法规、执法水平，基层单位内部的制度、纪律、干部作风、民主空气，以及社会监督、信息渠道等，必须不断完善，形成人人皆知的无缝隙制度规范。只要以法治为主的制度体系能够细致、有效、及时地保护每一个公民的合法权益和正常生活，个人矛盾堆积成严重社会问题的风险就可以降到最低限度。

（二）革新和健全基层组织运行的体制机制

基层社会组织中大量带有恶性色彩的个人矛盾往往与该组织的体制、运行机制和领导干部的行为直接或间接有关。有些矛盾是普通群众与单位领导者个人之间的利益冲突，有些是单位领导以权谋私、办事不公、违法违纪造成群众中一些人与另一些人的冲突，还有些是基层社会组织运行机制不健全、单位领导者对机制问题熟视无睹带来的矛盾和冲突。总之，基层组织运行中普遍存在着权力的公正性与权力中掺杂私人利益的突出矛盾，这类矛盾的主要根源在于基层组织运行机制不健全。解决这种矛盾的主要途径，就是革新和健全基层组织的运行机制，保证基层权力的公正行使，使人民群众当家做主的社会地位稳固地确立在基层组织运行的每一个环节中。

（三）创新有关的社会政策

解决大量的个人矛盾，将个人矛盾转化为推动社会发展的合力而不是堆积成严重的社会问题，需要政府的社会政策提高创新水平，政策的实行走向细致化、个体化。政府有关部门要不断创新政策思路，细化政策内容，讲求政策效果。在充分发挥基层党政机构主导作用的同时，要注重培育、扶持依法运行的社会组织，支持、引导其参与社会管理和公共服务，监督和及时反映社会领域的各种不良行为，使之成为政府有关部门的得力助手。要认识服务短缺是加剧个人矛盾的重要根源,制定和实行化解个人矛盾的服务政策。改革基本公共服务的提供方式,支持多种形式的法律服务、教育宣传服务、医疗卫生服务、文化艺术服务。社会服务组织要引入竞争机制,扩大政府和社会购买公共服务的领域,实现公共服务的提供主体和提供方式多元化。推进非基本公共服务市场化改革,增强多层次社会服务的供给能力,满足群众多样化的服务需求,为妥善解决个人矛盾提供多样化、高质量的社会服务。

三、发展有利于解决个人矛盾的社会文化

文化发达的社会不会是个人矛盾减少的社会,相反,却可能是个人矛盾更多、更复杂的社会。但是文化发达的社会与文化不发达的社会相比,个人矛盾的普遍性质有很大的不同。文化发达的社会,个人之间的矛盾是社会素质特别是文化素养普遍较高的个体间的矛盾,矛盾更多地发生在人与人竞争创新机会的领域和发表不同创见、实现不同创新目标的领域。文化不发达的社会,个人之间的矛盾更多的是社会素质和文化素养普遍较低的个体间的矛盾,矛盾更多地表现为一些人为了一己私利甚至丧失人格而与另一些人发生的冲突,表现在愚昧无知者、崇尚迷信者和黑恶势力对抗科学、民主、公平、文明的领域。而在人们精神状态普遍处于麻木状态的更低文化水平的社会里,个人之间的矛盾在某种程度上似乎被冻结了,但其实是人们的精神和活力在一定程度上被冻结了。人们普遍地不知道怎样维护自己的正当权益,甚至不知道自己有哪些正当权益,当然也不关心社会的进步、国家的命运和人类的未来。所以,促进文化发展是将大量的个人矛盾汇合为社会进步推动力的重要手段。

(一)认识物质利益与精神利益的关系

在一个人们普遍崇尚哲学素养的社会里,每个人善于从哲学的深度上认识自己、他人以及个人之间的关系,人与人之间的矛盾就能够普遍地以更加文明的方式得到缓和或解决。现代社会是一个知识爆发式增长的社会,提倡从哲学的深度上认识自己、认识他人、认识人与人之间的矛盾关系和整个社会,比以往任何时期都更容易做到。从某种程度上说,中国的文化建设以哲学思想建设为核心,是从灵魂深处塑造每一个健康人并最终达到塑造一个文

明、强大的民族的一条强国之路。

马克思所揭示的人类历史的发展规律表明,"人们首先必须吃、喝、住、穿,然后才能从事政治、科学、艺术、宗教等等"A。唯物主义者不幻想单纯用空洞的说教来改变人的灵魂,而是引导人们科学地认识自己所处的社会生活条件和自己获取正当利益的途径,使人们在自己的社会存在与社会意识的相互依存、相互转化的现实过程中产生健康的灵魂。要使一个人具有健康、高尚的灵魂,首先应当使他科学地认识自己的、他人的正当利益之所在,认识社会需要他怎样谋取利益和他怎样适应社会需要来谋取自己的利益。个人对自身利益的认识和追求是一个不断发展变化的过程。社会的文化建设,就是要使每一个人在现实的社会关系中和自己的人生旅途中,以科学的态度或者说最好是从科学哲学的高度,来认识自己的利益目标和实现利益目标的环境条件,不能陷入片面性、极端性的思想泥潭中而不自知。

物质利益与精神利益,是构成人们统一的利益体系的两个基本的组成部分。其中,物质利益是人生存、发展的基础,精神利益是产生于物质利益之上并维护、服务于物质利益的利益形式,是人实现生存和发展的不可缺少的条件。市场经济条件下,人们可以比过去更加公开地追求自身的合理合法的物质利益,但这并不是人们唯一的生活追求,人们不仅需要享受和消费物质资料,为获得必需的物质财富而努力工作,而且也需要享受和消费精神资料,为获得精神财富而奋斗。在社会生产力还较低下的时代,人们受到严酷的自然条件的威胁和压迫,为了生存不得不用几乎全部的劳动力和劳动时间去生产物质生活资料,并且在相当长的历史时期内不得不用绝大部分的社会劳动力和劳动时间生产物质生活资料。但也正是在这样的历史时期,由于精神财富的极端匮乏,使物质财富生产能力的提高和整个社会的发展、进步十分缓慢。随着社会生产力的提高,精神生产在社会总产品的生产中所占的比重不断增大,它对物质生产发挥着越来越重要的反作用,推动人类社会以加速度的步伐脱离愚昧和野蛮状态,进入到越来越高级的文明状态。现代的精神生产在社会总产品的生产中越来越趋向于占据主导的地位,精神利益在人的利益结构体系中也越来越趋向于占据主导的地位。精神利益的重要性在于,人

---

❶ 恩格斯:《在马克思墓前的讲话》,《马克思恩格斯选集》第3卷,人民出版社,1972年5月,第574页。

们只有从精神上科学地、全面地、深刻地把握了世界，才能更加有效、更加全面、更加协调地改造世界。社会要发展得更快和更加健康、合理，人们的生活水平要提高得更快、生活方式要更加符合人性和人的全面发展的要求，就必须更加重视精神生产和精神利益的追求。忽视物质利益，精神利益就失去了基础；忽视精神利益，失去了精神对物质生产和物质利益的能动作用，也就削弱了创造物质利益的最重要的力量。只要人们能够正确认识和处理物质利益与精神利益的关系，个人之间的矛盾就会更多地转化为社会文明的创造力。

（二）注重文化实力建设

国家和民族的文化实力存在于每个人的心灵深处，健康的人际关系也植根于每个人的心灵深处。而每个人心灵深处所储存的精神营养，其实也就是国家、民族、世界的社会结构关系和社会文化的结晶。虽然个人之间的矛盾是非常细小的、微观的人际关系，但是引起这些矛盾的根源却是国家、民族、世界的社会结构和社会文化。社会结构和社会文化在每个人的心灵里沉淀成怎样的精神结晶体，这些结晶体就会形成怎样的个人矛盾。所以，解决个人矛盾的主要途径不是空洞的说教，而是社会结构和社会文化的不断进步。其中，在经济发展和社会利益关系不断进步的基础上，增强各级社会组织和国家整体的文化软实力，提高每一个人的文明教育水平和文化素质，是缓和、解决个人矛盾的重要途径。

对全体社会成员进行有计划有针对性的文明教育，是强国富民和造福人类的伟大事业。文明教育的重点是在家庭教育、学校教育、社会教育、工作实践教育中，推行以科学知识教育为主导的人类文明成果教育，塑造以科学为主导的文明型、知识型个人灵魂，使强国强在文明，富民富在灵魂。文明教育的重要方法之一，是启迪每个人净化灵魂的自觉性，让每个人自己感到自己的灵魂不够干净，需要经常清洗和打扫，需要以他人为镜子端正自己的心性，需要不断充实富含真理的各种知识。理想信念教育要使受教育者首先感到自己缺少灵魂的支柱，或者感到灵魂的支柱不够稳固，需要发奋地汲取理想、信念、知识方面的精神营养，以崇高的理想和坚定的科学信念为柱石，构建纯正、高大、上进、理性、智慧的个人灵魂。使受教育者感到自己缺乏诚信做人和以德服人的道德、意志、业绩，需要提高自己的道德水平，从理论和实践中汲取社会公德、职业道德、家庭美德、个人品德的营养，诚实地做出一件件令人诚服的道德业绩。社会各级组织和有责任心的社会成员都要自觉履行弘扬科学精神、加强科学教育和科普宣传的职责，鼓励和支持组织内外的人员主要依靠掌握科学文化知识做好本职工作，以求真务实和踏实劳动的精神创新创业。社会各级组织和有责任心的社会成员都要坚决批评反科学、伪科学和各种宣扬迷信、愚弄群众的垃圾文化，建设以科学化为主旋律的社会文化环境，以丰富的科学知识和健康、向上的文化产品滋养人们的心灵，营造科学、民主、平等、开放的社会心态和社会氛围。

（三）坚持利他为主导的价值观

在任何社会条件下，个人矛盾都不可能被消灭，只能正视和积极地加以引导和解决。坚持以利他为主导、利他与利己紧密结合的价值观，是满足人的多样性需求、促进人的全面发展的基本要求，也是依靠文化的力量正确解决个人矛盾的重要途径。

人除了对物质财富的需要以外，还有社会关系方面的需要、精神生活的需要，以及自我实现和自我发展的需要等。片面的利己，相对来说只能满足人的少数种类的需要、直接性的需要、眼前的需要，并且极大地限制了人认识和满足新的需要的能力，使人的生活方式、劳动方式、精神境界长期处于狭隘、保守的状态。人要满足多种多样的和更高层次的需要，实现自身的社会价值、促进自身的全面发展，就必须使自己的利益观和谋利行为由片面的利己转变为以利他为主导的利己与利他的辩证统一。

在社会活动主体中最常见的一种利益主体，其谋利动机和谋利行动一般表现为追求直接的利己而在间接上产生某种利他的效果。这种谋利行为更多地表现为市场行为或类似于市场的行为，谋利者只是直接地为了自己的利益并且往往是为了眼前的利益而做事，但客观上也产生了一定的利他效果。这种追求直接利己的行为，由于谋利者利益观的狭隘，往往因直接利己目标的不合理的扩大而损害到他人的正当利益，引发与他人的利益冲突。这类冲突在所有的个人矛盾中所占比例是相当大的。

社会成员中的先进分子，包括不计个人得失的普通劳动者和优秀的专家、干部、企业家、军人等，其谋利行为则是以利他、利社会为直接目标，力求按照有利于他人和社会的要求把自己职责内外的事情做好，他们因此而获得成就，得到社会的认可。他们获得的利己的效果也就是他们得到的报酬，这些报酬总是远远小于他们所付出的努力和他们做出的利他、利社会的效果，但是他们认为这就是自己应当做的，因为他们认识到"己"与"他"、"小我"与"大我"是命运息息相关的共同体，为"他"、为"大我"多做贡献是自己的本分。这类人在实现其利他、利社会的直接目标中，往往会妨碍甚至排挤另一些人的不合理、不正当的利益追求，因而也会与不合理、不正当的利益追求者发生冲突。

在社会分工中有一类处于特殊地位的人，他们的职责是维护社会公共利益，他们所做的工作是直接为国家、民族、人类的安全和利益尽责，这些人如科学技术专家、国家管理者、工程管理者、公益事业工作者、军人、思想家、法律工作者、教育家、文学艺术家等，其社会分工职责和社会地位决定了他们的谋利动机和谋利行动，必须以直接有利于社会、国家、民族、人类为目标，必须直接对社会、国家、民族、人类负责，而不能像市场上买卖商品的人们一样与工作对象讨价还价。他们只有无条件地尽到了为公第一的职责，才会有一份属于他们自己的合理合法的个人利益。因此他们必须比其他人更早、更深刻地认识到什么是处于社会关系总和中的"己"和"他"，认识"小己"如何通过内涵的深化和外延的扩展转化为"大己"，认识"小己"的本质属性的不断丰富、"小己"内在素质的全面发展就是"小己"的"大己化"，就是在世界观、人生观、价值观上把他人（集体、国家、民族、社会、人类）看作是更高的自己，把集体、国家、人类看作是自己的外延化。他们的工作不能因为个人的得失而出差错，所以他们要有待他人如亲人，"视天下若室家"的思想和情怀。他们只有树立这样的世界观、历史观、人生观、价值观，才能懂得满足自己的多样性需要、促进自己的全面发展，首要的就是满足自己关心集体、热爱国家、服务人类的各种需要，促进自己服务"大己"的素质不断提高。但是，在这类人中不可避免地会有相当数量的不合格者存在，他们的低下素质和错误行为往往会给社会带来各种损害甚至灾难。

毫无疑问，社会的全面进步不能仅仅依靠少数的优秀人物、优秀人群的利他行为，而是要使越来越多的社会成员受到优秀人物、优秀人群的引导、带领、影响，将利他为主导的谋利行为作为自己的生存和发展方式，以高度的社会责任心作为自己的行为标准，使自己的行为和劳动成果最大限度地有利于他人、有利于社会。要做到这一点并不是遥不可及的目标，而是一条现实的社会发展道路。社会结构关系和社会制度的进步会使越来越多的人不得不跟上优秀人群的脚步，否则他的生存空间就会越来越小。文化发展和教育的日益发达会使越来越多的人从小就树立起成为优秀人物的志向，使后一代人比前一代人更加优秀。包括市场竞争在内的平等竞争会使以利己为主的价值观越来越不利于在竞争中获胜，竞争者权衡利弊，只能选择以利他、利社会为主导的价值观来争夺生存权和发展权。

第三节　人的全面发展

　　个人之间的矛盾性质不同，所产生的社会合力的性质和作用也不同。为了使个人之间的矛盾能够汇合成最佳的社会合力，根本的途径是推进人的全面发展。就像高级生命体包含着比低级生命体复杂得多的矛盾，但同时也具有低级生命体无法比拟的优越生命力的道理一样，全面发展的人会产生更多、更复杂的个人矛盾和社会矛盾，但这些矛盾却能够汇合成文明水平更高的社会发展合力，产生更为丰富的社会文明成果。

　　全面发展的人，在人的需要、人的能力、人的社会实践效果和人的社会交往关系等许多方面，不仅会成倍地大于、优于片面发展之人和畸形发展之人，更重要的是全面发展之人的需要、能力、社会实践和社会关系所产生的力量主要是对经济发展和社会进步的正向推动作用，而片面发展、畸形发展之人则在产生一定的正向推动作用的同时，往往产生大量的负面作用，造成难以医治的社会病症甚至严重的社会灾难，对社会前进的正向推动力产生削弱、销蚀的反作用。所以，塑造一代又一代全面发展的人，是为经济结构的演化和升级提供优质而强大的推动力的百年大计、千年大计，是将社会的进步建立在最稳固的基础上的文明大业。

一、人的全面发展是人的本质的实现

(一)科学地认识人性和人的本质

人是一个非常复杂的系统体。不仅人的生物属性相当复杂,人的社会属性更为复杂。在一个现实的人的身上,既包含了物质世界由低级到高级的几乎一切的运动形式,也包含了低级和高级的各种社会变化和社会关系人格化的许多形式。对人的本质要达到全面、科学的认识,必须把握形成人的本质的全部社会关系,进而把握人的生活、人的实践活动构成社会关系和社会动力的规律。

马克思指出:"人的本质并不是单个人所具有的抽象物。在其现实性上,它是一切社会关系的总和。"❶社会关系也就是人与人的经济的、政治的、思想意识的利益关系,这种利益关系是人成其为一定的人、具有人的本质属性的"加工厂",人之为人的本质也就是人性或人的本性,这种人性或本性就是在这种社会"加工厂"中制造出来的。在《1844年经济学哲学手稿》等著作中,马克思强调人的本质就是"人的类本质"、"类生活"、"类特性",就是把人看作"类存在物"而不是一个个孤立的纯个体存在物。这种类存在物的真正本质就是"社会的本质"。所谓社会的本质,就是每个人用自己的劳动满足和创造了他人的本质需要的那种"特性"或"内在联系"❷。同样,每个人也依靠处于同一社会系统中的自己的所有同类,以他们的劳动满足和创造自己的本质需要,由此使自己与自己的所有同类形成相互需要的命运共同体。

人的本质是社会关系的总和,也是人的需要。人有什么样的需要,就会建立、发展、适应什么样的社会关系。人是"人类"这个类的存在物,人与人之间不管有怎样的差异,但因为他们是社会性的同类之物,因而相互间存在着深刻、广泛的社会性内在联系。这种内在联系使人总是依靠一定的社会关系才能满足自己的需要,才能以人的方式生活。人满足自己的需要,就是一方面通过社会实践将自己的本质属性发挥于社会关系中,满足社会关系中的他人的需要,对社会关系产生符合自己本质的作用和影响。另一方面,每

---

❶ 马克思:《关于费尔巴哈的提纲》,《马克思恩格斯选集》第1卷,人民出版社,1972年5月,第18页。

❷ 马克思:《詹姆斯·穆勒〈政治经济学原理〉一书摘要》,《马克思恩格斯全集》第42卷,人民出版社,1979年9月,第34—37页。

个人也要依靠他人以同样的方式来满足自己的需要。人具有怎样的本质，就会对他自己和对社会产生怎样的作用和影响。所以，人的本质的形成，就是社会关系内在化为每个人的基本属性，形成每个人的基本素质。"人"的含义就是社会，"社会"的含义也就是人。个人就是社会系统造就的特殊分子，社会就是这种特殊分子相互需要、相互依赖而构成的共同体。真正的人的本质，既是社会的本质，也是单个人的本质，是人的真正的财富[1]。认识人的本质，只能从社会系统的构造、变化中认识人。社会变化需要什么样的人，社会系统关系就会或迟或早地造就出什么样的人来。一个人热爱社会、热爱国家、热爱民族、热爱人民、热爱家乡、热爱事业、热爱人类等，其原因就是他认识到社会造就了他、他对社会负有神圣的责任，因而必须维护使自己成为合格的人的社会系统条件。有这种情怀的人，就是本质良好、纯正的人。幻想脱离社会甚至危害社会来谋取私利的人，则是违背人的本质属性的人，或者说是本性被扭曲、被毒害的人。

宇宙间没有绝对全面的事物，任何事物在本质上都是片面性的，是由片面性不断向全面性过渡的变化、发展过程。任何事物只有在与其他一切事物的广泛联系中，将自身的片面性与其他事物的片面性联结成为一种整体的系统，才能成为某种程度的全面性事物。人也是这样，人的全面发展是相对于人的片面发展、畸形发展的一种综合性发展，而不是脱离社会现实和社会关系的绝对化的所谓全面发展。

从对人的本质的认识中可以更深一步地认识到，人的全面发展与社会的全面进步密不可分，二者互为因果，相互促进，相互转化，形成社会发展促进人的全面发展、人的全面发展推动社会不断进步的循环转化过程。实现人的全面发展，一方面需要不断克服社会关系、社会制度、社会意识的落后性、局限性及其压抑、扭曲、限制人的本性，造成人的片面、畸形发展的社会弊病，使社会关系、社会制度、社会意识（尤其是社会教育）成为促进人的本质不断丰富和人的生理健康、精神健康、社会化健康水平不断提高的前提条件；另一方面要激励每个人在社会实践中将社会关系、社会制度、社会意识

---

[1] 马克思：《詹姆斯·穆勒〈政治经济学原理〉一书摘要》，《马克思恩格斯全集》第42卷，人民出版社，1979年9月，第24页。

的进步转化为自身素质的不断提高，激励每个人为推动社会关系的进步作出自己最大的贡献，并在主动改善自己与他人、自己与社会的相互关系的实践中，最大限度地学习和掌握他人的长处，继承和发扬社会的文明成就，在创造社会文明的实践中提高自己的生理健康、精神健康、社会化健康水平。

（二）人的全面发展首先是使被物质贫困和精神贫困压抑的人性潜力得到释放

人的全面发展首先是使人的被压抑的属性得到解放。马克思关于人的全面发展的思想，首先是指通过社会制度和社会关系的革命，使人的自由、平等的社会地位得到保证，使人性、人格得到承认和尊重。社会是人与人相互发挥作用的合力体系，但数千年来的社会同时也是一些人统治、支配另一些人的不平等的体系。这个体系一方面使人的一部分本质属性得以实现，另一方面又使多数人受到压抑、统治，使人的本性受到一定的摧残，使人的最可贵的本质被扭曲。伟大的思想家、文学家笔下所写的腐朽社会条件下的人，往往都是素质有严重缺陷的富人和穷人，其素质缺陷的根本原因是当时的社会制度、社会关系、主流社会意识扭曲了人性。所以，马克思主义主张，实现人的全面发展，首要的是通过社会革命，从一定的物质条件、社会关系、思想意识的统治下解放人，还人以真正的自由、平等的地位和品格。

改造社会条件是实现人的全面发展的前提。如果社会制度处于腐朽、落后的状态，就要改造这样的社会制度，建立新的、进步的社会制度。如果社会制度基本先进，但社会制度的某些部分、环节存在腐败、落后、不合理的弊端，则要对这些弊端进行改革。社会的物质财富缺乏，不能满足社会成员的生活需要，压抑甚至摧残社会成员的本性，因而就需要发展社会经济，改善物质条件，从物质匮乏的境况中解放被压抑、扭曲的人性。物质财富的丰富，物质生产能力的提高，社会利益关系和社会制度越来越进步，就能使人人都获得更多的时间财富。每个人的闲暇时间增多，才有条件实现德、智、体、美全面发展，有利于人的本质属性得到端正和丰富。

（三）因势利导地端正、丰富、实现人的本质

人的全面发展的基本要求，就是造就真正符合人的本质标准的人，依靠本质得到端正和丰富的人建设更为进步的社会。

根据马克思的思想，人的全面发展应当包含这样几方面的重要含义：人的经济地位和社会地位的平等；人在经济和社会关系中受到普遍的尊重和关心；人有较多的并且是逐步增多的闲暇时间接受多方面的教育，发展多方面的品质和能力；社会为每个人提供大体平等的德、智、体、美全面发展的物质条件和政治、文化条件。

人的全面发展的实质，就是在一定的社会关系中因势利导地端正、丰富、实现人的本质。

之所以要端正人的本质，是因为人的本质总是在一定的社会关系中形成和变化的，它既受到社会关系的正向的规定，也受到社会关系的反向的扭曲，所以要利用一定的社会关系的正向规定作用并配合教育、学习等手段，矫正被扭曲的人性，使人的本质回归到社会发展所需要的轨道上来。

在私有制条件下，人的本质被损人利己的社会关系和人统治人的社会制度所扭曲、所毒害，使损人利己的行为成为社会的常态。这是人类不能不经历的痛苦的发展过程，但也是人类为了获得真正的人的本质而不断与自己天生带来的野蛮性、愚昧性进行斗争的过程。在工业化和信息化达到高度发展水平的新时代，人类为了获得真正的人的本质而不断与自己天生带来的野蛮性、愚昧性进行斗争有许多的领域和途径，其中的一个重要领域和重要途径，就是推进人的全面发展，满足人的全面的需要，满足每个人对丰富的物质资料和精神资料、对不断进步的社会系统关系、对高度的责任心和人与人的爱心的需要，使每个人都成为真正富有的人。这种"富有的人同时就是需要有完整的人的生命表现的人"[1]。所谓完整的生命表现，不只是表现为有钱、有权、有地位，更重要的是表现为有社会责任、热爱同类、善于为他人的需要进行创造，表现为有才能又有良好的品德。完整的生命表现，就是越有钱，越应当知道财富来源于全社会而不是来源于自己个人；地位越是显赫，越应当像平民而不是越像贵族；越是有功劳，越应当以平等的身份成为人民的朋友而不是凌驾于人民之上。在市场经济条件下，赚钱不是坏事，而是正当的经济行为，但赚钱并不一定是最能创造财富的行为，更不一定是"有完整的

---

[1] 马克思：《1844年经济学哲学手稿》，《马克思恩格斯全集》第42卷，人民出版社，1979年9月，第129页。

人的生命表现"的行为。"有完整的人的生命表现"的行为，是善于创造的行为，是拥有对自己同类的挚爱之心和建立同类之间挚爱关系的行为，是将自己与同类融合为命运和心灵的共同体的行为。

创造这样的共同体，就是以人与人相互依赖的"类活动和类精神"为基本手段，也就是"按照人的样子"来改造社会。这样的创造力，既是社会的本质，也是单个人应有的本质，是人的真正的财富❶。创造这样的共同体，就是与"不按照人的样子"生活的阶级、阶层、个人、思想倾向、社会行为进行斗争。一个企业家在经济上富比王侯，但也可能滋生一些为富不仁的品性。这就需要通过各种途径，促进他与人格高尚的企业家和普通劳动者建立更多、更密切的交往关系，使他能够科学地、人道地、高尚地对待金钱和地位。一个掌握一定权力的政府官员，可能滋生"因权而贵"、拥权自重、脱离群众甚至危害社会的思想意识，因而就需要通过政治的、思想的、社会的途径，促进他正确地对待自己掌握的权力和拥有的地位，形成以特殊化为耻、以做一个普通人为荣的心理素质，成为虚心、勤奋和密切联系群众的廉正官员。

丰富人的本质，是指促进人的思想、知识、品德、精神境界、工作责任心和社会责任心等属性，由简单到复杂、由落后到先进的转变。人依靠社会条件形成自己的本质，人又必须超出一定的社会条件的限制来丰富自己的本质。适度超越社会、时代的局限来培养人、发展人是教育的重要规律，也是丰富人的本质的重要途径。

实现人的本质是指让人发挥出能够体现其优良品德和各种才能的作用，做出尽可能大的贡献。创造条件，使每个人的优良品性和才能得到发挥，使人在发挥品性和才能的社会实践中成为符合人的本质标准的人，这是社会制度进步、优越的重要标准。

马克思认为，在能够实现人的全面发展的社会里，劳动应当成为人的生活的乐趣，成为对人的个性特点的肯定，成为人的真正的"活动的财产"和人的内在需要，也就是说，劳动成为人具有符合人的标准本质的证明。一个人的本质是否符合人类这个"类"存在物的标准，就看他的劳动是否满足了

---

❶ 马克思：《詹姆斯·穆勒〈政治经济学原理〉一书摘要》，《马克思恩格斯全集》第42卷，人民出版社，1979年9月，第24页。

他人的需要、社会的需要。人之为人就在于人是社会关系的产物，同时社会关系也是人的本质得以实现的产物。"人的本质就是人的真正的社会联系"，"人在积极实现自己本质的过程中创造、生产人的社会联系、社会本质"❶。社会系统关系造成人的本质，人的本质的实现即人从事社会生产和社会交换的实践又创造和生产社会关系。人的本质的实现，就是人在社会关系中满足他人的日益丰富的需要，而满足他人的需要同时也是每个人满足自己实现自己的本质、证明自己是一个合格的人的需要。所以，一个人的本质如果不被扭曲、毒害，他就不能片面地、畸形地发展，不能使自己的劳动或社会交换活动仅仅成为有利于自己而不利于他人的手段，也不能用自己的活动强制地支配他人甚至伤害他人。

二、人的全面发展是经济社会健康发展的需要

人的全面发展是经济发展和社会进步的核心要求，也是经济发展和社会进步的根本推动力。

（一）人的全面发展是世界进步的需要

人的全面发展不是由人的主观意志决定的变化过程，而是由一定的经济和社会条件决定的自然历史过程。历史上每一种新的社会制度相对于被它取代的前一种社会制度，都具有促进人的全面发展的某种优越性，当然也具有它的不可避免的历史局限性。原始社会是人类受自然条件压抑最深重的社会，因此也是人的发展处于最低水平的社会。奴隶制、封建制和资本主义制度都是少数人剥夺多数人获得全面发展条件的社会，因而对人的全面发展形成了根本性的限制和阻碍。这种限制、阻碍作用是造成社会发展和人的发展都较为缓慢的主要原因。近代以来的资本主义制度，在促进人的全面发展方面较之以往的社会制度具有显著的优越性，但是与更先进的社会制度相比，则具有使人在一些方面获得了相对的全面发展而在另一些方面陷入片面发展、畸形发展的落后性、腐朽性特征。资本所有者的贪婪性和资本统治人、使人的发展服从于资本增殖和资本占有的制度，不仅造成了被统治阶级的物质贫穷

---

❶ 马克思：《1844年经济学哲学手稿》，《马克思恩格斯全集》第42卷，人民出版社，1979年9月，第24页。

和精神贫穷，同时也造成了统治阶级的人格丧失和人格扭曲，造成了为获取巨额财富而不惜走向犯罪、为获得对劳动阶级的统治地位而不惜发动大规模对内对外战争，甚至为获得世界霸权而去灭绝整个整个的民族的战争贩子的畸形人格。为了占有更多的财富，为了获得以垄断财富为基础的对国家、对世界的长久统治权，那些有条件受到"最好的教育"、掌握了大量知识、具有"贵族式"道德素养的精英人物，瞬间就会从"彬彬有礼的绅士"变成发动侵略战争、用最具杀伤力的武器屠戮世界的人类灾星。而为了消灭这样的灾星，人类不得不付出数以千万计甚至数以亿计的生命代价，不得不经历历史的大倒退，在一次次大倒退之后的废墟上重新发展。因此，世界要避免大倒退，要不断走向进步，就必须改变资本扭曲人性、资本产生人类灾星、资本引发世界战争的利益关系和社会制度。

社会主义市场经济制度使资本运动方式的扬弃超越了资本主义制度的限制，因而能够最大限度地发挥资本运动、增殖的积极作用，将资本增殖的力量转化为人民群众的普遍富裕和国家的强盛，转化为人的真正的全面发展，转化为遏制财富垄断阶级和谋图霸权的国家的各种非法行为的正义力量，使一切坚持进步、反对倒退的国家、民族和社会力量能够在互利关系中稳步增强凝聚力，实现国家之间不分大小、穷富、强弱的一律平等和广泛合作。社会主义国家要做到这一点，就必须在发展经济的基础上，成功地推进人的全面发展，矫正人的片面发展、畸形发展，依靠全面发展的人掌握自己的发展权和国家的命运，形成远高于资本主义制度的资本增殖水平和经济增长能力，使资本增殖实现最大限度的良性转化，以更强的经济实力和更高的社会进步水平，保证世界性的经济社会发展不再可能被财富垄断阶级引到洗劫人类、毁灭文明的轨道。

（二）人的全面发展是中华民族伟大复兴的需要

中华民族经历了漫长的古代社会，在最近的几百年中，因为腐朽、落后的封建制度阻碍新的生产力发展和新的社会制度的建立，导致了经济社会的全面衰落。在中华人民共和国成立后，中华民族走上了全面复兴的道路。在世界历史上，实现民族复兴或强国崛起，往往要具备这样三方面的重要条件：创立新的、先进的社会制度，使一个民族在世界民族之林中拔地而起，乘制度优越之势获得超越常规的发展；走在科学技术发展的最前列，掌握以先进的科学技术为基础的强大生产力，为新的社会制度的确立和完善提供雄厚的物质基础和经济实力；造就良好的国民素质，为先进的社会制度和先进生产力提供优良载体，使经济和社会发展具有深厚、广阔的力量源泉。

中华民族伟大复兴和中国社会持续发展必须以人的素质的提高和人的全面发展为基础条件。人的综合素质中，最根本的是人的本质属性，是人主动推动经济发展和社会关系进步的品德和能力。先进的制度要靠优秀的人首倡和论证，要靠千百万素质优良的人去建立、健全和维护。中外历史经验表明，国家在革命、改革和制度完善过程中，都有一批又一批优秀的思想家、政治家起了关键的作用。他们唤起了广大的人民群众，使群众在革命、改革和制度完善过程中受到了锻炼和提高，成为推动社会变革和民族振兴的中坚力量。近代以来的难以计数的科学成就和数以千项重大发明创造，以及适应工业化发展的资本主义社会制度等，使欧美国家得以兴盛，日本、俄罗斯等国家则乘资本主义上升时期的历史机遇，在工业化过程中得到复兴。一个民族如果没有一批又一批优秀的科学家、思想家、政治家以其远见卓识引导群众主动推动科技、经济发展和社会变革，而是陷入故步自封、得过且过甚至迷信横行、思维混乱的泥潭不能自拔，那就没有振兴的任何希望。

在全球经济走向一体化的时代，中华民族实现伟大复兴，必须带头并创造性地解决当代一系列重大问题，如科学技术革命、高度信息化、和平与发展、发展与环境、经济全球化、人的全面发展、社会现代化以及人权、民族、宗教、老龄化等问题，走在世界发展潮流的最前沿。如果没有全面发展的雄厚人才队伍和人力资源，在解决世界难题的伟大事业中就不会走在世界的最前沿，不会占据有利的竞争位置，做不出突破性的业绩，民族复兴就会落空。所以，民族复兴的伟大事业中，中国人的全面发展是重中之重。全面发展的人，不仅其创造力和对社会发展的贡献作用数倍甚至数十倍于片面发展、畸形发展的人，而且其相互交往所形成的社会结构关系的进步性、优越性，与片面发展、畸形发展的人所形成的社会结构关系相比更是具有不同历史时代的差别。中国人是否达到了全面发展的较高水平，就要看平均每个人的创造力和对社会发展的贡献作用是否数倍于世界的平均水平，看中国的社会结构关系和社会制度是否具有领先于世界一个到两个历史时代的进步性、优越性。

（三）人的全面发展是社会发展大局和人民群众根本利益的需要

人民群众的根本利益，就是人民群众应当拥有的经济地位、政治权利以及创造先进思想和进步文化的权利。实现人的全面发展，首要条件就是让每个人都平等地拥有这些地位和权利。如果只有少数人拥有这些地位和权利，广大人民群众就只能处于片面的甚至畸形的发展条件下，这样的社会就会长期处于病态的、激烈对抗的、动荡不定和严重内耗的状态。

现代经济社会发展以越来越快的步伐走向高度知识化和高度信息化，发展的实践迫切要求社会成员必须具有思想性与专业性紧密结合的素质。培养这种素质的重要途径之一，就是通过融会贯通地掌握全面的科学文化知识，促进较高的智慧与道德自律性在每个人的心灵中实现水乳交融的结合，使他们能够自觉地增进自己的创造性智慧和不间断地修复灵魂的薄弱、欠缺之处，在追求真善美的人生征途上成为人格的高尚者和事业的成功者。

在任何历史条件下，人的发展都是不平衡的。一部分人由于各种特殊的条件，能够成为全面发展中最优秀的人。这些优秀人才是人民群众的智慧和力量的集中性体现，也是带头维护和实现人民群众根本利益的骨干力量。而一个国家的经济社会发展状况不良，往往是因为缺乏全面发展的科学家、技术专家、企业家、政治家、思想理论家等骨干人才。骨干人才的思想、发明创造、组织管理活动、带头作用、精神影响等，对全社会发挥着辐射和引导作用，是成就国家和民族发展大业的关键因素。在经济社会发展的重要岗位、关键部位、重大任务、关键时刻，就需要这样的骨干人才起带头、引领作用，带动全体国民的全面发展走向越来越高的水平。

优秀人才需要长期进行选拔、培养、提高、磨炼，才能达到全面发展的较高标准。需要有一套科学而健全的人才选拔、培养、提高、使用的体制，优秀人才才能像优质产品一样被源源不断地造就出来并发挥作用。一个国家，虽然有一定的人才队伍，但是企业家、科学家、公务员等各行业的骨干人员，在知识、思想、远见、创造性、世界观、道德品质等方面缺乏国际领先优势，在解决世界性难题中缺乏远见、灵感、创造力、负责精神的竞争力，出不了国际性的大成就，而且人才在总人口中的比重太少，人才供给时断时续，国家就没有最强大的竞争力。长期缺乏人才方面的综合竞争力,国家就会输掉发展的权力、地位和机遇。所以,要激励政府、企业、社会组织和全体国民按照在国际竞争中取胜的目标造就人才、爱护人才,激励立志成才的每一个人按照在国际竞争中取胜的目标严格要求自己,时刻不忘记自己作为国家优秀人才的责任和使命,为人民的利益和国家的兴旺发出自己的光和热。

在高度重视骨干人才队伍建设的同时,更要注重广大群众的素质建设,为每个人创造全面发展的物质条件、精神条件和平等竞争条件,使每个人都能够主动争取和维护自己全面发展的权利,自觉走全面发展的人生道路。只有全体国民的全面发展达到普遍的高水平,优秀人才队伍才能不断壮大和更快提高。

(四)人的全面发展是人的价值实现的需要

人的价值即人的社会价值,是人的思想和实践满足社会需要,满足他人对方便、舒适、幸福和美的享受的需要的程度。人的价值是个变量,可以用一定的尺度衡量其数量的大小。商品值多少钱是经济价值,而人值多大的"意义"则是社会价值。个人的主观能动力可以运用、驾驭、影响社会力、自然力,取得一定的经济和社会效果,这种经济和社会效果满足社会需要的程度如何,就是个人的社会价值。全面发展的人,主观能动力相对强大,他利用信息、知识来驾驭社会力、自然力和处理、协调社会关系与自然关系的能力就强大,因而他的思想、实践满足社会需要的量也大,他创造的社会价值量也就大。社会价值取决于人的主观能动力,主观能动力取决于综合精神素质,也就是人的全面发展的程度。

人的全面发展能力强,所创造的社会价值量就大,他作为社会成员的社会价值就能够得到社会的认可,社会运行的机制和规则就能够使他获得与他的社会价值大体相当的社会信任度和社会地位。一个全面发展的人因其创造了较多的社会价值量而获得社会的认可并因此增进了自己的利益,这是进步的社会制度和社会公正原则赋予每个人应有的平等权益。对于品行高尚的人来说,他可能只重视自己对社会作出尽可能大的贡献而不在乎社会回馈给他多大的个人利益,但社会制度和社会运行机制却不能缺少保障这种权益的社会公正原则。否则,就会有越来越多的人脱离全面发展的人生成长道路,走上人格畸形化的歧途。人格畸形的人在行为上普遍表现为极端自私、狭隘、偏激、不能顾全大局，这种人不按照正常的途径和社会规范增进个人的利益，他们不仅使自己成为命运的失败者，更严重的是给社会带来无休止的病痛。随着社会的进步、制度的完善、民主政治的推广，全面发展的人容易得到社会的认可，品质畸形的人会被社会潮流淘汰。有丰富而深刻的思想、有全面的知识、有良好的道德品质的人，其社会价值必然会在实践中得到实现，以有目共睹的事实为社会所认可。正像一个人能够创造比自己的劳动力价值更多的经济价值一样，一个全面发展的人能够创造比自己的个人获得大得多的社会价值。这样的人越多，就能够为社会创造更多、更有价值的文明成果，为他人带来更多的利益和创新机会，引领形成更加庞大的人才队伍和高素质的群众队伍，形成全民的全面发展潮流和不可阻挡的社会进步趋势。

一个企业、单位甚至一个国家、民族，始终要善于审视自己造就和吸纳全面发展的人的制度、政策、机制是否进步、健全，而不应当埋怨其他的企业、单位、国家、民族抢走了自己的人才。凡是真正称得上是人才的人，其第一位的需要就是获得个人价值的实现。只有在制度和政策上具有造就人才并使人才价值得以实现的优势，就会具有无可匹敌的人才数量和质量优势。制度和政策应当最大限度地激励个人努力创造、争取、维护自己全面发展的权益，为人的全面发展创造平等竞争的条件，使每个人将价值实现的重心放在为社会创造更有价值的财富的目标上。

三、社会主义市场经济对人的全面发展的辩证作用

资本主义上升时期的市场经济属于传统的市场经济，在新的科学技术革命推动下形成的具有广泛变革性和创新性的市场经济被称为现代市场经济。在现代市场经济中，既有实行资本主义制度的市场经济，也有实行社会主义制度的市场经济。不同的市场经济以及维护该市场经济形式的社会制度，对人的全面发展的作用是各不相同的。

（一）现代市场经济对人的全面发展的两种作用

包括资本主义市场经济和社会主义市场经济在内的现代市场经济有许多共性的特征，如：经济发展都是以科学技术进步为基础和主要驱动力，具有

广泛的变革性和创新性，在提高生产效率和社会化水平方面具有更高的优势，能够为人的全面发展提供迅速改善的物质基础条件；同时，市场经济也存在贫富差距扩大等许多固有的局限性，对人的全面发展产生多方面的负作用。认识现代市场经济对人的全面发展的一系列共性的作用，有利于更好地发挥社会主义市场经济促进人的全面发展的积极作用，抑制其消极作用。

1. 现代市场经济对人的全面发展的有利作用

现代市场经济对人的全面发展的有利作用主要有以下三方面。

（1）现代市场经济是开放型经济，它提倡和刺激社会要素的不断流动、转化，推动人们不断建立新的经济联系和社会关系，为人的全面发展提供多样性的社会条件和不断扩展的空间。

（2）现代市场经济为人的解放和人的全面发展提供不断改善的物质条件。人的全面发展必须依赖发达的生产力及其所创造的雄厚物质条件。近代的资本主义市场经济曾经是把人从欧洲中世纪的宗教统治和东方的专制统治中解放出来的最有力的手段和条件，马克思对此曾经给予充分的肯定。资本主义战胜封建主义的过程表明，一个阶级如果在经济上不富有，归根到底是软弱无力的。资本主义的市场经济以更有利于财富增长的优势取代中世纪的封建经济，引导和刺激人们投身于谋取经济利益的活动，从而使资产阶级成员相对全面的发展走上了有雄厚物质条件保障的道路。同样的道理，工人、农民、知识分子等劳动阶级在获得政权以后，也必须充分而有控制地利用市场经济的一系列规律，较快改变自己不富裕的经济地位，使自己由贫穷阶级转变为普遍富有的、在社会力量对比中日渐强大的阶级，为每个人的全面发展创造更加雄厚的物质基础。

（3）市场竞争为人的全面发展提供重要推动力。现代市场竞争的重要进步性作用之一，就是通过公平竞争一步步地把人"逼"到进步的道路上。通过合法的市场竞争增进物质利益，虽然其中多数人的动机是自私的，但宏观的结果在总体上却是积极的、进步的，亚当·斯密对这个"看不见的手"的这种进步作用曾作过深刻说明。在非物质生产领域，特别是在思想文化领域，平等竞争也往往在一定程度上参照、借鉴市场经济的公开、公正、透明等平等竞争规则，在一定程度上能够产生推动人的全面发展的良好效果。人的劳动所创造的社会价值、艺术价值的度量，有时甚至要借用市场经济的尺度——货币，来确定其价值量的高低。如歌唱家的嗓子的价值本来是无法用货币度量的，但是它若需要投保，只能用货币的价码表示其包含的艺术价值。文物、思想文化著作、基础知识等，其社会价值的高低难以量化，有时只好借用商品价值的形式来"帮忙"，使商品式的估价、标价成为促进这些领域平等竞争的一种非常"无奈"的辅助方式。

2. 现代市场经济对人的全面发展的不利作用

现代市场经济对人的全面发展有多方面的不利作用，这一点是毫无疑义的。其中最主要的不利作用，就是使人屈从于物质财富的力量，使精神文化的价值在市场规则面前经常被"大打折扣"，甚至被曲解、误解、践踏。市场经济曾经把人从封建的、宗教的统治下解放出来，但又把人投入到商品的统治之中。它使人对物质财富的依赖性增强，使人权、人格的独立性相对或绝对地减弱。原始社会的人受自然的统治，古代社会的人受宗教和王权的统治，市场经济条件下的人则往往受金钱的统治。现代市场经济虽然有其不可否认而且必须充分发挥的积极作用，但是也仍然不同程度地保留了扭曲人的本质、毒害人的心灵的负面作用，因而，人的全面发展不可避免地会受到市场原则的制约甚至破坏。

近代资产阶级所开创的传统市场经济本质上是以获利为原则的经济，它使劳动的目的不再是消费使用价值，而是追求剩余价值，追求财富的增殖和积累，进而使财富成为人统治人的一种权力。现代市场经济的主体仍然普遍地保留着为财富而生存、劳动、竞争的属性，因而必然限制人的本质的端正、丰富和实现。实行市场经济，金钱原则就不可避免地会侵蚀科学原则、真理原则、审美原则、学术原则、道德原则、法律原则，使出卖灵魂、出卖良心、出卖原则、出卖人民赋予的权力等腐败性的人和事屡屡发生。市场经济提倡以机会均等为起点、以平等竞争为手段、以优胜劣汰为合法，但财富占有的不均等使机会实际上并不均等、竞争实际上并不平等，使优、劣的标准常常被篡改。一个对社会贡献微不足道的人，其经济收入可以比杰出科学家的收入高出几十倍甚至千百倍。财富的增加助长财富拥有者的精神更加畸形，少数人的致富往往以多数人付出的牺牲和环境恶化为代价。市场经济的这些弊端的积累,不断引起社会矛盾的激化,成为带来社会运行风险的火药桶。

市场经济造成严重的不平等、不合理的社会分化,使物质财富增加的趋势与人的全面发展的要求形成日渐尖锐的矛盾。所以,只有根据生产力发展的要求,对市场经济进行逐步深化的社会主义的改造,市场经济的发展与人的全面发展才能走上同一条道路。

(二)社会主义市场经济需要而且能够造就全面发展的人

为了不断改善物质财富和精神财富缺乏对人的全面发展的制约,主要的途径只能是发展社会主义市场经济,在提高财富增殖水平的同时,有效地抑制市场经济对人的全面发展的负作用。

任何事物的发展总是要造就自己的对立物,在与对立物的统一和斗争中走向自己的反面。这种反面,就是比原来的带有许多本质性缺陷的自己更进步、更高级、具有更多优越性质的新事物。市场经济也是这样。所有的市场经济都是带有本质缺陷的经济形态,它既需要依靠人的全面发展来实现其持续的增长和发展,也能够在一定程度上促进人的全面发展,同时它的一些本质属性又制约着人的全面发展,使人的全面发展不断受到市场关系的侵蚀和扭曲,甚至使一些人的发展不得不屈从于少数人垄断财富的利益要求。市场经济是经济运行的社会化本质特征与社会财富的私人占有形式之间既对立又统一的经济形态。市场经济的社会化本质特征能够在一定程度上促进人的全面发展,而它的私人占有财富的本质特征则又加剧人的畸形发展,使一些人的生存、发展与另一些人的生存、发展形成日益尖锐的矛盾。

社会主义市场经济需要尽可能多的全面发展的人成为新型的利益主体,这种利益主体既能够高效地发展市场经济,又能够将自身的利益与全社会的共同利益统一起来,是社会属性丰富、端正,综合素质优良的个人和团体。由这样的利益主体所构成的企业家队伍、科学技术队伍、普通劳动者队伍、国家管理者队伍的不断扩大,能够抑制和改变市场经济中的不合理利益关系,逐步消除市场经济造成人格畸形化的弊端,在克服市场经济的本质性缺陷、推动经济高质量发展和社会全面进步中发挥骨干和主力军的作用。以社会主义的利益关系和社会主义的制度、政策、思想文化促进人的全面发展,造就越来越多的全面发展的个人和团体,既是顺应市场经济自我扬弃的发展规律的大趋势，也是最终消除市场经济本质缺陷的基础条件。

社会主义市场经济的运行机制和反映这一机制的思想、制度、政策，并不是纯主观的安排，而是利用一种客观规律的作用来促进或限制另一种客观规律的作用，实现最广大人民群众的利益目的的经济形态。其中最主要的就是顺应人民群众的根本利益主导经济发展和社会前进的方向这一客观规律，最大限度地发挥市场经济运行规律的积极作用，最大限度地抑制市场经济运行规律的消极作用，使市场经济的运行和发展最大限度地造福于人民群众和全人类，而不是只造福于少数人。所以，社会主义市场经济不是无限制地放任市场机制自发地发挥作用，而是在经济、政治、思想文化等领域，主动促进社会主义因素成长，有效抑制市场经济关系的负作用，使市场经济在资本主义条件下的那些不可克服的本质性缺陷和久治不愈的种种弊端，在社会主义条件下能够受到最大程度的抑制或改变；使资本主义条件下的那些不可能发挥的潜力和优势，在社会主义条件下能够得到最大程度的利用和发挥。所以，与资本主义的市场经济相比，社会主义市场经济能够更快地增殖物质财富、有效地促进利益关系进步、主动地改革社会体制、适应经济和社会发展需要发展先进的科学技术和思想文化，为人的全面发展开拓越来越广阔的道路，使全面发展的人在社会利益主体中所占的比重不断扩大，逐步取代畸形的、片面发展的人，成为推动经济发展和社会进步的主导力量。

四、社会主义市场经济条件下人的全面发展的基本途径

（一）不断改善人的全面发展的制度和政策条件

解决现代市场经济面临的一系列重大问题，根本还在于社会制度。如果在制度上任由市场自发地发挥其动力作用和利益导向作用，在经济实现一定增长的同时，往往会产生损害大多数人利益的畸形社会关系，甚至产生野蛮的、残忍的谋利行为和相应的制度弊端。现代市场经济的出路、人类的出路就在于从社会制度的变革入手，促进经济发展并保证人的全面发展，以制度的进步为主要条件来清除人类进化中至今所残留的动物式的残忍性、野蛮性和私有财产制度打在人的心灵上的非人性的烙印，使人性从物性的统治下解放出来。而要做到这一点，就需要以社会主义的制度因素制约市场经济的本

质缺陷，使其只能在有限的、越来越小的范围发挥作用，直至其最后在历史中悄然消退。中国实行社会主义市场经济制度，既是为了更快发展经济，同时也是为人的全面发展开拓新的道路。也只有在制度上保证人的普遍的全面发展，中国的市场经济才会产生真正的社会稳定、经济繁荣、环境改善、人民幸福。

在社会领域，事物的先进性和落后性毫无例外地都根源于它的本质矛盾。能够造就出否定自身制度和政策弊端的对立物是一切先进的社会制度的本质特征。社会主义市场经济虽然有"社会主义"这个重要的原则来规定它的性质，但现实的社会主义市场经济也是一种包含着矛盾的经济形式，它也只有不断造就出否定自身制度、政策和思想意识弊端的对立物，才能走向更发达、更高级的形态。它能不能清除人类进化中残留的动物式的残忍性、野蛮性和私有财产制度打在人的心灵上的非人性的烙印，使人性从物性的统治下解放出来，决定于它能否及时而有效地认识和揭示自身的本质性缺陷，能否以生产力的更快发展和人的全面发展作为基本标准，及时而准确地发现来自本质的制度、政策和思想意识弊端并革除之。社会主义市场经济意味着永不停息的创造和革新，政府、企业、社会组织都要适应科学技术进步和生产社会化程度的提高，相应地提高制度和政策的创新程度、进步性程度、精准化程度。一切社会成员和社会组织都有责任从普遍的低效率、普遍的发展迟缓、普遍的利益对立、普遍的行为特征、普遍的人格畸形状况中发现制度性、政策性的缺陷，针对这些缺陷创造出具有普遍优越性的对立物。中国全国上下实行改革开放，就是针对单一公有制的缺陷创造出多种所有制并存的体制，又不断针对多种所有制并存的缺陷创造出更具体的政策和制度，才促进了经济在几十年间持续地高速增长。中国改革开放40多年来一直在创造和革新，其中既有成功的创造和革新，也有不成功的创造和革新，但由于始终如一地坚持创造和革新的方向不动摇，在实践中不断探索、总结、改进，废除了许多落后、保守、不利于发展的制度因素和政策规定，出台了大量促进经济发展的制度和政策规定，最大限度地发挥推动经济增长、社会进步、人的全面发展的正能量，最大限度地限制和抵消妨碍经济增长、社会进步、人的全面发展的负能量，所得到的总的结果是经济持续发展、社会全面进步、人民生活水平大幅度提高。中国在社会主义市场经济的道路上要永远坚持创造和革新的方向不动摇，任何时候都不要将一时一地取得的成功绝对化甚至神化，而是在不断战胜自身的缺陷中朝前走，这样才能健全全体社会成员共同富裕的社会制度和社会运行机制，造就出更加高级、更加普遍的全面发展的人，走向更加发达、更加进步的"大同经济"，而不是走向只允许少数人富裕的畸形经济。

（二）提高全民全生命周期的生活质量

实现社会全面进步是经济发展的根本目的，提高全民生活质量是社会全面进步和人的全面发展的重要基础。经济发展就是为了不断增进全体人民的物质利益。任何时候都要把富民、利民、便民、重民作为基本国策，以民利、民心为国之根本，使人民群众的需要成为拉动经济稳定、持续增长的根本动力，使人民的普遍富裕成为推动经济结构升级的主动力。中国在未来的国际风云变幻中，从物质和精神上持续提高全民全生命周期的生活质量，生产和再生产出终生健康的人口和劳动力，使每一个人拥有幸福美好的童年、奋发有为的青壮年和健康长寿的老年，是国家战胜各种挑战的基本保证条件，也是人的全面发展的重要标志。

提高全民全生命周期的生活质量的政策、制度和社会实践，要覆盖从胎儿、婴幼儿直到老年的全生命周期的生活过程。一方面，要为所有的人口提供从胎儿、婴幼儿直到老年的全生命周期的较高标准的生活资料，对那些还处在相对或绝对贫困状态和低收入水平的人口，由政府提供各种形式的生活补助和教育补助，保证其形成健康体魄所必需的物质条件。另一方面，要充分发掘、转化从幼年到老年的人口、人力资源，使一切生理、心理、体力、智力资源得到充分的发挥或增殖，使每一个人的健康的生理、心理、体力、智力资源都不被浪费，都能成为增殖物质财富、精神财富和健康长寿财富的源泉。全民族每个人的健康的生理、心理、体力、智力资源都不浪费地汇聚成财富增殖的源泉，是形成文明、昌盛的伟大民族和高素质的国民经济体系的前提条件。

提高青少年的身心健康水平和受教育水平，造就一代又一代高质量的人力和人才队伍。提高青壮年的创造性劳动能力，造就国民经济高质量发展的人力基础。使每一个健康人从幼儿时期起,通过接受良好教育和从事创造性劳动,做出自己最大的社会贡献,同时也为个人积累起到老年能够拥有的身心健康的财富、长寿有为的财富、不拖累国家和他人的养老物质财富。国家拥有了健康长寿的人口和劳动力,也就拥有了提高微观和宏观劳动生产率、提高经济发展的效益和质量、创造更加丰富的物质财富和应对未富先老挑战的根本保证。"全民健康长寿—高效创造物质财富—更高水平的全民健康长寿—更高效地创造物质财富",这种螺旋式的上升、发展,就是与老龄化趋势相适应的未来经济发展应当遵循的重要规律。

(三)增殖社会成员和社会组织的社会价值

商品有其经济价值,个人和社会组织则有其社会价值。人的本质总是反映在他的对立物中,在这种对立物中,往往就有衡量一个人价值大小的等价物。一个人的等价物,就是这个人之外的他人和他人的需要,也就是社会的需要。人的思想、感情、能力、需要等是其内在的价值属性,这种价值属性有多大,只能以满足他人需要的程度来衡量。而一个人的价值大小并不是固定的量,而是能够增殖的、变化的量,这个变量只有在满足他人需要的社会实践中才能得到增殖或贬值。

马克思在他的许多著作中,通过正面论述和揭露、批判私有制度对人的本质的扭曲,表述了这样一些有关人的本质、人的价值的重要思想:在没有剥削的社会条件下,劳动者在生产中物化了自己的个性,享受了自己生命的乐趣,看到物化了的自己的智慧和力量。劳动产品被别人消费,自己的劳动满足了他人的需要,达到了为他人的目的,证明自己和消费者在本质上是相互补充的,自己是消费者生命活动不可分割的一部分,自己和消费者都是人类的同胞,证明自己能够而且实现了为社会而生产的本性。这样就把劳动变成了乐趣,实现了自己的真正的人的本质,也就是社会的本质。我的劳动也就是我的智慧、我的个性特点、我的内心世界的外化。我的劳动产品被别人消费,成为使别人生存、发展的条件,这就是我的个性、我的特长,也是我是一个合格的人的证明。我以自己的劳动弥补了别人的缺陷和片面性,占有了我独特的社会分工地位,我的端正的本质就被证实了。同样,别人的劳动对我来说也是一样。在这个世界上,我和别人都有对社会有用的个性、智慧,因而都是不可分割的总体的人的一部分❶。

马克思表述的这些思想非常明白：每个人用自己的劳动对他人、对社会贡献出有用的个性和智慧，同时又从他人那里、从全社会获得自己所需要的精神资料和物质资料，使自己对他人、对社会的贡献不断增多，由此形成每个人、每个社会组织的社会价值的循环式增殖过程。所以，一个要使自己获得全面发展的人，应当像马克思说的那样，科学地看待劳动、看待贡献、看待学习、看待金钱与地位，看待自己与社会、自己与他人的关系，看待世间一切东西，树立以自己的个性、自己的劳动为他人、为社会多做贡献的人生观。要从理性上认识到对自己的劳动产品负责就是对同胞负责，对人类负责，也是对自己是不是真正的人而负责。品行越好，知识越多，责任心越强，则其劳动满足社会需要的程度就越大，其社会价值量也越大。现代营销学认为，营销首先不是把产品卖出去，而是把企业、企业管理人的思想、哲学、文化、素质"卖"出去，求得在思想上、文化上与消费者融为一体，其产品的完美无缺和价廉物美，体现的是"四海之内皆兄弟"的思想情感。营销学的这些道理，很大程度上是从马克思的有关思想引申来的。在现代市场上，没有好的哲学、文化和健康的情感，就不会有好的产品和服务。至于在政治和思想文化领域，那就更需要有好的哲学、文化和健康的情感。

个人和组织的社会价值，就是他们有益于、造福于社会的本质属性的强弱和多寡。这种本质属性的主要构成部分，就是一定的社会关系物化成的个人和组织的精神文化素质。不论是个人还是集体、国家、民族，没有科学的思想、没有进步的哲学、没有使世人为之倾倒的文化，就不会有扎根于亿万颗人心之中的制度、政策和实力。一个理性上糊涂的民族、国家、集体，不仅不能领导潮流，而且必然被甩在历史潮流的后头，陷于长期的混乱。一个民族的多数人能够不同程度地拥有丰富的哲学、科学、文化素养和健康的情感，就会成为世界上最具有整体优越性的民族。

对于个人来说，必须在接受良好教育的过程中培养健康的个性。个性、创造性，这不论是对个人、对集体还是对国家、民族，都是极其宝贵的财富。

---

❶ 马克思：《詹姆斯·穆勒〈政治经济学原理〉一书摘要》、《1844 年经济学哲学手稿》，《马克思恩格斯全集》第 42 卷，人民出版社，1979 年 9 月。

有强烈个性的人，才有可能做出独特的贡献，古今中外概没能外。个性是冲决传统束缚的利剑，是开拓新领域的向导，是创造力的前提，是社会向多样化发展的推动力。容不得个性的集体、国家、民族，不论它一时看起来如何坚固，在现代社会条件下是注定要分崩离析的。当然，个性是两面性的属性，它的一面是优点，另一面则是缺点。有个性的人要经过较长时间的教育、培养、磨炼，才能消除其重要的缺陷，增强其优秀、成熟的品质。所以，良好的教育，就是要适度超越市场经济和时代的局限性培养人才。杰出的、优秀的人，都是既不脱离时代又能超越时代的人。超越时代才有资格起带头和引领作用，仅仅被动地适应时代，就只能沉浮于时代的潮起潮落。

在市场经济条件下，实现人的全面发展，就需要看到市场经济的局限性和人所处的时代的局限性，适度超越这种局限性来提高人的品性和能力。尤其要重视世界观、方法论对人的内在素质的塑造作用。既要克服教条主义，又不堕入经验主义。

深刻的思想、丰富的知识、端正的人品，是塑造良好的内心世界所必需的基本材料。全面发展就要经常充实人的头脑，打扫人的灵魂，提高人的才能，将朴素的个性转变为文明、高尚、智慧的个性。要做到这样，就要像马克思那样，对历史所遗留下来的一切进行批判的总结，而不是盲目的、笼统的肯定和否定。历史的和现实的一切事物都不是绝对完美的，而是各有其片面性的东西。凡是现实的和以往的东西，极少有值得完全肯定的价值。相反，它们都毫无例外地是具有现实局限性和历史局限性的东西。不论是中国的传统文化、现代文化，还是外国的传统文化、现代文化，必须通过科学的批判性的分析，才能从中提炼出真理的、进步的、对当前和今后发展有用的成分。只有将这些从文化"矿石"中提炼出的真理的、进步的、对当前和今后发展有用的成分，结合现实的条件和需要，再进行科学的"精炼"和加工，才能形成正确的思想和先进的、引领社会前进的文化，转化成现实的精神财富和发展成就。只有这样的精神财富和发展成就，才能充实人的头脑，打扫人的灵魂，提高人的能力，塑造出全面发展的人。

正像一个国家的人民能够创造巨大的经济价值就必然会将国家变成为经济强国一样，一个国家的人民能够创造巨大的社会价值，它就必然会将国家变成文明的强国。每个人的社会价值也像经济价值一样，能够在价值的运动中得到增殖，而且社会价值的增殖与经济价值的增殖能够形成相互转化的循环关系。这种循环关系就是经济与社会协调发展的规律，也是经济人与社会人融合发展即人的全面发展的规律。